新譯資治通鑑（二十六）

唐紀八—十五

張大可
韓兆琦等 注譯

三民書局

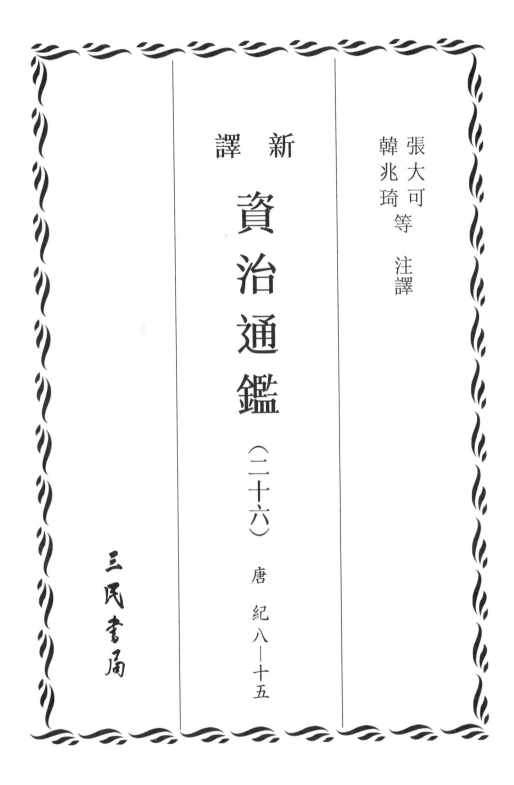

國家圖書館出版品預行編目資料

新譯資治通鑑(二十六)／張大可,韓兆琦等注譯.——
初版三刷.——臺北市：三民，2024
冊；　公分.——(古籍今注新譯叢書)

ISBN 978-957-14-6239-4（全套:精裝）
1. 資治通鑑 2. 注釋

610.23　　105022920

古籍今注新譯叢書

新譯資治通鑑(二十六)

注譯者｜張大可　韓兆琦等
創辦人｜劉振強
發行人｜劉仲傑
出版者｜三民書局股份有限公司(成立於1953年)

三民網路書店
https://www.sanmin.com.tw

地址｜臺北市復興北路386號　(復北門市)　(02)2500-6600
臺北市重慶南路一段61號(重南門市)　(02)2361-7511

出版日期｜初版一刷 2017年1月
初版三刷 2024年5月

全套不分售
ISBN｜978-957-14-6239-4

新譯資治通鑑 目次

第二十六冊

卷第一百九十二

唐紀八

起柔兆閹茂（丙戌 西元六二六年）九月，盡著雍困敦（戊子 西元六二八年）七月，凡二年。

【題解】本卷記事起西元六二六年九月，迄西元六二八年七月，凡兩年，當武德九年至貞觀二年，是唐太宗初即位的兩年。唐太宗即位伊始就勵精圖治，貞觀時期的治國方略，大體已備，具體說要點有五。第一，知人善任。能否知人用人，是判斷人君賢愚的一個重要標準。魏徵、張玄素、張蘊古、傅奕等，皆非秦王府舊人，唐太宗得賢則委以重任，是歷史上少有的明君。第二，納諫改過。如納戴胄之言不枉法殺人；納長孫無忌、魏徵之言，不輕啟干戈，避免了北征突厥、南伐嶺南的戰爭，結果突厥、馮氏皆歸附。第三，慎獄刑，重民生。唐太宗鼓勵大臣至公，執法寬平，以流放代肉刑，決死囚要大臣覆按，天下無冤獄。又薄賦斂，賑災，戒奢，一系列施政以重民生。第四，寬待大臣，卻不護短皇親。長孫順德貪汙受賄，唐太宗賜以錦帛以恥其心，而長樂王李幼良，宗室叔父，有過賜死。特別是寬容犯顏諫諍的直臣，往往破格提升。第五，佑文講武，居安思危。

以上施政，唐太宗都以身為則，君明臣直，貞觀政治很快步入正軌。裴矩、封德彝，在隋為佞臣，入唐為名臣，敢盡忠直言。唐太宗做出的榜樣，蔚然成風。

高祖神堯大聖光孝皇帝下之下

武德九年（丙戌　西元六二六年）

九月，突厥頡利❶獻馬三千匹，羊萬口❷。上❸不受，但詔歸❹所掠中國戶口，徵溫彥博還朝❺。

丁未❻，上引諸衛將卒習射於顯德殿❼庭，諭之曰：「戎狄侵盜❽，自古有之。患在邊境少安，則人主❾逸遊❿忘戰，是以寇來莫之能禦。今朕不使汝曹⓫穿池⓬築苑，專習弓矢。居閒無事，則為汝師，突厥入寇，則為汝將，庶幾⓭中國之民可以少安乎！」於是日引數百人教射於殿庭，上親臨試⓮，中多者⓯賞以弓、刀、帛，其將帥亦加上考⓰。羣臣多諫曰：「於律⓱，以兵刃至御在所⓲者絞。今使卑碎之人⓳張弓挾矢於軒陛⓴之側，陛下親在其間，萬一有狂夫竊發㉑，出於不意，非所以重社稷也㉒。」韓州㉓刺史㉔封同人詐乘驛馬入朝切諫㉕，上皆不聽，曰：「王者視四海如一家，封域㉖之內，皆朕赤子，朕一一推心置其腹中㉗，柰何㉘宿衛之士亦加猜忌乎！」由是人思自勵，數年之間，悉為精銳。

上嘗言：「吾自少經略㉙四方，頗知用兵之要㉚。每觀敵陳，則知其彊弱，常以吾弱當㉛其彊，彊當其弱。彼乘吾弱㉜，逐奔不過數十百步㉝，吾乘其弱，必出其陳後反擊之，無不潰敗，所以㉞取勝，多在此也。」

己酉㉟，上面定㊱勳臣長孫無忌㊲等爵邑㊳，命陳叔達於殿下唱名示之㊴，且曰：「朕敘卿等勳賞或未當㊵，宜各自言。」於是諸將爭功，紛紜㊶不已。淮安王神通曰：「臣舉兵關西，首應義旗，今房玄齡、杜如晦等專弄刀筆㊷，功居臣上，臣竊㊸不服。」上曰：「義旗初起，叔父雖首唱㊹舉兵，蓋亦自營脫禍㊺。及竇建德吞噬㊻山東，叔父全軍覆沒㊼，劉黑闥再合餘燼㊽，叔父望風奔北㊾。玄齡等運籌帷幄㊿，坐安社稷，論功行賞，固宜居叔父之先。叔父，國之至親，朕誠無所愛(51)，但不可以私恩濫與勳臣同賞耳。」諸將乃相謂曰：「陛下至公(52)，雖淮安王尚無所私(53)，吾儕(54)何敢不安其分(55)！」遂皆悅服。

房玄齡嘗言：「秦府舊人未遷官者皆嗟怨(56)曰：『吾屬奉事左右(57)，幾何年(58)矣，今除官返出前宮(59)、齊府(60)人之後。』」上曰：「王者至公無私，故能服天下之心。朕與卿輩日所衣食，皆取諸民者也。故設官分職(61)，以為民也，當擇賢才而用之，豈以新舊為先後哉(62)！必也新而賢(63)，舊而不肖(64)，安可捨新而取舊乎！今不論其賢不肖而直言嗟怨，豈為政之體(65)乎！」

詔：「民間不得妄立妖祠(66)。自非卜筮正術(67)，其餘雜占，悉從禁絕(68)。」

上於弘文殿聚四部(69)書二十餘萬卷，置弘文館於殿側(70)，精選天下文學之士虞世南、褚亮、姚思廉、歐陽詢、蔡允恭、蕭德言(71)等，以本官兼學士，令更日宿直(72)，聽朝之隙，引入內殿，講論前言往行(73)，商榷(74)政事，或至夜分(75)乃罷。又取三品已上子孫充弘文館學生[1]。

【章旨】以上為第一段，寫唐太宗居安思危，講武佑文，大封功臣。

【注釋】❶頡利 頡利可汗。❷羊萬口 羊的計算單位，有言口者，也有言頭者。❸上 自武德九年八月甲子太宗即皇帝位後，凡稱上者，皆指太宗。❹但詔歸 只是詔命歸還。❺徵溫彥博還朝 武德八年八月，溫彥博被突厥所執。至今，太宗徵召彥博還朝。❻丁未 九月二十二日。❼顯德殿 宮殿名，唐長安東宮第一大殿，位於東宮南面中部嘉德門內。建於隋，原稱嘉德殿，唐初改名顯德殿。此為東宮正殿，是皇太子舉行政治活動之處。武德九年（西元六二六年）八月九日，李世民在此殿即帝位。後常在此會見群臣，處理朝政。❽侵盜 入侵為盜。❾人主 人君；天子。❿逸遊 淫逸遊樂。⓫汝曹 你們。⓬穿池 鑿池。⓭庶幾 猶今言差不多、或許。⓮親臨試 親自蒞臨進行驗試。⓯中多者 射中多的。⓰上考 唐考功之法，上、中、下皆分三等。上考，上等之考績。⓱於律 法律規定。⓲御在所 皇帝所在的地方。⓳卑碎之人 卑微之人。《舊唐書・太宗紀》作「裨卒之人」，即小卒。⓴軒陛 即朝廷。㉑竊發 暗中射箭。㉒非所以重社稷也 這不是以社稷為重。社，土神。稷，穀神。為天子諸侯所祭，故社稷常作為國家之代稱。㉓韓州 州名，治所在今山西襄垣。㉔刺史 官名，州的行政長官。㉕切諫 懇切進諫。㉖封域 封疆內之區域。㉗推心置其腹中 喻相信之深刻。㉘柰何 怎麼能。㉙經略 經營；攻城略地。㉚要 要領。㉛當 抵擋。㉜彼乘吾弱 敵方衝擊我脆弱之卒。㉝數十百步 數十以至一百步。㉞所以 之所以。㉟己酉 九月二十四日。㊱面定 親定；當面確定。㊲長孫無忌 （？—西元六五九年）字輔機，河南洛陽人，太宗長孫后之兄。佐太宗定天下，功第一。擢吏部尚書，封趙國公，累遷太子太師。傳見《舊唐書》卷六十五、《新唐書》卷一百五。㊳爵邑 爵位封邑。㊴唱名示之 高呼其名而告示之。㊵或未當 如有不當。㊶紛紜 紛亂喧囂。㊷專弄刀筆 即所謂刀筆吏。㊸竊　私自；私下。㊹首唱　首先倡導。㊺脫禍　免除災禍。㊻吞噬　吞滅。噬，咬。㊼叔父全軍覆沒　武德二年（西元六一九年），李神通與竇建德作戰敗北，全軍覆沒。㊽餘燼　燃燒後剩下的灰和未燒盡的東西。此指戰後剩餘的兵卒。㊾叔父望風奔北　武德四年（西元六二一年）九月，李神通與劉黑闥戰於饒陽城南，黑闥以少擊眾，神通大敗，望風奔北。㊿運籌帷幄　在軍帳中籌劃作戰的方略。(51)誠無所愛　實在不是吝惜。愛，吝惜。(52)至公　最為公正。(53)私　偏私。(54)吾儕　我輩。(55)安其分　安其所定之名分，亦即安其所定之爵位。(56)嗟怨　嗟歎怨恨。(57)奉事左右　侍奉皇帝身邊。(58)幾何年　多少年。意謂年數很多。(59)前宮　即先太子建成之東宮。(60)齊府　齊王元吉的官府。(61)分職　劃分職位。(62)豈以新舊為先後哉　哪能以新舊作為任命先後的順序呢。(63)必也新而賢　如果新人必定是賢才。(64)不肖　亦即不賢。(65)為政之體　為政的原則。(66)妖祠　指不合禮制規定，不屬於祀典的祠廟。(67)卜筮正術　以龜曰卜，以蓍曰筮。正術，正當之術數。(68)禁絕　禁止斷絕。(69)四部　我國古代圖書分類名稱。西漢劉歆《七略》分圖書為七類。到唐代始分為四類，確定了經、史、子、集四部的名稱和順序。後代沿用此法。(70)置弘文館於殿側　《唐會要》：「武德四年，於門下省置修文館，至九年三月，改為弘文館，至其年九月，太宗即位，於弘文殿聚四部書二十餘萬卷，於殿側置弘文館，貞觀三年，移於納義門西。」按閣本《太極宮圖》，弘文館在門下省東，而不載弘文殿，納義門在嘉德門之西。(71)蕭德言　（西元五五八－六五四年）字文行，貞觀時歷著作郎、弘文館學士。傳見《舊唐書》卷一百八十九、《新唐書》卷一百九十八。(72)更日宿直　隔日入宿而值事。(73)前言往行　前人之言行。(74)商榷　商量。(75)夜分　夜半。

【校　記】[1]學生　原誤作「學士」。據章鈺校，十二行本、乙十一行本、孔天胤本皆作「學生」，今據改。

【語　譯】高祖神堯大聖光孝皇帝下之下

武德九年（丙戌　西元六二六年）

九月，突厥頡利可汗進獻三千匹馬，一萬頭羊。唐太宗不接受，只是下詔讓突厥歸還掠奪的中原人口，徵召溫彥博返回朝廷。

九月二十二日丁未，唐太宗帶領各衛將士在顯德殿庭院練習射箭，對他們訓話說：「戎狄入侵為盜，是自古以來就有的。值得憂慮的是每當邊境稍有安寧，君主就逸樂而忘記戰爭的威脅，所以外敵前來侵犯就無人能夠抵禦。現在朕不讓你們挖掘水池建築宮苑，專門練習弓矢射術。閒居無事時，朕就當你們的師父，突厥入侵，就當你們的將領，這樣的話，中原的百姓差不多能過上安寧日子！」於是唐太宗每天帶領數百人在宮殿庭院裡教習射箭，太宗親自臨場比賽射箭，射中靶心較多的士兵就賞賜弓、刀、絲帛，他們的將領也列為考核成績的上等。眾多大臣多次勸諫說：「依照大唐律令，帶兵器來到皇帝住處的人，處以絞刑。現在讓卑微之人在皇宮殿庭之內拉弓挾箭，陛下親自處於他們之間，萬一有狂妄之人暗中射箭謀殺，出於意料之外，這就不是以社稷為重了。」韓州刺史封同人假稱有事騎著驛馬進入宮內懇切進諫，唐太宗都不聽從，說：「帝王把四海視如一家，整個封疆之內，都是朕的赤誠之子，朕把自己的誠心推置到每一個人的心中，怎麼能對保衛朕的禁衛將士也加以猜忌呢！」因此這些將士人人都能自我激勵，幾年之間，全都成了精銳的將士。

唐太宗曾說：「我從小在四方攻城略地，非常熟悉用兵的要訣。每次觀察敵軍的陣勢，就知道它的強弱，經常用我軍的弱旅抵擋敵人的強兵，用我軍的強兵抵擋敵人的弱旅。敵軍衝擊我軍的弱旅，衝擊過來不過能前進數十步乃至百步而已，我軍攻擊敵軍的弱旅，一定要衝擊到敵人的陣後再反擊回來，敵軍無不潰敗，所以能夠每次取勝，原因就在這裡。」

九月二十四日己酉，唐太宗與群臣當面確定開國元勳長孫無忌等人的爵位田邑，命令陳叔達在宮殿下唱名公示，唐太宗說：「朕排列大臣等人的功勳與賞賜或有不當之處，應該各自說明。」於是各位將領爭功，紛紛議論不止。淮安王李神通說：「臣在關西起兵，首先響應起義的大旗，現在房玄齡、杜如晦等人專門捉刀弄筆，功勞等級在臣之上，臣私下不服。」唐太宗說：「初舉義旗，叔父雖然首先倡導舉兵，但這也是自己謀求免除災禍。等到竇建德吞滅山東，叔父全軍覆沒，劉黑闥再次糾集餘部，叔父望風敗逃。房玄齡等人運籌帷幄，坐著就使社稷江山得以安定，論功行賞，本來就應處在叔父前面。叔父，您是皇族的至親，朕對您確實毫不吝惜，但不可憑著私人的恩情濫與有功之臣同等封賞。」眾位將領於是相互說：「陛下極為公正，雖然是皇叔淮安王也不講私情，我們這些人怎敢不安其所定之名分！」於是大家都心悅誠服。

房玄齡曾說：「秦王府未能升官的人都嗟歎埋怨說：『我們這些人侍奉在陛下身邊，有很多年了，現在封官反而都在前太子東宮、齊王府的僚屬後面。』」唐太宗說：「帝王至公無私，所以能讓天下人心服。朕與你們每天的衣食，都取自百姓。因此設置官員，劃分職位，都是為了百姓，應當選擇賢才加以任用，怎能根據人的新舊作為先後順序呢！如果新人必定是賢才，而舊人不是賢才，怎麼可以捨棄新人而取用舊人呢！現在你們不講人才是否賢能而只說人們在嗟歎埋怨，這難道是為政之原則嗎！」

唐太宗下詔：「民間不得妄自設立違反禮制祀典的祠廟。如果不是正當的卜筮術，其餘的旁雜占卜，一律禁絕。」

唐太宗在弘文殿聚集了經史子集四部書籍二十餘萬卷，在殿旁設置了弘文館，精心挑選了天下著名的文學之士虞世南、褚亮、姚思廉、歐陽詢、蔡允恭、蕭德言等人，保留著原任官職來兼任弘文館學士，命令他們隔日在弘文館住宿值班，唐太宗在聽取政事的空隙，召引學士進入內殿，講論前人的言行，商榷政事，有時到了半夜才結束。又選取三品以上官員的子孫充任弘文館學生。

冬，十月丙辰朔❶，日有食之❷。

詔追封故太子建成為息❸王，謚曰隱❹，齊王元吉為海陵王，謚曰剌❺[1]，以禮改葬。葬日，上哭之於宜秋門❻，甚哀。魏徵、王珪表請陪送至墓所，上許之。命宮府舊僚❼皆送葬。

癸亥❽，立皇子中山王承乾❾為太子，生八年矣❿。○庚辰⓫，初定功臣實封有差⓬。

初，蕭瑀薦封德彝於上皇⓭，上皇以為中書令。及上即位，瑀為左僕射⓮，德彝為右僕射。議事已定，德彝數反之[2]於上前⑮，由是有隙。時房玄齡、杜如晦新用事，皆疏瑀而親德彝，瑀不能平⑯，遂上封事論之，辭指寥落⑰，由是忤旨⑱。會瑀與陳叔達忿爭於上前，庚辰⑲，瑀、叔達皆坐不敬⑳免官。

甲申㉑，民部尚書裴矩奏民遭突厥暴踐㉒者，請戶給絹一匹。上曰：「朕以誠信御下㉓，不欲虛有存恤㉔之名而無其實，戶有大小，豈得雷同㉕給賜乎！」於是計口為率㉖。

初，上皇欲彊宗室以鎮天下，故皇再從、三從弟㉗及兄弟之子，雖童孺皆為王，王者數十人。上從容問羣臣：「徧封宗子㉘，於天下利乎？」封德彝對曰：「前世唯皇子及兄弟乃為王，自餘㉙非有大功，無為王者。上皇敦睦㉚九族，大封宗室，自兩漢以來未有如今之多者。爵命㉛既崇㉜，多給力役㉝，恐非示天下以至公也。」上曰：「然。朕為天子，所以養百姓也，豈可勞百姓以養己之宗族乎！」十一月庚寅㉞，降宗室郡王皆為縣公㉟，惟有功者數人不降。

丙午㊱，上與羣臣論止盜㊲，或請重法以禁之，上哂㊳之曰：「民之所以為盜者，由賦繁役重，官吏貪求㊴，飢寒切身㊵，故不暇顧廉恥耳。朕當去奢省費，輕傜薄賦㊶，選用廉吏，使民衣食有餘，則自不為盜，安用㊷重法邪！」自是數年之後，海內升平㊸，路不拾遺，外戶不閉，商旅野宿㊹焉。

上又嘗謂侍臣曰：「君依於國，國依於民。刻㊺民以奉君，猶割肉以充腹，腹飽而身斃，君富而國亡。故人君之患，不自外來，常由身出㊻。夫欲盛則費廣㊼，費廣則賦重，賦重則民愁，民愁則國危，國危則君喪㊽矣。朕常以此思之，故不敢縱欲也。」

十二月己巳㊾，益州大都督㊿竇軌奏稱獠反，請發兵討之。上曰：「獠依阻山林(51)，時出鼠竊，乃其常俗。牧守(52)苟能撫以恩信，自然帥服(53)，安可輕動干戈，漁獵(54)其民，比之禽獸(55)，豈為民父母之意邪！」竟不許。

【章　旨】以上為第二段，寫唐太宗輕徭薄賦，戒奢侈，重民生，抑皇親宗室，降王爵為公，依律制定功臣實封。

【注　釋】❶丙辰朔　十月初一。❷日有食之　發生日蝕。❸息　古國名。❹隱　《謚法》：隱拂不成曰隱。❺剌　《謚法》：不思忘愛曰剌，暴戾無親曰剌。❻宜秋門　太極宮殿門之一。在千秋殿之西，百福門之東。❼宮府舊僚　指東宮、齊王府舊日僚屬。❽癸亥　十月初八。❾承乾　太宗長子，生於承乾殿，因以名之。❿生八年矣　當時年齡八歲。⓫庚辰　十月二十五日。⓬定功臣實封有差　制定功臣食實封制度，有不同的等級。唐制，食實封者得真戶，以豐饒之地、中等以上戶給之。戶皆在三丁以上。封戶所交納的租稅，三分中以一分入官，二分入封國。唐爵九等，一曰王，食邑萬戶；二曰嗣王、郡王，食邑五千戶；三曰國公，食邑三千戶；四曰開國郡公，食邑二千戶；五曰開國縣公，食邑千五百戶；六曰開國縣侯，食邑千戶；七曰開國縣伯，食邑七百戶；八曰開國縣子，食邑五百戶；九曰開國縣男，食邑三百戶。⓭上皇　皇帝的父親。即高祖李淵。⑭僕射　官名，尚書省長官。東漢初置尚書僕射一人，作為尚書令的佐官，後又分置左、右僕射。唐太宗以後一般不設尚書令，兩僕射即為尚書省長官，與中書令、侍中同為宰相。中宗後，加「同中書門下平章事」者方得為宰相。⑮數反之於上前　多次在皇帝面前改變原先的決定。⑯不能平　亦即怨忿之意。⑰寥落　辭意冷落。⑱忤旨　違逆旨意。⑲庚辰　十月二十五日。⑳不敬　謂於上前，態度不恭。㉑甲申　十月二十九日。㉒暴踐　殘暴踐踏。㉓御下　治理百姓。御，駕御，此猶治理。下，指百姓。㉔存恤　存問撫恤。㉕雷同　相同。㉖計口為率　以按口數計算為規式。㉗再從三從弟　同曾祖為再從兄弟，同高祖為三從兄弟。㉘宗子　宗室之子。㉙自餘　其餘。㉚敦睦　敦厚和睦。㉛爵命　封爵。㉜崇　高；尊。㉝多給力役　多供給力役。力役指防閤、庶僕、白直之類。《唐六典》卷三：「凡京司文武職事官，皆有防閤，一品九十六人，二品七十二人，三品三十八人，四品三十二人，五品二十四人，六品給庶僕十二人，七品八人，八品三人，九品二人。凡州縣官僚皆有白直，二品四十人，三品三十二人，四品二十四人，五品十六人，六品十人，七品七人，八品五人，九品四人。凡州縣官及在外監官，皆有執衣，以為驅使，二品十八人，三品十五人，四品十二人，五品九人，六品七品各六人，八品九品各三人。執衣並以中男充。凡諸親王府屬並給士力，其品數如白直。」㉞庚寅　十一月初五日。㉟降宗室郡王皆為縣公　將宗室郡王的爵位降為縣公。據《舊唐書・職官志》，郡王為從一品，縣公為從二品。㊱丙午　十一月二十一日。㊲論止盜　討論防止盜賊。㊳哂　微笑；譏笑。㊴貪求　貪財求賄。㊵切身　關係到本身。㊶輕傜薄賦　輕傜役、薄賦斂。㊷安用　何用。㊸升平　治平。㊹商旅野宿　商賈行旅宿於郊野。㊺刻　刻剝。㊻身出　己出。㊼費廣　費用多。㊽喪　亡。㊾己巳　十二月十五日。㊿大都督　官名，唐前期地方最高長官稱都督。唐代於重要地區置大都督，各州按等級分別置上、中、下都督府，各設都督。中葉以後，節度使、觀察使為地方最高長官，都督之名遂廢。(51)依阻山林　謂依山林以為險阻。(52)牧守　州牧郡守。(53)帥服　相率服從。(54)漁獵　猶捕捉。(55)比之禽獸　把他們比作禽獸。

【校　記】[1]齊王元吉為海陵王謚曰刺　原作「齊王元吉為刺王」，當有脫文。據章鈺校，十二行本、乙十一行本、孔天胤本皆作「齊王元吉為海陵王，謚曰刺」，張瑛《通鑑校勘記》同，今據校正。[2]之　原無此字。據章鈺校，十二行本、乙十一行本、孔天胤本皆有此字，張敦仁《通鑑刊本識誤》、張瑛《通鑑校勘記》同，今據補。

【語　譯】冬，十月初一日丙辰，發生日蝕。

唐太宗下詔追封原來的太子李建成為息王，諡號為隱，齊王李元吉為海陵王，諡號為刺，按禮制改葬。

安葬之日，唐太宗在宜秋門痛哭，十分哀痛。魏徵、王珪上表請求陪送靈車到安葬地，唐太宗答應了他們的請求。命令原東宮和齊王府的舊僚屬都去送葬。

十月初八日癸亥，朝廷冊立中山王李承乾為皇太子，當時年齡八歲了。○二十五日庚辰，唐朝初步規定功臣實得食邑封戶的等級差別。

起初，蕭瑀向唐高祖推薦封德彝，唐高祖任命他為中書令。等到唐太宗即位，蕭瑀任尚書左僕射，封德彝為右僕射。議事已經商定了，封德彝多次在唐太宗面前改變態度，由此二人之間有了嫌隙。當時房玄齡、杜如晦剛剛主政，都疏遠蕭瑀而親近封德彝，蕭瑀心內不平，於是獻上密封的奏章來論說這些事情，奏章辭意冷落，由此違逆了唐太宗的意旨。正好這時蕭瑀與陳叔達在唐太宗面前激烈爭辯，十月二十五日庚辰，蕭瑀、陳叔達都因為對皇帝不敬獲罪，免去官職。

十月二十九日甲申，民部尚書裴矩上奏，請求百姓遭到突厥殘暴踐踏的，每戶賜給絹帛一匹。唐太宗說：「朕用誠信治理百姓，不想空有撫恤百姓的名聲而沒有實在的東西，人戶有大有小，怎能雷同地給予賞賜呢！」於是按人口為準進行賞賜。

起初，唐高祖想加強皇室宗族的地位來鎮服天下，所以屬於皇帝同曾祖、同高祖的遠房堂兄弟以及兄弟的兒子，雖然是童幼也都封為王，封王的有數十人。唐太宗閒談時詢問群臣：「把宗族的子弟都封為王，對天下有利嗎？」封德彝回答說：「前代王朝只有皇帝的兒子和兄弟才封為王，其他宗親如果不是有大的功勳，就沒有封王的。太上皇厚待和睦皇家九族，大量分封宗室子弟，從兩漢以來沒有像今天這樣多的。封爵已經很高，又多供給勞力僕役，這恐怕不是向天下顯示大公無私。」唐太宗說：「說得對。朕當天子，是為了養護百姓，怎能讓百姓辛勞來養活自己的宗族呢！」十一月初五日庚寅，把所封的宗室郡王都降級為縣公，只是有功勳的幾個人沒有降低王的級別。

十一月二十一日丙午，唐太宗與群臣討論如何制止盜賊，有人請求使用嚴刑重法來禁止盜賊，唐太宗哂笑他說：「老百姓之所以做盜賊，是因為賦役繁重，官吏貪財求賄，百姓身遭飢寒，所以就顧不上廉恥罷了。

朕應當去除奢侈，節省費用，輕徭薄賦，選用清廉的官吏，讓百姓衣食有餘，那就自然不會做盜賊了，何必用嚴刑重法呢！」從此經過數年之後，天下太平，路不拾遺，外面的門戶不用關閉，商賈行旅可以在野外露宿。

唐太宗又曾對侍臣說：「君主依靠國家，國家依靠民眾。刻剝民眾來奉養君主，猶如割下身上的肉來填飽肚子，肚子飽了，而身體卻死了，君主富了，而國家滅亡了。所以君主的憂慮，不從外面來，常常出於自身。君主的欲望多了就會花費多，花費多了就會賦役沉重，賦役沉重百姓就會愁苦，百姓愁苦國家就會危險，國家危險君主就要喪亡了。朕常常這樣思考，所以不敢放縱自己的欲望。」

十二月十五日己巳，益州大都督竇軌上奏說當地的獠民反叛，請求發兵討伐他們。唐太宗說：「獠民依仗著山林的險阻，時常出來像老鼠一樣偷竊，這是他們平常的風俗。州牧郡守如果能用恩惠和信用安撫他們，他們自然相率順服，怎麼可以輕易動用干戈，捕捉獠民，把他們比做禽獸，這難道是當百姓父母官的本意嗎！」最終沒有准許出兵。

上謂裴寂曰：「比多❶上書言事者，朕皆粘之屋壁，得出入省覽❷，每思治道❸，或深夜方寢。公輩亦當恪勤職業❹，副❺朕此意。」

上厲精求治，數引魏徵入臥內，訪以得失❻。徵知無不言，上皆欣然嘉納。

上遣使點兵❼，封德彝奏「中男❽雖未十八，其軀幹壯大者，亦可并點❾。」上從之。敕❿出，魏徵固執⓫以為不可，不肯署敕⓬，至于數四⓭。上怒，召而讓之曰：「中男壯大者，乃姦民詐妄以避征役⓮，取之何害，而卿固執至此！」對曰：「夫兵在御之得其道⑮，不在眾多。陛下取其壯健，以道御之，足以無敵於天下，何必多取細弱⑯以增虛數乎！且陛下每云：『吾以誠信御天下⑰，欲使臣民皆無欺詐。』今即位未幾，失信者數⑱矣！」上愕然曰：「朕何為失信⑲？」對曰：「陛下初即位，下詔云：『逋負⑳官物㉑，悉令蠲免㉒。』有司以為負秦府國司㉓者，非官物，徵督㉔如故。陛下以秦王升為天子，國司之物，非官物而何！又曰：『關中免二年租調，關外給復一年。』既而繼有敕云：『已役已輸者㉕，以來年㉖為始。』散還之後，方復更徵㉗，百姓固已不能無怪。今既徵得物，復點為兵，何謂以來年為始乎！又陛下所與共治天下者在於守宰㉘，居常簡閱㉙，咸以委之，至於點兵，獨疑其詐，豈所謂以誠信為治乎！」上悅，曰：「曏者㉚朕以卿固執，疑卿不達㉛政事，今卿論國家大體㉜，誠盡其精要㉝。夫號令不信，則民不知所從，天下何由而治乎！朕過深矣！」乃不點中男，賜徵金甕一。

上聞景州㉞錄事參軍㉟張玄素名，召見，問以政道。對曰：「隋主好自專庶務，不任㊱羣臣，羣臣恐懼，唯知稟受奉行㊲而已，莫之敢違。以一人之智決㊳天下之務，借使得失相半，乖謬已多㊴，下諛上蔽㊵，不亡何待！陛下誠能謹擇羣臣而分任以事，高拱穆清㊶而考㊷其成敗以施刑賞，何憂不治！又，臣觀隋末亂離[43]，其欲爭天下者不過十餘人而已，其餘皆保鄉黨[44]，全妻子，以待有道[45]而歸之耳。乃知百姓好亂者亦鮮[46]，但[47]人主不能安之耳[48]。」上善其言，擢為侍御史。

前幽州記室直中書省[49]張蘊古上大寶箴[50]，其略曰：「聖人受命[51]，拯溺亨屯[52]，故以一人治天下，不以天下奉一人。」又曰：「壯九重於內[53]，所居不過容膝[54]，彼昏不知[55]，瑤其臺而瓊其室[56]。羅八珍[57]於前，所食不過適口，惟狂罔念[58]，丘其糟而池其酒[59]。」又曰：「勿沒沒[60]而闇[61]，勿察察[62]而明，雖冕旒蔽目而視於未形[63]，雖黈纊塞耳而聽於無聲[64]。」上嘉之，賜以束帛[65]，除大理丞[66]。

上召傅奕[67]，賜之食，謂曰：「汝前所奏[68]，幾為吾禍。然凡有天變，卿宜盡言皆如此，勿以前事為懲[69]也。」上嘗謂奕曰：「佛之為教[70]，玄妙[71]可師[72]，卿何獨不悟[73]其理？」對曰：「佛乃胡中桀黠[74]，誑耀彼土[75]。中國邪僻[76]之人，取莊、老玄談[77]，飾以妖幻[78]之語，用欺愚俗[79]，無益於民，有害於國，臣非不悟，鄙不學也[80]。」上頗然[81]之。

【章旨】以上為第三段，寫唐太宗納諫，信用魏徵、張玄素、張蘊古、傅奕等人。

【注釋】❶比多　近來很多。❷省覽　觀覽。❸每思治道　每每思考治國之道。❹恪勤職業　恭敬勤勉於職守。❺副　符合。❻得失　所得和所失；成功和失敗。❼點兵　徵召兵卒。❽中男　年滿十六歲的男子稱中男。《舊唐書・食貨志》：「男女始生者為黃，四歲為小，十六為中，二十一為丁。」⑨并點　一起徵召。⑩敕　皇帝的命令或詔書。⑪固執　堅持。⑫署敕　謂大臣簽名於詔敕之上，如此，詔敕始能生效。胡注：「按唐制，中書舍人則署敕，魏徵時為諫議大夫，抑太宗亦使之連署耶？」⑬數四　以「再三」為數尚少，不足以表示自己的意念，故增加作「數四」。數四，即再四。⑭中男壯大者二句　意謂中男壯大者，現已不止十六歲，率在十七、八之譜，不過是奸民詐減，以逃避徵役而已。⑮兵在御之得其道　軍隊在於指揮得法。⑯細弱　弱小。⑰御天下　治理天下。⑱數　屢次。⑲何為失信　做什麼失信了。⑳逋負　拖欠。㉑官物　官家之物，亦即公家之物。㉒蠲免　免除。㉓國司　親王國置有國司，設令一人，尉、丞各二人，掌王國財物。㉔徵督　徵收督責。㉕已役已輸者　已服役已輸納的人。㉖來年　明年。㉗散還之後二句　既散還其已輸之物，而又徵之。㉘守宰　泛指地方官。㉙居常簡閱　日常的挑選檢查。㉚曩者　從前；先前。㉛達　通。㉜大體　重要之事。㉝誠盡其精要　真能道盡其中的精要。㉞景州　州名，治所在今河北東光西北。㉟錄事參軍　官名，晉置，亦稱錄事參軍事，為王府、公府及大將軍府等機構屬官，掌諸曹文簿，糾彈善惡。隋唐州郡亦設錄事參軍。㊱不任　不信任。㊲稟受奉行　稟受成命，奉而行之。㊳決決斷；決定。㊴得失相半二句　即使得失各半，而一半謬誤，已夠多了。㊵下諛上蔽　臣下阿諛，皇上被蒙蔽。㊶高拱穆清　高高在上，拱手上天。穆清，上天。㊷考　考察；考覈。㊸亂離　喪亂。㊹鄉黨　猶鄉里。㊺有道　有道之主。㊻鮮　少。㊼但　只是。㊽不能安之耳　謂不能使之安定罷了。㊾前幽州記室直中書省　胡三省注：「唐諸州無記室，唯王國有記室參軍，從六品上。蘊古蓋盧江王瑗督幽州時為記室也。唐制，資序未至，以他官入省者為直。」㊿大寶箴　一篇用以規諫勸誡的文書。(51)受命　蒙受天命。(52)拯溺亨屯　拯救天下艱難困苦的人。亨，通達；順利。屯，《易》卦名。謂艱難困苦，不順利。(53)壯九重於內　謂於宮內修築壯麗的宮室。九重，天子所居的宮室。(54)容膝　容膝之地，極喻地之狹小。(55)彼昏不知　謂帝王昏昧無知。(56)瑤其臺而瓊其室　用瑤玉砌臺，用瓊玉築室。瑤、瓊，皆玉屬。(57)八珍　八種珍味。《周禮・天官・膳夫》：「珍用八物。」鄭玄注：「珍謂淳熬、淳毋、炮豚、炮牂、擣珍、漬、熬、肝膋也。」(58)惟狂罔念　唯狂惑之人，不加思念。(59)丘其糟而池其酒　謂麴糟成丘山，而酒漿盈池沼。(60)沒沒　沉默無言。(61)闇　昏暗。(62)察察　分析明辨。(63)雖冕旒蔽目而視於未形　雖然冠冕上的垂旒擋住了眼睛，卻能在事物沒有形成之前就看出來。旒，古代帝王禮帽上前後懸垂的玉串。(64)雖黈纊塞耳而聽於無聲　雖以如丸的黃綿懸垂在冠的兩邊以充塞兩耳，卻能在沒有聲音之前就聽到。纊，黃綿。(65)束帛　帛五匹為一束。每匹從兩端捲起，共為十端。(66)大理丞　大理寺官名，正六品，掌分判寺事。(67)傅奕　（西元五五六－六三九年）唐初學者，相州鄴（今河南安陽）人，武德中任太史令。著作有《老子注》、《老子音義》。又集魏晉以來反對佛教的各思想家事跡為《高識傳》十卷。傳見《舊唐書》卷七十九、《新唐書》卷一百七。68汝前所奏　指上卷九年六月傅奕密奏「太白見秦分，秦王當有天下」一事。69懲　懲誡。70佛之為教　佛作為一種宗教。71玄妙　玄虛微妙。72可師　可以師法。73悟　曉悟；明白。74胡中桀黠　胡族中狡黠的人。75誑耀彼土　在他們的國境誑詐炫耀。76邪僻　不正。77玄談　即清談。魏晉時期流行的一種遠離世事、崇尚虛無、空談名理的風氣。以《周易》、《老子》、《莊子》「三玄」為清談的基本內容。東晉後，佛學興起，清談之風漸衰。78妖幻　妖異詭幻。79愚俗　即愚民。80鄙不學也　鄙視它而不想學。81然　是。

【語　譯】唐太宗對裴寂說：「近來很多上書言事的奏章，朕都粘貼在寢宮的牆壁上，可以在進出時觀覽，朕經常思考治國之道，有時到深夜才入睡。你們也應當恭敬勤勉於職守，以符合朕的這種心意。」

唐太宗勵精求治，多次讓魏徵進入自己的臥室內，詢問政治上的得失。魏徵知無不言，唐太宗都高興地採納。唐太宗派出使節徵兵，封德彝上奏說「十六歲以上的中男雖然還不到十八歲，但其中軀幹壯實高大的，也可一併徵召。」唐太宗同意這一建議。敕令發出，魏徵堅持認為不可以這樣做，不肯在敕書上簽名，反覆來回了多次都不簽名。唐太宗很生氣，把他叫來，責備他說：「中男軀幹壯實高大的，都是那些奸民謊報年齡想逃避徭役，徵召他們有什麼害處，而卿堅持不簽名到了這個地步！」魏徵回答說：「軍隊在於指揮得法，而不在於人數眾多。陛下徵召身體壯健的成年男丁，用正確的方法指揮他們，足以無敵於天下，何必過多徵召弱小的人來增加軍隊的虛數呢！而且陛下常說：『朕以誠信治理天下，想讓臣下和百姓對於國家都沒有欺詐行為。』現在陛下即位沒有多久，失信多次了！」唐太宗愕然，問道：「朕做什麼失信於民了？」魏徵回答說：「陛下剛即位時，下詔說：『百姓拖欠官家的財物，命令全部免除。』有關部門認為是拖欠秦王府國司的財物，不是拖欠國家的財物，依舊督責徵收。陛下從秦王上升為天子，秦王府國司的財物，不是國家的財物又是什麼呢！又說：『關中地區免收二年的租調，關外地區免除徭役一年。』不久接著又有敕令說：『已經服徭役和已經納稅的人，從來年開始免除。』散還已納稅物後，又再次徵收，百姓對這種做法本來已經不覺得奇怪。現在是既徵收了租調的物品，又要徵召為國家服兵役，您說的從來年開始免除又是什麼意思呢！另外，陛下共同治理天下的，就是各地的地方長官，日常的挑選檢查等等公務，全都委託給他們辦理，而對於徵召兵員，卻偏要懷疑他們有欺詐，這難道是以誠信為治國之道嗎！」唐太宗高興了，說道：「以前朕認為卿固執己見，懷疑卿不通達國家政事，今天卿論述國家大事，真能道盡其中精要。朝廷的號令不講信用，百姓就不知聽從什麼，天下如何能得到治理呢！朕的過失很深了！」於是不徵召中男為兵員，並且賜給魏徵一只金甕。

唐太宗聽說景州錄事參軍張玄素的名聲，召見他，向他詢問為政之道。張玄素回答說：「隋朝皇帝喜歡把各種瑣碎政務全都抓在自己手裡，而不交給群臣辦理，群臣於是內心恐懼，只知道稟承皇帝的旨意加以執行而已，沒有人敢於違抗命令。用一個人的智力決定天下的全部事務，假使得失各佔一半，乖謬失誤之處已經很多，臣下阿諛，皇上受到蒙蔽，國家不滅亡還會等到什麼時候！陛下真能謹慎地選擇群臣而讓他們分別擔任不同的事務，自己高高在上，拱手上天，考察臣下的成敗得失，據此實施刑罰賞賜，還擔心國家不能治理好嗎！另外，臣觀察隋朝末年發生的喪亂，其中想要爭奪天下帝王之位的不過十幾個人而已，其餘都是只想保護鄉里，保全妻子兒女，等待有道之主出現後再來歸附他。由此可知，百姓中喜歡叛亂的人是很少的，只是君主不能讓他們過太平安定的生活罷了。」唐太宗欣賞他的言論，提拔他為侍御史。

前幽州記室參軍、進入中書省值班的張蘊古向唐太宗獻上〈大寶箴〉，文章大略說：「聖人承受天命，拯救艱難困苦的百姓，所以由一個人來治理天下，而不讓整個天下只侍奉這一個人。」文章又說：「皇宮內修建壯麗的宮室，可是帝王居住的地方並不太大，只不過是容下膝蓋的一小塊地方。帝王們卻昏昧無知，把臺子修成瑤臺，把房間修成瓊室。帝王在自己的面前羅列山珍海味的酒席，可是帝王吃下去的東西，不過是剛好吃飽肚子的幾樣食物，他們只有狂妄的念頭，要有如同山丘一樣高的酒糟，要有水池一樣多的美酒。」文章又說：「帝王不要沉默無言而昏闇，也不要過於明辨而對所有的事情都無所不察，雖然帝王冠冕上的垂旒擋住了眼睛，但要在事物沒有成形之前就能看出來，雖然帝王有黈纊塞在耳朵裡，但要在沒有聲音之前就能聽到它。」唐太宗對這篇文章給予嘉獎，用一束帛賞賜他，任命他為大理丞。

唐太宗召見傅奕，賞賜飯食，對他說：「你此前上奏說金星出現在秦的分野，秦王當有天下，差一點成為我的災禍。不過凡有天象變化，卿應該仍像這次一樣把你所知道全都講出來，不要把前一次的事情放在心裡，作為自己的懲戒。」唐太宗曾對傅奕說：「佛作為一種宗教，道理玄妙，可以師法，為何只有你一個人不明白它的道理？」傅奕回答說：「佛是胡族中的狡黠之人，用欺誑的話在他的國土中向世人炫耀。中國那些邪惡不正當的人，選取了《莊子》、《老子》中的玄談，再用妖幻的話進行修飾，用來欺騙愚民，這無益於民眾，有害於國家，臣不是不明白它的道理，只是鄙視它而不願意學它。」唐太宗對這番話頗以為然。

上患吏多受賕❶，密使左右試賂之。有司門令史❷受絹一匹，上欲殺之。民部尚書裴矩諫曰：「為吏受賂，罪誠當死。但陛下使人遺之而受，乃陷人於法也，恐非所謂『道之以德，齊之以禮。』❸」上悅，召文武五品已上告之曰：「裴矩能當官❹力爭，不為面從，儻❺每事皆然，何憂不治！」

臣光曰：「古人有言：君明臣直❻。裴矩佞❼於隋而忠於唐，非其性之有變也。君惡聞其過❽，則忠化為佞，君樂聞直言，則佞化為忠。是知君者，表也❾，臣者，景也❿，表動則景隨矣。」

是歲，進皇子長沙郡王恪為漢王、宜陽郡王祐為楚王。

新羅、百濟、高麗三國有宿仇，迭相⓫攻擊。上遣國子助教朱子奢⓬往諭指⓭，三國皆上表謝罪。

【章　旨】以上為第四段，寫裴矩佞於隋而忠於唐，唐太宗親賢遠佞已初見成效，蔚為風氣。

【注　釋】❶賕　枉法受賄。❷司門令史　官名，屬刑部，為司門郎中之下的屬吏，有六人，掌天下諸關出入往來。❸但陛下使人遺之而受四句　《舊唐書‧裴矩傳》作：「但陛下以物試之，即行極法，所謂陷人以罪，恐非導德齊禮之義。」「道之以德，齊之以禮」為《論語》孔子之言。意為用道德去引導，用禮去整治。❹當官　為官。❺儻　假如。❻君明臣直　君主賢明則臣下正直。❼佞　諂媚。❽惡聞其過　討厭聽到自己的過錯。❾君者二句　君王像測量太陽影子的標杆。❿臣者二句　臣子像標杆投下的影子。⓫迭相　互相。⓬朱子奢　（？—西元六四一年）吳（今江蘇蘇州）人，貞觀初為國子助教。高麗、百濟同伐新羅，太宗遣子奢持節諭之，平三國之憾。累遷弘文閣學士。傳見《舊唐書》卷一百八十九、《新唐書》卷一百九十八。⓭諭指　曉諭天子意旨。

【語　譯】唐太宗憂慮官吏會有很多人接受賄賂，祕密安排身邊的人試著賄賂他們。有一個司門令史收受了絹帛一匹，唐太宗要殺掉他。民部尚書裴矩勸諫說：「做官受賄，實在是罪當處死。但是陛下派人送他絹帛他才接受，這是有意讓人陷入法網，恐怕不符合孔子所說的『用道德來引導人們，用禮教來整齊人心』的古訓。」唐太宗很高興，召集五品以上的文武官員告訴他們說：「裴矩能夠做官而敢於力爭，不做當面奉承的事，假如每件事情都能這樣，還擔心國家不能治理好嗎！」

司馬光說：「古人說過：君主賢明，臣下就會正直。裴矩對隋朝皇帝諂媚，對唐朝皇帝則忠誠正直，不是他的品性有所變化。君主厭惡聽到人們說自己的錯誤，於是大臣的忠誠就轉變為讒佞阿諛，君主樂於聽到人們直言勸諫，大臣的讒佞阿諛就會轉變成忠誠。由此可知君主如同測量太陽影子的標杆，大臣就是這個標杆投下的影子，標杆一動，影子就隨之而動。」

這一年，晉升皇子長沙郡王李恪為漢王，宜陽郡王李祐為楚王。

新羅、百濟、高麗三國之間有世代結下的仇怨，相互交替進行攻擊。唐太宗派遣國子監助教朱子奢前去曉諭天子意旨，三國都上表謝罪。

太宗文武大聖大廣孝皇帝上之上

貞觀元年（丁亥　西元六二七年）

春，正月乙酉❶，改元❷。○丁亥❸，上宴羣臣，奏秦王破陳樂❹。上曰：「朕昔受委❺專征，民間遂有此曲。雖非文德之雍容❻，然功業由茲而成，不敢忘本。」封德彝曰：「陛下以神武平海內，豈文德之足比❼！」上曰：「戡亂❽以武，守成❾以文，文武之用，各隨其時。卿謂文不及武，斯言過❿矣！」德彝頓首謝⓫。

己亥⓬，制：「自今中書、門下及三品以上入閤⓭議事，皆命諫官隨之，有失輒⓮諫。」

上命吏部尚書長孫無忌等與學士⓯、法官更議定律令，寬⓰絞刑五十條為斷右趾。上猶嫌其慘⓱，曰：「肉刑廢已久，宜有以易之⓲。」蜀王法曹參軍⓳裴弘獻請改為加役⓴流，徙[1]三千里，居作三年㉑。詔從之。

上以兵部郎中㉒戴胄忠清公直㉓，擢為大理少卿㉔。上以選人多詐冒資蔭㉕，敕令自首，不首者死。未幾，有詐冒事覺者，上欲殺之。胄奏據法應流㉖。上怒曰：「卿欲守法而使朕失信乎！」對曰：「敕者㉗出於一時之喜怒，法者㉘國家所以布大信於天下也。陛下忿選人之多詐，故欲殺之；而既知其不可，復斷之以法，此乃忍小忿而存大信也。」上曰：「卿能執法，朕復何憂。」冑前後犯顏執法㉙，言如涌泉，上皆從之，天下無冤獄。

【章　旨】以上為第五段，寫唐太宗約法，以流刑代肉刑，鼓勵依法判案，天下無冤案。

【注　釋】❶乙酉　正月初一。❷改元　改年號為貞觀。❸丁亥　正月初三。❹秦王破陳樂　又名「七德舞」。唐宮廷樂舞。據《新唐書・禮樂志》載：太宗為秦王時，征伐四方，消滅劉武周，軍中遂有〈秦王破陳樂〉之曲流傳。太宗即位後，曾命呂才協音律，魏徵等制歌辭，更名七德之舞，增舞者至百二十人，披甲執戟，以象戰陣之法。❺委　任。❻雍容　雍容文雅。❼足比　可比。❽戡亂　平亂。❾守成　守住已成之業。❿過　誤。⓫謝　謝所言不當之罪。⓬己亥　正月十五日。⓭入閤　唐代皇帝大朝會在含元殿，朔望日大朝拜在宣政殿，稱為正衙；單日視朝在紫宸殿，稱為上閤，又叫內衙。正衙有仗，升紫宸則呼仗自東西閤門入，在衙候朝的百官，跟隨入見，叫做入閤。《新五代史・李琪傳》：「唐故事，天子日御殿見群臣，日常參；……不能臨前殿，則御便殿見群臣，曰入閤。宣政，前殿也，謂之衙，衙有仗。紫宸，便殿也，謂之閤。其不御前殿而御紫宸也，乃自正衙喚仗，由閤門而入，百官俟朝於衙者，因隨以入見，故謂之入閤。」⓮輒　便；即。⓯學士　官名，文學侍從官。唐貞觀後，設弘文館學士、麗正殿學士、集賢殿學士、翰林院學士。自魏晉至唐初，學士尚非正式官名，既無定員，亦無定品，貞觀後學士始成為正式官名。翰林學士即翰林學士院學士，乃唐德宗以後之參與機要的謀臣，與盛唐之前的翰林院學士非一事。翰林院學士，當時是以文學為技藝而隨時應詔陪奉的人。⓰寬　寬減。⓱慘　慘苦。⓲宜有以易之　應該有辦法來代替。⓳法曹參軍　唐制，諸王有功、倉、戶、兵、騎、法、士等七曹參軍，正七品上。⓴加役　增加役作。㉑居作三年　在流徙處勞作三年。㉒兵部郎中　官名，隋唐以後，尚書省六部皆置郎中，分掌各司事務，為尚書、侍郎、丞以下的高級部員。兵部郎中二人，從五品上，掌考武官之勳祿品命。㉓忠清公直　忠誠清廉公正直率。㉔大理少卿　官名，隋唐中央司法審判機關大理寺的副長官。大理寺少卿二人，從四品上。㉕詐冒資蔭　偽冒資歷門蔭。㉖據法應流　依據法律應處以流徙之刑。㉗敕者　敕令。㉘法者　法律。㉙犯顏執法　冒犯君上的顏面行法。

【校　記】①徙　據章鈺校，十二行本、乙十一行本、孔天胤本皆作「流」。

【語 譯】太宗文武大聖大廣孝皇帝上之上

貞觀元年（丁亥 西元六二七年）

春，正月初一日乙酉，改年號為貞觀。〇初三日丁亥，唐太宗宴請群臣，演奏〈秦王破陳樂〉。唐太宗說：「朕從前接受任命專管率兵征伐，民間於是出現這一曲子。雖然沒有表現文德的雍容文雅，但是國家的功業卻由此而得以完成，所以現在也不敢忘本。」封德彝說：「陛下以神武平定天下，哪裡是文德所能比擬的！」唐太宗說：「戡平戰亂要用武力，守住已成之業則要依賴文化，文武的用處，各自順從時勢的變化。卿說文不如武，這個說法錯了！」封德彝磕頭謝罪。

正月十五日己亥，唐朝廷頒布皇帝的制書：「從今以後，中書省、門下省以及三品以上官員進入朝堂議事，都命諫官跟隨這些官員，議事官員有了失誤，諫官便進諫。」

唐太宗命令吏部尚書長孫無忌等人與學士、法官重新議定律令，把原來的五十種絞刑寬減為斬斷右趾。唐太宗還嫌這樣處罰過於慘苦，說：「肉刑廢除已經很久了，應當有其他刑罰來代替它。」蜀王府的法曹參軍裴弘獻請求改為加服勞役的流放，流放到三千里外，在流徙處勞作三年。唐太宗下詔採納這個建議。

唐太宗認為兵部郎中戴胄忠誠清廉公正直率，把他提升為大理寺少卿。當時許多候選官員的人多有偽冒資歷和門蔭關係的，唐太宗下令他們自首，不自首的人就要處死。不久，有欺詐假冒的事情被發覺了，唐太宗想殺掉他。戴胄上奏說根據法律應當流放。唐太宗生氣地說：「卿想遵守法律而讓我失去信用嗎！」戴胄回答說：「皇帝的敕令出於一時的喜怒，法律則是國家用來向天下宣示最大信用的。陛下憤恨候選官員多有欺詐，所以想要殺他們；但是既然知道這樣做是不對的，所以又用法律來斷案，這就是忍住小的憤怒而保存大的信用。」唐太宗說：「卿能執行法律，朕還有什麼可擔憂的。」戴胄前後多次冒犯唐太宗的顏面執行法律，言如泉湧，唐太宗都聽從了他的意見，天下沒有冤案。

上令封德彝舉賢，久無所舉。上詰❶之，對曰：「非不盡心，但於今未有奇才耳。」上曰：「君子用人如器❷，各取所長，古之致治者❸，豈借才於異代❹乎？正患❺己不能知，安可誣一世之人❻！」德彝慚而退。

御史大夫杜淹奏諸司文案❼恐有稽失❽，請令御史就司檢校❾。上以問封德彝，對曰：「設官分職，各有所司❿。果有愆違⓫，御史自應糾舉⓬。若偏歷諸司，搜擿疵纇⓭，太為煩碎。」淹默然。上問淹：「何故不復論執⓮？」對曰：「天下之務⓯，當盡至公⓰，善則從之。德彝所言，真得大體，臣誠心服，不敢遂非⓱。」上悅，曰：「公等各能如是，朕復何憂！」

右驍衛⓲大將軍長孫順德受人餽絹⓳，事覺，上曰：「順德果能有益國家，朕與之共有府庫耳，何至貪冒⓴如是乎！」猶惜其有功，不之罪，但於殿庭賜絹數十匹。大理少卿胡演曰：「順德枉法受財，罪不可赦，奈何復賜之絹？」上曰：「彼有人性，得絹之辱，甚於受刑。如不知愧，一禽獸耳，殺之何益！」

辛丑㉑，天節將軍㉒燕郡王李藝據涇州㉓反。○藝之初入朝㉔也，恃功驕倨㉕，秦王左右至其營，藝無故毆之。上皇怒，收藝繫獄，既而釋之。上即位，藝內㉖不自安。曹州㉗妖巫李五戒謂藝曰：「王貴色已發㉘。」勸之反。藝乃詐稱奉密敕，勒兵入朝。遂引兵至豳州㉙，豳州治中趙慈皓馳出謁之，藝入據豳州。詔吏部尚書長孫無忌等為行軍總管以討之。趙慈皓聞官軍將至，密與統軍㉚楊岌圖之。事洩，藝囚慈皓。岌在城外覺變，勒兵㉛攻之。藝眾潰，棄妻子，將奔突厥。至烏氏㉜，左右斬之，傳首長安。弟壽，為利州㉝都督㉞，亦坐誅。

初，隋末喪亂，豪桀並起，擁眾據地，自相雄長㉟。唐興，相帥來歸，上皇為之割置州縣以寵祿之㊱。由是州縣之數，倍於開皇㊲、大業㊳之間。上以民少吏多，思革其弊。二月，命大加併省㊴，因山川形便，分為十道㊵：一曰關內，二曰河南，三曰河東，四曰河北，五曰山南，六曰隴右，七曰淮南，八曰江南，九曰劍南，十曰嶺南。

三月癸巳㊶，皇后帥內外命婦親蠶㊷。

閏月㊸癸丑朔㊹，日有食之。

壬申㊺，上謂太子少師㊻蕭瑀曰：「朕少好弓矢，得良弓十數，自謂無以加㊼。近以示弓工㊽，乃曰皆非良材。朕問其故，工曰：『木心不直㊾，則脈理皆邪㊿，弓雖勁而發矢不直。』朕始寤(51)鄉者(52)辯(53)之未精也。朕以弓矢定四方，識之(54)猶未能盡，況天下之務，其能徧知乎！」乃令京官(55)五品以上更宿(56)中書內省，數延見(57)，問以民間疾苦及[1]政事得失。

涼州(58)都督長樂王幼良(59)性粗暴，左右百餘人，皆無賴子弟，侵暴百姓，又與羌、胡互市。或告幼良有異志。上遣中書令宇文士及馳驛代之(60)，并按其事(61)。左右懼，謀劫幼良入北虜(62)，又欲殺士及據有河西(63)。復有告其謀者，夏，四月癸巳(64)，賜幼良死。

【章旨】以上為第六段，寫唐太宗和諧人際關係，寬待大臣，不護短皇室。規併行政區劃，以減吏員。

【注釋】❶詰　質問。❷用人如器　用人如同使用器具。❸致治者　達到天下太平的君主。❹借才於異代　借用人才於其他朝代。❺正患　只是憂慮。❻安可誣一世之人　怎麼可以誣罔整個時代的人。❼諸司文案　諸省寺的文書案卷。❽稽失　拖延錯漏。❾檢校　檢查核對。❿所司　所掌。⓫愆違　過錯。⓬糾舉　糾察舉報。⓭搜擿疵纇　尋挑毛病。擿，挑。纇，瑕疵；缺點。⓮論執　辯論而堅持。⓯務　事務。⓰當盡至公　應當盡力公正。⓱遂非　批評；非議。⓲驍衛　禁軍名稱之一。南北朝有左右驍騎，隋改置左右驍衛府，唐去府字。有上將軍、大將軍、將軍，並為驍衛官。⓳餽絹　贈送絹帛。⓴貪冒　貪圖財利。㉑辛丑　正月十七。㉒天節將軍　《新唐書・兵志》：「武德三年，更以宜州道為天節軍，軍置將副各一人。」㉓涇州　州名，治所在今甘肅涇川縣北。㉔藝之初入朝　武德五年，李藝引兵與太子建成會討劉黑闥，遂入朝。㉕驕倨　驕矜倨傲。㉖內　內心；心中。㉗曹州　州名，治所在今山東曹縣西北。㉘王貴色已發　王的貴相已經顯露。㉙豳州　州名，治所在今陝西彬縣。㉚統軍　官名，唐北衙禁軍有左右龍武軍、左右神武軍、左右神策軍，號六軍。各軍置統軍一人，位次於大將軍。㉛勒兵　率兵。㉜烏氏　縣名，縣治在今寧夏固原東南。㉝利州　州名，治所在今四川廣元。㉞都督　官名，地方軍政長官。唐於各州按等級分別置大、中、下都督府，各設都督。唐中期以後，以節度使、觀察使為地方最高長官，都督遂名存實亡。㉟自相雄長　自己競相稱雄為長。㊱割置州縣以寵祿之　設置州縣加以尊寵，供給俸祿。㊲開皇　隋文帝年號（西元五八一－六〇〇年）。㊳大業　隋煬帝年號（西元六〇五－六一八年）。㊴併省　合併、簡省。㊵道　唐貞觀初，因山河形勢之便，分全國為十道。開元二十一年（西元七三三年）增為十五道。[41]癸巳　三月初十。[42]帥內外命婦親蠶　率領內外命婦親自養蠶。內命婦，宮內女官，自貴妃至侍巾，亦分九品。外命婦有六，王、嗣王、郡王之母、妻為妃，一品之國公母、妻為國夫人，三品以上母、妻為郡夫人，四品母、妻為郡君，五品母、妻為縣君，勳官四品有封者，母、妻為鄉君。凡外命婦朝參，視夫、子之品。唐制，皇后以季春吉巳享先蠶，遂以親桑。親蠶，親自養蠶。[43]閏月　閏三月。[44]癸丑朔　閏三月初一。[45]壬申　閏三月二十日。[46]太子少師　輔導太子之官。《舊唐書·職官志》：「太子少師，從二品。」[47]自謂無以加　自以為沒有再好的弓。[48]弓工　弓匠。[49]木心不直　謂木之年輪上下不直。[50]脈理皆邪　木料紋理都是斜的。[51]寤醒悟。[52]曏者　以前。[53]辯　通「辨」。辨，辨別。[54]識之　知之。[55]京官　在京職事官。[56]更宿　更換宿值。[57]延見　延引召見。[58]涼州　州名，治所在今甘肅武威。[59]幼良　唐高祖堂弟。傳見《舊唐書》卷六十、《新唐書》卷七十八。[60]馳驛代之　乘驛車馳往代替他。[61]并按其事　一併審查李幼良的不法之事。[62]北虜　即突厥。[63]河西　即涼州。[64]癸巳　四月十二日。

【校　記】1及　原無此字。據章鈺校，十二行本、乙十一行本、孔天胤本皆有此字，今據補。

【語　譯】唐太宗命令封德彝薦舉賢才，很久也沒有舉薦一個人。唐太宗質問他，回答說：「不是我不盡心竭力，只是現在沒有奇才而已。」唐太宗說：「君子用人如同使用器具，分別取其不同的長處，古時使國家達到天下太平的君主，難道是從別的時代借來人才的嗎？只是憂慮自己不能識別人才，怎麼能誣罔整個時代的人呢！」封德彝羞慚而退下。

御史大夫杜淹上奏說，各省寺的文書案卷恐怕會有拖延錯漏，請求讓御史到各部門檢查核對。唐太宗徵求封德彝的意見，封德彝回答說：「設置官員，分別職位，各有所掌。如果真有過錯，御史自當糾察舉報。假如讓御史巡視各個官司部門，尋找人們的小毛病，就太煩雜瑣碎了。」杜淹默不作聲。唐太宗問杜淹：「為什麼不再進行論辯而堅持呢？」杜淹回答說：「天下的事務，應當盡力追求公正，對的就聽從它。封德彝所說的話，真的得到了治國的根本之道，臣誠心佩服，不敢有非議。」唐太宗很高興，說道：「你們如果都能這樣做，朕還擔心什麼！」

右驍衛大將軍長孫順德接受別人贈送的絹帛，事情被人發覺，唐太宗說：「長孫順德果真能有益於國家，朕和他共同享有國家府庫，何至於這樣貪婪受賄呢！」唐太宗還是可惜他有功，不治他的罪，只在宮殿上賞賜數十匹絹帛。大理寺少卿胡演說：「長孫順德違反法律接受財物，罪不可赦，為什麼又賞賜絹帛？」唐太宗說：「如果他有人性，得到絹帛所受的羞辱，超過了受刑。如果他仍然不知道羞愧，就不過是一個禽獸而已，殺他又有什麼好處！」

正月十七日辛丑，天節將軍燕郡王李藝佔據涇州反叛。○李藝當初投順朝廷時，仗恃有功而驕矜倨傲，秦王李世民身邊的人到他的軍營，李藝無緣無故毆打他們。太上皇很生氣，把李藝逮捕囚禁獄中，之後又釋放了他。唐太宗即位後，李藝內心很不安。曹州的妖巫李五戒對李藝說：「大王的貴相已經顯露。」勸李藝反叛。李藝於是假稱接到皇帝的密詔，率兵入朝。於是李藝帶領兵馬來到豳州，豳州治中趙慈皓馳馬出城謁見他，李藝入城佔據了豳州。唐太宗命吏部尚書長孫無忌等人為行軍總管率軍討伐。趙慈皓聽說官兵即將到來，祕密地與統軍楊岌算計李藝。事情洩露，李藝囚禁了趙慈皓。楊岌在城外覺察事情有變，率兵攻城。李藝的部隊潰逃，李藝拋下妻子兒女，準備逃往突厥。到了烏氏城，身邊的人殺掉了他，把他的首級傳送到長安。李藝的弟弟李壽，任利州都督，也獲罪被殺。

起初，隋朝末年天下大亂，豪傑一併起兵，擁有軍隊，割據地盤，各自稱雄一方。唐朝興起之後，這些豪傑相率前來歸附，唐高祖為他們分出地盤設置州縣，讓他們擔任地方長官享受俸祿。因此州縣的數目，比隋朝開皇、大業年間多出一倍。唐太宗認為百姓少而官吏多，想革除這一弊端。二月，下令州縣大加合併，根據各地的山川地勢，把全國分為十道：一為關內道，二為河南道，三為河東道，四為河北道，五為山南道，六為隴右道，七為淮南道，八為江南道，九為劍南道，十為嶺南道。

三月初十日癸巳，皇后帶領後宮妃嬪及宮外有冊封之名號的婦女舉行親手養蠶的典禮儀式。

閏三月初一日癸丑，發生日蝕。

閏三月二十日壬申，唐太宗對太子少師蕭瑀說：「朕年輕時愛好弓箭，得到十多張好弓，自認為再沒有別的弓能超過它們了。最近拿了給製作弓箭的弓匠看，弓匠說都不是好材料。朕問其中的原因，弓匠說：『木心不直，那麼木料的紋理都是斜的，弓雖然力道強勁，但箭發射出去不是直線。』朕這才明白以前對弓箭性能分辨得不精。朕用弓箭平定了天下，而對弓箭的性能還沒有全部認識，何況對於天下的眾多事務，又怎能全部知曉呢！」於是下令京城內五品以上的官員，輪流在中書內省過夜值班，唐太宗多次接見他們，詢問民間疾苦，政事得失。

涼州都督長樂王李幼良性情粗暴，身邊親信一百多人，都是無賴子弟，侵擾虐待百姓，又和羌人、胡人互市貿易。有人告發李幼良有反叛之心。唐太宗派中書令宇文士及乘驛車馳往代替他，一併審查李幼良的不法之事。李幼良身邊的親信很恐懼，謀劃劫持李幼良進入北方胡虜地區，又想殺掉宇文士及，佔據涼州。又有人告發他們的這一謀劃，夏，四月十二日癸巳，唐太宗賜李幼良自殺。

五月，苑君璋帥眾來降。初，君璋引突厥陷馬邑❶，殺高滿政，退保恆安❷。其眾皆中國人，多棄君璋來降。君璋懼，亦降，請捍北邊以贖罪，上皇許之。君璋請約契❸，上皇使鴈門❹人元普賜之金券❺。頡利可汗復遣人招之，君璋猶豫未決。恆安人郭子威說君璋以「恆安地險城堅，突厥方彊，且當倚之以觀變，未可束手於人。」君璋乃執元普送突厥，復與之合，數與突厥入寇。至是，見頡利政亂，知其不足恃，遂帥眾來降。上以君璋為隰州❻都督、芮❼國公。

有上書請去佞臣❽者，上問：「佞臣為誰？」對曰：「臣居草澤，不能的知❾

其人。願陛下與羣臣言，或陽怒⑩以試之，彼執理不屈者，直臣也，畏威順旨者，佞臣也。」上曰：「君，源⑪也，臣，流⑫也，濁其源而求其流之清，不可得矣。君自為詐，何以責⑬臣下之直乎！朕方以至誠治天下，見前世帝王好以權譎⑭小數⑮接⑯其臣下者，常竊恥之。卿策雖善，朕不取也。」

六月辛巳⑰，右僕射密明公⑱封德彝薨。〇壬辰⑲，復以太子少師蕭瑀為左僕射。

戊申⑳，上與侍臣論周、秦脩短㉑，蕭瑀對曰：「紂為不道㉒，武王征之。周及六國無罪，始皇滅之。得天下雖同，人心[1]則異。」上曰：「公知其一，未知其二。周得天下，增脩仁義，秦得天下，益尚詐力㉓，此脩短之所以殊也。蓋取之或可以逆得，而[2]守之不可以不順故也㉔。」瑀謝不及。

山東大旱，詔所在賑恤㉕，無出㉖今年租賦。

秋，七月壬子㉗，以吏部尚書長孫無忌為右僕射。無忌與上為布衣交㉘，加以外戚㉙，有佐命功㉚，上委以腹心，其禮遇羣臣莫及，欲用為宰相者數矣㉛。文德皇后固請曰：「妾備位椒房㉜，家之貴寵極矣，誠不願兄弟復執國政。呂、霍、上官㉝，可為切骨㉞之戒㉟，幸陛下矜察㊱。」上不聽，卒用之。

初，突厥性淳厚[37]，政令質略[38]。頡利可汗得華人趙德言，委用之。德言專其威福，多變更舊俗，政令煩苛[39]，國人始不悅。頡利又好信任諸胡而疏突厥，胡人貪冒，多反覆[40]，兵革[41]歲動[42]。會大雪，深數尺，雜畜多死，連年饑饉，民皆凍餒。頡利用度不給[43]，重斂諸部，由是內外離怨[44]，諸部多叛，兵浸[45]弱。言事者多請擊之，上以問蕭瑀、長孫無忌曰：「頡利君臣昏虐[46]，危亡可必[47]。今擊之，則新與之盟，不擊，恐失機會，如何而可？」瑀請擊之。無忌對曰：「虜不犯塞而棄信勞民[48]，非王者之師也。」上乃止。

上問公卿以享國久長之策，蕭瑀言：「三代封建[49]而久長，秦孤立而速亡。」上以為然，於是始有封建之議。

黃門侍郎王珪有密奏，附侍中高士廉，寢而不言。上聞之，八月戊戌[50]，出士廉為安州[51]大都督。

九月庚戌朔[52]，日有食之。

辛酉[53]，中書令宇文士及罷為殿中監[54]，御史大夫杜淹參豫朝政。它官參豫政事自此始。

淹薦刑部[55]員外郎[56]邸懷道〔3〕，上問其行能[57]，對曰：「煬帝將幸江都，召百官問行留(58)之計，懷道為吏部主事(59)，獨言不可，臣親見之。」上曰：「卿(60)稱懷道為是，何為(61)自不正諫？」對曰：「臣爾時(62)不居重任，又知諫不從，徒死無益。」上曰：「卿知煬帝不可諫，何為立其朝(63)？既立其朝，何得不諫？卿仕隋，容可云(64)位卑，後仕王世充，尊顯矣，何得亦不諫？」對曰：「臣於世充非不諫，但不從耳。」上曰：「世充若賢而納諫，不應亡國，若暴而拒諫，卿何得免禍？」淹不能對。上曰：「今日可謂尊任(65)矣，可以諫未(66)？」對曰：「願盡死。」上笑。

辛未(67)，幽州都督王君廓謀叛，道死。君廓在州驕縱(68)多不法，徵入朝。長史李玄道，房玄齡從甥也，憑君廓附書(69)。君廓私發(70)之，不識草書，疑其告己罪，行至渭南(71)，殺驛吏(72)而逃，將奔突厥，為野人所殺。

嶺南(73)酋長(74)馮盎、談殿等迭相攻擊，久未入朝。諸州奏稱盎反，前後以十數(75)。上命將軍藺謩等發江、嶺(76)數十州兵討之。魏徵諫曰：「中國初定，嶺南瘴癘(77)險遠(78)，不可以宿大兵。且盎反狀未成，未宜動眾。」上曰：「告者道路不絕(79)，何云反狀未成？」對曰：「盎若反，必分兵據險，攻掠州縣。今告者已數年，而兵不出境，此不反明矣。諸州既疑其反，陛下又不遣使鎮撫，彼畏死，故不敢入朝。若遣信臣(80)示以至誠，彼喜於免禍，可不煩兵(81)而服。」上乃罷兵。冬，十月乙酉(82)，遣員外散騎侍郎(83)李公掩持節慰諭之，盎遣其子智戴隨使者入朝。上曰：「魏徵令我發一介之使(84)，而嶺表(85)遂安，勝十萬之師，不可不賞。」賜徵絹五百匹。

【章旨】以上為第七段，寫唐太宗待臣以禮，赤心御下，不猜疑，用賢不避親。長孫皇后不護外戚，是唐太宗的賢內助。又寫唐太宗納諫，不輕啟干戈。

【注釋】❶馬邑　縣名，縣治在今山西朔州東北馬邑。❷恆安　地名，在今山西大同。❸請約契　請求賜予契約。❹鴈門　地名，唐、五代方鎮，治所在今山西代縣。❺金券　即鐵券。是皇帝賜給功臣使其世代享受某些特權的鐵契。❻隰州　州名，治所在今山西隰縣。❼芮　古國名。❽佞臣　奸巧諂諛、花言巧語的臣子。❾的知　確知。❿陽怒　佯裝憤怒。⓫源　源頭。⓬流　水的支流。⓭責　要求。⓮權譎　權變譎詐。⓯小數　小術。⓰接　待。⓱辛巳　六月初一。⓲密明公　封德彝封於密，死後謚曰明，故謂之密明公。⓳王辰　六月十二日。⓴戊申　六月二十八日。㉑論周秦脩短　論周、秦國祚之長短。㉒為不道　施行無道之事。㉓益尚詐力　更加崇尚欺詐和暴力。㉔蓋取之或可以逆得二句　要說那奪取天下有時可以用武力取得，而守天下則不可以不順著仁義了。㉕賑恤　賑濟撫恤。㉖無出　不必繳納。㉗壬子　七月初二。㉘布衣交　平民百姓之交。㉙加以外戚　加之無忌為皇后之兄。㉚有佐命功　有輔佐太宗誅建成、元吉，即帝位的功勞。㉛欲用為宰相者數矣　屢次欲任用為宰相。唐因隋制，以三省之長，尚書令、侍中、中書令共議國政，此宰相職也。後因太宗為尚書令，臣下避不敢居其職，由是僕射為尚書省長官，與侍中、中書令同為宰相。以長孫無忌為右僕射，即以其為宰相。數，屢次。㉜椒房　皇后所居之處。㉝呂霍上官　指漢高祖呂后、宣帝霍后、昭帝上官后的家族，皆為漢代外戚，以專權干政而著稱。㉞切骨　鏤心刻骨。㉟戒　鑑戒。㊱矜察　矜憐明察。㊲淳厚　淳樸敦厚。㊳政令質略　政治法令質樸簡略。㊴煩苛　煩瑣苛刻。㊵反覆　反覆無常。㊶兵革　戰爭。㊷動　興；起。㊸不給　不能供給，亦即不充足。㊹離怨　怨恨。㊺浸　漸。㊻昏虐　昏昧暴虐。

㊼危亡可必　必定危亡。㊽棄信勞民　廢棄信約，煩勞百姓。㊾封建　分封宗室，建立邦國。㊿戊戌　八月十九日。(51)安州　州名，治所在今越南清化省清化縣東南。(52)庚戌朔　九月初一。(53)辛酉　九月十二日。(54)殿中監　官名，為殿中省長官，從三品，掌宮廷供奉及禮儀。(55)刑部　官署名，為尚書省六部之一。唐代刑部主管法律、刑獄等事務。(56)員外郎　官名，原指設立於正額以外的郎官。晉代以後的員外郎，指員外散騎侍郎，是較高貴的皇帝近侍官。隋文帝開皇時，在尚書省各司置員外郎一人，為各司的次官。唐、宋沿置，在六部下設各司，擔任司的副職者稱員外郎，與郎中同稱郎官，但比郎中地位略低，都是中央官吏中的要職。(57)行能　品行才能。(58)行留　或走或留。(59)吏部主事　官名，隋唐吏部的屬官。《唐六典・吏部》：吏部「主事四人，從八品下。」注：「隋煬帝初置，為從九品下，開元二十四年升為八品。」(60)卿　古代對人的敬稱。唐以來皇帝稱臣民為卿。(61)何為　為何。(62)爾時　那時。(63)何為立其朝　為何在他的朝廷裡做官。(64)容可云　或可以說。(65)尊任　職位尊崇。(66)可以諫未　可以進諫了嗎。(67)辛未　九月二十二日。(68)驕縱　驕橫放縱。(69)憑君廓附書　託君廓帶信。(70)私發　私自拆開。(71)渭南　縣名，縣治在今陝西渭南市。(72)驛吏　掌郵驛之吏。(73)嶺南　道名，唐貞觀元年（西元六二七年）置，轄境相當今廣東、廣西兩省大部及越南北部地區。(74)酋長　部落的首領。(75)以十數　以十為單位計數，其數目最少在二十以上。(76)江嶺　指江州和嶺南道。江州，治所在今江西九江市。(77)瘴癘　潮溼地區流行的惡性瘧疾等傳染病。(78)險遠　地勢險惡，路途遙遠。(79)告者道路不絕　告發的人絡繹於途。(80)信臣　即使臣。信，使。(81)不煩兵　不須煩勞軍隊。(82)乙酉　十月初六。(83)員外散騎侍郎　官名，在皇帝左右規諫過失，以備顧問。員外，指不在正員額內之官。(84)發一介之使　派出一個使者。一介，一個。表示渺小。(85)嶺表　即嶺南。

【校　記】[1]人心　據章鈺校，此二字上乙十一行本、孔天胤本皆有「失」字。[2]而　原無此字。據章鈺校，十二行本、乙十一行本、孔天胤本皆有此字，今據補。[3]邸懷道　嚴衍《通鑑補》「邸」改「郅」。

【語　譯】五月，苑君璋率領部眾前來投降。起初，苑君璋引導突厥攻陷馬邑，殺死了高滿政，退兵據守恆安。他的部眾都是中原人，很多人拋棄他前來投降唐朝。苑君璋很害怕，也投降了，請求防守北部邊疆來贖罪，唐高祖答應了。苑君璋請求賜予契約，唐高祖派雁門人元普賜給他金券。突厥頡利可汗又派人招降苑君璋，苑君璋猶豫不決。恆安人郭子威勸說苑君璋，認為「恆安的地勢險要，城牆堅固，突厥正處於強盛狀態，應該依靠它觀察形勢的變化，不能束手受制於人。」苑君璋於是拘捕元普送到突厥，又與突厥聯合，多次與突厥人侵唐境。到了現在，苑君璋看到頡利可汗的政局混亂，知道頡利可汗不足以依靠，於是率領部眾前來投降。唐太宗任命苑君璋為隰州都督、芮國公。

有人上書請求唐太宗除去朝廷內的奸巧諂諛之臣，唐太宗問：「誰是奸巧諂諛之臣？」回答說：「臣身處草野，不能確知誰是奸巧諂諛之臣。希望陛下與群臣談話，有時假裝發怒來試探他們，那些堅持原則不肯屈服的人，就是正直之臣，那些畏懼皇帝的威嚴而順從皇帝旨意的人，就是奸巧諂諛之臣。」唐太宗說：「君主是水的源頭，臣是水的支流，使水源混濁而要求支流清澈，是不可能的。君主自己用詐，又如何要求臣下正直呢！朕正以至誠之心治理天下，看到前代帝王喜歡用權變譎詐的小點子對待他的臣下，常常認為可恥。卿的方法雖好，但朕不能採用。」

六月初一日辛巳，右僕射密明公封德彝去世。〇十二日壬辰，又任命太子少師蕭瑀為尚書左僕射。

六月二十八日戊申，唐太宗與侍臣議論周朝、秦朝的國祚長短，蕭瑀回答說：「殷紂王做無道之事，周武王討伐他。周朝和六國都沒有罪，秦始皇滅掉它們。雖然同是取得天下，但人心的所向卻不一樣。」唐太宗說：「公只知其一，不知其二。周朝得到天下，更加修行仁義，秦朝取得天下，更加崇尚欺詐和暴力，這就是二代國祚有長有短所以不同的原因。要說那奪取天下有時可以用武力取得，而守住天下就不可以不順著仁義了。」蕭瑀認為自己趕不上唐太宗而謝罪。

山東發生大旱，唐太宗發布詔書命令各地救濟撫恤災民，不用繳納今年的租賦。

秋，七月初二日壬子，任命吏部尚書長孫無忌為尚書右僕射。長孫無忌與唐太宗為布衣之交，加上他是外戚，有輔佐唐太宗即位的功勞，唐太宗把他當做心腹，對他的禮遇其他大臣沒人能趕得上，幾次想用他為宰相。文德皇后堅持請求：「妾在皇后的椒房佔有一個地位，家族的尊貴恩寵已達到極點了，實在不願意我的兄弟再來執掌國政。漢代的呂氏、霍氏、上官氏三家作為外戚，都是痛徹骨髓的前車之鑑，希望陛下矜憐明察我的心情。」唐太宗不聽從，最終還是用長孫無忌為宰相。

當初，突厥人性情淳厚，政令質樸簡略。頡利可汗得到了漢人趙德言，把大權委託給趙德言而加以重用，趙德言一人控制了給人施加威福的大權，許多地方改變了突厥人舊有的風俗習慣，政令繁苛，突厥的百姓開始對此大為不滿。頡利可汗又喜歡信任其他各種胡族人士，而疏遠突厥本族的人士，胡人貪婪受賄，與突厥的關係也經常反覆無常，每年都要發動戰爭。適逢下大雪，雪深數尺，各類牲畜死了許多，連年饑荒，突厥民眾全都受凍挨餓。頡利可汗的錢財費用不足，便向各部落徵收重稅，因此突厥人內外怨恨，各部落多有反叛，兵力逐漸削弱。唐朝議事的大臣有不少人請求出兵攻擊突厥，唐太宗詢問蕭瑀和長孫無忌說：「頡利的君臣昏昧暴虐，危亡是可以肯定的。現在出兵攻擊他，可是剛剛才與突厥訂立了盟約，如果不出兵，又怕失去機會，怎麼辦才好？」蕭瑀請求出兵攻擊。長孫無忌回答說：「突厥並沒有侵犯我國的邊塞，卻要廢棄信約，煩勞百姓，這不是王者的正義之師。」唐太宗於是停止商議出兵的事。

唐太宗向公卿大臣詢問國運長久的策略，蕭瑀說：「夏、商、周三代分封諸侯而國運長久，秦國不分封諸侯，使自己孤立，而迅速滅亡。」唐太宗認為有道理，於是開始有分封諸侯王的議論。

黃門侍郎王珪有密摺上奏，讓侍中高士廉附在文書中轉呈，高士廉把他的密摺放起來沒有告訴太宗。唐太宗得知後，八月十九日戊戌，把高士廉外任為安州大都督。

九月初一日庚戌，發生日蝕。

九月十二日辛酉，中書令宇文士及罷除原官降為殿中監，御史大夫杜淹參與朝政。宰相以外的其他官員參與朝政，從這時候開始。

杜淹推薦刑部員外郎邸懷道，唐太宗問他的品行與才能，杜淹回答說：「隋煬帝將要臨幸江都，召集百官詢問是前去還是留下的方案，邸懷道擔任吏部主事，只有他認為不可前去江都，這是臣親眼所見的。」唐太宗說：「卿稱讚邸懷道做得對，為什麼自己不直言正諫？」杜淹答道：「臣那時沒有處在重要官職上，又知道勸諫煬帝也不會聽從，白白死去毫無益處。」唐太宗說：「卿知道煬帝不可勸諫，為什麼要在他的朝廷裡做官？既然在他朝內做官，又為什麼不進諫？卿出仕隋朝，或可以說官位低下，後來在王世充那裡做官，爵位尊崇了，為什麼也不進諫？」杜淹回答說：「我對王世充不是不進諫，只是他不聽從。」唐太宗說：「王世充如果賢明而能接受諫言，就不應亡國，假若他暴虐而又拒絕諫言，卿怎能免於災禍？」杜淹無法回答。唐太宗說：「現在你的職位可以說是尊崇了，可以進諫了嗎？」杜淹回答：「臣願盡死進諫。」唐太宗笑了。

九月二十二日辛未，幽州都督王君廓謀劃叛亂，在半路上死去。王君廓在幽州時驕橫放縱，做了許多非法的事，被徵召回朝廷。幽州長史李玄道，是房玄齡的外甥，託王君廓帶信回京。王君廓私下拆開信看，不認識信裡的草體字，懷疑信中告發自己的罪過，走到渭南，殺死驛站的吏卒逃跑，將要逃往突厥，途中被野人殺死。

嶺南的酋長馮盎、談殿等人不斷互相攻擊，長期沒有入京朝見。各州上奏說馮盎反叛，前後報告的次數以十來計算。唐太宗命令將軍藺蕃等人徵發江州、嶺南等數十個州的軍隊前去討伐。魏徵勸諫說：「中原剛剛平定，嶺南地區有瘴氣瘟疫，路途遙遠，地勢險惡，不能屯駐大軍。而且馮盎還沒有真正形成反叛，不宜興師動眾。」唐太宗說：「告發馮盎反叛的人在路上絡繹不絕，怎麼能說他還沒有真正形成反叛呢？」魏徵回答說：「馮盎如果反叛，一定要分兵據險，攻掠州縣。現在告發他反叛已有好幾年了，而馮氏的軍隊沒有出境，很明白，這是他沒有反叛。各州既然懷疑馮盎反叛，陛下又不派遣使臣安撫，馮盎怕死，所以不敢來朝廷。如果陛下派遣信使向他表示真心誠意，馮盎很高興能免除災禍，可以不煩勞軍隊而使他順服了。」唐太宗於是下令停止用兵。冬季，十月初六日乙酉，派員外散騎侍郎李公掩手持天子旌節對馮盎進行安撫曉諭，馮盎派他兒子馮智戴隨著使臣前來朝廷。唐太宗說：「魏徵讓我派出一個使者，嶺南就得以安定，勝過十萬軍隊，不能不賞賜。」賜給魏徵絹帛五百匹。

十二月壬午❶，左僕射蕭瑀坐事免❷。

戊申❸，利州都督義安王[1]李孝常等謀反，伏誅。孝常因入朝，留京師，與右武衛將軍❹劉德裕及其甥統軍元弘善、監門將軍長孫安業互說符命❺，謀以宿衛兵作亂。安業，皇后之異母兄也，嗜酒無賴。父晟卒，弟無忌及后並幼，安業斥還舅氏❻。及上即位，后不以舊怨為意❼，恩禮甚厚。及反事覺，后涕泣為之固請曰：「安業罪誠當萬死。然不慈於妾，天下知之。今寘❽以極刑，人必謂妾所為，恐亦為聖朝之累❾。」由是得減死，流巂州❿。

或告右丞⓫魏徵私其親戚，上使御史大夫溫彥博按之，無狀⓬。彥博言於上曰：「徵不存形迹，遠避嫌疑，心雖無私，亦有可責。」上令彥博讓⓭徵，且曰：「自今宜存形迹。」它日，徵入見，言於上曰：「臣聞君臣同體⓮，宜相與盡誠⓯。若上下俱存形迹⓰，則國之興喪尚未可知⓱，臣不敢奉詔⓲。」上瞿然⓳曰：「吾已悔之。」徵再拜曰：「臣幸得奉事陛下，願使臣為良臣，勿為忠臣。」上曰：「忠、良有以異乎⓴？」對曰：「稷㉑、契㉒、皐陶㉓，君臣協心㉔，俱享尊榮㉕，所謂良臣。龍逢㉖、比干㉗，面折㉘廷爭，身誅國亡，所謂忠臣。」上悅，賜絹五百匹。

上神采英毅㉙，羣臣進見者，皆失舉措㉚。上知之，每見人奏事，必假以辭色㉛，冀聞規諫㉜。嘗謂公卿曰：「人欲自見其形，必資㉝明鏡，君欲自知其過，必待忠臣。苟其君愎諫自賢㉞，其臣阿諛順旨，君既失國，臣豈能獨全！如虞世基等諂事煬帝以保富貴，煬帝既弒，世基等亦誅。公輩宜用此為戒，事有得失，毋惜盡言㉟。」

或上言秦府舊兵，宜盡除武職㊱，追入宿衛㊲。上謂之曰：「朕以天下為家，惟賢是與㊳，豈舊兵之外皆無可信者乎！汝之此意，非所以廣朕德於天下也。」

上謂公卿曰：「昔禹鑿山治水，而民無謗讟㊴者，與人同利故也。秦始皇營㊵宮室，而人怨叛者，病人㊶以利己故也。夫靡麗㊷珍奇，固人之所欲，若縱之不已，則危亡立至。朕欲營一殿，材用㊸已具，鑒秦㊹而止。王公已下，宜體朕此意。」由是二十年間，風俗素朴，衣無錦繡，公私富給。

上謂黃門侍郎王珪曰：「國家本置中書、門下以相檢察，中書詔敕或有差失，則門下當行駁正㊺。人心所見，互有不同，苟論難往來㊻，務求至當，捨己從人㊼，亦復何傷！比來或護己之短，遂成怨隙；或苟避㊽私怨，知非不正㊾，順一人之顏情㊿，為兆民之深患(51)，此乃亡國之政也。煬帝之世，內外庶官，務相順從。當是之時，皆自謂有智，禍不及身。及天下大亂，家國兩亡，雖其間萬一有得免者，亦為時論所貶，終古不磨(52)。卿曹(53)各當徇公忘私，勿雷同(54)也。」

上謂侍臣曰：「吾聞西域賈胡55得美珠，剖身以藏之，有諸56？」侍臣曰：「有之。」上曰：「人皆知笑②彼之愛珠，而不愛其身也。吏受賕抵法57，與帝王徇奢欲而亡國者，何以異於彼胡之可笑邪！」魏徵曰：「昔魯哀公謂孔子曰：『人有好忘者，徙宅58而忘其妻。』孔子曰：『又有甚者，桀、紂59乃忘其身。』亦猶是也。」上曰：「然。朕與公輩宜戮力60相輔，庶61免為人所笑也。」

【章旨】以上為第八段，寫唐太宗察納雅言，常與近臣坦誠議政，鼓勵臣下進諫。

【注釋】❶壬午　十二月初四。❷坐事免　因事坐罪，免除官職。❸戊申　十二月三十日。❹武衛將軍　官名。武衛，軍制名，漢末曹操任丞相，置武衛營。魏文帝（曹丕）置武衛將軍以主禁旅。隋唐分左、右武衛，各置大將軍一人、將軍二人統領。❺互說符命　互相談論符籙命數。❻斥還舅氏　無忌及后之舅為高士廉，此謂斥罵回舅舅高士廉家。❼為意　介意。❽寘　處以。❾累　疵累。❿嶲州　州名，治所在今四川西昌。⓫右丞　古官名，秦置尚書丞，漢沿用。東漢時分置左、右丞，主持尚書臺，監察百官，權勢極大。六朝因之。唐在尚書省僕射之下設左、右丞，分別總領尚書省六部的事務。左丞領吏、戶、禮三部，右丞領兵、刑、工三部。左、右丞的地位與六部的侍郎相等。但因在六部之上，序列在侍郎之前，總稱「丞郎」。左、右丞又通稱左、右轄。⓬無狀　沒有事狀。指魏徵被誣告無事實。⓭讓　責備；責怪。⓮同體　同一肢體。⓯相與盡誠　互相竭誠相待。⓰若上下俱存形迹　如果上下都要留存辦事的實據和痕跡。⓱則國之興喪尚未可知　那麼國家的興亡就是不可知曉的了。⓲奉詔　接受詔命。⓳瞿然　驚駭的樣子。⓴忠良有以異乎　忠臣和良臣有差別嗎。㉑稷　古代周族的始祖。㉒契　傳說中商族始祖。㉓皋陶　傳說中東夷族的領袖。㉔協心　齊心。㉕尊榮　尊貴和榮耀。㉖龍逄　夏代末年大臣，夏桀暴虐荒淫，他多次直諫，被桀囚禁殺死。㉗比干　商紂王的叔父，官少師。相傳曾屢次勸諫紂王，被剖心而死。㉘面折　當面批評反駁。㉙英毅　英武剛毅。㉚失舉措　因畏懼而手足失措。㉛假以辭色　用溫和的話語和臉色，使進見者不懼而盡其辭。㉜冀聞規諫　希望聽到規勸諫諍。㉝資　借助。㉞愎諫自賢　意謂剛愎自用，不聽諫言，自以為賢明。㉟毋

惜盡言　不要吝惜，把話說盡。㊱宜盡除武職　應全部任命做武官。㊲追入宿衛　加入宮廷宿衛。㊳惟賢是與　用人唯才。㊴謗讟　誹謗。㊵營　造。㊶病人　損害人。㊷靡麗　華靡美麗。㊸材用　材料。㊹鑒秦　以秦為鑑。㊺中書詔敕或有差失二句　胡三省注云：「中書出命，門下審駁。按唐制，凡詔旨制敕，璽書冊命，皆中書舍人起草進畫，既下，則署行而過門下省，有不便者，塗竄而奏還，謂之塗歸。」㊻論難往來　反覆辯駁。㊼捨己從人　捨己之見而從他人。㊽苟避　苟且避免。㊾知非不正　知道是錯誤的也不加駁正。㊿顏情　情面。(51)深患　深重的禍患。(52)終古不磨　惡名終古不能磨滅。(53)卿曹　卿輩。(54)雷同　謂人云亦云。(55)賈胡　經商的胡人。(56)有諸　有這種事嗎。(57)受賕抵法　受賄依法入罪。(58)徙宅　遷居。(59)桀紂　均為歷史上著名的暴君，分別為夏代與商代的最後一個君主。(60)戮力　合力。(61)庶　副詞。表示可能或期望。

【校　記】①義安王　原無此三字。據章鈺校，十二行本、乙十一行本、孔天胤本皆有此三字，張敦仁《通鑑刊本識誤》同，今據補。②笑　原無此字。據章鈺校，十二行本、乙十一行本皆有此字，張敦仁《通鑑刊本識誤》同，今據補。

【語　譯】十二月初四日壬午，尚書左僕射蕭瑀因事犯罪被免職。

十二月三十日戊申，利州都督義安王李孝常等人謀劃反叛，伏法處死。李孝常乘著進京上朝，留在京城，與右武衛將軍劉德裕以及劉德裕的外甥統軍元弘善、監門將軍長孫安業相互談論符籙命數，密謀利用皇宮禁衛部隊叛亂。長孫安業，是長孫皇后的同父異母哥哥，嗜好飲酒，不務正業。他的父親長孫晟死後，弟弟長孫無忌與長孫皇后都還年幼，長孫安業把二人罵回舅舅高士廉家裡。等到唐太宗即位，皇后不把往日的怨恨放在心上，對長孫安業仍然給予優厚的恩寵禮遇。等到謀反的事情被發覺，皇后哭泣著為長孫安業堅持求情，說道：「安業犯罪確實罪該萬死。但他以前對我不慈愛，天下的人都知道。現在對他處以極刑，人們必然會說是我幹的，這樣的話恐怕也是聖朝的疵累。」長孫安業由此得以減罪免死，流配到巂州。

有人告發右丞魏徵出於私心袒護他的親屬，唐太宗派御史大夫溫彥博查問，沒有實據。溫彥博對唐太宗說：「魏徵不留實據和痕跡，遠避嫌疑，內心雖然無私，但也有可以責備的地方。」唐太宗讓溫彥博去責備魏徵，並且說：「從今以後應留下辦事的實據和痕跡。」另一天，魏徵入宮朝見，對唐太宗說：「臣聽說君主與臣下好像是同一肢體，應該相互竭誠相待。如果上下都要留下辦事的實據和痕跡，那麼國家的興亡就是不可知曉的了，所以臣不敢接受皇帝的詔命。」唐太宗驚訝地說：「我已經後悔了。」魏徵兩次下拜然後說：「臣有幸能侍奉陛下，願陛下讓臣做良臣，不做忠臣。」唐太宗問：「忠臣和良臣有差別嗎？」魏徵回答說：「后稷、契、皋陶，與堯、舜是君臣齊心協力，共享尊貴和榮耀，這就是所謂的良臣。龍逄、比干，當面批評君主，當場與君主爭辯，結果自身被誅而國家滅亡，這就是所謂的忠臣。」唐太宗聽了十分高興，賞賜絹帛五百匹。

唐太宗的神情風采中有英武剛毅之氣，眾位大臣進見他時，都會手足失措。唐太宗知道後，每次見人上朝奏事，一定用溫和的言辭和臉色，希望聽到大臣的規諫之言。他曾對公卿們說：「人想要看見自己的長相和身形，一定要借助明亮的鏡子，君主想知道自己的過錯，必須依賴忠誠的大臣。如果大臣的君主對於進諫剛愎自用不能聽取，自以為賢明，他的大臣就會阿諛君主，順著君主的意思說話，君主既然失去自己的國家，大臣豈能獨自保全！像虞世基等人以諂媚的態度侍奉隋煬帝以求保全自己的富貴，煬帝被人殺害後，虞世基等人也被誅殺。你們這些人應當以此作為鑑戒，事情有得有失，你們不要吝惜把話說盡。」

有人上書說秦王府原有的兵士，應全部任命為武官，加入皇宮的禁衛軍。唐太宗對他說：「朕以天下為家，用人唯才，難道原有的士兵之外都沒有可以相信的人了嗎！你的這個想法，不能用來把朕的恩德擴大到天下。」

唐太宗對公卿說：「從前大禹鑿山治水，而百姓沒有人誹謗咒罵，是因為他這樣做是與民同利的緣故。秦始皇營造宮室，而百姓怨恨反叛，是因為秦始皇這樣做是損害民眾來利於自己的緣故。那些華靡美麗的奇珍異寶，本來是人們都想得到的，如果帝王放縱自己的這些欲望而不停止，那麼國家的危亡立刻就會來到。朕想營建一座宮殿，材料已經齊備了，鑑於秦的滅亡就停止了。親王公卿以下，應當體會朕的這一想法。」從此二十年間，社會風俗質樸淳厚，穿衣不用錦繡，官府與百姓都很富足。

唐太宗對黃門侍郎王珪說：「國家本來設置了中書省、門下省，以便相互監督檢查，中書省起草詔令制敕或許有了差誤，門下省就應當進行糾正。人們的見解，互有不同，如果往來辯駁，務求至為正確，放棄自己的見解聽從別人正確的意見，又有什麼傷害呢！近來有人迴護自己的短處，於是雙方之間產生了怨恨仇隙；有人又為了躲避個人之間的私人恩怨，明知對方是錯誤的也不加以駁正，順從顧及一個人的情面，結果造成了萬民的深重禍患，這乃是使國家走向滅亡的政治。隋煬帝時代，朝廷內外的眾多官吏，相互務求順從，大家一團和氣。在那時候，都自以為聰明，災禍不會降臨自己身上。等到天下大亂，家和國就都走向了滅亡，雖然其中有幸萬一能免於災禍，但也被當時的輿論給予了批評和斥責，不好名聲在千古歷史上無法磨滅。你們每個人都應當為公而獻身，忘記私情，不要意見雷同。」

唐太宗對身邊侍從的大臣說：「我聽說西域有一個胡族商人得到一粒寶珠，割開身軀把寶珠藏在體內，有這種事嗎？」侍從的大臣說：「有這回事。」唐太宗說：「人們都知道笑話這個人愛珍珠，而不知道愛惜自己的身體。可是官吏受賄貪贓最終依法入罪，和帝王放縱奢侈的欲望而導致國家滅亡，這與那個胡族商人的可笑有什麼區別呢！」魏徵說：「從前魯哀公對孔子說：『有人非常健忘，搬家而忘了自己的妻子。』孔子說：『還有比這更過分的，夏桀、商紂都貪戀奢侈而忘記了自己的身體。』也像這種情況一樣。」唐太宗說：「對。朕與你們這群公卿應當同心合力相互輔助，或許能免除後人的恥笑。」

青州有謀反者，州縣逮捕支黨，收繫滿獄，詔殿中侍御史❶安喜崔仁師❷覆按❸之。仁師至，悉脫去杻械❹，與飲食湯沐❺，寬慰之，止坐❻其魁首❼十餘人，餘皆釋之。還報，敕使❽將往決之❾。大理少卿孫伏伽謂仁師曰：「足下平反❿者多，人情誰不貪生，恐見徒侶⓫得免，未肯甘心，深為足下憂之。」仁師曰：「凡治獄⓬當以平恕⓭為本，豈可自規⓮免罪，知其冤而不為伸邪！萬一闇短⓯，誤有所縱⑯，以一身易十囚之死，亦所願也。」伏伽慚而退。及敕使至，更訊諸囚，皆曰：「崔公平恕，事無枉濫⑰，請速就死。」無一人異辭者⑱。

上好騎射，孫伏伽諫，以為「天子居則九門⑲，行則警蹕⑳，非欲苟自尊嚴，乃為社稷生民之計也。陛下好自走馬射的㉑，以娛悅近臣。此乃少年為諸王時所為，非今日天子事業㉒也。既非所以安養聖躬㉓，又非所以儀刑㉔後世，臣竊為㉕陛下不取㉖。」上悅。未幾，以伏伽為諫議大夫。

隋世選人，十一月集㉗，至春而罷，人患其期促。至是，吏部侍郎觀城㉘劉林甫㉙奏四時聽選㉚，隨闕注擬㉛，人以為便㉜。

唐初，士大夫以亂離之後，不樂仕進㉝，官員不充㉞。省符㉟下諸州差人赴選㊱，州府㊲及詔使㊳多以赤牒㊴補官。至是盡省㊵之，勒赴省選㊶，集者七千餘人，林甫隨才銓敘㊷，各得其所，時人稱之。詔以關中米貴，始分人於洛州選㊸。

上謂房玄齡曰：「官在得人，不在員多。」命玄齡併省㊹，留文武總六百四十三員㊺。

隋祕書監晉陵㊻劉子翼有學行㊼，性剛直，朋友有過，常面責㊽之。李百藥常稱：「劉四㊾雖復㊿罵人，人終不恨。」是歲，有詔徵之。辭以母老，不至。

鄃[51]令裴仁軌私役門夫[52]，上怒，欲斬之。殿中侍御史長安李乾祐[53]諫曰：「法者，陛下所與天下共也，非陛下所獨有也。今仁軌坐輕罪而抵極刑[54]，臣恐人無所措手足。」上悅，免仁軌死，以乾祐為侍御史。

上嘗語及關中、山東人，意有同異[55]。殿中侍御史義豐[56]張行成[57]跪奏曰：「天子以四海[58]為家，不當有東西之異，恐示人以隘[59]。」上善其言，厚賜之。自是每有大政，常使預議[60]。

【章旨】以上為第九段，寫唐太宗寬容犯顏諫諍的直臣，往往破格提升。

【注釋】❶殿中侍御史　官名，唐代御史臺分為臺院、殿院、察院三部。殿中侍御史為殿院的長官。❷崔仁師　安喜（今河北定州）人，武德初擢制舉，累遷右武衛錄事參軍。貞觀中為度支郎中，歷中書侍郎、參知政事。傳見《舊唐書》卷七十四、《新唐書》卷九十九。❸覆按　再審訊。❹杻械　刑械。❺湯沐　以熱水供其沐浴。❻坐　指定罪。❼魁首　首惡者。❽敕使　凡奉敕出使者，皆謂之敕使。❾往決之　前往斬決罪犯。❿平反　把判錯的案件或做錯的結論改正過來。此處指有罪而判為無罪。⓫徒侶　同夥人；共犯。⓬治獄　審理刑案。⓭平恕　公平仁恕。⓮規　圖。⓯闇短　糊塗錯誤。⓰誤有所縱　錯放人犯。⓱枉濫　冤枉。⓲無一人異辭者　沒有一個人持有異議。⓳天子居則九門　九門亦曰九重，指帝王所居之處。古人認為，天有九重。故天子所居，也稱九重或九門。⓴行則警蹕　行則出警入蹕。警蹕，即戒嚴。蹕，帝王出行時開路清道，禁止他人通行。㉑走馬射的　跑馬射箭。的，箭靶的中心，一說箭靶。㉒天子事業　天子所應為之事。㉓聖躬　皇上的身體。㉔儀刑　模範。儀，準則；法度。刑，法式；典範。㉕為　認為。㉖不取　不該如此。㉗十一月集　十一月集於京師。㉘觀城　縣名，縣治在今河南清豐南。㉙劉林甫　（？—西元六二九年）觀城（今河南清豐南）人，武德時為內史舍人，歷中書侍郎、吏部侍郎。事跡見《舊唐書》卷八十一、《新唐書》卷一百六〈劉祥道傳〉。㉚四時聽選　一年四季允許銓選。㉛隨

闕注擬　隨時有空缺，吏部即可補選擬定的名單。㉜人以為便　人們都感到方便。㉝不樂仕進　不喜歡做官。㉞不充　不足。㉟省符　尚書省之符令。㊱差人赴選　派人應選。㊲州府　州郡。㊳詔使　敕使。㊴赤牒　紅色的文書，用以選補官吏。㊵盡省　完全停止。㊶勒赴省選　命令赴尚書省考選。㊷銓敘　銓選錄用。㊸分人於洛州選　分一部分應選者於洛陽銓敘。洛州，州名，治所在今河南洛陽東北。㊹併省　合併裁減。㊺留文武總六百四十三員　從赴選的七千多人中，挑選保留了文武共六百四十三人。留，挑選保留。㊻晉陵　縣名，縣治在今江蘇常州。㊼學行　學識品行。㊽面責　當面批評。㊾劉四　劉子翼排行第四，唐代流行以排行相呼，故稱之劉四。㊿雖復　雖然常。(51)鄃　縣名，縣治在今山東夏津。(52)私役門夫　私自役使門下的役夫，即以官家役夫做私事。(53)李乾祐　長安人，貞觀初為殿中侍御史。傳見《舊唐書》卷八十七、《新唐書》卷一百十七。(54)極刑　死刑。(55)意有同異　心意厚關中人而薄山東人。蓋李唐的近祖起自關隴集團，奉行關中本位政策。故談及關中、山東人時，不免厚關中而薄山東。(56)義豐　縣名，縣治在今河北安國。(57)張行成　（西元五八七—六五三年）字德立，義豐人，太宗時拜給事中，累官太子少傅。傳見《舊唐書》卷七十八、《新唐書》卷一百四。(58)四海　天下。(59)示人以隘　向人們表現出心胸狹隘。(60)預議　參與商議。

【語譯】青州有謀反的人，州縣官員逮捕了他的同夥，收捕關押的犯人滿獄，唐太宗下詔令殿中侍御史安喜人崔仁師複查這個案件。崔仁師到了青州，把全部囚犯枷具都解開，給他們飲食，讓他們沐浴，加以寬慰，只把他們的首犯十餘人論定罪行，其他人都釋放了。崔仁師回朝稟報，唐太宗又派專使即將前往進行判決。大理寺少卿孫伏伽對崔仁師說：「足下平反的人很多，從人之常情說，誰不貪生，只怕這些首犯看見同夥得以免罪，不肯甘心，為此我深為足下擔憂。」崔仁師說：「凡判定案子應當以公正寬恕為根本準則，怎麼可以自己謀求免除罪責，明知他們的冤枉而不為他們申訴呢！萬一自己糊塗錯誤，誤放了人，以我自己一人的生命換取十個囚犯的死罪，也是我願意的。」孫伏伽慚愧地退了下去。等到唐太宗派的專使到了青州，重新審訊各個犯人，他們都說：「崔公公平寬恕，案子沒有冤枉和濫捕的，請求從速讓我們去死。」沒有一個人持有異議。

唐太宗喜好騎馬射箭，孫伏伽勸諫，認為「天子居住的地方就要有九層宮門，出行的時候就要警戒清除道路，這不是想妄自尊嚴，而是為國家和百姓考慮的。陛下喜好親自騎馬射箭，以此來娛樂近臣。這是年少當親王時的做法，不是今日當了天子還應當做的事。既不是用來安靜地養護皇上聖體的好辦法，又不是用來為後代立下典範的好榜樣，臣私下裡認為陛下不應這樣做。」唐太宗聽了很高興。不久，任命孫伏伽為諫議大夫。

隋朝銓選人才，每年十一月候選者集中到京城，到次年春天才結束，人們擔心時間短促。到這時，吏部侍郎觀城人劉林甫上奏請求一年四季允許銓選，隨時出現空缺就隨時選拔補充，人們都以為這樣做才方便。

唐朝初年，士大夫因為經過動亂之後，都不願意做官，政府官員人數不足。尚書省下文到各州派人應選，州郡及奉詔特使多用紅色文書直接補充委任官吏。到這時全都廢除，命令各地候補士人都來尚書省考選，聚集了七千餘人，劉林甫根據人們的才能加以銓選錄用，人才都能各得其所，當時的人稱讚這種做法。唐太宗下詔認為關中地區的米貴，因此開始分出一部分應選者在洛州集中聽候朝廷的選拔任命。

唐太宗對房玄齡說：「官吏在於得到合適的人選，不在於人數多。」命令房玄齡合併裁減官府的部門，留下文武官員總共六百四十三人。

隋朝的祕書監晉陵人劉子翼有學問和品行，性格剛烈正直，朋友有了過失，他常常當面批評。李百藥常常稱讚說：「劉四雖然常罵人，人們最終卻不恨他。」這一年，有詔令徵召劉子翼來京做官。他以母親年邁為由推辭，不來京城。

鄃縣縣令裴仁軌私自役使門下的役夫，唐太宗大怒，想要處斬裴仁軌。殿中侍御史長安人李乾祐勸諫說：「法律這個東西，是陛下與天下百姓共有的，不是陛下所獨有的。現在裴仁軌犯了輕罪而處以死刑，臣擔心人們手足無措。」唐太宗聽了很高興，免除裴仁軌的死罪，任命李乾祐為侍御史。

唐太宗曾說到關中人、山東人，心裡厚關中人而薄山東人。殿中侍御史義豐人張行成跪在地下向皇帝上奏說：「天子以天下為家，不應當有東西的差別，恐怕會向人們表現出皇帝的狹隘。」唐太宗認為他的話說得好，賜給他豐厚的賞品。從此每當朝廷有大事，都讓他參與謀議。

初，突厥既彊，敕勒❶諸部分散，有薛延陀❷、迴紇、都播、骨利幹、多濫葛、同羅、僕固、拔野古、思結、渾、斛薛、奚結[1]、阿跌、契苾❸、白霫等十五部，皆居磧北❹，風俗大抵與突厥同，薛延陀於諸部為最彊。

西突厥曷薩那可汗方彊，敕勒諸部皆臣之。曷薩那徵稅無度❺，諸部皆怨。曷薩那誅其渠帥❻百餘人，敕勒相帥叛之，共推契苾哥楞為易勿真莫賀可汗，居貪于山❼北。又以薛延陀乙失鉢為也咥小可汗，居燕末山北。及射匱可汗兵復振，薛延陀、契苾二部並去可汗之號以臣之。

回紇❽等六部在鬱督軍山❾者，東屬始畢可汗。統葉護可汗勢衰，乙失鉢之孫夷男帥其[2]部落七萬餘家附于頡利可汗。頡利政亂，薛延陀與回紇、拔野古等相帥叛之。頡利遣其兄子欲谷設將十萬騎討之，回紇酋長菩薩將五千騎與戰於馬鬣山，大破之。欲谷設走，菩薩追至天山，部眾多為所虜，回紇由是大振。薛延陀又破其四設❿，頡利不能制。

頡利益衰，國人離散。會大雪，平地數尺，羊馬多死，民大飢。頡利恐唐乘其弊，引兵入朔州境上，揚言會獵⓫，實設備焉⓬。鴻臚卿鄭元璹⓭使突厥還，言於上曰：「戎狄興衰，專以羊馬為候⓮。今突厥民飢畜瘦，此將亡之兆也，不過三年。」上然之。群臣多勸上乘間擊突厥，上曰：「新與人盟⑮而背之，不信⑯；利人之災⑰，不仁；乘人之危以取勝，不武⑱。縱使其種落盡叛，六畜無餘，朕終不擊。必待有罪，然後討之。」

西突厥統葉護可汗遣真珠統俟斤與高平王道立⑲來，獻萬釘寶鈿金帶⑳、馬五千匹，以迎公主。頡利不欲中國與之和親，數遣兵入寇。又遣人謂統葉護曰：「汝迎唐公主，要須㉑經我國中過。」統葉護患之，未成昏。

【章旨】以上為第十段，寫突厥衰落。

【注釋】❶敕勒　種族名，又稱鐵勒。其先為匈奴苗裔，居西海（即今青海）以東。❷薛延陀　隋唐時北方少數民族名，鐵勒諸部之一。由薛部與延陀部合併而成。初屬於突厥。❸契苾　隋唐時西北少數民族名，鐵勒諸部之一。隋大業以來，其首領前來服屬。❹磧北　沙漠以北。❺徵稅無度　徵收賦稅沒有限度。❻渠帥　首領。❼貪于山　《新唐書》作貪汗山。即今汗山，在蒙古境內。❽回紇　中國古代民族名，北魏時，東部鐵勒的袁紇部落游牧於鄂爾渾河和色楞格河流域。隋稱韋紇。大業元年（西元六〇五年），因反抗突厥的壓迫，與僕固、同羅等成立聯盟，總稱回紇。後與唐關係密切。❾鬱督軍山　山名，在大漠以外。❿四設　指四部典兵者。突厥稱典兵者為設。⓫會獵　會合打獵。⓬實設備焉　事實上在預設防備。⓭鄭元璹（？—西元六四六年）字德芳，隋大業末為文城郡守，城破歸唐，授太常卿，後拜鴻臚卿。傳見《舊唐書》卷六十二、《新唐書》卷一百。⓮以羊馬為候　以羊馬的多少作為徵候。⓯與人盟　與他人結盟。⓰不信　不守信用。⓱利人之災　乘人災禍而取利。⓲不武　不算勇敢。⓳高平王道立　即唐宗室李道立。高祖之姪永安王李孝基無子，以其姪道立為繼嗣，封高平郡王。武德九年（西元六二六年）降為縣公。高宗初年，卒於陳州刺史。道立於武德八年出使西突厥。傳見《舊唐書》卷六十、《新唐書》卷七十八。⓴萬釘寶鈿金帶　萬釘寶鈿是馬鞍上飾以多點的寶鈿，金帶則是以金所製的勒帶。所獻五千匹馬，每匹馬都具有此飾。㉑要須　必須。

【校　記】①奚結　原無「奚」字。據章鈺校，乙十一行本有「奚」字，張敦仁《通鑑刊本識誤》同，今據補。②其　原無此字。據章鈺校，十二行本、乙十一行本皆有此字，今據補。

【語　譯】起初，突厥已經強大，敕勒人的各個部落分散，共有薛延陀、迴紇、都播、骨利幹、多濫葛、同羅、僕固、拔野古、思結、渾、斛薛、奚結、阿跌、契苾、白霫等十五個部落，都居住在漠北地區，風俗大致與突厥相同，薛延陀在各個部落中實力最強。

西突厥的曷薩那可汗正處於強大時期，敕勒的各個部落都向他稱臣。曷薩那徵收賦稅沒有限度，敕勒各個部落都有怨言。曷薩那誅殺各部落的首領一百多人，敕勒各個部落相繼叛離西突厥，一起推舉契苾部的哥楞為易勿真莫賀可汗，居住在貪于山之北。又推舉薛延陀部的乙失鉢為也咥小可汗，居住在燕末山之北。等到西突厥射匱可汗的兵勢重新強盛，薛延陀、契苾兩個部落就都去掉可汗的稱號向西突厥稱臣。

回紇等六個部落聚居在鬱督軍山，向東隸屬於突厥始畢可汗。西突厥統葉護可汗的勢力衰微後，乙失鉢的孫子夷男率領他部落的七萬多戶依附突厥的頡利可汗。頡利政局混亂，薛延陀與回紇、拔野古等部落相繼反叛。頡利可汗派他哥哥的兒子欲谷設統領十萬騎兵討伐薛延陀等部落，回紇酋長菩薩率五千騎兵在馬鬣山與欲谷設的騎兵交戰，大敗欲谷設。欲谷設逃跑，菩薩追到天山，欲谷設的部眾很多被菩薩俘虜，回紇由此大為強盛。薛延陀又擊敗突厥的四部典兵大將，頡利可汗再也無法控制這些敕勒的部落。

頡利可汗日益衰敗，國內民眾離散。適逢天下大雪，平地雪深數尺，羊馬多死，民眾大飢。頡利可汗怕唐朝利用突厥的衰敗出兵，帶領兵馬進入朔州的邊境線上，揚言要進行聚會圍獵，實際上是預設防備。鴻臚寺卿鄭元璹出使突厥回朝，對唐太宗說：「戎狄的興衰，只以羊馬牲畜的多寡為其徵候。現在突厥的百姓飢餓而牲畜瘦弱，這是他們將要滅亡的先兆，不會超過三年。」唐太宗認為他說得對。眾大臣都勸唐太宗乘機攻擊突厥，唐太宗說：「剛剛與人家結盟就違背約定，這是不守信用；利用人家的災禍而取利，這是不仁德；

乘人之危來取勝，這是不武勇。即使突厥的各個部落全都叛變，各種牲畜沒有剩餘，朕最終不會攻擊他們。一定要等到他們有了罪過，然後討伐他們。」

西突厥統葉護可汗派遣真珠統俟斤與高平王李道立來到長安，獻上萬釘寶鈿和金帶、五千匹馬，來迎娶唐朝的公主。頡利可汗不願意唐朝廷與統葉護和親，幾次派兵入侵。又派人對統葉護說：「你迎娶唐朝公主，必須從我們的領土上經過。」統葉護很擔憂，沒有成婚。

二年（戊子　西元六二八年）

春，正月辛亥❶，右僕射長孫無忌罷。時有密表❷稱❸無忌權寵❹過盛者，上以表示之❺，曰：「朕於卿洞然無疑❻，若各懷所聞而不言，則君臣之意有不通。」又召百官謂之曰：「朕諸子皆幼，視無忌如子，非它人所能間❼也。」無忌自懼滿盈❽，固求遜位❾，皇后❿又力為之請。上乃許之，以為開府儀同三司。

置六司侍郎⓫，副六尚書⓬，并置左右司郎中⓭各一人。

癸丑⓮，吐谷渾寇岷州⓯，都督李道彥⓰擊走之。○丁巳⓱，徙漢王恪⓲為蜀王，衛王泰⓳為越王，楚王祐⓴為燕王。

上問魏徵曰：「人主㉑何為而明㉒？何為而暗？」對曰：「兼聽㉓則明，偏信則暗。昔堯㉔清問㉕下民，故有苗㉖之惡得以上聞。舜㉗明四目，達四聰㉘，故共、緜、驩兜㉙不能蔽㉚也。秦二世㉛偏信趙高㉜，以成望夷之禍㉝；梁武帝㉞偏信朱异㉟，以取臺城之辱㊱；隋煬帝偏信虞世基，以致彭城閣之變㊲。是故人君兼聽廣納，則貴臣不得擁蔽㊳，而下情得以上通也。」上曰：「善！」

上謂黃門侍郎王珪曰：「開皇十四年㊴大旱，隋文帝不許賑給，而令百姓就食山東㊵。比至㊶末年，天下儲積可供五十年。煬帝恃其富饒，侈心無厭㊷，卒㊸亡天下。但使㊹倉廩[1]之積足以備凶年，其餘何用哉！」

二月，上謂侍臣曰：「人言天子至尊㊺，無所畏憚㊻。朕則不然，上畏皇天之監臨㊼，下憚羣臣之瞻仰㊽，兢兢業業㊾，猶恐不合天意，未副㊿人望。」魏徵曰：「此誠致治之要(51)，願陛下慎終如始(52)則善矣！」

【章旨】以上為第十一段，寫唐太宗自律，敬畏天譴與諫言，故能兼聽，深識為政之道。

【注釋】❶辛亥　正月初三。❷密表　祕密上表。❸稱　言；聲稱。❹權寵　權位和榮寵。❺以表示之　皇上將密表給無忌看。❻洞然無疑　很瞭解，無疑心。❼間　離間。❽滿盈　富貴至極。❾遜位　讓位；讓賢。❿皇后　文德皇后。⓫六司侍郎　侍郎，官名，隋唐中書、門下及尚書省所屬各部都以侍郎為長官副職。按《舊唐書・職官志一》，吏部侍郎正四品上，餘皆正四品下。⓬副六尚書　為六尚書之佐貳。⓭左右司郎中　官名，隋唐尚書省所屬左司和右司的長官，分掌尚書省六部的事務。唐制，尚書省僕射之下設左、右丞。左丞領吏、戶、禮三部十二司，右丞領兵、刑、工三部十二司。左右司郎中，各掌副左右丞所管諸司事。⓮癸丑　正月初五。⓯岷州　州名，治所在今甘肅岷縣。⓰李道彥　唐宗室，高祖從弟神通之子。貞觀初為岷州（治所在今甘肅岷縣）都督。從李靖擊吐谷渾，因大敗，被戍邊。傳見《舊唐書》卷六十、《新唐書》卷七十八。

⑰丁巳　正月初九。⑱漢王恪　太宗第三子。⑲衛王泰　太宗第四子。⑳楚王祐　太宗第五子。㉑人主　人君；天子。㉒明察　明察。㉓兼聽　同時聽取多人的意見。㉔堯　傳說中父系氏族社會後期部落聯盟首領。㉕清問　虛心詢問。㉖有苗　即三苗，古族名。㉗舜　傳說中父系氏族社會後期部落聯盟領袖。㉘明四目二句　即兼視兼聽之意。㉙共鯀驩兜　共工、鯀、驩兜為古史傳說中的三個人物，後與三苗並稱為「四罪」，被舜流放於幽州。㉚不能蔽　不能隱蔽罪行。㉛秦二世　（西元前二三〇—前二〇七年）即胡亥，秦朝第二代皇帝。事跡見《史記》卷六〈秦始皇本紀〉。㉜趙高　（？—西元前二〇七年）秦宦官，原係趙國貴族。進入秦宮二十餘年，任中車府令，兼行符璽令事。事跡見《史記》卷六〈秦始皇本紀〉。㉝望夷之禍　望夷，即秦代望夷宮，故址在今陝西涇陽東南。趙高殺秦二世於此宮，故謂望夷之禍。㉞梁武帝　即南朝梁的建立者蕭衍（西元四六四—五四九年），事見《梁書》卷一。㉟朱异　（西元四八一—五四八年）字彥和，梁武帝時朱异居權要三十餘年，歷官自員外常侍至侍中。傳見《梁書》卷三十八。㊱臺城之辱　南朝梁武帝末年，權臣朱异奸佞驕貪，為人所恨。降將侯景以誅朱异為名，發動叛亂。亂軍攻破建康（今南京）。太清二年（西元五四九年）攻下臺城（宮城），梁武帝憤恨而死。㊲彭城閣之變　指隋大業十四年（西元六一八年）三月，煬帝在江都（今江蘇揚州）被宇文化及所殺之事。事前曾有人向權臣虞世基通報化及反狀。煬帝疑告反者不實，而不予防備。彭城閣蓋為煬帝被殺之處所。㊳擁蔽　即「壅蔽」。阻塞。㊴開皇十四年　西元五九四年。㊵就食山東　到山東謀食。㊶比至　等到。㊷侈心無厭　奢侈之心沒有滿足。㊸卒　終於。㊹但使　只要使。㊺至尊　最尊貴。㊻畏憚　懼怕。㊼監臨　蒞臨監視。㊽瞻仰　仰首瞻視。㊾兢兢業業　謹慎小心。㊿未副　不稱；不符。51此誠致治之要　這的確是達到天下大治的關鍵。52慎終如始　謹慎地堅持到最後，如同開始時一樣。

【校　記】1廩　據章鈺校，十二行本、乙十一行本皆作「庾」。

【語　譯】二年（戊子　西元六二八年）

春，正月初三日辛亥，尚書右僕射長孫無忌罷官。當時有人上密封奏章說長孫無忌的權力和榮寵過於盛大，唐太宗把密封的奏章拿給長孫無忌看，說：「朕對你完全瞭解一點都不懷疑，如果各自心裡懷有想法而不說出來，那麼君臣的想法就會不能完全溝通。」又召集百官對他們說：「朕的兒子全都年幼，所以把無忌看成如同親兒子一樣，不是其他人所能離間的。」長孫無忌自己害怕富貴至極，一再請求退位，長孫皇后又盡力為他請求。唐太宗於是同意長孫無忌離職，改任為開府儀同三司。

唐設置六司侍郎，作為六司尚書的副職，同時都設置左右司郎中各一人。

正月初五日癸丑，吐谷渾入侵岷州，都督李道彥擊退了吐谷渾。〇初九日丁巳，把漢王李恪改封為蜀王，衛王李泰改封為越王，楚王李祐改封為燕王。

唐太宗問魏徵：「君主如何才能做到明察？如何就會昏庸愚昧？」魏徵回答說：「同時聽取各方面的意見，就會明察，偏聽偏信，就會昏庸愚昧。從前堯帝虛心地詢問下層的民眾，所以有苗的惡行能夠從下面傳到堯帝的耳朵裡。舜帝能讓自己的眼睛明察四方，能讓自己的耳朵清楚地聽到四方的消息，所以共工、鯀、驩兜不能隱匿罪行。秦二世對趙高偏聽偏信，以致造成了望夷宮的災禍；梁武帝對朱异偏聽偏信，結果招致了臺城的恥辱；隋煬帝對虞世基偏聽偏信，以致發生彭城閣之變。所以君主能兼聽和廣泛採納各方面的意見，那麼地位很高的大臣就無法阻塞人們向君主上言的通路，下層的情況也就能夠通達到君主面前。」唐太宗說：「說得好！」

唐太宗對黃門侍郎王珪說：「隋朝開皇十四年發生大旱災，隋文帝不同意開倉賑濟，而讓百姓到關東地區找東西吃。等到文帝末年，天下儲備的糧食可供五十年食用。隋煬帝仗恃著如此富足的糧食，奢侈的欲望沒有滿足，終於使得國家滅亡。只要使倉庫中的糧食足以應付災年就可以了，其餘的又有什麼用處啊！」

二月，唐太宗對侍從的大臣說：「人們都說天子最為尊貴，無所畏懼。朕則不是這樣認為，朕上怕皇天的監視和照臨，下怕群臣的瞻仰注視，兢兢業業，還怕不符合上天的旨意，不符合百姓的期望。」魏徵說：「這的確是達到天下大治的關鍵，希望陛下謹慎地堅持到最後，如同開始時一樣，那樣就很好了！」

上謂房玄齡等曰：「為政莫若至公❶。昔諸葛亮竄廖立、李嚴於南夷，亮卒而立、嚴皆悲泣，有死者❷，非至公能如是乎！又高熲❸為隋相，公平識治體❹，隋之興亡，繫熲之存沒❺。朕既慕前世之明君，卿等不可不法❻前世之賢相也。」

三月戊寅朔[1]，日有食之。

壬子❼，大理少卿胡演進每月囚帳❽。上命自今大辟❾皆令中書、門下四品已上及尚書議之❿，庶無冤濫。既而引囚⓫至岐州⓬刺史鄭善果，上謂胡演曰：「善果雖復有罪，官品不卑⓭，豈可使與諸囚為伍⓮。自今三品已上犯罪，不須引過⓯，聽於朝堂俟進止⓰。」

關內旱饑，民多賣子⓱以接衣食⓲。己巳⓳，詔出御府金帛為贖之，歸其父母。庚午⓴，詔以去歲霖雨，今茲㉑旱蝗，赦天下。詔書略曰：「若使年穀豐稔㉒，天下乂安㉓，移災朕身，以存萬國㉔，是所願也，甘心無吝㉕。」會所在有雨，民大悅。

夏，四月己卯㉖，詔以「隋末亂離，因之饑饉㉗，暴骸滿野，傷人心目，宜令所在官司收瘞㉘。」

【章旨】以上為第十二段，寫唐太宗倡導臣下執法至公，執行死囚要大臣覆議；因旱災、蝗災而赦天下，關心民生。

【注釋】❶為政莫若至公　為政沒有比公正更重要的。❷有死者　有因悲傷致死的。❸高熲　（西元五四一—六〇七年）

一名敏，字昭玄，渤海蓨（今河北景縣）人，隋文帝時，任尚書左僕射，執掌朝政。傳見《隋書》卷四十一。❹公平識治體　公正平實，瞭解治國的根本原則。❺繫熲之存沒　與高熲的存亡相關聯。❻不可不法　不可不效法。❼壬子　三月初五。❽囚帳　登載囚徒姓名的帳簿。❾大辟　死刑。❿議之　合議；討論。⓫既而引囚　不久牽引囚徒。⓬岐州　州名，治所在今陝西鳳翔。⓭官品不卑　官的品秩不低。⓮為伍　在一起。⓯不須引過　不需牽引過來。⓰聽於朝堂俟進止　可以使其在朝堂聽候處分。朝堂，長安太極宮與大明宮均置有東西朝堂。朝堂既是文武百官舉行大朝會的地方，亦是受訟理冤獄之處。⓱賣子　賣兒賣女。古代女子也稱子。⓲以接衣食　用以接濟衣食。⓳己巳　三月二十二日。⓴庚午　三月二十三日。㉑今茲　今年。㉒稔　莊稼成熟。㉓乂安　太平無事。乂，治理；安定。㉔萬國　全國。㉕吝　吝惜。㉖己卯　四月初三。㉗因之饑饉　加上饑饉。㉘收瘞　收屍埋葬。瘞，掩埋；埋藏。

【校　記】①戊寅朔　貞觀二年三月戊申朔，兩《唐書・太宗紀》均作「戊申」，嚴衍《通鑑補》改作「戊申」，當據校正。戊申，三月初一日。

【語　譯】唐太宗對房玄齡等人說：「治理國家，什麼都不如大公無私重要。以前諸葛亮流放廖立、李嚴到南夷之地，諸葛亮死了，廖立和李嚴都悲痛哭泣，有人甚至哀傷而死，不是大公無私能像這樣嗎！還有高熲為隋朝的丞相，公正平實，瞭解治國的根本準則，隋朝的興亡，與高熲的在世與去世相關聯。朕既然仰慕前代的開明君主，你們不可不效法前代的賢明宰相。」

三月戊寅朔，發生日蝕。

三月初五日壬子，大理寺少卿胡演進呈每月囚禁罪犯的名簿。唐太宗命令從今往後的大辟死罪都要讓中書省、門下省四品以上官員及尚書省一起討論，希望盡量不出現冤枉和濫殺。不久帶領囚犯來見，看到其中有原岐州刺史鄭善果，唐太宗對胡演說：「鄭善果雖然有罪，他官職的等級不低，怎能讓他與其他囚犯在一起。從現在起，三品以上的官員犯罪，不需帶領過來，只讓他們在承天門前的東西朝堂聽候處理。」

關內地區發生旱災和饑荒，很多百姓賣兒賣女，用以接濟衣食。三月二十二日己巳，唐太宗下詔命令拿出皇宮府庫中的金銀絲帛為百姓贖回子女，歸還父母。二十三日庚午，下詔說去年由於雨水連綿不止，今年又有旱災、蝗災，因此大赦天下。詔書中大略說：「假如能讓年歲豐收穀物富足，天下平安，即使讓災害轉移到朕的身上，以此來保全天下，這是朕的願望，心甘情願毫不吝惜。」正好這時發生旱災的地區下了雨，百姓大為高興。

夏，四月初三日己卯，下詔說「隋朝末年發生戰亂，人民流離，加上發生饑荒，滿野是暴露的屍骨，使人心傷，應該命令各地官府收集掩埋屍骨。」

初，突厥突利可汗建牙❶直❷幽州之北，主東偏❸，奚、霫❹等數十部多叛突厥來降，頡利可汗以其失眾責之。及薛延陀、回紇等敗欲谷設❺，頡利遣突利討之，突利兵又敗，輕騎奔還。頡利怒，拘之十餘日而撻之。突利由是怨，陰欲叛頡利。頡利數徵兵於突利，突利不與，表請❻入朝。上謂侍臣曰：「曏者❼突厥之彊，控弦❽百萬，憑陵中夏❾，用是驕恣❿，以失其民。今自請入朝，非困窮，肯如是乎⓫！朕聞之，且喜且懼。何則？突厥衰則邊境安矣，故喜。然朕或失道⓬，它日亦將如突厥，能無懼乎！卿曹⓭宜不惜苦諫，以輔朕之不逮⓮也。」

頡利發兵攻突利，丁亥⓯，突利遣使來求救。上謀於大臣曰：「朕與突利為兄弟⓰，有急不可不救。然頡利亦與之有盟⓱，柰何？」兵部尚書杜如晦曰：「戎狄無信，終當負約⓲。今不因⓳其亂而取之，後悔無及。夫取亂侮亡⓴，古之道也。」

丙申㉑，契丹酋長帥其部落來降。頡利遣使請以梁師都易契丹㉒，上謂使者曰：「契丹與突厥異類㉓，今來歸附，何故索之！師都中國之人，盜我土地，暴我百姓，突厥受而庇之，我興兵致討㉔，輒㉕來救之。彼如魚游釜中，何患不為我有！借使㉖不得，亦終不以降附之民易之也。」

先是，上知突厥政亂，不能庇梁師都，以書諭之㉗，師都不從。上遣夏州都督長史劉旻、司馬㉘劉蘭成圖之。旻等數遣輕騎踐其禾稼，多縱反間㉙，離其君臣，其國漸虛，降者相屬㉚。其名將李正寶等謀執師都，事洩，來奔，由是上下益相疑。旻等知可取，上表請兵。上遣右衛大將軍柴紹㉛、殿中少監㉜薛萬均擊之，又遣旻等據朔方㉝東城以逼之。師都引突厥兵至城下，劉蘭成偃旗臥鼓不出。師都宵遁㉞，蘭成追擊，破之。突厥大發兵救師都，柴紹等未至朔方數十里，與突厥遇，奮擊，大破之，遂圍朔方。突厥不敢救，城中食盡。壬寅㉟，師都從父弟洛仁殺師都，以城降，以其地為夏州。

太常少卿㊱祖孝孫㊲以梁、陳之音多吳、楚㊳，周、齊之音多胡、夷㊴，於是斟酌南北，考以古聲，作唐雅樂，凡八十四調㊵、三十一曲、十二和㊶。詔協律郎㊷張文收㊸與孝孫同修定。六月乙酉㊹，孝孫等奏新樂。上曰：「禮樂者，蓋聖人緣情[1]以設教[45]耳。治之隆替[46]，豈由於此？」御史大夫杜淹曰：「齊之將亡，作伴侶曲[47]，陳之將亡，作玉樹後庭花[48]，其聲哀思，行路[49]聞之皆悲泣，何得言治之隆替不在樂也！」上曰：「不然。夫樂能感人，故樂者[50]聞之則喜，憂者聞之則悲，悲喜在人心，非由樂也。將亡之政[51]，民必愁苦，故聞樂而悲耳。今二曲具存，朕為公奏之[52]，公豈悲乎[53]？」右丞魏徵曰：「古人稱『禮云禮云，玉帛云乎哉！樂云樂云，鍾鼓云乎哉[54]！』樂誠[55]在人和，不在聲音也。」

【章旨】以上為第十三段，寫因突厥衰落，北方最後一個割據者梁師都被平定。唐完成《唐雅樂》的制定。

【注釋】❶建牙　建立牙帳，為突厥王庭所在。❷直　當；在。❸主東偏　主管東部部落。❹奚霫　皆為古民族名，隋唐時居潢水（今西拉木倫河）以北，以射獵為生。❺欲谷設　頡利可汗之子。❻表請　上表請求。❼曏者　從前；舊時。❽控弦　能騎射者。❾憑陵中夏　侵陵中華。❿用是驕恣　因此驕橫放縱。⓫肯如是乎　豈肯這樣嗎。⓬朕或失道　我一旦有失君道。⓭卿曹　卿輩。⓮不逮　不及之處。⓯丁亥　四月十一日。⓰與突利為兄弟　高祖武德七年（西元六二四年）八月，頡利、突利二可汗入寇。李世民大智大勇，利用二可汗間的疑忌心理，與突利結為兄弟。⓱頡利亦與之有盟　指武德九年（西元六二六年）八月，頡利進至渭水便橋，剛即帝位的太宗與之隔水而語，責其負約，隨即與頡利盟於便橋之上。⓲負約　違背盟約。⓳因　乘。⓴取亂侮亡　攻取生亂之國，欺侮衰亡之國。㉑丙申　四月二十日。㉒易契丹　交換契丹酋長及其部落。㉓異類　不同種族。㉔致討　征討。㉕輒　就。㉖借使　假使；即使。㉗以書諭之　用書信曉諭勸解他。㉘司馬　官名，隋唐州、郡、府佐吏有司馬一人，位在別駕、長史之下。一般用來安置貶斥之官，多無實權。㉙多縱反間　多次使用反間計。㉚相屬　相繼。㉛柴紹　（？—西元六三八年）字嗣昌，臨汾（今山西臨汾）人，高祖之婿。累從征伐，以功封霍國公，拜右驍衛大將軍。貞觀中出為華州刺史。傳見《舊唐書》卷五十八、《新唐書》卷九十。㉜殿中少監　官名，殿中省副長官，從四品上。㉝朔方　縣名，縣治在今陝西靖邊東北。㉞宵遁　趁夜逃跑。㉟壬寅　四月二十六日。㊱太常少卿　官名，太常寺太常卿之副職，掌宗廟禮儀，兼掌選試博士。㊲祖孝孫　幽州范陽（今北京市）人，隋唐之際樂律學家。隋代任協律郎，參定雅樂。入唐為著作郎、太常少卿等。傳見《舊唐書》卷七十九。㊳梁陳之音多吳楚　梁、陳舊樂多帶吳、楚音調。㊴周齊之音多胡夷　周、齊的舊樂多帶有胡、夷音調。㊵八十四調　我國宮調理論中，以十二律旋相為宮，構成十二均；每均都可構成七種調式，共得八十四調。㊶十二和　《舊唐書·音樂志》載：唐代祖孝孫所定大唐樂，「以十二律各順其月，旋相為宮……制十二和之樂，合三十一曲，八十四調。」十二和是一種雅樂體制。㊷協律郎　掌管音樂的官。《唐六典》卷十四：「協律郎二人，正八品，掌和六律六呂，以辨四時之氣，八風五音之節。」㊸張文收　唐貞觀（西元六二七—六四九年）前後的音樂家，通音律，能作曲。歷官協律郎、太子率更令。傳見《舊唐書》卷八十五、《新唐書》卷一百十三。㊹乙酉　六月十日。㊺緣情以設教　根據人的情感以施教化。㊻治之隆替　政治的隆盛衰替。㊼伴侶曲　北齊時，陽俊之多作六言歌辭，淫蕩而頹廢，時人稱之為〈伴侶曲〉。㊽玉樹後庭花　樂曲名，胡三省注引杜佑云：「〈玉樹後庭花〉、〈堂堂黃鸝留〉、〈金釵兩鬢垂〉，並陳後主所造，恆與宮中女學士及朝臣唱和為詩，太樂令何胥採其尤輕豔者為此曲。」㊾行路　行路之人。㊿樂者　快樂的人。51將亡之政　行將滅亡的政治。52奏之　演奏之。53公豈悲乎　你難道會悲傷嗎。54禮云禮云四句　出自《論語》所載孔子之言。其意為：禮啊禮啊，豈是說玉帛這些禮品嗎？樂啊樂啊，豈是說鐘鼓這些樂器嗎？此謂禮樂均有其文化內涵，禮儀與樂器只是外在的表現。55誠　實在。

【校　記】1情　據章鈺校，十二行本、乙十一行本、孔天胤本皆作「物」。

【語　譯】起初，突厥突利可汗建立牙帳，處在幽州正北方，主持突厥的東部事務，奚、霫等數十個部落大多反叛突厥前來降唐，頡利可汗認為突利可汗喪失了這些部落而責備他。等到薛延陀、回紇等打敗欲谷設，頡利派遣突利前去討伐薛延陀等，突利的軍隊又戰敗，輕騎逃回。頡利很生氣，把突利拘禁了十幾天並用鞭子抽他。突利從此怨恨頡利，暗中想背叛頡利。頡利幾次向突利徵兵，他都不給，向唐朝上書請求進京朝見。唐太宗對陪侍的大臣們說：「以前突厥強盛時，有弓箭之士上百萬，侵陵中原，因此而驕橫放縱，因而失去百姓的支持。現在自己請求進京朝見，如果不是走投無路，肯這樣做嗎！朕聽到這個消息，又高興又害怕。

為什麼呢？突厥衰敗，大唐邊境就安寧了，所以高興。然而朕一旦有失君道，日後也將會像突厥一樣，能不害怕嗎！望你們不惜一切對我進行直言苦諫，以幫助朕的不足。」

頡利可汗發兵攻打突利，四月十一日丁亥，突利派使節前來求援。唐太宗與大臣們謀議說：「朕與突利結為兄弟，他有急難不能不救。但是頡利可汗也與我訂立盟約，怎麼辦？」兵部尚書杜如晦說：「戎狄沒有信用，最終會背叛盟約。現在不乘其發生內亂而攻取他們，以後後悔也來不及了。攻取發生內亂的國家，欺侮衰亡的國家，這是自古以來的道理。」

四月二十日丙申，契丹酋長率領他的部落前來投降唐朝。頡利可汗派使臣請求用梁師都交換契丹，唐太宗對突厥的使臣說：「契丹與突厥是不同的種族，現在來歸順，你們有什麼理由把他們要回去！梁師都是中原人，侵佔了我大唐的土地，殘害我大唐的百姓，突厥接受了他並加以庇護，我大唐興兵討伐梁師都，你們就出兵救援他。梁氏已經如同魚游在釜中，哪裡擔心不被我們消滅！即使不能抓獲他，最終也不會用歸降的百姓去交換他。」

此前，唐太宗得知突厥政局混亂，不能庇護梁師都，寫信曉諭勸解梁師都歸降，但梁師都不肯聽從。唐太宗派夏州都督府長史劉旻、司馬劉蘭成想辦法除掉梁師都。劉旻等人多次派遣輕騎兵踐踏梁氏佔據區的莊稼，多次使用反間計，離間梁師都與他部下的君臣關係，他的勢力逐漸虛弱，投降唐朝的人接連不斷。梁師都手下的名將李正寶等人密謀抓捕梁師都，事情洩露，前來投奔唐朝，因此梁師都的君臣上下更加互相猜疑。劉旻等知道可以攻取梁師都了，上表請求派兵出擊。唐太宗派右衛大將軍柴紹、殿中少監薛萬均進攻梁師都，又派遣劉旻等人據守朔方東城進逼梁師都。梁師都帶領突厥兵來到朔方東城下，劉蘭成偃旗息鼓按兵不出。梁師都半夜逃跑，劉蘭成追擊，大敗梁軍。突厥調發大批兵力救援梁師都，柴紹等人率兵馬還離朔方數十里，與突厥部隊相遇，奮力拼殺，大敗突厥兵，於是包圍朔方城。突厥不敢救援，城中糧盡。四月二十六日壬寅，梁師都叔父的弟弟梁洛仁殺死梁師都，率城投降，唐朝把該地設置為夏州。

太常寺少卿祖孝孫認為南朝梁、陳二代的音樂多帶吳、楚音調，而北朝周、齊二代的音樂多帶北方胡人、夷人的音調，於是對南方、北方的音樂進行斟酌對比，又考察了古代的音樂，撰寫了《唐雅樂》，總共八十四調、三十一曲、十二和。唐太宗詔令協律郎張文收與祖孝孫共同修定唐朝音樂。六月初十日乙酉，祖孝孫等人奏上新樂。唐太宗說：「禮樂這個東西，是聖人根據人的情感來進行教化的。國家政治的興衰隆替，難道是根據禮樂的嗎？」御史大夫杜淹說：「北齊將要滅亡時，撰作了〈伴侶曲〉，陳朝將要滅亡時，撰作了〈玉樹後庭花〉，這些樂曲的聲調都有悲哀的思緒，行路人聽到了都悲傷落淚，怎能說政治的興衰隆替不在於音樂呢！」唐太宗說：「不是這樣。音樂能感動人，所以快樂的人聽到音樂就喜悅，憂傷的人聽到音樂就悲傷，悲傷與喜悅在於人的內心，不是出自音樂。行將滅亡的政治，百姓內心必然感到愁苦，所以聽到音樂就會悲傷罷了。現在這兩首曲子都還存在，朕為你彈奏出來，你難道會悲傷嗎？」右丞魏徵說：「古人說『禮啊禮啊，難道是說玉帛這些禮品嗎！樂啊樂啊，難道是說鐘鼓這些樂器的嗎！』音樂的作用確實在於人心與音樂的調和，而不在於聲音本身。」

臣光曰：「臣聞垂❶能目制❷方圓，心度❸曲直，然不能以教人❹，其所以教人者，必規矩而已矣。聖人不勉而中❺，不思而得❻，然不能以授❼人，其所以授人者，必禮樂而已矣。禮者，聖人之所履也❽；樂者，聖人之所樂也❾。聖人履中正而樂和平❿，又思與四海共之，百世傳之，於是乎作禮樂焉。故工人執垂之規矩而施之器，是亦垂之功已⓫；王者執五帝、三王之禮樂而施之世，是亦五帝、三王之治已⓬。五帝、三王，其違世⓭已久，後之人見其禮知其所履，聞其樂知其所樂，炳然⓮若猶存於世焉，此非禮樂之功⓯邪！

「夫禮樂有本、有文⑯。中和者，本也，容聲⑰者，末也，二者不可偏廢。先王守禮樂之本，未嘗須臾去於心⑱，行禮樂之文，未嘗須臾遠於身⑲。興於閨門⑳，著㉑於朝廷，被於鄉遂比鄰㉒，達於諸侯㉓，流於四海㉔，自祭祀軍旅至於飲食起居，未嘗不在禮樂之中。如此數十百年㉕，然後治化周浹㉖，鳳凰來儀㉗也。苟㉘無其本而徒有其末，一日行之而百日捨㉙之，求以移風易俗，誠亦難矣。是以漢武帝㉚置協律㉛，歌天瑞㉜，非不美也，不能免哀痛之詔㉝。王莽㉞建義和㉟，考律呂㊱，非不精也，不能救漸臺之禍㊲。晉武制笛尺㊳，調金石㊴，非不詳也，不能弭平陽之災㊵。梁武帝立四器㊶，調八音㊷，非不察也，不能免臺城之辱㊸。然則韶、夏、濩、武之音㊹，具存於世，苟其餘不足以稱之㊺，曾不能化一夫㊻，況四海乎！是猶執垂之規矩而無工與材㊼，坐而待器之成，終不可得也。況齊、陳淫昏㊽之主，亡國之音，蹔奏於庭㊾，烏能㊿變一世之哀樂乎！而太宗遽云治之隆替不由於樂(51)，何發言之易(52)而果於(53)非聖人(54)也如此！

「夫禮，非威儀之謂也(55)，然無威儀，則禮不可得而行矣。樂，非聲音之謂也，然無聲音，則樂不可得而見(56)矣。譬諸山(57)，取其一土一石而謂之山則不可，然土石皆去，山於何在哉(58)！故曰：『無本不立，無文不行(59)。』柰何以齊、陳之音不驗[60]於今世，而謂樂無益於治亂，何異睹拳石[61]而輕泰山乎！必若所言[62]，則是五帝、三王之作①樂皆妄也[63]。『君子於其所②不知，蓋闕如也[64]。』惜哉！」

【章　旨】以上為第十四段，寫司馬光對禮樂的評論，他認為有助於治政教化的作用，批評唐太宗不重視禮樂的態度。

【注　釋】[1]垂　古之巧人，名垂。[2]目制　目定。用眼睛測量就能制定方和圓。[3]心度　用內心測度。[4]不能以教人　不能把自己的經驗教給別人。謂目制、心度，不是器具，乃個人的經驗，別人無法掌握。[5]不勉而中　不努力就合乎正道。[6]不思而得　不思索便得其理。[7]授　傳授。[8]禮者二句　禮，是聖人要親自踐行的行為。[9]樂者二句　樂，是聖人體驗歡樂的聲音。[10]履中正而樂和平　履行中正之道，而喜愛和諧平正。[11]是亦垂之功已　這也就是垂的功勞了。[12]是亦五帝三王之治已　這也就是五帝、三王的治國之道了。[13]違世　離開世間。[14]炳然　昭然。[15]功　功效。[16]有本有文　本，本質；根本。文，文采。[17]容聲　儀容、聲音。容屬禮，聲屬樂。[18]未嘗須臾去於心　不曾片刻離心。[19]未嘗須臾遠於身　不曾片刻離於身。[20]閨門　居室之內。[21]著　彰顯。[22]被於鄉遂比鄰　廣布於鄉遂近鄰。鄉，古代的一種居民組織。一萬二千五百戶為一鄉。遂，先秦時京城郊外的行政區域。[23]諸侯　此處指邦國。[24]四海　全國。[25]數十百年　數十年以至一百年。[26]治化周浹　政治教化周遍融洽。[27]鳳凰來儀　儀同來，指來歸。古以鳳凰來儀，作為治化周浹的徵驗。[28]苟　如果。[29]捨　捨棄。[30]漢武帝　（西元前一五六—前八七年）西漢第五代皇帝。西元前一四一—前八七年在位。景帝之子，十六歲即位，在位五十四年間，在政治、經濟、文化諸方面採取一系列措施，將西漢推至全盛時期。事見《漢書》卷六。[31]協律　指協律都尉，掌管音樂之官。[32]歌天瑞　歌頌天降之祥瑞。[33]哀痛之詔　指武帝所下哀悼戾太子的詔書。[34]王莽　（西元前四五—西元二三年）新朝建立者。西元八—二三年在位。西漢末，以外戚身分掌握政權。後篡位建立新朝。在位期間，實行改制，社會矛盾激化，爆發了全國性的民眾大起義。傳見《漢書》卷九十九。[35]羲和　王莽所設官名。相當於昔時的太史職務。[36]考律呂　考定律呂。律，古代音樂十二律中的陽律。呂，古代音樂十二律中的陰律。《漢書‧律曆志》：「律十有二，陽六為律，陰六為呂。」[37]漸臺之禍　新朝地皇四年（西元二三年）九月，更始兵攻入長安，王邑等敗死。王莽登漸臺，被商人杜吳所殺，新朝滅亡。

此事被稱作漸臺之禍。㊳晉武制笛尺　晉武帝使律學家荀勗考定律呂，制定笛尺。在其所制十二笛中，已應用「管口校正」法。㊴調金石　調整金石等各種樂器的聲音。㊵弭平陽之災　消除西晉末年的永嘉之亂。西晉懷帝永嘉五年（西元三一一年），匈奴首領劉淵子劉聰派兵南下，陷西晉都城洛陽，把晉懷帝俘到平陽（今山西臨汾西南）。匈奴軍南下時，一路燒殺搶掠，中原百姓紛紛逃亡江南，史稱永嘉之亂。㊶四器　又叫四通，梁武帝所製調音的樂器。四通為玄英通、青陽通、朱明通、白藏通。㊷八音　古稱金、石、土、草、絲、木、匏、竹曰八音。㊸臺城之辱　梁武帝太清三年（西元五四九年），侯景之亂，破建康，擄梁武帝，帝身死臺城，史稱太清之禍。臺城之辱，即指此。臺城，梁都建康宮城。㊹韶夏濩武之音　舜樂曰〈韶〉，禹樂曰〈夏〉，湯樂曰〈濩〉，周武王樂曰〈武〉。㊺苟其餘不足以稱之　張注，「餘」作「德」。如果帝王的德行不足以與這些樂曲相稱。㊻曾不能化一夫　竟不能感化一個普通人。㊼是猶執垂之規矩而無工與材　這像持著垂的規矩而沒有工匠與材料。㊽淫昏　荒淫昏庸。㊾庭　宮廷。㊿烏能　安能。(51)遽云治之隆替不由於樂　急著說政治的興隆衰替不由於樂。遽，倉促；急速。(52)何發言之易　為何如此輕率說話。(53)果於　果斷。這裡有武斷之義。(54)非聖人　非議聖人。(55)禮二句　禮的真義不在威容儀式。(56)不可得而見　不可能表現。(57)譬諸山　譬如一座山。諸，之於。(58)山於何在哉　山又在什麼地方呢。意思是山亦不存。(59)無本不立二句　沒有內在的本質就不能成立，沒有文采就不能施行。(60)不驗　不靈驗，亦即不合。(61)拳石　拳頭大的小石。(62)必若所言　一定像太宗所說的。(63)皆妄也　都是妄言。(64)君子於其所不知二句　出自《論語》所載孔子之言。意為君子對於不知之事，則闕而不言。

【校　記】[1]作　原無此字。據章鈺校，十二行本、乙十一行本皆有此字，張敦仁《通鑑刊本識誤》同，今據補。[2]所　原無此字。據章鈺校，十二行本、乙十一行本皆有此字，今據補。

【語　譯】司馬光說：「臣聽說垂用眼睛測量就能製定方和圓，用內心就能夠測度曲和直，但是不能把自己的經驗教給別人，他用來教給別人的，必定是丈量器物的圓規和曲尺這些工具罷了。聖人不努力就合乎正道，不用思索就能得到事物的道理，但卻不能把這個傳授給別人，所能傳授的，必定是禮樂這些具體的制度和作品罷了。禮這個東西，是聖人所要親自踐行的；樂這個東西，是聖人從中感受到喜悅的。聖人履行中正之道而喜愛和諧平正，又想與天下人共同履行它們，並讓它們世世代代傳留下去，於是就制作了禮樂。所以工匠手裡拿著古代的巧匠垂傳授下來的圓規曲尺而用在器物的製作上，這也就是垂的功勞了；君主拿著五帝、三王傳留下來的禮樂而實施在國家的治理上，這也就是五帝、三王的治國之道了。五帝、三王，他們離開今世已經很久了，後代的人們看見他們傳留下來的禮，就知道他們所履行的準則，聽到他們傳留下來的樂，就知道他們內心中的喜樂，這些都昭昭然，好像還存在於世上一樣，這難道不是禮樂的功效嗎！

「說到禮樂，它有內在的本質和外在的文采。中正和諧，這是禮樂的內在本質，儀容和聲音，這是禮樂的末節，但二者不可偏廢。先代的聖王遵守禮樂的內在本質，不曾一刻讓它離開自己的內心，履行禮樂的外在形式，不曾一刻讓它離開自己的身體。禮樂從居室之內興起，在朝廷上彰顯出來，廣布於鄉遂近鄰，傳播到各方的邦國，流傳到四海，從國家的祭祀與戰爭一直到人們的飲食起居，沒有什麼事情不在禮樂之中。禮樂能夠如此實行達到數十年至上百年，然後政治教化周遍融洽，於是鳳凰來歸。如果沒有了禮樂的內在本質而只有禮樂的枝葉末節，只在一天實行禮樂而在其後的一百天都不履行禮樂，想用禮樂來改變社會的風俗，實在也是很困難的了。所以漢武帝設置了協律都尉，歌唱上天降臨的祥瑞，不是不美，但也不能免除哀痛的詔書。王莽設置羲和官，考定律呂的聲音差異與度數，不是不精確，但也不能挽救漸臺的災禍。晉武帝時製造了笛尺，調整金石等各種樂器的聲音，不是不詳盡，但也不能消除平陽的災難。梁武帝時設立了四通的樂器，調理八音，不是不準確，但也不能免除臺城的恥辱。這樣看來，舜、禹、商湯、周武王時的〈韶〉、〈夏〉、〈濩〉、〈武〉四種樂曲的聲音，即使都保存於當世，如果帝王的德行不足以與這些樂曲相稱，竟不能感化一個普通人，何況感動普天之下呢！這好比拿著巧匠垂留下來的圓規曲尺但卻沒有工匠和材料，坐等器具的製成，最終也是得不到的。況且南朝時齊、陳二代的荒淫昏庸的君主，使那些亡國之音，一時之間在宮廷進行演奏，這樣做又怎能改變一個時代的哀樂之心呢！唐太宗匆忙地說政治的興衰隆替不由音樂來決定，說話為何這樣輕率而武斷地非議聖人呢！

「所謂的禮，並不是僅指形式上的威容與儀式，然而沒有形式的威容和儀式的話，禮就是無法得以施行的。所謂的樂，並不是僅指聲音來說的，然而沒有聲音的話，樂就無法表現出來了。譬如一座山，僅從山上取下其中的一抔土、一塊石當然不能說毀了一座山，但是如果把土和石都去掉了，山又在什麼地方呢！所以說：『禮如果沒有內在的本質就不能成立，沒有文采就不能施行。』怎麼能因為齊、陳的樂曲不合於今世就說樂無益於治亂，這與只看見拳頭大的石頭而把整座泰山不放在眼裡有什麼不同呢！如果一定像唐太宗所說的那樣，那麼五帝、三王制作音樂就都是虛妄的了。『君子對於他所不知道的，應當付之闕如，不去談它才是。』可惜啊！」

戊子❶，上謂侍臣曰：「朕觀隋煬帝集，文辭奧博❷，亦知是堯、舜而非桀、紂❸，然行事何其反也❹！」魏徵對曰：「人君雖聖哲，猶當虛己以受人❺，故智者獻其謀，勇者竭其力。煬帝恃其俊才，驕矜自用，故口誦堯、舜之言而身為桀、紂之行，曾不自知以至覆亡也。」上曰：「前事不遠，吾屬之師也。」

畿內有蝗❻。辛卯❼，上入苑中，見蝗，掇數枚❽，祝之曰❾：「民以穀為命，而汝食之，寧食❿吾之肺腸。」舉手欲吞之，左右諫曰：「惡物或成疾。」上曰：「朕為民受災，何疾之避⓫！」遂吞之。是歲，蝗不為災。

上曰：「朕每臨朝，欲發一言，未嘗不三思，恐為民害⓬，是以不多言。」給事中知起居事⓭杜正倫⓮曰：「臣職在記言，陛下之失言①，臣必書之，豈徒⓯有害於今，亦恐貽譏⓰於後。」上悅，賜帛②二百段。

上曰：「梁武帝君臣惟談苦空⓱，侯景之亂⓲，百官不能乘馬⓳。元帝為周師所圍，猶講老子，百官戎服以聽⑳。此深足為戒。朕所好者，唯堯、舜、周、孔之道，以為如鳥有翼，如魚有水，失之則死，不可暫無㉑耳。」

以㉒辰州㉓刺史裴虔通，隋煬帝故人，特蒙寵任，而身為弒逆㉔，雖時移事變，屢更赦令，幸免族夷㉕，不可猶使牧民㉖，乃下詔除名，流驩州㉗。虔通常言身除隋室以啓大唐㉘，自以為功，頗有觖望之色㉙。及得罪，怨憤而死。

秋，七月，詔宇文化及之黨萊州㉚刺史牛方裕、絳州㉛刺史薛世良、廣州㉜都督長史唐奉義、隋武牙郎將㉝元禮並除名徙邊。

上謂侍臣曰：「古語有之：『赦者小人之幸㉞，君子之不幸。』『一歲再赦，善人喑啞㉟。』夫養稂莠㊱者害嘉穀，赦有罪者賊㊲良民。故朕即位以來，不欲數赦，恐小人恃之輕犯憲章㊳故也。」

【章旨】以上為第十五段，寫唐太宗以隋煬帝為鑑，每臨朝三思而後發言，是非判斷，以儒學為宗。

【注釋】❶戊子　六月十三日。❷奧博　深奧廣博。❸是堯舜而非桀紂　稱讚堯、舜而非議桀、紂。❹何其反也　為何相反。❺虛己以受人　謙虛自己來接納別人的意見。❻畿內有蝗　京畿之內有蝗蟲。❼辛卯　六月十六日。❽掇數枚　拾取數隻。❾祝之曰　祝禱說。❿寧食　不如吃。⓫何疾之避　還避什麼疾病。⓬恐為民害　恐怕說了有害於人民。⓭知起居事　官名，起居郎，為唐太宗所置隸於門下省的史官。凡皇帝起居法度，典禮文物，遷拜旌賞，誅罰黜免，莫不隨事記錄，以成起居注。以他官兼起居郎事者，謂之知起居注或知起居事。⓮杜正倫　（？—西元六五八年）相州洹水（今河北大名西南）

人，唐初大臣。傳見《舊唐書》卷七十、《新唐書》卷一百六。⓯徒　僅僅。⓰貽譏　留下譏笑。貽，遺留。⓱惟談苦空　只談佛教的苦與空。⓲侯景之亂　此為南朝梁武帝末年北齊降將侯景發動的叛亂。⓳百官不能乘馬　南朝梁時，士大夫好逸惡勞，講究穿戴，出則乘車，入則扶侍。以致膚脆骨柔，不堪行步，體羸氣弱，不耐寒暑。及至侯景之亂，百官不會騎馬逃跑，更無法持戈作戰了。⓴元帝為周師所圍三句　梁元帝承聖三年（西元五五四年）十月，西魏大軍南下入寇，元帝召公卿商議。江陵將相多以為必無此事，於是元帝「猶講《老子》，百官戎服以聽」。結果魏軍攻破江陵，梁元帝終被擒殺。㉑不可暫無　一刻也不能離開。㉒以　胡三省注認為「以」字上當有「上」字，文意乃明。㉓辰州　州名，治所在今湖南沅陵。㉔身為弒逆　親自幹殺害煬帝的事。㉕族夷　滅族。㉖不可猶使牧民　不可還使他治理民眾。㉗驩州　州名，治所在今越南義安演州西安城。㉘身除隋室以啓大唐　親自除掉隋朝以開啟大唐的國運。㉙觖望之色　因不滿意而怨恨的神色。㉚萊州　州名，治所在今山東萊州。㉛絳州　州名，治所在今山西新絳。㉜廣州　州名，治所在今廣東廣州。㉝武牙郎將　即虎牙郎將。唐以避諱，改「虎」曰「武」。㉞赦者小人之幸　赦免天下是小人的幸運。㉟喑啞　緘默；不說話。㊱稂莠　指惡草。稂，古書上指狗尾草。莠，比喻品質壞。㊲賊　害。㊳憲章　法令。

【校　記】①言　原無此字。據章鈺校，十二行本、乙十一行本、孔天胤本皆有此字，張敦仁《通鑑刊本識誤》同，今據補。②帛　據章鈺校，十二行本、乙十一行本皆作「絹」。

【語　譯】六月十三日戊子，唐太宗對侍從的大臣說：「朕閱讀《隋煬帝集》，裡面文辭深奧廣博，也知道肯定堯、舜而批評桀、紂，但是他做事為何又與自己寫的文章相反呢！」魏徵回答說：「君主雖然是聖哲之人，還應當自己謙虛來接受別人的意見，所以有智慧的人會為君主奉獻上他的謀略，勇武的人會為君主竭盡他的勇力。隋煬帝仗恃自己的出眾才能，驕傲矜持，自以為是，所以嘴裡念誦著堯、舜的言語而身體卻做著桀、紂的行為，自己還不明白就走向了滅亡。」唐太宗說：「前代的事情不遠，就是我們的老師啊。」

京畿地區有蝗蟲。六月十六日辛卯，唐太宗進入玄武門北面的禁苑，看見了蝗蟲，拾起來了幾隻，祈禱說：「百姓以穀子為生命，而你們卻吃穀子，不如讓你們吃我的肺腸。」舉手想吞掉蝗蟲，身邊的人勸諫說：「惡的東西吃了或許會生病。」唐太宗說：「朕為百姓承受災難，還躲避什麼疾病！」於是吞掉蝗蟲。這一年，蝗蟲沒有成為災害。

唐太宗說：「朕每次臨朝聽政，想說一句話，未嘗不再三思考，恐怕給百姓造成傷害，所以不多說話。」給事中知起居事杜正倫說：「我的職責在於記錄皇帝的言論，陛下的失言，臣一定要記錄下來，豈只有害於今，也怕留給後人譏笑。」唐太宗很高興，賜給他二百段帛。

唐太宗說：「梁武帝的君臣只談佛教的苦與空，侯景叛亂時，百官不能騎馬。梁元帝被北周軍隊包圍，還在講論《老子》，百官穿著戎裝聽講。這些都應深以為戒。朕所喜好的，只有堯、舜、周公、孔子之道，認為這就如同鳥有翅膀，如同魚有水，失去了就會死，不可片刻沒有。」

唐太宗認為辰州刺史裴虔通是隋煬帝的舊臣，特別受到煬帝的寵愛和任用，而他親手殺了煬帝，雖然時間已經過去，世事也多有變化，在唐朝也經過了多次的大赦，裴虔通的整個家族幸免被誅殺，但不能還讓他治理民眾，於是下詔把他從做官士人的名單中除名，流放到驩州。裴虔通常說親手除掉隋朝皇室，以此開啟了大唐王朝，自以為有功，頗有怨恨的神色。等到這時獲罪流放，便怨憤而死。

秋，七月，下詔把宇文化及的同黨萊州刺史牛方裕、絳州刺史薛世良、廣州都督府長史唐奉義、隋朝的虎牙郎將元禮一併從官員的名冊中除名，還徙到邊疆地區。

唐太宗對侍從的大臣說：「古語說：『大赦是小人之幸，君子之不幸。』又說：『一年中兩次大赦，善良的人就會變成啞巴而不想再說話。』養著惡草就是危害好的稻穀，寬赦罪犯就是殘害善良的百姓。所以朕即位以來，不想多次進行大赦，這是因為擔心小人仗恃朝廷的大赦而敢於輕易觸犯法令的緣故。」

【研 析】本卷研析唐太宗用人。能不能知人用人，是判斷人君賢愚的一個重要標準。唐太宗知人善任，是中國歷史上少見的明君。唐太宗對大臣們說：「人君必須至公無私，才能服天下人的心。朕和你們每天的衣食，都是民眾提供的，所以設立官職，要為民辦事。辦好事就要用好人，因此選用人才要至公，不應按關係親疏、資格的新舊來選人任職。如果賢才出在疏人、新人中，庸才出在親人、舊人中，不可以捨去賢才而錄用庸才。

原來在秦王府供職的舊官屬專憑關係和資格來較量官職，發出怨言，真是不識大體。」唐太宗要封德彝舉薦賢才，長久沒有回應。封德彝說：「臣不是不留心，只是當今沒有奇才。」唐太宗駁斥說：「用人如用器，各取所長，古時也有太平盛世，難道那時的賢才都是從前朝借來的嗎？你自己不識人，不要妄說今世沒奇才。」封德彝十分慚愧。這說明唐太宗相信人才就在今世。唐太宗從上奏〈大寶箴〉中發現了張蘊古，立即破格錄用為大理丞。景州錄事參軍張玄素有名望，唐太宗召見，問以政事，也立即提升為侍御史。玄武門事變前夕，太史令傅奕上奏天變，說「太白見秦分，秦王當有天下」，差點要了李世民的命。唐太宗即位後召見傅奕說：「你先前的奏摺，差點給我帶來災禍，但這是你的職分，不要擔心以前的事。」由此可見，唐太宗認為盡職者就是人才。

由於唐太宗知人，又善用人，所以貞觀一朝，人才濟濟。貞觀十七年（西元六四三年），唐太宗讓畫家閻立本畫了唐代二十四位開國功臣的圖像，陳列在凌煙閣，時時瞻仰，亦為人臣榜樣，唐太宗以此說明，代有人才，也表明他不拘一格用人才的風采。

卷第一百九十三

唐紀九

起著雍困敦（戊子　西元六二八年）九月，盡重光單閼（辛卯　西元六三一年），凡三年有奇。

【題解】本卷記事起西元六二八年九月，迄西元六三一年，凡三年又四個月，當貞觀二年至五年，是唐太宗執政的初年，貞觀之治的啟動時期。政治欣欣向榮，君臣勵精圖治，時常和諧議政，魏徵等眾多大臣都能直言進諫，房玄齡、杜如晦兩位賢相盡心輔政，軍國大政無失策。此時期，唐軍大敗東突厥，誅殺了隋義成公主，漠北諸部落、西域各國、東西突厥、嶺南蠻夷皆歸服唐朝，邊患消除，內政穩定，刑措不用，全年死囚僅二十九人。數年間，貞觀之治，已見成效。

太宗文武大聖大廣孝皇帝上之中

貞觀二年（戊子　西元六二八年）

九月丙午❶，初令致仕官位[1]在本品之上❷。

上曰：「比見羣臣屢上表❸賀祥瑞❹，夫家給人足而無瑞，不害為堯、舜❺，百姓愁怨❻而多瑞，不害為桀、紂。後魏之世，吏焚連理木，煮白雉而食之❼，豈足為至治乎！」丁未❽，詔：「自今大瑞聽表聞❾，自外諸瑞，申所司而已❿。」嘗有白鵲構巢於寢殿槐上，合歡如腰鼓⓫，左右稱賀。上曰：「我常笑隋煬帝好祥瑞。瑞在得賢，此何足賀！」命毀其巢，縱鵲於野外。

天少雨，中書舍人⓬李百藥上言：「往年雖出宮人，竊聞太上皇宮及掖庭⓭宮人，無用者尚多，豈惟虛費衣食，且陰氣鬱積，亦足致旱。」上曰：「婦人幽閉⓮深宮，誠為可愍⓯。灑掃之餘，亦何所用，宜皆出之，任求伉儷⓰。」於是遣尚書左丞戴胄、給事中洹水⓱杜正倫於掖庭西門簡出之，前後所出三千餘人。

己未⓲，突厥寇邊，朝臣或請修古長城⓳，發民乘堡障⓴。上曰：「突厥災異相仍㉑，頡利不懼㉒而修德，暴虐滋甚㉓，骨肉相攻，亡在朝夕。朕方為公掃清沙漠㉔，安用勞民遠修障塞㉕乎！」

壬申㉖，以前司農卿竇靜為夏州都督。靜在司農，少卿趙元楷善聚斂，靜鄙之，對官屬㉗大言曰：「隋煬帝奢侈重斂，司農非公㉘不可。今天子節儉愛民，公何所用哉！」元楷大慚。

上問王珪曰：「近世為國者益不及前古㉙，何也？」對曰：「漢世尚儒術，宰相多用經術士，故風俗淳厚。近世重文輕儒，參以法律㉚，此治化㉛之所以益衰也。」上然之。

冬，十月，御史大夫參預朝政安吉襄公杜淹薨。

【章旨】以上為第一段，寫唐太宗不信祥瑞，釋放宮人，不築邊塞，使民休息。

【注釋】❶丙午　九月初三。❷初令致仕官位在本品之上　首次令內外文武官年老退職者，參朝的班秩應在本品現任官之上。❸上表　進呈奏章給皇帝。❹祥瑞　吉祥的徵兆。❺家給人足而無瑞二句　人民富足雖無祥瑞，不妨害君主為堯、舜。❻愁怨　愁苦埋怨。❼焚連理木二句　連理木、白雉，均為祥瑞之物。言焚言煮，表明當時祥瑞過多。❽丁未　九月初四。❾大瑞聽表聞　有大瑞准許上表奏聞。大瑞，凡景星、慶雲為大瑞，其名物有六十四。❿自外諸瑞二句　除大瑞外，又有上瑞、中瑞、下瑞。白狼、赤兔為上瑞，其名物有三十八；蒼烏、朱雁為中瑞，其名物有三十二；嘉禾、芝草、木連理為下瑞，其名物有十四。所有這些，由員外郎負責申報。⓫合歡如腰鼓　兩個鵲巢相連猶如腰鼓。⓬中書舍人　官名，掌制誥（撰擬詔旨），以有文學資望者充任。其名稱常有變更，如隋煬帝時稱內書舍人，唐武則天時稱風鳳舍人，簡稱舍人。⓭掖庭　后妃宮中。⓮幽閉　幽禁。⓯可愍　可憐。⓰伉儷　夫妻。⓱洹水　縣名，縣治在今河北魏縣西南舊魏縣。⓲己未　九月十六日。⓳古長城　春秋戰國時，各國互相防禦，各於險要地段修築長城。秦統一全國後，將秦、趙、燕三國北邊的長城，連貫為一體。西起臨洮（今甘肅岷縣），北傍陰山，東至遼東，俗稱「萬里長城」。自漢至隋，各代皆曾於北邊與游牧民族交接地帶修築長城。⓴發民乘堡障　徵發民眾登上堡障防守。堡，小城。障，亭障。㉑災異相仍　災害接連不斷。㉒不懼　指突厥不畏懼唐朝，不服德化而犯邊。㉓滋甚　愈甚。㉔掃清沙漠　指掃除突厥。沙漠，指代突厥。㉕障塞　指長城。㉖壬申　九月二十九日。㉗官屬　指司農卿所轄的官屬，如丞、主簿等等。㉘公　對人的尊稱，如同您。下「公」同，指趙元楷。㉙近世為國者益不及前古　近世的治民者更不如往古的人。㉚重文輕儒二句　注重文學輕視儒術，兼重法律。㉛治化　政治教化。

【校　記】①位　原無此字。據章鈺校，十二行本、乙十一行本、孔天胤本皆有此字，張敦仁《通鑑刊本識誤》同，今據補。

【語　譯】太宗文武大聖大廣孝皇帝上之中

貞觀二年（戊子　西元六二八年）

九月初三日丙午，初次下令年老退休的文武官員在入宮朝見時，官的級別列於現任同級官員之上。

太宗說：「近來多次看見大臣們上表祝賀祥瑞，如果百姓家家富足，就算沒有祥瑞，也不影響君主成為堯、舜，如果百姓愁苦怨恨，就算有很多祥瑞，也不影響君主成為桀、紂。後魏的時候，官吏焚燒連理木，煮白雉雞吃，難道足以算是至治之世嗎！」九月初四日丁未，太宗下詔說：「從今以後大的祥瑞聽任上表奏聞，此外的各種符瑞，申報到有關部門即可。」曾有白喜鵲在皇宮寢殿的槐樹上築巢搭窩，兩巢相接如同腰鼓，左右近臣齊聲稱賀。太宗說：「我常常嘲笑隋煬帝喜歡祥瑞。祥瑞在於得到賢才，這樣的事哪裡值得祝賀！」下令毀掉鵲巢，把白喜鵲放到野外。

天很少下雨，中書舍人李百藥上書說：「往年雖然放出一些宮女，我私下聽說太上皇的宮內與掖庭的宮女，沒有用的還有很多，豈止白白耗費衣物糧食，而且陰氣鬱積，也足以導致乾旱。」太宗說：「婦人幽閉深宮，實在令人可憐，除了灑掃庭院之外，還有什麼用，應當全部讓她們出宮，聽任她們尋求配偶。」於是派尚書左丞戴胄、給事中洹水人杜正倫在掖庭西門挑選宮女，讓她們出宮，前後放出的宮女有三千多人。

九月十六日己未，突厥侵犯邊境，朝臣中有人請求修復古長城，徵發百姓登上城堡亭障防守邊塞。太宗說：「突厥天災人禍接連不斷，頡利可汗不因此感到畏懼而修行德政，反而更加暴虐，骨肉相殘，滅亡就在旦夕之間。朕正要為你們掃清沙漠上的敵人，何必勞苦百姓到遠方修築城堡要塞呢！」

九月二十九日壬申，任命前司農卿竇靜為夏州都督。竇靜在司農寺時，司農少卿趙元楷善於聚斂錢財，竇靜鄙視他，曾當著下屬的面大聲對趙元楷說：「隋煬帝貪圖奢侈，重加聚斂，所以隋朝的司農之職非您不可。現在的天子節儉愛民，您有什麼用處呢！」趙元楷聽了非常羞愧。

太宗問王珪說：「近世治理國家的君主越來越趕不上古代之人，是什麼原因？」王珪回答說：「漢代崇尚儒術，朝廷大多選用通曉儒經的儒士擔任宰相，所以風俗淳厚。近世朝廷重視文章，輕視儒術，又以法律作為輔助，這就使國家的治理和教化日益衰微。」太宗認為他說得對。

冬，十月，御史大夫參與朝政安吉襄公杜淹去世。

交州❶都督遂安公壽❷以貪得罪，上以瀛州刺史盧祖尚才兼文武，廉平公直，徵入朝，諭以「交趾❸久不得人，須卿鎮撫。」祖尚拜謝而出，既而悔之，辭以舊疾。上遣杜如晦等諭旨❹曰：「匹夫猶敦然諾❺，奈何既許朕而復悔之！」祖尚固辭。戊子❻，上復引見，諭之。祖尚固執不可，上大怒曰：「我使人不行，何以為政！」命斬於朝堂❼，尋悔之。他日，與侍臣論齊文宣帝何如人❽，魏徵對曰：「文宣狂暴，然人與之爭，事理屈則從之。有前青州長史魏愷使於梁還，除光州❾長史，不肯行，楊遵彥❿奏之。文宣怒，召而責之。愷曰：『臣先任大州，長史[1]使還，有勞無過，更得小州，此臣所以不行⓫也。』文宣顧謂⓬遵彥曰：『其言有理，卿赦之。』此其所長也。」上曰：「然。曏者盧祖尚雖失人臣之義，朕殺之亦為太暴。由此言之，不如文宣矣！」命復其官蔭⓭。

徵狀[2]貌不逾中人⓮，而有膽略，善回⓯人主⓰意，每犯顏苦諫。或逢上怒甚，徵神色不移，上亦為霽威[17]。嘗謁告上冢[18]，還，言於上曰：「人言陛下欲幸南山，外皆嚴裝已畢，而竟不行，何也？」上笑曰：「初實有此心，畏卿嗔[19]，故中輟耳。」上嘗得佳鷂[20]，自臂之，望見徵來，匿懷中。徵奏事固久[21]不已，鷂竟死懷中。

十一月辛酉[22]，上祀圜丘[23]。

十二月壬午[24]，以黃門侍郎王珪為守侍中。上嘗閒居，與珪語，有美人侍側，上指示珪曰：「此廬江王瑗之姬也，瑗殺其夫而納之。」珪避席[25]曰：「陛下以廬江納之為是邪，非邪？」上曰：「殺人而取其妻，卿何問是非！」對曰：「昔齊桓公知郭公之所以亡，由善善[26]而不能用，然棄其所言之人，管仲[27]以為無異於郭公。今此美人尚在左右，臣以為聖心是之也。」上悅，即出之，還其親族。

上使太常少卿祖孝孫教宮人音樂，不稱旨，上責之。溫彥博、王珪諫曰：「孝孫雅士，今乃使之教宮人，又從而譴[28]之，臣竊以為不可。」上怒曰：「朕置卿等於腹心，當竭忠直以事我，乃附下罔上[29]，為孝孫遊說邪！」彥博拜謝[30]。珪不拜，曰：「陛下責臣以忠直，今臣所言豈私曲[31]邪！此乃陛下負臣[32]，非臣負陛下！」上默然而罷。明日，上謂房玄齡曰：「自古帝王納諫誠難[33]，朕昨責溫彥博、王珪，至今悔之，公等勿為此不盡言也。」

上曰：「為朕養民㉞者，唯在都督、刺史。朕常疏㉟其名於屏風，坐臥觀之，得其在官善惡之跡，皆注㊱於名下，以備黜陟㊲。縣令尤為親民，不可不擇。」乃命內外五品已上，各舉堪為縣令者，以名聞㊳。

上曰：「比有奴告其主反者，此弊事㊴。夫謀反不能獨為，必與人共之，何患不發，何必使奴告邪！自今有奴告主者，皆勿受，仍斬之。」

【章旨】以上為第二段，寫唐太宗納諫如流，故眾大臣皆能直諫。

【注釋】❶交州　州名，治所在今越南河內西北。❷遂安公壽　即宗室李壽，被封為遂安公。❸交趾　古縣名，隋開皇十年（西元五九〇年）設置，治所在今越南河內西北。❹諭旨　告訴君上的旨意。❺匹夫猶敦然諾　匹夫尚能重視諾言。敦然諾，即注重諾言。❻戊子　十月十五日。❼朝堂　胡注引閣本《太極宮圖》云：「東西朝堂在承天門左右。」每逢元正、冬至、大朝賀等朝會之前，百官先在朝堂序位，文官在東朝堂，武官在西朝堂，由監察御史傳點完畢，再分領百官入內。朝堂又是宣敕冊命之處，或受理冤獄之處。❽何如人　為人如何。❾光州　州名，治所在今河南光山縣。❿楊遵彥　楊愔，字遵彥，齊文宣帝時大臣，忠而獲罪。傳見《北齊書》卷三十四。⓫行　赴任。⓬顧謂　回頭說。⓭復其官蔭　胡注云：「復其官，則得蔭其子若孫。唐制，凡用蔭，一品，子正七品上；二品，子正七品下；三品，子從七品上；從三品，子從七品下；正四品，子正八品上；從四品，子正八品下；正五品，子從八品上；從五品及國公子，從八品下。三品以上，蔭曾孫；五品以上，蔭孫；孫降子一等，曾孫降孫一等，贈官降正官一等，死事者與正官同。郡、縣公子視從五品孫，縣男以上子降一等，勳官二品子又降一等，二王後孫視正三品。」⓮狀貌不逾中人　外表相貌超不過普通人。⓯回　回轉。⓰人主　皇帝。⓱霽威　威怒為之消退。霽，怒氣消散。⓲謁告上冢　祭掃先人墳墓。⓳嗔　怒；生氣。⓴鷂　即雀鷹，猛禽的一種，比鷹小，捕食小鳥。㉑固久　故意延長時間。㉒辛酉　十一月十九日。㉓上祀圜丘　皇帝祭天於圜丘。《舊唐書・禮儀志一》：「武德初定令，每歲冬至祀昊天上帝於圜丘。」圜丘，古時祭天的壇。㉔壬午　十二月十日。㉕避席　起身離席。這是古代卑者對尊者的禮儀。㉖善善　喜歡善人。胡注云：「齊桓公過郭氏之墟，問父老曰：『郭何故亡?』對曰：『善善惡惡。』公曰：『若子之言，何至於亡?』對曰：『善善而不能用，惡惡而不能去，此其所以亡也。』」㉗管仲　即管敬仲（?—西元前六四五年），春秋初期傑出的政治家，字仲，潁上（潁水之濱）人。傳見《史記》卷六十二。㉘譴　責備。㉙附下罔上　結附在下位之人，蒙蔽皇上。㉚拜謝　拜伏謝罪。㉛私曲　偏私、不正直。㉜負臣　辜負臣意。㉝誠難　實在很困難。㉞養民　治理人民。㉟疏　書列。㊱注　書；寫。㊲黜陟　罷免或升遷。㊳以名聞　將其姓名上奏。㊴弊事　敗壞事端。

【校　記】①長史　原無此二字。據章鈺校，十二行本、乙十一行本、孔天胤本皆有此二字，張敦仁《通鑑刊本識誤》同，今據補。②狀　據章鈺校，十二行本、乙十一行本皆作「容」。

【語　譯】交州都督遂安公李壽因貪汙犯罪，太宗認為瀛州刺史盧祖尚兼有文武之才，廉潔公正，於是徵召入朝，諭示「交趾長官很久沒有得到合適的人選，需要你前去鎮撫。」盧祖尚拜謝出朝，不久又後悔，就以舊病為藉口加以推辭。太宗派杜如晦等人向他說明旨意：「匹夫之人都還重視許諾，為何你已答應了朕而又後悔呢!」盧祖尚堅決推辭。十月十五日戊子，太宗再次召見他，用道理曉諭他。盧祖尚很固執，不肯答應。太宗大怒說：「我任用人而不能執行，怎麼治理國家呢!」下令把盧祖尚在朝堂上斬首，不久就後悔了。另一天，太宗與侍從大臣議論齊文宣帝是怎樣的人，魏徵回答說：「齊文宣帝狂躁殘暴，然而人們與他爭論，在事情沒有道理的時候就會聽從別人。有一位前任青州長史魏愷出使梁國回來，任命為光州長史，此人不肯赴任，楊遵彥上奏了這件事。文宣帝大怒，把魏愷召回責備。魏愷說：『臣先前任大州長史，我出使歸來，有功勞而沒有過錯，反而改任小州長史，這是我不願成行的原因。』齊文宣帝回頭對楊遵彥說：『他的話有道理，你赦免他。』這是齊文宣帝的長處。」太宗說：「說得對。先前盧祖尚雖然有失人臣大義，朕殺了他也太殘暴。由此說來，朕還不如齊文宣帝!」下令恢復盧祖尚的官職和門蔭資格。

魏徵相貌沒有超過中等人，但是很有膽略，善於改變皇上的想法，常常犯顏直諫。有時趕上太宗非常生氣，魏徵面不改色，太宗也因此而收斂了天子的威風。魏徵曾經告假去祭掃祖先墳墓，回來後，對太宗說：「人們說陛下要駕臨終南山，外面都已準備好行裝，而陛下最終沒有成行，為什麼？」太宗笑著說：「起初確實有此想法，害怕愛卿生氣，所以中途停止了。」太宗曾得到一隻很好的鷂鷹，自己把牠架在臂膀上，望見魏徵過來，就把鷂鷹藏在懷裡。魏徵奏報政事，故意拖時間而不停止，鷂鷹最終死在太宗的懷裡。

十一月十九日辛酉，太宗在圜丘祭天。

十二月初十日壬午，任命黃門侍郎王珪為守侍中。太宗曾經閒居無事，與王珪交談，有一個美人在旁侍候，太宗指給王珪看，說：「這是廬江王李瑗的姬妾，李瑗殺了她的丈夫，把她接到宮中。」王珪起身避開座席說：「陛下認為廬江王把她接入宮內，是對還是不對？」太宗說：「殺了人而佔據他的妻子，卿為什麼還要問是對還是錯呢！」王珪回答說：「從前齊桓公知道郭公之所以滅亡，是在於郭公知道善人是善的卻不能任用，不過拋棄他所說的善人，管仲認為齊桓公與郭公也沒什麼不同。現在這個美人還在陛下身邊，臣認為陛下心裡認為廬江王做得對。」太宗聽完很高興，當即把這女子放出宮去，讓她回到親族中去。

太宗讓太常寺少卿祖孝孫教授宮女音樂，不合乎太宗意旨，太宗責怪他。溫彥博、王珪進諫說：「孝孫是高雅之士，現在卻讓他去教宮女，又進而責備他，臣私下認為不可以這樣做。」太宗發怒說：「朕把你們放在心腹地位，你們應當竭盡忠誠正直來奉事我，現在竟然附和在下者來欺罔君上，難道是為孝孫遊說嗎！」溫彥博下拜謝罪。王珪不下拜，說：「陛下責求臣要忠誠正直，現在臣所說的難道是為了私人感情嗎！這是陛下辜負臣，並不是臣辜負陛下！」太宗沉默無語而罷朝。第二天，太宗對房玄齡說：「自古以來帝王接受勸諫的確很難，朕昨天責備溫彥博、王珪，到今天還在後悔，你們不要因此而不對朕暢所欲言。」

太宗說：「為朕愛養百姓的，只在於都督、刺史。朕常常把他們的名字寫在屏風上，坐著臥著都觀看，得知他們在任內的善惡之跡，都寫在他們的名字下面，作為升遷和降職的參考。縣令尤其是親民之官，不可不加以選擇。」於是下令朝廷內外五品以上官員，各自薦舉能勝任縣令之人，報上他們的姓名。

太宗說：「近來有奴婢告發他的主子謀反，這是壞事。謀反不能一人單獨去幹，必定要與其他人共同行動，哪裡用得著擔心事情不暴露，何必讓奴婢告發呢！從今以後有奴婢告發主子的，都不要受理，仍然要斬首。」

西突厥統葉護可汗為其伯父所殺，伯父自立，是為莫賀咄侯屈利俟毗可汗。國人不服，弩失畢部推泥孰莫賀設❶為可汗，泥孰不可。統葉護之子咥力特勒避莫賀咄之禍，亡在康居❷，泥孰迎而立之，是為乙毗鉢羅肆葉護可汗，與莫賀咄相攻，連兵不息，俱遣使來請昏。上不許，曰：「汝國方亂，君臣未定，何得言昏！」且諭以各守部分❸，勿復相攻。於是西域諸國及敕勒先役屬❹西突厥者皆叛之。

突厥北邊諸姓多叛頡利可汗歸薛延陀❺，共推其俟斤❻夷男為可汗，夷男不敢當。上方圖❼頡利，遣游擊將軍❽喬師望間道❾齎❿冊書⓫拜夷男為真珠毗伽可汗，賜以鼓纛⓬。夷男大喜，遣使入貢，建牙於大漠之鬱督軍山下，東至靺鞨⓭，西至西突厥，南接沙磧⓮，北至俱倫水⓯，迴紇、拔野古⓰、阿跌⓱、同羅⓲、僕骨⓳、霫諸部落[1]皆屬焉。

【章旨】以上為第三段，寫突厥內亂。

【注　釋】❶泥孰莫賀設　西突厥有五弩矢畢部，泥孰為一啜的部帥。❷康居　古西域國名，約在今巴爾喀什湖與鹹海之間。西漢成帝時（西元前三二—前七年）康居王遣子侍漢、貢獻財物，此後與中原王朝多有往來。❸各守部分　各自安守所屬疆域。❹役屬　役使附屬。❺薛延陀　中國古代民族名，鐵勒諸部之一，由薛部與延陀部合併而成。最初屬於突厥，貞觀四年（西元六三〇年）助唐滅突厥。貞觀二十年發生內亂，為唐所破。❻俟斤　突厥授與屬部首領的官名。❼方圖　正圖謀攻取。❽遊擊將軍　官名，漢代有遊擊將軍，統兵專征。唐宋時期又成為武官的官階。❾間道　偏僻的小路。❿齎　把東西送給別人。此處意為攜帶。⓫冊書　皇帝對臣下封土授爵或免官的文書。⓬纛　古代軍隊裡的大旗。⓭靺鞨　中國古代民族名，來源於肅慎。北魏時稱勿吉，隋唐時稱靺鞨。分布在松花江、牡丹江流域及黑龍江中下游，東至日本海。⓮沙磧　沙漠。⓯俱倫水　古湖泊名，即今內蒙古新巴爾虎右旗東北呼倫池。⓰拔野古　中國古代民族名，鐵勒諸部之一。在今黑龍江省貝爾池一帶。唐貞觀三年（西元六二九年）遣使來唐。⓱阿跌　隋唐時鐵勒諸部之一。⓲同羅　中國古代民族名，鐵勒諸部之一。游牧於圖拉河北，唐貞觀二年（西元六二八年）遣使入朝，後內屬。⓳僕骨　初為鐵勒諸部之一，後為回紇外九部之一。

【校　記】①落　原無此字。據章鈺校，十二行本、乙十一行本皆有此字，今據補。

【語　譯】西突厥統葉護可汗被他的伯父殺死，他伯父自立為王，這就是莫賀咄侯屈利俟毗可汗。突厥國人不服，弩矢畢部推舉泥孰莫賀設為可汗，泥孰認為不行。統葉護之子咥力特勒，躲避莫賀咄的禍亂，逃亡到康居國，泥孰把他迎回立為首領，這就是乙毗鉢羅肆葉護可汗，他與莫賀咄相互攻伐，戰事不止，都派使臣前來請求通婚。太宗不同意，說：「你們國家正發生內亂，君臣名分尚未確定，怎能討論通婚！」而且曉諭突厥各自安守所屬疆域，不要再相互攻伐。於是以前歸屬西突厥的西域各國以及敕勒各部都叛離了突厥。

突厥北面的各部族大多叛離頡利可汗歸附薛延陀，共同推舉薛延陀的俟斤夷男為可汗，夷男不敢擔當。太宗正圖謀攻打突厥頡利可汗，便派遊擊將軍喬師望從小道帶著冊書，封夷男為真珠毗伽可汗，並賜給大鼓和軍旗。夷男非常高興，派使臣進京朝貢，在大漠中的鬱督軍山下設立牙帳，他控制的地域東到靺鞨，西到西突厥，南與沙漠接壤，北到俱倫水，迴紇、拔野古、阿跌、同羅、僕骨、霫等各個部落都歸屬了他。

三年（己丑　西元六二九年）

春，正月戊午❶，上祀太廟。癸亥❷，耕藉❸於東郊。

沙門❹法雅坐妖言誅。司空裴寂嘗聞其言，辛未❺，寂坐免官，遣還鄉里。寂請留京師，上數❻之曰：「計公勳庸❼，安得❽至此！直以❾恩澤❿為羣臣第一。武德之際，貨賂公行⓫，紀綱紊亂，皆公之由也，但以故舊⓬不忍盡法⓭，得歸守墳墓，幸已多矣！」寂遂歸蒲州。未幾，又坐狂人⓮信行言寂有天命⓯，寂不以聞⓰，當死，流靜州⓱。會山羌⓲作亂，或言劫寂為主⓳。上曰：「寂當死，我生之⓴，必不然也。」俄㉑聞寂率家僮破賊。上思其佐命㉒之功，徵入朝，會卒㉓。

二月戊寅㉔，以房玄齡為左僕射，杜如晦為右僕射，以尚書右丞魏徵守祕書監，參預朝政。

三月己酉㉕，上錄繫囚㉖，有劉恭者，頸有「勝」文㉗，自云「當勝天下」，坐㉘是㉙繫獄㉚。上曰：「若天將興之，非朕所能除㉛。若無天命，『勝』文何為㉜！」乃釋之。

丁巳㉝，上謂房玄齡、杜如晦曰：「公為僕射，當廣求賢人，隨才授任，此宰相㉞之職也。比聞聽受辭訟㉟，日不暇給㊱，安能助朕求賢乎！」因敕「尚書細務屬左右丞㊲，唯大事應奏者，乃關㊳僕射。」

玄齡明達政[1]事，輔以文學，夙㊴夜盡心，惟恐一物失所㊵。用法寬平，聞人有善，若己有之。不以求備㊶取人，不以己長格物㊷。與杜如晦引拔士類㊸，常如不及㊹。至於臺閣規模，皆二人所定。上每與玄齡謀事，必曰：「非如晦不能決㊺。」及如晦至，卒㊻用玄齡之策。蓋玄齡㊼善謀，如晦能斷故也。二人深相得，同心徇國㊽。故唐世稱賢相[2]，推房、杜焉。玄齡雖蒙寵待，或以事被譴，輒累日詣朝堂㊾，稽顙㊿請罪，恐懼若無所容(51)。

玄齡監修國史(52)，上語之曰：「比見漢書載子虛、上林(53)賦，浮華無用。其上書論事，詞理切直(54)者，朕從與不從，皆當載之。」

夏，四月乙亥(55)，上皇徙居弘義宮(56)，更名大安宮。

甲午(57)[3]，上始御太極殿(58)，謂羣[4]臣曰：「中書、門下(59)，機要之司，詔敕有不便者，皆應論執(60)。比來唯睹順從，不聞違異(61)。若但行文書，則誰不可為，何必擇才也！」房玄齡等皆頓首謝。

故事(62)：凡軍國大事，則中書舍人各執所見，雜署(63)其名，謂之五花判事(64)。中書侍郎、中書令省審(65)之，給事中、黃門侍郎(66)駁正(67)之。上始申明舊制，由是鮮有敗事。

【章旨】以上為第四段，寫房玄齡、杜如晦兩賢相輔政，並嚴格執行軍國大事五花判事制度，由是政通人和。

【注釋】❶戊午　正月十六日。❷癸亥　正月二十一日。❸藉　藉田，天子親耕稱為藉田。一說藉民力以耕，故云藉田。❹沙門　出家的佛教徒的總稱。❺辛未　正月二十九日。❻數　責備。❼計公勳庸　核計你的功勳。庸，功勞。❽安得　哪能。❾直以　只因為。❿恩澤　封建社會稱皇帝或官吏給予臣民的恩惠。澤，指雨露沾潤草木，正所謂有恩德。故恩澤常連用。⓫貨賂公行　賄賂公然施行。⓬故舊　舊人；老朋友。⓭盡法　按法律應判之罪進行處罰。⓮狂人　狂妄自大之人。⓯言寂有天命　謂裴寂有做天子的貴命。⓰不以聞　不報告皇上。⓱靜州　州名，治所在今廣西昭平。⓲羌　古民族名，主要分布在今甘、青、川一帶。早在殷、周時，羌族的部分曾雜居中原。秦、漢時部落眾多。魏、晉、隋唐時，與漢人雜處的部分羌人逐漸從事農耕，與漢族及其他民族相融合。⓳劫寂為主　指叛軍劫持裴寂為首領。⓴我生之　我使他活著。㉑俄　不久。㉒佐命　輔佐王命。㉓會卒　適逢死亡。㉔戊寅　二月初六。㉕己酉　三月初八。㉖錄繫囚　審查被囚禁的犯人。㉗頸有勝文　脖子上有紋理酷似「勝」字。㉘坐　因犯……罪或錯誤。㉙是　此。㉚繫獄　拘囚入獄。㉛除　除滅。㉜何為　有何用。㉝丁巳　三月十六日。㉞宰相　官名，封建時代輔助皇帝，統領百官、總攬政務的最高行政長官。歷代所用官名與職權廣狹程度，各有不同。唐初以三省長官為宰相。因為尚書令不輕易授人，故實際上以中書令、侍中與僕射為相。後來，又有三省長官以外的官員為相。這些官員都以同中書門下三品或同中書門下平章事的頭銜為正式宰相。㉟辭訟　即獄訟。㊱日不暇給　政事太多，時間不夠用。㊲左右丞　尚書左右丞。㊳關　告訴；通報。㊴夙　早晨。㊵惟恐一物失所　惟恐一件事情處理不當。㊶求備　苛求完備。㊷不以己長格物　不以自己的長處去推究別人。㊸引拔士類　選拔士人。㊹常如不及　唯恐有遺賢。㊺決　決斷。㊻卒　終於。㊼元齡　即房玄齡。㊽徇國　為國家獻身。此處指一心一意為國。㊾輒累日詣朝堂　則連日到朝堂。㊿稽顙　磕頭。稽，稽首，是古代的一種禮節。跪下，拱手至地，頭也至地。顙，額。(51)若無所容　如同無地自容。(52)監修國史　監督撰修本朝的歷史。唐代以宰相監修國史，後代沿襲。(53)子虛上林　辭賦名，均為西漢辭賦家司馬相如所作。詞藻瑰麗，氣韻排宕，漢魏六朝文人多仿效。載於《史記・司馬相如列傳》。(54)切直　懇切直率。(55)乙亥　四月初四。(56)弘義

宮 據《唐會要》記載，武德五年（西元六二二年）營建弘義宮。因為李世民有定天下之功，別建此宮讓他居住。高祖禪位後，以弘義宮有山林勝景，雅好之，故徙居於此，改名大安宮。(57)甲午 四月二十三日。(58)上始御太極殿 高祖傳位，太宗即位於東宮的顯德殿。高祖徙居大安宮，太宗始居太極殿。(59)中書門下 官署名，指中書省與門下省。中書省，魏、晉始置，為秉承君主意旨、掌管機要、發布政令的機構。門下省，晉代始置，為君主的侍從顧問機構，負責審查詔令、簽署章奏、糾正朝政缺失等。中書與門下同掌機要，為中央政權的決策機構。(60)論執 駁論謬誤、提出正確意見。(61)違異 違拒和異議。(62)故事 舊制。(63)雜署 共同簽署。(64)五花判事 唐代簽字通行的一種格式。凡遇軍國大事，由掌管文書詔令的中書舍人，提出自己的處理意見，共同簽字署名，稱為五花判事。(65)省審 察看審核。(66)黃門侍郎 官名，秦朝及西漢郎官給事於黃闥（宮門）之內者，稱黃門侍郎。東漢始設為專官，稱給事黃門侍郎。其職為侍從皇帝，傳達詔命。隋朝去「給事」二字，單稱黃門侍郎。唐代黃門侍郎為門下省長官侍中之副，後稱門下侍郎。(67)駁正 駁議改正。

【校 記】①政 據章鈺校，十二行本、乙十一行本皆作「吏」，張敦仁《通鑑刊本識誤》同。②賢相 據章鈺校，十二行本、乙十一行本、孔天胤本二字下皆有「者」字，張敦仁《通鑑刊本識誤》同。③甲午 原無此二字。據章鈺校，十二行本、乙十一行本皆有此二字，張敦仁《通鑑刊本識誤》同，今據補。④羣 據章鈺校，十二行本、乙十一行本皆作「侍」。

【語 譯】三年（己丑 西元六二九年）

春，正月十六日戊午，太宗在太廟祭祀。二十一日癸亥，在東郊舉行耕田禮。

和尚法雅因為妖言惑眾罪而被處死。司空裴寂曾聽過他的言論，正月二十九日辛未，裴寂被牽連免除官職，遣送回鄉。裴寂請求留在京城長安，太宗批評他說：「計算你的功勞，哪能到現在的官位！只因為靠著太上皇賜予的恩澤才在群臣中位居第一。武德年間，貪汙賄賂公行，朝廷政綱紊亂，都是由於你，只因為你是太上皇的舊人老臣，不忍心完全依法處置，你能夠回家守著祖先的墳墓，已是幸運的很了！」裴寂於是回到老家蒲州。不久，又因為狂人信行說裴寂有天命當皇帝而裴寂沒有上報朝廷，依法應當處死，太宗把他流放到靜州。正趕上當地山羌族叛亂，有人說叛軍劫持了裴寂把他當做首領。太宗說：「裴寂依罪應當處死，我讓他活下來，一定不會做這種事。」不久聽說裴寂率領僮僕家丁打敗叛軍。太宗考慮到他有輔佐李氏起兵建國的功勞，於是徵召他回朝，正好裴寂去世。

二月初六日戊寅，任命房玄齡為尚書左僕射，杜如晦為尚書右僕射，尚書右丞魏徵為祕書監，參與朝政。

三月初八日己酉，太宗審查在押囚犯，有個叫劉恭的犯人，脖頸上有紋理酷似「勝」字，自稱「定當取勝天下」，因此而被捕入獄。太宗說：「假如上天將要讓他興起，不是朕所能除掉的。如果他沒有天命，有『勝』字紋理又有什麼用！」於是釋放了劉恭。

三月十六日丁巳，太宗對房玄齡、杜如晦說：「你們身為僕射，應當廣泛訪求賢才，根據才能授予官職，這是宰相的職責。近來聽說你們處理辭訟案件，每天忙得沒有空閒，怎能幫助朕尋求賢才呢！」因此下令「尚書省的瑣細政務歸尚書左右丞掌管，只有應當奏明皇帝的大事，才向左右僕射通報。」

房玄齡對國家政務非常精通明達，又有文學才能作為輔助，晝夜為政事操勞，惟恐一件事處理不當。他使用法律寬容公平，聽說人有長處，就像自己有長處一樣。對別人不求全責備，不用自己的長處要求別人。他與杜如晦選拔提攜士人，經常怕遺漏賢才。至於朝廷中央臺省內閣的規模體制，都是他們二人制定。太宗每次與房玄齡謀劃政事，一定要說：「沒有杜如晦還是不能作決定。」等杜如晦來了，最後還是採用房玄齡的策略。大概是房玄齡善於謀劃，而杜如晦能作決斷的緣故。二人極為協洽投合，同心為國出謀劃策。所以唐代稱為賢明宰相的，首推房玄齡、杜如晦二人。房玄齡雖然蒙受太宗的寵信重用，但有時因為處理政事不當而受到譴責，他總是一連幾天來到朝堂，磕頭請罪，恐懼得好像無地自容。

房玄齡監修國史，太宗對他說：「近來看到《漢書》收載〈子虛賦〉、〈上林賦〉，這些內容浮華而沒有實用。大臣上書議論國事，凡是言詞和道理切實而直率的，無論朕是聽從還是不聽從，都應當載入正史之中。」

夏，四月初四日乙亥，太上皇李淵遷居弘義宮，改名為大安宮。

四月二十三日甲午，太宗開始到太極殿上朝聽政，對群臣說：「中書省、門下省，都是國家的機要部門，皇帝發布的詔敕文書如果有不當之處，二省都應當加以駁論並提出正確意見。近來只看到二省順從朕的旨意，聽不到不同說法和不同意見。如果只是向下傳達文書，那麼誰不能幹呢，何必要選擇人才呢！」房玄齡等人都磕頭謝罪。

按照舊例：凡是軍隊和國家的大事，中書舍人都要各自提出意見，分別署名，稱為五花判事。中書侍郎、中書令再進行審查，給事中、黃門侍郎再加以駁正。太宗開始申明舊制，因此很少有錯誤的決定。

茌平❶人馬周❷，客遊長安，舍於中郎將❸常何之家。六月壬午❹，以旱❺詔文武官極言得失。何武人不學❻，不知所言，周代之陳便宜❼二十餘條。上怪其能❽，以問何，對曰：「此非臣所能，家客馬周為臣具草❾耳。」上即召之。未至，遣使督促者數輩❿。及謁見，與語，甚悅，令直門下省，尋除⓫監察御史，奉使稱旨。上以常何為知人，賜絹三百匹。

秋，八月己巳朔⓬，日有食之。

丙子⓭，薛延陀毗伽可汗遣其弟統特勒入貢。上賜以寶刀及寶鞭，謂曰：「卿所部有大罪者斬之，小罪者鞭之。」夷男⓮甚喜。突厥頡利可汗大懼，始遣使稱臣，請尚公主，修壻禮⓯。

代州⓰都督張公謹上言突厥可取⓱之狀，以為：「頡利縱欲逞暴，誅忠良，暱姦佞⓲，一也。薛延陀等諸部皆叛，二也。突利⓳、拓設⓴、欲谷設皆得罪，無所自容㉑，三也。塞北霜旱，糇糧㉒乏絕，四也。頡利疏其族類，親委㉓諸胡，胡人反覆，大軍一臨，必生內變，五也。華人入北㉔，其眾甚多。比聞所在嘯聚㉕，保據山險，大軍出塞，自然響應，六也。」上以頡利可汗既請和親，復援梁師都，丁亥㉖，命兵部尚書李靖為行軍總管討之，以張公謹為副。

九月丙午㉗，突厥俟斤㉘九人帥三千騎來降。戊午㉙，拔野古、僕骨、同羅、奚酋長並帥眾來降。

冬，十一月辛丑㉚，突厥寇河西㉛，肅州㉜刺史公孫武達、甘州㉝刺史成仁重與戰，破之，捕虜千餘口。

上遣使至涼州，都督李大亮有佳鷹，使者諷㉞大亮使獻之，大亮密表曰：「陛下久絕畋遊，而使者求鷹。若陛下之意，深乖昔旨㉟；如其自擅㊱，乃是使非其人㊲。」癸卯㊳，上謂侍臣曰：「李大亮可謂忠直。」手詔褒美，賜以胡缾及荀悅漢紀㊴。

庚申㊵，以行并州都督李世勣為通漢道㊶行軍總管，兵部尚書李靖為定襄道行軍總管，華州刺史柴紹為金河道行軍總管，靈州大都督薛萬徹為暢武道㊷行軍總管，眾合十餘萬，皆受李勣㊸節度㊹，分道出擊突厥。

乙丑㊺，任城王道宗擊突厥於靈州㊻，破之。

【章　旨】以上為第五段，寫唐太宗大發兵征伐東突厥。

【注　釋】❶茌平　縣名，縣治在今山東茌平。❷馬周　（西元六〇一—六四八年）字賓王，博州茌平（今山東茌平）人，太宗時官至中書令。傳見《舊唐書》卷八十四、《新唐書》卷九十八。❸中郎將　武官名，唐代各衛有中郎將，正四品下。❹壬午　六月十二日。❺以旱　因為發生旱災。❻何武人不學　常何是個武人沒有學識。❼便宜　方便適宜。常特指對國家有利的事。❽怪其能　對他的才能感到奇怪。❾具草　起草奏稿。❿遣使督促者數輩　派使者多次催促。按，〈馬周傳〉作「遣使催促者數四」，似較佳。⓫尋除　尋，不久。除，任官授職。⓬己巳朔　八月初一。⓭丙子　八月初八。⓮夷男　薛延陀首領。貞觀三年（西元六二九年），唐太宗封夷男為真珠毗伽可汗，建牙鬱督軍山。事跡見《舊唐書》卷一百九十九〈鐵勒傳〉、《新唐書》卷二百十七〈回鶻傳〉。⓯修壻禮　行子婿之禮。⓰代州　州名，治所在今山西代縣。⓱可取　可攻取。⓲暱姦佞　親近奸邪諂媚之人。⓳突利　即突利可汗。⓴拓設　即阿史那社爾（？—西元六五五年），唐初大將，東突厥處羅可汗次子。為拓設，建牙磧北，與頡利可汗之子欲谷設分統鐵勒、回紇、僕骨、同羅諸部。貞觀十年（西元六三六年）歸唐，授左驍衛大將軍。傳見《舊唐書》卷一百九、《新唐書》卷一百十。㉑無所自容　沒有容身之所。㉒糇糧　乾糧。㉓親委　親任。㉔華人入北　華人因隋末動亂，進入中原避亂。㉕嘯聚　呼嘯聚合。㉖丁亥　八月十九日。㉗丙午　九月初九。㉘俟斤　突厥授與屬部首領的官名。㉙戊午　九月二十一日。㉚辛丑　十一月初四。㉛河西　唐代方鎮名，在今甘肅武威。㉜肅州　州名，治所在今甘肅酒泉。㉝甘州　州名，治所在今甘肅張掖。㉞諷　用含蓄的話勸告或暗示。㉟深乖昔旨　深違昔日摒絕畋遊的意旨。乖，違。㊱擅　擅自。對不在自己職權範圍內的事情自作主張。㊲使非其人　使者並不是適當的人選。㊳癸卯　十一月初六。㊴胡缾及荀悅漢紀　缾，即瓶。據《舊唐書·李大亮傳》載：所賜胡瓶一枚，為太宗自用之物。荀悅《漢紀》，敘事詳明，議論深博，明治國之道，申君臣之義。用此二物賞賜李大亮，以嘉獎他的忠直。㊵庚申　十一月二十三日。㊶通漢道　《舊唐書·李勣傳》作「通漠道」，當是。高宗朝裴行儉曾派兵從通漠道掩取阿史那伏輜重。㊷暢武道　據胡注，暢武，非地名，意為宣暢威武。㊸李勣　本姓徐，名世勣。永徽中以犯太宗李世民諱，單名勣。《通鑑》中或名「勣」，或名「世勣」。㊹節度　指揮；命令。㊺乙丑　十一月二十八日。㊻靈州　州名，治所在今寧夏靈武西南。

【語　譯】茌平人馬周，來到長安客居遊歷，住在中郎將常何的家裡。六月十二日壬午，因為天旱太宗下詔讓文武百官暢所欲言，討論政務得失。常何是武人沒有學問，不知說些什麼，馬周就代他上書陳述對國家有利的措施二十多條。太宗對常何有這樣的能力感到奇怪，就問常何是怎麼回事。常何回答說：「這不是臣所能寫出來的，我家的賓客馬周替臣起草的。」太宗立刻召見馬周。人還沒到，就幾次派人前去催促。等馬周謁見太宗，太宗與他交談，十分高興，命馬周到門下省任職，不久又任命為監察御史，奉命出使，所做處置合乎太宗的旨意。太宗認為常何有知人之明，賜給他絹帛三百匹。

秋，八月初一日己巳，發生日蝕。

八月初八日丙子，薛延陀毗伽可汗派他的弟弟統特勒進京奉獻貢品。太宗賞給寶刀和寶鞭，對他說：「你統屬的部族有人犯大罪，就用寶刀斬首，犯小罪就用寶鞭抽打。」夷男非常高興。突厥頡利可汗大為恐懼，開始派使者向唐稱臣，請求與唐王朝公主結婚，向唐王朝行女婿的禮節。

代州都督張公謹上奏說明突厥可以攻取的情況，認為：「頡利可汗放縱欲望而使用暴力，誅殺忠良，親近奸佞小人，這是第一點。薛延陀等各部落都已反叛，這是第二點。突利、拓設、欲谷設都已得罪了頡利，沒有容身之地，這是第三點。塞北地區發生霜凍乾旱，糧食匱乏斷絕，這是第四點。頡利疏遠本族的人，親近重用並非同族的胡人，胡人反覆多變，唐朝的大軍一到，必定發生叛亂，這是第五點。漢人進入北方躲避中原戰亂，人數已經很多。近來聽說他們聚眾起事，佔據山險進行自保，朝廷大軍到達塞外，他們自然起兵響應，這是第六點。」太宗認為頡利可汗已經向唐朝提出和親，但又出兵援助唐朝的敵人梁師都，因此八月十九日丁亥，任命兵部尚書李靖為行軍總管，張公謹為副總管，率兵討伐突厥。

九月初九日丙午，突厥九位俟斤率領三千騎兵前來投降。二十一日戊午，拔野古、僕骨、同羅，以及奚族首領一起率領部眾前來投降。

冬，十一月初四日辛丑，突厥侵犯河西，肅州刺史公孫武達、甘州刺史成仁重與突厥交戰，大敗突厥，俘虜一千多人。

太宗派使節到涼州，都督李大亮有一隻很好的老鷹，使者暗示李大亮獻給皇上，李大亮密封上表說：「陛下長期停止外出圍獵，而使節卻要臣向陛下獻鷹。假如這是陛下之意，就完全違背了昔日的主張，如果是使節自作主張，就是派出的使節並非合適的人選。」十一月初六日癸卯，太宗對侍臣說：「李大亮可以說是忠誠正直。」發布親筆詔書加以褒獎，賜給一只胡瓶和荀悅的《漢紀》。

十一月二十三日庚申，任命代理并州都督李世勣為通漢道行軍總管，兵部尚書李靖為定襄道行軍總管，華州刺史柴紹為金河道行軍總管，靈州大都督薛萬徹為暢武道行軍總管，集合兵力十餘萬，都受李勣指揮，分路出兵進攻突厥。

十一月二十八日乙丑，任城王李道宗在靈州進攻突厥，打敗了突厥軍隊。

十二月戊辰❶，突利可汗入朝。上謂侍臣曰：「往者太上皇以百姓之故，稱臣於突厥❷，朕常痛心。今單于❸稽顙❹，庶幾❺可雪前恥。」

壬午❻，靺鞨遣使入貢。上曰：「靺鞨遠來，蓋突厥已服之故也。昔人謂禦戎無上策❼，朕今治安中國，而四夷自服，豈非上策乎！」

癸未❽，右僕射杜如晦以疾遜位❾，上許之。

乙酉❿，上問給事中孔穎達曰：「論語：『以能問於不能，以多問於寡，有若無，實若虛。』⓫何謂也？」穎達具釋其義以對，且曰：「非獨匹夫如是，帝王亦然。帝王內蘊⓬神明⓭，外當玄默⓮，故易稱『以蒙養正⓯，以明夷莅眾⓰』。若位居尊極，炫耀聰明，以才陵⓱人，飾非⓲拒諫，則下情不通，取亡之道也。」

上深善其言。

庚寅⑲，突厥郁射設帥所部來降。

閏月丁未⑳，東謝酋長謝元深、南謝酋長謝強來朝。諸謝㉑皆南蠻別種，在黔州㉒之西。詔以東謝為應州㉓，南謝為莊州㉔，隸黔州都督。

是時遠方諸國來朝貢者甚眾，服裝詭異㉕。中書侍郎顏師古㉖請圖寫㉗以示後，作王會圖㉘，從之。

乙丑㉙，牂柯酋長謝能羽㉚及充州㉛蠻入貢，詔以牂柯㉜為牂州㉝，党項酋長細封步賴來降，以其地為軌州㉞，各以其酋長為刺史。党項地亙㉟三千里，姓別為部㊱，不相統壹，細封氏、費聽氏、往利氏、頗超氏、野辭氏、旁當氏、米擒氏、拓跋氏，皆大姓也。步賴既為唐所禮㊲，餘部相繼來降，以其地為崌、奉、巖、遠㊳四州。

是歲，戶部㊴奏：中國人自塞外歸及四夷前後降附者，男女一百二十餘萬口。

房玄齡、王珪掌內外官考㊵，治書侍御史㊶萬年權萬紀㊷奏其不平，上命侯君集㊸推之㊹。魏徵諫曰：「玄齡、珪皆朝廷舊臣，素㊺以忠直為陛下所委，所考既多，其間能無一二人不當！察其情，終非阿㊻私。若推得其事，則皆不可信，豈得復當重任！且萬紀比來恆㊼在考堂，曾無駁正，及身㊽不得考，乃始陳論。此正欲激陛下之怒，非竭誠徇國也。使推之得實，未足裨益㊾朝廷，若其本虛㊿，徒失陛下委任大臣之意。臣所愛者治體(51)，非敢苟私(52)二臣。」上乃釋不問。

濮州刺史龐相壽坐貪污解任，自陳嘗在秦王幕府。上憐之，欲聽還舊任。魏徵諫曰：「秦王左右，中外(53)甚多，恐人人皆恃恩私，足使為善者懼。」上欣然納之，謂相壽曰：「我昔為秦王，乃一府之主。今居大位，乃四海之主，不得獨私故人。大臣所執(54)如是，朕何敢違！」賜帛遣之。相壽流涕而去。

【章　旨】以上為第六段，寫西突厥和四夷歸服唐王朝。

【注　釋】❶戊辰　十二月初二。❷稱臣於突厥　隋恭帝義寧元年（西元六一七年）六月，李淵在太原起兵後，為了集中兵力向長安進軍，採取權宜之計，向突厥稱臣。❸單于　匈奴最高首領的稱號。❹稽顙　古時一種跪拜禮。屈膝下拜，以額觸地，居喪答拜賓客時行之，表示極度的悲痛和感謝。❺庶幾　連詞。表示在上述情況之下才能避免某種後果或實現某種希望。❻壬午　十二月十六日。❼昔人謂禦戎無上策　此指新朝王莽時，大司馬嚴尤的一番議論：「匈奴為害，所從來久，周、秦、漢征之，皆未有得上策者也。周得中策，漢得下策，秦無策焉。」事見《漢書・王莽傳》。❽癸未　十二月十七日。❾遜位　退位。❿乙酉　十二月十九日。⓫論語五句　此為曾子之言。意思是說自己有才能卻向沒有才能的人請教，自己知識多卻向知識少的人請教；有學問就像沒學問一樣，知識充實就像空無所有一樣。⓬內蘊　內藏。⓭神明　神一樣的明智。⓮玄默　沉靜寡言。⓯以蒙養正　《易》曰：「蒙以養正，聖功也。」意思是說能以愚蒙隱默自養正道，可成大功。⓰以明夷蒞眾　《易》曰：「明夷，君子以蒞眾，用晦而明。」意思是說，君子御眾須用韜晦，政治才能大明。⓱陵　陵駕。⓲飾非　文飾錯誤。⓳庚寅　十二月二十四日。⓴丁未　閏十二月十一日。㉑諸謝　隋唐時居住在黔州（治所在今重慶市彭水縣）西部的南蠻部族。因其首領姓謝而得名。㉒黔州　州名，治所在今重慶市彭水縣。唐轄境相當於今重慶市彭水、黔江等縣地。㉓應州　州名，治所在今湖北隨州。㉔莊州　州名，治所在今貴州貴陽南青岩附近。㉕詭異　奇異。邊地少數民族服裝隨其風俗，在漢人眼中，不免視作詭異。㉖顏師古　（西元五八一—六四五年）唐著名訓詁學家，字籀，京兆萬年人。傳見《舊唐書》卷七十三、《新唐書》卷一百九十八。㉗圖寫　圖畫。㉘王會圖　《考異》曰：《實錄》、《新舊傳》皆云「正會圖」。按，《汲冢周書》有〈王會篇〉，柳宗元〈饒鼓歌〉、呂述〈黠戛斯朝貢圖〉皆作「王會」，今從之。㉙乙丑　閏十二月二十九日。㉚謝能羽　《舊唐書・牂牁傳》、《新唐書・兩爨蠻傳》，均作謝龍羽。㉛充州　州名，治所在今貴州石阡西南。㉜牂柯　唐時對牂柯地區少數民族的總稱。其地約當今貴州東部、中南部。㉝牂州　州名，治所在今貴州甕安東北草塘。㉞軌州　州名，治所在今四川阿壩附近。㉟地亙　土地相互連接。㊱姓別為部　依照姓氏分別部落。㊲禮　禮遇。㊳崌奉巖遠　四州治所均在今四川松潘西北。㊴戶部　官署名，朝廷中掌管全國土地、戶籍、賦稅、財政收支等事務的官署。即尚書省所轄六部之一。㊵掌內外官考　負責京官和外官的考核。唐代考課之法分九等，按所謂四善二十七最定等級。四善為德義有聞、清慎明著、公平可稱、恪勤匪懈。最，指本行業同類官中之最佳者。一最四善，為上上；一最三善，為上中；一最二善，為上下；無最而有二善，為中上；無最而有一善，為中中；職事粗理，善最不聞，為中下；愛憎任情，處斷乖理，為下上；背公向私，職事廢闕，為下中；居官諂詐，貪濁有狀，為下下。㊶治書侍御史　御史臺屬官，掌管糾察百官。魏晉時始置，隸於御史中丞，隋與唐初治書侍御史兼中丞之任，到唐高宗重又改為御史中丞。㊷權萬紀　萬年人，太宗時以悻直廉約，自潮州刺史擢治書侍御史。傳見《舊唐書》卷一百八十五、《新唐書》卷一百。㊸侯君集　（？—西元六四三年）豳州三水（今陝西旬邑）人，太宗時，歷任右衛大將軍、兵部尚書等職。傳見《舊唐書》卷六十九、《新唐書》卷九十四。㊹推之　推究；調查。㊺素　一向。㊻阿　迎合；偏袒。㊼恆　常。㊽身　指自己。六朝常有如此用法。㊾裨益　益處。㊿本虛　根本沒有。51臣所愛者治體　我所關愛的是政治體制。52苟私　苟且私袒。53中外　指京城內外。54執　堅持。

【語　譯】十二月初二日戊辰，突利可汗進京朝見。太宗對侍從大臣說：「以前太上皇為了百姓安寧的緣故，向突厥稱臣，朕常為此感到痛心。現在突厥單于向我磕頭，大概可以洗雪以前的恥辱了。」

十二月十六日壬午，靺鞨派使節進京朝貢。太宗說：「靺鞨遠道而來，是因為突厥已經歸服大唐的緣故。前人稱駕御北方戎族沒有上策，朕現在治理並安定了中原，於是四方夷族自動前來歸服，這難道不是上策嗎！」

十二月十七日癸未，尚書右僕射杜如晦因病退休，太宗允許了他。

十二月十九日乙酉，太宗詢問給事中孔穎達：「《論語》說：『有能力的人向無能力的人請教，知識豐富的人向知識貧乏的人請教，有學問好像沒學問一樣，滿腹知識好像空無所有一樣。』這是說什麼？」孔穎達回答太宗，詳細解釋了其中的含義，並且說：「非獨一般百姓應該這樣做，帝王也應這樣。帝王的內心蘊含著神一樣的明智，但外表卻應當沉靜寡言，所以《周易》說『以外表的愚蒙質樸來修養內在的純正之德，君子御眾須用韜晦，政治才能清明。』假如身居極尊貴的地位，向外炫耀聰明，依恃才華盛氣陵人，掩飾錯誤，拒絕他人勸諫，那麼下情就無法通暢，這是自取滅亡之道。」太宗十分讚許他的話。

十二月二十四日庚寅，突厥郁射設率領所部前來投降。

閏十二月十一日丁未，東謝酋長謝元深、南謝酋長謝強前來朝貢。謝族的各部都是南蠻的一種，聚居在黔州西部地區。下詔把東謝改為應州，南謝改為莊州，都隸屬黔州都督。

當時遠方的各國來長安朝貢的使者非常多，服裝怪異。中書侍郎顏師古請求把各族的服裝繪圖讓後人知道，編成《王會圖》，太宗聽從了這一建議。

閏十二月二十九日乙丑，牂柯酋長謝能羽以及充州蠻族進京朝貢，下詔在牂柯設置牂州，党項族的酋長細封步賴歸順唐朝，把他們的聚居地設為軌州，分別任命他們的酋長為該州的刺史。党項族的土地綿延三千里，依據姓氏分別部落，都不相互統屬，其中的細封氏、費聽氏、往利氏、頗超氏、野辭氏、旁當氏、米擒氏、拓跋氏，都是部族的大姓。步賴既已受到唐朝的禮遇，其餘各部相繼來降，唐朝把他們的地域設為崌州、奉州、巖州、遠州四州。

這一年，戶部上奏說，中原人從塞外歸來的以及四方夷族前後歸順的，男女合計一百二十餘萬人。

房玄齡、王珪執掌全國內外官吏的考核，治書侍御史萬年人權萬紀上奏說他們考核不公，太宗命侯君集進行審查。魏徵對太宗勸諫說：「房玄齡、王珪都是朝廷舊臣，一向因為忠誠正直受到陛下的任用，所考核的官員既然很多，中間能沒有一二個人考核不當嗎！體察其中的實情，絕不是出於私心。假如審查出失當的情況，那麼他們對官員的考核就都不可信了，豈能再擔當重任呢！況且權萬紀近來常在公堂參與考核，當時他不曾有所駁正，等到自己不參加官員考核，這才開始述說別人考核不公。這正是想激起陛下的怒氣，不是竭盡忠誠來為國效力啊。假使審查後情況屬實，這不足以對朝廷有所助益，如果所謂不公純屬子虛烏有，那麼白白失去陛下任用大臣的本意。臣所珍視的是政治體制，不是膽敢出於私心庇護兩位大臣。」太宗於是放下此事不再過問。

濮州刺史龐相壽因犯貪汙罪而被解除職務，他上表陳述自己曾在秦王幕府中做事。太宗憐惜他，想允許他恢復舊職。魏徵勸諫說：「秦王身邊的下屬，在朝廷內外做官的很多，恐怕人人都依恃陛下的這分私人恩情而為非作歹，這樣足夠讓那些品行忠善的人畏懼。」太宗欣然採納他的意見，對龐相壽說：「我從前為秦王，乃是王府之主。現在身居帝位，乃是天下百姓的君主，不能只照顧舊人。大臣都這樣堅持，朕哪裡敢違背呢！」太宗賜給龐相壽絲帛遣送他回家。龐相壽流著淚離去。

四年（庚寅　西元六三〇年）

春，正月，李靖帥驍騎三千自馬邑進屯惡陽嶺❶，夜，襲定襄❷，破之。突厥頡利可汗不意靖猝至，大驚曰：「唐不傾國❸而來，靖何敢孤軍至此！」其眾一日數驚，乃徙牙❹於磧口❺。靖復遣諜離其心腹，頡利所親康蘇密以隋蕭后❻及煬帝之孫政道來降。乙亥❼，至京師。先是，有降胡言「中國人或潛通書啓❽於蕭后者」。至是，中書舍人楊文瓘請鞫❾之。上曰：「天下未定，突厥方彊，愚民無知，或有斯事。今天下已安，既往之罪，何須問也！」

李世勣出雲中⑩，與突厥戰於白道⑪，大破之。

二月己亥⑫，上幸驪山溫湯⑬。○甲辰⑭，李靖破突厥頡利可汗於陰山⑮。先是，頡利既敗，竄于鐵山⑯，餘眾尚數萬。遣執失思力入見，謝罪，請舉國⑰內附，身自⑱入朝。上遣鴻臚卿唐儉等慰撫之，又詔李靖將兵迎頡利。頡利外為卑辭⑲，內實猶豫，欲俟草青馬肥，亡⑳入漠北。靖引兵與李世勣會白道，相與謀曰：「頡利雖敗，其眾猶盛，若走度磧北，保依九姓㉑，道阻且遠，追之難及。今詔使㉒至彼，虜必自寬㉓，若選精騎一萬，齎二十日糧往襲之，不戰可擒矣。」以其謀告張公謹，公謹曰：「詔書已許其降，使者在彼，柰何擊之！」靖曰：「此韓信所以破齊㉔也。唐儉輩何足惜！」遂勒兵夜發，世勣繼之。軍至陰山，遇突厥千餘帳，俘以隨軍㉕。頡利見使者大喜，意自安。靖使武邑㉖蘇定方帥二百騎為前鋒，乘霧而行，去牙帳七里，虜乃覺之。頡利乘千里馬先走，靖軍至，虜眾遂潰，唐儉脫身得歸。靖斬首萬餘級，俘男女十餘萬，獲雜畜㉗數十萬，殺隋義成公主，擒其子疊羅施。頡利帥萬餘人欲度磧，李世勣軍㉘於磧口，頡利至，不得度，其大酋長皆帥眾降，世勣虜五萬餘口而還，斥地㉙自陰山北至大漠，露布㉚以聞。

丙午㉛，上還宮。○甲寅㉜，以克突厥赦天下。

【章旨】以上為第七段，寫唐軍大破東突厥，誅殺隋義成公主。

【注釋】❶惡陽嶺 地名，在今山西平魯西北。❷定襄 郡名，治所在今內蒙古和林格爾西北土城子。❸傾國 傾盡全國的兵力。❹牙 牙帳。可汗帳前置立牙旗，故所居帳幕謂之牙帳。這裡指突厥王庭。❺磧口 大沙漠之口。❻蕭后 即隋煬帝蕭皇后。唐高祖武德二年（西元六一九年），蕭后與煬帝之孫楊政道逃入突厥。傳見《隋書》卷三十六。❼乙亥 正月初九。❽潛通書啓 暗中遞送信札。❾鞫 審問。❿雲中 郡名，治所在今山西大同。⓫白道 地名，在今內蒙古呼和浩特西北。⓬己亥 二月初三。⓭幸驪山溫湯 到驪山溫泉（在今陝西臨潼）。⓮甲辰 二月初八。⓯陰山 山名，即今內蒙古陰山山脈。⓰鐵山 古山名，在今內蒙古陰山北。⓱舉國 全國。⓲身自 親自。⓳卑辭 卑遜的言辭。⓴亡 逃跑。㉑保依九姓 依靠九姓部落。《新唐書・回鶻傳》有九姓：藥羅葛、胡咄葛、啒羅勿、貊歌息訖、阿勿嘀、葛薩、斛嗢素、藥勿葛、奚邪勿。這是回紇後來強盛時征服的九姓。當時所謂九姓，即拔野古、延陀、回紇之屬。㉒詔使 宣布詔敕的使者。㉓自寬 自然鬆懈。㉔韓信所以破齊 據《史記・淮陰侯列傳》，劉邦派使者酈食其誘降齊國，繼而發兵向齊國急進，韓信乘其無備偷襲，一舉滅亡了齊國。㉕隨軍 跟隨在軍隊後面。㉖武邑 縣名，縣治在今河北武邑。㉗雜畜 馬、駱駝、牛、羊等。㉘軍 駐軍。㉙斥地 擴展地盤。㉚露布 軍中捷報。古代不封口的詔書或奏章，也稱露布。㉛丙午 二月初十日。㉜甲寅 二月十八日。

【語譯】四年（庚寅 西元六三〇年）

春，正月，李靖率領三千驍勇騎兵從馬邑出發，進駐惡陽嶺，當夜，襲擊定襄城，攻破了定襄城。突厥頡利可汗想不到李靖突然來到，大為吃驚地說：「唐朝沒有出動全國兵力前來進攻，李靖怎麼敢孤軍到達這裡！」他的部眾一天之內數次受驚，於是把可汗的牙帳遷到磧口。李靖又派間諜離間頡利可汗的心腹，頡利的親信康蘇密帶著隋朝的蕭皇后和煬帝之孫楊政道前來投降。初九日乙亥，一行人到達長安。在此之前，有投降的胡人說「中原有人暗中與蕭皇后私通書信」。至此，中書舍人楊文瓘請求訊問蕭皇后。太宗說：「天下尚未安定，突厥正強盛，愚民無知，或許會有這種事。現在天下已經安定，既往的罪過，又何需追究呢！」

李世勣從雲中出發，與突厥兵在白道交戰，大敗突厥。

二月初三日己亥，太宗駕臨驪山溫泉。〇初八日甲辰，李靖在陰山大敗頡利可汗。

在此之前，頡利戰敗後，逃竄到鐵山，殘餘兵力尚有數萬人。頡利派執失思力進京謁見太宗謝罪，請求全國歸附內地，親自進京朝見。太宗派鴻臚寺卿唐儉等人安撫慰問他，又下詔命李靖率兵迎接頡利。頡利外表言辭謙卑，內心實際上還在猶豫，想等到草長得青翠、馬長得肥壯時，再逃回到漠北。李靖率領兵馬與李世勣在白道會合，相互謀劃說：「頡利雖然戰敗，他的兵馬還很強盛，如果逃到沙漠以北，依靠九個部族，我們與他道路阻隔而且遙遠，很難追上他們。現在皇帝派來的使節已到他們那裡，突厥一定鬆懈，此時如果挑選精銳騎兵一萬人，帶著二十天的糧食前去襲擊他們，不用作戰就生擒頡利。」二人把計謀告訴了張公謹，張公謹說：「皇上的詔書已經答應他們投降，大唐的使者還在對方營中，怎麼能襲擊他們！」李靖說：「這就是韓信打敗齊國的辦法。唐儉等人哪裡值得憐惜！」於是部署軍隊夜間出發，李世勣隨後出動。大軍走到陰山，遇上了突厥一千多營帳，全部俘獲命令他們跟隨在唐軍後面。頡利見到大唐使者非常高興，心情安定下來。李靖派武邑人蘇定方帶領二百名騎兵作為前鋒，乘著大霧向前行軍，走到離頡利牙帳只有七里的地方時，突厥兵才發覺。頡利騎著千里馬先逃走，李靖大軍趕到，突厥兵眾便潰逃了，唐儉得以脫身返回。李靖斬殺突厥一萬多人，俘虜男女十餘萬人，獲得各種牲畜數十萬頭，殺死隋朝義成公主，生俘其子疊羅施。頡利率領一萬多人想越過沙漠，李世勣屯兵磧口，頡利等人到達後，無法通過，他的大酋長全都率領部下投降，李世勣俘虜五萬多人率軍返回，開拓的地域從陰山北到沙漠，把捷報上呈朝廷。

二月初十日丙午，太宗回到宮中。〇十八日甲寅，因平定突厥宣布大赦天下。

以御史大夫溫彥博為中書令，守❶侍中王珪為侍中；守戶部尚書戴胄為戶部尚書，參預朝政；太常少卿蕭瑀為御史大夫，與宰臣參議朝政。

三月戊辰❷，以突厥夾畢特勒阿史那思摩為右武候大將軍❸。○四夷君長詣闕❹請上為天可汗❺，上曰：「我為大唐天子，又下行可汗事乎！」羣臣及四夷皆稱萬歲。是後以璽書❻賜西北君長，皆稱天可汗。

庚午❼，突厥思結俟斤帥眾四萬來降。○丙子❽，以突利可汗為右衛大將軍、北平郡王。

初，始畢可汗以啓民❾母弟蘇尼失為沙鉢羅設❿，督部落五萬家，牙直⓫靈州西北。及頡利政亂，蘇尼失所部獨不攜貳⓬。突利之來奔也，頡利立之為小可汗。及頡利敗走，往依之，將奔吐谷渾。大同道⓭行軍總管任城王道宗引兵逼之，使蘇尼失執送⓮頡利。頡利以數騎夜走，匿于荒谷。蘇尼失懼，馳追獲之。庚辰⓯，行軍副總管張寶相帥眾奄⓰至沙鉢羅營，俘頡利送京師。蘇尼失舉眾來降，漠南之地遂空⓱。

蔡成公杜如晦疾篤⓲，上遣太子問疾，又自臨視之。甲申⓳，薨⓴。上每得佳物，輒思如晦，遣使賜其家。久之，語及如晦，必流涕，謂房玄齡曰：「公與如晦同佐朕，今獨見公，不見如晦矣！」

突厥頡利可汗至長安。夏，四月戊戌㉑，上御順天樓㉒，盛陳文物㉓，引見頡利，數㉔之曰：「汝藉㉕父兄之業，縱淫虐以取亡，罪一也。數與我盟而背之，二也。恃彊好戰，暴骨如莽㉖，三也。蹂㉗我稼穡㉘，掠我子女，四也。我宥㉙汝罪，存汝社稷，而遷延㉚不來，五也。然自便橋以來㉛，不復大入為寇，以是得不死耳。」頡利哭謝而退。詔館於太僕㉜，厚廩食之㉝。

上皇㉞聞擒頡利，歎曰：「漢高祖困白登㉟，不能報㊱；今我子能滅突厥，吾託付得人㊲，復何憂哉！」上皇召上與貴臣十餘人及諸王、妃、主㊳置酒凌煙閣㊴，酒酣，上皇自彈琵琶㊵，上起舞，公卿迭起為壽㊶，逮㊷夜而罷。

突厥既亡，其部落或北附薛延陀，或西奔西域，其降唐者尚十萬口，詔羣臣議區處之宜㊸。朝士多言「北狄自古為中國患，今幸而破亡，宜悉徙之河南兗、豫之間㊹，分其種落，散居州縣，教之耕織，可以化胡虜為農民，永空塞北㊺之地。」

中書侍郎顏師古以為：「突厥、鐵勒皆上古所不能臣㊻，陛下既得而臣之，請皆置之河北㊼，分立酋長，領其部落，則永永無患矣。」

禮部侍郎李百藥以為：「突厥雖云一國，然其種類區分，各有酋帥。今宜因其離散，各即本部署㊽為君長，不相臣屬。縱欲存立阿史那氏，唯可使臣[1]其本族而已。國分則弱而易制，勢敵則難相吞滅，各自保全，必不能抗衡中國。仍請於定襄置都護府[49]，為其節度，此安邊之長策也。

夏州都督竇靜以為：「戎狄之性，有如禽獸，不可以刑法威[50]，不可以仁義教，況彼首丘[51]之情，未易忘也。置之中國，有損無益。恐一旦變生，犯我王略[52]。莫若因其破亡之餘，施以望外[53]之恩，假之王侯之號，妻以宗室之女，分其土地，析[54]其部落，使其權弱勢分，易為羈制[55]，可使常為藩臣，永保邊塞。」

溫彥博以為：「徙於兗、豫之間，則乖違物性[56]，非所以存養之也。請準[57]漢建武故事，置降匈奴於塞下，全其部落，順其土俗[58]，以實空虛之地，使為中國扞蔽[59]，策之善者也。」

魏徵以為：「突厥世為寇盜，百姓之讎也。今幸而破亡，陛下以其降附，不忍盡殺，宜縱之使還故土，不可留之中國[60]。夫戎狄人面獸心，弱則請服，彊則叛亂，固[61]其常性。今降者眾近十萬，數年之後，蕃息倍多[62]，必為腹心之疾，不可悔也。晉初諸胡與民雜居中國，郭欽、江統皆勸武帝驅出塞外以絕亂階[63]，武帝不從。後二十餘年，伊、洛[64]之間，遂為氈裘[65]之域，此前事之明鑑[66]也。」

彥博曰：「王者之於萬物，天覆地載[67]，靡有所遺[68]。今突厥窮來歸我，柰何棄之而不受乎！孔子曰：『有教無類[69]。』若救其死亡，授以生業，教之禮義，數年之後，悉為吾民。選其酋長，使入宿衛，畏威懷德，何後患之有！」

上卒用彥博策，處突厥降眾，東自幽州，西至靈州。分突利故所統之地[70]，置順、祐、化、長[71]四州都督府。又分頡利之地為六州，左置定襄都督府，右置雲中都督府，以統其眾。

五月辛未[72]，以突利為順州都督，使帥其[2]部落之官。上戒之曰：「爾祖啓民挺身奔隋，隋立以為大可汗，奄有[73]北荒[74]，爾父始畢反為隋患[75]。天道不容，故使爾今日亂亡如此。我所以不立爾為可汗者，懲啓民前事故也。今命爾為都督，爾宜善守中[3]國法，勿相侵掠，非徒[76]欲中國久安，亦使爾宗族永全[77]也。」

壬申[78]，以阿史那蘇尼失為懷德郡王，阿史那思摩為懷化郡王。頡利之亡也，諸部落酋長皆棄頡利來降，獨思摩隨之，竟與頡利俱擒。上嘉其忠，拜右武候大將軍，尋以為北開州都督，使統頡利舊眾。

丁丑[79]，以右武衛大將軍史大奈為豐州[80]都督，其餘酋長至者皆拜將軍中郎將，布列朝廷，五品已上百餘人，殆與朝士[81]相半，因而入居長安者近萬家。

辛巳[82]，詔：「自今訟者，有經尚書省判不服，聽[83]於東宮上啓[84]，委太子裁決。若仍不服[4]，然後聞奏。」

丁亥[85]，御史大夫蕭瑀劾奏李靖破頡利牙帳，御軍無法[86]，突厥珍物，虜掠俱盡，請付法司推科[87]。上特敕勿劾。及靖入見，上大加責讓，靖頓首謝。久之，上乃曰：「隋史萬歲[88]破達頭可汗，有功不賞，以罪致戮。朕則不然，錄公之功，赦公之罪。」加靖左光祿大夫[89]，賜絹千匹，加真食邑[90]通前[91]五百戶。未幾，上謂靖曰：「前有人讒公，今朕意已寤，公勿以為懷。」復賜絹二千匹。

【章　旨】以上為第八段，寫唐太宗安置突厥降人，以郡縣制度管理。褒獎功臣李靖，不錄小過。

【注　釋】❶守　攝理；攝代。品級較低的人出任較高的職位稱為守某官。❷戊辰　三月初三。❸右武候大將軍　官名，禁軍的高級武官。❹闕　宮闕；宮門。❺天可汗　至尊極高的可汗。天含有至尊之意。❻璽書　蓋有皇帝大印的文書。❼庚午　三月初五。❽丙子　三月十一日。❾啟民　即啟民可汗（?—西元六〇九年），東突厥可汗，沙鉢略可汗之子，頡利可汗之父。事跡見《舊唐書》卷一百九十四、《新唐書》卷二百十五〈突厥傳〉。❿設　突厥、回紇典兵官銜。⓫牙直　牙帳設在；牙帳設立。直，通「值」。設立。⓬攜貳　有二心；背叛。⓭大同道　道名，治所在今內蒙古烏拉特旗西北。⓮執送　捉拿送去；拘捕送去。⓯庚辰　三月十五日。⓰奄　突然。⓱遂空　於是空無一人。⓲疾篤　病重。⓳甲申　三月十九日。⓴薨　死。古代稱侯王死為「薨」。唐以後稱二品以上的官死也叫「薨」。㉑戊戌　四月初三。㉒順天樓　即長安太極宮順天門（承天門）樓。《唐六典》卷七：「皇城南門，中曰承天門，隋開皇二年作，初曰廣陽門，仁壽元年改曰昭陽門，武德元年改曰順天門，神龍元年改曰承天門。若元正、冬至，大陳設燕會，赦過宥罪，除舊布新，受萬國之朝貢，四夷之賓客，則御承天門以聽政。」㉓文物　器物珍寶之類。㉔數　責備。㉕藉　憑藉。㉖暴骨如莽　語出《左傳》哀公元年。意謂暴露的骸骨極多。莽，草茂盛的樣子。形容屍骨如同草生於曠野莽莽然。㉗蹂　蹂躪。㉘稼穡　泛指莊稼。㉙宥　寬容；饒恕。㉚遷延　拖延。㉛便橋

以來　指武德九年（西元六二六年）八月，李世民與突厥頡利可汗在渭河便橋結盟以來。㉜詔館於太僕　詔命頡利在太僕寺館舍居住。太僕，官名，掌皇帝的輿馬和馬政。㉝厚廩食之　優厚供給膳食。㉞上皇　太上皇李淵。㉟漢高祖困白登　漢高祖七年（西元前二〇〇年），高祖劉邦親率大軍出擊匈奴，至平城（今山西大同東北），被冒頓圍於白登（山名，在平城東）七日。㊱不能報　不能報仇。㊲託付得人　所託為最適當的人。㊳妃主　妃嬪、公主。㊴淩煙閣　繪有功臣圖像的高閣。在長安太極宮東北隅，位於三清殿之側。貞觀十七年（西元六四三年）太宗為表彰功臣，使閻立本繪製長孫無忌等二十四人圖像，掛於淩煙閣。㊵上皇自彈琵琶　北朝及隋唐時，甚為看重琵琶，大宴會上經常演奏，且往往由君王親自彈奏。㊶迭起為壽　一次又一次起來舉杯祝壽。為壽，即敬酒。㊷逮　及；至。㊸區處之宜　區分處置的適宜辦法。㊹兗豫之間　此處的兗、豫泛指九州。㊺塞北　長城以北。㊻上古所不能臣　上古以來所不能臣服。㊼河北　泛指黃河以北地區。㊽署　代理、暫任或試充官職。㊾都護府　官署名，唐代自太宗至武則天時，先後設置安西、安北、單于、安東、安南、北庭六個大都護府，管理轄境的邊防、行政和各族事務。㊿以刑法威　用刑法威嚇。(51)首丘　《楚辭・九章・哀郢》：「鳥飛反故鄉兮，狐死必首丘。」首，頭向著。丘，狐穴所在的土丘。傳說狐死時，頭猶向著巢穴。後因稱人死後歸葬故鄉為「歸正首丘」。也用為懷念故鄉之意。(52)王略　王法。(53)望外　希望之外。(54)析　分。(55)羈制　束縛挾制。(56)物性　此處指人性。(57)準　依照。(58)土俗　本土風俗。(59)扞蔽　捍禦遮蔽。(60)中國　中原。(61)固　本來。(62)蕃息倍多　滋生眾多。(63)亂階　禍亂的階梯，即禍源。(64)伊洛　指今河南伊河與洛河。(65)氈裘　戎狄所穿用的服具。因以指戎狄。(66)鑑　明鏡；借鑑。(67)天覆地載　如天之覆，如地之載。(68)靡有所遺　無所遺留。(69)有教無類　孔子的教育主張。意即不分貴賤賢愚，也不分地區族類，都可作為教育對象進行教化。(70)故所統之地　原來統轄的地方。(71)順祐化長　皆州名。順州，治所在今北京市順義。祐州，治所在今寧夏銀川市。化州，治所不詳。長州，治所在今甘肅慶陽。(72)辛未　五月初七。(73)奄有　覆蓋。(74)北荒　北方荒服之地。(75)爾父始畢反為隋患　你的父親始畢可汗反而成為隋朝的外患。(76)非徒　非但。(77)永全　永遠得以保全。(78)壬申　五月初八。(79)丁丑　五月十三日。(80)豐州　州名，治所在今內蒙古五原西南黃河北岸。(81)朝士　朝廷官員。(82)辛巳　五月十七日。(83)聽　聽憑。(84)上啓　上書。(85)丁亥　五月二十三日。(86)御軍無法　統御軍隊沒有法度。(87)推科　推究、審查。(88)史萬歲　（？—西元六〇〇年）隋代名將，京兆杜陵人，隋開皇末，突厥達頭可汗入寇，史萬歲率兵大破突厥。然而有功不賞。文帝聽信讒言，以罪殺害。傳見《隋書》卷五十三。(89)光祿大夫　官名，漢代掌議論及顧問應對。至隋為文散官。唐時光祿大夫為文散階從二品。(90)真食邑　食邑，即采邑。亦名采地或封地。中國古代諸侯封賜所屬卿、大夫作為世祿的田邑。因食其封邑的租稅，故稱食邑。此制盛行於周朝，以後歷代在內容上多有變化。漢代說食封邑或食邑若干戶。六朝時喪亂不斷，食邑戶數與實際相差很遠，故後來在頒賜俸祿時，便以當時實得封戶為準，採用真食邑或食實封兩個名稱。唐制，食實封者得真戶，以豐饒之地、中等以上戶給之。⑨1通前　加上以前的總數。

【校　記】①臣　原作「存」。據章鈺校，十二行本、乙十一行本、孔天胤本皆作「臣」，張瑛《通鑑校勘記》同，今據改。②其　原無此字。據章鈺校，十二行本、乙十一行本、孔天胤本皆有此字，張敦仁《通鑑刊本識誤》同，今據補。③中　據章鈺校，十二行本、乙十一行本、孔天胤本皆無此字。④服　原作「伏」。據章鈺校，十二行本、乙十一行本、孔天胤本皆作「服」，張敦仁《通鑑刊本識誤》同，今據改。按，「伏」、「服」二字通。上文作「服」，此處應與上文同。

【語　譯】任命御史大夫溫彥博為中書令，代理侍中王珪為侍中；代理戶部尚書戴冑為戶部尚書，參與朝政；太常寺少卿蕭瑀為御史大夫，與宰相共同參議朝政。

三月初三日戊辰，任命突厥夾畢特勒阿史那思摩為右武候大將軍。〇四方夷族的君主和酋長來到京城皇帝宮闕之下，請求太宗改稱天可汗，太宗說：「我身為大唐天子，還要做下屬可汗的事嗎！」文武群臣以及四方夷族酋長都歡呼萬歲。此後向西北各族君長賜發加印皇帝玉璽的書信時，都稱「天可汗」。

三月初五日庚午，突厥首領思結俟斤率領部眾四萬多人前來投降。〇十一日丙子，任命突利可汗為右衛大將軍、北平郡王。

當初，始畢可汗重用啓民可汗的同母弟蘇尼失為沙鉢羅設，統領部落五萬戶，牙帳設立在靈州的西北方。等到頡利掌權政局混亂，只有蘇尼失所屬部落未生背叛之心。突利可汗投奔大唐時，頡利可汗冊立他為小可汗。等到頡利戰敗逃走，於是前往依附蘇尼失，準備投奔吐谷渾。大同道行軍總管任城王李道宗領兵進逼，讓蘇尼失抓住頡利送過來。頡利率領幾名騎兵連夜逃跑，藏在荒野山谷中。蘇尼失害怕了，驅馬急忙追趕，抓獲了頡利。三月十五日庚辰，行軍副總管張寶相率兵突然來到沙鉢羅的營帳，抓獲頡利送到京城長安。蘇尼失率領部眾前來投降，漠南地域便空無一人。

蔡成公杜如晦病重，太宗派遣太子詢問病情，又親自前去探望。三月十九日甲申，杜如晦去世。太宗每次得到好器物，就想到杜如晦，派人將器物賞賜到他家裡。很長時間，太宗提到杜如晦，必定流下眼淚，對房玄齡說：「你與杜如晦一同輔佐朕，如今只見到你，見不到如晦了！」

突厥頡利可汗被押送到長安。夏，四月初三日戊戌，太宗登上順天門城樓，大量陳列禮儀器物，接見頡利，太宗責備頡利說：「你憑藉父兄立下的功業，恣肆淫侈殘虐，自取滅亡，這是第一條罪狀。你多次與我朝訂立盟約而又背叛，這是第二條罪狀。你自恃強大而好戰，原野暴露的白骨莽莽，這是第三條罪狀。你踐踏我大唐的莊稼，搶奪我大唐的子民百姓，這是第四條罪狀。我寬宥你的罪過，保存你的社稷江山，而你卻拖延不來朝見，這是第五條罪狀。自從我與你在渭水便橋定盟以來，你不再大規模入境侵犯，因此你才得以不被處死。」頡利痛哭謝罪然後退下。太宗下詔讓頡利在太僕寺居住，賜給豐厚的飲食。

太上皇李淵聽說擒獲頡利可汗，感歎說：「漢高祖在白登山被匈奴圍困，不能報仇，現在我的兒子能剿滅突厥，證明我所託付的人選正確，我還有什麼憂慮呢！」太上皇召太宗與十幾位顯貴大臣，以及諸王、王妃、公主等，在凌煙閣擺下酒宴，酒喝得酣暢時，太上皇親自彈奏琵琶，皇上翩翩起舞，公卿大臣更相起身祝壽，到了深夜才罷宴。

突厥滅亡後，它的部落或者向北依附薛延陀，或者向西逃往西域，其中投降唐朝的還有十萬戶，太宗下詔讓群臣商議如何安置突厥人。朝廷裡多數大臣說「北方的狄人自古就是中原的禍患，現在他們幸虧已經滅亡，應當全部遷徙到河南的兗州、豫州之間，分割他們的種族部落，讓他們分散居住到各州縣，教他們耕田織布，這樣才可以教化胡族變成農民，讓塞北地區永遠空曠無人。」

中書侍郎顏師古認為：「突厥、鐵勒自上古以來中原朝廷就不能臣服他們，陛下既然已經臣服他們，請把他們安置在黃河以北地區，分別設立酋長，統領他們的部落，就永遠沒有禍患了。」

禮部侍郎李百藥認為：「突厥雖說是一個國家，但它分為不同的部族種類，各有酋長與統帥。現在應該利用他們的分離流散，分別在各個部落內任命君長，使各部互不統屬。縱使想保存阿史那為可汗，只能讓他臣有本部族而已。國家各部分散就會變得弱小而容易制服，各部族勢力相當就難以相互吞滅，這樣他們各自得以保全，就必定不能與中國相抗衡了。仍請在定襄設置都護府，對突厥各部進行控制，這才是安定邊境的長久之策。」

夏州都督竇靜認為：「戎狄的本性，如同禽獸一般，不能用刑罰威懾，不能用仁義教化，況且他們留戀故土的情懷，也不容易忘卻。將他們安置在中原，對於大唐有害無益。恐怕一旦發生變故，就會侵害我大唐的王法。不如趁著他們戰敗亡國之際，給他們出乎意料的恩惠，冊封給他們王侯稱號，把皇家宗室之女嫁給他們為妻，劃分他們的土地，拆散他們的部落，讓他們權力削弱、勢力分散，容易被我大唐控制，可以讓他們長期作為朝廷的藩臣，永遠保持邊境安寧。」

溫彥博認為：「把突厥人遷徙到兗州、豫州之間，就違背突厥人的本性，這不是讓他們得以生存養育的辦法。請依照光武帝建武年間的舊例，把投降的匈奴人安置在塞外，保全他們的部落，順應他們的風俗習慣，把他們充實到空無人煙的地區，讓他們成為中原王朝的外圍屏障，這樣才是完善的策略。」

魏徵認為：「突厥世代為寇盜，是中原百姓的仇人。如今有幸將他們滅亡，陛下因為他們投降歸附，不忍心全部殺掉，應當釋放他們回歸故土，不能留在中原境內。戎狄各族人面獸心，衰弱的時候就請求歸服，強盛起來就反叛朝廷，這本來就是他們的本性。現在投降的部眾將近十萬人，幾年之後，繁衍生息就會成倍增多，必然成為中原的心腹大患，那時就無法後悔了。西晉初年各胡族與漢人雜居在中原地區，郭欽、江統都勸晉武帝把胡族驅趕到塞外，以杜絕叛亂產生的根源，晉武帝不聽從這一建議。之後二十多年，伊水、洛水之間，便成為北方戎狄聚居的地區，這是前代事情留下的借鑑。」

溫彥博說：「稱王天下的人對於萬物，凡是上天所覆蓋的，大地所承載的，沒有一樣可以遺漏。現在突厥走投無路而來歸附我們，為什麼要拋棄他們而不接納呢！孔子說：『對所有的人都要進行教化，沒有類別的區分。』如果從滅亡中拯救他們，送給他們生存的產業，以禮樂教化他們，經過數年之後，他們就會成為我朝的百姓。挑選他們的酋長，讓他們入宮擔任禁衛，他們就會畏懼朝廷的威嚴而感懷朝廷的恩惠，還會有什麼後患呢！」

太宗最終採納溫彥博的策略，把投降歸附的突厥民眾，安置到東起幽州、西至靈州的地區。把突利可汗原來統轄的地區，設置了順州、祐州、化州、長州等四州都督府。又把頡利可汗統轄地區分別設置為六個州，在東面設置定襄都督府，西面設置雲中都督府，用來統轄突厥的民眾。

五月初七日辛未，任命突利可汗為順州都督，讓他統領所屬部落官員。太宗告誡他說：「你的祖父啓民可汗挺身投奔隋朝，隋朝把他冊立為大可汗，完全控制了北部的荒遠地區，你的父親始畢可汗反而成為隋的禍患。天道不容你們這樣做，所以讓你們今天敗亡到如此境地。我之所以不冊立你為可汗，就是有鑑於以前啓民舊事的緣故。現在任命你為都督，你應當好好遵守大唐的法令，不要相互侵擾劫掠，不只是想讓中原長治久安，也想讓你的宗族永遠得以保全。」

五月初八日壬申，任命阿史那蘇尼失為懷德郡王，阿史那思摩為懷化郡王。頡利敗亡時，各部族的酋長都拋棄頡利可汗前來投降，只有思摩跟隨頡利，最後竟然與頡利一同被俘。太宗讚賞他的忠誠，任命他為右武候大將軍，不久又任命為北開州都督，讓他統領頡利原來的部眾。

五月十三日丁丑，任命右武衛大將軍史大奈為豐州都督，其他來投奔唐朝的酋長都拜為將軍中郎將，列身於朝廷官員之中，五品以上的有一百多人，幾乎與朝廷原來的官員各佔一半，因此遷居長安的接近一萬家。

五月十七日辛巳，太宗下詔：「從今以後的訴訟，有經過尚書省判決而不服的，聽憑到東宮向上稟報，交由太子裁決。如果仍舊不服，然後就上奏皇帝。」

五月二十三日丁亥，御史大夫蕭瑀彈劾李靖大破頡利可汗牙帳時，治軍沒有法度，使得突厥可汗的珍奇寶物，全被搶掠一空，請交付司法部門推勘審理。太宗予以特赦不讓彈劾。等到李靖進京拜見，太宗對他大加責備，李靖磕頭謝罪。很久以後，太宗才說：「隋朝史萬歲打敗達頭可汗，有功勞不加賞賜，卻因罪而被殺。朕就不這樣，記錄你的功勞，赦免你的罪過。」加封李靖左光祿大夫，賜給絹帛一千匹，增加了真食邑，加上以前的共有五百戶。不久，太宗對李靖說：「以前有人說你的壞話，現今朕已醒悟，你不必記在心裡。」又賜給絹帛二千匹。

林邑❶獻火珠❷，有司以其表辭不順❸，請討之，上曰：「好戰者亡，如①隋煬帝、頡利可汗，皆耳目所親見也。小國勝之不武❹，況未可必乎！語言之間，何足介意！」

六月丁酉❺，以阿史那蘇尼失為北寧州❻都督，以中郎將史善應為北撫州都督。壬寅❼，以右驍衛將軍康蘇密為北安州都督。

乙卯❽，發卒修洛陽宮，以備巡幸。給事中張玄素上書諫，以為：「洛陽未有巡幸之期而預修宮室，非今日之急務。昔漢高祖納婁敬之說，自洛陽遷長安❾，豈非洛陽之地不及關中之形勝❿邪！景帝用晁錯之言而七國構禍⓫，陛下今處突厥於中國，突厥之親，何如七國⓬？豈得不先為憂，而宮室可遽興⓭，乘輿⓮可輕動哉！臣見隋氏初營宮室，近山無大木，皆致之遠方，二千人曳一柱，以木為輪，則戛摩⓯火出，乃鑄鐵為轂⓰，行一二里，鐵轂輒破，別使數百人齎⓱鐵轂隨而易之⓲，盡日⓳不過行二三十里，計一柱之費，已用數十萬功⓴，則其餘可知矣。陛下初平洛陽，凡隋氏宮室之宏侈㉑者，皆令毀之，曾未十年，復加營繕，何前日惡之而今日效之也！且以今日財力，何如隋世？陛下役瘡痍之人㉒，襲㉓亡隋之弊，恐又甚於煬帝矣！」上謂玄素曰：「卿謂我不如煬帝，何如桀、紂？」對曰：

「若此役不息，亦同歸于亂耳！」上嘆曰：「吾思之不熟，乃至於是！」顧謂房玄齡曰：「朕以洛陽土中㉔，朝貢道均㉕，意欲便民，故使營之。今玄素所言誠有理，宜即為之罷役。後日㉖或以事至洛陽，雖露居㉗亦無傷也。」仍賜玄素綵二百匹。

秋，七月甲子朔㉘，日有食之。

乙丑㉙，上問房玄齡、蕭瑀曰：「隋文帝何如主也？」對曰：「文帝勤於為治，每臨朝，或至日昃㉚，五品已上，引坐論事，衛士傳餐而食㉛。雖性非仁厚，亦勵精之主也。」上曰：「公得其一，未知其二。文帝不明而喜察㉜，不明則照有不通㉝，喜察則多疑於物㉞，事皆自決，不任羣臣。天下至廣，一日萬機㉟，雖復勞神苦形㊱，豈能一一中理㊲！羣臣既知主意，唯取決受成㊳，雖有愆違㊴，莫敢諫爭，此所以二世而亡也。朕則不然，擇天下賢才，寘之百官㊵，使思天下之事，關㊶由宰相，審熟便安㊷，然後奏聞。有功則賞，有罪則刑，誰敢不竭心力以脩職業㊸，何憂天下之不治乎！」因敕百司：「自今詔敕行下有未便者，皆應執奏㊹，毋得阿從㊺，不盡己意㊻。」

癸酉㊼，以前太子少保㊽李綱為太子少師㊾，以兼御史大夫蕭瑀為太子少傅。

李綱有足疾，上賜以步輿㊿，使之乘至閤下，數引入禁中，問以政事。每至東宮，太子親拜之。太子每視事，上令綱與房玄齡、王珪[2]侍坐(51)。

先是，上命[3]蕭瑀與宰相參議朝政，瑀氣剛而辭辯(52)，房玄齡等皆不能抗(53)，上多不用其言。玄齡、魏徵、溫彥博嘗有微過，瑀劾奏之，上竟不問，瑀由此怏怏(54)自失(55)，遂罷御史大夫，為太子少傅，不復預聞朝政。

【章　旨】以上為第九段，寫唐太宗罷東都營建，明察是非，用人不疑。

【注　釋】❶林邑　越南古國。又稱占婆、占城。在今越南中南部。❷獻火珠　《舊唐書・南蠻林邑傳》：「貞觀四年，其王范頭黎遣使獻火珠，大如雞卵，圓白皎潔，光照數尺，狀如水精，正午向日，以艾蒸之，即火燃。」❸表辭不順　奏表的詞語不恭敬。❹小國勝之不武　戰勝小國算不上威武。❺丁酉　六月初四。❻北寧州　北寧州及下述北撫州、北安州，均為臨時設置，今地不詳。❼壬寅　六月初九。❽乙卯　六月二十二日。❾漢高祖納婁敬之說二句　西漢初建都洛陽。高祖五年（西元前二〇二年），婁敬盛陳遷都長安之利，被高祖採納，拜為郎中，號奉春君，賜姓劉氏。婁敬事詳《史記》卷九十九、《漢書》卷四十三本傳。❿形勝　地勢優越便利。⓫景帝用鼂錯之言而七國搆禍　漢景帝前二年（西元前一五五年），御史大夫鼂錯屢建言削藩，被景帝採納並下削藩令。次年，吳王劉濞、楚王劉戊等舉兵叛亂，史稱「吳楚七國之亂」。鼂錯（西元前二〇〇—前一五四年），亦作「鼂錯」，西漢政論家，潁川（今河南禹州）人。傳見《漢書》卷四十八。⓬突厥之親二句　意謂突厥與朝廷的親密，如何比得上七國。⓭豈得不先為憂二句　意謂難道能不先有憂慮，反而急於興建宮室。⓮乘輿　帝王乘坐的車子。此為帝王的代稱。⓯戞摩　輕輕敲打摩擦。⓰轂　車輪的中心部分，有圓孔，可以插軸。⓱齎　抱著。⓲隨而易之　隨時更換。⓳盡日　整日。⓴功　一人一日的計算單位。㉑宏侈　宏偉侈靡。㉒瘡痍之人　受傷的人。㉓襲　因襲。㉔洛陽土中　洛陽居中國之中。㉕朝貢道均　各地來朝貢的距離較平均。㉖後日　日後；往後。㉗露居　露天而居。㉘甲子朔　七月初一。㉙乙丑　七月初二。㉚日昃　日過午，太陽偏西。㉛傳餐而食　傳遞食物就地食用。㉜不明而喜察　不賢明而喜歡苛察。㉝不明則照有不通　不精明則不通達。㉞物　人物。㉟萬機　萬種機務。㊱雖復勞神苦形　即使再勞神費力。㊲中理　合理。㊳受成　接受成命。㊴愆違　失誤。㊵寘之百官　放置在百官的位子上。㊶關　稟告；報告。㊷審熟便安　慎思熟慮，方便穩妥。㊸竭心力以脩職業　竭盡心力以修治自己的職務。㊹執奏　執以上奏。㊺阿從　一味順從。㊻不盡己意　意謂不把自己的想法全部說出來。㊼癸酉　七月初十。㊽少保　官名，為輔導太子的官。㊾少師　官名，與少傅、少保合稱三孤或三少，均為輔導、教諭太子的官。㊿步輿　即步挽車，古代一種用人拉的車子。(51)侍坐　陪坐在旁邊。(52)辭辯　辭令巧辯。(53)抗　抗禦。(54)怏怏　不滿意的樣子。(55)自失　不快。

【校　記】1如　原無此字。據章鈺校，十二行本、乙十一行本、孔天胤本皆有此字，今據補。2王珪　原無此二字。據章鈺校，十二行本、乙十一行本皆有此二字，張敦仁《通鑑刊本識誤》同，今據補。3上命　原無此二字。據章鈺校，十二行本、乙十一行本皆有此二字，今據補。

【語　譯】林邑向太宗進獻火珠，有關部門認為林邑奏表中的文辭不恭順，請求討伐林邑。太宗說：「好戰的人會走向滅亡，如隋煬帝、頡利可汗，都是耳聞目見的先例。對一個小國，戰勝它算不上威武，何況未必能取勝！上書的語言小有問題，何必介意呢！」

六月初四日丁酉，任命阿史那蘇尼失為北寧州都督，任命中郎將史善應為北撫州都督。初九日壬寅，任命右驍衛將軍康蘇密為北安州都督。

六月二十二日乙卯，朝廷徵發士兵修築洛陽宮殿，以備太宗巡幸時使用。給事中張玄素上書勸諫，認為：「還沒有巡幸洛陽的日期就預先修築宮室，並非眼前的當務之急。以前漢高祖劉邦採納婁敬的建議，從洛陽遷都到長安，難道不是因為洛陽地區不如關中地勢優越嗎！漢景帝採用晁錯削藩的建議而使吳、楚七國發動叛亂，陛下現在把突厥安置在中原地區，突厥與我朝的親近，與七國對漢朝相比誰更親呢？怎能不先擔憂此事，而怎麼可以馬上興建宮室，輕易出動皇帝御駕呢！臣看到隋朝當初營造宮室，近處山上沒有粗大的樹木，樹木都從遠方運來，二千人拉一根柱子，用木頭作為輪子，就會摩擦起火，於是鑄鐵為車轂，走一二里路，鐵轂就破損了，另外派幾百人攜帶鐵轂隨時更換，一整天不過行走二三十里，總計一根柱子的花費，已經使用了幾十萬個工作日，那麼其他的花費就可想而知了。陛下剛平定洛陽時，凡是看到隋朝宮殿規模宏大奢侈的，都下令毀掉，還不到十年時間，又重新加以營造修繕，為何以前厭惡而現在卻要效仿呢！而且現在的財力，怎麼能與隋代相比？陛下役使受傷的百姓，承襲隋朝滅亡的弊病，恐怕為禍之甚要超過隋煬帝了！」太宗對張玄素說：「你說我不如隋煬帝，與桀、紂相比又怎麼樣？」回答說：「如果這項勞役不停止，也要同樣走向變亂罷了！」太宗感歎說：「我考慮不成熟，以至於此！」回頭對房玄齡說：「朕以為洛陽地處天下正中，四方前來朝貢的路途相等，本意是方便百姓，所以派人營造。今日玄素所說的確有道理，應立即停止這項勞役。今後如有事去洛陽，即使露天而居也無妨。」於是賜給張玄素綵帛二百匹。

秋，七月初一日甲子，發生日蝕。

七月初二日乙丑，太宗問房玄齡、蕭瑀說：「隋文帝是怎樣的君主？」回答說：「隋文帝勤於治理國家，每次臨朝聽政，有時要到太陽偏西，五品以上的官員，召來坐著討論政事，衛士給他們傳送餐飯來吃。雖然他的性格不夠仁厚，也是勵精圖治的君主。」太宗說：「你們只知其一，未知其二。文帝眼光不明卻喜歡細究，眼光不明的話，對事情就看不透徹，喜歡細究就會對事情多疑，事情都由自己裁決，而不能任用群臣。天下極為廣大，一天政務千頭萬緒，雖然精神勞累，人也辛苦，哪裡能每件事都合乎道理！群臣既然知道皇帝的心意，就只聽主上決定，接受主上命令，雖然出現差錯，群臣也沒有人敢來勸諫爭論，這就是隋朝兩代就滅亡的原因所在。朕就不是這樣，選擇天下的賢能人才，讓他們擔任文武百官，思考天下的政事，由宰相總管諸事，深思熟慮方便穩妥了，然後上奏給朕。有功就給予賞賜，有罪就處以刑罰，誰敢不盡心盡力來做好本職事務，哪裡擔心天下得不到治理呢！」於是敕令所有衙門：「自今以後詔敕文書如有不當之處，都應提出意見向上稟奏，不得阿諛奉從，不完全說出自己的意見。」

七月初十日癸酉，任命前任太子少保李綱為太子少師，任命兼任御史大夫蕭瑀為太子少傅。

李綱的腳有疾病，太宗賜給他一乘小轎代步，讓他乘坐小轎來到宮內朝閣下面，多次召他進入宮內，向他詢問政事。每次到東宮，太子親自向他下拜。太子每次處理政事，太宗都令李綱與房玄齡、王珪一同陪坐。

此前，太宗命蕭瑀與宰相參議朝政，蕭瑀性情剛烈而能言善辯，房玄齡等人都不能與他抗衡，太宗大多不採用他的意見。房玄齡、魏徵、溫彥博曾有小的過失，蕭瑀上奏彈劾他們，太宗最終沒有過問，蕭瑀因此而怏怏不樂有所失望，於是免去御史大夫一職，改任太子少傅，不再參與朝政。

西突厥種落散在伊吾❶，詔以涼州都督李大亮為西北道安撫大使❷，於磧口❸貯糧，來者賑給❹，使者招慰❺，相望於道❻。大亮上言：「欲懷遠者❼，必先安近。中國如本根，四夷如枝葉，疲中國以奉❽四夷，猶拔本根以益枝葉也。臣遠考秦、漢，近觀隋室，外事戎狄，皆致疲弊。今招致西突厥，但見勞費，未見其益。況河西州縣❾蕭條，突厥微弱以來，始得耕穫，今又供億❿此役，民將不堪，不若且罷招慰為便。伊吾之地，率皆沙磧，其人或自立君長，求稱臣內屬者，羈縻⓫受之，使居塞外，為中國藩蔽⓬，此乃施虛惠而收實利也。」上從之。

八月丙午⓭，詔以「常服未有差等，自今三品以上服紫，四品、五品服緋⓮，六品、七品服綠，八品服青⓯，婦人從其夫色。」

甲寅⓰，詔以兵部尚書李靖為右僕射。靖性沈厚，每與時宰⓱參議，恂恂⓲如[1]不能言。

突厥既亡，營州都督薛萬淑遣契丹⓳酋長貪沒折說諭東北諸夷，奚、霫、室韋⑳等十餘部皆內附。萬淑，萬均之兄也。

戊午㉑，突厥欲谷設來降。欲谷設，突利之弟也。頡利敗，欲谷設奔高昌㉒，聞突利為唐所禮，遂來降。

九月戊辰㉓，伊吾城主入朝。隋末，伊吾內屬，置伊吾郡，隋亂，臣於突厥。頡利既滅，舉其屬七城來降，因以其地置西伊州㉔。

思結部落飢貧，朔州刺史新豐㉕張儉㉖招集之，其不來者，仍居磧北，親屬私相往還㉗，儉亦不禁。及儉徙勝州㉘都督，州司㉙奏思結將叛，詔儉往察之。儉單騎入其部落說諭㉚，徙之代州，即以儉檢校㉛代州都督，思結卒無叛者。儉因勸之營田，歲大稔㉜。儉恐虜蓄積多，有異志，奏請和糴㉝，以充邊儲。部落喜，營田轉力㉞，而邊備實焉。

丙子㉟，開南蠻地，置費州、夷州㊱。

【章旨】以上為第十段，寫漠北、西域、南方蠻夷，均歸服唐朝。

【注釋】❶伊吾　地名，即今新疆哈密。❷安撫大使　官名，隋代仁壽四年設置安撫大使，由行軍主帥兼任。唐代各州如遇水旱災害，就派遣巡察、安撫或存撫等使節巡視撫恤；倘由節度使兼任，另有副使。❸磧口　此磧口當在伊吾東。❹來者賑給　前來的人就賑給。❺使者招慰　出使的人就招撫慰勞。❻相望於道　在道路之上前後相望，意即絡繹不絕。❼懷遠者　安撫遠方之人。❽奉　供奉。❾河西州縣　指甘、涼、瓜、沙、肅等州。甘州治所在今甘肅張掖，涼州治所在今甘肅武威，瓜州治所在今甘肅安西縣東南，沙州治所在今甘肅敦煌西，肅州治所在今甘肅酒泉。⑩供億　供給。⑪羈縻　攏絡。⑫藩蔽　藩籬屏障。⑬丙午　八月十四日。⑭緋　紅色。⑮青　黑色。⑯甲寅　八月二十二日。⑰時宰　當時執政者。⑱恂恂　溫恭的樣子。⑲契丹　古族名，源於東胡。北魏以後在今遼河上游一帶游牧。唐以其地設置松漠都督府，並任命契丹首領為都督。⑳室韋　古族名，北魏時始見於史書記載。分布在嫩江流域及黑龍江南北岸。唐時，室韋有二十多部落。㉑戊午　八月二十六日。㉒高昌　古城名，故址在今新疆吐魯番東約二十餘公里哈拉和卓堡西南。㉓戊辰　九月初六。㉔西伊州　州名，治所在今新疆哈密。㉕新豐　縣名，縣治在今陝西臨潼東北新豐鎮。㉖張儉　（西元五九三—六五三年）高祖之從甥。貞觀初，以功累遷朔州刺史。傳見《舊唐書》卷八十三、《新唐書》卷一百十一。㉗私相往還　私自相互往來。㉘勝州　州名，治所在今內蒙古準噶爾旗東北黃河南岸十二連城。㉙州司　州官。㉚說諭　勸說曉諭。㉛檢校　攝代。㉜稔　豐熟。㉝和糴　和議價格而進行收買。㉞轉力　反而更為用力。㉟丙子　九月十四日。㊱費州夷州　皆為州名，費州治所即今貴州思南，夷州治所在今貴州鳳岡。

【校　記】①如　據章鈺校，十二行本、乙十一行本皆作「似」。

【語　譯】西突厥的部族散居在伊吾地區，太宗下詔任命涼州都督李大亮為西北道安撫大使，在磧口存貯糧食，前來的人就賑發糧食，出使的人就招撫慰問，路上的人前後相望。李大亮上書說：「想要懷柔遠方各族，一定要先安撫近處的人。中原地區如同大樹的根本，四方各族如同大樹的枝葉，讓中原民眾非常疲憊來奉養四方的夷人，就好像拔掉大樹的本根來使樹上枝葉受益。臣考察遠在以前的秦代、漢代，又觀察最近的隋朝，對外奉事戎狄，都使自己疲憊而產生弊病。如今為了招撫西突厥，只看到朝廷勞累而耗費財物，沒看到有什麼收益。更何況河西州縣寥落，自從突厥衰微以來，才能夠耕種稼穡，如今又貯糧供給來往之人，百姓將無法承受，不如暫且停止招撫慰問，這比較有利。伊吾地區大多都是沙漠，當地人有的自立君長，如果對朝廷稱臣歸附，不妨接受，加以控制，讓他們居住在塞外，作為中原的屏障，這才是施捨虛有的恩惠而得到實際的利益。」太宗聽從了這一意見。

八月十四日丙午，太宗下詔認為「官員日常服裝沒有等級差別，今後三品以上官員服用紫色，四品、五品官員服用紅色，六品、七品官員服用綠色，八品官員服用青色，官員夫人的服裝與丈夫官服的顏色相同。」

八月二十二日甲寅，太宗下詔任命兵部尚書李靖為右僕射。李靖性情深沉忠厚，每次與宰相們議論政事，謙恭拘謹像是不善言辭。

突厥既已滅亡，營州都督薛萬淑派契丹首領貪沒折勸說告諭東北各族歸附，於是奚、霫、室韋等十幾個部族都歸附唐朝。薛萬淑，是薛萬均的哥哥。

八月二十六日戊午，突厥人欲谷設前來投降。欲谷設，是突利可汗的弟弟。頡利可汗戰敗後，欲谷設投奔高昌，聽說突利受到唐朝的禮遇，於是前來投降。

九月初六日戊辰，伊吾城主入京朝見。隋朝末年，伊吾歸附內地，隋朝設置了伊吾郡，隋末發生戰亂，伊吾改而歸附突厥。頡利既已滅亡，伊吾又率領屬下的七座城前來投降，朝廷於是把他們的地區設置為西伊州。

思結部落飢餓貧窮，朔州刺史新豐人張儉召集他們，其中不應召而來的，仍然居住在大漠之北，他們的親屬私下相互往來，張儉也不禁止。等到張儉改任勝州都督後，朔州州官上奏稱思結部落將要反叛，太宗下詔令張儉前往巡察。張儉一人單騎進入思結部落勸說曉諭，把他們遷居到代州，朝廷就任命張儉代理代州都督，思結最終也沒有反叛。張儉於是勸他們開墾田地耕種，年底獲得大豐收。張儉擔心思結人的積蓄多了，就會有反叛之心，於是奏請由官府購買他們的糧食，以補充邊防儲糧。思結部族大為高興，經營農業更加努力，而邊防的儲備於是得以充實。

九月十四日丙子，唐朝開闢南蠻地區，設立費州、夷州。

己卯❶，上幸隴州。

冬，十一月壬辰❷，以右衛大將軍侯君集為兵部尚書，參議朝政。○甲子❸，車駕還京師。上讀明堂鍼灸書④，云「人五藏之系，咸附⑤於背」，戊寅⑥，詔自今毋得笞囚背⑦。

十二月甲辰⑧，上獵於鹿苑⑨。乙巳⑩，還宮。

甲寅⑪，高昌王麴文泰⑫入朝。西域諸國咸欲因文泰遣使入貢，上遣文泰之臣厭怛紇干往迎之。魏徵諫曰：「昔光武不聽西域送侍子⑬，置都護，以為不以蠻夷勞中國。今天下初定，前者⑭文泰之來，所過[1]勞費已甚，今借使⑮十國入貢，其徒旅⑯不減⑰千人，邊民荒耗⑱，將不勝其弊。若聽⑲其商賈往來，與邊民交市，則可矣。儻以賓客遇⑳之，非中國之利也。」時厭怛紇干已行，上遽㉑令止之。

諸宰相侍宴，上謂王珪曰：「卿識鑒㉒精通，復善談論，玄齡以下，卿宜悉加品藻㉓，且自謂與數子何如㉔？」對曰：「孜孜㉕奉國，知無不為，臣不如玄齡。才兼文武，出將入相㉖，臣不如李靖。敷奏㉗詳明，出納惟允㉘，臣不如溫彥博。處繁治劇㉙，眾務畢舉，臣不如戴冑。恥君不及堯、舜㉚，以諫爭為己任，臣不如魏徵。至於激濁揚清㉛，嫉惡好善，臣於數子，亦有微長㉜。」上深以為然，眾亦服其確論㉝。

上之初即位也，嘗與羣臣語及教化㉞，上曰：「今承大亂之後，恐斯民㉟未易化也。」魏徵對曰：「不然。久安之民驕佚㊱，驕佚則難教，經亂之民愁苦，愁苦則易化。譬猶飢者易為食，渴者易為飲也。」上深然之。封德彝非之曰：「三代以還㊲，人漸澆訛㊳，故秦任法律，漢雜霸道，蓋欲化而不能，豈能之而不欲邪㊴！魏徵書生㊵，未識時務，若信其虛論㊶，必敗國家。」徵曰：「五帝、三王不易民㊷而化，昔黃帝征蚩尤，顓頊誅九黎，湯放桀，武王伐紂㊸，皆能身致太平，豈非承大亂之後邪！若謂古人淳朴㊹，漸至澆訛，則至于今日，當悉化為鬼魅㊺矣，人主安得而治之！」上卒從徵言。

元年㊻，關中饑，米斗直㊼絹一匹。二年，天下蝗。三年，大水。上勤而撫之，民雖東西就食，未嘗嗟怨㊽。是歲㊾，天下大稔，流散者咸歸鄉里，米斗不過三、四錢，終歲斷死刑纔二十九人。東至于海，南極五嶺㊿，皆外戶不閉(51)，行旅不齎糧，取給於道路焉(52)。

上謂長孫無忌曰：「貞觀之初，上書者皆云：『人主當獨運威權，不可委之臣下。』又云：『宜震耀威武，征討四夷。』唯魏徵勸朕『偃武修文(53)，中國既安，四夷自服。』朕用其言。今頡利成擒(54)，其酋長並帶刀宿衞，部落皆襲衣冠(55)，徵之力也，但恨不使封德彝見之[56]耳。」徵再拜謝曰：「突厥破滅，海內康寧，皆陛下威德，臣何力焉！」上曰：「朕能任公，公能稱所任，則其功豈獨在朕乎！」房玄齡奏「閱府庫甲兵[57]，遠勝隋世。」上曰：「甲兵武備，誠不可闕[58]，然煬帝甲兵豈不足邪！卒亡天下。若公等盡力，使百姓乂安[59]，此乃朕之甲兵[60]也。」

上謂祕書監蕭璟[61]曰：「卿在隋世數見皇后乎？」對曰：「彼兒女且不得見，臣何人，得見之！」魏徵曰：「臣聞煬帝不信齊王，恆有中使[62]察之，聞其宴飲，則曰『彼營何事得遂而喜？』聞其憂悴，則曰『彼有他念故爾[63]。』父子之間且猶如是，況他人乎！」上笑曰：「朕今視楊政道[64]，勝煬帝之於齊王遠矣！」璟，瑀之兄也。

西突厥肆葉護可汗[65]既先可汗之子，為眾所附，莫賀咄可汗所部酋長多歸之。肆葉護引兵擊莫賀咄，莫賀咄兵敗，逃於金山[66]，為泥孰設所殺，諸部共推肆葉護為大可汗。

【章　旨】以上為第十一段，寫唐太宗君臣論治，品藻自鑑，各安其位，各盡其力，天下大治，刑措不用。

【注釋】❶己卯　九月十七日。❷壬辰　當作壬戌，十一月初一。❸甲子　十一月初三。❹明堂鍼灸書　《新唐書・藝文志》有《黃帝明堂經》三卷、《明堂五臟圖》一卷、《明堂偃側人圖》十三卷、《明堂孔穴圖》五卷，均為針灸之書。❺附　附著。❻戊寅　十一月十七日。❼毋得笞囚背　不得杖笞囚徒的背部。❽甲辰　十二月十四日。❾鹿苑　縣名，縣治在今陝西高陵西南。❿乙巳　十二月十五日。⓫甲寅　十二月二十四日。⓬麴文泰　高昌國王。傳見《舊唐書》卷一百九十八、《新唐書》卷二百二十一上。⓭侍子　此指西域諸國遣子入朝侍奉天子者，具有人質性質。⓮前者　以前。⓯借使　假使。⓰徒旅　隨同的人。⓱不減　不少於；不下。⓲荒耗　荒廢作業消耗財物。⓳聽　聽任。⓴遇　禮遇；待遇。㉑遽　立即。㉒識鑒　見識及鑑別能力。㉓品藻　評論。㉔自謂與數子何如　自己認為與諸位相比如何。㉕孜孜　勤勉。㉖出將入相　出則為將，統兵征討，入則為相，以理國事。㉗敷奏　陳述、奏聞。㉘惟允　都很公允。㉙處繁治劇　處理繁雜之事，治理緊急事務。㉚恥君不及堯舜　以輔佐君王不如堯、舜為恥。㉛激濁揚清　語出《尸子》。原意是說急流蕩去汙濁，清水使之揚起。這裡比喻除惡揚善。㉜微長　略長；稍微好一些。㉝確論　議論中肯。㉞教化　教育感化。㉟斯民　這些民眾。㊱驕佚　驕慢安逸。㊲以還　以下；以來。㊳澆訛　刻薄詭詐。㊴豈能之而不欲邪　哪有能夠教化而不願教化的呢。㊵書生　隋唐時視書生為死讀經傳、不通世務、空洞而不切實際之人，猶今言「書呆子」。㊶虛論　空論。㊷易民　更換民眾。㊸黃帝征蚩尤四句　謂神農氏世衰，蚩尤為暴虐，黃帝征之，擒殺蚩尤。少皞氏衰，九黎亂德，顓頊誅之。商湯放夏桀於南巢。武王殺商紂於牧野。㊹淳朴　淳厚樸實。㊺魅　傳說中的鬼怪。㊻元年　指貞觀元年，下文二年、三年，指貞觀二年、三年。㊼直　同「值」。㊽未嘗嗟怨　不曾有怨言。㊾是歲　這一年；今年。即貞觀四年。㊿五嶺　即越城、都龐、萌渚、騎田、大庾五嶺的總稱。在湘、贛與桂、粵等省交界處。51外戶不閉　意為由於社會安定，不需防範盜賊，故不必關閉門戶。戶，本謂單扇的門，此泛指門。52行旅不齎糧二句　行人旅客不需攜帶糧食，在道路沿途可有旅舍取食。53偃武修文　停止武備，興治文教。54成擒　被擒。55襲衣冠　穿戴華夏服飾。意為接受華夏文明。56恨不使封德彝見之　貞觀元年（西元六二七年），太宗令封德彝舉賢。德彝以「於今未有奇才」而久無所舉。德彝死於貞觀元年，故未見魏徵今日之建樹。57甲兵　鎧甲兵仗。58闕　無。59乂安　平安無事。60此乃朕之甲兵　百姓安寧，天下才能長治久安。而甲兵的作用，也正在此。故云「此乃朕之甲兵」。61蕭璟　蕭瑀兄，與隋煬帝蕭后為同胞兄妹。傳見《舊唐書》卷六十三、《新唐書》卷七十一。62中使　奉詔出使的宮內宦官。63彼有他念故爾　他有異志所以如此。64楊政道　隋煬帝之孫，為煬帝第二子齊王楊暕的遺腹子。曾與煬帝蕭皇后一同逃入突厥，處羅可汗立為隋王。突厥滅，歸於唐，授員外散騎侍郎。事跡見《舊唐書》卷一百九十四〈突厥傳〉等。

(65)肆葉護可汗 唐西突厥之主，統葉護之子。傳見《舊唐書》卷一百九十九、《新唐書》卷二百十七。(66)金山 即阿爾泰山。突厥語「阿爾泰」意為「金」。

【校 記】[1]所過 原無此二字。據章鈺校，十二行本、乙十一行本、孔天胤本皆有此二字，張敦仁《通鑑刊本識誤》同，今據補。

【語 譯】九月十七日己卯，太宗巡幸隴州。

冬，十一月壬辰日，任命右衛大將軍侯君集為兵部尚書，參議朝政。○初三日甲子，太宗的車駕回到京師長安。

太宗讀《明堂鍼灸書》，書中說「人五臟的根系，都附著在後背」，十一月十七日戊寅，下詔從今以後不得鞭笞囚犯的後背。

十二月十四日甲辰，太宗在鹿苑圍獵。十五日乙巳，返回宮中。

十二月二十四日甲寅，高昌王麴文泰入京朝見。西域各國都想通過麴文泰派使節入京朝貢，太宗派麴文泰手下的大臣厭怛紇干前往迎接他們。魏徵勸諫說：「從前漢光武帝不許西域送王子進京為侍子，設置都護府，認為不應以蠻夷之事使中原朝廷煩勞。如今天下剛剛平定，先前麴文泰來京朝見，所過之處煩勞耗費已經很多，如今假使有十國來進貢，使者及隨從人數不少於一千人，邊境民眾荒廢本業，耗費過大，由此帶來的弊病將無法承受。如果允許商人相互往來，與邊境的百姓互市貿易，這是可以的。如果以賓客之禮招待他們，對於中原就沒有好處了。」當時厭怛紇干已經出發，太宗馬上讓他止步。

諸位宰相陪同太宗飲宴，太宗對王珪說：「您見識高明，精通鑑別人才，又善於談論，房玄齡以下的大臣，您應該全部加以品鑑，而且說明自己與他們相比如何。」王珪回答說：「對待國家孜孜不倦，知道的就全部做到，臣不如房玄齡。才能兼具文武，出則為將，入則為相，臣不如李靖。奏事詳盡明白，傳達詔令和接納群臣奏疏妥帖無誤，臣不如溫彥博。能處理繁重複雜的政務，各種政務都興辦起來，臣不如戴胄。以君王不如堯、舜為恥，以勸諫爭辯為己任，臣不如魏徵。至於蕩滌汙濁，提倡清廉，嫉惡好善，臣與他們幾位相比，也有一點長處。」太宗認為說得非常對，大家也認可他的中肯評論。

太宗剛即位時，曾與群臣談到教化問題，太宗說：「當今是遭受大亂之後，恐怕這些百姓不容易教化。」魏徵回答說：「不是這樣。長久安定的百姓就會驕慢安逸，驕慢安逸就難以教化，經過動亂的百姓悲愁苦難，悲愁苦難就容易教化。好比飢餓的人容易給他吃東西，口渴的人容易給他飲水一樣。」太宗深表贊同。封德彝非難說：「三代以來，人們逐漸變得澆薄奸詐，所以秦朝專門使用律令刑罰，漢代在王道之外混雜霸道，這大概是想教化百姓而做不到，難道是能教化而不想推行嗎？魏徵是個書生，不識時務，如果聽信他的空談，必然敗壞國家。」魏徵說：「五帝、三王不用改換民眾而能實行教化，從前黃帝征伐蚩尤，顓頊誅滅九黎，商湯放逐夏桀，武王討伐紂王，都能自身達到天下太平，難道不是承繼天下大亂之後嗎！如果說上古的百姓淳樸，後代的百姓逐漸變得澆薄奸詐，那麼到了今天，就應當全都變為鬼魅了，君主哪裡還能治理他們！」太宗最終聽從了魏徵的意見。

貞觀元年，關中發生饑荒，一斗米的價值與一匹絹相當。貞觀二年，天下發生蝗災。貞觀三年，發生水災。太宗勤奮治國，安撫天下，百姓雖然東西逃荒謀食，也未曾嗟歎抱怨。這一年，天下莊稼大豐收，流散的人都返回故里，一斗米的價格不過三、四錢，整年判處死刑的只有二十九個人。東到大海，南到五嶺，外面的門都不關閉，行人旅客不用帶糧食，在路上就能得到。

太宗對長孫無忌說：「貞觀初年，上書的人都說：『君王應當獨自運用威嚴與權勢，不能把大權交付臣下。』又說：『應當宣揚威嚴和武力，討伐四方的夷人。』只有魏徵規勸朕『停止武備，修整文教，中原地區安定後，四方的夷人自然就會歸服。』朕採納他的意見。如今頡利被俘虜，他的酋長全都佩戴刀劍宿衛皇宮，各個部落都穿戴華夏服飾，這是魏徵的功勞，只是遺憾不能讓封德彝看到這些了。」魏徵行再拜禮，謝恩說：「突厥滅亡，海內安康太平，都是陛下的威望和德化，臣有什麼功勞呢！」太宗說：「朕能任用你，你能稱職，那麼功勞怎會是朕一個人的呢！」

房玄齡上奏「檢查朝廷府庫裡的鎧甲兵器，遠遠超過隋朝。」太宗說：「鎧甲兵器等裝備，確實不可缺少，但隋煬帝的鎧甲兵器難道不足嗎！最終丟掉天下。如果你們盡心竭力，使百姓平安無事，這就是朕的鎧甲兵器。」

太宗對祕書監蕭璟說：「卿在隋朝時，多次見過蕭皇后嗎？」蕭璟回答說：「她的子女都不能見她，臣是什麼人，能見到她！」魏徵說：「臣聽說隋煬帝不信任齊王，總是有宦官在監視他，聽說齊王舉行宴會，就說『他做什麼事成功了這麼高興？』聽說齊王憂慮憔悴，就說『他有異志所以才這樣。』父子之間尚且如此，何況對其他人呢！」太宗笑著說：「朕如今對待楊政道，遠遠超過隋煬帝對待齊王了！」蕭璟，是蕭瑀的哥哥。

西突厥肆葉護可汗是前任可汗的兒子，眾人都來歸附，莫賀咄可汗所屬的部族酋長多來歸附。肆葉護率兵進攻莫賀咄，莫賀咄戰敗，逃到金山，被泥熟設殺死，各部落共同推舉肆葉護為大可汗。

五年（辛卯　西元六三一年）

春，正月，詔僧、尼、道士致拜父母❶。

癸酉❷，上大獵於昆明池❸，四夷君長咸從。甲戌❹，宴高昌王文泰及羣臣。

丙子❺，還宮，親獻禽于大安宮❻。

癸未❼，朝集使❽趙郡王孝恭等上表，以四夷咸服，請封禪，上手詔不許。

有司上言皇太子當冠❾，用二月吉，請追❿兵備儀仗。上曰：「東作⓫方興，宜改用十月。」少傅蕭瑀奏：「據陰陽書[1]，不若二月。」上曰：「吉凶在人，若動依[12]陰陽，不顧禮義，吉可得乎！循正而行，自與吉會。農時最急，不可失也。」

二月甲辰[13]，詔：「諸州有京觀[14]處，無問新舊，宜悉剗削[15]，加土為墳，掩蔽枯朽，勿令暴露。」

己酉[16]，封皇弟元裕為鄶王，元名為譙王，靈夔為魏王，元祥為許王，元曉為密王。庚戌[17]，封皇子愔為梁王，惲為郯王，貞為漢王，治為晉王，慎為申王，囂為江王，簡為代王。

夏，四月壬辰[18]，代王簡薨。○壬寅[19]，靈州斛薛[20]叛，任城王道宗等[2]追擊，破之。

隋末，中國人多沒[21]於突厥。及突厥降，上遣使以金帛贖之。五月乙丑[22]，有司奏，凡得[23]男女八萬口。

六月甲寅[24]，太子少師新昌貞公李綱薨。初，周齊王憲女，孀居[25]無子，綱贍恤[26]甚厚。綱薨，其女以父禮喪之。

秋，八月甲辰[27]，遣使詣高麗，收隋氏[28]戰亡骸骨，葬而祭之。

河內[29]人李好德得心疾[30]，妄為妖言，詔按[31]其事。大理丞張蘊古奏：「好德被疾有徵㉜，法不當坐。」治書侍御史權萬紀㉝劾奏：「蘊古貫㉞在相州㉟，好德之兄厚德為其刺史，情在阿縱㊱，按事不實。」上怒，命斬之於市，既而悔之，因詔：「自今有死罪，雖令即決㊲，仍三覆奏㊳乃行刑。」

權萬紀與侍御史李仁發俱以告訐㊴有寵於上，由是諸大臣數被譴怒㊵。魏徵諫曰：「萬紀等小人，不識大體，以訐為直，以讒為忠。陛下非不知其無堪㊶，蓋取其無所避忌，欲以警策㊷羣臣耳。而萬紀等挾恩依勢，逞其姦謀，凡所彈射㊸，皆非有罪。陛下縱未能舉善以厲俗㊹，柰何昵姦㊺以自損乎！」上默然，賜絹五百匹。久之，萬紀等姦狀自露，皆得罪。

九月，上修仁壽宮㊻，更命曰九成宮。又將修洛陽宮，民部尚書戴胄表諫㊼，以「亂離甫爾㊽，百姓彫弊㊾，帑藏㊿空虛，若營造不已，公私(51)勞費(52)，殆不能堪(53)。」上嘉之曰：「戴胄於我非親，但以忠直體國，知無不言，故以官爵酬之耳。」久之，竟命將作大匠竇璡修洛陽宮。璡鑿池築山，彫飾華靡。上怒[3]，遽命毀之，免璡官。

冬，十月丙午(54)，上逐兔於後苑(55)，左領軍將軍(56)執失思力諫曰：「天命陛下為華夷父母，柰何自輕(57)！」上又將逐鹿，思力脫巾解帶(58)，跪而固諫。上為之止。

【章旨】以上為第十二段，寫唐太宗之失，營建東都行宮屢建屢停；聽信讒言，枉殺張蘊古。

【注釋】❶致拜父母　向父母行跪拜禮。❷癸酉　正月十三。❸昆明池　池名，位於唐代都城長安城西南，在今陝西長安斗門鎮一帶。❹甲戌　正月十四日。❺丙子　正月十六日。❻大安宮　別宮名，高祖武德五年於長安城西側建弘義宮，令秦王居之。貞觀三年，高祖從太極殿遷至弘義宮，更名為大安宮，取太上皇安居之意。太宗遷入太極殿。❼癸未　正月二十三日。❽朝集使　地方派往京師向中央報告郡政及歲計的使者。唐制，凡天下朝集使，皆以十月二十五日至京師，十一月一日，戶部引見完畢，在尚書省與群官禮見，然後集於考堂，應考績之事。❾皇太子當冠　皇太子當行加冠禮。冠，指行冠禮。古代男子成年時（二十歲）加冠的禮節。❿追　追加；增加。⓫東作　謂農事。⓬動依　動不動就按照。⓭甲辰　二月十四日。⓮京觀　埋葬死者的大墳墓。⓯剗削　剷除、鏟平，即削去地上的部分。⓰己酉　二月十九日。⓱庚戌　二月二十日。⓲壬辰　四月初三。⓳壬寅　四月十三日。⓴斛薛　突厥的一部，內附後安置於靈州。㉑沒　被擄掠；淪沒。㉒乙丑　五月初七。㉓凡得　共得到。㉔甲寅　六月二十六日。㉕孀居　寡居。㉖贍恤　贍養撫恤。㉗甲辰　八月十七日。㉘隋氏　隋朝。㉙河內　古縣名，縣治在今河南沁陽。㉚心疾　精神病。㉛按　考查；核實。㉜有徵　有證據。㉝權萬紀　萬年（今陝西西安西北）人，太宗時以悻直廉約，自潮州刺史擢治書侍御史。傳見《舊唐書》卷一百八十五、《新唐書》卷一百。㉞貫　鄉籍；籍貫。㉟相州　州名，治所在今河南安陽。㊱阿縱　徇私、縱容。㊲即決　立即斬決。㊳三覆奏　三次審核上奏。㊴訐　揭發別人的隱私。㊵譴怒　譴責怒罵。㊶無堪　不堪其任；不稱職。㊷警策　警惕鞭策。㊸彈射　彈劾、指摘。㊹厲俗　砥礪風俗。㊺昵姦　親昵奸邪之人。㊻仁壽宮　隋離宮名，在今陝西麟遊西。唐貞觀五年，在原基礎上重修，改名九成宮。㊼表諫　上表勸諫。㊽甫爾　剛剛如此。㊾彫弊　困苦、衰敗。㊿帑藏　國庫貯藏的錢財。(51)公私　指官民。(52)勞費　辛勞耗費。(53)殆不能堪　幾乎不能承擔。(54)丙午　十月二十日。(55)後苑　唐長安苑城袤遠，包括漢長安故城在其中，有唐三苑之稱。長安有西內苑、東內苑、禁苑，均在都城之北。西內苑在宮城北；東內苑在大明宮東南隅；禁苑東至滻水，西包漢長安故城，北臨渭水，南接都城。三苑周圍築有苑牆，苑中有殿亭樓閣、宮館園池及花卉林木，是封建帝王與貴族遊玩和打獵的風景園林區。(56)左領軍將軍　官名，唐初禁軍有左右領軍衛，各置領軍將軍二人，秩從三品，掌宮禁宿衛，分守皇城、京城苑城諸門，以及翊府、翊衛、外府射士的兵籍。57柰何自輕 為什麼要自輕性命。意為不保重身體。輕，輕視；忽視。58脫巾解帶 脫掉頭巾，解去腰帶。表示準備獲罪。

【校記】1書 原無此字。據章鈺校，十二行本、乙十一行本、孔天胤本皆有此字，今據補。2等 原無此字。據章鈺校，十二行本、乙十一行本、孔天胤本皆有此字，今據補。3怒 原無此字。據章鈺校，十二行本、乙十一行本、孔天胤本皆有此字，張敦仁《通鑑刊本識誤》同，今據補。

【語譯】五年（辛卯 西元六三一年）

春，正月，朝廷下詔命令和尚、尼姑、道士要向父母行禮叩拜。

正月十三日癸酉，太宗在昆明池大規模圍獵，四方夷人的君長都跟隨著。十四日甲戌，太宗宴請高昌王麴文泰及群臣。十六日丙子，太宗返回宮中，親自到大安宮向太上皇獻上野禽。

正月二十三日癸未，朝集使趙郡王李孝恭等人上表，認為四方夷族都已歸服，請求舉行封禪禮，太宗頒下親筆詔書不允許。

有關部門上書說皇太子應當舉行冠禮，選擇二月的吉日，請求追加禮儀中的兵備儀仗。太宗說：「二月春耕剛剛開始，應當改在十月。」太子少傅蕭瑀上奏說：「根據陰陽曆書，不如選在二月。」太宗說：「吉凶禍福在於人，如果動輒依靠陰陽曆書，而不顧及禮義制度，吉祥能得到嗎！遵循正理而行事，自然與吉祥相遇。農耕時機最為緊急，不能失去的。」

二月十四日甲辰，太宗下詔：「各州有埋葬死人而形成高大土丘的地方，不管是新建的還是舊有的，應當一律削平，加上土做成墳墓，掩蓋枯骸朽骨，不要讓屍體暴露在外。」

二月十九日己酉，太宗封皇弟李元裕為鄶王，李元名為譙王，李靈夔為魏王，李元祥為許王，李元曉為密王。二十日庚戌，封皇子李愔為梁王，李惲為郯王，李貞為漢王，李治為晉王，李慎為申王，李囂為江王，李簡為代王。

夏，四月初三日壬辰，代王李簡去世。〇十三日壬寅，靈州斛薛部反叛，任城王李道宗等率兵追擊，打敗叛軍。

隋朝末年，中原漢人多被劫掠到突厥。等到突厥投降，太宗派人用金銀絲帛把他們贖回。五月初七日乙丑，有關部門上奏稱，共贖回男女八萬人。

六月二十六日甲寅，太子少師新昌貞公李綱去世。當初，北周齊王宇文憲的女兒，寡居沒有子女，李綱對她贍養撫恤甚多。李綱死後，齊王的女兒按照對待父親的禮儀為李綱服喪。

秋，八月十七日甲辰，太宗派使臣到高麗，搜集隋朝陣亡將士的屍骨，埋葬後祭奠。

河內人李好德得了精神病，胡說妖言亂語，太宗下詔核查這一案件。大理丞張蘊古上奏說：「李好德得了疾病是有證據的，依法不當治罪。」治書侍御史權萬紀彈劾張蘊古說：「張蘊古籍貫在相州，李好德的哥哥李厚德為相州刺史，他出於私情而放縱，處理案件不屬實。」太宗大怒，下令把張蘊古在集市處斬，過後又後悔了，於是下詔說：「今後有人犯了死罪，雖然下令立即處決，仍須覆議三次才能行刑。」

權萬紀與侍御史李仁發都因告發別人而得到太宗的寵信，因此諸位大臣多次受到太宗的譴責怒罵。魏徵勸諫說：「權萬紀等人是小人，不懂得治國的根本原則，把告發別人當做正直，把進讒言當做忠誠。陛下並非不知道他們不稱職，只是讚許他們進言無所忌諱，想以此警告鞭策眾臣罷了。但是權萬紀等人挾持皇帝的恩遇，依仗手中的權勢，使他們的陰謀得逞，凡是他們彈劾攻擊的人，都不是真有罪過。陛下即使不能選拔好人來激勵風俗，怎麼能親信奸邪來貶損自己呢！」太宗默不作聲，賜給魏徵絹帛五百匹。很久以後，權萬紀等人的奸惡行徑自我暴露，全都獲罪。

九月，太宗命人修繕仁壽宮，改名為九成宮。又打算修繕洛陽宮，民部尚書戴冑上表勸諫，認為「動亂剛結束，百姓貧困勞弊，國家府庫空虛，如果營造不止，官民辛苦勞累耗費錢財，恐怕朝廷與百姓都不能承受。」太宗稱讚他說：「戴冑與我不是親屬，只是憑著忠誠正直體諒國家，知無不言，所以朕要用官爵酬謝他。」過了很久，太宗竟然命令將作大匠竇璡修築洛陽宮。竇璡開鑿池塘構築假山，裝飾都極為華貴奢靡。太宗很生氣，迅即下令毀掉，罷免竇璡的官職。

冬，十月二十日丙午，太宗在後苑追獵兔子，左領軍將軍執失思力勸諫說：「上天命令陛下做華人、夷人的父母，為什麼要自我輕視呢！」太宗又要追逐野鹿，執失思力脫下頭巾解下腰帶，跪在地下極力勸諫。太宗只好為此而停止。

初，上令羣臣議封建❶。魏徵議以為：「若封建諸侯，則卿大夫咸資俸祿，必致厚斂❷。又，京畿❸賦稅不多，所資畿外❹，若盡以封國邑❺，經費頓闕。又，燕、秦、趙、代俱帶❻外夷，若有警急，追兵內地，難以奔赴。」禮部侍郎李百藥以為：「運祚脩短❼，定命自天❽。堯、舜大聖，守之而不能固。漢、魏微賤，拒之而不能卻❾。今使勳戚子孫皆有民有社❿，易世⓫之後，將驕淫自恣，攻戰相殘，害民尤深，不若守令⓬之迭居⓭也。」中書侍郎顏師古以為：「不若分王諸[1]子，勿令過大，間以州縣⓮，雜錯而居，互相維持，使各守其境，協力同心，足扶京室⓯。為置官寮，皆省司選用⓰，法令之外，不得擅作威刑，朝貢禮儀，具為條式⓱。一定此制，萬世無虞⓲。」十一月丙辰⓳[2]，詔：「皇家宗室及勳賢之臣，宜令作鎮藩部⓴，貽厥子孫㉑，非有大故，毋或黜免。所司明為條例，定等級以聞。」

丁巳㉒，林邑獻五色鸚鵡㉓，丁卯㉔，新羅㉕獻美女二人，魏徵以為不宜受。

上喜曰：「林邑鸚鵡猶能自言苦寒，思歸其國，況二女遠別親戚乎！」并鸚鵡，各付使者而歸之。

倭國[26]遣使入貢，上遣新州[27]刺史高表仁持節[28]往撫之。表仁與其王爭禮，不宣命[29]而還。

丙子[30]，上祀圜丘。

十二月，太僕寺丞李世南開党項之地十六州、四十七縣。

上謂侍臣曰：「朕以死刑至重[31]，故令三覆奏，蓋欲思之詳熟[32]故也。而有司須臾之間，三覆已訖。又，古刑人[33]，君為之徹樂[34]減膳。朕庭無常設之樂，然常為之不啖酒肉，但未有著令[35]。又，百司斷獄，唯據律文，雖情在可矜[36]，而不敢違法，其間豈能盡無冤乎！」丁亥[37]，制：「決死囚者，二日中五覆奏，下諸州[38]者三覆奏。行刑之日，尚食[39]勿進酒肉，內教坊[40]及太常[41]不舉樂[42]。皆令門下覆視[43]。有據法當死而情可矜者，錄狀以聞。」由是全活[44]甚眾。其五覆奏者，以決前一二日，至決日又三覆奏，唯犯惡逆[45]者一覆奏而已。

己亥[46]，朝集使利州都督武士彠[47]等復上表請封禪，不許。〇壬寅[48]，上幸驪山[49]溫湯[50]。戊申[51]，還宮。

上謂執政[52]曰：「朕常恐因喜怒妄行賞罰，故欲公等極諫。公等亦宜受人諫，不可以己之所欲，惡人違之[53]。苟自不能受諫，安能諫人！」

康國[54]求內附。上曰：「前代帝王，好招來絕域[55]，以求服遠[56]之名，無益於用而糜弊[57]百姓。今康國內附，儻有急難，於義不得不救，師行萬里，豈不疲勞！勞百姓以取虛名，朕不為也。」遂不受。

謂侍臣曰：「治國如治病，病雖愈，猶[3]宜將護[58]，儻遽自放縱，病復作，則不可救矣。今中國幸安，四夷俱服，誠自古所希[59]。然朕日慎一日[60]，唯懼不終，故欲數聞卿輩諫爭也。」魏徵曰：「內外治安，臣不以為喜，唯喜陛下居安思危[61]耳。」

上嘗與侍臣論獄[62]，魏徵曰：「煬帝時嘗有盜發，帝令於士澄捕之，少涉疑似[63]，皆拷訊[64]取服，凡二千餘人，帝悉令斬之。大理丞張元濟怪[65]其多，試尋其狀[66]，內五人嘗為盜，餘皆平民，竟不敢執奏，盡殺之。」上曰：「此豈唯煬帝無道，其臣亦不盡忠。君臣如此，何得不亡！公等宜戒之。」

是歲，高州[67]總管馮盎入朝。未幾，羅竇[68]諸洞獠反，敕盎帥部落二萬，為諸軍前鋒。獠數萬人，屯據險要，諸軍不得進。盎持弩謂左右曰：「盡吾此矢[69]，足知勝負矣！」連發七矢，中七人，獠皆走，因縱兵乘之⑩，斬首千餘級。上美⑪其功，前後賞賜不可勝數。盎所居地方二千里，奴婢萬餘人，珍貨充積⑫。然為治勤明⑬，所部愛之。

新羅王真平卒，無嗣⑭，國人立其女善德為王。

【章旨】以上為第十三段，寫唐太宗君臣論羈縻四夷與刑獄，太宗不務虛名，重實效，戒妄殺，拒封禪。

【注釋】❶封建　一種政治制度，君主把土地分給宗室和功臣，讓他們在所封土地上建國。我國周朝開始有這種制度，其後有些朝代也曾仿行。❷卿大夫咸資俸祿二句　卿大夫都取資俸祿，必然加重賦斂來供給他們。❸京畿　國都及其附近的地方。❹所資畿外　資取京畿以外的州縣。❺若盡以封國邑　若以國邑盡封王公。邑，城市。❻俱帶　都連接。❼運祚脩短　世運長短。運祚，國運。❽定命自天　命運決定於上天。❾漢魏微賤二句　漢、魏的開國者（指劉邦、曹操）出身微賤，拒絕國運也推辭不掉。❿有民有社　有人民有社稷。⓫易世　易代；換代。指封者的父祖死後。⓬守令　郡守、縣令。⓭迭居　更迭居位。⓮間以州縣　以州縣進行間隔。⓯足扶京室　足以扶助京城皇室。⓰皆省司選用　皆由尚書省有關部門負責選用。⓱具為條式　都定有條例格式。⓲虞　憂慮。⓳丙辰　十一月初一。⓴藩部　藩衛衝要之地以及州郡。㉑貽厥子孫　遺傳給他的子孫。厥，他的。㉒丁巳　十一月初二。㉓五色鸚鵡　鸚鵡，能學人言的鳥。萬震《南州志》曰：「鸚鵡有三種，一種白，一種青，一種五色。交州以南，諸國盡有之。白及五色者，性尤慧解。」㉔丁卯　十一月十二日。㉕新羅　在朝鮮半島東南部，即今韓國境內。㉖倭國　中國古代稱日本為倭國。㉗新州　州名，治所在今廣東新興。㉘持節　唐制，州刺史加號持節，總管則加使持節。實際上已不手持旄節，朝廷只頒給銅魚符。㉙宣命　宣布君主的詔諭。㉚丙子　十一月二十一日。㉛以死刑至重　認為死刑在刑法中最嚴厲。㉜詳熟　詳盡純熟。㉝古刑人　古代處人死刑。㉞徹樂　撤掉奏樂。㉟未有著令　沒有著明於法令之中。㊱矜　憐憫；同情。㊲丁亥　十二月初二。㊳下諸州　文書下到各州。㊴尚食　指尚食局。官署名，屬殿中監，有奉御直長，掌御膳。㊵內教坊　唐宮中所置教授樂舞的機構。㊶太常　即太常寺。為九寺之一，長官稱太常寺卿，下設有太樂署、鼓吹署，掌禮樂社稷、宗廟禮儀，兼掌選試博士，歷代相沿，其職權則專為司祭禮樂之官。㊷不舉樂　不進行音樂活動。㊸令門下覆視　令門下省官員覆核。㊹全活　保全生命。㊺犯惡逆　胡注，隋立十惡之科，四曰惡逆，謂毆及謀殺祖父母、父母，殺伯叔父母、姑、兄、子、外祖父母、夫、夫之祖父母、父母者。唐代沿用。㊻己亥　十二月十四日。㊼武士彠　（西元五七七—六三五年）字信，武則天父，并州文水（今山西文水縣東）人。傳見《舊唐書》卷五十八、《新唐書》卷二百六。㊽壬寅　十二月十七日。㊾驪山　山名，在今陝西臨潼東南。㊿溫湯　溫泉。(51)戊申　十二月二十三日。(52)執政　掌握國家政事的大臣。(53)惡人違之　厭惡別人違背自己的意見。(54)康國　西域國名，在今烏茲別克斯坦撒馬爾罕一帶。唐時地屬安西都護府所轄。(55)絕域　絕遠地域的國家。(56)服遠　降服遠國。(57)糜弊　糜費困弊。(58)將護　調養護理。(59)希　稀少。(60)日慎一日　一天比一天謹慎。(61)居安思危　居於安定之境能想到可能發生的危機。(62)論獄　討論獄政。(63)疑似　懷疑或可能。(64)拷訊　拷打逼訊。(65)怪　奇怪。(66)尋其狀　察尋其情狀。(67)高州　州名，治所在今廣東高州東北。(68)羅竇　即竇州，治所在信義縣（今廣東信宜西南鎮隆）。取州界有羅竇洞為名。(69)盡吾此矢　射完我這些箭。(70)縱兵乘之　乘勢進兵追擊。(71)美　稱讚。(72)珍貨充積　珍奇寶物堆積。(73)為治勤明　治理政事勤勞明睿。(74)嗣　子孫；後代。此處指兒子。

【校　記】[1]諸　據章鈺校，十二行本、乙十一行本皆作「宗」，張敦仁《通鑑刊本識誤》同。[2]丙辰　原無此二字。據章鈺校，十二行本、乙十一行本、孔天胤本皆有此二字，張敦仁《通鑑刊本識誤》、張瑛《通鑑校勘記》同，今據補。[3]猶　據章鈺校，十二行本、乙十一行本皆作「尤」，張敦仁《通鑑刊本識誤》同。

【語　譯】起初，太宗令大臣們討論分封諸王之制。魏徵認為：「如果分封諸王建立諸侯國，那麼王國的卿大夫就要從封國獲取俸祿生活，必然導致加重賦斂。另外，京城一帶賦稅不多，都靠京都以外地區的賦稅，如果把京城附近地區都封侯立國，朝廷的經費就馬上短缺。另外，燕、秦、趙、代都與界外夷族相連，如果有烽警急事，緊急到內地調兵，難以趕到這些地區。」禮部侍郎李百藥認為：「一個王朝的國運長短，都由上天決定。堯、舜是大聖人，守護國運卻不能牢固。漢、魏帝王出身微賤，拒絕國運卻推辭不掉。如今讓功臣外戚的子孫都有封國與社稷，換代之後，他們就會驕逸自肆，相互攻伐殘殺，為害百姓更為深重，不如州縣守令輪流替換。」中書侍郎顏師古認為：「不如分封諸位皇子，不讓封國過大，用州縣隔開封國，封國與州縣錯雜而居，分別維持封國與州縣的管理，讓他們各守疆域，同心協力，足以扶助京城的皇室。並且為封國設置官員屬吏，都由朝廷省司選拔任用，在朝廷的法令之外，不許擅自作威行刑，朝貢禮儀，都制定出條例格式。一旦確定這種制度，千秋萬代可無憂慮。」十一月初一日丙辰，太宗下詔：「皇家宗室以及功勳賢明之臣，應讓他們鎮守藩國，並且傳給他們的子孫，如果沒有大的變故，不要有所廢黜罷免。相關部門明確訂立條例，定下等級，上報朝廷。」

十一月初二日丁巳，林邑國進獻五色的鸚鵡，十二日丁卯，新羅國進獻美女二人，魏徵認為不應接受。太宗高興地說：「林邑的鸚鵡還能自說這裡太冷，想回到自己的國家，何況兩個女子遠別親人呢！」把兩個美女以及鸚鵡，都交付進貢的使者讓他們帶回去。

倭國派使節前來朝貢，太宗派新州刺史高表仁持節前往該國撫慰。高表仁與倭國國王為禮節發生爭執，沒有宣布王命就回來了。

十一月二十一日丙子，太宗在圜丘祭天。

十二月，太僕寺丞李世南開拓党項土地，設置了十六州、四十七縣。

太宗對侍從大臣說：「朕認為死刑至關重大，所以下令三次覆議後再上奏，這是想思考得更為詳細成熟的緣故。而有關部門卻在片刻之間，三次覆議就已完成。另外，古代處決犯人，君主要為此撤去音樂減少膳食。朕的宮廷中沒有常設的音樂，然而朕常常為此不吃酒肉，只是沒有寫入法令。另外，各部門斷案判刑，只依據法令條文，雖然犯人值得哀矜，也不敢違法，這中間怎能完全沒有冤枉呢！」十二月初二日丁亥，太宗頒下制書：「判決死刑的犯人，兩天之內要經過五次覆議，下到各州執行的經過三次覆議。行刑的當天，尚食局不得給皇上進獻酒肉，宮中的內教坊及太常寺不得演奏音樂。這些規定都令門下省覆核。有依法應當處死但案情可以憐憫的犯人，記下案情上報朝廷。」由此保全活命的人非常多。凡是要經五次覆議的，在處決前的一兩天，到處決當天又要三次覆議後向上奏報，只有犯了惡逆罪行的，一次覆議後上奏就行了。

十二月十四日己亥，朝集使利州都督武士彠等人又上表請求舉行封禪禮，太宗不允許。〇十七日壬寅，太宗臨幸驪山溫泉。二十三日戊申，回到宮中。

太宗對執政大臣說：「朕常常擔心因個人喜怒而隨意賞罰，所以希望你們極力勸諫。你們也應當接受別人的勸諫，不可以憑著自己的欲望，而厭惡別人違背己意。如果自己不能接受勸諫，又怎能勸諫別人！」

康國要求歸附朝廷。太宗說：「前代的帝王，喜歡招徠遙遠地域的國家，以求博得降服遠方的盛名，這無益於實用而只會讓百姓耗費疲弊。如今康國要求歸附，如果他們遇到危難，按照道義不能不去救援，朝廷軍隊行軍萬里，豈能不疲勞！讓百姓疲勞來獲取虛名，朕不會做的。」於是不接受康國的歸附。

太宗曾對侍從大臣說：「治理國家如同治病，病雖治癒了，還應當調養，倘若立即放縱自己，病會復發，那就不可救治了。如今中原有幸獲得安定，四方夷人都已順服，確實是自古以來所少有的。然而朕一日比一日謹慎，惟恐不能持續到最後，所以想多次聽到你們的諫爭。」魏徵說：「國家內外都得以安定，我並不覺得高興，只高興陛下能夠居安思危而已。」

太宗曾和大臣們討論刑獄問題，魏徵說：「隋煬帝時曾有盜賊發生，煬帝令於士澄去抓捕盜賊，稍微涉及嫌疑，都拷打逼供讓人服罪，總共二千餘人，煬帝下令全部處斬。大理寺丞張元濟奇怪罪犯過多，試著查考他們的罪狀，其中五人曾經當過盜賊，其餘都是平民百姓，張元濟竟不敢據實上奏，全部斬殺了他們。」太宗說：「這豈只是煬帝無道，大臣們也不能竭盡忠誠。君臣都是如此，國家怎能不滅亡！你們應該引以為戒。」

這一年，高州總管馮盎來京朝見。沒多久，羅竇各洞的獠民造反，太宗下令馮盎率領他的部落二萬人，作為各路軍隊的前鋒。獠民幾萬人，駐守在險要之地，各路軍隊不能推進。馮盎手持弓弩對身邊的人說：「把我這些箭全部射完，足以知道勝負了！」連發七箭，射中七人，獠民都逃跑，於是縱兵乘勝追擊，斬首千餘人。太宗讚美他的功勞，前後賞賜的物品多得不可計算。馮盎佔據的地方縱橫二千里，奴婢一萬多人，珍奇寶物堆滿倉庫。然而治理地方勤勉清明，部下都愛戴他。

新羅國王真平去世，沒有子嗣，國人擁立他的女兒善德為王。

【研　析】本卷研析聖明天子唐太宗在貞觀初期最勵精圖治之時的微小過失，任用權萬紀監視大臣，並枉殺大理丞張蘊古事件，對認識專制政體下獨裁君主的心理具有典型意義。

貞觀初，房玄齡、杜如晦二相盡心輔政，時稱賢相。史載房、杜二人處理國家政務非常明達精通，晝夜為國事操勞，唯恐一件事情處理不到位，執法寬平，對別人不求全責備。對於選拔士人，唯恐遺漏了人才。侍中王珪，亦貞觀名臣，正直敢言，史載王珪分辨清濁以激勵稱揚，嫉醜惡而喜好善良，房玄齡、溫彥博等人都趕不上。貞觀三年，房玄齡、王珪主持朝廷內外官的考核，治書侍御史權萬紀上奏說房玄齡、王珪考核不公平，唐太宗命侯君集審查。魏徵勸諫說：「房玄齡、王珪是朝廷大臣，一向忠誠正直，受到陛下的信用，即使有個把官員考核不當，也只是工作失誤，絕不會有私心。權萬紀一直參與考核，沒有提出異議。如今權萬紀沒有參加考核，就提出指控，實在可疑。權萬紀的目的就是要挑起事端，激怒陛下，不是盡忠效國。如果審核結果，有幾個不公平，於國家大政無補；如果審核結果，是子虛烏有，豈不是有損陛下聖明。臣考慮的是國家大政根本，並不是私下替房玄齡、王珪兩人說情。」唐太宗於是擱置不問。

河內人李好德有精神病，說了昏話，唐太宗下令按妖言惑眾論罪。大理丞張蘊古上奏，說李好德有精神病，不應承擔刑事責任。權萬紀上奏說：「張蘊古籍貫在相州，李好德的哥哥李厚德任相州刺史，張蘊古是循私枉法。」唐太宗大怒，立即將張蘊古問斬。事後十分後悔，於是下詔說：「從今以後凡是死罪，在執行前要進行三次審核。」權萬紀與另一個侍御史李仁發，以打小報告揭發大臣隱私著稱，朝中大臣很多遭到唐太宗的斥責。魏徵勸諫說：「權萬紀這等小人，以揭發他人隱私為正直，以打小報告為效忠，陛下明知權萬紀的指控大多不實，只不過這等小人沒有避忌，像條瘋狗，陛下利用他的這個特性來警惕大臣，卻不知道權萬紀趁機弄權，挾私舞弊，把無罪說成有罪，這個風氣不可助長，陛下怎麼可以親近小人損害聖明呢！」唐太宗啞口無言。過了好長的時間，權萬紀的奸謀敗露，才受到了懲罰。

唐太宗是一個聖明天子，房玄齡、王珪是秦王府中舊人，正直無私，君臣和洽，卻仍有猜忌之心，任用小人監視，聽信小報告。張蘊古原是幽州記室，入直中書省上奏〈大寶箴〉，是唐太宗親自發現提拔任大理丞的人才，由於權萬紀的一個小報告就丟了人頭。伴君如伴虎，這個故事是一個生動的例證。

從唐太宗的猜忌，可以看出，專制政體異化人性。個人集權，總擔心旁落，於是豢養一批特務來做耳目，特務遭人唾棄，只有依賴君主，君主欣賞特務的瘋狗本性和孤立於人，認為只有這樣，特務小人才死心塌地效忠主子，而這些特務小人也狗仗人勢，為所欲為，不僅有虧聖明天子，更是誤了多少軍國大事。明代特務政治達到登峰造極，以致崇禎皇帝殺了袁崇煥，自毀長城，亡身而亡國，實在可悲。

卷第一百九十四

唐紀十

起玄黓執徐（壬辰　西元六三二年），盡強圉作噩（丁酉　西元六三七年）四月，凡五年有奇。

【題解】本卷記事起西元六三二年，迄西元六三七年四月，凡五年又四個月，當貞觀六年至十一年。這一時期是貞觀之治大見成效的時期，唐太宗君臣和諧，親如一體，時常歡宴議政。唐太宗以隋煬帝亡國為鑑，鼓勵臣下進言，虛懷納諫，魏徵等大臣無不盡言。長孫皇后仁孝儉約，以身作則恪守儀則，輔助唐太宗納諫，護佑魏徵等大臣，是唐太宗的賢內助。此時期，天下太平，吐谷渾被征服，外無強敵，內無寇警，文治蒸蒸，唐太宗完成了一系列制度的建設，完善了官僚建制系統，建立了府兵制，完成了刑律和禮儀的制定，這一時期影響唐太宗有兩件大事，一是唐高祖崩殂，二是長孫皇后仙逝。特別是賢內助長孫皇后之死，給予唐太宗重大打擊，為之動容，思念不已。

太宗文武大聖大廣孝皇帝上之下

貞觀六年（壬辰　西元六三二年）

春，正月乙卯朔❶，日有食之。○癸酉❷，靜州❸獠反，將軍李子和討平之。

文武官復請封禪❹，上曰：「卿輩皆以封禪為帝王盛事，朕意不然。若天下乂安❺，家給人足❻，雖不封禪，庸何傷乎❼！昔秦始皇封禪❽，而漢文帝不封禪，後世豈以文帝之賢不及始皇邪！且事天掃地而祭❾，何必登泰山❿之巔，封數尺之土，然後可以展⓫其誠敬乎！」羣臣猶請之不已，上亦欲從之，魏徵獨以為不可。上曰：「公不欲朕封禪者，以功未高邪？」曰：「高矣！」「德未厚邪？」曰：「厚矣！」「中國未安邪？」曰：「安矣！」「四夷未服邪？」曰：「服矣！」「年穀未豐邪？」曰：「豐矣！」「符瑞⓬未至邪？」曰：「至矣！」「然則何為不可封禪？」對曰：「陛下雖有此六者，然承隋末大亂之後，戶口未復⓭，倉廩⓮尚虛。而車駕東巡，千乘⓯萬騎，其供頓勞費⓰，未易任⓱也。且陛下封禪，則萬國咸⓲集，遠夷⓳君長，皆當扈從⓴。今自伊、洛㉑以東至于海、岱㉒，煙火尚希㉓，灌莽㉔極目，此乃引戎狄㉕入腹中㉖，示之以虛弱也。況賞賚㉗不貲㉘，未厭㉙遠人之望，給復㉚連年，不償㉛百姓之勞。崇虛名而受實害，陛下將焉㉜用㉝之！」會㉞河南、北㉟數州大水，事遂寢㊱。

上將幸㊲九成宮㊳，通直散騎常侍㊴姚思廉諫。上曰：「朕有氣疾㊵，暑輒頓劇(41)，往避之耳。」賜思廉絹五十匹。

監察御史(42)馬周(43)上疏，以為：「東宮(44)在宮城之中，而大安宮乃在宮城之西，制度比於宸居(45)，尚為卑小，於四方觀聽，有所不足。宜增修高大，以稱中外之望(46)。又，太上皇(47)春秋(48)已高，陛下宜朝夕視膳。今九成宮去京師三百餘里，太上皇或時思念陛下，陛下何以赴之(49)？又，車駕此行，欲以避暑。太上皇尚留暑中(50)，而陛下獨居涼處，溫凊之禮(51)，竊所未安(52)。今行計(53)已成，不可復止，願速示返期(54)，以解眾惑。又，王長通、白明達皆樂工(55)，韋槃提、斛斯正止能調馬(56)，縱使技能出眾，止可賚之金帛，豈得超授官爵，鳴玉曳履(57)，與士君子(58)比肩(59)而立，同坐而食，臣竊恥之(60)。」上深納之。

上以新令無三師官(61)，二月丙戌(62)，詔特置之。

三月戊辰(63)，上幸九成宮。○庚午(64)，吐谷渾(65)寇蘭州(66)，州兵擊走之。

長樂公主(67)將出降(68)，上以公主皇后所生，特愛之，敕有司資送(69)倍於永嘉長公主(70)。魏徵諫曰：「昔漢明帝欲封皇子(71)，曰：『我子豈得與先帝子比！』皆令半楚、淮陽。今資送公主，倍於長主，得無異於明帝之意乎(72)！」上然其言，入告皇后。后歎曰：「妾亟(73)聞陛下稱重(74)魏徵，不知其故。今觀其引禮義以抑人主(75)之情，乃知真社稷(76)之臣也。妾與陛下結髮(77)為夫婦，曲承恩禮(78)，每言必先候(79)顏色，不敢輕犯威嚴，況以人臣之疏遠，乃能抗言(80)如是，陛下不可不從也[1]。」因請遣中使(81)齎(82)錢四百緡(83)、絹四百匹(84)以賜徵，且語之曰：「聞公正直，乃今(85)見之，故以相賞。公宜常秉(86)此心，勿轉移(87)也。」上嘗(88)罷朝，怒曰：「會須(89)殺此田舍翁(90)。」后問為誰，上曰：「魏徵每廷(91)辱我。」后退，具朝服(92)立于庭。上驚問其故，后曰：「妾聞主明臣直(93)，今魏徵直，由陛下之明故也，妾敢不賀(94)！」上乃悅。

【章　旨】以上為第一段，寫長孫皇后賢淑，輔助唐太宗納諫。

【注　釋】❶乙卯朔　正月初一。❷癸酉　正月十九日。❸靜州　郡名，治所在今廣西昭平。❹封禪　戰國時齊魯有些儒士認為五嶽中泰山最高，帝王應到泰山祭祀，登泰山築壇祭天曰「封」，在山南梁父山上闢基祭地曰「禪」。❺乂安　平安。❻家給人足　謂家家飽暖，人人富足。❼庸何傷乎　又有什麼損傷呢。庸，豈。❽秦始皇封禪　秦始皇二十八年（西元前二一九年），始皇東巡，封禪泰山，立石頌德。❾且事天掃地而祭　況且侍奉上天要清理土地而祭祀天地。且，連詞。況且。❿泰山　為五嶽之一，亦名岱山、岱宗、岱嶽、東嶽。在今山東泰安北。⓫展　展示；陳示。⓬符瑞　符命祥瑞。⓭未復　沒有恢復。⓮倉廩　糧倉。⓯千乘　千輛車輿。⓰供頓勞費　供給東巡時的勞力費用。⓱未易任　不容易承受負擔。任，負擔。⓲咸　全；都。⓳夷　我國古代稱東方的民族，此處泛指邊地的少數民族。⓴扈從　隨從天子車駕。㉑伊洛　伊，指伊河。洛，指洛河。均在今河南西部。伊河在河南偃師楊村附近注入洛河。㉒海岱　海，州名，治所在今江蘇連雲港市西南海州鎮。岱，泰山的別名。㉓煙火尚希　即人煙尚且稀少。㉔灌莽　草木叢生。灌，木叢生。莽，草深茂。㉕戎狄　皆古代邊地民族名。在西曰戎，在北曰狄。㉖入腹中　謂進入中華內地。㉗賚　賞賜。㉘不貲　無法估量，猶無限。貲，計算；估量。㉙未厭未必能滿足。㉚給復　蠲免百姓賦役。㉛不償　不能抵償。㉜焉　疑問代詞。怎麼；哪裡。㉝用　採納。㉞會　副詞。正好；恰巧。㉟河南北　指黃河以南以北地區。河，古代「四瀆」之一，又稱大河，即今黃河。㊱遂寢　於是停止。㊲幸　特指皇帝到某處去。㊳九成宮　宮殿名，即隋朝的仁壽宮，在今陝西麟遊西。㊴通直散騎常侍　侍從諫議官。三國時魏國設置散騎常侍。晉太始年間，稱為通直散騎常侍。《唐六典》及《舊唐書・職官志》，均未載通直散騎常侍之官。㊵氣疾　氣喘病。㊶暑輒頓劇　暑天一熱就突然加劇。輒，立即；就。頓，突然。㊷監察御史　官名，為御史臺各類御史的一種。據《舊唐書・職官志》，御史臺設御史大夫、御史中丞、侍御史、殿中侍御史、監察御史。監察御史，正八品上，品秩低而權限廣，掌分察巡按郡縣、屯田、鑄錢等事，並監察百官的禮儀。㊸馬周　（西元六〇一—六四八年）字賓王，博州茌平（今屬山東）人，唐初大臣，官至中書令。傳見《舊唐書》卷七十四、《新唐書》卷九十八。㊹東宮　因大安宮在西，遂謂帝所居為東宮。㊺宸居　帝王住的地方；宮殿。㊻以稱中外之望　以符合中外人士的願望。稱，符合。㊼太上皇　皇帝父親之稱。初為追尊死者之號，後來尊稱生者，且有傳位於太子而自稱為太上皇者。㊽春秋　年齡。㊾何以赴之　為什麼要前往那裡。㊿暑中　暑熱之中。51溫清之禮　謂做人子之禮。指冬天為雙親送去溫暖，夏天為雙親送去清涼。清，清爽；清涼。52竊所未安　私下感到不安。53行計　出行的計畫。54速示返期　盡快說明返宮的日期。55樂工　樂師。56調馬　調習馬匹。57鳴玉曳履　鳴玉佩，曳文履，皆為達官之服飾。58士君子　此指朝廷官員。59比肩　並肩。60臣竊恥之　臣私下引以為恥辱。61三師官　唐以太師、太傅、太保為三師，正一品，天子所師法，無所總職。62丙戌　二月初二。63戊辰　三月十五日。64庚午　三月十七日。65吐谷渾　亦作吐渾。古族名，原為鮮卑的一支，游牧在今遼寧錦州西北。西晉末年，西遷今甘肅、青海間。66蘭州　郡名，治所在今甘肅蘭州。67長樂公主　太宗女，皇后所生，下嫁長孫沖。68出降　即下嫁。69敕有司資送　下令有關部門資給饋送。70永嘉長公主　高祖女，下嫁竇奉節，又嫁賀蘭僧伽。唐制，皇姑為大長公主，正一品；姐為長公主，女為公主，皆視一品。71漢明帝欲封皇子　東漢明帝永平十五年（西元七二年），明帝封皇子，親定其封域，僅為先帝子楚王、淮陽王的一半。72得無異於明帝之意乎　豈不是與明帝的想法不同嗎。73亟　屢次。74稱重　稱讚器重。75人主　人君；天子。76社稷　社，土神。稷，穀神。為天子諸侯所祭，故通常用作國家的代稱。77結髮　指結婚。古代成婚之夕，男左女右共髻束髮。78曲承恩禮　承受恩寵禮遇。79候　觀望。80抗言　直言。81中使　天子私使。82齎　送物給人。83緡　成串的銅錢。古代一千文為一緡。84匹　量詞，計算布和綢緞的長度單位。85乃今　竟於今。86秉　秉持。87轉移　改變。88嘗　副詞。曾經。89會須　有機會一定要。會，機會。須，必須。90田舍翁　猶田夫、老農。91每廷　經常在朝廷。92具朝服　穿著皇后在受冊、助祭、朝會大典時的服裝。古時稱禕衣。93主明臣直　謂人主英明朝臣才敢直諫。94敢不賀　豈敢不祝賀。

【校　記】1也　原無此字。據章鈺校，十二行本、乙十一行本皆有此字，今據補。

【語　譯】太宗文武大聖大廣孝皇帝上之下

貞觀六年（壬辰　西元六三二年）

春，正月初一日乙卯，發生日蝕。○十九日癸酉，靜州獠民叛亂，將軍李子和率兵征討，平定了他們。

文武百官又請求舉行封禪典禮，太宗說：「你們這些人都認為登泰山封禪是帝王的盛舉，朕不這樣認為。如果天下太平安定，百姓家家飽暖，人人富足，即使不進行封禪，又有什麼傷害呢！從前秦始皇舉行封禪典禮，而漢文帝不封禪，後代難道會以為漢文帝的賢德不如秦始皇嗎！況且侍奉上天可以在京城南郊清掃土地進行祭祀，何必要登上泰山的頂峰，封築幾尺的泥土，然後才能向上天展示君主的誠心和敬意呢！」群臣還是不斷地請求封禪，太宗也想聽從朝臣的意見，惟獨魏徵認為不可封禪。太宗說：「你不想讓朕去泰山封禪，是認為朕的功勞不夠高嗎？」魏徵回答說：「夠高了！」「朕的德行不深厚嗎？」回答說：「夠深厚了！」「中原地區沒有安定嗎？」回答說：「已經安定了！」「四方夷族沒有歸服嗎？」回答說：「已經歸服了！」「年年的莊稼沒有豐收嗎？」回答說：「已經豐收了！」「符瑞沒有出現嗎？」回答說：「已經出現了！」「那麼為何不可以去泰山封禪？」回答說：「陛下雖然有這六個理由，然而我朝承繼隋朝末年的大亂之後，國家的人口沒有恢復，府庫糧倉還很空虛。而陛下的車駕到東方巡行，會有千輛車輿萬名騎兵跟隨前行，他們的供應勞頓以及人力物力的耗費，是民眾不容易承受擔當的。而且陛下前往泰山進行封禪典禮，那麼天下各國的君主全都前來匯集，遠方夷族君長都應當扈從陛下前往。現在從伊水、洛水以東直到海州、泰山，人煙還非常稀少，滿眼望去都是灌木草莽叢生，陛下讓四方戎狄酋長隨行前去，是把他們引入中國腹地，向他們顯示中國還很虛弱。何況陛下給他們的賞賜無法估量，如果不夠豐厚，就未必會滿足遠方君主的願望，連年免除百姓的賦役，也不能補償百姓的勞苦。這是崇尚虛名而使百姓實際受害，陛下哪裡會採用這種建議呢！」恰巧此時黃河南北地區幾個州縣發生水災，於是封禪之事就擱置下來。

太宗將要臨幸九成宮，通直散騎常侍姚思廉勸諫，太宗說：「朕有氣喘病，一到暑天就突然加重，前往九成宮躲避暑熱而已。」賞賜給姚思廉五十匹絹帛。

監察御史馬周上奏，認為：「陛下所住的東宮在宮城之中，而太上皇所住的大安宮在宮城之西，宮殿的制度規模與陛下居住的宮殿相比，尚且低矮窄小，這在天下四方的人們看起來，還有所不足。應當修繕，增高擴大，以符合中外人士的願望。另外，太上皇年事已高，陛下應當朝夕侍奉進膳。如今九成宮距離京城有三百餘里，太上皇有時或許想念陛下，陛下怎能及時趕回來？另外，此次車駕出行，想去九成宮避暑。太上皇還留在暑熱之中，而陛下獨自住在涼爽之處，這對於子女照顧父母的生活必須做到冬天溫暖而夏天清涼的禮制，臣私下認為是不夠妥當的。如今陛下前往九成宮的行期已定，不能再次中止，希望盡快明示回京的日期，以解除眾人的疑惑。此外，王長通、白明達都是樂工，韋槃提、斛斯正只能調息馬匹，縱使他們技能出眾，只可以賞賜他們金銀絲帛，怎麼能破格授予官爵，讓他們佩著玉飾穿著官靴，與朝廷官員並肩而立，同座而食，臣私下認為這是恥辱。」太宗深為贊同馬周的勸諫。

太宗認為新法令中沒有太師、太傅、太保三師官，二月初二日丙戌，下詔特設三師官。

三月十五日戊辰，太宗臨幸九成宮。〇十七日庚午，吐谷渾進犯蘭州，州內士兵將他們擊退。

長樂公主將要出嫁長孫沖，太宗認為公主是皇后親生之女，特別疼愛她，敕令有關部門給她的嫁妝比皇姑永嘉長公主的多一倍。魏徵勸諫說：「過去漢明帝想要分封皇子，說：『我的兒子怎麼能和先帝之子相比！』下令把分封給皇子的封地只為先帝之子楚王、淮陽王的一半。如今送公主出嫁，準備嫁妝比長公主多一倍，豈不是和漢明帝的用意不同嗎！」太宗贊同他的話，回到宮中告訴皇后。皇后感歎地說：「妾屢次聽陛下稱讚魏徵，不知道其中的緣故。如今看到他引用禮義規制來抑制君王的私情，才知道他是真正為國著想的大臣。妾與陛下結髮成為夫妻，承受陛下的恩寵禮遇，每次說話一定要先觀察陛下的臉色，不敢輕易冒犯陛下的威嚴，何況作為人臣與陛下就更為疏遠，還能如此直言勸諫，陛下不能不聽從他的建議。」於是請求派中使帶著四百緡錢、四百匹絹賞賜給魏徵，並對他說：「聽說您為人正直，竟於今天親眼看到，因此給予賞賜。希望您一直保持這種忠心，不要改變。」太宗曾罷朝回到內宮，憤怒地說：「我有機會一定要殺了這個鄉下老頭子。」皇后問為誰而發怒，太宗說：「魏徵常在朝堂上羞辱我。」皇后退下，穿上朝服站在庭院內。太宗驚奇地問其中的原因，皇后說：「我聽說君主開明，臣下就會正直，如今魏徵正直敢言，是陛下開明的緣故，妾怎敢不祝賀呢！」太宗於是高興了。

夏，四月辛卯❶，襄州❷都督❸鄒襄公張公謹❹卒。明日，上出次❺發哀。有司奏，辰日忌哭❻。上曰：「君之於臣，猶父子也，情發於衷，安❼避辰日！」遂哭之。

六月己亥❽，金州❾刺史❿酆悼王元亨⓫薨⓬。辛亥⓭，江王囂⓮薨。

秋，七月丙辰⓯，焉耆⓰王突騎支遣使入貢。初，焉耆入中國由磧路⓱，隋末閉塞，道由高昌⓲。突騎支請復開磧路以便往來，上許之。由是高昌恨之，遣兵襲焉耆，大掠而去。

辛未⓳，宴三品已上於丹霄殿⓴。上從容言曰：「中外乂安，皆公卿之力。然隋煬帝威加夷、夏，頡利跨有北荒㉑，統葉護㉒雄據西域㉓，今皆覆亡，此乃朕與公等所親見，勿矜㉔彊盛以自滿也。」

西突厥肆葉護可汗㉕發兵擊薛延陀㉖，為薛延陀所敗。○肆葉護性猜狠信讒㉗，有乙利可汗㉘，功最多，肆葉護以非其族類㉙，誅滅之，由是諸部皆不自保。肆葉護又忌莫賀設之子泥孰㉚，陰欲圖之，泥孰奔焉耆。設卑達官與弩失畢㉛二部攻之，肆葉護輕騎奔康居㉜，尋卒。國人迎泥孰於焉耆而立之，是為咄陸可汗，遣使內附㉝。丁酉㉞，遣鴻臚少卿㉟劉善因立咄陸為奚利邲咄陸可汗。

閏月乙卯㊱，上宴近臣於丹霄殿。長孫無忌曰：「王珪㊲、魏徵，昔為仇讎㊳；不謂㊴今日得同此[1]宴。」上曰：「徵、珪盡心所事，故我用之。然徵每諫，我不從，我與之言輒不應㊵，何也？」魏徵對曰：「臣以事為不可㊶，故諫。若[2]陛下不從而臣應之，則事遂施行，故不敢應。」上曰：「且應而復諫，庸㊷何傷？」對曰：「昔舜戒羣臣：『爾無面從，退有後言㊸。』臣心知其非而口應陛下，乃面從也，豈稷㊹、契㊺事舜之意邪！」上大笑曰：「人言魏徵舉止疏慢㊻，我視之更覺嫵媚㊼，正為此耳！」徵起，拜謝曰：「陛下開臣使言㊽，故臣得盡其愚。若陛下拒而不受，臣何敢數犯顏色㊾乎！」

戊辰㊿，祕書少監(51)虞世南上聖德論，上賜手詔(52)，稱：「卿論太高，朕何敢擬上古(53)，但比近世差勝(54)耳。然卿適覩(55)其始，未知其終。若朕能慎終如始，則此論可傳，如或不然，恐徒使後世笑卿也。」

九月己酉[56]，幸慶善宮[57]，上生時故宅也，因與貴臣[3]宴，賦詩。起居郎[58]清平[59]呂才[60]被之管絃[61]，命曰功成慶善樂，使童子八佾[62]為九功之舞[63]，大宴會，與破陳舞[64]偕奏於庭。○同州[65]刺史尉遲敬德預[66]宴，有班在其上者，敬德怒曰：「汝何功，坐我上！」任城王道宗[67]次其下[68]，諭解[69]之。敬德拳毆道宗，目幾眇[70]。上不懌[71]而罷，謂敬德曰：「朕見漢高祖誅滅功臣，意常尤[72]之，故欲與卿等共保富貴，令子孫不絕。然卿居官數犯法，乃知韓、彭[73]葅醢[74]，非高祖之罪也。國家綱紀[75]，唯賞與罰，非分之恩，不可數得。勉自修飭[76][4]，無貽[77]後悔。」敬德由是始懼而自戢[78]。

冬，十月乙卯[79]，車駕還京師。帝[80]侍上皇[81]宴於大安宮[82]，帝與皇后更獻[83]飲膳及服御[84]之物，夜久乃罷。帝親為上皇捧輿[85]至殿門，上皇不許，命太子代之[86]。

突厥頡利可汗鬱鬱不得意，數與家人相對悲泣，容貌羸憊[87]，上見而憐之。以虢州[88]地多麋鹿，可以游獵，乃以頡利為虢州刺史。頡利辭，不願往。癸未[89]，復以為右衛大將軍[90]。

十一月辛巳(91)，契苾酋長何力(92)帥部落六千餘家詣(93)沙州(94)降，詔處之於甘、涼(95)之間，以何力為左領軍將軍(96)。

【章　旨】以上為第二段，寫太宗君臣歡宴，不忘議政，以及太宗善諭功臣，善待降人頡利可汗。

【注　釋】❶辛卯　四月初八。❷襄州　郡名，治所在今湖北襄樊。❸都督　官名，地方軍政長官。唐初在各州按等級分別設置大、中、下都督府，各設都督。❹張公謹　（？—西元六三二年）字弘慎，繁水（今河南南樂西北）人。傳見《舊唐書》卷六十八、《新唐書》卷八十九。❺出次　到喪所。❻辰日忌哭　《舊唐書·張公謹傳》：「有司奏言：『准陰陽書，日子在辰，不可哭泣。又為流俗所忌。』」說明陰陽書及流俗，皆忌諱辰日哭泣。❼安　怎麼；哪裡。❽己亥　六月十七日。❾金州　郡名，治所在今陝西安康。❿刺史　官名，為一州的行政長官。⓫元亨　李元亨（？—西元六三二年），高祖子，字德良，一名孝才。傳見《舊唐書》卷六十四、《新唐書》卷七十九。⓬薨　古代稱侯王或大官死曰薨。⓭辛亥　六月二十九日。⓮江王囂　（？—西元六三二年）太宗第十一子。傳見《舊唐書》卷七十六。⓯丙辰　七月初四。⓰焉耆　西域國名，都城在今新疆焉耆西南。⓱磧路　沙漠道路。磧，沙漠；沙堆。⓲高昌　古國名，故址在今新疆吐魯番東約二十餘公里。⓳辛未　七月十九日。⓴丹霄殿　宮殿名。㉑北荒　北方荒漠之地。㉒統葉護　（？—西元六三〇年）西突厥可汗。西元六一八—六二八年為可汗。勇猛多智，稱霸西域。傳見《舊唐書》卷一百九十四、《新唐書》卷二百十五。㉓西域　西漢以後對玉門關（今甘肅敦煌西北）以西地區的總稱。㉔矜　矜誇；誇耀。㉕肆葉護可汗　西突厥可汗，統葉護之子。㉖薛延陀　民族名，鐵勒諸部之一，由薛部與延陀部合併而成。初屬於突厥。貞觀初年助唐滅突厥，後發生內亂，為唐所破。㉗猜狠信讒　猜疑狠戾，聽信讒言。㉘乙利可汗　西突厥小可汗。㉙非其族類　不是同族的人。㉚泥孰　（？—西元六三四年）即西突厥咄陸可汗，亦稱大渡可汗。父為莫賀設。武德中與秦王李世民結盟為兄弟，貞觀初冊授咄陸可汗。傳見《舊唐書》卷一百九十四下。㉛設卑達官與弩失畢　皆為突厥諸部之一。㉜康居　西域城國。其地約在今巴爾喀什湖與鹹海之間。㉝內附　歸附唐朝。㉞丁酉　七月無此日。似應作癸酉，七月二十一日。㉟鴻臚少卿　官名，鴻臚寺的副長官，輔佐鴻臚卿掌賓客及凶儀之事。㊱乙卯　閏八月初四。㊲王珪　（西元五七〇—六三九年）字叔玠，郿縣（今陝西眉縣）人，太宗時為諫議大夫，官終禮部尚書。傳見《舊唐書》卷七十、《新唐書》卷九十八。㊳讎　同「仇」。仇敵。㊴不謂　不料。㊵輒不應　常常不答應。輒，總是。㊶以事為不可　認為事情不可使。㊷庸　副詞。難道。㊸爾無面從二句　你們不可以當面順從，背後卻有非議之言。㊹稷　即后稷。周的始祖。傳說中，他曾在堯舜時代做農官，教民耕種。㊺契　商的始祖。他曾被舜任命為司徒，掌管教化。㊻疏慢　疏簡傲慢。㊼嫵媚　美好可愛。㊽開臣使言　開導臣，讓臣進言。㊾顏色　面容；臉色。㊿戊辰　閏八月十七日。(51)祕書少監　官名，祕書省的次官。(52)手詔　皇帝親手書寫的詔令。(53)何敢擬上古　哪裡敢比擬上古的君王。(54)差勝　稍稍勝過。(55)適覩　恰好看見。(56)己酉　九月二十九日。(57)慶善宮　在陝西武功。武德元年，高祖李淵以武功舊第設置慶善宮，後廢為慈德寺。(58)起居郎　官名，唐於門下省和中書省分別設置起居郎和起居舍人，分掌侍從皇帝，記錄言行之事。(59)清平　縣名，縣治在今山東臨清東南。(60)呂才　（西元六〇〇—六六五年）唐初哲學家，博州清平（今山東臨清東南）人，精通陰陽、方技、輿地、歷史諸書，尤長於音樂。官至太常博士。傳見《舊唐書》卷七十九、《新唐書》卷一百七。(61)被之管絃　依詩制成樂譜，用管絃演奏。(62)佾　古時樂舞的行列。一行八人叫一佾。(63)九功之舞　唐貞觀時的舞名，以童子六十四人，戴進德冠，紫袴褶，長袖，漆髻，屣履而舞，號〈九功舞〉。(64)破陳舞　唐初的軍中樂舞。原名〈秦王破陳樂〉，其後發展為歌舞大曲。陳，同「陣」。(65)同州　郡名，治所在今陝西大荔。(66)預　參加。(67)道宗　即李道宗（西元六〇〇—六五三年），字承範，唐宗室。傳見《舊唐書》卷六十、《新唐書》卷七十八。(68)次其下　座位在其下。(69)諭解　曉諭勸解。(70)眇　一隻眼睛曰眇。(71)懌　喜悅；高興。(72)尤　指責；歸罪。(73)韓彭　指韓信與彭越。韓信（？—西元前一九六年），漢初諸侯王，淮陰（今江蘇淮陰）人，因助漢高祖劉邦建立漢朝之功，封楚王。後有人告他謀反，被呂后所殺。彭越（？—西元前一九六年），漢初諸侯王，昌邑（今山東金鄉西北）人，因助漢高祖建國有功，封梁王。後因被告發謀反，為劉邦所殺。太宗引韓、彭事例以警戒敬德。(74)葅醢　古時的一種酷刑，把人剁成肉醬。(75)綱紀　社會的秩序和國家的法紀。(76)修飭　修治整飭。(77)貽　遺留。(78)自戢　自我收斂。戢，收斂。(79)乙卯　十月初五。(80)帝　指太宗。(81)上皇　太上皇，指高祖李淵。(82)大安宮　宮殿名，為宮城的西宮。(83)更獻　輪流進獻。(84)服御　服飾器物。(85)捧輿　扶車。捧，扶。輿，人抬的轎子。(86)太子代之　太子李承乾代替太宗為高祖扶著轎子。(87)羸憊　瘦弱疲憊。(88)虢州　郡名，治所在今河南靈寶。(89)癸未　十月無此日，似應作癸酉，十月二十三日。(90)右衛大將軍　官名，禁軍的高級武官。(91)辛巳　十一月初二。(92)契苾酋長何力　契苾何力（？—西元六七六年），唐朝將軍，鐵勒族人。貞觀六年（西元六三二年），與母率部眾投唐，後多立戰功。傳見《舊唐書》卷一百九、《新唐書》卷一百十。(93)詣　到；去。(94)沙州　郡名，治所在今甘肅敦煌西。(95)詔處之於甘涼　詔命安置在甘州、涼州之間。甘州，治所在今甘肅張掖。涼州，治所在今甘肅武威。96左領軍將軍　唐代左右領軍衛，為禁衛軍之一。設置上將軍、大將軍、將軍等官。

【校　記】1同此　原作「此同」。據章鈺校，十二行本、乙十一行本皆作「同此」，今從改。2若　原無此字。據章鈺校，十二行本、乙十一行本皆有此字，今據補。3臣　原作「人」。據章鈺校，十二行本、乙十一行本皆作「臣」，今從改。4飭　原作「飾」。據章鈺校，十二行本、乙十一行本皆作「飭」，今從改。

【語　譯】夏，四月初八日辛卯，襄州都督鄒襄公張公謹去世。第二天，太宗要到喪所為他致哀。有關部門上奏稱，這一天是辰日，忌諱哭泣。太宗說：「君主對於臣子，如同父子一般，哀痛之情出自內心，哪裡要避諱辰日！」於是為張公謹哭喪。

六月十七日己亥，金州刺史酆悼王李元亨去世。二十九日辛亥，江王李囂去世。

秋，七月初四日丙辰，焉耆王突騎支派遣使節進京朝貢。起初，焉耆來中原要經由沙漠之路，隋朝末年封閉邊境關塞，就改道經由高昌。突騎支請求再次開闢沙漠故道以便往來，太宗允許了這一請求。因此高昌國懷恨在心，派兵襲擊焉耆，大肆掠奪後離去。

七月十九日辛未，太宗在丹霄殿宴請三品以上官員。太宗從容地說：「中外安定，都是公卿的功勞。然而隋煬帝的威嚴遍布夷族和華夏，突厥的頡利可汗統治地區橫跨北方荒漠之地，統葉護稱雄據有西域地區，如今他們全都滅亡，這是朕與諸位愛卿親眼所見，希望你們不要矜誇強盛而驕傲自滿。」

西突厥肆葉護可汗派兵襲擊薛延陀，被薛延陀擊敗。○肆葉護可汗性情猜疑狠毒而又聽信讒言，他手下有個乙利可汗，功勞最多，肆葉護認為乙利與他並非同族，將乙利誅殺，因此各部落都無法保護自身的安全。肆葉護又猜忌莫賀設的兒子泥孰，想要暗中除掉他，泥孰逃奔焉耆。西突厥的設卑達官和弩失畢兩部進攻肆葉護，肆葉護率領輕騎兵逃奔康居，不久死去。西突厥人前往焉耆迎立泥孰為可汗，這就是咄陸可汗，他派遣使節到唐朝請求歸附。丁酉日，唐朝廷派遣鴻臚寺少卿劉善因冊立咄陸為奚利邲咄陸可汗。

閏八月初四日乙卯，太宗在丹霄殿宴請親近大臣。長孫無忌說：「王珪、魏徵，以前都是陛下的仇敵，不料今日一起在此飲宴。」太宗說：「魏徵、王珪對他們所侍奉的君主能盡心竭力，所以我重用他們。然而魏徵每次進諫，我不聽從他的意見，我與他講話他總是不回應，為什麼呢？」魏徵回答說：「臣認為事情不可行，所以進諫。如果陛下不聽從進諫而我應答，那麼事情就會得以實施，所以我不敢應答。」太宗說：「暫且應答而後再次進諫，又有什麼傷害呢？」魏徵回答說：「過去舜帝告誡群臣：『你們不要當面順從，退朝之後又有非議。』臣內心知道不對而嘴上答應陛下，這就是當面順從，這難道是稷、契侍奉舜帝的意思嗎！」太宗大笑說：「人們說魏徵的行為舉止粗疏傲慢，我看他更覺得嫵媚，正是因為如此呀！」魏徵起身拜謝說：「陛下啟發臣，讓臣開言進諫，所以臣能夠竭盡愚見。如果陛下拒諫而不採納，臣又怎麼敢屢次犯顏直諫呢！」

閏八月十七日戊辰，祕書少監虞世南進呈〈聖德論〉，太宗賜給他親筆詔書，說道：「卿的評價太高了，朕怎麼敢與上古的聖賢帝王相比，只是稍稍勝過近世帝王而已。然而卿只看到事情的開始，不知道事情的終結。如果朕能做到最終也謹慎得像開始一般，那麼這篇高論可以流傳後世，如果不是這樣，恐怕只會使後世之人譏笑你了。」

九月二十九日己酉，太宗臨幸慶善宮，這是太宗出生時的舊宅，於是和高官顯貴進行宴飲，席上賦詩。起居郎清平人呂才把詩譜成曲子用管絃樂器演奏，命名為〈功成慶善樂〉，命童子六十四人排成八行八列跳〈九功之舞〉，大規模酒宴之時，與〈秦王破陳舞〉一同在宮廷中演奏。〇同州刺史尉遲敬德參加宴會，看到有人班次席位在他之上，他大怒說：「你有什麼功勞，坐在我的上席！」任城王李道宗的坐次在他之下，勸解敬德。尉遲敬德揮拳毆打李道宗，眼睛幾乎失明。太宗非常不高興，於是罷宴，對尉遲敬德說：「朕見漢高祖誅殺功臣，內心常常責怪他，所以想和你們共同保有榮華富貴，讓子子孫孫永不斷絕。然而你為官屢次犯法，我才知道韓信、彭越被剁成肉醬，並非高祖的罪過。國家的綱紀法令，只有賞賜與懲罰，非分的恩寵，不能屢次得到。你努力修治整飭，不要留下後悔。」尉遲敬德因此才知道恐懼而能自我收斂。

冬，十月初五日乙卯，太宗的車駕回到京城。太宗在大安宮陪侍太上皇宴飲，太宗與皇后輪流進獻酒菜飲食和衣服器物，入夜很深才罷席。太宗親自為太上皇扶轎子到寢殿門前，太上皇不允許，讓太子代替。

突厥頡利可汗心情鬱悶不得志，多次與家人面對面悲傷哭泣，面容瘦弱疲憊，太宗看到後非常可憐他。因為虢州地界有很多麋鹿，可以遊玩打獵，太宗就任命頡利為虢州刺史。頡利推辭，不願前往。癸未日，又任命他為右衛大將軍。

十一月初二日辛巳，契苾酋長何力率領本部六千多家前往沙州投降唐朝，太宗下詔把他們安置在甘州、涼州之間，任命何力為左領軍將軍。

庚寅❶，以左光祿大夫❷陳叔達為禮部尚書❸。帝謂叔達曰：「卿武德中有讜言❹，故以此官相報。」對曰：「臣見隋室父子相殘，以取亂亡，當日之言，非為陛下，乃社稷之計耳❺。」

十二月癸丑❻，帝與侍臣論安危之本。中書令❼溫彥博曰：「伏願❽陛下常如貞觀初則善矣。」帝曰：「朕比來❾怠於為政乎？」魏徵曰：「貞觀之初，陛下志在節儉，求諫不倦。比來營繕微多，諫者頗有忤旨❿，此其所以異耳。」帝拊掌⓫大笑曰：「誠有是事⓬。」

辛未⓭，帝親錄繫囚⓮，見應死者，閔⓯之，縱⓰使歸家，期以來秋來就死⓱。仍敕天下死囚，皆縱遣，使至期來詣京師。

是歲，党項等[1]羌⓲前後內屬⓳者三十萬口。

公卿以下請封禪者前後[2]相屬⑳，上諭以「舊有氣疾，恐登高增劇，公等勿復言。」

上謂侍臣曰：「朕比來決事㉑或㉒不能皆如律令，公輩㉓以為事小，不復執奏㉔。夫事無不由小而致大，此乃危亡之端也。昔關龍逄忠諫而死，朕每痛㉕之。煬帝驕暴而亡，公輩所親見也。公輩常宜為朕思煬帝之亡，朕常為公輩念關龍逄之死，何患君臣不相保㉖乎！」

上謂魏徵曰：「為官擇人，不可造次㉗。用一君子，則君子皆至；用一小人，則小人競進㉘矣。」對曰：「然。天下未定，則專取其才，不考其行。喪亂既平，則非才行㉙兼備不可用也。」

【章　旨】以上為第三段，寫太宗時時以隋煬帝亡國為鑑，鼓勵臣下進諫，以及親賢遠佞的用人原則。

【注　釋】❶庚寅　十一月十一日。❷左光祿大夫　官名，唐代文職階官稱號，從二品。❸禮部尚書　唐代尚書省所屬的六部之一禮部的長官，掌禮儀、祭享、貢舉等事。❹卿武德中有讜言　指武德九年（西元六二六年）李建成、李元吉與後宮日夜譖訴李世民於高祖，高祖將要怪罪李世民，陳叔達力諫高祖曰：「秦王（世民）有大功於天下，不可黜也。」高祖聽從勸諫，未加罪於世民。讜言，直言。❺乃社稷之計耳　這是在為江山社稷考慮罷了。❻癸丑　十二月初四。❼中書令　官名，唐代三省之一中書省的長官。與門下省、尚書省的長官同為宰相。❽伏願　下對上（多用於對皇帝）陳述自己意見時所用的敬詞。❾比來　近來。❿忤旨　違反抵觸皇帝的意旨。⓫拊掌　擊掌。⓬誠有是事　確實有這種事。⓭辛未　十二月二十二日。⓮親錄繫囚　親自審查囚犯的罪狀。⓯閔　通「憫」。可憐。⓰縱　放。⓱期以來秋來就死　約定以明年秋季前來服死刑。⑱党項等羌 党項羌為羌人的一支，南北朝時分布在今青海東南部河曲和四川松潘以西山谷地帶。唐前期，吐蕃征服青藏高原諸部族，大部分党項羌人被迫遷徙到甘肅、寧夏、陝北一帶。⑲內屬 來內地歸附唐朝。⑳相屬 連續不斷。㉑決事斷事。㉒或 有時。㉓公輩 你們。公，對人的尊稱。㉔執奏 堅持奏諫。㉕痛 痛惜。㉖相保 相互保全。㉗造次 魯莽；輕率。㉘競進 爭相進身。㉙才行 才能與品行。行，行為；品行。

【校 記】1等 原無此字。據章鈺校，十二行本、乙十一行本皆有此字，今據補。2前後 據章鈺校，十二行本、乙十一行本皆作「首尾」。

【語 譯】十一月十一日庚寅，朝廷任命左光祿大夫陳叔達為禮部尚書。太宗對陳叔達說：「卿在武德年間曾有直言勸諫太上皇，所以用此官來報答你。」叔達回答說：「臣當時看見隋朝皇帝父子相互殘殺，建議起兵奪取政治混亂將要滅亡的隋朝，當時的話，不是為陛下考慮的，是為社稷考慮的方案而已。」

十二月初四日癸丑，太宗與侍從大臣討論社稷安危的根本所在。中書令溫彥博說：「臣希望陛下能常如貞觀初年那樣就好了。」太宗問：「朕近來為政治國有所懈怠嗎？」魏徵說：「在貞觀初年，陛下的志向在於節儉，要求大臣進諫而不知疲倦。近來營建修繕宮殿之事稍微多了，進諫的人多有觸犯陛下的意旨，這就是所以與當年不同的原因。」太宗拍掌大笑說：「確有此事。」

十二月二十二日辛未，太宗親自審查監獄裡囚犯的罪行，看到有應當判處死刑的人，就憐憫他們，釋放他們回家，約定明年秋季回來執行死刑。於是發布詔書，敕令天下的死刑犯人，都釋放回家，讓他們到期限再來京城。

這一年，党項等羌前後有三十萬人來內地歸附大唐。

公卿以下的大臣請求舉行封禪典禮的前後接連不斷，太宗告諭他們「朕以前就有氣喘病，恐怕登高會加劇病情，你們不要再提此事。」

太宗對侍從大臣說：「朕近來裁決政事有時不能全都符合法律政令，你們認為事情不大，不再堅持奏諫。事情無不從小到大，這就是國家危亡的開端。從前關龍逄忠誠進諫而死，朕常常為此痛惜。隋煬帝因為驕奢暴虐而亡國，這是你們親眼所見。你們應當經常為朕思考煬帝之亡，朕經常為你們念及關龍逢之死，還擔心君臣不能相互保全嗎！」

太宗對魏徵說：「為了官職而選拔人才，不可輕率。任用一個君子，其他君子就全都到來，任用一個小人，其他小人就會爭相進身。」魏徵回答說：「是這樣。天下沒有平定時，就專門用他的才能，不考察他的品行。喪亂平定之後，如果不是才能品行兼備就不能任用。」

七年（癸巳　西元六三三年）

春，正月，更名破陳樂曰七德舞。○癸巳❶，宴三品已上及州牧❷、蠻夷酋長❸於玄武門，奏七德、九功❹之舞。太常卿❺蕭瑀上言：「七德舞形容聖功❻，有所未盡，請寫❼劉武周、薛仁果、竇建德、王世充等❽擒獲之狀。」上曰：「彼皆一時英雄，今朝廷之臣往往嘗北面事之❾，若覩其故主❿屈辱之狀，能不傷其心乎！」瑀謝⓫曰：「此非臣愚慮所及。」魏徵欲上偃武修文⓬，每侍宴，見七德舞輒俛首⓭不視，見九功舞則諦觀⓮之。

三月戊子⓯，侍中⓰王珪坐⓱漏泄禁中語，左遷⓲同州刺史。庚寅⓳，以祕書監⓴魏徵為侍中。

直㉑太史㉒雍人李淳風㉓奏靈臺候儀制度㉔疏略，但有赤道㉕，請更造渾天黃道儀㉖，許之。癸巳㉗，成而奏之。

夏，五月癸未㉘，上幸九成宮。◯雅州㉙道行軍總管㉚張士貴擊反獠㉛，破之。

秋，八月乙丑㉜，左屯衛大將軍譙敬公周範卒。上行幸㉝，常令範與房玄齡居守㉞。範為人忠篤嚴正㉟，疾甚，不肯出外㊱，竟終於內省㊲，與玄齡相抱而訣㊳曰：「所恨不獲再奉聖顏㊴！」

辛未㊵，以張士貴為龔州㊶道行軍總管，使擊反獠。

九月，山東㊷、河南㊸四十餘州水㊹，遣使賑之。

去歲所縱天下死囚凡三百九十人，無人督帥㊺，皆如期自詣朝堂，無一人亡匿㊻者，上皆赦㊼之。

冬，十月庚申㊽，上還京師。

十一月壬辰㊾，以開府儀同三司長孫無忌為司空㊿。無忌固辭，曰：「臣忝預外戚(51)，恐天下謂陛下為私。」上不許，曰：「吾為官擇人，惟才是與。苟或不才，雖親不用，襄邑王神符是也。如其有才，雖讎不棄，魏徵等是也。今日所[1]舉，非私親也。」

十二月甲寅(52)，上幸芙蓉園(53)。丙辰(54)，校獵(55)少陵原(56)。戊午(57)，還宮，從上皇置酒故漢未央宮[58]。上皇命突厥頡利可汗起舞，又命南蠻[59]酋長馮智戴[60]詠詩，既而笑曰：「胡、越一家[61]，自古未有也。」帝奉觴上壽[62]曰：「今四夷入臣[63]，皆陛下教誨，非臣智力所及。昔漢高祖亦從太上皇置酒此宮，妄自矜大[64]，臣所不取也。」上皇大悅，殿上[65]皆呼萬歲。

帝謂左庶子[66]于志寧[67]、右庶子杜正倫曰：「朕年十八，猶在民間，民之疾苦情偽[68]，無不知之。及居大位，區處[69]世務，猶有差失。況太子生長深宮，百姓艱難，耳目所未涉，能無驕逸乎！卿等不可不極諫[70]。」太子好嬉戲，頗虧禮法，志寧與右庶子孔穎達[71]數直諫。上聞而嘉之，各賜金一斤，帛[72]五百匹。

工部尚書[73]段綸[74]奏徵巧工楊思齊，上令試之。綸使先造傀儡[75]。上曰：「得巧工庶供國事[76]，卿令先造戲具，豈百工相戒無作淫巧之意邪[77]！」乃削綸階[78]。

嘉、陵州[79]獠反，命邗江府[80]統軍牛進達擊破之。

上問魏徵曰：「羣臣上書可采[81]，及召對多失次[82]，何也？」對曰：「臣觀百司[83]奏事，常[2]數日思之。及至上前，三分不能道一[84]。況諫者拂意觸忌[85]，非陛下借之辭色[86]，豈敢盡其情哉！」上由是接羣臣辭色愈溫[87]，嘗曰：「煬帝多猜忌，臨朝對羣臣多不語。朕則不然，與羣臣相親如一體耳。」

【章　旨】以上為第四段，寫唐太宗治國治家，十分注意親善形象，尊禮太上皇，嚴教太子，願與群臣親如一體。

【注　釋】❶癸巳　正月十五日。❷州牧　官名，西漢成帝時，改刺史為州牧，後廢置不常。唐代唯京師或陪都的地方最高長官以親王充任者，尚稱為牧或州牧。❸酋長　蠻夷的渠帥。❹九功　唐貞觀時的樂舞名，以童子六十四人，戴進德冠，紫袴褶，長袖，漆髻，屣履而舞，號〈九功舞〉。❺太常卿　官名，太常寺的長官，掌禮樂社稷、宗廟禮儀，兼掌選試博士。歷代相沿，其職權專為司祭禮樂之官。❻聖功　指太宗之功。❼寫　描寫；反映。❽劉武周薛仁果竇建德王世充等　皆為隋末唐初割據首領，均被太宗率軍擊滅。❾嘗北面事之　曾經北面稱臣侍奉他們。❿故主　舊日的主人。⓫謝　謝罪。⓬欲上偃武修文　希望皇上停止武備，提倡文教。偃，停止。⓭俛首　低下頭。俛，同「俯」。⓮諦觀　仔細觀看。諦，詳細；仔細。⓯戊子　三月十一日。⓰侍中　官名，唐代三省之一門下省的長官，總判門下省事。為宰相之職。⓱坐　犯罪；被判有罪。⓲左遷　降職。⓳庚寅　三月十三日。⓴祕書監　官名，祕書省之長官，掌圖書著作等事。㉑直　特指在殿堂中值班，侍奉君主。㉒太史　官名，掌管天文曆法。㉓李淳風　（西元六〇二—六七〇年）雍州（今陝西鳳翔南）人，唐初天文學家。傳見《舊唐書》卷七十九、《新唐書》卷二百四。㉔候儀制度　候望的儀器制度。㉕但有赤道　只能測出赤道。㉖渾天黃道儀　表示天象的儀器。據《舊唐書．李淳風傳》載，渾天黃道儀於貞觀七年（西元六三三年）造成。其制以銅為之，表裡三重，下據準基，狀如十字，末樹鼇足，以張四表。㉗癸巳　三月十六日。㉘癸未　五月初七。㉙雅州　郡名，治所在今四川雅安西。㉚行軍總管　官名，出征時的軍隊主帥。㉛獠　生活在南方的一些少數民族。㉜乙丑　八月二十日。㉝行幸　出行。㉞居守　居中留守。㉟忠篤嚴正　忠誠篤實，嚴肅正直。㊱出外　指離開宮省回家。㊲終於內省　死於宮內臺省。㊳訣　訣別。㊴不獲再奉聖顏　不能再奉侍天子。㊵辛未　八月二十六日。㊶龔州　州名，治所在今廣西平南縣。㊷山東　古地區名，通稱崤山以東為山東，與當時所謂關東含義相同。一般專指黃河流域。㊸河南　古地區名，指黃河以南。㊹水　發生水災。㊺督帥　督促率領。㊻亡匿　逃亡、隱匿。㊼赦　赦免。㊽庚申　十月十六日。㊾壬辰　十一月十八日。㊿司空　官名，為三公之一。(51)忝預外戚　謂辱列外戚之中。忝，謙詞，表示有辱他人，自己有愧。(52)甲寅　十二月十一日。(53)芙蓉園　唐代長安城風景區，位於都城東南隅，在曲江池之東。本名曲江園，隋時為離宮，文帝厭惡其名，以其有池盛植芙蓉，改名芙蓉園。園內青林重複，綠水彌漫，景致優美。(54)丙辰　十二月十三日。(55)校獵　用木柵欄阻攔獵取野獸。(56)少陵原　位於長安城東南，為湳、滻兩河之間的高地。57戊午　十二月十五日。58未央宮　在長安宮城北禁苑之西。59南蠻　我國古代對南方少數民族的稱呼。60馮智戴　馮盎之子。事跡見《舊唐書》卷一百九、《新唐書》卷一百十〈馮盎傳〉。61胡越一家　胡謂頡利，越謂馮智戴。謂胡越諸族，成為一家之人。62奉觴上壽　捧著酒杯敬酒祝賀。觴，古代的酒器。上壽，即敬酒。63四夷入臣　四方少數民族入唐臣服。64漢高祖亦從太上皇置酒此宮二句　據《漢書．高祖紀下》云：九年冬十月，未央宮置酒。上奉玉卮為太上皇壽，曰：「始大人常以臣亡賴，不能治產業，不如仲力。今某之業所就孰與仲多？」漢高祖妄自矜大即指此。65殿上　謂宮殿上的群臣。66庶子　官名，太子屬官，漢以後為太子侍從官。唐以後於太子官屬中設左右春坊，分置左右庶子掌其事。67于志寧　（西元五八八－六六五年）唐初大臣，字仲謐，京兆高陵（今陝西高陵）人。傳見《舊唐書》卷七十八、《新唐書》卷一百四。68情偽　事情的真假。69區處　處理。70極諫　極言直諫；深切地進行勸諫。71孔穎達　（西元五七四－六四八年）唐代著名經學家，字沖遠，冀州衡水（今河北衡水市）人，歷任國子博士、司業等。主編《五經正義》。傳見《舊唐書》卷七十三、《新唐書》卷一百九十八。72帛　絲織品的總稱。73工部尚書　唐代尚書省下屬六部之一工部的長官，主管工程、屯田、水利、交通等政令。74段綸　唐高祖高密公主再嫁之夫，隋兵部尚書段文振之子。唐初，拜工部尚書、杞國公。事跡見《新唐書》卷二百二十二下〈南蠻傳〉。75傀儡　木偶。76庶供國事　希望供國家建造之用。庶，副詞，表示可能或期望。77豈百工相戒無作淫巧之意邪　這難道是百工相誡不作淫巧之器的本意嗎。淫巧，過於奇巧而無益的。《禮記．月令》云：「毋或作為淫巧，以蕩上心。」78削綸階　唐制，工部尚書，正三品。削段綸階，則使其不得立於三品班中。79嘉陵州　據《舊唐書．地理志四》：劍南道嘉州，隋屬眉山郡，武德元年改為嘉州，治所在今四川樂山市。陵州，隋屬隆山郡，武德元年改為陵州，治所在今四川仁壽東。80邗江府　唐揚州有邗江府兵。81上書可采　上書言事，意見有可採納者。82失次　謂語無倫次。83百司　諸執事者，即百官。84三分不能道一　有三分意思不能說出一分。85拂意觸忌　拂逆皇帝之意，觸犯忌諱。86借之辭色　給予他們和悅的臉色和言辭。87溫　溫和。

【校　記】①所　據章鈺校，十二行本、乙十一行本皆作「之」。②事常　原二字誤倒為「常事」。據章鈺校，孔天胤本不誤，今據以校正。

【語　譯】七年（癸巳　西元六三三年）

春，正月，把〈秦王破陳樂〉改名為〈七德舞〉。〇十五日癸巳，太宗在玄武門宴請三品以上官員、各州州牧、蠻夷酋長，演奏〈七德舞〉、〈九功舞〉。太常寺卿蕭瑀說：「〈七德舞〉形容皇上的武功，還有未能盡意的，請求描寫劉武周、薛仁果、竇建德、王世充等人被擒獲的場面。」太宗說：「他們都是一時的英雄豪傑，如今朝廷的大臣往往都曾北面稱臣奉侍他們，如果看到舊主受到屈辱的樣子，能不刺傷他們的心嗎！」蕭瑀謝罪說：「這不是臣的愚見所能考慮到的。」魏徵想要太宗停止武備而加強文教，每次侍從太宗參加宴會，看到〈七德舞〉上演就低頭不看，看到〈九功舞〉就仔細觀看。

三月十一日戊子，侍中王珪因為洩漏朝廷機密之言，降職為同州刺史。十三日庚寅，任命祕書監魏徵為侍中。

當直太史雍縣人李淳風上奏說靈臺觀天候望的儀器制度過於粗疏簡略，只能測出赤道，請求另造渾天黃道儀，得到太宗准許。三月十六日癸巳，製成黃道儀後向朝廷奏呈。

夏，五月初七日癸未，太宗幸臨九成宮。○雅州道行軍總管張士貴率兵進攻反叛的獠民，打敗了他們。

秋，八月二十日乙丑，左屯衛大將軍譙敬公周範去世。太宗出外巡幸時，常常命周範與房玄齡一道留守京城。周範為人忠誠篤實，嚴肅正直，病勢很重，還不肯離開皇宮，最後竟然病死在宮內辦公的官署。臨死前與房玄齡相抱訣別，說：「我遺恨的是不能再侍奉皇上了！」

八月二十六日辛未，朝廷任命張士貴為龔州道行軍總管，讓他進攻反叛的獠人。

九月，崤山以東、黃河以南四十多個州發生水災，太宗派使臣前往賑災。

去年釋放回家的死囚犯共三百九十人，沒有人督促率領，都按照期限返回朝堂，沒有一人逃亡隱匿，太宗全部赦免了他們。

冬，十月十六日庚申，太宗回到京師長安。

十一月十八日壬辰，朝廷任命開府儀同三司長孫無忌為司空。長孫無忌堅決推辭，說：「我辱列於外戚之中，恐怕天下人說陛下任官出於私情。」太宗不允許，說：「我依據官職所需選拔人才，惟才是舉。如果沒有才能，雖然是親屬也不任用，如襄邑王李神符就是這種情況。如果有才能，雖是仇人也不遺棄，如魏徵等人就是這種人。今日推舉你擔任司空，並非出於親戚私情。」

十二月十一日甲寅，太宗巡幸芙蓉園。十三日丙辰，到少陵原進行圍獵。十五日戊午，回到宮中，在先前漢代未央宮陪從太上皇舉行宴會。太上皇命令突厥頡利可汗離席起身舞蹈，又命南蠻酋長馮智戴吟詠賦詩，之後笑著說：「胡人、越人成為一家，自古以來沒有這樣的事。」太宗捧著酒杯向太上皇祝賀，說：「如今四方夷族入唐臣服，都是陛下教誨的結果，並非臣的智力所能做到。從前漢高祖也曾在此宮中為太上皇擺酒慶賀，妄自尊大，臣不學他的做法。」太上皇大為喜悅，殿堂上眾臣都高呼萬歲。

太宗對左庶子于志寧、右庶子杜正倫說：「朕十八歲的時候，還在民間生活，百姓疾苦與民情真偽，沒有不知道的。等到登上皇位，處理日常政務，還有差錯失誤。何況太子生長在深宮，百姓生活的艱難困苦，太子的耳目從不曾接觸，能沒有驕縱嗎！你們不能不極言直諫。」太子喜好嬉戲玩耍，很不合乎禮法，于志寧與右庶子孔穎達多次直言勸諫。太宗聽到後讚揚他們，各賜黃金一斤，絹帛五百匹。

工部尚書段綸上奏請求徵召巧匠楊思齊進宮，太宗命他試製器物。段綸讓楊思齊先造一個木偶。太宗說：「得到能工巧匠是希望供國家建造之用，你讓他先造嬉戲的玩具，這難道是各種工匠相互告誡不做淫巧之器的本意嗎！」於是降低段綸的官階。

嘉州、陵州的獠民造反，朝廷命令邗江府統軍牛進達打敗他們。

太宗問魏徵說：「各位大臣上書有可取之處，等到召見時當面對答卻多有語無倫次，是什麼原因？」魏徵回答說：「我觀察各部百官上奏言事，常常思考數天。等到了陛下面前，有三分意思卻不能講出一分。何況當面進諫的大臣，違背陛下的旨意，觸犯朝廷忌諱，如果陛下不給予他們和悅的臉色和言辭，他們怎麼敢盡情說出自己的想法呢！」太宗從此接見群臣時言語臉色更加溫和，曾經說：「隋煬帝對人多有猜忌，每次臨朝對群臣經常不說話。朕就不這樣，與大臣們相互親近如同一人。」

八年（甲午　西元六三四年）

春，正月癸未❶，突厥頡利可汗卒，命國人從其俗，焚尸葬之。○辛丑❷，行軍總管❸張士貴討東、西王洞反獠❹，平之。

上欲分遣大臣為諸道黜陟大使❺，未得其人，李靖薦魏徵。上曰：「徵箴規❻朕失，不可一日離左右。」乃命靖與太常卿蕭瑀等凡十三人❼分行天下，「察長吏❽賢不肖❾，問民間疾苦，禮高年❿，賑窮乏，褒善良[1]，起淹滯⓫[2]，俾⓬使者所至，如朕親覩。」

三月庚辰⓭，上幸九成宮。

夏，五月辛未朔⓮，日有食之。

初，吐谷渾可汗伏允遣使入貢未返，大掠鄯州⓯而去。上遣使讓⓰之，徵伏允入朝。稱疾不至，仍為其子尊王求婚。上許之，令其親迎，尊王又不至，乃絕昏，伏允又[3]遣兵寇蘭、廓⓱二州。伏允年老，信其臣天柱王之謀，數犯邊。又執唐使者趙德楷，上遣使諭之，十返⓲。又引其使者，臨軒⓳親諭⓴以禍福㉑，伏允終無悛㉒心。六月，遣左驍衛大將軍㉓段志玄㉔為西海㉕道行軍總管，左驍衛將軍樊興㉖為赤水㉗道行軍總管，將邊兵及契苾、党項之眾以擊之。

秋，七月，山東、河南、淮、海㉘之間大水。

上屢請上皇避暑九成宮㉙。上皇以隋文帝終於彼㉚，惡之。冬，十月，營大明宮㉛，以為上皇清暑㉜之所。未成而上皇寢疾㉝，不果居㉞。

辛丑㉟，段志玄擊吐谷渾，破之，追奔八百餘里，去㊱青海㊲三十餘里，吐谷渾驅牧馬而遁。

甲子㊳，上還京師。○右僕射李靖以疾遜㊴位，許之。○十一月辛未㊵，以靖為特進㊶，封爵如故，祿賜、吏卒並依舊給，俟疾小瘳㊷，每三兩日至門下、中書㊸平章政事㊹。

甲申㊺，吐蕃㊻贊普棄宗弄讚遣使入貢，仍請昏。吐蕃在吐谷渾西南，近世浸彊㊼，蠶食他國，土宇㊽廣大，勝兵㊾數十萬，然未嘗通中國。其王稱贊普，俗不言姓，王族皆曰論，宦族㊿皆曰尚。棄宗弄讚有勇略，四鄰畏之。上遣使者馮德遐往慰撫之。

丁亥(51)，吐谷渾寇(52)涼州(53)。己丑(54)，下詔大舉討吐谷渾。上欲得李靖為將，為其老，重勞之(55)。靖聞之，請行，上大悅。十二月辛丑(56)，以靖為西海道行軍大總管，節度(57)諸軍。兵部尚書侯君集(58)為積石(59)道、刑部尚書(60)任城王道宗為鄯善[61]道、涼州都督李大亮[62]為且末[63]道、岷州[64]都督李道彥為赤水道、利州刺史高甑生為鹽澤[65]道行軍總管，并突厥、契苾之眾擊吐谷渾。

【章旨】以上為第五段，寫太宗派欽差專使巡視天下，察吏治，問民疾苦。發大兵征討吐谷渾。

【注釋】❶癸未　正月初十。❷辛丑　正月二十八日。❸行軍總管　軍事長官。唐初出征時的軍隊主帥。❹東西王洞反獠　在東、西王洞（今廣西平南縣）造反的獠族。❺黜陟大使　官名，皇帝特派的臨時使節，負責巡視各地，調查官吏的行為以施賞罰，並詢訪地方情況。❻箴規　規諫勸誡。❼十三人　《舊唐書・太宗紀》載，十三人的姓名為李靖、蕭瑀、楊恭仁、王珪、韋挺、皇甫無逸、李襲譽、張亮、李大亮、竇誕、杜正倫、劉德威、趙弘智。❽長吏　地位較高的州縣官吏。❾賢不肖　賢明、不賢明。❿禮高年　禮遇老者。⓫起淹滯　起用在仕途淹留停滯的人。⓬俾　使。⓭庚辰　三月初八。⓮辛未朔　五月初一。⓯鄯州　郡名，治所在今青海樂都。⓰讓　責備；責怪。⓱蘭廓　蘭州，治所在今甘肅蘭州。廓州，治所在今青海貴德。⓲十返　十次往返。⓳臨軒　皇帝在殿前平臺上接見臣屬。⓴諭　曉諭；告訴。㉑禍福　利害。㉒悛　悔改。㉓左驍衛大將軍　驍衛，禁軍名稱之一，分設左、右，置有上將軍、大將軍、將軍。㉔段志玄　（西元五九七—六四二年）齊州臨淄（今山東臨淄）人，唐初將領。傳見《舊唐書》卷六十八、《新唐書》卷八十九。㉕西海　郡名，隋朝設置。管轄青海東境，治所在青海湖西岸的伏俟城。㉖樊興　安陸（今湖北安陸）人，唐初將領。傳見《舊唐書》卷五十七、《新唐書》卷八十八。㉗赤水　地名，在今青海興海縣東南黃河西岸。㉘淮海　淮水以迄東海。㉙九成宮　唐離宮名，位於今陝西麟遊西五里天台山。前為隋朝的仁壽宮，隋末廢棄，唐初復置，更名九成宮。㉚隋文帝終於彼　仁壽四年（西元六〇四年），隋文帝在仁壽宮被太子楊廣殺害。㉛大明宮　唐宮名，為唐都長安第二大宮殿區。因其位於郭城外東北的龍首原上，故稱東內，或稱北內。㉜清暑　避暑。㉝寢疾　臥病。㉞不果居　沒有去居住。果，成為事實。㉟辛丑　十月初二。㊱去　相距；離。㊲青海　即今青海青海湖。㊳甲子　十月二十五日。㊴遜　讓；退讓。㊵辛未　十一月初三。㊶特進　官名，西漢末始設特進，以授列侯中功德突出、在朝廷中有特殊地位者，位在三公之下。東漢至南北朝成為加官，無實職。唐改為文散官的第二階，相當於正二品。㊷瘳　病癒。㊸門下中書　指門下省與中書省。唐代宰相的總辦公處稱政事堂。唐初設在門下省，後因中書令權重，至武后時遷政事堂於中書省。開元時改稱中書門下。㊹平章政事　意即共同協商處理政務。平章事之名始於此。㊺甲申　十一月十六日。㊻吐蕃　中國古代藏族政權名，西元七至九世紀時在青藏高原建立。贊普為其君長。㊼浸彊　漸強。㊽土宇　國土。㊾勝兵　強兵。㊿宦族　仕宦之家。51丁亥　十一月十九日。52寇　騷擾；侵犯。53涼州　郡名，治所在今甘肅武威。54己丑　十一月二十一日。55重勞之　因其年老，難以勞駕。重，難。56辛丑　十二月初三。57節度　節制調度。58侯君集　（?—西元六四三年）唐初大將，豳州三水（今陝西旬邑）人。傳見《舊唐書》卷六十九、《新唐書》卷九十四。59積石　山名，即今青海東南部積石山脈。60刑部尚書　官名，尚書省所屬六部之一刑部的長官，主管法律、刑獄等事務。61鄯善　郡名，治所在今新疆若羌。62李大亮　（西元五八六—六四四年）涇陽（今陝西涇陽）人，唐初大臣。傳見《舊唐書》卷六十二、《新唐書》卷九十九。63且末　郡名，治所在今新疆且末。64岷州　治所在今甘肅岷縣。65鹽澤　澤名，即今新疆羅布泊。

【校　記】1褒善良　原無此三字。據章鈺校，十二行本、乙十一行本皆有此三字，張瑛《通鑑校勘記》同，今據補。2淹滯　原作「久淹」。據章鈺校，孔天胤本作「淹滯」，張瑛《通鑑校勘記》、熊羅宿《胡刻資治通鑑校字記》同，今從改。十二行本、乙十一行本作「滯淹」。3又　據章鈺校，十二行本、乙十一行本皆作「復」。

【語　譯】八年（甲午　西元六三四年）

春，正月初十日癸未，突厥頡利可汗去世，太宗詔令突厥國人按照他們的民族風俗，焚屍後埋葬。〇二十八日辛丑，行軍總管張士貴討伐東王洞、西王洞的反叛獠民，平定了他們。

太宗想要分別派遣大臣擔任諸道的黜陟大使，沒有找到合適人選，李靖推薦魏徵。太宗說：「魏徵針砭規勸朕的過失，一天也不能離開朕的身邊。」於是詔令李靖與太常卿蕭瑀等十三人，分別巡行全國各地，「考察地方長官是賢明還是不賢明，詢問民間疾苦，禮遇高壽的老人，賑濟窮困，褒獎善良，起用仕途淹滯的人，要讓使者所到之處，如同朕親自前往。」

三月初八日庚辰，太宗臨幸九成宮。

夏，五月初一日辛未，發生日蝕。

當初，吐谷渾可汗伏允派使節到唐朝進貢，未返回國，在鄯州大肆搶掠後離去。太宗派使臣斥責他們，徵召伏允前來朝見。伏允稱言有病不來，仍然為他的兒子尊王向朝廷求婚。太宗答應了他，讓尊王親自來迎親，尊王又不來，於是斷絕婚姻，伏允又派兵侵犯蘭州、廓州。伏允年老，聽信他的大臣天柱王的計謀，多次侵犯唐朝邊境。又抓住朝廷派來的使臣趙德楷，太宗派使節進行告諭，前後十次往返。太宗又引見吐谷渾使者，在宮內殿前親自曉諭利害，伏允最終沒有悔改之心。六月，朝廷派遣左驍衛大將軍段志玄為西海道行軍總管，左驍衛將軍樊興為赤水道行軍總管，統率邊境駐軍及契苾、党項的軍隊進攻吐谷渾。

秋，七月，崤山以東、黃河以南、淮河至東海之間的地區發生水災。

太宗多次請太上皇到九成宮避暑。太上皇因為隋文帝死在那裡，心中厭惡此地。冬，十月，營造大明宮，作為太上皇避暑的住所。未等修成，太上皇臥病在床，最終也未能住成。

十月初二日辛丑，段志玄攻擊吐谷渾，打敗了它，追擊敗兵八百多里，離青海湖三十多里，吐谷渾人驅趕牧馬逃走。

十月二十五日甲子，太宗返回京城長安。○右僕射李靖因患病請求退職，太宗答應了。○十一月初三日辛未，加封李靖為特進，原有的封爵照舊保留，俸祿賞賜、所屬官吏都按原樣加以保留，等到病情稍有好轉，每兩三天到門下省和中書省參與辦理政事。

十一月十六日甲申，吐蕃贊普棄宗弄讚派使臣進獻貢品，同時請求通婚。吐蕃在吐谷渾西南，近年來國力逐漸強盛，侵吞蠶食其他小國，疆域廣大，擁有強兵幾十萬，然而未曾與大唐來往交結。他們的國王稱為贊普，風俗習慣不稱姓，王族都叫做論，官僚之家都稱為尚。棄宗弄讚有勇氣和謀略，四方鄰國都畏懼他。太宗派使者馮德遐前往吐蕃安撫慰問。

十一月十九日丁亥，吐谷渾侵犯涼州。二十一日己丑，太宗下詔發兵大舉討伐吐谷渾。太宗想讓李靖作為統率出征，因為他已經年老，難以勞駕他。李靖聽說後，請求出征，太宗大為喜悅。十二月初三日辛丑，任命李靖為西海道行軍大總管，節制調度各路軍隊。任命兵部尚書侯君集為積石道行軍總管、刑部尚書任城王李道宗為鄯善道行軍總管、涼州都督李大亮為且末道行軍總管、岷州都督李道彥為赤水道行軍總管、利州刺史高甑生為鹽澤道行軍總管，合併突厥、契苾的部眾攻打吐谷渾。

帝聘隋通事舍人❶鄭仁基女為充華❷，詔已行，冊使❸將發。魏徵聞其嘗許嫁❹士人陸爽，遽❺上表諫。帝聞之，大驚，手詔深自克責❻，命停冊使。房玄齡等奏稱：「許嫁陸氏，無顯狀❼，大禮❽既行，不可中止。」爽亦表言初無❾婚姻之議。帝謂徵曰：「羣臣或容希合❿，爽亦自陳，何也？」對曰：「彼以為陛下[1]外雖捨之，或陰⓫加罪譴，故不得不然。」帝笑曰：「外人⓬意或當如是，朕之言未能使人必信如此邪⓭！」

中牟⓮丞⓯皇甫德參上言：「修洛陽宮，勞人；收地租，厚斂；俗好高髻，蓋宮中所化⓰。」上怒，謂房玄齡等曰：「德參欲國家不役一人，不收斗租⓱，宮人皆無髮，乃可⓲其意邪！」欲治其謗訕⓳之罪。魏徵諫曰：「賈誼⓴當漢文帝時上書㉑，云『可為痛哭者一，可為流涕者二』。自古上書不激切㉒，不能動人主㉓之心，所謂狂夫之言，聖人擇焉㉔，唯陛下裁察㉕。」上曰：「朕罪斯人㉖，則誰敢復言。」乃賜絹二十匹。他日，徵奏言：「陛下近日不好直言，雖勉強含容㉗，非曩時㉘之豁如㉙。」上乃更加優賜，拜監察御史。

中書舍人㉚高季輔㉛上言：「外官卑品㉜，猶未得祿，飢寒切身㉝，難保清白。今倉廩浸實，宜量加優給㉞；然後可責㉟以不貪，嚴設科禁㊱。又，密王元曉㊲等皆陛下之弟，比㊳見帝子拜諸叔，叔皆答拜，紊亂昭穆㊴，宜訓之以禮。」書奏，上善之。

西突厥咄陸可汗卒，其弟同娥設立，是為沙鉢羅咥利失可汗。

【章旨】以上為第六段，寫魏徵、房玄齡、高季輔直諫太宗抑制私欲，不娶已聘之女，不嗔怒，以禮訓皇子，太宗皆納之。

【注釋】❶通事舍人　官名，隸四方館，又屬中書省，掌通奏、引納、辭見、承旨、宣勞，皆以善辭令者為之。唐置八人，秩為從六品。❷充華　女官名，晉置，九嬪之一。唐六宮之職無此官。❸冊使　冊封使者。❹許嫁　允許、答應嫁給。❺遽　急速。❻克責　深加責備。❼無顯狀　沒有明顯的真實情況。❽大禮　即冊封鄭仁基女為充華。❾初無　當初沒有；本來沒有。❿或容希合　或許希望迎合旨意。⓫陰　暗中；暗地裡。⓬外人　別人。⓭朕之言未能使人必信如此邪　我的話竟然如此不能使人相信嗎。⓮中牟　縣名，縣治在今河南中牟西。⓯丞　官名，多作為佐官之稱。此處為縣令之佐貳。⓰俗好高髻二句　《後漢書・馬廖傳》：「長安語曰：『城中好高髻，四方高一尺。』」社會風俗喜好梳高髻，大概為宮中裝束所習染。⓱斗租　古言斗粟、斗租，皆含少意。⓲可　合宜；適合。⓳訕　誹謗。⓴賈誼　（西元前二〇〇—前一六八年）西漢政論家、文學家，洛陽（今河南洛陽）人，有抱負而志意不得。傳見《史記》卷八十四、《漢書》卷四十八。㉑上書　賈誼上書事，指西漢文帝六年（西元前一七四年），賈誼在向文帝上書時，有「可為痛哭者一，可為流涕者二」等語，極言事勢之弊，以期引起文帝的重視。㉒激切　激烈深切。㉓人主　人君；天子。㉔狂夫之言二句　上書言事者自謙之詞。意為我的話如狂人亂語，請君擇善採納。㉕裁察　裁斷明察。㉖斯人　這樣的人。㉗含容　包含容忍。㉘曩時　以往；過去。㉙豁如　豁然；豁達寬容。㉚中書舍人　官名，中書省的屬官，掌撰擬詔旨。㉛高季輔　（西元五九五—六五三年）名馮，字季輔，蓨（今河北景縣）人，隨李密降唐。歷任監察御史、中書舍人、吏部尚書、侍中等。傳見《舊唐書》卷七十八、《新唐書》卷一百四。㉜外官卑品　京外之官品秩低下者。㉝飢寒切身　飢寒逼人。㉞宜量加優給　應酌情從優給予俸祿。㉟責　要求。㊱科禁　依科條禁止之教令，即法度。㊲元曉　高祖第二十一子。㊳比　近來。㊴昭穆　古代宗法制度，宗廟次序，始祖廟居中，以下遞為昭穆，左為昭，右為穆。

【校　記】①為陛下　據章鈺校，此三字十二行本、乙十一行本作「陛下為」。

【語　譯】太宗聘娶隋朝通事舍人鄭仁基之女為充華，詔令已經發出，進行冊封的使者將要出發。魏徵聽說她曾經許婚嫁給士人陸爽，急忙上表勸諫。太宗聽說此事，大為驚訝，親手書寫詔令深加自責，命令冊封使停止出發。房玄齡等人上奏說：「許婚嫁給陸氏，沒有明顯的真實情況，冊封大禮既然已經施行，不能中止。」陸爽也上表說當初沒有與鄭氏女結為婚姻的意向。太宗對魏徵說：「諸位大臣或許是希望迎合旨意，但陸爽本人也如此自陳，是什麼原因呢？」魏徵回答說：「他認為陛下表面雖放棄不聘，或許暗中又要加罪於他，所以不得不這樣說。」太宗笑著說：「別人的想法或許是這樣，但朕的話竟然如此不能使人相信嗎！」

中牟縣丞皇甫德參上書說：「修築洛陽宮殿，使百姓疲勞；收取地租，過重聚斂；民間風俗，女人喜好把頭髮紮成高髻，這是受宮中妃嬪習俗的影響。」太宗很生氣，對房玄齡等人說：「德參想讓朝廷不役使一個人，不收一斗地租，宮中女人都不留頭髮，這樣才合乎他的心意嗎！」想要以誹謗罪處治他。魏徵勸諫說：「賈誼在漢文帝時上書，說『可令人痛哭的事情有一件，可令人流淚的事情有兩件。』自古以來的上書，如果言辭不激烈深切，就不能打動君王的心，這就是所謂的狂夫之言，聖人要加以選擇。此事只在於陛下的明察裁斷。」太宗說：「朕對這個人治罪，那麼誰還敢再說話。」於是賜給皇甫德參二十匹絹。有一天，魏徵上奏說：「陛下近來不喜歡直切之言，雖然對直言勉強能加以包含容忍，但已不能像以前那麼豁然了。」太宗於是對皇甫德參另加優厚賞賜，任命他為監察御史。

中書舍人高季輔上書說：「京城之外的地方官員品階低微的，還沒有得到俸祿，飢寒逼人，難以保證為官清白。如今國庫逐漸充實，應當酌量給予優厚俸祿；然後可以要求他們不貪，嚴格制定規章和禁令。此外，密王李元曉等人都是陛下的弟弟，近來看到皇子參拜諸位皇叔，皇叔都要回拜答謝，紊亂了輩分，應當以禮儀制度訓導他們。」上書呈給太宗，太宗認為此言很好。

西突厥咄陸可汗去世，他的弟弟同娥設立為可汗，這就是沙鉢羅咥利失可汗。

九年（乙未　西元六三五年）

春，正月，党項先內屬❶者皆叛歸吐谷渾。三月庚辰❷，洮州❸羌叛入吐谷渾，殺刺史孔長秀。○壬午❹[1]，赦天下。○乙酉❺，鹽澤道行軍總管高甑生擊叛羌，破之。○庚寅❻，詔民貲分三等❼，未盡其詳❽，宜分九等。

上謂魏徵曰：「齊後主❾、周天元❿皆重斂百姓，厚自奉養，力竭而亡。譬如饞人⓫自噉其肉，肉盡而斃，何其愚也！然二主孰為優劣？」對曰：「齊後主懦弱，政出多門⓬，周天元驕暴，威福⓭在己，雖同為亡國，齊主尤劣也。」

夏，閏四月癸酉⓮，任城王道宗敗吐谷渾於庫山。吐谷渾可汗伏允悉燒野草，輕兵走入磧⓯。諸將以為馬無草，疲瘦，未可深入。侯君集曰：「不然。鄯⓰者段志玄軍還，纔及鄯州，虜已至其城下⑰。蓋虜猶完實⑱，眾為之用故也。今一敗之後，鼠逃鳥散⑲，斥候⑳亦絕，君臣攜離㉑，父子相失，取之易於拾芥㉒，此而不乘，後必悔之。」李靖從之。中分㉓其軍為兩道：靖與薛萬均㉔、李大亮由北道，君集與任城王道宗由南道。戊子㉕，靖部將薛孤兒敗吐谷渾於曼頭山，斬其名王，大獲雜畜，以充軍食。癸巳㉖，靖等敗吐谷渾於牛心堆㉗，又敗諸赤水源㉘。侯君集、任城王道宗引兵行無人之境二千餘里，盛夏降霜。經破邏真谷㉙，其地無水，人齕㉚冰，馬噉㉛雪。五月，追及伏允於烏海㉜，與戰，大破之，獲其名王。薛萬均、薛萬徹㉝又敗天柱王於赤海㉞。

太上皇[2]自去秋得風疾，庚子㉟，崩於垂拱殿㊱。甲辰㊲，羣臣請上準㊳遺誥㊴視軍國大事，上不許。乙巳㊵，詔太子承乾於東宮平決庶政。

赤水之戰，薛萬均、薛萬徹輕騎先進，為吐谷渾所圍，兄弟皆中槍，失馬步鬬㊶，從騎死者什六七㊷。左領軍將軍㊸契苾何力將數百騎救之，竭力奮擊，所向披靡，萬均、萬徹由是得免。李大亮敗吐谷渾於蜀渾山㊹，獲其名王二十人。將軍執失思力㊺敗吐谷渾於居茹川。李靖督諸軍經積石山㊻河源至且末㊼，窮其西境。聞伏允在突倫川㊽，將奔于闐㊾，契苾何力欲追襲之。薛萬均懲㊿其前敗，固言不可。何力曰：「虜非有城郭(51)，隨水草遷徙。若不因其聚居襲取之，一朝雲散(52)，豈得復傾(53)其巢穴邪！」自選驍騎千餘，直趣突倫川，萬均乃引兵從之。磧中乏水，將士刺馬血飲之。襲破伏允牙帳(54)，斬首數千級，獲雜畜二十餘萬，伏允脫身走，俘其妻子。侯君集等進逾星宿川(55)，至柏海(56)，還與李靖軍合。

大寧王順，隋氏之甥、伏允之嫡子(57)也，為侍子(58)[3]於隋，久不得歸，伏允立它子[4]為太子，及歸，意常怏怏(59)。會李靖破其國，國人窮蹙(60)，怨天柱王。順因眾心，斬天柱王，舉國(61)請降。伏允帥千餘騎逃磧中，十餘日，眾散稍盡(62)，為左右所殺，國人立順為可汗。壬子(63)，李靖奏平吐谷渾。乙卯(64)，詔復其國，以慕容順為西平郡王、趉故呂[5]烏甘豆可汗。上慮順未能服其眾，仍命李大亮將精兵數千為其聲援。

【章　旨】以上為第七段，寫太上皇李淵崩殂。唐軍大破吐谷渾。

【注　釋】❶內屬　歸附唐朝。❷庚辰　三月十四日。❸洮州　郡名，治所在今甘肅臨潭西。❹壬午　三月十六日。❺乙酉　三月十九日。❻庚寅　三月二十四日。❼民貲分三等　武德六年（西元六二三年）曾下令，天下戶按其資產多少，定為三等。❽未盡其詳　沒有完全詳盡。❾齊後主　北齊後主高緯（西元五五五－五七七年）。西元五六五－五七六年在位。紀見《北齊書》卷八。❿周天元　北周宣帝宇文贇（西元五六〇－五八〇年）。西元五七八－五七九年在位。紀見《周書》卷七。⓫饞人　貪食者。⓬政出多門　政令出自多途、多人。指政權由許多人掌管。⓭威福　施威賜福。⓮癸酉　閏四月初八。⓯磧　沙漠。

⑯鼂 從前；舊時。⑰至其城下 謂至鄯州城下。⑱完實 完好充實。⑲鼠逃鳥散 像老鼠一樣逃竄，像飛鳥一樣四散。⑳斥候 偵察敵情的士兵。㉑攜離 叛離。㉒拾芥 拾取草芥。比喻容易獲取。㉓中分 平分。㉔薛萬均 雍州咸陽（今陝西咸陽）人，唐初大將。傳見《舊唐書》卷六十九、《新唐書》卷九十四。㉕戊子 閏四月二十三日。㉖癸巳 閏四月二十八日。㉗牛心堆 山名，在今青海西寧西南。㉘赤水源 舊縣名，在今青海南境。吐谷渾築赤水城，隋置赤水縣。太宗討吐谷渾，分軍出赤水道，即此。㉙破邏真谷 地名，在今青海都蘭東南一帶。㉚齕 咬。㉛噉 吃。㉜烏海 在青海東境。《隋書·地理志》：「河源郡有烏海，在漢哭山西。」㉝薛萬徹 （？—西元六五二年）薛萬均之弟。傳見《舊唐書》卷六十九、《新唐書》卷九十四。㉞赤海 即赤水深廣處。㉟庚子 五月初六。㊱垂拱殿 即大安宮的垂拱前殿。㊲甲辰 五月初十。㊳準 依照。㊴遺誥 太上皇去世前所下的詔誥。㊵乙巳 五月十一日。㊶失馬步鬬 失去戰馬，徒步作戰。㊷什六七 十分之六、七。㊸左領軍將軍 禁軍官名，唐採用前朝領軍之名設置領軍衛，分左、右，各以大將軍一人統之，將軍二人為副，掌宿衛宮廷。㊹蜀渾山 山名，在今青海東北境。㊺執失思力 原突厥酋長。貞觀中入朝，娶高祖女九江公主。後為歸州刺史。事跡見《舊唐書》卷一百九十四〈突厥傳〉、《新唐書》卷一百十〈執失思力傳〉。㊻積石山 山名，即今青海東南部積石山脈。㊼且末 地名，在今新疆且末附近。㊽突倫川 《考異》曰：「〈吐谷渾傳〉云：『伏允西走圖倫磧。』蓋即突倫川。」即今新疆塔克拉瑪干沙漠。㊾于闐 西域城國，國都在西域，即今新疆和田境。㊿懲 懲戒。(51)城郭 舊時在都邑四周築有牆垣，一般有兩重，裡面的稱城，外面的稱郭。(52)一朝雲散 比喻一旦如雲一樣分散。(53)豈得復傾 哪能再傾覆。(54)牙帳 將帥建牙旗於軍帳之前，故稱牙帳。(55)星宿川 即今青海黃河上源星宿海。(56)柏海 即今青海黃河上源鄂陵湖、札陵湖。(57)嫡子 舊指正妻所生的兒子；也指正妻所生的長子。(58)侍子 古代諸侯或屬國之王遣子入侍天子之稱。(59)及歸二句 唐高祖武德二年（西元六一九年），大寧王慕容順歸吐谷渾。怏怏，不平貌。(60)窮蹙 窮，困窘。蹙，緊迫；迫促。(61)舉國 全國。(62)稍盡 漸盡。(63)壬子 五月十八日。(64)乙卯 五月二十一日。

【校 記】①壬午 原作「壬辰」。按，兩《唐書·太宗紀》貞觀九年，俱作「三月壬午，大赦」，嚴衍《通鑑補》改作「壬午」，當是，今據改正。下文記事為乙酉，三月十九日，壬午在乙酉之前，從時間順序上看是正確的。如果作「壬辰」，則為三月二十六日，時序出現錯亂。②太上皇 據章鈺校，十二行本、乙十一行本、孔天胤本皆無「太」字。③侍子 原誤作「侍中」。據章鈺校，十二行本、乙十一行本皆作「侍子」，張敦仁《通鑑刊本識誤》、張瑛《通鑑校勘記》同，今據校正。《舊唐書・吐谷渾傳》作「侍子」，尚不誤。④它子　原誤作「侍子」。據章鈺校，十二行本、乙十一行本皆作「它子」，張敦仁《通鑑刊本識誤》、張瑛《通鑑校勘記》同，今據校正。⑤故呂　嚴衍《通鑑補》改作「胡呂」。

【語　譯】九年（乙未　西元六三五年）

春，正月，先前歸附唐朝的党項部族全都反叛投奔吐谷渾。

三月十四日庚辰，洮州羌人反叛，逃進吐谷渾地區，殺死洮州刺史孔長秀。〇十六日壬午，全國實行大赦。〇十九日乙酉，鹽澤道行軍總管高甑生進攻叛亂的羌人，打敗了他們。〇二十四日庚寅，太宗下詔說把百姓的財產分為三等，沒有完全詳盡，應當分為九等。

太宗對魏徵說：「齊後主、周天元都過重搜刮百姓，全都用來供養自己，直到民力衰竭而亡國。好比嘴饞的人自己吃自己身上的肉，肉吃光了就斃命了，多麼愚蠢啊！然而這二位君主相比，誰優誰劣呢？」魏徵回答說：「齊後主性格懦弱，國家的政令由多人掌管，周天元驕橫暴虐，施威賜福全在自己，二人雖然同是亡國，相比之下齊後主尤為劣等。」

夏，閏四月初八日癸酉，任城王李道宗在庫山打敗吐谷渾。吐谷渾可汗伏允把野草全部燒光，率輕騎兵逃入大沙漠。唐朝眾將認為馬沒有草可吃，疲勞瘦弱，不可以深入追擊。侯君集說：「不是這樣。從前段志玄軍隊撤回時，才到達鄯州，敵人已經到了鄯州城下。大概因為當時敵人還完好而強大，各部族都為他效力。如今敵軍在戰敗之後，如同鼠逃鳥散，他們偵察敵情的士兵也完全絕跡，君臣離心背叛，父子相互失散，現在消滅他們如同拾起草芥，此時若不乘勝追擊，以後必定後悔。」李靖聽從了他的意見。把軍隊分為兩路：李靖與薛萬均、李大亮從北路進軍，侯君集與任城王李道宗從南路進軍。二十三日戊子，李靖的將領薛孤兒在曼頭山大敗吐谷渾，斬殺他們的著名首領，俘獲大批牲畜，用作軍隊的食物。二十八日癸巳，李靖等人在牛心堆打敗吐谷渾，又在赤水源再次打敗他們。侯君集、任城王李道宗率軍在沒有人煙的地域行軍二千餘里，盛夏降霜。經過破邏真谷，其地沒有水，人吃冰，馬吃雪。五月，在烏海追上伏允，與他交戰，大敗伏允，俘獲他們的著名首領。薛萬均、薛萬徹又在赤海擊敗天柱王。

太上皇李淵從去年秋天中風，五月初六日庚子，在垂拱殿駕崩。初十日甲辰，群臣請求皇上遵照太上皇的遺詔治理軍國大政，太宗沒有同意。十一日乙巳，太宗下詔命太子李承乾在東宮處理日常政務。

赤水戰役，薛萬均、薛萬徹率領輕騎兵首先進軍，被吐谷渾包圍，兄弟二人都被槍刺中，失去戰馬，徒步搏鬥，隨從的騎兵死傷十分之六七。左領軍將軍契苾何力率領數百名騎兵前去救援，竭盡全力拼殺，所向披靡，薛萬均、薛萬徹因此得以身免。李大亮在蜀渾山打敗吐谷渾，俘獲敵人著名首領二十人。將軍執失思力在居茹川打敗吐谷渾。李靖督率各路軍隊經過積石山的黃河河源處到達且末，一路追到吐谷渾的西部邊境。聽說伏允在突倫川，將要逃往于闐，契苾何力想要追趕襲擊。薛萬均鑑於前次的失敗，堅持說不可追擊。契苾何力說：「敵人不修建城郭定居，而是跟著水草不斷遷移游牧。如果不趁他們聚居一起時襲擊消滅他們，有朝一日他們如雲一樣分散各方，怎能再搗毀他們的老巢呢！」於是親自挑選驍勇騎兵一千多人，直奔突倫川，薛萬均於是率軍相隨。沙漠中缺水，將士們刺傷馬喝馬血。唐軍襲破伏允牙帳，斬首數千級，獲得各類牲畜二十多萬頭，伏允脫身逃走，唐軍俘獲了他的妻子兒女，侯君集等人進軍越過星宿川，到達柏海，返回與李靖的部隊會合。

大寧王慕容順，是隋煬帝的外甥，伏允的嫡子，在隋朝作為侍子侍奉隋煬帝，很久不能返回吐谷渾，伏允另立一子為太子，等到慕容順返回吐谷渾，心情經常悶悶不樂。正趕上李靖攻破吐谷渾，國人困窘，都怨恨天柱王。慕容順於是利用民心，殺了天柱王，率領全國請求投降。伏允率領一千多騎兵逃往沙漠之中，十多天後，隨從的騎兵漸漸消失殆盡，伏允被跟隨左右的隨從殺死，吐谷渾人擁立慕容順為可汗。五月十八日壬子，李靖上奏平定了吐谷渾。二十一日乙卯，太宗下詔恢復吐谷渾的國家，任命慕容順為西平郡王、趉故呂烏甘豆可汗。太宗擔憂慕容順不能讓他的部眾完全服從，仍令李大亮率領精兵數千人作為慕容順的聲援。

六月己丑❶，羣臣復請聽政，上許之，其細務仍委太子，太子頗能聽斷❷。是後上每出行幸，常令居守監國❸。

秋，七月庚子❹，臨澤❺道行軍副總管劉德敏擊叛羌，破之。

丁巳❻，詔：「山陵❼依漢長陵❽故事，務存❾隆厚。」期限既促，功不能及。祕書監虞世南上疏，以為：「聖人薄葬其親，非不孝也，深思遠慮，以厚葬適足為親之累❿，故不為耳。昔張釋之⓫有[1]言：『使⓬其中有可欲，雖錮南山猶有隙⓭。』劉向⓮言：『死者無終極，而國家有廢興⓯，釋之之言，為無窮計⓰也。』其言深切，誠合至理。伏惟⓱陛下聖德度⓲越唐、虞⓳，而厚葬其親乃以秦、漢為法，臣竊為陛下不取⓴。雖復不藏金玉，後世但見丘壟㉑如此其大，安知其中[2]無金玉邪！且今釋服已依霸陵㉒，而丘壟之制獨依長陵，恐非所宜。伏願依白虎通㉓為三仞㉔之墳，器物制度，率皆節損㉕，仍刻石立之陵旁，別書一通㉖，藏之宗廟，用為子孫永久之法。」疏奏，不報㉗。世南復上疏，以為：「漢天子即位即營山陵，遠者五十餘年。今以數月之間為數十年之功，恐於人力有所不逮㉘。」上乃以世南疏授有司㉙，令詳處其宜㉚。房玄齡等議，以為：「漢長陵高九丈，原陵㉛高六丈，今九丈則太崇㉜，三仞則太卑㉝，請依原陵之制。」從之。

辛亥㉞，詔：「國初草創，宗廟之制未備，今將遷祔㉟，宜令禮官詳議。」諫議大夫㊱朱子奢請立三昭三穆㊲而虛太祖之位。於是增修太廟㊳，祔弘農府君㊴及高祖并舊神主四為六室。房玄齡等議以涼武昭王㊵為始祖。左庶子于志寧議以為武昭王非王業所因㊶，不可為始祖，上從之。

党項寇疊州㊷。

李靖之擊吐谷渾也，厚賂党項，使為鄉導。党項酋長拓跋赤辭來，謂諸將曰：「隋人無信，喜暴掠㊸我。今諸軍苟無異心，我請供其資糧。如或不然，我將據險以塞㊹諸軍之道。」諸將與之盟而遣之。赤水道行軍總管李道彥行至闊水㊺，見赤辭無備，襲之，獲牛羊數千頭。於是羣羌怨怒，屯野狐峽㊻，道彥不得進。赤辭擊之，道彥大敗，死者數萬，退保松州㊼。左驍衛將軍樊興逗遛㊽失軍期，士卒失亡多。乙卯㊾，道彥、興皆坐減死徙邊㊿。

上遣使勞(51)諸將於大斗拔谷(52)，薛萬均排毀(53)契苾何力，自稱己功。何力不勝(54)忿(55)，拔刀起，欲殺萬均，諸將救止之。上聞之，以讓(56)何力，何力具言其狀(57)。上怒，欲解萬均官以授何力。何力固辭，曰：「陛下以臣之故解萬均官，羣胡(58)無知，以陛下為重胡輕漢，轉相誣告(59)，馳競(60)必多。且使胡人謂諸將皆如萬均，將有輕漢之心。」上善之而止。尋令宿衛北門[61]，檢校屯營[62]事，尚宗女臨洮縣主[63]。

岷州都督、鹽澤道行軍總管高甑生[64]後軍期[65]，李靖按之[66]。甑生恨靖，誣告靖謀反。按驗無狀[67]，八月庚辰[68]，甑生坐[69]減死徙邊。或言：「甑生，秦府功臣，寬其罪。」上曰：「甑生違李靖節度，又誣其反，此而可寬，法將安施[70]！且國家自起晉陽，功臣多矣。若甑生獲免，則人人犯法，安可復禁乎！我於舊勳，未嘗忘也，為此不敢赦耳[71]。」李靖自是闔門[72]杜絕賓客，雖親戚不得妄見[73]也。

上欲自詣園陵[74]，羣臣以上哀毀羸瘠[75]，固諫[76]而止。

冬，十月乙亥[77]，處月初遣使入貢。處月、處密，皆西突厥之別部也。

庚寅[78]，葬太武皇帝於獻陵，廟號高祖，以穆皇后祔葬[79]，加號太穆皇后。

十一月庚戌[80]，詔議於太原立高祖廟。祕書監顏師古議以為「寢廟[81]應在京師，漢世郡國立廟非禮。」乃止。

戊午[82]，以光祿大夫蕭瑀為特進[83]，復令參預政事。上曰：「武德六年以後，高祖有廢立之心而未定，我不為兄弟所容，實有功高不賞[84]之懼。斯人[85]也，不可以利誘，不可以死脅[86]，真社稷臣也。」因賜瑀詩曰：「疾風知勁草，板蕩[87]

識誠臣。」又謂瑀曰：「卿之忠直，古人不過，然善惡太明，亦有時而失[88]。」瑀再拜謝。魏徵曰：「瑀違眾孤立，唯陛下知其忠勁，嚮[89]不遇聖明[90]，求免難矣[91]！」○特進李靖上書，請依遺誥御常服[92]，臨正殿，弗許。

吐谷渾甘豆可汗久質中國[93]，國人不附[94]，竟為其下所殺，子燕王諾曷鉢立。諾曷鉢幼，大臣爭權，國中大亂。十二月，詔兵部尚書侯君集等將兵援之。先遣使者諭解[95]，有不奉詔者，隨宜[96]討之。

【章旨】以上為第八段，寫太宗依漢光武帝原陵規制葬高祖，既非厚葬，亦非薄葬，以及處置唐軍征伐吐谷渾善後事宜。

【注釋】❶己丑　六月二十五日。❷聽斷　聽事而進行決斷。❸監國　君主外出時，太子留守代管國事。❹庚子　七月初七。❺鹽澤　古湖泊名，即今新疆羅布泊。❻丁巳　七月二十四日。❼山陵　帝王的墳墓。❽長陵　漢高祖陵。胡三省注引皇甫謐曰：「長陵東西廣百二十步，高十三丈。」❾存　從。❿以厚葬適足為親之累　認為厚葬正足以成為親人的拖累。⓫張釋之　西漢初年法律學家，字季，南陽堵陽（今河南方城）人，文帝時官至廷尉。景帝即位，出任淮南相。傳見《漢書》卷五十。⓬使　假使。⓭雖錮南山猶有隙　雖然封藏於南山隧中，猶有可以取物的空隙。⓮劉向　（約西元前七七—前六年）西漢經學家、目錄學家、文學家，本名更生，字子政，沛（今江蘇沛縣）人。傳見《漢書》卷三十六。⓯死者無終極二句　死者死後的日子無窮無盡，而國家將不免滅亡。⓰為無窮計　為長遠打算。⓱伏惟　舊時常用為下對上有所陳述時的表敬之辭。⓲度　通「渡」。過；越過。⓳唐虞　即唐堯、虞舜，傳說時代的帝號。堯禪位舜，舜禪位禹，禹建立夏朝。⓴臣竊為陛下不取　臣私下認為陛下不會採取。㉑丘壟　墳墓。㉒今釋服已依霸陵　即臣下釋服依照漢文帝遺詔用三十六日。釋服，守孝期滿，除去喪服。霸陵，西漢文帝劉恆陵墓。其地本屬戰國秦置芷陽縣，漢文帝九年（西元前一七一年）於此築霸陵，並改縣名，縣治在今陝西西安東北。文帝卒後葬此。㉓白虎通　書名，即《白虎通義》，東漢班固等編撰，記錄章帝建初四年在白虎觀經學辯論的結果。㉔仞　長度單位。古代以七尺或八尺為一仞。㉕節損　節約減損。㉖一通　一卷。㉗不報　不回覆。㉘逮　及；達到。㉙有司　古代設官分職，各有專司，因稱官吏為「有司」。㉚詳處其宜　詳加研究，妥善處理。㉛原陵　東漢光武帝劉秀墓。在今河南洛陽東。㉜崇　高。㉝卑　低。㉞辛亥　七月十八日。㉟祔　祭名。依喪禮，祔祭在虞祭、卒哭祭之後，立主祔祭於祖廟，並排列昭穆之位。祔祭之後，主返於寢，大祥乃遷於廟。㊱諫議大夫　官名，隸門下省，掌侍從規諫，凡四人。㊲三昭三穆　據古代宗法制度，宗廟次序，始祖廟居中，以下父子（祖、父）遞為昭穆，左為昭，右為穆。三昭三穆，謂天子七廟，太祖廟居中，二、四、六世居左，曰昭，三、五、七世居右，曰穆。㊳太廟　天子的祖廟。㊴弘農府君　李唐的祖先，諱重耳。仕魏為弘農太守。府君，舊時子孫對其先世的敬稱。㊵涼武昭王　高祖李淵的七代祖涼王李暠，謚武昭。㊶因　依；藉。㊷疊州　州名，治所在今甘肅迭部。㊸暴掠　殘暴劫掠。㊹塞　堵塞。㊺闊水　地名，在党項羈縻闊州界。闊州，治所在闊源縣（今四川松潘北）。㊻野狐峽　岷江峽谷，在松潘境內。㊼松州　州名，治所在今四川松潘。㊽逗遛　遲留不進。㊾乙卯　七月二十二日。㊿坐減死徙邊　坐罪減死一等貶徙邊地。(51)勞　犒勞。(52)大斗拔谷　地名，即今甘肅民樂東南甘、青二省交界處扁都口隘路。(53)排毀　排擠、詆毀。(54)不勝　忍不住。(55)忿　忿怒。(56)讓　責備；責怪。(57)具言其狀　詳細說明赤水之戰，拔萬均兄弟於圍中，及見排毀的情況。(58)羣胡　諸蕃。(59)轉相誣告　輾轉相互誣告。(60)馳競　奔走相爭。(61)北門　即玄武門。(62)屯營　《唐會要》載，於玄武門設置左右屯營，以諸衛將軍領之，其兵名曰飛騎。(63)尚宗女臨洮縣主　尚，娶公主為妻曰尚。宗女，宗室女。臨洮，縣名，即今甘肅岷縣。縣主，《唐六典》卷二：「王之女封縣主，視正二品。」(64)高甑生　岷州都督，受李靖節制。(65)後軍期　遲晚誤期。(66)李靖按之　《舊唐書·李靖傳》作「靖簿責之」。(67)按驗無狀　考察驗證無謀反的情狀。「按」當考察講。(68)庚辰　八月十七日。(69)坐　獲罪；被判有罪。(70)安施　怎麼施行。(71)為此不敢赦耳　惟其不忘舊勳，故不敢赦，以免其干犯科禁。(72)闔門　閉門。闔，關閉。(73)妄見　隨便見面。(74)園陵　謂獻陵，即唐高祖李淵陵墓。在今陝西三原。(75)哀毀羸瘠　悲哀損身，身體瘦弱。羸，瘦弱。(76)固諫　堅決勸諫。(77)乙亥　十月十二日。(78)庚寅　十月二十七日。(79)穆皇后祔葬　太穆皇后竇氏，初葬壽安陵，今祔獻陵。(80)庚戌　十一月十八日。(81)寢廟　古代的宗廟有廟和寢兩部分，合稱寢廟。鄭玄注：「凡廟，前曰廟，後曰寢。」(82)戊午　十一月二十六日。(83)特進　官名，隋唐為文散官的第二階，相當正二品。(84)功高不賞　功高而得不到賞賜。(85)斯人　此人，指蕭瑀。(86)以死脅　以死威脅。(87)板蕩　板與蕩並《詩·大雅》篇名，後沿用為亂世的代稱。(88)善惡太明二句　善惡之念，太為分明，亦有時而不免過分。

㊹歸 假設語。假使；如果。㊺聖明 聖明之主。㊻求免難矣 希望免禍很難啊。㊼御常服 謂著用通常的吉服。㊽久質中國 作為人質久留中國。質，人質。㊾不附 不服從。㊿諭解 曉諭解勸。51隨宜 視情形方便。

【校 記】①有 據章鈺校，十二行本、乙十一行本、孔天胤本皆無此字。②其中 原無此二字。據章鈺校，十二行本、乙十一行本皆有此二字，今據補。

【語 譯】六月二十五日己丑，群臣再次請求太宗臨朝聽政，太宗答應了，但瑣細政務仍委託太子處理，太子頗能聽政裁斷。此後太宗每次出外巡幸，經常命令太子留守京城監理國事。

秋，七月初七日庚子，鹽澤道行軍副總管劉德敏進攻反叛的羌人，打敗了他們。

七月二十四日丁巳，太宗下詔：「太上皇的陵墓依照漢高祖長陵舊制，務必做到陵墓的高大和堅厚。」修建陵墓的期限已經緊迫，工程不能如期完成。祕書監虞世南上疏認為：「聖人對他的親屬進行薄葬，並非不孝順，而是經過深思熟慮，認為厚葬反而成為親人的拖累，所以聖人不這樣做。往昔張釋之曾說過：『假使陵墓中有讓人很想得到的東西，即使封住南山，也還是有可以取物的縫隙。』漢代劉向說：『人死後的日子無窮無盡，而國家有興亡，張釋之的話，是為國家作長久打算。』他們的話非常深刻，的確符合至理。臣希望陛下的聖德超過唐堯、虞舜，而厚葬親人卻是以秦、漢為榜樣，臣私下認為陛下不會採取這種做法。雖然不在陵墓中埋藏金玉，後代的人只看見陵墓丘壟如此高大，怎麼知道其中沒有金玉呢？況且如今陛下服喪的天數已經依照為漢文帝服喪的規制，三十七天守孝期滿，脫下喪服，可是陵墓規制卻要依照漢高祖的長陵，恐怕並不適宜。臣希望陛下根據《白虎通》，為太上皇建造三仞高的陵墓，陵墓中使用的器物規制，全都有所節省，仍然雕刻石碑立在陵墓旁邊，另外將碑文書寫一卷，收藏在宗廟內，用作後代子孫永久遵守的制度。」上疏奏上以後，太宗沒有回覆。虞世南再次上疏，認為：「漢朝天子即位後就營造陵墓，時間長的達五十多年。現在用幾個月的時間來完成幾十年的工程，恐怕在人力上有做不到的地方。」太宗於是把虞世南的奏疏交給有關部門，命令他們詳細商議，妥善處理。房玄齡等人商議，認為：「漢高祖的長陵高九丈，漢光武帝的原陵高六丈，現在九丈陵墓就太高了，三仞又太低矮，請求依照原陵六丈的規制。」太宗聽從了這一意見。

七月十八日辛亥，太宗下詔：「開國之初，制度草創，宗廟之制尚未完備，如今要將太上皇的神主遷入宗廟，應當令禮部官員詳細商議。」諫議大夫朱子奢請求在宗廟中設立三昭三穆而空出太祖的神位。於是對太廟進行增修，加上遠祖弘農府君李重耳和高祖以及原來的四位神主而成為六位神主之室。房玄齡等人商議以涼武昭王李暠為始祖。左庶子于志寧認為國家基業不是奠基於武昭王，不能作為始祖，太宗聽從了這一意見。

党項族進犯疊州。

李靖進攻吐谷渾時，曾對党項重金賄賂，讓他們作為唐軍嚮導。党項酋長拓跋赤辭來到軍中，對諸位將領說：「隋朝人不講信用，喜歡殘暴地劫掠我們。如果唐朝各路兵馬沒有害我之心，我們供給他們糧草物資。如果不是這樣，我們將要佔據險要之地堵塞他們進軍的道路。」諸位將領與他訂立盟約然後送他回去。赤水道行軍總管李道彥行軍到達闊水，看到拓跋赤辭沒有防備，偷襲了他，俘獲幾千頭牛羊。於是各部羌人都怨恨憤怒，駐紮在野狐峽，李道彥無法前進。拓跋赤辭襲擊李道彥，李道彥大敗，士兵死了數萬人，撤退到松州進行防守。左驍衛將軍樊興因為逗留不前耽誤了進軍期限，士兵逃亡失散很多。七月二十二日乙卯，李道彥、樊興都被定罪，由死刑降一等流放到邊遠地區。

太宗派使節在大斗拔谷慰勞諸位將領，薛萬均排擠並詆毀契苾何力，自誇作戰有功。契苾何力忍不住憤怒，拔刀而起，要殺掉薛萬均，眾將救下薛萬均，制止住契苾何力。太宗聽說後，責怪契苾何力，契苾何力詳細說明情況。太宗很生氣，要解除薛萬均的官職而授給契苾何力。契苾何力堅決推辭，說：「陛下由於我的緣故而解除薛萬均的官職，那些胡族官員不知詳情，認為陛下重視胡族而輕視漢人，這樣轉相誣告，奔走爭功的必定很多。而且使胡人認為將領都同薛萬均一樣，他們將有輕視漢人的想法。」太宗認為他說得好，停止解除薛萬均的官職。不久太宗讓契苾何力守衛北門，檢校屯營事務。又將宗室之女臨洮縣主嫁給他。

岷州都督、鹽澤道行軍總管高甑生延誤作戰日期，李靖追究他。高甑生怨恨李靖，誣告李靖謀反。審查驗實之後沒有證據，八月十七日庚辰，高甑生被判有罪，由死刑減一等流放到邊遠地區。有人說：「高甑生是當年秦王府的功臣，應該寬宥他的罪過。」太宗說：「高甑生違反李靖的部署，又誣告李靖謀反，這種事都可以寬恕，那麼法律將如何執行！況且朝廷當年從晉陽起兵，功臣很多。如果高甑生獲得赦免，那麼人人都會犯法，又怎能禁止呢！朕對功臣故舊，未曾忘記，因此才不敢寬赦他。」李靖從此關門謝絕賓客來訪，即使是親戚也不能隨便見面。

太宗想親自前去太上皇的陵園，大臣們認為太宗過於哀傷悲痛而使身體瘦弱，堅決諫阻，太宗這才作罷。

冬，十月十二日乙亥，處月第一次派遣使節入京進獻貢品。處月、處密，都是西突厥的別部。

十月二十七日庚寅，安葬太武皇帝李淵於獻陵，廟號高祖，把穆皇后附葬在獻陵中，加封謚號為太穆皇后。

十一月十八日庚戌，太宗下詔令群臣商議在太原設立高祖廟，祕書監顏師古提議認為「寢廟應設在京城，漢代在各郡國設立宗廟不合乎禮制。」於是停止在太原建立宗廟。

十一月二十六日戊午，加封光祿大夫蕭瑀為特進，又命他參與朝廷政事。太宗說：「武德六年以後，高祖有廢立太子的想法但主意未定，當時朕不被兄弟容納，確實有功高而沒有得到賞賜的憂慮。蕭瑀這個人，不能用利益引誘他，不能用死亡威脅他，真是社稷的功臣。」於是賜給蕭瑀一首詩，詩中說：「疾風知勁草，板蕩識誠臣。」又對蕭瑀說：「你的忠誠正直，古人也超不過你，然而是非善惡的態度過於分明，也有時不免過分。」蕭瑀多次下拜謝恩。魏徵說：「蕭瑀違背眾人而受到孤立，惟有陛下瞭解他的忠誠和堅勁，如果不是遇到聖明天子，要想免禍都很難！」〇特進李靖上書，請求太宗依照太上皇的遺詔穿著平時的吉服，登上正殿聽政，太宗不答應。

吐谷渾甘豆可汗因為長時間在中原做人質，因此國內的人們並不服從他，竟然被他的手下殺死，他的兒子燕王諾曷鉢繼立為可汗。諾曷鉢年幼，大臣們爭權奪勢，國內發生混亂。十二月，太宗詔令兵部尚書侯君集等人率軍救援。先派出使者進行宣諭勸解，如有不聽從詔令的，根據情形方便進行討伐。

十年（丙申　西元六三六年）

春，正月甲午❶，上始親聽政。

辛丑❷，以突厥拓設阿史那社爾❸為左驍衛大將軍。社爾，處羅可汗之子也，年十一，以智略聞❹。可汗以為拓設，建牙❺於磧北，與欲谷設分統敕勒諸部。居官十年，未嘗有所賦斂，諸設❻或鄙❼其不能為富貴，社爾曰：「部落苟豐，於我足矣。」諸設慚服。及薛延陀叛，攻破欲谷設，社爾兵亦敗，將其餘眾走保❽西陲。頡利可汗既亡，西突厥亦亂，咄陸可汗兄弟爭國。社爾詐往降之，引兵襲破西突厥，取其地幾半❾，有眾十餘萬，自稱答[1]布可汗。社爾乃謂諸部曰：「首為亂破我國者，薛延陀也，我當為先可汗❿報仇擊滅之。」諸部皆諫曰：「新得西方，宜且留鎮撫。今遽捨之遠去，西突厥必來取其故地。」社爾不從，擊薛延陀於磧北，連兵⓫百餘日。會咥利失可汗立⓬，社爾之眾苦於久役，多棄社爾逃歸⓭。薛延陀縱兵擊之，社爾大敗，走保高昌，其舊兵在者纔萬餘家；又畏西突厥之逼，遂帥眾來降。敕處其部落⓮於靈州⓯之北，留社爾於長安，尚皇妹南陽長公主⓰，典屯兵於苑內⓱。

【章　旨】以上為第九段，寫突厥拓設社爾部歸附唐朝。

【注　釋】❶甲午　正月初三。❷辛丑　正月初十。❸阿史那社爾　（？—西元六五五年）東突厥處羅可汗次子。曾乘西突厥內訌，襲取其地之半，自號都布可汗，貞觀十年率眾歸唐。傳見《舊唐書》卷一百九、《新唐書》卷一百十。❹以智略聞　以才智謀略聞名。❺建牙　建立牙帳。❻諸設　指諸位典兵者。「設」為突厥、回紇典兵者的官銜。❼鄙　看不起；鄙視。❽走保　逃奔以防守。❾幾半　將近一半。❿先可汗　即其父處羅可汗。⓫連兵　接連用兵。⓬咥利失可汗立　貞觀八年（西元六三四年）西突厥咄陸可汗卒，其弟同娥設立，是為沙鉢羅咥利失可汗。⓭逃歸　逃歸咥利失。⓮敕處其部落　敕命安置其部落。⓯靈州　州名，治所在今寧夏靈武西南，轄境相當於今寧夏中衛、中寧以北地區。⓰南陽長公主　兩《唐書》皆作衡陽公主。⓱苑內　禁苑內。

【校　記】①答　嚴衍《通鑑補》改作「都」。

【語　譯】十年（丙申　西元六三六年）

春，正月初三日甲午，太宗開始親自處理朝政。

正月初十日辛丑，太宗任命突厥拓設阿史那社爾為左驍衛大將軍。社爾，是處羅可汗的兒子，年僅十一歲，以才智謀略聞名。處羅可汗任命社爾為拓設，在漠北建立牙帳，與欲谷設分別統轄敕勒各部。擔任拓設十年，不曾徵稅聚斂，其他拓設有的鄙視他不能使自己富貴，社爾說：「部落如果豐足了，我就滿足了。」這些拓設都慚愧而心服。等到薛延陀叛亂，打敗欲谷設，社爾的軍隊也戰敗，他率領餘部逃到西部邊境進行防守。頡利可汗滅亡後，西突厥也發生混亂，咄陸可汗兄弟爭位。社爾假裝前往投降，領兵打敗西突厥，佔領了他們一半的土地，擁有兵力十多萬，自稱答布可汗。社爾於是對各部落說：「首先造成我國混亂滅亡的是薛延陀，我應當為先可汗報仇，消滅他們。」各部落都勸阻說：「我們剛剛得到西方土地，應當暫且留守安撫。如今突然捨掉這裡遠去進攻薛延陀，西突厥必然要來奪取他們的故地。」社爾不聽大家的意見，在漠北攻打薛延陀部，接連用兵一百多天。正趕上咥利失可汗即位，社爾的部眾因為苦於長久外出作戰，大多拋棄社爾逃回。薛延陀派兵攻擊，社爾大敗，逃到高昌進行防守，他舊有部屬現存者只有一萬多家；又畏懼西突厥的進逼，於是率領部眾投降唐朝。太宗下令把他的部落安排在靈州的北面，把社爾留在長安，娶皇妹南陽長公主為妻，在皇苑內典領禁軍。

癸丑❶，徙❷趙王元景為荊王，魯王元昌為漢王，鄭王元禮為徐王，徐王元嘉為韓王，荊王元則為彭王，滕王元懿為鄭王，吳王元軌為霍王，豳王元鳳為虢王，陳王元慶為道王，魏王靈夔為燕王❸，蜀王恪為吳王❹，越王泰為魏王，燕王祐為齊王，梁王愔為蜀王，郯王惲為蔣王，漢王貞為越王，申王慎為紀王。

二月乙丑❺，以元景為荊州❻都督，元昌為梁州❼都督，元禮為徐州❽都督，元嘉為潞州❾都督，元則為遂州❿都督，靈夔為幽州都督，恪為潭州⓫都督，泰為相州⓬都督，祐為齊州⓭都督，愔為益州都督，惲為安州都督，貞為揚州⓮都督。泰不之官⓯，以金紫光祿大夫張亮為長史[1]行都督事⓰。上以泰好文學⓱，禮接士大夫，特命於其府別置⓲文學館，聽自引召⓳學士。

三月丁酉⓴，吐谷渾王諾曷鉢遣使請頒曆，行年號㉑，遣子弟入侍，並從之。

丁未㉒，以諾曷鉢為河源㉓郡王、烏地也拔勤豆可汗。

癸丑㉔，諸王之藩㉕，上與之別曰：「兄弟之情，豈不欲常共處邪！但以天下之重[26]，不得不爾。諸子尚可復有，兄弟不可復得。」因流涕嗚咽不能止。

夏，六月壬申[27]，以溫彥博為右僕射，太常卿[28]楊師道[29]為侍中。

侍中魏徵屢以目疾[30]求為散官[31]。上不得已，以徵為特進，仍知門下事[32]，朝章國典，參議[33]得失，徒流以上罪[34]，詳事聞奏[35]，其祿賜及[2]吏卒並同職事[36]。

長孫皇后性仁孝儉素，好讀書，常與上從容商略[37]古事，因而獻替[38]，裨益弘多[39]。上或以非罪譴怒宮人[40]，后亦陽怒，請自推鞫[41]，因命囚繫[42]。俟上怒息，徐為申理[43]。由是宮壼[44]之中，刑無枉濫。豫章公主[45]早喪其母，后收養之，慈愛逾於所生。妃嬪以下有疾，后親撫視[46]，輟己之藥膳以資之，宮中無不愛戴。訓諸子常以謙儉為先[47]。太子乳母遂安夫人[48]嘗白后，以東宮器用[49]少，請奏益之[50]，后不許，曰：「為太子，患在德不立，名不揚，何患無器用邪！」

上得疾，累年[51]不愈，后侍奉晝夜不離側。常繫毒藥於衣帶，曰：「若有不諱[52]，義不獨生。」后素有氣疾，前年從上幸九成宮，柴紹等中夕告變[53]，上擐甲[54]出閤問狀，后扶疾[55]以從。左右止之，后曰：「上既震驚，吾何心自安！」由是疾遂甚。太子言於后曰：「醫藥備盡而疾不瘳[56]，請奏赦罪人及度人入道[57]，庶獲冥福[58]。」后曰：「死生有命，非智力所移[59]。若為善有福，則吾不為惡，如其不然，妄求何益！赦者國之大事，不可數下[60]。道、釋異端之教[61]，蠹國[62]病民，皆上素所不為，柰何以吾一婦人使上為所不為乎！必行汝言，吾不如速死！」太子不敢奏，私以語房玄齡。玄齡白上，上哀之，欲為之赦[63]，后固止之。

及疾篤[64]，與上訣。時房玄齡以譴歸第[65]，后言於帝[3]曰：「玄齡事陛下久，小心慎密，奇謀祕計，未嘗宣泄[66]，苟無大故[67]，願勿棄之。妾之本宗，因緣[68]葭莩[69]以致祿位[70]，既非德舉[71]，易致顛危[72]，欲使其子孫保全，慎勿處之權要[73]，但以外戚奉朝請[74]足矣。妾生無益於人，不可以死害人，願勿以丘壟[75]勞費天下，但因山[76]為墳，器用瓦木而已。仍願陛下親君子，遠小人，納忠諫，屏讒慝[77]，省作役，止遊畋[78]，妾雖沒於九泉[79]，誠無所恨。兒女輩不必令來，見其悲哀，徒亂人意。」因取衣中毒藥以示上曰：「妾於陛下不豫[80]之日，誓以死從乘輿[81]，不能當呂后之地耳[82]。」己卯[83]，崩于立政殿[84]。

后嘗采[85]自古婦人得失事為女則三十卷[86]，又嘗著論駁漢明德馬后[87]以不能抑退外親，使當朝貴盛[88]，徒戒其車如流水馬如龍，是開其禍敗之源而防其末流[89]也。及崩，宮司[90]并女則奏之。上覽之悲慟，以示近臣曰：「皇后此書，足以垂範[91]百世。朕非不知天命[92]而為無益之悲，但入宮不復聞規諫之言，失一良佐[93]，故不能忘懷耳！」乃召房玄齡，使復其位。

秋，八月丙子[94]，上謂羣臣曰：「朕開直言之路，以利國也。而比來上封事者多訐人細事[95]，自今復有為是者，朕當以讒人罪之。」

冬，十一月庚午[96]，葬文德皇后於昭陵[97]。將軍段志玄、宇文士及分統士眾出肅章門[98]。帝夜使宮官[99]至二人所，士及開營內[100]之，志玄閉門不納，曰：「軍門不可夜開。」使者曰：「此有手敕[101]。」志玄曰：「夜中不辯[102]真偽。」竟留使者至明。帝聞而歎曰：「真將軍也！」

帝復為文刻之石[103]，稱「皇后節儉，遺言薄葬，以為『盜賊之心，止求珍貨[104]，既無珍貨，復何所求！』朕之本志，亦復如此。王者以天下為家，何必物在陵中，乃為己有。今因九嵕山[105]為陵，鑿石之工纔百餘人，數十日而畢。不藏金玉，人馬器皿，皆用土木，形具[106]而已，庶幾姦盜息心，存沒無累[107]，當使百世子孫奉以為法[108]。」

上念后不已，於苑中作層觀[109]以望昭陵，嘗引魏徵同登，使視之。徵熟視之，曰：「臣昏眊[110]，不能見。」上指示之。徵曰：「臣以為陛下望獻陵[111]，若昭陵，則臣固見之矣。」上泣，為之毀觀[112]。

【章　旨】以上為第十段，寫唐宗室諸王各就位封國，以及長孫皇后仁孝節儉，規勸太宗，護佑大臣事跡。長孫皇后崩，太宗思念不已。

【注　釋】❶癸丑　一月二十二日。❷徙　遷調。❸魏王靈夔為燕王　自魏王靈夔以上諸王皆為太宗弟。❹蜀王恪為吳王　自蜀王恪以下諸王皆為太宗子。❺乙丑　二月初四。❻荊州　州名，治所在今湖北江陵。❼梁州　州名，治所在今陝西漢中。❽徐州　州名，治所在今江蘇徐州。❾潞州　州名，治所在今山西長治。❿遂州　州名，治所在今四川遂寧。⓫潭州　州名，治所在今湖南長沙。⓬相州　州名，治所在今河南安陽。⓭齊州　州名，治所在今山東濟南。⓮揚州　州名，治所在今江蘇揚州。⓯不之官　不到官上任。⓰行都督事　代理都督處理事務。⓱好文學　喜好文學。⓲別置　另外設置。⓳聽自引召　允許他自己召引。⓴丁酉　三月初七。㉑請頒曆二句　請頒唐所行之曆法及年號，亦即奉唐之正朔。㉒丁未　三月十七日。㉓河源　郡名，治所在赤水城（即今青海興海縣東南）。㉔癸丑　三月二十三日。㉕之藩　前往藩地。㉖天下之重　天下託付之重。㉗壬申　六月十四日。㉘太常卿　太常寺卿一人，為太常寺長官，正三品，掌邦國禮樂、郊廟社稷之事。㉙楊師道（？—西元六四七年）字景猷，尚桂陽公主，官至中書令。傳見《舊唐書》卷六十二、《新唐書》卷一百。㉚目疾　眼病。㉛散官　與職事官相對，是有官名而無實際職事的官。㉜仍知門下事　雖不居侍中之職，猶令知門下省事。㉝參議　參與議論。㉞徒流以上罪　流放、徒刑以上的罪刑。指死刑。㉟詳事聞奏　詳細情形向皇上奏聞。㊱其祿賜及吏卒並同職事　其待遇，如俸祿、賞賜、吏卒皆與職事官同。㊲商略　商討；商榷。㊳獻替　義同取捨棄納。㊴裨益弘多　裨補增益很多。㊵宮人　官名，掌王六寢之修繕、掃除等事。又指宮女。㊶推鞫　推按審訊。㊷囚繫　囚而繫之。㊸申理　申述辨理。㊹宮壼　壼，宮裡的路。合言之即宮闈。㊺豫章公主　太宗女，下嫁唐義識。㊻撫視　撫慰探視。㊼謙儉為先　謙虛節儉為首要。㊽太子乳母遂安夫人　唐制，太子乳母封郡夫人。遂安，郡名，在今浙江淳安。㊾器用　謂使用的器物。㊿請奏益之　請求上奏增加。(51)累年　積年。(52)若有不諱　謂不可諱言之事，即指死。(53)中夕告變　在夜半時報告有人叛變。(54)擐甲　穿甲。(55)扶疾　帶著病。(56)醫藥備盡而疾不瘳　醫藥已用盡而疾病不癒。(57)度人入道　度人離俗而入道釋。(58)庶獲冥福　也許可獲得陰福。(59)所移　所能轉移、改變。(60)數下　屢下；屢次下令施行。(61)異端之教　邪異宗教。(62)蠹國　害國。(63)欲為之赦　要為她舉行大赦。(64)疾篤　病重。(65)以譴歸第　因受譴責歸返宅第。(66)宣泄　洩漏。(67)大故　大事故，亦即重大過錯。(68)因緣　依靠；憑藉。(69)葭莩　葦子裡的薄膜，比喻關係疏遠的親戚。(70)祿位　俸祿爵位。(71)德舉　以德行薦舉。(72)顛危　顛覆傾危。(73)權

要　權勢機要之地。74奉朝請　貴族官僚定期朝見皇帝的稱謂。古代以春季的朝見為朝，秋季的朝見為請。75丘壟　墳墓。76因山　依憑山勢。77屏讒慝　摒棄奸邪之言。78止遊畋　停止遊獵。79九泉　指人死後埋葬的地方。80不豫　舊以稱帝王有病。81誓以死從乘輿　發誓以死隨從帝王於地下。乘輿，帝王乘坐的車子。此為帝王的代稱。82不能當呂后之地耳　不能處於呂后的地步。呂后事見《史記》卷九〈呂太后本紀〉、《漢書》卷三〈高后紀〉。83己卯　六月二十一日。84立政殿　宮殿名，唐長安太極宮便殿之一，位於兩儀殿與萬春殿東側立政門內。85采　搜集採擇。86為女則三十卷　《舊唐書·文德皇后傳》作十卷，《新唐書》同傳作十篇，又〈藝文志〉二：長孫皇后《女則要錄》十卷。三十卷當改作十卷為是。87明德馬后（？—西元七九年）東漢明帝皇后。永平三年（西元六〇年）立為皇后，建初四年（西元七九年）卒。傳見《後漢書》卷十。88貴盛　尊貴而顯赫。89防其末流　只注意次要的枝節問題。90宮司　掌管後宮之事的官員。91垂範　流傳下來作為典範。92天命　上天所假與的壽命；自然之壽。93良佐　賢良的輔佐。94丙子　八月十九日。95訐人細事　攻訐他人細微之事。指揭發別人的隱私。96庚午　十一月無此日。似應作庚戌，十一月二十四日。97昭陵　太宗陵墓。在今陝西禮泉東北九嵕山。98肅章門　唐長安太極宮內宮門之一。位於太極殿後朱明門以西，南直安仁門，入此門即為內朝。99宮官　宮禁內的官員。指宦官。100內　通「納」。101手敕　皇帝的手令。102辯　通「辨」。103帝復為文刻之石　皇帝又撰文刻於石碑。104珍貨　珍寶財貨。105九嵕山　在今陝西禮泉東北，為昭陵所在。106形具　具備形狀。107存沒無累　生者死者皆可無牽累。108奉以為法　奉為規則。109層觀　專供觀望的樓臺。層，謂多層。觀，指高觀。110眊　目不明之貌。111獻陵　唐高祖李淵陵墓。在今陝西三原東北。112為之毀觀　因此毀棄高觀，以示不溺戀夫妻私情。

【校　記】1為長史　原無此三字。據章鈺校，十二行本、乙十一行本皆有此三字，今據補。2及　原無此字。據章鈺校，十二行本、乙十一行本皆有此字，今據補。3帝　據章鈺校，十二行本、乙十一行本皆作「上」。

【語　譯】正月二十二日癸丑，把趙王李元景遷為荊王，魯王李元昌遷為漢王，鄭王李元禮遷為徐王，徐王李元嘉遷為韓王，荊王李元則遷為彭王，滕王李元懿遷為鄭王，吳王李元軌遷為霍王，豳王李元鳳遷為虢王，陳王李元慶遷為道王，魏王李靈夔遷為燕王，蜀王李恪遷為吳王，越王李泰遷為魏王，燕王李祐遷為齊王，梁王李愔遷為蜀王，郯王李惲遷為蔣王，漢王李貞遷為越王，申王李慎遷為紀王。

二月初四日乙丑，太宗任命李元景為荊州都督，李元昌為梁州都督，李元禮為徐州都督，李元嘉為潞州都督，李元則為遂州都督，李靈夔為幽州都督，李恪為潭州都督，李泰為相州都督，李祐為齊州都督，李愔為益州都督，李惲為安州都督，李貞為揚州都督。李泰不到官上任，任命金紫光祿大夫張亮為相州府長史代行都督職責。太宗認為李泰喜好文學，以禮節對待士大夫，特命他在魏王府另設文學館，允許他自行引見召集學士。

三月初七日丁酉，吐谷渾王諾曷鉢派使者前來請求頒發唐朝的曆法和年號，並派王族子弟來長安作人質侍奉太宗，太宗答應了這些請求。十七日丁未，冊封諾曷鉢為河源郡王、烏地也拔勤豆可汗。

三月二十三日癸丑，各位親王前往藩地，太宗與他們告別說：「我們是兄弟情誼，難道不想經常一起相處嗎？只是因為託付天下的重任，不得不這樣。各個兒子沒有了還可以再有，兄弟就不能再得到了。」於是眾人痛哭流涕不能停止。

夏，六月十四日壬申，任命溫彥博為尚書右僕射，太常卿楊師道為侍中。

侍中魏徵屢次因為眼病請求擔任散官。太宗不得已，以魏徵為特進，仍然參與門下省的政事，朝廷的規章，國家的典制，都要他參與商議其中的得失，流放、徒刑以上的罪刑，也讓他詳察上書奏議，他的俸祿和賞賜，以及下屬的吏卒等，都與在職時相同。

長孫皇后性情仁義孝敬，節儉樸素，喜好讀書，經常和太宗閒暇時討論古代政事，因此對太宗提供各種取捨建議，對太宗有許多幫助。太宗有時憤怒地譴責宮人，皇后也假裝生氣，請求親自審訊，於是命人把宮女捆綁關押起來。等到太宗怒氣平息，才慢慢申述處理。因此皇宮之中，刑罰沒有冤枉和濫用。豫章公主早年喪母，皇后收養了她，對她的慈愛勝過親生的女兒。自妃嬪以下有人生病，皇后親自撫慰探視，並停止自己服用的藥物和飲食來資助生病的人，宮中沒有人不愛戴皇后的。皇后教育各位皇子常常以謙虛節儉為先。太子乳母遂安夫人曾對皇后說，東宮的器物用具太少，請求皇后奏請增加，皇后不答應，說：「身為太子，所擔心的是品德沒有建立起來，聲名不能傳揚，哪裡要擔心沒有器物用具呢！」

太宗得了病，多年不能治癒，皇后侍候照顧他晝夜不離身邊。經常把毒藥繫在衣帶上，說：「皇上如有不測，按道義我不能一個人活下去。」皇后一向患有氣喘病，前一年跟從太宗巡幸九成宮，柴紹等人深夜稟報有人謀反，太宗身穿鎧甲走出宮閣詢問情況，皇后抱病相隨。左右的人阻止皇后，皇后說：「皇上已然震驚，我的心情怎能安定！」由此病情加重。太子對皇后說：「醫藥用盡而病沒有治癒，奏請皇上大赦犯人，並剃度俗人出家，也許可以獲得陰間的福祉。」皇后說：「死生有命，並非人的智力所能改變。如果行善積德而獲得福祉，那麼我並未做過惡事，如果不是這樣，妄求冥福又有什麼好處呢！大赦是國家的大事，不能屢次大赦。道教、佛教都是異端的宗教，禍國殃民，都是皇上平素所不做的事，為何因為我一個婦人就讓皇上去做他不想做的事呢！如果一定要照你的話去做，我還不如快快死去！」太子不敢上奏，私下告訴房玄齡。房玄齡告訴了太宗，太宗感到很悲哀，想為皇后的病大赦天下，皇后堅決制止。

等到皇后病重，與太宗訣別。當時房玄齡已被罷免回家賦閒，皇后對太宗說：「玄齡侍奉陛下已經很久，做事小心謹慎，奇謀祕計不曾向外洩露，如果沒有大的過錯，希望陛下不要拋棄他。我的娘家本宗，由於我是皇后的緣故而得到祿位，既然不是因為德行而被舉薦，容易遇到顛覆傾敗的危險，我想讓他們的子孫得以保全，希望陛下不要把他們安置在權要位置，只讓他們以外戚身分定期朝見皇上就足夠了。我活著的時候對別人沒有幫助，不能因為死了再來害人，希望陛下不要為我修建陵墓而浪費民力財力，只要依山做墳，墳中器物只要用瓦木之類就可以了。仍然希望陛下親近君子，遠離小人，採納忠言直諫，摒棄讒惡之言，減少工程勞役，停止遊獵，我即使在九泉之下，也沒有遺憾了。不要讓兒女們前來探視，看見他們悲哀，只會攪亂心意。」於是取出衣帶上的毒藥給太宗看，說：「我在陛下生病之日，發誓以死來追隨陛下，不能處於呂后的地步。」六月二十一日己卯，皇后在立政殿駕崩。

皇后曾經搜集上古以來婦人處世得失的事例編集成《女則》三十卷，又曾著述文章批駁漢代明德馬皇后不能抑制外戚勢力，使外戚在當朝獲得顯貴權勢，而只是告誡他們不要車如流水馬如龍，這是開啟禍亂敗亡的源頭，而只防範次要的枝節小事。等皇后駕崩後，宮司官員向太宗奏上《女則》一書。太宗看後十分悲痛，拿給身邊近臣看，說：「皇后這本書，足以流傳百世，作為典範。朕並非不知天命而因為皇后去世來作無益的悲傷，只是回到宮中再也聽不到規諫之言了，失去一位賢良的輔佐，所以不能忘懷呀！」於是召回房玄齡，讓他官復原職。

秋，八月十九日丙子，太宗對大臣們說：「朕廣開直言進諫之路，以便有利於國家。然而近來上書奏事的大多攻訐別人的隱私小事，從今以後還有人這樣做，朕當以誣告別人之罪處治他。」

冬，十一月庚午日，把文德皇后安葬在昭陵。將軍段志玄、宇文士及分別統率士兵從肅章門出城護送靈車。太宗夜裡派兩名宮中官員去二人軍營，宇文士及開門把宮官放進軍營，段志玄關閉營門不接納，說：「軍門不可在夜間打開。」使者說：「這裡有皇上的親筆敕書。」段志玄說：「夜裡辨不清真假。」竟讓宮官在軍營門外等到天亮。太宗聽說後感歎說：「這才是真正的將軍啊！」

太宗又撰寫祭文刻在石碑上，說「皇后節儉，遺囑進行薄葬，認為『盜墓賊的想法，只是想在墓中找到珍寶財貨，墓中既然沒有珍寶財貨，他們還能求得什麼！』朕的本意，也是如此。君王以天下為家，何必把寶物放在陵墓中，才算屬於自己所有。如今利用九嵕山的山勢作為陵墓，鑿石的工匠只有一百多人，幾十天就完工。陵墓中不藏金銀玉器，隨葬的人馬、器皿，都用泥土和木料做成，只是具備形狀而已，這樣差不多可以使盜墓賊打消盜墓的念頭，生者死者都沒有拖累，應當讓以後百代子孫奉作陵墓的規則。」

太宗懷念皇后不已，在皇宮後苑中建立觀望的多層樓臺，站在上面遠望昭陵，太宗曾帶著魏徵一同登上觀望樓臺，讓他觀望。魏徵仔細觀望，說：「我老眼昏花，不能望見。」太宗指給他看。魏徵說：「臣以為陛下觀望獻陵，如果是昭陵，我本來就看見了。」太宗悲泣，為此拆毀了觀望樓臺。

十二月戊寅❶，朱俱波、甘棠❷遣使入貢。朱俱波在葱嶺❸之北，去瓜州❹二[1]千八百里，甘棠在大海南。上曰：「中國既安，四夷自服。然朕不能無懼，昔秦始皇威振胡、越，二世而亡，唯諸公匡其不逮耳❺。」

魏王泰有寵於上。或言三品以上多輕魏王，上怒，引三品以上，作色讓之❻曰：「隋文帝時，一品以下皆為諸王所顛躓❼，彼豈非天子兒邪！朕但不聽諸子縱橫❽耳，聞三品以上皆輕之，我若縱之❾，豈不能折辱公輩乎！」房玄齡等皆惶懼流汗拜謝，魏徵獨正色❿曰：「臣竊計⓫當今羣臣，必無敢輕魏王者。在禮⓬，臣、子一也⓭。春秋，王人雖微，序於諸侯之上⓮。三品以上皆公卿，陛下所尊禮⓯。若紀綱大壞，固所不論⓰，聖明在上，魏王必無頓辱⓱羣臣之理。隋文帝驕其諸子，使多行無禮，卒皆夷滅⓲，又足法乎⓳！」上悅曰：「理到⓴之語，不得不服。朕以私愛忘公義，曏者之忿，自謂不疑，及聞徵言，方知理屈，人主發言何得容易乎㉑！」

上曰：「法令不可數變，數變則煩㉒，官長不能盡記，又前後差違，吏得以為姦㉓。自今變法，皆宜詳慎而行之㉔。」

治書侍御史權萬紀上言：「宣、饒㉕二州銀大發采之，歲可得數百萬緡。」上曰：「朕貴為天子，所乏者非財也，但恨無嘉言可以利民耳。與其多得數百萬緡，何如得一賢才！卿未嘗進一賢，退一不肖㉖，而專言稅銀㉗之利。昔堯、舜抵璧㉘於山，投珠㉙於谷，漢之桓、靈乃聚錢為私藏㉚，卿欲以桓、靈俟我㉛邪！」

是日，黜萬紀，使還家。

是歲，更命㉜統軍為折衝都尉㉝，別將㉞為果毅都尉㉟。凡十道，置府六百三十四，而關內二百六十一，皆隸諸衛㊱及東宮六率㊲。凡上府兵千二百人，中府千人，下府八百人。三百人為團，團有校尉；五十人為隊，隊有正；十人為火，火有長。每人兵甲糧裝各有數，皆自備，輸之庫，有征行則給之。年二十為兵，六十而免。其能騎射者為越騎㊳，其餘為步兵。每歲季冬㊴，折衝都尉帥其屬教戰，當給馬者官予其直㊵市之。凡當宿衛者番上㊶，兵部以遠近給番㊷，遠疏近數㊸，皆一月而更㊹。

【章旨】以上為第十一段，寫太宗納諫而抑制諸侯王尊禮大臣，以及實施府兵制。

【注釋】❶戊寅　十二月二十二日。❷朱俱波甘棠　均為國名，二國皆在西域。朱俱波又名朱俱槃，漢為子合國，在葱嶺北三百里。甘棠為崑崙人。❸葱嶺　即今帕米爾高原與喀喇昆侖山脈的總稱。❹瓜州　州名，治所在今甘肅安西縣東南。❺唯諸公匡其不逮耳　希望諸公匡正我做不到的地方。❻作色讓之　變了臉色責備他們。❼顛躓　困頓折辱。❽諸子縱橫　謂諸子橫行妄為。❾縱之　縱容之。❿正色　正顏厲色。⓫竊計　私自推測。⓬在禮　在禮儀上；依禮而言。⓭臣子一也　謂天子之臣與天子之子，其地位相等。⓮王人雖微二句　帝王的臣子雖本身地位低下，但他所代表的身分卻在諸侯之上。王人，王臣。⓯尊禮　尊重禮遇。⓰固所不論　固然不用討論。⓱頓辱　困頓折辱。⓲卒皆夷滅　最終都遭到誅殺滅亡。⓳又足法乎　又值得效法嗎。⓴理到　道理說到位。㉑人主發言何得容易乎　人主說話怎能隨便呢。㉒煩　煩擾。㉓吏得以為姦　屬吏就能乘機玩法作奸。㉔詳慎而行之　詳細謹慎考慮後再施行。㉕宣饒　州名。宣州治所在今安徽宣城，饒州治所在今江西鄱陽。㉖進一賢二句　推薦一位賢人，斥退一個不賢之人。㉗稅銀　徵收銀稅。㉘抵璧　擊碎璧玉。㉙投珠　丟棄珠寶。謂聖人為杜絕淫邪之欲，而捐棄金銀珠寶。㉚桓靈乃聚錢為私藏　指東漢末年，桓帝、靈帝公開賣官鬻爵，聚錢作為私藏之事。㉛俟我　待我。㉜更命　改命。㉝折衝都尉　軍職名，唐府兵制的軍府稱折衝府，其主官為折衝都尉，掌府兵的操演、調度和宿衛京師等事務，必要時領兵戍邊或作戰。㉞別將　副將。㉟果毅都尉　折衝府的副職稱左、右果毅都尉，各一人。㊱諸衛　指十二衛，即左右衛、左右武衛、左右武候、左右監門、左右領軍、左右率府。㊲東宮六率　左右衛率、左右宗衛率、左右監門率。㊳越騎　謂勁勇能超越的騎兵。㊴季冬　十二月。㊵予其直　謂給予其馬的值價。直，通「值」。㊶番上　輪班值勤。唐代府兵定期輪流到京師擔任宿衛，每次服役期限一般為一個月。㊷以遠近給番　根據距離京師遠近編排值班情況。㊸遠疏近數　遠方者每次輪值次數少，近處輪值次數多。㊹皆一月而更　宿衛者皆為期一月，然後更換。

【校　記】①二　據章鈺校，十二行本、乙十一行本皆作「三」。

【語　譯】十二月二十二日戊寅，朱俱波、甘棠派使者入京進獻貢品。朱俱波在葱嶺以北，離瓜州二千八百里，甘棠在大海以南。太宗說：「中國既已安定，四方夷族自然歸服。但是朕不能沒有恐懼，從前秦始皇威震胡人和百越，到二世就亡了國，希望諸位公卿匡正朕沒有做到的地方。」

魏王李泰深得太宗的寵愛。有人說三品以上官員大多輕視魏王，太宗大怒，召見三品以上官員，變了臉色責備他們說：「隋文帝時，一品以下官員都受到諸王的折辱，他們難道不是天子的兒子嗎！朕只是不想聽任皇子們橫行妄為，聽說三品以上的大臣都輕視他們，我如果放縱他們，難道他們就不能羞辱你們嗎！」房玄齡等人都恐惶得汗流滿面，磕頭謝罪，惟有魏徵正顏厲色地說：「臣私自推測當今的大臣們，必定無人敢輕視魏王。依照禮儀，大臣與皇子地位都是一樣的。《春秋》說：周王室的人雖然地位低微，位序也在諸侯之上。三品以上都是公卿大臣，是陛下所要尊崇禮遇的。假如朝廷綱紀已經敗壞，固然不必再討論這些，聖明的皇帝在上，魏王必定不會有羞辱大臣的道理。隋文帝驕縱他的兒子，讓他們多行無禮之事，最後宗室完全被人誅滅，這又值得效法嗎！」太宗高興地說：「道理說到位的話，不能不折服。朕因為私情偏愛而忘記了朝廷公義，先前的惱怒，自己認為沒有懷疑，等聽到魏徵的話，才知道理屈，作為君主講話怎能隨便呢！」太宗說：「法令不可屢次變更，屢次改變就會使法令繁苛，官員不能記全，又會前後矛盾，屬吏就可以乘機幹壞事。今後變更法令，都應詳細謹慎考慮後再實施。」

治書侍御史權萬紀上書說：「宣州、饒州發現大量白銀，開採這些白銀，每年可以得到數百萬緡。」太宗說：「朕貴為天子，所缺乏的不是金銀財物，只是遺憾沒有好的言論可以利民。與其多得數百萬緡銀子，哪裡比得上得到一位賢才！你未曾推薦一位賢才，斥退一個不賢的庸人，而專門來說徵收稅銀的好處。從前堯、舜在山中擊碎玉璧，把寶珠投到深谷，漢代的桓帝、靈帝卻聚斂錢財作為個人私藏，你想讓桓帝、靈帝等著我嗎！」這一天，罷免權萬紀，讓他回家賦閒。

這一年，唐朝把統軍改名為折衝都尉，把統軍別將改名為果毅都尉。全國共劃分為十道，在各地設置六百三十四個都尉府，其中關內有二百六十一個，都隸屬於諸衛和東宮的六率。凡是上等的都尉府有兵一千二百人，中等的都尉府有兵一千人，下等的都尉府有兵八百人。每三百人為一團，每團設一校尉。每五十人為一隊，每隊設一隊正。每十人為一火，每火設一火長。每個士兵的兵器盔甲糧食裝備都有一定數量，都由自己備齊，放在庫中保存，出征作戰就發給每個士兵。年齡二十歲為國家當兵，六十歲就可免除兵役。其中能騎馬射箭的人編為越騎，其餘的人為步兵。每年冬季最後一個月，折衝都尉統率部屬教習作戰，應該配給馬匹的，由官府給錢自己到市中購買。凡是擔當皇宮宿衛的則輪流前來值勤，兵部根據距離遠近編排值班情況，路遠的輪值次數少，路近的輪值次數多，都是值勤一個月之後進行輪換。

十一年（丁酉　西元六三七年）

春，正月，徙❶鄶王元裕為鄧王，譙王元名為舒王。○辛卯❷，以吳王恪為安州都督，晉王治為并州都督，紀王慎為秦州都督。將之官[3]，上賜書戒敕曰：「吾欲遺汝珍玩[4]，恐益驕奢[5]，不如得此一言[6]耳。」

上作飛山宮[7]。庚子[8]，特進魏徵上疏，以為：「煬帝恃其富彊，不虞後患，窮奢極欲，使百姓困窮，以至身死人手[9]，社稷為墟[10]。陛下撥亂返正，宜思隋之所以失，我之所以得，撤其峻宇[11]，安於卑宮。若因基而增廣[12]，襲舊而加飾[13]，此則以亂易亂，殃咎[14]必至，難得易失[15]，可不念哉！」

房玄齡等先受詔定律令，以為：「舊法，兄弟異居，蔭不相及[16]，而謀反連坐皆死[17]，祖孫有蔭，而止應配流[18]。據禮論情，深為未愜[19]。今定律，祖孫與兄弟緣坐者俱配役[20]。」從之。自是比古死刑[21]，除其太半[22]，天下稱賴[23]焉。玄齡等定律五百條，立刑名二十等[24]，比隋律減大辟[25]九十二條，減流入徒者[26]七十一條，凡削煩去蠹[27]，變重為輕者[28]，不可勝紀。又定令[29]一千五百九十餘條。武德舊制，釋奠於太學，以周公為先聖，孔子配饗[30]。玄齡等建議停祭周公，以孔子為先聖，顏回配饗。又刪武德以來敕格[31]，定留[32]七百條，至是頒行之。又定枷、杻、鉗、鏁[33]、杖、笞，皆有長短廣狹之制。

自張蘊古之死[34]，法官以出罪為戒[35]，時有失入者[36]，又不加罪[37]。上嘗問大理卿㊳劉德威㊴曰：「近日刑網稍密㊵，何也？」對曰：「此在主上，不在群臣。人主好寬則寬，好急㊶則急。律文：失入減三等㊷，失出㊸減五等。今失入無辜㊹，失出更獲大罪㊺，是以吏各自免㊻，競就深文㊼，非有教使之然㊽，畏罪故耳㊾。陛下儻一斷以律㊿，則此風立變矣。」上悅，從之。由是斷獄平允[51]。

【章旨】以上為第十二段，寫太宗制定刑律，敕刑部依法判案。

【注釋】❶徙 遷調。❷辛卯 正月初五。❸將之官 將前往任職。❹欲遺汝珍玩 想贈送你們珍寶玩物。遺，給予；贈送。❺恐益驕奢 恐怕你們更加驕傲奢侈。❻不如得此一言 此一言，《通鑑》並未言明。查《舊唐書・吳王恪傳》，太宗曾有一番誡勉之詞，其中云「以義制事，以禮制心」，「外為君臣之忠，內有父子之孝」，「誡此一言，以為庭訓」等等。❼上作飛山宮 太宗營建飛山宮。飛山宮，宮殿名，在東都洛陽。❽庚子 正月十四日。❾身死人手 身死於他人之手。❿社稷為墟 國家變成廢墟。⓫峻宇 高峻的宮宇。⓬因基而增廣 在原基址上又擴大。⓭襲舊而加飾 沿襲舊的宮殿而加以裝飾。⓮殃咎 禍患。⓯難得易失 謂天下難得，而失則甚易。⓰蔭不相及 不能依賴先人庇蔭循例得到官爵。蔭，餘蔭；庇蔭。⓱而謀反連坐皆死 但因謀反而牽連坐罪，皆處死刑。⓲止應配流 只應流放到遠方。配流，發配流徙。⓳深為未愜 深感處理不適當。愜，合適；適當。⓴祖孫與兄弟緣坐者俱配役 祖孫與兄弟因牽連坐罪的，同處流放遠地戍邊。㉑自是比古死刑 從此與古時的死刑相比。㉒太半 大半。㉓稱賴 稱讚；叫好。㉔立刑名二十等 據《舊唐書・刑法志》，有笞、杖、徒、流、死五刑。笞刑五條，杖刑五條，徒刑五條，流刑三條，死刑二條，大凡二十等。㉕大辟 死刑。㉖減流入徒者 減除流放而變為徒刑者。㉗去蠹 去掉害民之刑。㉘變重為輕者 變重刑為輕刑的。㉙定令 制定律令。㉚配饗 亦作配享。祔祭，古代專指帝王宗廟及孔子廟的祔祀。饗，通「享」。鬼神享用祭品。㉛敕格 敕，指皇帝的命令或詔書。格，指法律條文。㉜定留 確定保留。㉝枷杻鉗鏁 皆為刑具。枷，是一種用木板製成的套在犯人脖子上的刑具。杻，即手銬。鉗，用鐵圈束頸叫鉗。鏁，同「鎖」。㉞張蘊古之死 貞觀五年（西元六三一年）張蘊古秉公奏事，被人誣陷。太宗斬而悔之。㉟以出

罪為戒　拿重罪輕判作警戒。㊱有失入者　謂不應當判罪而誤判者。㊲又不加罪　對誤判的法官又不治罪。㊳大理卿　官名，掌管刑獄的大理寺長官。㊴劉德威　（西元五八二—六五二年）唐初大臣，徐州彭城（今江蘇徐州）人。傳見《舊唐書》卷七十七、《新唐書》卷一百六。㊵稍密　逐漸嚴密。㊶好急　喜好嚴急。㊷失入減三等　將無罪的人誤判有罪，法官被懲罰，降三級。失，誤判。入，指判無罪的人入罪。㊸失出　將有罪的人誤判為無罪釋放。出，指將罪人開釋。㊹失入無辜　錯判了人而法官沒有罪過。㊺失出更獲大罪　錯放了人法官要獲得大罪。㊻吏各自免　官吏各自尋求免於罪。㊼競就深文　謂競相用重法為犯人定罪。文指文法。㊽非有教使之然　並非有教令使他們這樣。㊾畏罪故耳　原因是怕自己招致罪過罷了。㊿一斷以律　完全依據法律判刑。51由是斷獄平允　因此法官判案公平允當。

【語　譯】十一年（丁酉　西元六三七年）

春，正月，把鄶王李元裕遷為鄧王，譙王李元名遷為舒王。〇初五日辛卯，任命吳王李恪為安州都督，晉王李治為并州都督，紀王李慎為秦州都督。諸王將要赴任時，太宗賜給親手書信誡敕他們，說：「我想送給你們珍寶玩物，恐怕你們會更加驕傲奢侈，不如得到一句話。」

太宗命人營造飛山宮。正月十四日庚子，特進魏徵上疏，認為：「隋煬帝依仗國家富強，不考慮後患，窮奢極欲，使老百姓窮困至極，以至身死於他人之手，社稷江山變為廢墟。陛下撥亂反正，應當深思隋朝之所以滅亡和我朝之所以得天下的原因，撤毀高大的殿宇，安居在低矮的宮殿中。假如利用舊地基再增高擴大，承襲舊的宮殿再加裝飾，這就是以亂易亂，禍害必將到來，江山難得而易失，怎可不念念在心啊！」

房玄齡等人先前受詔修定法律，認為：「舊有的法律，兄弟分居之後，不能靠先人庇蔭循例得到官爵，但因謀反獲罪時兄弟分居也要連坐處死，祖孫之間有蔭庇關係，犯罪連坐時只處以發配流放。依據禮儀制度來考慮人情關係，深感處理不當。現今修定法律，祖孫與兄弟株連犯罪時同處遠地戍邊。」太宗同意了。自此與古時死刑相比，已減除大半，全國百姓對此都加以稱讚。房玄齡等人修定法律五百條，確立刑名為二十個等級，與隋朝法律相比減少大辟九十二條，減除流放而變為徒刑者七十一條，凡是刪去繁瑣，減掉弊刑，改重刑為輕刑的，具體條數無法計算。又制定法令一千五百九十多條。按照武德年間的舊制度，在太學舉行釋奠禮，以周公為先聖，孔子作為陪同祭享。房玄齡等人建議停止祭祀周公，改以孔子為先聖，顏回作為陪同祭享。又刪減了武德年間的敕書法令，確定保留下來七百條，到此時將這些法律法令頒行天下，又定出枷、杻、鉗、鏁、杖、笞等等刑具，都有長短寬窄的規制。

自從張蘊古死後，法官都拿重罪輕判作為警戒，當時有的不當入罪而誤判，官員也沒有被朝廷治罪。太宗曾問大理寺卿劉德威說：「近來判刑的法網逐漸嚴密，是什麼原因？」劉德威回答說：「這裡原因在於皇上，不在大臣。君主喜歡寬大，大臣判刑就會寬鬆，君主喜好從嚴，大臣判刑就會從重。法律條文規定：無罪錯判人入獄的降官階三等，有罪錯放了犯人的則要降官階五等。如今錯判了人沒有罪過，錯放了人卻要獲得大罪，所以官員們各自尋求免於獲罪，於是競相用重法為犯人定罪，不是有教令讓他們這麼做，而是害怕自己被朝廷定為有罪罷了。陛下倘若要求官員一律按法律規定來判案，這種風氣就會立刻改變。」太宗很高興，聽從了這一意見。因此斷案平允公正。

上以漢世豫作山陵❶，免子孫蒼猝勞費❷，又志在儉葬，恐子孫從俗奢靡。

二月丁巳❸，自為終制❹，因山為陵，容棺而已。

甲子❺，上行幸洛陽宮。◯上至顯仁宮❻，官吏以缺儲偫❼，有被譴者。魏徵諫曰：「陛下以儲偫譴官吏，臣恐承風相扇❽，異日❾民不聊生，殆非行幸之本意也。昔煬帝諷❿郡縣獻食，視其豐儉以為賞罰⓫，故海內叛之。此陛下所親見，柰何欲效之乎！」上驚⓬曰：「非公不聞此言⓭。」因謂長孫無忌等曰：「朕昔過此，買飯而食，僦舍⓮而宿，今供頓⓯如此，豈得猶[1]嫌不足乎！」

三月丙戌朔⑯，日有食之。

庚子⑰，上宴洛陽宮西苑⑱，泛⑲積翠池，顧謂侍臣曰：「煬帝作此宮苑⑳，結怨於民，今悉為我有，正由宇文述㉑、虞世基㉒、裴蘊㉓之徒內為諂諛㉔，外蔽聰明㉕故也，可不戒哉！」

房玄齡、魏徵上所定新禮一百三十八篇，丙午㉖，詔行之。

以禮部尚書王珪為魏王泰師㉗。上謂泰曰：「汝事㉘珪當如事我。」泰見珪，輒先拜，珪亦以師道自居㉙。珪子敬直尚南平公主㉚。先是，公主下嫁，皆不以婦禮事舅姑。珪曰：「今主上欽明㉛，動循禮法㉜，吾受公主謁見，豈為身榮㉝，所以成國家之美耳㉞。」乃與其妻就席坐㉟，令公主執笄行盥饋之禮㊱。是後公主始行婦禮，自珪始。

羣臣復請封禪㊲，上使祕書監顏師古等議其禮㊳，房玄齡裁定㊴之。

夏，四月己卯㊵，魏徵上疏，以為：「人主善始者多㊶，克終者寡㊷，豈取之易而守之難乎㊸？蓋以殷憂㊹則竭誠以盡下㊺，安逸則驕恣㊻而輕物㊼。盡下則胡、越同心，輕物則六親離德，雖震之以威怒㊽，亦皆貌從而心不服故也。人主誠能見可欲則思知足㊾，將興繕㊿則思知止，處高危則思謙降(51)，臨滿盈則思挹損(52)，遇逸樂則思撙節53，在宴安54則思後患，防壅蔽則思延納55，疾讒邪56則思正己57，行爵賞則思因喜而僭58，施刑罰則思因怒而濫59，兼是十思60，而選賢任能，固61可以無為而治，又何必勞神苦體以代百司之任哉！」

【章　旨】以上為第十三段，寫太宗完成唐禮儀的制定，魏徵上〈十思疏〉。

【注　釋】❶漢世豫作山陵　漢制，皇帝登極後，即開始築陵，直至其死而止。豫，通「預」。預先；事前。❷蒼猝勞費　倉卒間煩勞百姓，耗費財力。❸丁巳　二月初二。❹自為終制　自作臨終的儀制。❺甲子　二月初九。❻顯仁宮　宮殿名，在今河南宜陽。❼以缺儲偫　因為缺乏儲存物品。偫，儲物以待用。❽承風相扇　承襲風氣，互相影響。❾異日　來日；他日。❿諷　諷示；暗示。⓫視其豐儉以為賞罰　依其獻食的豐盛與節儉作為賞罰的標準。⓬上驚　指太宗聞言驚變，時時以隋煬帝亡國為借鑑。⓭非公不聞此言　不是你，我就聽不到這話。⓮僦舍　租賃房舍。僦，租賃。⓯供頓　供應安頓。⓰丙戌朔　三月初一。⓱庚子　三月十五日。⓲洛陽宮西苑　據胡注，洛陽西苑，北距北邙，西至孝水，南帶洛水支渠，穀、洛二水會於其間。苑牆周長達一百二十六里。⓳泛　泛舟；乘舟漂浮遊蕩。⓴煬帝作此宮苑　煬帝大業元年（西元六〇五年）五月，修築西苑，周二百里。其內為海，周十餘里。為蓬萊、方丈、瀛洲諸山，高出水百餘尺，臺觀殿閣，羅絡山上，向背如神。堂殿樓觀，窮極華麗。㉑宇文述　胡三省注：「『述』恐當作『愷』。」宇文愷（西元五五五—六一二年），字安樂，朔方夏州（今陝西橫山縣西）人，多技藝，有巧思，隋朝工部尚書。傳見《隋書》卷六十八。㉒虞世基　（?—西元六一八年）字茂世，會稽餘姚（今浙江餘姚）人，隋朝大臣。傳見《隋書》卷六十七。㉓裴蘊　（?—西元六一八年）河東聞喜（今山西聞喜）人，隋朝大臣。傳見《隋書》卷六十七。㉔諂諛　獻媚逢迎。㉕聰明　指耳目。㉖丙午　三月二十一日。㉗王珪為魏王泰師　唐初，因魏晉之制，諸王置師一人。開元改曰傅。㉘事　侍奉。㉙以師道自居　以老師的原則自處。㉚南平公主　太宗女。㉛欽明　聖明；通明。㉜動循禮法　一舉一動皆依禮法。㉝豈為身榮　豈是為了自身的榮耀。㉞所以成國家之美耳　是為了成就皇帝的美名罷了。㉟就席坐　坐於席上。㊱令公主執笲行盥饋之禮　命公主持笲（竹器）盛棗栗脩拜舅姑，再用盤水洗手饋送特豚之禮。笲，盛物的竹器。盥，洗。㊲復請封禪　五年，諸州朝集使請封禪，六年，文武官再請封禪，今從臣復請。㊳議其禮　商議封禪的禮儀。㊴裁定　裁斷而決定。㊵己卯　四月二十五日。㊶善始者多　有良好開端者多。㊷克終者寡　能好到終底者少。克，能。㊸豈取之易而守之難乎　難道是取得天下容易而守住天下困難嗎。㊹殷憂　盛憂；憂患深。㊺盡下　盡心對待臣下和百姓。㊻驕恣　驕傲恣肆。㊼輕物　輕薄待人。㊽震之以威怒　用威勢發怒來震懾他們。㊾見可欲則思知足　看見想要的東西時，就要想到知足。㊿將興繕　將要興建修繕。(51)處高危則思謙降　自己居高位有危險時，就要想到謙卑待人。(52)臨滿盈則思挹損　處於心滿意足時就要想到自我收斂克制。挹損，抑損。(53)遇逸樂則思撙節　遇到安逸享樂時就要想到有所節制。撙，節省。(54)在宴安　身處安樂。(55)防壅蔽則思延納　防止耳目被蒙蔽，就要想到延賢納諫。(56)疾讒邪　憎惡讒言邪惡。(57)正己　端正自己的言行。(58)因喜而僭　因一時高興而踰越規制。(59)因怒而濫　因惱怒而濫施刑罰。(60)兼是十思　兼有以上這十思。(61)固　必定。

【校記】[1]猶　原無此字。據章鈺校，十二行本、乙十一行本皆有此字，今據補。

【語譯】太宗認為漢代皇帝繼位之後就預先為自己修築陵墓，免得子孫修陵時間倉促，煩勞百姓，耗費財力，又立志要實行薄葬，擔心子孫隨從時俗追求奢靡。二月初二日丁巳，太宗親自制定臨終的儀制，規定要利用山勢修建陵墓，地宮僅能容下棺木即可。

二月初九日甲子，太宗巡幸洛陽宮。〇太宗到達顯仁宮，當地官員因缺乏物品儲備，有人受到降職處分。魏徵勸諫說：「陛下因為儲備物資的事就把官吏降職，臣怕人們繼承這種風氣，相互影響，來日就會弄得民不聊生，這恐怕不是陛下巡幸各地的本意。從前隋煬帝巡幸時，暗示各地官員向他進獻食品，根據地方官員進獻食品的豐盛還是節儉而對官員進行賞罰，所以天下人都叛離了他。這是陛下親眼所見，為何又想效法他呢！」太宗吃驚地說：「不是你，我就聽不到這種話。」於是對長孫無忌等人說：「朕從前經過這裡，買飯來吃，租房來住，如今供應安頓得這樣好，怎能還嫌不充足呢！」

三月初一日丙戌，發生日蝕。

三月十五日庚子，太宗在洛陽宮西苑設宴，泛舟積翠池，回頭對侍從大臣說：「隋煬帝修築宮殿苑囿，與百姓結下仇怨，如今全都歸我所有，正是因為宇文述、虞世基、裴蘊之流在朝內獻媚逢迎，在朝外遮蔽了君主耳目視聽的緣故，能不引以為戒嗎！」

房玄齡、魏徵上奏所定《新禮》一百三十八篇，三月二十一日丙午，太宗下詔頒行《新禮》。

太宗任命禮部尚書王珪為魏王李泰的老師。太宗對李泰說：「你侍奉王珪應當像侍奉我一樣。」李泰見到王珪，總是先行拜見禮，王珪也以老師的規矩自居。王珪之子王敬直娶了南平公主為妻。在此之前，公主們下嫁，都不以媳婦之禮侍奉公婆。王珪說：「如今皇上聖明，言行舉止動不動遵循禮法，我接受公主的謁見，豈是為了自身的榮耀，乃是為了成就皇帝的美名罷了。」於是和妻子就席而坐，讓公主拿著盛棗栗的竹器，施行媳婦侍奉公婆的盥饋之禮。從此以後下嫁的皇家公主開始對公婆行媳婦之禮，是從王珪開始。

眾位大臣又請求太宗登泰山進行封禪，太宗讓祕書監顏師古等人討論相關的禮儀，由房玄齡加以裁定。

夏，四月二十五日己卯，魏徵上奏，認為：「君主治國開端良好的多，能好到最終的少，難道是取天下容易而守成難嗎？大概因為即位時憂患深重，就竭心盡力來對待臣下和百姓，變得安逸了就驕傲恣肆，對待臣下輕薄怠慢。君主盡心對待臣下，就連胡人、越人也會與君主同心協力，如果君主輕慢待人，就連親屬也會與他離心離德，即使以君主的權威盛怒來震懾天下人，臣民也都是對君主外表順從而內心不服。君主如果見到了想要的東西就想到知足，將要興建修繕宮殿就考慮停止，身處高位而有危險就思考要謙卑，處於心滿意足時就思考收斂克制，遇到安逸享樂時就想到節制，身在歡樂平安時就想到後患，防止耳目閉塞就延賢納諫，痛恨讒言邪惡就思考端正言行，頒行爵賞時就思考是否由於自己高興而踰越規制，施行刑罰時就思考是否由於自己惱怒而濫施刑罰，君主兼有這十種思考，而選擇賢才，任用能人，必定可以做到無為而治了，又何必讓自己勞心費神辛苦身體來代行百官的職責呢！」

【研　析】本卷研析，評價唐高祖李淵。

唐高祖李淵因好色而昏庸，因猜忌李世民功高震主而袒護太子李建成、齊王李元吉謀害秦王李世民的種種行跡，最終釀成玄武門之變，自己被逼下臺，成了開國之君中的太上皇，在中國封建社會的歷代王朝中是僅有的，可以說是李淵的晚年悲劇。但是終其一生的業績，李淵仍是一位雄略的開國君主，是隋唐之際的一位英雄人物。

李淵字叔德，祖籍河北，出身世族趙郡李氏，入關中後改為隴西郡望，家狄道（今甘肅臨洮），自稱是西涼武昭王李暠的七世孫。李淵祖父李虎為北魏八柱國之一，入周封唐國公。李淵既出身世族，又是隋室皇親，隋文帝的獨孤皇后是李淵的姨母，故備受隋皇室親愛。李淵七歲襲封唐國公，年少神勇，及長入仕，初為滎陽、樓煩二郡守，歷官譙、隴、岐三州刺史，徵入朝為殿內少監，大業九年（西元六一三年）遷衛尉少卿。遼東役起，李淵督運於懷遠鎮。大業十二年，隋煬帝命李淵為太原留守，防禦北邊突厥犯邊。

促成太原起兵，李世民和晉陽令劉文靜是主謀，但李淵亦早有異志。唐高祖武德二年（西元六一九年），宇文士及降唐，李淵與裴寂談起宇文士及，李淵說，早在六、七年前，督懷遠鎮時，兩人就密議時事，宇文士及當年就歸心於李淵，裴寂等人在晉陽議論起兵，已在宇文士及之後。李淵起兵之初，打出「志在尊隋」的旗號以靖亂。當李淵進入關中，攻克長安後，李淵迎立隋代王楊侑即帝位，楊侑年十三，改元義寧，是為恭帝。這一舉措，贏得大批擁隋吏民支持李淵。當時李密領導的瓦崗軍勢力最強，為了防止李密入關，並引向李密與東都王世充決戰，李淵卑詞下書與李密，尊奉李密為盟主，自稱「老夫知命，復封於唐足矣」。李密果然自驕，沾沾自喜，而不知已墮入李淵謀略中。

李淵即位建唐以後，全國形勢依然嚴峻。李淵為統一事業做出了奠基的貢獻。首先，穩定關中局勢。李淵入關之初，就對關中士庶以禮相待，招攬了大批治國人才，又一一廢除隋煬帝的行宮園池苑囿，令民耕種，釋放大批宮女回家。武德元年，詔告義師所行之處，給復三年。武德四年、七年和九年，三次大赦天下。平反隋煬帝冤殺的隋朝的將相大臣，有原太常卿高熲、上柱國賀若弼、司隸大夫薛道衡、刑部尚書宇文弼、左翊衛將軍董純、右驍衛大將李金才等。給這些人追加謚號，對受迫害官吏的子孫，牽連被流放者，一律放還回家，此舉大得人心。

太子李建成與秦王李世民的矛盾日益激烈，但李淵把握了大局，放手讓李世民招納文武，信賴李世民統軍討滅群雄。對外，李淵注意調整同周邊少數民族的關係。武德二年七月，西突厥統葉護可汗、高昌王麴伯雅遣使前來朝貢；武德六年八月，吐谷渾內附；武德七年正月，封高麗王高建武為遼東郡王，百濟王扶餘璋為帶方王，新羅王金真平為樂浪郡王。唐與周邊各少數民族的關係有了改善。

李淵為了穩定社會秩序，在統一戰爭進行中就著手一些律令的修訂和實施。武德元年五月，李淵命相國府長史裴寂等修律令，六月，詔廢隋《大業律令》，頒新律。九月，李淵親自察看囚徒罪行資料，不實者多所赦免。十一月，「詔頒五十三條格，以約法緩刑」。貞觀初斷獄，以減緩刑罰為主要特徵。房玄齡最後完成《唐律》五百條，這些應是李淵打下的基礎。

李淵還採取多種措施恢復和發展社會經濟。武德元年九月，詔置社倉和常平監，在豐年儲糧，災年賑濟，防止人民流離。武德四年，廢五銖錢，鑄行開元通寶，便利商品經濟發展。武德七年，頒行均田制，穩定農民耕作。武德九年，頒詔整頓寺觀，欽定每州寺觀只保留一所，對不堪供養的僧、尼、道士等，一律罷遣，各還鄉里，以增加勞動人民。

玄武門事變之後，李淵立即讓出政權，此後亦不問政事，消除政治上的干擾，這也是李淵的一大貢獻。作為一代開國之主，李淵不能與漢高祖、光武帝並論，但他為貞觀之治奠基，仍不失為一個有為之君。

卷第一百九十五

唐紀十一

起彊圉作噩（丁酉　西元六三七年）五月，盡上章困敦（庚子　西元六四〇年），凡三年有奇。

【題解】本卷記事起西元六三七年五月，迄西元六四〇年，凡三年又八個月，當唐太宗貞觀十一年到十四年，是貞觀之治的中後期，唐朝太平景象達於極盛。西元六四〇年唐滅高昌置西州，西域納入中國版圖，唐代疆域東極於海，西至焉耆，南盡林邑，北抵大漠，東西九千五百一十里，南北一萬九百一十里。武功極盛，文治興隆。唐代各種制度健全，新修《氏族志》以抑制士族，抬高皇室地位。宣導儒學，修撰《五經正義》，唐太宗徵天下名儒為學官，多次親臨國子監聽講，高麗、百濟、新羅、高昌、吐蕃等國士子到長安求學，唐朝太學成了世界著名大學。這一時期，政治穩定，國家無大事，君臣仍孜孜以求，時時討論得天下不易，守成更難，勵精圖治。唐太宗始有驕矜之色，納諫不如貞觀之初，魏徵等大臣時時敲警鐘，故本卷內容多載唐太宗納諫政事，如停止復活封建制的世襲刺史、寬宥功臣等。

太宗文武大聖大廣孝皇帝中之上

貞觀十一年（丁酉　西元六三七年）

五月壬申❶，魏徵上疏，以為：「陛下欲善之志不及於昔時，聞過必改少虧於曩日❷，譴罰積多，威怒微厲。乃知貴不期驕，富不期侈❸，非虛言也。且以隋之府庫、倉廩、戶口、甲兵之盛，考之今日，安得擬倫❹！然隋以富彊動之而危，我以寡弱靜之而安，安危之理，皎然❺在目。昔隋之未亂也，自謂必無亂，其未亡也，自謂必無亡。故賦役無窮，征伐不息，以至禍將及身而尚未之寤也。夫鑒❻形莫如止水，鑒敗莫如亡國。伏願取鑒於隋，去奢從約❼，親忠遠佞，以當今之無事，行疇昔❽之恭儉，則盡善盡美，固無得而稱焉。夫取之實難，守之甚易，陛下能得其所難，豈不能保其所易乎！」

六月，右僕射虞恭公溫彥博薨❾。彥博久掌機務，知無不為。上謂侍臣曰：「彥博以憂國之故，精神耗竭。我見其不逮❿，已二年矣，恨不縱其安逸，竟夭天年⓫。」

丁巳⓬，上幸明德宮⓭。

己未⓮，詔荊州都督荊王元景⓯等二十一王所任刺史，咸令子孫世襲。戊辰⓰，又以功臣長孫無忌等十四人為刺史，亦令世襲，非有大故，無得黜免。

己巳⑰，徙許王元祥⑱為江王。

秋，七月癸未⑲，大雨，穀、洛溢入洛陽宮⑳，壞官寺民居，溺死者六千餘人。

魏徵上疏，以為：「文子㉑曰：『同言㉒而信㉓，信在言前；同令㉔而行，誠在令外。』自王道休明㉕，十有餘年，然而德化未洽者，由待下之情未盡誠信故也。今立政致治，必委之君子，事有得失，或訪之小人。其待君子也敬而疏㉖，其[1]遇小人也輕而狎㉗，狎則言無不盡㉘，疏則情不上通。夫中智㉙之人，豈無小慧！然才非經國㉚，慮不及遠，雖竭力盡誠，猶未免有敗，況內懷姦宄㉛，其禍豈不深乎！夫雖君子不能無小過，苟不害於正道，斯可略㉜矣。既謂之君子而復疑其不信，何異立直木而疑其影之曲乎！陛下誠能慎選君子，以禮信用之，何憂不治！不然，危亡之期，未可保也。」上賜手詔褒美曰：「昔晉武帝㉝平吳之後，志意驕怠，何曾㉞位極台司㉟，不能直諫，乃私語子孫，自矜明智，此不忠之大者也。得公之諫，朕知過矣，當置之几案以比弦韋㊱。」

乙未㊲，車駕還洛陽，詔：「洛陽宮為水所毀者，少加修繕，纔令可居。自外眾材，給城中壞廬舍者。今百官各上封事，極言朕過。」壬寅㊳，廢明德宮及飛山宮㊴之玄圃院，給遭水者。

八月甲子㊵，上謂侍臣曰：「上封事者皆言朕遊獵太頻，今天下無事，武備不可忘，朕時與左右獵於後苑，無一事煩民，夫亦何傷！」魏徵曰：「先王惟恐不聞其過。陛下既使之上封事，止得恣其陳述。苟其言可取，固有益於國，若其無取，亦無所損。」上曰：「公言是也。」皆勞㊶而遣之。

【章旨】以上為第一段，寫魏徵進言唐太宗，以隋為鑑，居安思危，親賢遠佞，待下以誠。

【注釋】❶壬申　五月無壬申，疑為「壬辰」（八日）或「壬寅」（十八日）、「壬子」（二十八日）之誤。❷曩日　過去；以前。❸貴不期驕二句　因富貴而驕奢自至。期，約會；邀合。❹擬倫　同類之間的比較。❺皎然　明白、清楚狀。❻鑒　照；審察。鑒原指青銅製作的大盆，用以盛水照影。又，春秋以後的銅鏡亦稱鑒。❼約　簡要；節儉。❽疇昔　日前；往昔。❾薨　唐代稱二品以上官員之死。❿不逮　不及；不到。⓫天年　指人的自然年壽。⓬丁巳　六月四日。⓭明德宮　在東都洛陽苑內西南，隋稱顯仁宮，唐又稱昭仁宮。⓮己未　六月六日。⓯元景　李元景（？—西元六五三年），唐高祖第六子。初封趙王，後徙封荊王。高宗永徽四年，因房遺愛（玄齡子）謀反事件株連，賜死。傳見《舊唐書》卷六十四、《新唐書》卷七十九。⓰戊辰　六月十五日。⓱己巳　六月十六日。⓲元祥　李元祥（？—西元六八〇年），唐高祖第二十子。初封許王，後徙江王。以性情貪鄙為時人所不齒。傳見《舊唐書》卷六十四、《新唐書》卷七十九。⓳癸未　七月一日。⓴洛陽宮　隋唐東都洛陽宮城。隋稱紫微城，貞觀六年（西元六三二年）號為洛陽宮。㉑文子　姓辛，名鈃，一名計然，老子弟子，與孔子為同時代的人。著有《通玄真經》十二篇。㉒同言　同出之言；同一言語。㉓信　不欺；信用。㉔令　命令；政令。㉕王道　休明　王道，君王治天下的正道。休明，美好清明。㉖敬而疏　尊敬而疏遠。㉗輕而狎　輕佻而過分親密。㉘言無不盡　指什麼話都能說，失了分寸。㉙中智　具有中等智慧的人。㉚經國　治理國家。㉛姦宄　犯法作亂。㉜可略　可以略而不計較。㉝晉武帝　即晉朝建立者司馬炎（西元二三六—二九〇年），字安世。西元二六五—二九〇年在位。傳見《晉書》卷三。㉞何曾（西元一九九—二七八年）西晉大臣，字穎考，陽夏（今河南太康）人，官至丞相、太傅。傳見《晉書》卷三十三。㉟台司　指位居宰相或三公。㊱弦韋　比喻緩急。弦，弓弦，喻急。韋，柔皮，喻緩。㊲乙未　七月十三日。㊳壬寅　七月二十日。㊴飛山宮　在東都苑西北隅有高山宮，疑飛山宮即高山宮。㊵甲子　八月十二日。㊶勞　慰勞。

【校記】1其　原無此字。據章鈺校，孔天胤本有此字，張敦仁《通鑑刊本識誤》同，今據補。

【語譯】太宗文武大聖大廣孝皇帝中之上

貞觀十一年（丁酉　西元六三七年）

五月壬申日，魏徵上奏疏，認為：「陛下想求善的志向比不上往昔，聞過必改的精神也不如從前，對大臣的譴責懲罰漸多，發威憤怒也比過去稍微嚴厲。由此可知，位高權重時而期望他不驕橫，錢財富裕時而期望他不奢侈，這並非虛妄之言。而且以隋朝府庫、倉廩、戶口、甲兵的充實強盛，來與今天相互比較，哪裡能比得上呢！然而隋朝自恃富強而征伐興作以至於國家危亡，我朝因為人口少、財富不足、兵力不強而採取安靜的方針使得天下安定，安定與危亡之理清晰在目。從前隋朝未發生變亂時，自己認為必然不會發生動亂，隋朝尚未滅亡時，自己認為必然不會滅亡。所以徵派賦稅勞役無窮無盡，向外出兵征伐永不停息，以至於禍亂將要降臨自身尚未醒悟。照出人的形象的莫過於靜止的水，借鑑敗亡莫過於國家的滅亡。臣希望陛下能夠借鑑隋朝的覆亡，去掉奢侈，奉行儉約，親近忠臣，遠離佞臣，在當今平靜無事的時候，繼續奉行從前的恭敬節儉，做到盡善盡美，讓人無法用言語來稱讚。取得天下實在艱難，而守住天下就很容易，陛下能夠做到很難的事情，難道不能守住較為容易的事情嗎！」

六月，尚書右僕射虞恭公溫彥博去世。溫彥博長期執掌朝中的機要政務，盡職盡責。太宗對侍從大臣說：「彥博因為憂國憂民的緣故，精神耗盡衰竭。朕看到他精神體力不能支撐，已經有兩年了，現在只恨自己沒有讓他退休享受安逸清閒，竟致讓他沒有享盡天年而去世。」

六月初四日丁巳，太宗巡幸明德宮。

六月初六日己未，太宗詔令荊州都督荊王李元景等二十一位親王所擔任的刺史職務，都由他們的子孫世襲。十五日戊辰，又任命功臣長孫無忌等十四人為刺史，也令他們的子孫世襲，如果沒有大的變故，不得罷黜免職。

六月十六日己巳，將許王李元祥遷為江王。

秋，七月初一日癸未，天降大雨，穀河、洛河河水暴漲，漫溢出河道流入洛陽宮中，沖毀了官家的署衙與百姓的房屋，淹死六千多人。

魏徵上疏認為：「文子說：『同樣的言語而能被人相信，這種信任是在言語之前；同樣的政令而能被人執行，因為誠信在命令之外。』自從大唐王道治國而政治美好英明，已有十多年了，然而以德教化的成效還沒有遍布天下，這是因為君王對待臣下還沒有完全誠信。如今確立國家制度達到大治，一定要把國事委任給君子，但有些政事有得有失，有時卻會去諮詢小人。君主對待君子尊敬而疏遠，對待小人輕佻而過分親密，與人過分親密就會什麼話都說，對人尊敬而疏遠就會使下情不能上達君主。那些智力中等的人，難道就沒有小聰明嗎！然而這種才能不是治國，思考問題不能長遠，即使能竭盡力量和誠意，還難免有失敗，何況內心懷有奸詐邪惡，所造成的災禍哪能不深重的呢！雖然君子不可能沒有小過失，如果不損害正道，這就可以忽略不計。既然稱他們為君子而又懷疑不信任他們，這與豎立直木而又懷疑它影子彎曲有什麼不同！陛下真能謹慎地選擇君子，按照禮節對他們加以信任和使用，哪裡還要擔心天下不能大治呢！如果不是這樣，國家危亡的日子，不能保證不到來了。」太宗賜給魏徵親筆詔書褒獎說：「以前晉武帝平定東吳之後，內心驕傲懈怠，何曾位於三公的高位，不能犯顏直諫，而是私下說給子孫，自矜明智，這是最大的不忠。如今能得到你的諫言，朕知道自己的過失了，應當把你的進諫放在桌案上，好比佩戴著韋和弦用來自警。」

七月十三日乙未，太宗的車駕返回洛陽，下詔說：「洛陽宮被水毀壞的部分，稍加修繕，只要能夠居住就可以了。此外的眾多建築材料，拿給城中屋舍塌壞的人家。命令文武百官各自上書，極力批評朕的過失。」二十日壬寅，廢除明德宮以及飛山宮的玄圃院，賜給城中遭受水災的人。

八月十二日甲子，太宗對侍從大臣說：「上書的人都說朕遊獵太頻繁，如今天下無事，練武備戰不能忘，朕時常與左右大臣在後苑射獵，沒有一事煩勞百姓，這又有什麼害處呢！」魏徵說：「先王惟恐聽不到自己的過錯。陛下既然讓大臣們上書奏事，就應該聽任他們陳述意見。如果他們的話可取，固然會有益於國家，假如沒有可取之處，對於國家也沒有損害。」太宗說：「你的話說得對。」於是對他們慰勞然後送回家。

侍御史馬周上疏，以為：「三代❶及漢，歷年多者八百❷，少者不減四百，良以恩結人心，人不能忘故也。自是以降，多者六十年，少者纔二十餘年，皆無恩於人，本根不固故也。陛下當隆禹、湯、文、武❸之業，為子孫立萬代之基，豈得但持當年而已！今之戶口不及隋之什一，而給役者兄去弟還，道路相繼。陛下雖加恩詔，使之裁損，然營繕不休，民安得息！故有司徒行文書，曾❹無事實。昔漢之文、景❺，恭儉養民，武帝承其豐富之資，故能窮奢極欲而不至於亂。嚮使高祖之後即傳武帝，漢室安得久存乎！又，京師及四方所造乘輿❻器用及諸王、妃、主❼服飾，議者皆不以為儉。夫昧爽[1]丕顯❽，後世猶怠。陛下少居民間，知民疾苦，尚復如此，況皇太子生長深宮，不更❾外事，萬歲之後，固聖慮所當憂也。臣觀自古以來，百姓愁怨，聚為盜賊，其國未有不亡者。人主雖欲追改，不能復全。故當脩於可脩❿之時，不可悔之於已[2]失之後也。蓋幽、厲⓫嘗笑桀、紂⓬

矣，煬帝亦笑周、齊⑬矣，不可使後之笑今如今之笑煬帝也。貞觀之初，天下饑歉，斗米直⑭匹絹，而百姓不怨者，知陛下憂念不忘故也。今比年豐穰⑮，匹絹得粟十餘斛，而百姓怨咨⑯者，知陛下不復念之，多營不急之務故也。自古以來，國之興亡，不以畜積多少，在於百姓苦樂。且以近事驗之，隋貯洛口倉而李密因之⑰，東都積布帛而世充資之，西京府庫亦為國家之用，至今未盡。夫畜積固不可無，要當人有餘力，然後收之，不可強斂以資寇敵也。夫儉以息人⑱，陛下已於貞觀之初親所履行，在於今日為之，固不難也。陛下必欲為久長之謀，不必遠求上古，但如貞觀之初，則天下幸甚。陛下寵遇諸王，頗有過厚者，萬代之後，不可不深思也。且[3]魏武帝⑲愛陳思王⑳，及文帝即世，囚禁諸王，但無縲紲㉑耳。然則武帝愛之，適所以苦之也。又，百姓所以治安，唯在刺史縣令，苟選用得人，則陛下可以端拱無為㉒。今朝廷唯重內官㉓而輕州縣之選，刺史多用武人，或京官不稱職始補外任。邊遠之處，用人更輕。所以百姓未安，殆由於此。」疏奏，上稱善久之，謂侍臣曰：「刺史朕當自選，縣令宜詔京官五品[4]已上，各舉一人。」

【章旨】以上為第二段，寫馬周進言太宗，認為民是國之根本，要節儉以養民，任用官吏要慎選以愛民。

【注　釋】❶三代　指夏、商、周三個朝代。❷歷年多者八百　周朝自約西元前十一世紀武王滅商，至西元前二五六年赧王亡國，歷年八百。❸禹湯文武　即夏禹、商湯、周文王、周武王。❹曾　乃。❺文景　即西漢文帝劉恆和景帝劉啓。❻乘輿　供天子、諸侯所用的車輿。❼主　即公主。❽昧爽丕顯　謂先王黎明即起，思大明其德，坐以待旦而行之。昧爽，天將亮未亮時。丕顯，大明。❾不更　沒有經歷過。更，經過。❿脩　整治。⓫幽厲　即西周幽王姬宮涅和周厲王姬胡。⓬桀紂　即夏代亡國之君桀（名履癸）和商朝末代國君紂王。⓭周齊　北周（西元五五七—五八一年）和北齊（西元五五〇—五七七年）。⓮直　通「值」。⓯豐穰　五穀豐登。⓰怨咨　怨恨嗟歎。⓱因之　因襲使用。⓲息人　與民休息。人，民。⓳魏武帝　即三國時的政治家曹操（西元一五五—二二〇年）。傳見《三國志》卷一。⓴陳思王　即曹操第三子、傑出詩人曹植。著有《曹子建集》。傳見《三國志》卷十九。㉑縲紲　以繩索拘執犯人，引申為下獄。㉒端拱無為　指帝王無為而治。端拱，端坐拱手。㉓內官　指京官。

【校　記】[1]爽　據章鈺校，十二行本、乙十一行本皆作「旦」。[2]已　據章鈺校，十二行本、乙十一行本皆作「既」。[3]且　嚴衍《通鑑補》改作「昔」，於義較長。[4]五品　原無此二字。據章鈺校，十二行本、乙十一行本皆有此二字，張敦仁《通鑑刊本識誤》同，今據補。

【語　譯】侍御史馬周上疏，認為：「夏商周三代以及漢代，一個朝代的年數多的達八百年，少的也不少於四百年，這實在是因為帝王都以恩惠團結人心，人們不能忘懷的緣故。漢代以後，王朝的年數多的六十年，少的才有二十多年，都是因為對百姓沒有恩惠，根基不牢固的緣故。陛下應當發揚禹、湯、文、武的帝業，為子孫確立千秋萬代的根基，豈能只想維持自己在位的年代呢！如今全國戶口不到隋朝的十分之一，而為國家服勞役的則是兄長前去，弟弟回來，服役的人在路上連續不斷。陛下雖然下了對百姓施加恩惠的詔令，讓勞役有所減少，但是營建修繕的工程沒有休止，老百姓哪能休息呢！所以主管部門徒自發布文書，不曾有實際收效。從前漢代的文帝、景帝，謙恭節儉以養護百姓，武帝繼承了豐富的資產，所以能夠窮奢極欲而不至於天下大亂。假使漢高祖之後就傳位給武帝，漢朝哪能長久存在！另外，京都長安以及四方各地製造的皇帝乘輿器物以及各親王、妃嬪、公主的服飾，議論的人們都認為不節儉。前代君王黎明起床辦理政務以求國家富強，後世子孫還會懈怠。陛下年輕時生活在民間，深知百姓的疾苦，今天尚且如此，何況皇太子生長在深宮，沒有經歷過民間的事情，陛下萬歲之後，本來就是陛下聖思所應擔憂的。臣觀察自古以來，百姓愁苦怨恨，聚集起來成為盜賊，國家沒有不滅亡的。君主雖然想追悔改正，也不能完全恢復安定。所以應當在可以修整國事的時候進行修整，不可到國家失去安定之後再後悔。當年周幽王、周厲王曾譏笑夏桀、殷紂，隋煬帝也曾譏笑北周、北齊兩朝，不可讓後代譏笑當今的王朝和皇帝，就像我們現在譏笑隋煬帝一樣。貞觀初年，全國歉收發生饑荒，一斗米的價錢值一匹絹，而老百姓沒有怨言，這是因為百姓知道陛下擔憂掛念他們的緣故。如今連年豐收，一匹絹可以換粟米十餘斛，然而老百姓卻怨恨嗟歎，這是百姓知道陛下不再顧念他們，過多營建並不急迫的工程的緣故。自古以來，國家的興亡，不在於積蓄多少，而在於百姓是愁苦還是安樂。暫且用近代政事加以驗證，隋朝把糧食貯存在洛口倉中而李密加以利用，隋朝東都積存布帛而資助了王世充，西京府庫也為我朝所用，至今還沒有用完。積蓄儲備固然不能沒有，但是要讓百姓留有餘力，然後徵收賦稅，不可強行徵收用來幫助叛亂的敵人。君主節儉以使百姓得到休息，陛下已經在貞觀初年親身踐行，到了今日再這樣做，固然不是難事。陛下一定想要長治久安的謀略，不必遠求上古時代，只要像貞觀初年那樣，天下就非常幸運了。陛下寵愛厚待各位親王，頗有過分優厚的，但陛下在萬年以後，就不能不作深遠考慮。從前魏武帝曹操寵愛陳思王曹植，等到魏文帝曹丕即位，就囚禁了諸王，只是沒有戴上刑具下獄罷了。這樣看來魏武帝寵愛諸王，恰好讓他們日後吃苦。另外，百姓所以能夠安定，只在於刺史和縣令，如果選拔和任用的都是合適的人選，陛下就可以端坐拱手，無為而治。如今朝廷只注重中央官吏的選拔任用而輕視州縣官員的選拔，刺史大多任用武人，或者是京官不稱職才補選地方官。邊遠地區，任用官員就更加看輕。百姓所以不能安定，大概就是這個緣故。」奏疏上呈後，太宗稱讚了很久，對侍從的大臣說：「刺史應當由朕親自選拔，縣令應詔令五品以上京官，每人舉薦一人。」

冬，十月癸丑❶，詔勳戚亡者皆陪葬山陵。

上獵於洛陽苑❷，有羣豕突出林中。上引弓四發，殪四豕。有豕突前，及馬鐙❸，民部尚書唐儉投馬搏之，上拔劍斬豕，顧笑曰：「天策長史❹不見上將擊賊邪，何懼之甚！」對曰：「漢高祖以馬上得之，不以馬上治之。陛下以神武定四方，豈復逞雄心於一獸！」上悅，為之罷獵，尋加光祿大夫。

安州都督吳王恪❺數出畋獵，頗損居人，侍御史柳範❻奏彈之。丁丑❼，恪坐免官，削戶三百。上曰：「長史權萬紀事吾兒，不能匡正，罪當死。」柳範曰：「房玄齡事陛下，猶不能止畋獵，豈得獨罪萬紀！」上大怒，拂衣❽而入。久之，獨引範謂曰：「何面折❾我？」對曰：「陛下仁明，臣不敢不盡愚直❿。」上悅。

十一月辛卯⓫，上幸懷州。丙午⓬，還洛陽宮。○故荊州都督武士彠女⓭，年十四，上聞其美，召入後宮，為才人。

【章旨】以上為第三段，寫柳範諫太宗畋獵。

【注釋】❶癸丑　十月二日。❷洛陽苑　即東都苑，以其地處洛陽城西，又稱西苑。苑周長二百餘里。❸馬鐙　騎馬時用以踏腳的裝置。❹天策長史　武德中太宗開天策上將府，唐儉曾任天策府長史。❺吳王恪　太宗第三子李恪（？—西元六五三年）。貞觀十年（西元六三六年），由蜀王徙封吳王，後為長孫無忌陷害被誅。傳見《舊唐書》卷七十六、《新唐書》卷八十。❻柳範　蒲州解縣（今山西運城西南解州鎮）人，高宗時，官至尚書右丞、揚州大都府長史。傳見《舊唐書》卷七十八、《新唐書》卷一百十二。❼丁丑　十月二十六日。❽拂衣　抖動衣服，表示憤怒。❾面折　當面指責人的過失。❿愚直　極盡忠直。古語有之：「君仁則臣直」，「君明則臣直」。言「愚直」，則謂「君仁」與「君明」，故太宗悅之。⓫辛卯　十一月十一日。⓬丙午　十一月二十六日。⓭武士彠女　此女即為唐女皇武則天。

【語　譯】冬，十月初二日癸丑，詔令功勳皇戚死後都陪葬在皇帝的陵墓中。

太宗在洛陽苑中狩獵，有一群野豬衝出林中。太宗拉弓發出四箭，射死四頭。有一頭野豬衝到太宗的馬前，將要撲到馬鐙上，民部尚書唐儉下馬與野豬搏鬥，太宗拔出佩劍砍死野豬，回頭對唐儉笑著說：「天策長史沒有看見朕將要擊殺盜賊嗎，為何怕得如此厲害！」唐儉回答說：「漢高祖從馬上得到天下，卻不從馬上治理天下。陛下憑藉神威聖武平定四方，怎能又對一頭野獸再逞雄心呢！」太宗高興，為此停止圍獵，不久加封唐儉為光祿大夫。

安州都督吳王李恪多次出外畋獵，對當地居民造成不少損害，侍御史柳範上書彈劾他。十月二十六日丁丑，李恪因此被罷免官職，削減封邑三百戶。太宗說：「長史權萬紀侍奉我的兒子，不能匡正他的過失，論罪應當處死。」柳範說：「房玄齡侍奉陛下，還不能阻止陛下狩獵，怎能只治權萬紀的罪呢！」太宗大為憤怒，拂袖起身進入內宮。很久以後，太宗單獨召見柳範，對他說：「你為什麼當面頂撞朕？」回答說：「陛下仁德明智，臣不敢不竭盡愚忠進行直諫。」太宗於是高興。

十一月十一日辛卯，太宗巡幸懷州。二十六日丙午，回到洛陽宮。〇已故荊州都督武士彠的女兒，年方十四歲，太宗聽說她很美，召入後宮，封為才人。

十二年（戊戌　西元六三八年）

春，正月乙未❶，禮部尚書王珪奏：「三品已上遇親王於路皆降乘❷，非禮。」

上曰：「卿輩苟自崇貴，輕我諸子。」特進魏徵曰：「諸王位次三公，今三品皆九卿八座❸，為王降乘，誠非所宜當。」上曰：「人生壽夭難期，萬一太子不幸，安知諸王它日不為公輩之主！何得輕之！」對曰：「自周以來，皆子孫相繼，不立兄弟，所以絕庶孽之窺窬❹，塞禍亂之源本，此為國者所深戒也。」上乃從珪奏。

吏部尚書高士廉、黃門侍郎韋挺、禮部侍郎令狐德棻❺、中書侍郎岑文本撰氏族志成，上之。先是，山東人士崔、盧、李、鄭諸族❻好自矜地望❼，雖累葉陵夷❽，苟他族欲與為昏❾姻，必多責財幣，或捨其鄉里而妄稱名族，或兄弟齊列而更以妻族相陵❿。上惡之，命士廉等徧責天下譜諜⓫，質⓬諸史籍，考其真偽，辯其昭穆，第其甲乙⓭，褒進忠賢，貶退姦逆，分為九等。士廉等以黃門侍郎崔民幹⓮為第一。上曰：「漢高祖與蕭、曹、樊、灌⓯，皆起閭閻布衣，卿輩至今推仰，以為英賢，豈在世祿乎！高氏⓰偏據山東，梁、陳⓱僻在江南，雖有人物，蓋何足言！況其子孫才行衰薄，官爵陵替⓲，而猶卬然⓳以門地自負，販鬻松檟⓴，依託富貴，棄廉忘恥，不知世人何為貴之！今三品以上，或以德行，或以勳勞，或以文學，致位貴顯。彼衰世舊門，誠何足慕！而求與為昏，雖多輸金帛，猶為彼所偃蹇㉑，我不知其解何也！今欲釐正訛謬，捨名取實，而卿曹猶以崔民幹為第一，是輕我官爵而徇流俗之情也。」乃更命刊定，專以今朝品秩為高下。於是以皇族為首，外戚次之，降崔民幹為第三，凡二百九十三姓，千六百五十一家，頒於天下。

【章　旨】以上為第四段，寫太宗重修《氏族志》，以官門品第為高下，於是皇族第一，外戚第二，以官本門抑制士族。

【注　釋】❶乙未　一月十五日。❷降乘　由所乘車馬上下來。❸九卿八座　九卿分別為太常、光祿、衛尉、宗正、太僕、大理、鴻臚、司農、太府九寺長官；八座指尚書令、僕射、五曹（部）或六曹尚書。❹庶孽之窺窬　庶孽，指庶出，即妾媵之子。窺窬，非分覬覦；窺伺可乘之隙。❺令狐德棻　（西元五八三—六六六年）唐初史學家，宜州華原（今陝西耀州）人。主編《周書》、《太宗實錄》、《高宗實錄》等書，為《藝文類聚》編撰人之一。傳見《舊唐書》卷七十三、《新唐書》卷一百二。❻崔盧李鄭諸族　魏晉迄隋唐的郡望，即清河郡（今河北清河縣）崔氏、范陽郡（今北京市）盧氏、趙郡（今河北趙縣）李氏、滎陽（今河南滎陽）鄭氏等世代貴顯的高門望族。❼地望　即郡望，指魏晉以後的諸郡士族門閥。❽累葉陵夷　世代衰敗。累葉，積代；疊世。陵夷，衰頹；敗落。❾昏　同「婚」。❿陵　欺侮；陵辱。⓫譜諜　記述氏族世系的書籍。⓬質　證；質疑。⓭第其甲乙　排列士族的等級。⓮崔民幹　因避太宗諱又曰「崔幹」。事跡見《舊唐書》卷六十、六十五、《新唐書》卷七十二下、七十八、九十五。⓯漢高祖與蕭曹樊灌　西漢創業君臣。漢高祖，即劉邦，西元前二〇二—前一九五年在位。蕭，即蕭何（？—西元前一九三年）。曹，即曹參（？—西元前一九〇年）。樊，即樊噲（？—西元前一八九年）。灌，即灌嬰（？—西元前一七六年）。蕭何等於漢初先後拜相，均為平民出身。⓰高氏　北齊皇室。⓱梁陳　南北朝時梁朝（西元五〇二—五五七年）和陳朝（西元五五七—五八九年）。⓲陵替　衰落不振。⓳卬然　氣概軒昂；舉首向上。卬，通「昂」。⓴松櫝　墓地代稱。㉑偃蹇　傲慢。

【語譯】十二年（戊戌 西元六三八年）

春，正月十五日乙未，禮部尚書王珪上奏說：「三品以上官員在路上遇見親王都要下車，不符合禮儀。」太宗說：「你們隨意自視尊貴，輕視我的諸位兒子。」特進魏徵說：「諸王地位在三公之下，如今三品以上大臣都是九卿八座，路遇親王下車，實在不應當這樣。」太宗說：「人生壽命長短難以預料，萬一太子遇到不幸，怎麼知道諸王有一天不會成為你們的君主呢！怎麼能輕視他們！」回答說：「自周代以來，皇位都是子孫相繼，不立兄弟繼位，這是為了斷絕庶子覬覦皇位的野心，堵塞國家發生禍亂的本源，這是治國者應當深以為戒的。」太宗於是聽從了王珪的啟奏。

吏部尚書高士廉、黃門侍郎韋挺、禮部侍郎令狐德棻、中書侍郎岑文本編撰《氏族志》完成，上奏給太宗。在這以前，崤山以東人士崔、盧、李、鄭等家族喜歡自我誇耀家族名望，雖然家族世代敗落，但是如果其他家族想與他們通婚，一定多求取財物，有人就放棄原籍而冒稱名門望族，還有兄弟地位並列卻靠妻族來相互欺陵。太宗厭惡這種風氣，就命高士廉等人普查天下家族譜牒，用史籍加以考證核實，考查各家族的真偽，分清他們的昭穆次序，排定士族的等級，褒獎提拔忠誠賢明的家族，貶抑斥退奸邪反逆的家族，分出九等。高士廉等人把黃門侍郎崔民幹列為第一等。太宗說：「漢高祖與蕭何、曹參、樊噲、灌嬰等人，都是崛起於街巷中的平民百姓，你們至今對他們推重景仰，認為是英豪賢才，難道他們有世卿世祿的地位嗎！高氏偏據崤山以東，梁、陳二朝僻居在江南，雖然也有傑出人物，但又何足稱道！況且他們的子孫才氣和品行都已衰弱微少，官爵也都喪失，可是還昂首挺胸以門第族望自負，販賣祖墓陰魂，依靠富貴人家維生，拋棄廉潔，忘記羞恥，不知道世人為何還認為他們家族尊貴！如今三品以上的公卿大臣，有的靠德行，有的靠功勳，有的靠文學才能，獲得了顯貴的地位。那些衰世的舊門第，有什麼讓人羨慕！卻去向他們央求通婚，即使多送金銀財物，還是被他們傲慢輕視，朕不知對此應如何解釋！如今想要辨別糾正錯誤，捨棄虛名，獲得實情，而你們還把崔民幹列為第一等，這是輕視大唐的官爵而依循流俗的觀念。」於是又下令重新修定，只根據當朝官爵的等級區分姓氏的高低。於是就以皇族李姓為第一位，外戚的姓氏為次一等，把崔民幹降為第三等，共有二百九十三個姓，一千六百五十一家，向全國頒布。

二月乙卯❶，車駕西還。癸亥❷，幸河北❸，觀砥柱❹。

甲子❺，巫州獠❻反，夔州❼都督齊善行敗之，俘男女三千餘口。

乙丑❽，上祀禹廟❾。丁卯❿，至柳谷⓫，觀鹽池⓬。庚午⓭，至蒲州，刺史趙元楷⓮課父老服黃紗單衣迎車駕，盛飾廨舍樓觀，又飼羊百餘頭、魚數百頭以饋貴戚。上數之曰：「朕巡省河、洛，凡有所須，皆資庫物，卿所為乃亡隋之弊俗也。」甲戌⓯，幸長春宮⓰。

戊寅⓱，詔曰：「隋故鷹擊郎將堯君素，雖桀犬吠堯⓲，有乖倒戈之志，而疾風勁草，實表歲寒之心，可贈蒲州刺史，仍訪其子孫以聞。」

閏月庚辰朔⓳，日有食之。○丁未⓴，車駕至京師。

三月辛亥㉑，著作佐郎鄧世隆㉒表請集上文章。上曰：「朕之辭令，有益於民者，史皆書之，足為不朽。若其[1]無益，集之何用！梁武帝父子、陳後主、隋煬帝皆有文集行於世㉓，何救於亡！為人主患無德政，文章何為！」遂不許。

丙子㉔，以皇孫生，宴五品以上於東宮。上曰：「貞觀之前，從朕經營天下，玄齡之功也。貞觀以來，繩愆糾繆㉕，魏徵之功也。」皆賜之佩刀。上謂徵曰：「朕政事何如往年？」對曰：「威德所加，比貞觀之初則遠矣，人悅服則不逮㉖也。」上曰：「遠方畏威慕德，故來服，若其不逮，何以致之？」對曰：「陛下往以未治為憂，故德義日新，今以既治為安，故不逮。」上曰：「今所為，猶往年也，何以異？」對曰：「陛下貞觀之初，恐人不諫，常導之使言，中間悅而從之。今則不然，雖勉從之，猶有難色，所以異也。」上曰：「其事可聞歟？」對曰：「陛下昔欲殺元律師，孫伏伽以為法不當死，陛下賜以蘭陵公主㉗園，直百萬。或云：『賞太厚』，陛下云：『朕即位以來，未有諫者，故賞之。』此導之使言也。司戶柳雄妄訴隋資㉘，陛下欲誅之，納戴冑之諫而止，是悅而從之也。近皇甫德參上書諫修洛陽宮，陛下恚㉙之，雖以臣言而罷，勉從之也。」上曰：「非公不能及此。人苦不自知耳。」

【章　旨】以上為第五段，寫貞觀後期，太宗驕矜治績，納諫不如貞觀初。

【注　釋】❶乙卯　二月五日。❷癸亥　二月十三日。❸河北　縣名，縣治在今山西平陸西南。❹砥柱　即砥柱山。在今河南陝縣東北黃河中。❺甲子　二月十四日。❻巫州獠　巫州（治今湖南洪江市西南黔城）獠民。❼夔州　州名，治所在今重慶市奉節東白帝。❽乙丑　二月十五日。❾禹廟　即大禹神廟。在砥柱山上。❿丁卯　二月十七日。⓫柳谷　在今山西夏縣北五里中條山中。⓬鹽池　即今山西運城南解池。⓭庚午　二月二十日。⓮趙元楷　隋末唐初佞臣。事跡見《舊唐書》卷六十二〈李綱傳〉，以及《新唐書》卷九十五〈竇威傳〉附〈竇靜傳〉、卷九十九〈李綱傳〉。⑮甲戌　二月二十四日。⑯長春宮　北周武帝設置，在今陝西大荔朝邑鎮西北。⑰戊寅　二月二十八日。⑱桀犬吠堯　夏桀的狗對著堯吠叫。比喻不問善惡，只知效忠主子。⑲庚辰朔　閏二月一日。⑳丁未　閏二月二十八日。㉑辛亥　三月二日。㉒鄧世隆　自號隱玄先生，相州（今河南安陽）人，官至著作郎。撰有《東都記》三十卷。傳見《舊唐書》卷七十三、《新唐書》卷一百二。㉓梁武帝父子句　據兩《唐書‧經籍志》載：梁武帝父子等有《梁武帝集》十卷、《文選》三十卷（梁武帝長子蕭統，即昭明太子編）、《昭明太子集》二十卷、《陳後主集》五十卷、《隋煬帝》三十卷。㉔丙子　三月二十七日。㉕繩愆糾繆　改正過失和糾正錯誤。㉖不逮　不及；不如。㉗蘭陵公主　太宗女。傳見《新唐書》卷八十三。㉘隋資　隋朝所授官資。㉙恚　忿恨；心不平。

【校　記】1其　原作「為」。據章鈺校，十二行本、乙十一行本皆作「其」，張瑛《通鑑校勘記》同，今從改。

【語　譯】二月初五日乙卯，太宗的車駕從洛陽向西返回長安。十三日癸亥，臨幸河北縣，觀看了黃河中的砥柱山。

二月十四日甲子，巫州的獠民造反，夔州都督齊善行打敗他們，俘虜男女三千多人。

二月十五日乙丑，太宗祭祀禹廟。十七日丁卯，到達柳谷，觀看鹽池。二十日庚午，到達蒲州，刺史趙元楷命令當地父老身穿黃紗單衣迎接太宗的車駕，豪華裝飾官舍樓臺廟觀，又養了一百多頭羊、數百條魚獻給貴族外戚。太宗責備他說：「朕巡行黃河、洛水一帶，凡是所需物品，都從朝廷府庫中支取，你的這些做法乃是已滅亡了的隋朝的壞習氣。」二十四日甲戌，巡幸長春宮。

二月二十八日戊寅，太宗下詔說：「隋朝已故鷹擊郎將堯君素，雖然如同夏桀的狗對著堯吠叫一樣，違背唐軍希望他臨陣倒戈的要求，但是他像疾風知勁草一樣，確實表明了歲寒不變節的心情，可以追贈給他蒲州刺史，仍要尋訪他的子孫上奏朝廷。」

閏二月初一日庚辰，發生日蝕。○二十八日丁未，太宗的車駕回到京都長安。

三月初二日辛亥，著作佐郎鄧世隆上表請求搜集太宗撰寫的文章。太宗說：「朕的言辭詔令，對百姓有益的，史官都記錄下來，足以永垂不朽。如果對百姓沒有益處，搜集它又有什麼用！梁武帝蕭衍父子、陳後主、隋煬帝都有文集流傳世間，哪能挽救他們的滅亡！作為君主憂慮的是沒有德政，文章有什麼用！」於是沒有答應搜集。

三月二十七日丙子，因為皇孫降生，在東宮宴請五品以上官員。太宗說：「貞觀以前，跟隨朕經營治理天下，是房玄齡的功勞。貞觀以來，糾正朕的過失和錯誤，是魏徵的功勞。」對二人都賜給佩刀。太宗對魏徵說：「朕治理國政與往年相比如何？」魏徵回答說：「威望和仁德施加到的地方，比貞觀初年更遠了，但人們對陛下的心悅誠服就不如當初了。」太宗說：「遠方各族畏懼皇威羨慕聖德，所以前來歸服，如果不如以前，是怎麼招致他們的？」回答說：「陛下過去以天下未能大治為憂慮，所以德義每天都在進步，如今認為天下大治而內心安定，所以就不如以前了。」太宗說：「如今所做的，還是和往年一樣，有什麼不同呢？」回答說：「陛下在貞觀初年，惟恐大臣不進諫，常常引導他們說話，聽到進諫就高興地聽從。如今卻不是這樣，雖然勉強聽從，卻面有難色，這就是與以前的不同。」太宗說：「這種事情可以說給我聽嗎？」回答說：「陛下以前想殺掉元律師，孫伏伽認為按照法律不應處死，陛下賜給他蘭陵公主的花園，價值一百萬。有人說：『賞賜太厚了』，陛下說：『朕繼位以來，未有進諫的人，所以賞賜他。』這是引導大臣進言。司戶柳雄謊稱隋朝授有官資，陛下想要殺他，又採納戴胄的進諫而作罷，這是喜悅而聽從。近年皇甫德參上書勸諫陛下不要修繕洛陽宮，陛下對他心中忿恨不平，雖然因為臣的進言而作罷，但只是勉強聽從。」太宗說：「不是你就不能說出這種道理。人苦於不能自己瞭解自己。」

夏，五月壬申❶，弘文館學士永興文懿公虞世南卒，上哭之慟。世南外和柔而內忠直，上嘗稱世南有五絕：一德行，二忠直，三博學，四文辭，五書翰。

秋，七月癸酉❷，以吏部尚書高士廉為右僕射。○乙亥❸，吐蕃寇弘州❹。

八月，霸州山獠❺反，燒殺刺史向邵陵及吏民百餘家。

初，上遣使者馮德遐❻撫慰吐蕃。吐蕃聞突厥、吐谷渾皆尚公主，遣使隨德遐入朝，多齎金寶，奉表求婚，上未之許。使者還，言於贊普棄宗弄讚❼曰：「臣初至唐，唐待我甚厚，許尚公主。會吐谷渾王入朝，相離間，唐禮遂衰，亦不許昏。」弄讚遂發兵擊吐谷渾。吐谷渾不能支，遁於青海之北，民畜多為吐蕃所掠。

吐蕃進破党項、白蘭❽諸羌，帥眾二十餘萬屯松州西境，遣使貢金帛，云來迎公主。尋進攻松州，敗都督韓威❾，羌酋閻州❿刺史別叢臥施⓫、諾州刺史把利步利⓬並以州叛歸之。連兵不息，其大臣諫不聽而自縊者凡八輩。壬寅⓭，以吏部尚書侯君集為當彌道行軍大總管，甲辰⓮，以右領軍大將軍執失思力為白蘭道、左武衛將軍牛進達⓯為闊水道、左領軍將軍劉簡⓰[1]為洮河道行軍總管，督步騎五萬擊之。

吐蕃攻城十餘日，進達為先鋒，九月辛亥⓱，掩⓲其不備，敗吐蕃於松州城下，斬首千餘級。弄讚懼，引兵退，遣使謝罪，因復請婚，上許之。

甲寅⓳，上問侍臣：「帝王[2]創業與守成孰難？」房玄齡曰：「草昧⓴之初，與羣雄並起角力而後臣之，創業難矣！」魏徵曰：「自古帝王，莫不得之於艱難，失之於安逸，守成難矣！」上曰：「玄齡與吾共取天下，出百死得一生，故知創業之難。徵與吾共安天下，常恐驕奢生於富貴，禍亂生於所忽，故知守成之難。然創業之難，既已往矣，守成之難，方當與諸公慎之。」玄齡等拜曰：「陛下及此言，四海之福也。」

初，突厥頡利既亡，北方空虛，薛延陀真珠可汗帥其部落建庭於都尉揵山㉑北、獨邏水㉒南，勝兵二十萬，立其二子拔酌、頡利苾㉓主南、北部。上以其彊盛，恐後難制，癸亥㉔，拜其二子皆為小可汗，各賜鼓纛，外示優崇，實分其勢。

冬，十月乙亥㉕，巴州獠㉖反。○己卯㉗，畋于始平㉘。乙未㉙，還京師。○鈞州獠㉚反，遣桂州都督張寶德㉛討平之。

十一月丁未㉜，初置左、右屯營飛騎㉝於玄武門，以諸將軍領之。又簡飛騎才力驍健善騎射者，號百騎，衣五色袍，乘駿馬，以虎皮為韉㉞，凡游幸則從焉。○己巳㉟，明州獠㊱反，遣交州都督李道彥討平之。

十二月辛巳㊲，右武候將軍[3]上官懷仁㊳擊反獠於壁州㊴，大破之，虜男女萬餘口。

是歲，以給事中馬周為中書舍人。周有機辯，中書侍郎岑文本常稱：「馬君論事，援引事類，揚搉[40]古今，舉要刪煩，會文切理，一字不可增，亦不可減，聽之靡靡[41]，令人忘倦。」

霍王元軌好讀書，恭謹自守，舉措不妄。為徐州刺史，與處士劉玄平[42]為布衣交[43]。人問玄平王所長，玄平曰：「無長。」問者怪之。玄平曰：「夫人有所短乃見所長，至於霍王，無所短，吾何以稱其長哉！」

初，西突厥咥利失可汗[44]分其國為十部，每部有酋長一人，仍各賜一箭，謂之十箭。又分左、右廂，左廂號五咄陸[45]，置五大啜[46]，居碎葉[47]以東，右廂號五弩失畢[48]，置五大俟斤，居碎葉以西，通謂之十姓。咥利失失眾心，為其臣統吐屯所襲。咥利失兵敗，與其弟步利設[49]走保焉耆。統吐屯等將立欲谷設[50]為大可汗，會統吐屯為人所殺，欲谷設兵亦敗，咥利失復得故地。至是，西部竟立欲谷設為乙毗咄陸可汗。乙毗咄陸既立，與咥利失大戰，殺傷甚眾，因中分其地，自伊列水以西屬乙毗咄陸[4]，以東屬咥利失[51]。

處月、處密[52]與高昌共攻拔焉耆五城，掠男女一千五百人，焚其廬舍而去。

【章　旨】以上為第六段，寫貞觀中後期，唐周邊各少數民族，西疆吐蕃、北方薛延陀、西北西突厥、西南獠人，仍時叛時服。

【注釋】❶壬申 五月二十五日。❷癸酉 七月二十七日。❸乙亥 七月二十九日。❹弘州 疑為「松州」（治所在四川松潘）之誤。❺霸州山獠 部落名，分布於霸州（治所在今重慶市巴南區東北）山地的獠族部落。❻馮德遐 入蕃唐使。事跡見《舊唐書》卷一百九十六上〈吐蕃傳上〉、《新唐書》卷二百十六上〈吐蕃傳上〉。❼棄宗弄讚 即松贊干布（？—西元六五〇年），吐蕃贊普（國王）和民族英雄。在位期間，統一西藏諸部，定都拉薩，創立吐蕃奴隸制政權的一整套典章制度，並尚唐文成公主，大力發展唐蕃之間的經濟文化交流。❽白蘭 羌族部落名，分布於今青海南部和川西地區。❾韓威 唐初邊將，累擢松州都督、伊州刺史。事跡見《舊唐書》卷一百九十六上〈吐蕃傳上〉、《新唐書》卷一百十〈阿史那社爾傳〉。❿闊州 疑為「闊州」（治所在今四川松潘北黃勝關北）之誤。⓫別叢臥施 党項羌部酋長。⓬把利步利 党項羌部酋長，世襲諾州（隸松州都督府）刺史。⓭壬寅 八月二十七日。⓮甲辰 八月二十九日。⓯牛進達 唐初大將，官至左武衛大將軍，封琅邪郡公。事跡見《舊唐書》卷六十八〈秦叔寶傳〉、《新唐書》卷一百九十一〈忠義傳上〉等。⓰左領軍將軍劉簡 字文郁，青州北海（今山東濰坊）人，封平原郡公。貞觀末年，因謀反腰斬。傳見《舊唐書》卷六十九、《新唐書》卷九十四。據劉簡兩《唐書》本傳，簡以功遷豐州刺史，徵為右領軍將軍。⓱辛亥 九月六日。⓲掩 突然襲擊。⓳甲寅 九月九日。⓴草昧 蒙昧；原始未開化狀態。㉑都尉犍山 山名，亦稱鬱督軍山、于都斤山、烏德犍山。即今蒙古境內杭愛山。㉒獨邏水 亦稱獨洛河、獨樂河、毒樂河。即今蒙古境內土拉河。㉓拔酌頡利苾 拔酌或作拔灼，薛延陀真珠可汗少子，貞觀十九年（西元六四五年），殺長兄頡利苾（即突利失可汗）自立為頡利俱利薛沙多彌可汗，不久，為回紇所殺。㉔癸亥 九月十八日。㉕乙亥 十月一日。㉖巴州獠 部落名，分布於巴州（治所在今四川巴中）山地的僚部。㉗己卯 十月五日。㉘始平 縣名，縣治在今陝西興平。㉙乙未 十月二十一日。㉚鈞州獠 部落名，分布於鈞州（今地不詳，或疑「欽州」之誤）的獠部。㉛張寶德 唐初邊將。事跡見《新唐書》卷二〈太宗紀〉、卷二百二十二下〈南蠻傳下〉。㉜丁未 十一月三日。㉝飛騎 禁兵的一種。選富戶中身強力壯、弓馬嫻熟者充任，隸於諸衛將軍，用以守衛宮城北門。㉞韉 馬鞍墊子。㉟己巳 十一月二十五日。㊱明州獠 部落名，分布於明州（今貴州望謨、貞豐、冊亨、羅甸等縣地帶。治所不詳）的獠部。㊲辛巳 十二月七日。㊳上官懷仁 唐初將領。事跡見《舊唐書》卷三、一百九十三、《新唐書》卷二〈太宗紀〉、卷二百二十二下〈南蠻傳下〉。㊴壁州 州名，治所在今四川通江縣。㊵揚榷 扼要論述。㊶靡靡 神情專注；入迷。㊷劉玄平 事跡見《舊唐書》卷六十四〈李元軌傳〉、《新唐書》卷七十九〈李元軌傳〉。㊸布衣交 貧賤之交。㊹咥利失可汗 即沙鉢羅咥利失可汗，姓阿史那，名同娥設，西元六三四—六三九年在位。事跡見《舊唐書》卷一百九十四下〈突厥傳下〉、《新唐書》卷二百十五下〈突厥傳下〉。㊺五

咄陸　由西突厥處木昆等五姓部落組成。㊻啜　即屈律啜，突厥第二等官號。據《新唐書・突厥傳上》：「大臣曰吐護、曰屈律啜、曰阿波、曰俟利發、曰吐屯、曰俟斤、曰閻洪達、曰頡利發、曰達干，凡二十八等。」㊼碎葉　城名、水名，城址在今吉爾吉斯斯坦北部托克馬克附近。碎葉水即今中亞楚河。㊽五弩失畢　由西突厥阿悉結等五姓部落組成。㊾步利設　步利為名，姓阿史那。設，或作「察」、「殺」，突厥、回紇典兵官銜。㊿欲谷設　即西突厥乙毗咄阿可汗。西元六三八—六四二年在位。(51)自伊列水以西屬乙毗咄陸二句　此處有誤，據沙畹《西突厥史料》等考訂正相反，自伊列水（今伊犁河）以東屬乙毗咄陸，以西屬咥利失。(52)處月處密　西突厥二別部。處月部分布於今新疆烏魯木齊東北，處密部分布於烏魯木齊西北。

【校　記】[1]劉簡　嚴衍《通鑑補》改作「劉蘭」。[2]帝王　原無此二字。據章鈺校，十二行本、乙十一行本皆有此二字，今據補。[3]右武候將軍　原作「左武候將軍」。據章鈺校，十二行本、乙十一行本「左」字皆作「右」，與《舊唐書・太宗紀下》及《新唐書・太宗紀》、〈南蠻傳下〉相合，今據改。[4]乙毗咄陸　原脫「毗」字。據章鈺校，十二行本、乙十一行本皆有「毗」字，張敦仁《通鑑刊本識誤》同，今據補。

【語　譯】夏，五月二十五日壬申，弘文館學士永興文懿公虞世南去世，太宗哭得十分悲慟。虞世南外表溫和柔順而內心忠誠正直，太宗曾稱讚世南有五絕：一是德行，二是忠直，三是博學，四是文章，五是書法。

秋，七月二十七日癸酉，任命吏部尚書高士廉為尚書右僕射。〇二十九日乙亥，吐蕃侵犯弘州。

八月，霸州獠民反叛，燒死刺史向邵陵以及官吏百姓一百多家。

起初，太宗派遣使者馮德遐安撫慰問吐蕃。吐蕃聽說突厥、吐谷渾都曾娶唐朝公主為妻，就派使節隨著馮德遐進京朝見，帶著大量金銀財寶，上表請求通婚，太宗沒有答應。使者回到吐蕃，對吐蕃贊普棄宗弄讚說：「臣剛到大唐，大唐招待我非常優厚，答應下嫁公主。正好趕上吐谷渾國王進京朝見，離間我們與大唐的關係，唐朝對待我們的禮遇逐漸變輕，也不答應通婚了。」棄宗弄讚於是發兵攻打吐谷渾。吐谷渾抵抗不住，逃到青海湖北面，百姓和牲畜多被吐蕃掠走。

吐蕃進軍打敗党項、白蘭等羌族，率兵二十多萬駐紮在松州西部邊境，派使節進獻金銀綢緞，聲稱前來迎娶公主。不久又進攻松州，打敗都督韓威，羌族首領閻州刺史別叢臥施、諸州刺史把利步利率全州反叛，投降吐蕃。吐蕃連年用兵不止，該國的大臣勸諫贊普，贊普不聽從，因而自縊死去的總共有八個人。八月二十七日壬寅，任命吏部尚書侯君集為當彌道行軍大總管，二十九日甲辰，任命右領軍大將軍執失思力為白蘭道行軍總管、左武衛將軍牛進達為闊水道行軍總管、左領軍將軍劉簡為洮河道行軍總管，統率步兵、騎兵共五萬人攻打吐蕃。

吐蕃進攻松州城十多天，牛進達擔任唐軍先鋒，九月初六日辛亥，乘吐蕃軍沒有防備突然襲擊，在松州城下打敗吐蕃軍隊，斬首一千多人。棄宗弄讚害怕了，率兵撤退，派使者到長安謝罪，於是又請求通婚，太宗應允了這一請求。

九月初九日甲寅，太宗問侍從大臣：「帝王創業與守成哪個更難？」房玄齡說：「開創帝業之初，與各路豪雄一同起兵角逐爭鬥而後臣服他們，還是創業艱難！」魏徵說：「自古以來的帝王，莫不是從艱難中取得天下，又在安逸中失去天下，守成更難！」太宗說：「房玄齡與我共同取得天下，經過上百次生死考驗，最後獲得生存，所以懂得創業的艱難。魏徵與我共同安定天下，常常擔心驕傲和奢侈從富貴中產生，禍亂從疏忽中產生，所以懂得守成的艱難。然而創業的艱難，已經成為往事，守成的艱難，正應當與諸位公卿謹慎對待。」房玄齡等人下拜說：「陛下說出這樣的話，是四海百姓的福氣。」

起初，突厥頡利可汗滅亡以後，北方地區空無人煙，薛延陀真珠可汗率領他的部落在都尉揵山北麓、獨邏水南岸建立王庭，兵馬二十萬，立他的兩個兒子拔酌、頡利苾分別統領南部、北部。太宗因為他們逐漸強盛，擔心以後難以制服，九月十八日癸亥，封真珠可汗的兩個兒子為小可汗，分別賜給鼓和大旗，表面上顯示對他們的優遇，實際上分化他們的勢力。

冬，十月初一日乙亥，巴州獠民反叛。○初五日己卯，太宗在始平圍獵。二十一日乙未，回到長安。○鈞州獠民反叛，朝廷派桂州都督張寶德討伐平定他們。

十一月初三日丁未，開始在玄武門設置左、右屯營飛騎，由諸位將軍統領。又挑選飛騎中身體驍健敏捷、善於騎馬射箭的，號稱百騎，身穿五色戰袍，乘坐駿馬，用虎皮做馬鞍和墊布，凡是太宗出外巡幸就隨從著。

○二十五日己巳，明州獠民反叛，朝廷派交州都督李道彥討伐平定了他們。

十二月初七日辛巳，右武候將軍上官懷仁在壁州攻擊反叛的獠民，大敗獠民，俘獲其男女一萬多人。

這一年，任命給事中馬周為中書舍人。馬周機敏善辯，中書侍郎岑文本常常說：「馬君議論事情，引用各種事類，評論古今的事例，能舉出要點刪去繁瑣，既有文采又能切中事理，一個字不能再增加，一個字也不能再減少，能讓人聽得入迷，令人忘記疲倦。」

霍王李元軌喜歡讀書，謙恭謹慎，堅持操守，言行舉止都不狂妄。擔任徐州刺史時，與處士劉玄平成為布衣之交。人們問劉玄平霍王有什麼長處，劉玄平說：「沒有長處。」問的人覺得很奇怪。劉玄平說：「人有短處才能看到他的長處，至於霍王，沒有短處，我怎麼能說出他的長處呢！」

起初，西突厥咥利失可汗把他的國土分為十部，每部設立一個酋長，仍舊分別賜給一支箭，稱為十箭。又分為左、右廂，左廂號稱五咄陸，設置五大屈律啜，居住在碎葉以東地區，右廂號稱五弩失畢，設立五大俟斤，居住在碎葉以西地區，合起來統稱為十姓。咥利失失去民心，被他的臣下統吐屯襲擊。咥利失兵敗後，與他的弟弟步利設退守焉耆。統吐屯等人想要擁立欲谷設為大可汗，正好趕上統吐屯被人殺死，欲谷設的軍隊也被打敗，咥利失收復原有的土地。到這時，西部終於擁立欲谷設為乙毗咄陸可汗。乙毗咄陸即位之後，與咥利失大戰，殺傷甚多，於是把他的地盤從中間分成兩塊，自伊列水以西屬於乙毗咄陸，以東屬於咥利失。

處月、處密與高昌一同攻下焉耆五座城池，掠走男女一千五百人，燒毀了他們的房屋後離去。

十三年（己亥　西元六三九年）

春，正月乙巳❶，車駕謁獻陵❷。丁未❸，還宮。

戊午❹，加左僕射房玄齡太子少師❺。玄齡自以居端揆十五年，男遺愛❻尚上女高陽公主，女為韓王⑦妃，深畏滿盈，上表請解機務，上不許。玄齡固請不已，詔斷表⑧，乃就職。太子欲拜玄齡，設儀衛待之。玄齡不敢謁見而歸，時人美其有讓⑨。玄齡以度支⑩繫天下利害，嘗有闕，求其人未得，乃自領之。

禮部尚書永寧懿公王珪薨。珪性寬裕，自奉養甚薄。於令，三品已上皆立家廟⑪。珪通貴已久，獨祭於寢，為法司所劾。上不問，命有司為之立廟以愧之。

二月庚辰⑫，以光祿大夫尉遲敬德為鄜州都督。

上嘗謂敬德曰：「人或言卿反，何也？」對曰：「臣反是實。臣從陛下征伐四方，身經百戰，今之存者，皆鋒鏑⑬之餘也。天下已定，乃更疑臣反乎！」因解衣投地，出其瘢痍。上為之流涕，曰：「卿復服，朕不疑卿，故語卿，何更恨邪！」

上又嘗謂敬德曰：「朕欲以女妻卿，何如？」敬德叩頭謝曰：「臣妻雖鄙陋，相與共貧賤久矣。臣雖不學，聞古人富不易妻，此非臣所願[1]也。」上乃止。

戊戌⑭，尚書奏：「近世掖庭⑮之選，或微賤之族⑯，禮訓蔑聞⑰，或刑戮之家⑱，憂怨所積。請自今後宮及東宮內職有闕，皆選良家有才行者充，以禮聘納，其沒官口⑲及素微賤之人，皆不得補用。」上從之。

上既詔宗室羣臣襲封刺史，左庶子于志寧以為古今事殊，恐非久安之道，上疏爭之。侍御史馬周亦上疏，以為：「堯、舜之父，猶有朱、均⑳之子。儻有孩童嗣職，萬一驕愚，兆庶被其殃，而國家受其敗。正㉑欲絕之也，則子文㉒之治猶在；正欲留之也，而欒黶㉓之惡已彰。與其毒害於見存之百姓，則寧使割恩於已亡之一臣，明矣。然則向所謂愛之者，乃適所以傷之也。臣謂宜賦以茅土㉔，疇㉕其戶邑，必有材行，隨器授官，使其人得奉大恩而子孫終其福祿。」

會司空、趙州刺史長孫無忌等皆不願之國，上表固讓，稱：「承恩以來，形影相弔㉖，若履春冰㉗，宗族憂虞，如置湯火。緬惟三代封建，蓋由力不能制，因而利之，禮樂節文，多非己出。兩漢罷侯置守㉘，蠲除㉙曩弊，深協事宜。今因臣等復有變更，恐紊聖朝綱紀，且後世愚幼不肖之嗣，或抵冒邦憲㉚，自取誅夷，更因延世之賞㉛，致成勦絕之禍，良可哀愍。願停渙汗之旨㉜，賜其性命之恩。」無忌又因子婦長樂公主㉝固請於上，且言「臣披荊棘㉞事陛下，今海內寧一㉟，柰何棄之外州，與遷徙何異！」上曰：「割地以封功臣，古今通義，意欲公之後嗣，輔朕子孫，共傳永久。而公等乃復發言怨望，朕豈強公等以茅土邪！」庚子㊱，詔停世封刺史。

【章　旨】以上為第七段，寫唐太宗欲行封建，世襲刺史，因大臣諫諍而收回成命。

【注　釋】❶乙巳　一月一日。❷獻陵　唐高祖李淵陵寢。在今陝西三原城南二十五公里處的土原上。❸丁未　正月三日。❹戊午　一月十四日。❺太子少師　官名，掌輔導皇太子，從一品階。與太子少傅、少保合稱東宮三少。三少多為大臣虛銜、榮典。❻遺愛　玄齡次子房遺愛，因與高陽公主等謀反，於永徽三年賜死。公主同遺愛傳見《舊唐書》卷六十六、《新唐書》卷八十三、九十六。❼韓王　即李淵第十一子李元嘉。傳見《舊唐書》卷六十四、《新唐書》卷七十九。❽斷表　即敕斷讓官表章。❾讓　謙讓；退讓。❿度支　即度支郎中，掌天下租賦、財政支度大權。⓫家廟　唐制，三品以上官得立家廟，以祭祀三代祖先。平民則祭於內寢。⓬庚辰　二月七日。⓭鋒鏑　鋒，刀口。鏑，箭頭。⓮戊戌　二月二十五日。⓯掖庭　皇宮中宮嬪所居地方。⓰微賤之族　下層小民或從事賤業的家族。此指唐妃嬪之選多由侍兒和歌舞者以進。⓱蔑聞　不知道；沒有聽說過。⓲刑戮之家　指受過肉刑或已處死刑的人的家屬。⓳沒官口　指因家人犯罪而被株連沒入掖庭為官奴婢的人。⓴朱均　朱，即堯子丹朱。均，即舜子商均。朱、均不肖，故堯、舜禪位他人。㉑正　假使；即使。㉒子文　春秋時楚國令尹。在其當政期間，國力強盛，曾率軍滅弦（今河南潢川縣西）攻隨（今湖北隨縣）。至其孫克黃，因有過，楚王欲停絕其封襲，既而王思子文之治，又恢復了克黃的官封。㉓欒黶　晉大夫武子之子，為政驕縱，但父德影響猶在，故得不絕封，至其子盈而被逐。㉔茅土　帝王分封諸侯時，把祭壇上的泥土授以被封之人，作為分得土地的象徵。因此，稱分諸侯為授茅土。㉕疇通「酬」。㉖形影相弔　謂孤立無援，淒然一身。㉗若履春冰　像踏踩春天的薄冰。比喻恐懼危險之極。㉘罷侯置守　指廢除諸侯分封，推行集權中央的郡縣制。㉙蠲除　免除。㉚邦憲　國家法令。㉛延世之賞　指世卿世祿。㉜渙汗之旨　指聖旨既發，只有推行，如人身汗出，不可復收。㉝長樂公主　太宗愛女，長孫皇后所出，下嫁長孫無忌之子長孫沖。傳見《新唐書》卷八十三。㉞披荊棘　即披荊斬棘。比喻創業艱苦。㉟海內寧一　國家安定統一。㊱庚子　二月二十七日。

【校　記】[1]非臣所願　原作「臣非所願」。據章鈺校，十二行本、乙十一行本、孔天胤本皆作「非臣所願」，張敦仁《通鑑刊本識誤》同，今據改。

【語　譯】十三年（己亥　西元六三九年）

春，正月初一日乙巳，太宗乘車駕拜謁高祖的獻陵。初三日丁未，回到宮中。

正月十四日戊午，加封左僕射房玄齡為太子少師。房玄齡認為自己擔任尚書省長官已有十五年，兒子房遺愛娶了太宗之女高陽公主，女兒是高祖之子韓王李元嘉的妃子，他深為懼怕富貴滿盈，於是上表請求解除機要的職務，太宗不允許。房玄齡堅決地一再請求，太宗下詔不准他再次上表，房玄齡只好就職。太子想向房玄齡行弟子的拜見禮，並設置了儀衛等房玄齡前來。房玄齡不敢謁見太子就返回家中，時人讚美他有謙讓的品德。房玄齡認為度支郎中一職關係到國家財政的利害，曾有空缺，未能找到合適的人選，於是自己兼領這一官職。

禮部尚書、永寧懿公王珪去世。王珪性情寬容大方，自身的奉養卻很節儉。按照唐代的制度，三品以上的大臣都可建立家廟。王珪躋身顯貴已有很長時間，只在家中的內室祭祀祖先，受到有關司法部門的彈劾。太宗不予過問，命令有關部門為他建立家廟來羞愧他。

二月初七日庚辰，任命光祿大夫尉遲敬德為鄜州都督。

太宗曾對尉遲敬德說：「有人說你謀反，為什麼？」尉遲敬德回答說：「我謀反這件事屬實。我跟隨陛下征伐四方，身經百戰，如今留下來的人，都是刀鋒箭頭之下剩餘下來的。現在天下已經安定，就來懷疑臣要謀反嗎！」於是脫下衣服扔在地上，露出身上的傷疤。太宗為此流下眼淚，說：「你還是穿上衣服，朕不懷疑你，所以才跟你說，為何要忿恨呢！」

太宗又曾對尉遲敬德說：「朕想把女兒嫁給你為妻，怎麼樣？」尉遲敬德磕頭辭謝說：「臣的妻子雖然粗鄙淺陋，但我們一同過貧賤生活很久了。臣雖然沒有學問，聽說古人富貴之後不換妻子，娶公主不是臣所希望的。」太宗於是作罷。

二月二十五日戊戌，尚書省奏稱：「近來掖庭女官的選拔，有的出身地位微賤的家族，沒有聽說過宮中的禮儀訓條，有的出自受過刑罰誅戮的家族，對朝廷積有怨恨。請求從今日起，後宮及東宮的女官若有空缺，都挑選良好人家中有才能和品行的女子加以補充，按照禮儀進行聘納，那些因為有罪而被官府抄沒以及家族一向低微貧賤的人，都不能補充任用。」太宗同意了這個請求。

太宗已詔令宗室與大臣的子孫可以承襲刺史的官職，左庶子于志寧認為古今政事不同，恐怕並非長治久安之策，上疏諫爭。侍御史馬周也上奏，認為：「堯、舜作為父親，還有丹朱、商均這樣不肖的兒子。倘若有孩童承襲父親的官職，萬一長大驕橫愚鈍，百姓們就會遭殃，國家也會受到破壞。此時如果不想讓他承襲父職，就會考慮到他祖先的功勞尚在，就像楚人思念子文治國有功而讓其子承襲封地一樣；如果想保留他的承襲，可是他的罪惡已像晉國欒氏的後人欒黶一樣彰顯。與其讓他承襲官職毒害當時的百姓，不如對已死大臣割捨皇恩，怎樣做更有利於國家是非常明顯的。這樣看來以前所謂的愛護他們，其實正是害了他們。臣認為應該讓他們在封地中獲得賦稅，享受民戶的奉納，如果確實有才能品行的，就根據才能大小授予官職，讓他們得以尊奉皇恩而子孫永享福祿。」

正好趕上司空、趙州刺史長孫無忌等人都不願意前往封國，上表執意辭讓，稱：「受到恩遇以來，臣孤立無援，淒涼一身，就像踩在春天的薄冰上一樣，全宗族的人都擔憂恐懼，就像置身在水火之中。緬懷追思夏、商、周三代實行封土建國的制度，是由於天子力量不能控制整個天下，因此封土建國就有利，而禮樂的儀式制度，大多並非諸侯自己決定。到了兩漢廢除了諸侯國而設置郡守縣令，廢除從前的弊病，深為合乎事理。如今因為我們這些人又有改變，恐怕會擾亂聖朝的政治綱紀，而且後代愚幼無知的不肖子孫，有人會觸犯國家法令，自取滅亡，更會因為享受了延續不斷的世卿世祿的賞賜，導致最後被剿滅的災禍，實在值得可憐悲傷。願陛下停止已經發出難以收回的聖旨，賜給他們保全性命的皇恩。」長孫無忌又讓他的兒媳長樂公主極力請求太宗，而且說「臣披荊斬棘侍奉陛下，如今海內安寧統一，為何把我們拋棄在京外州郡，這與降級左遷有什麼不同！」太宗說：「分割土地封給有功大臣，是古今的通義，想讓你們的後代，輔佐朕的子孫，共同流傳延續直到久遠。可是你們卻又上書表示怨恨，朕難道是用封地強逼你們嗎！」二月二十七日庚子，下詔停止世襲刺史。

高昌王麴文泰❶多遏絕西域朝貢，伊吾❷先臣西突厥，既而內屬，文泰與西突厥共擊之。上下書切責，徵其大臣阿史那矩❸，欲與議事，文泰不遣，遣其長史麴雍來謝罪。頡利之亡也，中國人❹在突厥者或奔高昌，詔文泰歸之，文泰蔽匿不遣。又與西突厥共擊破焉耆，焉耆訴之。上遣虞部郎中❺李道裕❻往問狀，且謂其使者曰：「高昌數年以來，朝貢脫略，無藩臣禮，所置官號，皆準天朝❼，築城掘溝，預備攻討。我使者至彼，文泰語之云：『鷹飛于天，雉伏于蒿，貓遊于堂，鼠噍❽于穴，各得其所，豈不能自生邪！』又遣使謂薛延陀曰：『既為可汗，則與天子匹敵，何為拜其使者！』事人無禮，又間❾鄰國，為惡不誅，善何以勸❿！明年當發兵擊汝。」三月，薛延陀可汗遣使上言：「奴受恩思報，請發所部為軍導以擊高昌。」上遣民部尚書唐儉、右領軍大將軍執失思力齎繒帛賜薛延陀，與謀進取。

夏，四月戊寅⓫，上幸九成宮⓬。

初，突厥突利可汗之弟結社率⓭從突利入朝，歷位中郎將。居家無賴，怨突利斥之，乃誣告其謀反。上由是薄之，久不進秩⓮。結社率陰結故部落，得四十餘人，謀因晉王⓯治四鼓出宮，開門辟仗⓰，馳入宮門，直指御帳，可有大功。

甲申⑰，擁突利之子賀邏鶻⑱夜伏於宮外，會大風，晉王未出，結社率恐曉，遂犯行宮，踰四重幕，弓矢亂發，衛士死者數十人。折衝⑲孫武開等帥眾奮擊，久之，乃退，馳入御廄，盜馬二十餘匹，北走⑳度渭，欲奔其部落，追獲斬之。原賀邏鶻，投于嶺表㉑。

庚寅㉒，遣武侯將軍上官懷仁擊巴、壁、洋、集四州㉓反獠，平之，虜男女六千餘口。

五月，旱。甲寅㉔，詔五品以上上封事。魏徵上疏，以為：「陛下志業，比貞觀之初，漸不克終㉕者凡十條。」其間一條以為：「頃年㉖以來，輕用民力。乃云：『百姓無事則驕逸，勞役則易使。』自古未有因百姓逸㉗而敗、勞而安者也，此恐非興邦之至言。」上深加獎歎，云：「已列諸屏障，朝夕瞻仰，并錄付史官。」仍賜徵黃金十斤，廄馬二匹。

六月，渝州㉘人侯弘仁自牂柯開道，經西趙㉙，出邕州㉚，以通交、桂，蠻、俚㉛降者二萬八千餘戶。

丙申㉜，立皇弟元嬰㉝為滕王。

自結社率之反，言事者多云突厥留河南㉞不便，秋，七月庚戌㉟，詔右武侯大將軍、化州都督、懷化郡王李思摩為乙彌泥孰俟利苾可汗，賜之鼓纛，突厥及胡在諸州安置者並令度河㊱，還其舊部，俾世作藩屏，長保邊塞。突厥咸憚薛延陀，不肯出塞㊲。上遣司農卿郭嗣本㊳賜薛延陀璽書㊴，言「頡利既敗，其部落咸來歸化，我略㊵其舊過，嘉其後善，待其達官皆如吾百寮㊶、部落皆如吾百姓。中國貴尚禮義，不滅人國，前破突厥，止為頡利一人為百姓害，實不貪其土地，利其人畜，恆欲更立可汗，故置所降部落於河南，任其畜牧。今戶口蕃滋㊷，吾心甚喜。既許立之，不可失信。秋中將遣突厥度河，復其故國。爾薛延陀受冊㊸在前，突厥受冊在後，後者為小，前者為大。爾在磧㊹北，突厥在磧南，各守土疆，鎮撫部落。其踰分故相抄掠，我則發兵，各問其罪。」薛延陀奉詔，於是遣思摩帥所部建牙於河北。上御齊政殿㊺餞之，思摩涕泣，奉觴㊻上壽曰：「奴等破亡之餘，分為灰壤，陛下存其骸骨，復立為可汗，願萬世子孫恆事陛下。」又遣禮部尚書趙郡王孝恭等齎冊書就其種落，築壇於河上而立之。上謂侍臣曰：「中國，根幹也，四夷，枝葉也，割根幹以奉枝葉，木安得滋榮！朕不用魏徵言，幾致狼狽㊼。」又以左屯衛將軍阿史那忠㊽為左賢王，左武衛將軍阿史那泥孰㊾[1]為右賢王。忠，蘇尼失之子也，上遇之甚厚，妻以宗女。及出塞，懷慕中國，見使者必泣涕請入侍，詔許之。

【章旨】以上為第八段，寫內附突厥人結社率反於長安，太宗遣送內附突厥部落還歸舊境。

【注釋】❶麴文泰　（？—西元六四〇年）高昌國王。貞觀四年（西元六三〇年）入朝，與唐建立臣隸關係。後妄自尊大，遏絕絲綢之路，遂招致唐軍討伐，文泰驚懼發病死。事跡見《舊唐書》卷一百九十八、《新唐書》卷二百二十一上〈高昌傳〉。❷伊吾　原隋郡名，治所在今新疆哈密西四堡。唐為伊州。❸阿史那矩　突厥人，高昌國大臣。阿史那，姓。矩，名。❹中國人　此謂流落蕃區的中原漢人。❺虞部郎中　官名，工部掌京城綠化、苑囿及百官、蕃客菜蔬薪炭供頓等事的官員。❻李道裕　雍州涇陽（今陝西涇陽）人，後官至大理卿。傳見《舊唐書》卷六十三、《新唐書》卷九十九。❼天朝　指唐朝廷。❽噍　鳴叫聲，或咬、嚼。❾間　離間；挑撥。❿勸　倡導。⓫戊寅　四月五日。⓬九成宮　本隋仁壽宮，宮址在今陝西麟遊西。⓭結社率　（？—西元六三九年）姓阿史那氏。事跡見《舊唐書》卷一百九十四上、《新唐書》卷二百十五上〈突厥傳上〉。⓮秩　俸祿、職位或品級。⓯晉王　即後來的唐高宗李治，西元六四九—六八三年在位。⓰辟仗　衛士在駕前攘辟左右行人，這種為天子「陳兵清道」事宜稱辟仗。⓱甲申　四月十一日。⓲賀邏鶻　事跡見《舊唐書》卷一百九十四上、《新唐書》卷二百十五上〈突厥傳上〉。⓳折衝　官名，即折衝都尉。⓴北走　敗走。非謂向北逃走，從下文「渡渭」可知。渭水（即今渭河）在九成宮南。㉑嶺表　地區名，即嶺南。㉒庚寅　四月十七日。㉓巴壁洋集四州　州名，巴州治所在今四川巴中，壁州治所在今四川通江縣，洋州治所在今陝西西鄉，集州治所在今四川南江縣。㉔甲寅　五月十二日。㉕克終　全終；貫徹到最後。㉖頃年　近年。㉗逸　安閒。㉘渝州　州名，治所在今重慶市。㉙西趙　民族名，即西趙蠻，由其首領姓趙得名。分布於今貴州東部，貞觀二十一年（西元六四七年）以其地置明州（今貴州貞豐、冊亨、羅甸一帶）。㉚邕州　州名，治所在今廣西南寧南。㉛俚　民族名，亦作「里」，今黎族等先民。分布於今廣東西南、廣西東南、海南地區。㉜丙申　六月二十五日。㉝元嬰　唐高祖第二十一子李元嬰（？—西元六八四年）。傳見《舊唐書》卷六十四、《新唐書》卷七十九。㉞河南　黃河之南，指今內蒙古河套地區。㉟庚戌　七月九日。㊱河　即黃河。㊲塞　塞外；塞北。指長城以北，今內蒙古中部和西部等地區。㊳郭嗣本　事跡見《舊唐書》卷一百九十四上、《新唐書》卷二百十五上〈突厥傳上〉。㊴璽書　皇帝詔書。㊵略　不計；原諒。㊶寮　通「僚」。㊷蕃滋　蕃衍滋生。㊸冊　帝王封贈臣下的詔書。㊹磧　沙漠。此指蒙古高原大沙漠。㊺齊政殿　宮殿名，時太宗幸九成宮，齊政殿當在九成宮內。㊻觴　盛滿酒的杯。㊼狼狽　窘迫狀。㊽阿史那忠　（西元六一一—六七五年）東突厥貴族，尚宗室女定襄縣主，累擢諸衛大將軍，封薛國公，陪葬昭陵。傳見《舊唐書》卷一百九、《新唐書》卷一百十。㊾阿史那泥熟　據《十七史商榷・阿史那忠》等，忠與泥熟本為一人。《通鑑》誤。

【校　記】①阿史那泥熟　「史」字原作「失」。據章鈺校，十二行本、乙十一行本皆作「史」，張瑛《通鑑校勘記》同，今從改。

【語　譯】高昌王麴文泰多次攔截阻止西域諸國向唐朝進貢，伊吾以前向西突厥稱臣，之後又歸附唐朝，麴文泰與西突厥一同討伐伊吾。太宗頒下詔書責備他，又徵召他的大臣阿史那矩，想和他商議有關事務，麴文泰不派他前來，而派他的長史麴雍前來謝罪。頡利可汗滅亡後，流落在突厥的中原人有的投奔到高昌，太宗下詔讓麴文泰放他們返回中原，麴文泰把他們藏起來不送回。他又與西突厥一同打敗了焉耆，焉耆向唐朝控訴高昌。太宗派虞部郎中李道裕前去詢問情況，並且對高昌的使者說：「高昌這幾年以來，對大唐的朝貢有所減少和忽略，沒有藩臣的禮節，所設置的官職名號，都仿效大唐天朝，修建城牆深挖壕溝，預先防備進攻和討伐。我朝派去的使者到了那裡，麴文泰對他說：『老鷹在天上飛翔，野雞伏在蒿草叢中，貓在廳堂裡遊玩，老鼠在洞穴中嚼食，牠們各得其所，難道不能各自為生嗎！』又派使者對薛延陀說：『你既然身為可汗，就可以與天子匹敵了，為何對唐的使者下拜！』侍奉人卻無禮，又離間鄰國，作惡卻不誅殺他，行善的人怎能得到勸勉！明年當要發兵討伐你們。」三月，薛延陀可汗派使者對唐朝說：「我受到皇恩想要回報，請求徵發我所屬的軍隊作為先導去進攻高昌。」太宗派民部尚書唐儉、右領軍大將軍執失思力帶著絲綢賜給薛延陀，與他謀劃攻取高昌。

夏，四月初五日戊寅，太宗巡幸九成宮。

起初，突厥突利可汗的弟弟結社率跟隨突利入京朝見，在唐朝歷任中郎將。在家中沒有依靠，就怨恨突利排斥他，於是誣告突利謀反。太宗因此薄待結社率，很久沒有晉升他的官階。結社率暗中糾結原來的部落，收羅了四十多人，謀劃利用晉王李治四更出宮，打開宮門排列儀仗隊的時候，乘馬衝進宮門，直接衝向皇帝的御帳，可以建立奪位的大功。四月十一日甲申，結社率等人簇擁突利之子賀邏鶻夜間潛伏在宮門外，正好颳起大風，晉王沒有出宮，結社率擔心天亮了，於是進犯太宗的行宮，穿過四層幕帳，弓箭亂射，宮廷衛士死了幾十人。折衝都尉孫武開等人率領眾衛士奮勇搏擊，戰鬥了很久，結社率才退兵，馳馬衝入御馬廄中，盜走御馬二十多匹，敗北逃走並渡過渭水，想逃回他的部落，唐兵追擊俘獲並且斬殺了他們。太宗原諒了賀邏鶻，把他流放到嶺南。

四月十七日庚寅，派遣武候將軍上官懷仁進攻巴州、壁州、洋州、集州的反叛獠民，平定了他們，俘虜男女六千多人。

五月，發生旱災。十二日甲寅，太宗下詔命令五品以上官員密封上奏。魏徵上疏，認為：「陛下的志向與帝業，與貞觀初年相比，逐漸不能善終的事情總共有十條。」其中的一條認為：「近年以來，輕易動用民力。並說：『百姓無事可做就會變得驕縱安逸，讓他們服勞役就容易使喚。』自古以來沒有因百姓安逸而國家敗亡，因百姓勞苦而天下安定的，這恐怕不是振興國家的至理名言。」太宗深加讚賞感歎，說：「已將你的奏疏列在屏風上，早晚瞻仰觀看，並抄錄下來交付史官。」又賜給魏徵黃金十斤，御馬二匹。

六月，渝州人侯弘仁從牂柯開通道路，經過西趙，到達邕州，用來溝通交州、桂州，蠻族、俚族向他降服的有二萬八千多戶。

六月二十五日丙申，太宗冊立皇弟李元嬰為滕王。

自從結社率反叛後，上書言事的大臣大多認為把突厥人留在黃河以南不方便，秋，七月初九日庚戌，詔令右武候大將軍、化州都督、懷化郡王李思摩為乙彌泥孰俟利苾可汗，賜給他大鼓和大旗，對於突厥以及安置在各州的胡人都命令他們渡過黃河，回到他們原來的部落，使他們世代作為唐朝的外圍屏障，長久地保衛邊塞。突厥人都懼怕薛延陀，不肯出塞。太宗派司農卿郭嗣本賜給薛延陀璽書，說「頡利可汗已經敗亡，他的部落都來歸附大唐，朕不計較他們從前的過失，嘉獎他們後來的善行，對待他們的官員就像對待朕自己的百官，對待他們的部族就像對待朕的百姓。中原王朝崇尚禮義，不滅絕他人的國家，先前打敗突厥，只是因為頡利可汗一人是百姓的禍害，實在不是貪圖他的土地，不把奪取他們的人口和牲畜作為利益，一直都想重立可汗，所以把投降的突厥部落安置在黃河以南一帶，任由他們從事畜牧。如今他們的人口增長很快，朕內心非常高興。既然已答應另立可汗，就不能失信。秋季將要派遣突厥渡過黃河，恢復他們的故國。你薛延陀受到冊封在前，突厥受到冊封在後，在後的為小，在前的為大。你們在沙漠以北，突厥在沙漠以南，各自守衛疆土，鎮撫部落。其中如有越過疆界相互劫掠，我大唐就要發兵，分別責問他的罪行。」薛延陀接受詔令，於是太宗派思摩率領所轄部落在黃河以北建立牙帳。太宗親臨齊政殿為他們餞行，思摩淚流滿面，捧著酒杯為太宗祝壽說：「我等是亡國剩餘之人，已經分散成為灰土，陛下保全了我們的生命，又立為可汗，希望萬代的子孫永遠侍奉陛下。」太宗又派禮部尚書趙郡王李孝恭等人攜帶冊封文書到他們的部落，在黃河邊築立祭壇而冊立他。太宗對侍從大臣說：「中原王朝，是大樹的樹根樹幹，四方民族，乃是大樹的枝葉，割斷樹根樹幹來奉養枝葉，樹木怎能生長繁榮呢！朕不採納魏徵的諫言，差點陷入狼狽境地。」又任命左屯衛將軍阿史那忠為左賢王，左武衛將軍阿史那泥孰為右賢王。阿史那忠，是蘇尼失的兒子，太宗待他非常優厚，把宗室之女許配給他。等到出塞，仍然懷戀仰慕中原朝廷，見到來使必定流淚請求入京侍奉，太宗下詔答應了他的請求。

八月辛未朔❶，日有食之。◯詔以「身體髮膚，不敢毀傷。比來訴訟者或自毀耳目，自今有犯，先笞四十，然後依法。」

冬，十月甲申❷，車駕還京師。

十一月辛亥❸，以侍中楊師道為中書令。◯戊辰❹，尚書左丞劉洎❺為黃門侍郎、參知政事。

上猶冀高昌王文泰悔過，復下璽書，示以禍福，徵之入朝，文泰竟稱疾不至。十二月壬申⑥，遣交河行軍大總管・吏部尚書侯君集、副總管兼左屯衛大將軍薛萬均等將兵擊之。

乙亥⑦，立皇子福⑧為趙王。○己丑⑨，吐谷渾王諾曷鉢來朝，以宗女為弘化公主⑩，妻之。○壬辰⑪，上畋於咸陽⑫。癸巳⑬，還宮。○太子承乾頗以遊畋廢學，右庶子張玄素諫，不聽。

是歲天下州府凡三百五十八，縣一千五百一十一⑭。

太史令傅奕精究術數⑮之書，而終不之信⑯，遇病，不呼醫餌藥。有僧自西域來，善呪術⑰，能令人立死，復呪之使蘇。上擇飛騎中壯者試之，皆如其言。以告奕，奕曰：「此邪術也。臣聞邪不干正，請使呪臣，必不能行。」上命僧呪奕。奕初無所覺，須臾，僧忽僵仆⑱，若為物所擊，遂不復蘇。又有婆羅門⑲僧，言得佛齒，所擊前無堅物。長安士女輻湊⑳如市。奕時臥疾，謂其子曰：「吾聞有金剛石㉑者[1]，性至堅，物莫能傷，唯羖羊角能破之，汝往試焉。」其子往見佛齒，出角叩之，應手而碎，觀者乃止。奕臨終，戒其子無得學佛書，時年八十五。又集魏、晉以來駁佛教者為高識傳十卷，行於世。

西突厥咥利失可汗之臣俟利發㉒與乙毗咄陸可汗通謀作亂，咥利失窮蹙，逃奔鏺汗㉓而死。弩失畢部落迎其弟子薄布特勒㉔立之，是為乙毗沙鉢羅葉護可汗。沙鉢羅葉護既立，建庭於雖合水㉕北，謂之南庭，自龜茲、鄯善、且末、吐火羅、焉耆、石、史、何、穆、康㉖等國皆附之。咄陸建庭[2]於鏃曷山㉗西，謂之北庭，自厥越失㉘、拔悉彌㉙、駁馬㉚、結骨㉛、火燖㉜、觸水昆㉝[3]等國皆附之，以伊列水㉞為境。

【章旨】以上為第九段，寫太史令傅奕排佛，唐調整與西北各少數民族的關係，恩威並施，兵伐高昌。

【注釋】❶辛未朔　八月一日。❷甲申　十月十五日。❸辛亥　十一月十三日。❹戊辰　十一月三十日。❺劉洎　（？—西元六四五年）唐初大臣，太宗時為相，荊州江陵（今湖北江陵）人，貞觀十九年，被人誣陷，賜死。傳見《舊唐書》卷七十四、《新唐書》卷九十九。❻壬申　十二月四日。❼乙亥　十二月七日。❽福　太宗第十三子李福。傳見《舊唐書》卷七十六、《新唐書》卷八十。❾己丑　十二月二十一日。❿弘化公主　（西元六二三—六九八年）唐和蕃公主，宗室女。武則天時，賜姓武，改封西平大長公主。事跡見《舊唐書》卷一百九十八〈吐谷渾傳〉、《新唐書》卷二百二十一上〈吐谷渾傳〉。⓫壬辰　十二月二十四日。⓬咸陽　縣名，縣治在今陝西咸陽東北。⓭癸巳　十二月二十五日。⓮縣一千五百一十一　據《新唐書》卷三十七〈地理志一〉，縣數為一千五百五十一。⓯術數　以方術迷信（如占星、卜筮等）來預測人的禍福吉凶。⓰不之信　不信之；對之不相信。⓱呪術　詛咒之術。呪，「咒」的異體字。⓲僵仆　仆倒而死。⓳婆羅門　印度古稱。⓴輻湊　本指車輻湊集於轂上，引申為人或物的集聚。㉑金剛石　礦物名，作研磨和切割材料用，或加工為鑽石，用為裝飾品。㉒俟利發　本為突厥第四等官稱，此以官名為人名。俟利發為世襲吐屯（第五等官稱）的西突厥部酋。《新唐書・西突厥傳》作「俟列發」。㉓鏺汗　中亞國名，又稱「鏺汗那」、「破洛那」、「大宛」。在今中亞費爾干那盆地。㉔薄布特勒　《舊唐書・突厥傳》作「薄布特勤」，《新唐書・突厥傳》作「畢賀咄葉護」。㉕雖合水　即碎葉水（今中亞楚河）。㉖鄯善且末吐火羅句　鄯善，今新疆若羌。且末，今新疆且末西南。吐火羅，在今阿富汗北。石國，今中亞塔什干。史國，今中亞撒馬爾罕東南。何國，今中亞撒馬爾罕西北。穆國，今中亞查爾朱。康國，今中亞撒馬爾罕一帶。㉗鏃曷山　今地不詳，或謂今中亞吉爾吉斯山。㉘厥越失　中亞民族名，分布地不詳。㉙拔悉彌　又作「拔悉蜜」、「弊剌」。鐵勒諸部之一，分布於今新疆吉木薩爾北，後部分遷於今鄂爾渾河流域。㉚駁馬　鐵勒諸部之一，分布於今俄羅斯葉尼塞河至勒拿河一帶。㉛結骨　又稱「堅昆」、「黠戛斯」等，鐵勒諸部之一。分布於今葉尼塞河上游地帶。㉜火燖　又稱「貨利習彌」、「過利」，分布於今阿姆河北。㉝觸水昆　又稱「處木昆」，西突厥五咄陸部之一。分布於今新疆塔爾巴哈臺一帶。㉞伊列水　即今伊犁河。

【校　記】①者　原無此字。據章鈺校，十二行本、乙十一行本皆有此字，今據補。②庭　原作「牙」。據章鈺校，十二行本、乙十一行本皆作「庭」，今從改。按，作「庭」，與上文「建庭於雖合水北」一致。③觸水昆　據《通典》卷一百九十九、《寰宇記》卷一百九十七，當作「觸木昆」。

【語　譯】八月初一日辛未，發生日蝕。○太宗下詔說「人的身體髮膚，是父母給予的，不敢有絲毫損傷。近來上訴告狀的有人損毀自己的耳目，從今往後再有這樣的，先鞭笞四十，然後再依法處理。」

冬，十月十五日甲申，太宗的車駕回到長安。

十一月十三日辛亥，任命侍中楊師道為中書令。○三十日戊辰，任命尚書左丞劉洎為黃門侍郎、參知政事。

太宗還希望高昌王麴文泰能夠悔過，又頒下璽書，向他曉諭禍福利害，徵召他入朝，麴文泰竟然稱病不來朝見。十二月初四日壬申，派交河行軍大總管・吏部尚書侯君集、行軍副總管兼左屯衛大將軍薛萬均等人領兵進攻高昌。

十二月初七日乙亥，立皇子李福為趙王。○二十一日己丑，吐谷渾國王諾曷鉢來京朝見，太宗冊封宗室之女為弘化公主，嫁給他為妻。○二十四日壬辰，太宗到咸陽狩獵。二十五日癸巳，回到宮中。○太子李承乾常遊獵而荒廢學業，右庶子張玄素勸諫，他不聽從。

這一年，全國有三百五十八個州府，一千五百一十一個縣。

太史令傅奕精心研究術數的書籍，但最終也不相信術數，自己生了病，不叫醫生不吃藥。有個僧人從西域來，擅長詛咒之術，能讓人立刻死去，又念咒讓他蘇醒。太宗挑選飛騎衛隊中的強壯士兵讓他試驗，都像他說的一樣。太宗將此事告訴傅奕，傅奕說：「這是妖邪之術。臣聽說邪不壓正，請讓他對我念咒語，必然不能靈驗。」太宗命僧人對傅奕念咒語。傅奕起初沒有感覺，不一會兒，僧人忽然身體僵挺倒地，好像是被什麼東西擊倒，於是不再蘇醒。又有一個印度僧人，自稱得到了佛牙，用它擊打東西都無堅不摧。長安城內男男女女聚集前來觀看如同市場一樣熱鬧。傅奕當時臥床養病，對他兒子說：「我聽說有金剛石，質地極為堅硬，什麼物體都不能損傷它，只有羚羊角能擊破它，你前去試一試。」傅奕之子前去觀看佛牙，拿出羚羊角叩打，佛牙應聲破碎，觀看的人於是散去。傅奕臨死前，告誡他的兒子不要學習佛教書，死時八十五歲。他又搜集魏晉以來駁斥佛教的言論編為《高識傳》十卷，流傳於世。

西突厥咥利失可汗的大臣俟利發與乙毗咄陸可汗密謀叛亂，咥利失困窘，逃奔鏺汗之後死去。弩失畢部落迎接他弟弟的兒子薄布特勒立為可汗，這就是乙毗沙鉢羅葉護可汗。沙鉢羅葉護即位後，在雖合水北岸建立牙帳，稱之為南庭，龜茲、鄯善、且末、吐火羅、焉耆、石國、史國、何國、穆國、康國等都歸附他。咄陸在鏃曷山西麓建立牙帳，稱為北庭，厥越失、拔悉彌、駁馬、結骨、火燖、觸水昆等國都依附他，雙方以伊列水為邊界。

十四年（庚子　西元六四〇年）

春，正月甲寅❶，上幸魏王泰第，赦雍州長安繫囚大辟❷以下，免延康里❸今年租賦，賜泰府僚屬及同里老人有差。

二月丁丑❹，上幸國子監，觀釋奠❺，命祭酒孔穎達❻講孝經❼，賜祭酒以下至諸生高第帛有差。是時上大徵天下名儒為學官❽，數幸國子監，使之講論，學生能明一大經❾已上，皆得補官。增築學舍千二百間，增學生滿二[1]千二百六十員。自屯營飛騎，亦給博士，使授以經，有能通經者，聽得貢舉❿。於是四方學者雲集京師，乃至高麗、百濟、新羅、高昌、吐蕃⓫諸酋長亦遣子弟請入國學，升講筵⓬者至八千餘人。上以師說多門，章句繁雜，命孔穎達與諸儒撰定五經⓭疏，謂之正義，令學者習之。

壬午⓮，上行幸驪山溫湯⓯。辛卯⓰，還宮。○乙未⓱，詔求近世名儒梁皇甫侃、褚仲都，周熊安生、沈重，陳沈文阿、周弘正、張譏，隋何妥、劉炫⓲等子孫以聞，當加引擢。

【章旨】以上為第十段，寫唐太宗興儒學，詔孔穎達等編定《五經正義》，至今行於世。

【注釋】❶甲寅　一月十六日。❷大辟　死刑。❸延康里　長安里坊名，在今西安邊家村一帶。❹丁丑　二月十日。❺釋奠　古代學校陳設酒食祭奠孔子的典禮。❻孔穎達　（西元五七四—六四八年）唐初經學家，字沖遠，冀州衡水（今河北衡水市）人，歷任國子博士、國子司業。主編《五經正義》、《孝經義疏》等。傳見《舊唐書》卷七十三、《新唐書》卷一百九十八。❼孝經　共十八章，孔門後學所撰。該書論述封建孝道，宣傳宗法倫理思想，為儒家經典之一。❽學官　主管學校的官員和官學教師的統稱，如國子祭酒、博士、助教等。❾大經　唐取士以《禮記》、《春秋左傳》為大經。❿貢舉　指官吏向天子推薦人才，亦指科舉。⓫高麗百濟句　國名，高麗轄境相當於今鴨綠江及大同江流域，國都平壤。百濟轄境相當於今朝鮮半島西南部。新羅管轄今朝鮮半島東南部，後又滅高麗、百濟，統一半島大部。吐蕃，今藏族先民於西元七至九世紀在青藏高原建立的政權。⓬講筵　講席。⓭五經　儒家《詩》、《書》、《禮》、《易》、《春秋》五部經典的總稱。⓮壬午　二月十五日。⓯驪山溫湯　今陝西臨潼華清池。⓰辛卯　二月二十四日。⓱乙未　二月二十八日。⓲皇甫侃褚仲都四句　皇甫侃，傳見《梁書》卷四十八、《南史》卷七十一。褚仲都，事跡見《南史》卷七十四〈褚脩傳〉等。熊安生、沈重，傳見《周書》卷四十五、《北史》卷八十二。沈文阿，傳見《梁書》卷四十八、《陳書》卷三十三、《南史》卷七十一。周弘正，傳見《陳書》卷二十四、《南史》卷三十四。張譏，傳見《陳書》卷三十三、《南史》卷七十一。何妥、劉炫，傳見《隋書》卷七十五、《北史》卷八十二。

【校　記】①二　據章鈺校，十二行本、乙十一行本皆作「三」。

【語　譯】十四年（庚子　西元六四〇年）

春，正月十六日甲寅，太宗臨幸魏王李泰的府第，大赦雍州、長安斬刑以下的囚犯，免除延康里今年的租賦，賞賜魏王府的僚屬以及延康里老人物品，各有差等。

二月初十日丁丑，太宗臨幸國子監，觀看釋奠之禮，命國子監祭酒孔穎達講解《孝經》，賞賜祭酒以下直至成績優異的諸生分別不等的絹帛。此時太宗大量徵召全國名儒擔任學官，讓他們講論儒家經典，學生能夠通曉一部以上大型經典的，都可以補為官員。又擴建學生館舍一千二百間，增招學生滿額為二千二百六十人。屯駐的飛騎衛士也派去博士，讓他們傳授經典，如果能通曉儒家經典的，聽任衛士參加貢舉考試。於是四方的學者雲集到長安，甚至高麗、百濟、新羅、高昌、吐蕃等國的酋長也派子弟請求進入國子監學習，升到講堂聽講學習的多達八千多人。太宗因為經師解經出自多種師門，章句注釋過於繁瑣雜亂，就命孔穎達與諸位儒生共同寫定《五經》注疏，稱之為《正義》，讓學者們研習。

二月十五日壬午，太宗巡幸驪山溫湯。二十四日辛卯，回到宮中。○二十八日乙未，太宗下詔訪求近世名儒梁朝的皇甫侃、褚仲都，北周的熊安生、沈重，陳朝的沈文阿、周弘正、張譏，隋朝的何妥、劉炫等人的後代，上報給朝廷，應當加以提拔任用。

三月，竇州道行軍總管党仁弘❶擊羅竇反獠❷，破之，俘七千餘口。○辛丑❸，流鬼國❹遣使入貢。去京師萬五千里，濱於北海，南鄰靺鞨，未嘗通中國，重三譯❺而來。上以其使者佘志❻為騎都尉❼。○丙辰❽，置寧朔大使以護突厥。

夏，五月壬寅❾，徙燕王靈夔❿為魯王。

上將幸洛陽，命將作大匠閻立德⓫行清暑之地。秋，八月庚午⓬，作襄城宮⓭於汝州西山。立德，立本⓮之兄也。

高昌王文泰聞唐兵起，謂其國人曰：「唐去我七千里，沙磧居其二千里，地無水草，寒風如刀，熱風如燒，安能致大軍乎！往吾入朝，見秦、隴之北，城邑蕭條，非復有隋之比。今來伐我，發兵多則糧運不給，三萬已下，吾力能制之。當以逸待勞，坐收其弊。若頓兵城下，不過二十日，食盡必走，然後從而虜之，何足憂也！」及聞唐兵臨磧口⓯，憂懼不知所為，發疾卒，子智盛⓰立。

軍至柳谷⓱，詗⓲者言文泰刻日將葬，國人咸集於彼，諸將請襲之。侯君集曰：「不可。天子以高昌無禮，故使吾討之。今襲人於墟墓之間，非問罪之師也。」於是鼓行而進，至田城⑲，諭之，不下，詰朝⑳攻之，及午㉑而克，虜男女七千餘口。以中郎將辛獠兒㉒為前鋒，夜趨其都城。高昌逆戰而敗，大軍繼至，抵其城下。

智盛致書於君集曰：「得罪於天子者，先王也，天罰所加，身已物故㉓。智盛襲位未幾，惟尚書憐察。」君集報曰：「苟能悔過，當束手軍門。」智盛猶不出。君集命填塹攻之，飛石雨下，城中人皆室處。又為巢車㉔，高十丈，俯瞰城中。有行人及飛石所中，皆唱言之。先是，文泰與西突厥可汗相結，約有急相助。可汗遣其葉護㉕屯可汗浮圖城㉖，為文泰聲援。及君集至，可汗懼而西走千餘里，葉護以城降。智盛窮蹙，癸酉㉗，開門出降。君集分兵略地，下其二十二城，戶八千四十六，口一萬七千七百，地東西八百里，南北五百里。

上欲以高昌為州縣，魏徵諫曰：「陛下初即位，文泰夫婦首來朝，其後稍驕倨，故王誅加之。罪止文泰可矣，宜撫其百姓，存其社稷，復立其子，則威德被於遐荒㉘，四夷皆悅服矣。今若利其土地以為州縣，則常須千餘人鎮守，數年一易，往來死者什有三四，供辦衣資，違離親戚，十年之後，隴右㉙虛耗㉚矣。陛下終不得高昌撮粟尺帛以佐中國，所謂散有用以事無用，臣未見其可。」上不從。

九月，以其地為西州㉛，以可汗浮圖城為庭州，各置屬縣。乙卯㉜，置安西都護府於交河城㉝，留兵鎮之。

君集虜高昌王智盛及其羣臣豪傑而還。於是唐地東極于海，西至焉耆，南盡林邑㉞，北抵大漠㉟，皆為州縣，凡東西九千五百一十里，南北一萬九百一十八里。

侯君集之討高昌也，遣使約焉耆與之合勢。焉耆喜，聽命。及高昌破，焉耆王詣軍門謁見君集，且言焉耆三城先為高昌所奪，君集奏并高昌所掠焉耆民悉歸之。

【章旨】以上為第十一段，寫高昌平服，設置郡縣，西域納入唐版圖，設置安西都護府，唐疆域達於極盛。

【注釋】❶党仁弘　關中羌豪，唐朝功臣。官至廣州都督，封常山郡公。事跡見《新唐書》卷二〈太宗紀〉、卷五十〈兵志〉、卷二百二十二下〈南蠻傳下〉。❷羅竇反獠　羅竇獠，即羅竇洞獠，分布於竇州（今廣東高州西北）山地。❸辛丑　三月四日。❹流鬼國　在北海（今鄂霍次克海）以北。❺重三譯　輾轉翻譯。三，表示多次或多數。❻宗志　事跡見《冊府元龜・外臣部・鞮譯》等。❼騎都尉　勳官名，視從五品。❽丙辰　三月十九日。❾壬寅　五月初六日。❿靈夔　唐高祖第十九子李靈夔。傳見《舊唐書》卷六十四、《新唐書》卷七十九。⓫閻立德　（？—西元六五六年）名讓，字立德，京兆萬年人，傑出工程家，多次主持離宮、船艦、橋樑營造。官至工部尚書、攝司空，封大安縣公。傳見《舊唐書》卷七十七、《新唐書》卷一百。⑫庚午　八月五日。⑬襄城宮　又名清暑宮，為太宗行宮。在今河南汝州鳴皋山南。⑭立本　閻立本（？—西元六七三年），唐傑出畫家，高宗時宰相。傳見兩《唐書・閻立德傳》附傳。⑮磧口　河西走廊戈壁的西口，在吐魯番東。⑯智盛　高昌王麴文泰嗣子麴智盛，降唐後拜左衛將軍，封金城郡公。事跡見《舊唐書》卷一百九十八、《新唐書》卷二百二十一上〈高昌傳〉。⑰柳谷　即柳谷渡。故址在今新疆吐魯番北約一百公里處。⑱詗　偵察。⑲田城　即高昌田地郡，治所在今新疆鄯善西南魯克沁。⑳詰朝　早晨。㉑午　十一時至十三時。㉒辛獠兒　原為梁師都部將，降唐後官至中郎將等職。事跡見《舊唐書》卷五十六〈梁師都傳〉、《新唐書》卷八十七〈梁師都傳〉、卷二百二十一上〈高昌傳〉。㉓物故　故；亡故。㉔巢車　古代軍中用以瞭望敵情的兵車。因車高似巢而得名。㉕葉護　突厥二十八等官級之首。㉖可汗浮圖城　古城名，因突厥可汗曾於此建立浮圖（即佛塔）而得名。故址在今新疆吉木薩爾北破城子。㉗癸酉　八月八日。㉘遐荒　指邊遠地區。㉙隴右　地區名，泛指隴山以西地區。㉚虛耗　消耗一空。㉛西州　州名，治所在今新疆吐魯番高昌廢址。㉜乙卯　九月二十一日。㉝交河城　在今新疆吐魯番西北雅爾湖村附近。高昌國交河郡治和唐交河縣治所在。㉞林邑　國名、隋郡名，林邑國在今越南中南部。隋林邑郡治所在今越南廣南維川縣南茶橋。㉟大漠　今蒙古高原大沙漠。

【語　譯】三月，竇州道行軍總管党仁弘進攻羅竇的反叛獠民，將他們擊敗，俘虜七千多人。〇初四日辛丑，流鬼國派使節進京朝貢。該地離長安一萬五千里，濱臨北海，南鄰靺鞨，以前未曾與中原有過來往，通過多次輾轉翻譯而來到唐朝。太宗任命該國使者佘志為騎都尉。〇十九日丙辰，設置寧朔大使以保護突厥。

夏，五月初六日壬寅，把燕王李靈夔改封為魯王。

太宗將要臨幸洛陽，命令將作大匠閻立德巡視清靜的避暑之地。秋，八月初五日庚午，在汝州的西山修建襄城宮。閻立德，是閻立本的哥哥。

高昌王麴文泰聽說唐軍前來討伐，對他的國人說：「唐朝距離我們有七千里，中間有二千里沙漠，地上沒有水草，寒風颳起來如同刀割，熱風如同火燒，怎能讓大部隊來到我們這裡！以前我去唐朝，看見秦、隴的北面，城鎮蕭條，不再可與隋朝相比。如今唐軍前來討伐，出兵多糧草就供應不上，如果是三萬以下，我們的力量就能制服他們。我們應當以逸待勞，坐收他們大軍疲弊的好處。如果他們屯兵城下，不過二十天，糧食吃完就必然要撤退，然後我們就可以出兵俘虜他們，有什麼值得憂慮呢！」等到聽說唐軍兵臨磧口，他又恐懼得不知如何是好，最後發病而死。他的兒子智盛即位。

唐軍到達柳谷，偵探說麴文泰近日就要下葬，高昌國人都聚集在墓地，唐軍各位將領請求襲擊他們。侯君集說：「不能這樣。天子認為高昌無禮，所以派我們來討伐。如今在墓地上襲擊他們，這不是討伐罪行的正義之師。」於是擊鼓行軍，前進到田城，宣講朝廷的旨意，高昌人不投降，於是第二天清晨進攻他們，到了中午就攻克城池，俘虜男女七千多人。又任命中郎將辛獠兒為前鋒，夜裡直逼高昌的都城。高昌人來迎戰而大敗，唐朝大軍隨後趕到，直抵城下。

麴智盛給侯君集寫信說：「得罪唐天子的人，是我們的先王，上天的懲罰加在他身上，他本人已經去世。智盛即位時間不久，請尚書憐憫體察。」侯君集回信說：「如果能悔改過錯，應當捆起雙手來我營門投降。」麴智盛還是不出來。侯君集下令填埋溝壕攻城，城上飛石如雨點一樣落下，城中人都躲在房屋中。唐軍又建造巢車，高達十丈，可以俯瞰城內。城內有行人出現以及飛石擊中目標，巢車上的人都大聲報告。在此之前，麴文泰與西突厥可汗相互勾結，約定出現緊急戰況時就相互救援。西突厥可汗派他的葉護駐守可汗浮圖城，作為麴文泰的聲援。等侯君集率大軍到來，西突厥可汗害怕了，向西逃跑一千多里，葉護官率城投降唐軍。麴智盛窮困急迫，八月初八日癸酉，開門出城投降。侯君集分兵佔領各地，攻下高昌的城池二十二座，俘獲八千四十六戶，一萬七千七百人，佔地東西八百里，南北五百里。

太宗想把高昌置為州縣，魏徵勸諫說：「陛下剛即位時，麴文泰夫婦首先來朝拜，此後稍微驕傲自大，所以帝王的誅伐加到他的身上。只對麴文泰一人問罪就可以了，應當安撫他的百姓，保存高昌的社稷，重新立他的兒子為可汗，這樣大唐的威望與德行就傳播到荒遠之地，四方民族都會心悅誠服。如今要是貪圖他們的土地而置為州縣，就常年需要有一千多人鎮守，幾年輪換一批，來往途中死掉十分之三四，還要供應置辦衣服與物資，士兵們遠離親人，十年以後，隴右地區就會消耗空虛。陛下最終不能得到高昌的一撮糧食、一尺布匹來佐助中原，正是所謂分散有用的資財而用在無用之地，臣看不到有可行之處。」太宗不聽從他的意見。九月，把高昌地區置為西州，把可汗浮圖城改為庭州，並分別設置所統轄的縣。二十一日乙卯，在交河城設立安西都護府，留下部隊鎮守。

侯君集俘虜了高昌王麴智盛和他的大臣以及地方豪傑返回朝廷。此時唐朝的疆域東到大海，西至焉耆，南達林邑，北抵大沙漠，都設立了州縣，總共東西寬九千五百一十里，南北長一萬九百一十八里。

侯君集征討高昌時，曾派出使節邀約焉耆與唐軍合圍高昌。焉耆王非常高興，願意聽命。等到高昌滅亡後，焉耆王到唐軍營地拜見侯君集，而且說焉耆三座城先前被高昌奪去，侯君集稟報朝廷，將三座城池連同高昌掠奪的焉耆百姓全部歸還焉耆。

冬，十月甲戌❶，荊王元景等復表請封禪❷，上不許。

初，陳倉❸折衝都尉魯寧坐事繫獄，自恃高班❹，慢罵陳倉尉尉氏劉仁軌❺，仁軌杖殺之，州司以聞。上怒，命斬之，怒[1]猶不解，曰：「何物縣尉，敢殺吾折衝！」命追至長安面詰之。仁軌曰：「魯寧對臣百姓辱臣如此，臣實忿而殺之。」辭色自若。魏徵侍側，曰：「陛下知隋之所以亡乎？」上曰：「何也？」徵曰：「隋末，百姓彊而陵官吏，如魯寧之比是也。」上悅，擢仁軌為櫟陽丞❻。

上將幸同州校獵❼，仁軌上言：「今秋大稔❽，民收穫者什纔一二，使之供承獵事，治道葺橋，動費一二萬功，實妨農事。願少留鑾輿❾旬日，俟其畢務，則公私俱濟。」上賜璽書嘉納之。尋還新安⑩令。閏月乙未⑪，行幸同州。庚戌⑫，還宮。

丙辰⑬，吐蕃贊普遣其相祿東贊⑭獻金五千兩及珍玩數百以請昏，上許以文成公主⑮妻之。

十一月甲子朔⑯，冬至，上祀南郊。時戊寅曆⑰以癸亥為朔⑱，宣義郎⑲李淳風⑳表稱：「古曆分日起於子半㉑，今歲甲子朔旦冬至，而故太史令傅仁均減餘稍多，子初㉒為朔，遂差三刻，用乖天正㉓，請更加考定。」眾議以仁均定朔微差，淳風推校精密，請如淳風議，從之。

丁卯㉔，禮官奏請加高祖㉕父母服齊衰㉖五月，嫡子婦服期，嫂、叔、弟妻、夫兄、舅皆服小功㉗，從之。

丙子㉘，百官復表請封禪，詔許之。更命諸儒詳定儀注㉙，以太常卿韋挺等為封禪使。

司門員外郎㉚韋元方給給使㉛過所㉜稽緩㉝，給使奏之。上怒，出元方為華陰令。魏徵諫曰：「帝王震怒，不可妄發。前為給使，遂夜出敕書，事如軍機，誰不驚駭！況宦者之徒，古來難養，輕為言語，易生患害，獨行遠使，深非事宜，漸不可長，所宜深慎。」上納其言。

尚書左丞㉞韋悰㉟句司農木橦㊱價貴於民間，奏其隱沒。上召大理卿孫伏伽書司農罪。伏伽曰：「司農無罪。」上怪問其故，對曰：「只為官橦貴，所以私橦賤。向使官橦賤，私橦無由賤矣。但見司農識大體，不知其過也。」上悟，屢稱其善，顧謂韋悰曰：「卿識用不逮伏伽遠矣。」

十二月丁酉㊲，侯君集獻俘于觀德殿㊳。行飲至禮，大酺三日。尋以智盛為左武衛將軍、金城郡公。上得高昌樂工，以付太常，增九部樂為十部㊴。

君集之破高昌也，私取其珍寶。將士知之，競為盜竊，君集不能禁，為有司所劾，詔下君集等獄。中書侍郎岑文本上疏，以為：「高昌昏迷，陛下命君集等討而克之，不踰旬日，並付大理。雖君集等自挂網羅，恐海內之人疑陛下唯錄其過而遺其功也。臣聞命將出師，主於克敵，苟能克敵，雖貪可賞，若其敗績，雖廉可誅。是以漢之李廣利㊵、陳湯㊶，晉之王濬㊷，隋之韓擒虎㊸，皆負罪譴，人主以其有功，咸受封賞。由是觀之，將帥之臣，廉慎者寡，貪求者眾。是以黃石公㊹軍勢曰：『使智，使勇，使貪，使愚，故智者樂立其功，勇者好行其志，貪者急趨其利，愚者不計其死。』伏願錄其微勞，忘其大過，使君集重升朝列，復備驅馳。雖非清貞之臣，猶得貪愚之將，斯則陛下雖屈法而德彌顯，君集等雖蒙宥而過更彰矣！」上乃釋之。

又有告薛萬均私通高昌婦女者，萬均不服，內出高昌婦女付大理，與萬均對辯。魏徵諫曰：「臣聞『君使臣以禮，臣事君以忠。』今遣大將軍與亡國婦女對辯帷箔之私㊺，實則所得者輕，虛則所失者重。昔秦穆飲盜馬之士㊻，楚莊赦絕纓之罪㊼，況陛下道高堯、舜，而曾㊽二君之不逮乎！」上遽釋之。

侯君集馬病蚛㊾顙，行軍總管趙元楷親以指霑其膿而齅㊿之。御史劾奏其諂，左遷栝州(51)刺史。

高昌之平也，諸將皆即受賞，行軍總管阿史那社爾以無敕旨，獨不受。及別敕既下，乃受之，所取唯老弱故弊而已。上嘉其廉慎，以高昌所得寶刀及雜綵千段賜之。

【章　旨】以上為第十二段，寫太宗寬宥功臣小過，不忘其功。

【注　釋】❶甲戌　十月十日。❷封禪　帝王易姓而起，改制應天，天下太平，始行封禪。封，於泰山上封土為壇以祭天。禪，於梁甫除地以祭地。封禪是帝王祭祀天地的隆重大典。❸陳倉　縣名，縣治在今陝西寶雞。❹高班　府兵制下的折衝府長官為折衝都尉，上府正四品上，下府正五品下，較之九品縣尉，品位要高，故曰「高班」。❺劉仁軌　（西元六〇二—六八五年）高宗時宰相，汴州尉氏（今河南尉氏）人。傳見《舊唐書》卷八十三、《新唐書》卷一百八。❻櫟陽丞　櫟陽，縣名，縣治在今陝西臨潼東北櫟陽鎮。丞，縣丞，縣令、長佐官，掌司法裁判。❼校獵　用木欄遮阻，獵取禽獸。❽稔　莊稼成熟。❾鑾輿　皇帝車駕。此為帝王代稱。❿新安　縣名，縣治在今河南新安。⓫乙未　閏十月二日。⓬庚戌　閏十月十七日。⓭丙辰　閏十月二十三日。⓮祿東贊　（？—西元六六七年）藏文稱「噶東贊宇松」，吐蕃權臣。事跡見《舊唐書》卷一百九十六上、《新唐書》卷二百十六上〈吐蕃傳上〉。⓯文成公主　（？—西元六八〇年）太宗所養宗女，貞觀十五年（西元六四一年）入蕃嫁松贊干布，曾為漢藏文化交流作出過重大貢獻。⓰甲子朔　十一月一日。⓱戊寅曆　又稱《戊寅元曆》，由太史令傅仁均主持制定。自武德二年（西元六一九年）起，施行了近半個世紀。⓲以癸亥為朔　以癸亥（十月三十日）為十一月一日。⓳宣義郎　從七品下文散官。⓴李淳風　唐初天文學家，岐州雍（今陝西鳳翔）人，官至太史令。撰述甚多，如撰《麟德曆》取代《戊寅曆》，又撰《典章文物志》、《乙巳占》、《祕閣錄》等十餘部。傳見《舊唐書》卷七十九、《新唐書》卷二百四。㉑子半　子時之半；夜間十二時。㉒子初　夜間十一時一刻。㉓天正　謂十一月，或指天體的正常運轉。㉔丁卯　十一月四日。㉕高祖　胡三省注：「按〈新志〉，『高祖』作『曾祖』。」當是。㉖齊衰　喪服名，為五服之一。以粗麻布為制服，因服緝邊，故稱「齊衰」。㉗小功　喪服名，五服之一。服以較細的麻布製作，服期五個月。㉘丙子　十一月十三日。㉙儀注　禮節。㉚司門員外郎　刑部屬官，掌門關出入之籍，如發放出入關塞的「過所」、「行牒」等。㉛給使　指供天子差使的宮闈局宦官。㉜過所　過關塞的憑證，亦稱「傳」，相當於今天的通行證。㉝稽緩　拖延。㉞尚書左丞　官名，尚書省僕射下設左、右丞，左丞領吏、戶、禮三部，右丞領兵、刑、工三部。㉟韋悰　事跡見《新唐書》卷七十四上〈宰相世系四上〉、卷一百三〈孫伏伽傳〉。㊱句司農木橦　橦，柴方三尺五寸為一橦。句，同「勾」。調勾當、處理。㊲丁酉　十二月五日。㊳觀德殿　宮殿名，在長安宮城宜春門北。㊴十部　指十部樂。唐初宮廷宴樂。一、宴樂伎；二、清樂伎；三、西涼伎；四、天竺伎；五、高麗伎；六、龜茲伎；七、安國伎；八、疏勒伎；九、高昌伎；十、康國伎。㊵李廣利　（？—西元前八八年）漢武帝時大將，曾遠征大宛和討擊匈奴。㊶陳湯　西漢元帝時邊將，因攻殺匈奴郅支單于，封關內侯。㊷王濬　（西元二〇六—二八六年）西晉大將，曾受命出兵滅吳。㊸韓擒虎　（西元五三八—五九二年）隋大將，以滅陳功，進位上柱國。㊹黃石公　秦末人。傳說張良曾求教於他，被授以《太公兵法》。有《黃石公三略》三卷流傳於世。㊺帷箔之私　隱喻男女關係。帷，幔。箔，通「薄」。簾。帷箔為障隔內外的用品。㊻秦穆飲盜馬之士　秦穆公的馬為人盜食，穆公非惟不治罪，反賜以酒，後來這些盜馬人為報答不治罪之恩，救穆公於晉軍重圍之中。㊼楚莊赦絕纓之罪　據《韓詩外傳》卷七：楚莊王在一次宴飲群臣時，有一位將軍乘蠟燭驟滅之際，暗中牽王后衣服，王后「絕其冠纓」（即扯下調戲她的人的帽帶），要莊王查辦。莊王則令大家全扯去冠纓，以此使「絕纓之罪」無從追究，後來楚莊王得到這位將軍的死力回報。㊽曾 乃；則。㊾蚛 被蟲咬。㊿齅 同「嗅」。
(51)栝州 州名，栝為「括」之誤。括州治所在今浙江麗水市東南。

【校 記】①怒 原無此字。據章鈺校，十二行本、乙十一行本皆有此字，今據補。

【語 譯】冬，十月初十日甲戌，荊王李元景等人又上表請求封禪，太宗沒有同意。

當初，陳倉折衝都尉魯寧因事獲罪入獄，自恃官職等級高，謾罵陳倉尉尉氏人劉仁軌，劉仁軌用監杖把魯寧打死，州官上報了朝廷。太宗很生氣，詔令把劉仁軌斬首，但怒氣還是沒有消除，說：「是個什麼樣的縣尉，膽敢殺死我的折衝都尉！」命令把劉仁軌押到長安當面質問。劉仁軌說：「魯寧當著陳倉百姓的面羞辱臣，臣實在忿恨就殺了他。」回答時神色自若。魏徵正侍從太宗身旁，說：「陛下知道隋朝之所以滅亡的原因嗎？」太宗問：「什麼原因？」魏徵說：「隋朝末年，百姓強硬，敢於欺陵官吏，如同魯寧這樣的就是。」太宗很高興，提拔劉仁軌為櫟陽縣丞。

太宗將要去同州圍獵，劉仁軌上書說：「今年秋天大豐收，百姓收割莊稼才十分之一二，讓他們供奉陛下狩獵之事，修路修橋，耗費一兩萬人工，實在妨礙農事。希望陛下的車駕稍微停留十天半月，等到百姓收割完畢，對公家私人之事都有好處。」太宗賜給璽書對他進行嘉獎並採納他的意見。不久，提升他為新安縣令。閏十月初二日乙未，太宗出行巡幸同州。十七日庚戌，返回宮中。

閏十月二十三日丙辰，吐蕃贊普派他的丞相祿東贊向唐朝進獻五千兩黃金以及幾百種珍貴寶器以請求通婚，太宗答應把文成公主下嫁給他為妻。

十一月初一日甲子，這一天冬至，太宗在京城南郊祭天。當時的《戊寅曆》以癸亥日為十一月的初一日，宣義郎李淳風上表說：「古代曆法把兩天的分界線定在子時的一半，今年十一月初一日甲子的子時的一半算做冬至，而前太史令傅仁均減除的時刻稍微多了一點，從子時的初刻就算為初一日，這樣就與實際的初一日時差三刻，違背了天時曆法的計算起點時刻，請求重新計算考定。」眾人議論認為傅仁均計算的初一日時刻稍有誤差，李淳風推算校定的時刻較為精密，請求遵照李淳風的意見，太宗聽從了眾人的建議。

十一月初四日丁卯，禮官上奏請求增加為高祖父母穿著齊衰喪服的時間為五個月，為嫡子的媳婦服喪時間為一年，為嫂、叔、弟妻、夫兄、舅的服喪時間都為小功五個月，太宗聽從了這一建議。

十一月十三日丙子，文武百官又上表請求行封禪禮，太宗下詔同意了。又詔命眾位儒師詳細商定封禪的禮儀，任命太常寺卿韋挺等人為封禪使。

司門員外郎韋元方向給使宦官發放過關憑證拖延遲緩，給使官上奏了此事。太宗很生氣，把韋元方降職為華陰令。魏徵勸諫說：「帝王震怒，不可隨便發作。前幾天為了給使官之事，連夜發出敕書，事情緊急得如同軍機大事，誰能不驚駭？何況宦官之流，自古以來難以豢養，往往隨意說話，容易產生禍害，單獨出行到遠方辦事，非常不合事宜，此風不可增長，應當深為慎重。」太宗聽從了他的意見。

尚書左丞韋悰核查司農卿出售木頭的價格比民間還貴，上奏太宗說司農卿隱瞞貪汙。太宗召見大理寺卿孫伏伽書寫司農卿的罪狀。孫伏伽說：「司農卿沒有罪。」太宗覺得奇怪而問他原因，孫伏伽回答說：「只因為官府的木材貴，所以私人的木材才能賣得賤。如果官府的木材賣得賤，私人的木材就無法再賤了。我只看到司農卿識大體，不知道他有什麼過錯。」太宗於是醒悟，多次稱讚孫伏伽的善言，並對韋悰說：「卿的見識比不上孫伏伽。」

十二月初五日丁酉，侯君集在觀德殿獻上高昌的俘虜。為此舉行慶功宴，大吃大喝了三天。不久就任命麴智盛為左武衛將軍、金城郡公。太宗得到高昌的樂工，把他們交給太常寺，並把九部樂增加為十部樂。

侯君集攻破高昌時，私自拿了高昌國王的珍寶。將士知道此事，就競相偷盜當地的珍寶，侯君集不能禁止，被有關部門彈劾，太宗下詔把侯君集等人關進獄中。中書侍郎岑文本上奏，認為：「高昌王昏庸愚蠢，陛下命侯君集等人討伐並攻克了他們，沒有超過十天，就一併交付大理寺審查。即使侯君集等人自己觸犯了法網，也怕天下的人懷疑陛下只知記錄他們的過失而忘了他們的功勞。臣聽說將領受命出征，主要是去攻克敵人，如果能戰勝敵人，即使貪汙也可以封賞，如果戰敗了，即使清廉也可以誅殺。所以漢代的李廣利、陳湯，晉代的王濬，隋朝的韓擒虎，身上都背負著罪行，但君主因為他們有功，全都受到了封官賞賜。由此看來，將帥武臣廉潔謹慎的少，貪婪求財的多。所以黃石公〈軍勢〉裡說：『君主要會用大臣的智慧、勇猛、貪婪和愚鈍，所以有智慧的人就會樂於立功，勇猛的人就喜歡實現自己的志向，貪婪的人就會急著奔向利益，愚鈍的人就會不考慮自己的生死。』希望陛下記住他們的小功，忘記他們的大過，讓侯君集重新進入朝臣的行列，再次準備供陛下驅使。雖然不是清廉貞潔的大臣，還算得到貪婪愚鈍的將領，這樣陛下雖未嚴格執法，但君主的仁德更加彰顯，侯君集等人雖然受到寬宥而他們的過失也更為明顯了！」太宗於是釋放了侯君集等人。

又有人上告薛萬均與高昌婦女私通，薛萬均不服，於是找出高昌婦女交付大理寺，與薛萬均當面對質。魏徵勸諫說：「我聽說『君主以禮節來驅使大臣，大臣以忠誠來侍奉君主。』如今讓大將軍與亡國的婦女對質帷幕後的男女私情，情況屬實則所得很輕，如果不屬實則所失甚重。從前秦穆公給盜馬的野人喝酒，楚莊王赦免在酒宴中調戲宮姬而被扯斷帽纓的大臣，何況陛下的道德比堯、舜還高，卻還比不上秦穆公、楚莊王兩位國君嗎！」太宗馬上釋放了薛萬均。

侯君集乘坐的馬被蟲子咬傷了前額，行軍總管趙元楷親自用手指沾了傷口的膿來聞。御史上奏彈劾趙元楷諂媚，降職為括州刺史。

高昌平定後，各位將領都當即受到賞賜，行軍總管阿史那社爾認為沒有敕旨，惟獨不接受賞賜。等到另有敕文頒布，這才接受賞賜，領取的只是一些老弱的人口和殘舊的物品。太宗嘉獎他的廉正謹慎，把在高昌獲得的寶刀以及各色綵綢一千段賞賜給他。

癸卯❶，上獵於樊川❷。乙巳❸，還宮。

魏徵上疏，以為：「在朝群臣，當樞機❹之寄者，任之雖重，信之未篤❺，是以人或自疑，心懷苟且。陛下寬於大事，急於小罪，臨時責怒，未免愛憎。夫委大臣以大體，責小臣以小事，為治之道也。今委之以職，則重大臣而輕小臣，至於有事，則信小臣而疑大臣。信其所輕，疑其所重，將求致治，其可得乎！若任以大官，求其細過，刀筆之吏⑥，順旨承[1]風，舞文弄法，曲成其罪。自陳也，則以為心不伏辜⑦；不言也，則以為所犯皆實。進退惟谷⑧，莫能自明，則苟求免禍，矯偽成俗矣。」上納之。

上謂侍臣曰：「朕雖平定天下，其守之甚難。」魏徵對曰：「臣聞戰勝易，守勝難。陛下之及此言，宗廟社稷之福也。」

上聞右庶子⑨張玄素在東宮數諫爭，擢為銀青光祿大夫⑩，行左庶子⑪。太子嘗於宮中擊鼓，玄素叩閤⑫切諫，太子出其鼓，對玄素毀之。太子久不出見官屬，玄素諫曰：「朝廷選俊賢以輔至德⑬，今動經時月，不見宮臣，將何以裨益萬一！且宮中唯有婦人，不知有能如樊姬⑭者乎？」太子不聽。

玄素少為刑部令史⑮，上嘗對朝臣問之曰：「卿在隋何官？」對曰：「縣尉。」又問：「未為尉時何官？」對曰：「流外⑯。」又問：「何曹？」玄素恥之，出閤殆不能步，色如死灰。諫議大夫褚遂良⑰上疏，以為：「君能禮其臣，乃能盡其力。玄素雖出寒微，陛下重其才，擢至三品，翼贊皇儲，豈可復對羣臣窮其門戶！棄宿昔之恩，成一朝之恥，使之鬱結于懷，何以責其伏節死義乎！」上曰：「朕亦悔此問，卿疏深會我心。」遂良，亮之子也。孫伏伽與玄素在隋皆為令史，伏伽或於廣坐自陳往事，一無所隱。

戴州刺史賈崇以所部有犯十惡⑱者，御史劾之。上曰：「昔唐、虞大聖，貴為天子，不能化其子，況崇為刺史，獨能使其民比屋為善乎！若坐是貶黜，則州縣互相掩蔽，縱捨罪人。自今諸州有犯十惡者，勿劾刺史，但令明加糾察，如法施罪，庶以肅清姦惡耳。」

上自臨治兵，以部陳不整，命大將軍張士貴杖中郎將等，怒其杖輕，下士貴吏。魏徵諫曰：「將軍之職，為國爪牙，使之執杖，已非後法⑲，況以杖輕下吏乎！」上亟釋之。

言事者多請上親覽表奏，以防壅蔽⑳。上以問魏徵，對曰：「斯人㉑不知大體。必使陛下一一親之，豈惟朝堂，州縣之事亦當親之矣。」

【章旨】以上為第十三段，寫魏徵進言太宗，要時時警惕，懂得守天下比得天下更難，戒驕戒躁。褚遂良進言人君要尊禮大臣，不言其隱。太宗稱善。

【注　釋】❶癸卯　十二月十一日。❷樊川　地名，在今陝西長安東南。❸乙巳　十二月十三日。❹樞機　朝廷重要的職位和機構，如三省及其長官（即宰相）。❺篤　深厚。❻刀筆之吏　辦理文書的小官吏。❼辜　罪。❽進退惟谷　進退兩難。惟，通「維」。❾右庶子　官名，太子侍從官的一種。唐於太子宮署中置左右春坊，右庶子為右春坊長官。❿銀青光祿大夫　散官名，從三品，文散官。⓫行左庶子　兼代左春坊長官。大官兼管小官的事，稱行某官。⓬叩閤　敲閣門。閣，「閤」的異體字，即側門或閨中小門。⓭至德　道德之最。此指太子。⓮樊姬　楚莊王的賢姬、內助，曾襄贊莊王稱霸。⓯令史　官名，三省六部低級吏員之稱。⓰流外　隋代自九品至一品官，稱為流內，不入九品者稱流外。⓱褚遂良　（西元五九六—六五八年）太宗晚年、高宗初年時宰相，封河南郡公，字登善，錢塘（今浙江杭州）人，唐初四大書法家之一。傳見《舊唐書》卷八十、《新唐書》卷一百五。⓲十惡　自隋始，將「謀反」、「謀大逆」、「謀叛」、「謀惡逆」、「不道」、「大不敬」、「不孝」、「不睦」、「不義」、「內亂」十種重大罪名以「十惡」列入法典，規定十惡不赦。⓳後法　後世之法，或貽法於後世。⓴壅蔽　隔絕；蒙蔽。㉑斯人　此人。

【校　記】[1]承　原作「成」。據章鈺校，十二行本、乙十一行本皆作「承」，張敦仁《通鑑刊本識誤》同，今據改。

【語　譯】十二月十一日癸卯，太宗在樊川狩獵。十三日乙巳，返回宮中。

魏徵上疏，認為：「在朝的眾多大臣中，擔當樞密機要事務的官員，雖然被委以重任，但陛下對他們的信任還不夠篤厚，所以有人自我猜疑，內心懷著苟且心理。陛下對大事能做到寬容，對小的過失卻急於懲治，當時就加以斥責，愛憎未免過於分明。君主把大事委託給大臣，要求小臣辦好小事，這是為政之道。如今委任官職，就重視大臣而輕視小臣，到了有事之時，就信任小臣而懷疑大臣。信任自己輕視的小臣，懷疑自己重視的大臣，這樣來求得國家大治，可以得到嗎！如果委任給他們大的職位，卻在小的過失上苛求他們，那些刀筆小吏，就會順承陛下的心意，舞文弄法，羅織出大臣的罪狀。這時大臣自己陳述辯解，就會被認為內心不服罪；如果不加以辯解，就會被認為所犯的罪行屬實。進退兩難，不能為自己辯解清楚，於是他們就會苟且希求免除災禍，使得矯飾虛偽成為風氣了。」太宗採納了他的勸諫。

太宗對侍從大臣說：「朕雖然平定了天下，但守住天下就更難。」魏徵回答說：「我聽說戰而取勝容易，守住勝利困難。陛下能說出這種話來，是宗廟社稷的福氣。」

太宗聽說右庶子張玄素在東宮多次勸諫太子，就提升他擔任銀青光祿大夫，兼任左庶子。太子曾在宮中擊鼓，張玄素敲門直切勸諫，太子拿出鼓來，當著張玄素的面把鼓毀掉。太子很久不出來會見下屬官吏，張玄素勸諫說：「朝廷遴選優秀賢能的人才來輔佐殿下，如今動輒長達數月，不見宮中的大臣，將怎樣讓他們對殿下有所裨益呢！而且宮中只有女人，不知有沒有像楚莊王的樊姬那樣賢慧的人呢？」太子不聽從他的諫言。

張玄素年輕時當過刑部令史，太宗曾當著朝臣的面問他：「你在隋朝時當什麼官？」張玄素回答說：「縣尉。」又問：「未當縣尉時又做什麼官？」回答說：「是未入九品的流外官。」又問：「是哪一部曹的小吏？」張玄素感到恥辱，從殿堂裡出來後幾乎不能走路，面如死灰。諫議大夫褚遂良上疏，認為：「君主能以禮節對待臣下，臣下才能竭盡心力效忠。張玄素雖然出身寒微，但陛下重視他的才能，把他提升到三品官，輔佐太子，怎麼可以又當著大臣的面窮究他的出身呢！這就是拋棄了往日的恩寵，造成一朝的羞恥，讓羞恥鬱積在他的心中，又怎能要求他為氣節和忠義去效死呢！」太宗說：「朕也後悔問了這些話，卿的奏疏與我的想法深相契合。」褚遂良，是褚亮之子。孫伏伽與張玄素在隋朝都當過低級的令史官，不過孫伏伽有時在稠人廣座之下陳述往事，絲毫沒有隱諱。

戴州刺史賈崇的下屬中有人犯了十惡不赦之罪，御史彈劾他。太宗說：「以前唐堯、虞舜都是大聖之王，雖然貴為天子，還不能教化自己的兒子，何況賈崇只是一個刺史，只有他能讓下屬的百姓家家戶戶都行善嗎！如果因為這事而貶官罷黜，那麼州縣官就會相互掩蓋，放過罪人。從今以後各州有犯十惡罪行的，不要彈劾刺史，只命令他們要明加糾察，依法治罪，這樣才可以肅清奸邪和罪惡。」

太宗親自到軍隊訓練士兵，看到隊列陣形不整齊，命大將軍張士貴杖打中郎將等人，因為杖打得太輕而發怒，把張士貴送交官吏問罪。魏徵勸諫說：「將軍這一官職，是國家武將，讓他執杖打人，已經不足為後世所效法，何況因為杖打得輕就送交官吏治罪呢！」太宗急忙放了張士貴。

上書言事的人大多請求太宗親自閱覽表章，以防止被人蒙蔽。太宗就此事詢問魏徵，魏徵回答說：「這些人不懂得治國的大體。一定要陛下一一親自過目，那麼豈止是朝堂上的奏章，就連各州縣的事也應當親自過問了。」

【研 析】本卷研析太宗的納諫。人君納諫，就是鼓勵臣下給自己提意見，自己有耐心傾聽不同意見的雅量，同時要有識見，能判斷是非，擇善而從，如果自己錯了，要勇於改正。在歷代封建帝王中，太宗是最善於納諫的人，其原因是太宗善於總結，能以小喻大。他對大臣蕭瑀說：「我少年時就喜愛弓箭，得了十幾張好弓，認為是天下最好的弓。近來給良工一看，良工說：『這都不是好弓，因為木心不直，脈理不正，弓儘管很硬，可以射遠，卻發箭不直。』我才知道，過去沒有懂透弓的原理。朕用弓箭定天下，卻還不能真正懂得弓箭，何況天下事，朕怎能都知道呢？」太宗懂得天下之智，不是一個人能專有，他明白自己並非全知全能，於是要求大臣進言諫諍，指陳自己的過失。太宗曾詢問魏徵：「兼聽則明，偏聽則暗。」太宗十分讚賞，於是告誡群臣說：「中書、門下是政府的機要，如果詔書敕令有不便施行的，應該提出異議。而今中書、門下只是順從，不見反對，如果只是發布文書，那麼誰都會做，何必要選拔賢才呢？」按照議事制度，凡軍國大事，中書省各官員都要用本人名義提出主張，各抒己見，共同簽字署名，稱為五花判事。其程式，由中書省長官中書侍郎、中書令審核，再由門下省的給事中、黃門侍郎駁正，最後奏請皇帝裁決。太宗申明制度，令各級官員負責實行，因此貞觀時期軍國大事很少有失誤的。魏徵是貞觀時期最重要的諫臣，也是太宗最敬畏的諍臣。貞觀十七年（西元六四三年），魏徵死，太宗大哭，說「人用銅作鏡，可以正衣冠；用史作鏡，可以見興亡；用人作鏡，可以知得失。現今魏徵死了，朕失一鏡矣。」這表明太宗是多麼的看重直言敢諫的諍臣。

納諫與用人是聖明帝王的治國根本，也是太宗取得政治成就，得天下和造就貞觀之治的兩個主要原因。〈唐紀九〉研析了太宗的用人，本卷研析太宗的納諫，用以觀看太宗的聖明風采。隨著貞觀治世的到來，太宗也逐漸滋生了驕矜之色，貞觀中期以後不如貞觀之初。本卷所載為貞觀中期，貞觀十一年至十四年，太宗君臣談論納諫故事最多的一個時期，魏徵時時給太宗敲警鐘，充分表現了貞觀時期唐代君臣居安思危的政治意識。

卷第一百九十六

唐紀十二

起重光赤奮若（辛丑　西元六四一年），盡昭陽單閼（癸卯　西元六四三年）三月，凡二年有奇。

【題　解】本卷記事起西元六四一年，迄西元六四三年三月，凡兩年又三個月，當唐太宗貞觀十五年至十七年。此時期，唐太宗對外奉行羈縻政策，盡力避免戰爭，而不迴避戰爭。薛延陀犯邊，唐太宗堅決打擊，而後和親，特別是文成公主入藏和親，寫下漢藏和諧光輝的一章。唐太宗命太常博士呂才整理陰陽數術，批駁祿命禁忌，表現唐初文化建設欣欣向榮。諫臣諍臣魏徵之死，唐太宗慨歎「朕亡一鏡矣」。此時唐太宗已惡聞直言。魏徵之死，唐太宗步入了他的晚年。由於太子李承乾不成才，唐太宗偏愛魏王李泰，恩寵逾制，開啟了李泰的奪嫡野心。唐太宗第五子齊王李祐謀反，被廢為庶人。李祐的蠢動，喚起太子李承乾的冒險，而策謀政變，玄武門的陰影在唐太宗當世籠罩政壇。

太宗文武大聖大廣孝皇帝中之中

貞觀十五年（辛丑　西元六四一年）

春，正月甲戌❶，以吐蕃祿東贊為右衛大將軍。上嘉祿東贊善應對，以琅邪公主❷外孫段氏妻之，辭曰：「臣國中自有婦，父母所聘，不可棄也。且贊普未得謁公主，陪臣何敢先娶！」上益賢之。然欲撫以厚恩，竟不從其志。

丁丑❸，命禮部尚書江夏王道宗❹持節送文成公主于吐蕃。贊普大喜，見道宗，盡子壻禮。慕中國衣服、儀衛之美，為公主別築城郭宮室❺而處之，自服紈綺以見公主。其國人皆以赭❻塗面，公主惡之，贊普下令禁之，亦漸革其猜暴之性，遣子弟入國學，受詩、書❼。

乙亥❽，突厥俟利苾可汗[1]始帥部落濟河，建牙於故定襄城❾，有戶三萬，勝兵四萬，馬九萬匹，仍奏言：「臣非分蒙恩，為部落之長，願子子孫孫為國家一犬，守吠北門。若薛延陀侵逼，請徙[2]家屬入長城。」詔許之。

上將幸洛陽，命皇太子監國，留右僕射高士廉輔之。辛巳❿，行及溫湯⓫。衛士崔卿、刁文懿憚於行役，冀上驚而止，乃夜射行宮，矢及寢庭者五，皆以大逆⓬論。

三月戊辰⓭，幸襄城宮，地既煩熱，復多毒蛇。庚午⓮，罷襄城宮，分賜百姓，免閻立德官。

【章　旨】以上為第一段，寫唐文成公主入藏，唐與吐蕃和親。唐在定襄城地區安置內屬的突厥人。

【注　釋】❶甲戌　一月十二日。❷琅邪公主　《舊唐書・吐蕃傳》作「琅邪長公主」。既為長公主，當係唐高祖女。事跡見《舊唐書》卷一百九十六上、《新唐書》卷二百十六上〈吐蕃傳上〉。❸丁丑　一月十五日。❹道宗　唐宗室大臣李道宗（西元六〇〇—六五三年）。在唐初的征討中，道宗屢建戰功，為宗室諸王的佼佼者。傳見《舊唐書》卷六十、《新唐書》卷七十八。❺為公主別築城郭宮室　今西藏拉薩布達拉宮的最早宮室，即為文成公主而建。❻赭　紅土；赤褐色。❼詩書　即儒家經典《詩經》、《尚書》。❽乙亥　一月十三日。❾故定襄城　今內蒙古和林格爾西北土城子。❿辛巳　一月十九日。⓫溫湯　即今陝西臨潼華清池。⓬大逆　即「謀大逆」，「十惡」第二條。⓭戊辰　三月七日。⓮庚午　三月九日。

【校　記】①俟利苾可汗　原誤作「侯利苾可汗」，下文「俟」字作「侯」，當是，據改。②徙　原作「從」。據章鈺校，十二行本、乙十一行本皆作「徙」，今據改。

【語　譯】太宗文武大聖大廣孝皇帝中之中

貞觀十五年（辛丑　西元六四一年）

春，正月十二日甲戌，任命吐蕃祿東贊為右衛大將軍。太宗讚賞祿東贊善於應酬回答，要把琅邪公主的外孫女段氏嫁給他為妻，祿東贊推辭說：「臣在本國中自有妻子，是父母為我聘娶，不能休棄。而且我們的贊普還未見到大唐的公主，陪臣怎敢先娶呢！」太宗更加認為他賢明。太宗想用優厚的恩遇撫慰他，但是祿東贊最終沒有依從太宗的意旨。

正月十五日丁丑，太宗令禮部尚書江夏王李道宗持節護送文成公主到吐蕃。吐蕃贊普非常高興，接見李道宗，盡到了女婿的禮節。他羨慕唐朝的服飾和儀仗的美觀，為文成公主另外修建了城郭和宮室，讓她居住，自己穿著絲綢衣服來見文成公主。吐蕃國人都以紅土塗面，文成公主不喜歡這種風俗，贊普於是下令禁止塗面，還逐漸改變他們猜忌粗暴的性格，派貴族子弟到長安進入國子監，受學《詩經》、《尚書》。

正月十三日乙亥，突厥俟利苾可汗開始率部落渡過黃河，在舊有的定襄城建立牙帳，共有三萬戶，作戰士兵四萬人，戰馬九萬匹，於是向太宗上奏說：「我超過了應有的本分享受陛下的皇恩，作為部落的首領，希望子子孫孫作為朝廷的一隻狗，看守國家的北大門。假如薛延陀侵犯逼近，請求遷徙我們的家屬進入長城以內。」太宗下詔同意了。

太宗將要巡幸洛陽，命皇太子留京監理國事，並留下尚書右僕射高士廉輔佐太子。正月十九日辛巳，太宗來到溫泉。衛士崔卿、刁文懿懼怕隨從辛苦，希望太宗受到驚嚇而停止巡行，於是在夜裡向行宮射箭，有五枝箭射到太宗的寢宮庭院，二人都按大逆罪判處死刑。

三月初七日戊辰，太宗巡幸襄城宮，當地天氣燥熱，又多有毒蛇。初九日庚午，廢除襄城宮，把宮殿分別賜給當地百姓，罷免了閻立德的官職。

夏，四月辛卯朔❶，詔以來年二月有事于泰山❷。

上以近世陰陽雜書，訛偽尤多，命太常博士呂才❸與諸術士刊定可行者，凡四十七卷。己酉❹，書成，上之。才皆為之敘，質以經史。其敘宅經，以為：「近世巫覡❺妄分五姓❻，如張、王為商❼，武、庾為羽，似取諧韻。至於以柳為宮，以趙為角，又復不類❽。或同出一姓，分屬宮商，或複姓數字，莫辨徵羽。此則事不稽古❾，義理乖僻者也。」敘祿命，以為：「祿命❿之書，多言或中，人乃信之。然長平阬卒⓫，未聞共犯三刑⓬；南陽貴士⓭，何必俱當六合⓮！今亦有同年同祿而貴賤懸殊，共命共胎而壽夭更異。按魯莊公⓯法⓰應貧賤，又尫弱⓱短陋，惟得長壽。秦始皇法無官爵，縱得祿，少奴婢，為人無始有終。漢武帝、後魏孝文帝皆法無官爵。宋武帝⑱祿與命並當空亡⑲，唯宜長子，雖有次子，法當早夭。此皆祿命不驗之著明者也。」其敘葬，以為：「孝經云：『卜其宅兆⑳而安厝㉑之』，蓋以窀穸㉒既終，永安體魄，而朝市遷變，泉石交侵，不可前知，故謀之龜筮㉓。近歲或選年月，或相墓田，以為一事失所，禍及死生。按禮㉔：天子、諸侯、大夫葬皆有月數，是古人不擇年月也。春秋㉕：『九月丁巳，葬定公㉖，雨，不克葬㉗。戊午，日下昃㉘，乃克葬。』是不擇日也。鄭葬簡公㉙，司墓之室當路，毀之則朝而窆㉚，不毀則日中而窆，子產㉛不毀，是不擇時也。古之葬者皆於國都之北，兆域有常處，是不擇地也。今葬書以為子孫富貴、貧賤、壽夭，皆因卜葬所致。夫子文為令尹而三已㉜，柳下惠㉝為士師而三黜，計其丘隴，未嘗改移。而野俗無識，妖巫妄言，遂於擗捅㉞之際，擇葬地以[1]希官爵，荼毒㉟之秋，選葬時以[2]規財利。或云辰日㊱不可哭泣，遂莞爾㊲而對弔客；或云同屬㊳忌於臨壙㊴，遂吉服㊵不送其親。傷教敗禮，莫斯為甚！」術士㊶皆惡其言，而識者皆[3]以為確論。

【章　旨】以上為第二段，寫太常博士呂才奉詔整理陰陽數術之書，作序批判祿命天定、吉凶禁忌等迷信妄說，為有識之士所肯定。

【注　釋】❶辛卯朔　四月一日。❷有事于泰山　指泰山封禪之事。❸呂才　（西元六〇〇—六六五年）唐初哲學家，博州清平（今山東聊城）人，精通天文、歷史、音律等。官至太常博士、太常丞。傳見《舊唐書》卷七十九、《新唐書》卷一百七。❹己酉　四月十九日。❺巫覡　女巫為巫，男巫為覡。❻五姓　取姓氏及天下萬物以諧韻分別配屬宮、商、角、徵、羽五音，謂之「五姓」。❼商　五音之一。五音即宮、商、角、徵、羽五聲音階，相當於簡譜中的1、2、3、5、6。❽不類　非同類；不倫不類。❾稽古　考古。❿祿命　舊指人生福貴貧賤、盛衰興廢皆由天定。⓫長平阬卒　戰國後期，秦、趙於長平（今山西高平西北）大戰，趙國四十萬士卒為秦國所俘坑殺。⓬三刑　指十二時辰的刑殺。星相家認為巳、酉、丑三個時辰，刑殺在西方；寅、午、戌三個時辰，刑殺在南方；亥、卯、未三個時辰，刑殺在東方；申、子、辰三個時辰，刑殺在北方。⓭南陽貴士　指後漢光武帝劉秀及其佐命功臣鄧禹等，均為南陽人。⓮六合　星命家術語，指子與丑合、寅與亥合、卯與戌合、辰與酉合、巳與申合、午與未合。⓯魯莊公　春秋魯國國君姬同，在位三十二年。⓰法　程式；準則。⓱尪弱　瘦弱。尪，同「尫」。⓲宋武帝　南朝宋的建立者劉裕（西元三六三—四二二年），字德輿，彭城（今江蘇徐州）人。事見《宋書》卷一、二、三、《南史》卷一。⓳空亡　空無；什麼都沒有。此指祿命書推算出宋武帝既無祿，也無命。⓴宅兆　宅，墓穴。兆，墓地。㉑安厝　安葬。㉒窀穸　墓穴。㉓龜筮　卜巫者用龜和蓍占卜吉凶。㉔禮　即《禮經》，儒家經典之一。㉕春秋　春秋時魯國的史書。係我國現存最早的編年體史書，也是儒家經典之一。㉖定公　即春秋魯國君姬宋，西元前五〇九—前四九五年在位。㉗不克葬　不能完成葬事。㉘日下昃　太陽偏西。㉙簡公　即春秋鄭國君姬嘉，西元前五六五—前五五五年在位。㉚窆　落葬。㉛子產　即公孫成子（？—西元前五二二年）。或公孫僑。字子產，一字子美，春秋時鄭國政治家。㉜三已　三次被免職。㉝柳下惠　即展禽。春秋時魯國大夫。展禽封地為「柳下」，諡號「惠」，故後人以「柳下惠」稱之。曾做士師（掌管刑獄的官）而「三黜」（即三次革職）。㉞擗踊　當作「擗踴」。捶胸頓足。㉟荼毒　苦痛。荼，苦菜。毒，毒草。㊱辰日　好時日。㊲莞爾　微笑的樣子。㊳同屬　與死者同一屬相。㊴壙　墓穴。㊵吉服　禮服；官服。㊶術士　指占卜星相操迷信職業的人。

【校　記】①以　據章鈺校，十二行本、乙十一行本皆作「而」。②以　據章鈺校，十二行本、乙十一行本皆作「而」。③皆　據章鈺校，十二行本、乙十一行本皆無此字。

【語　譯】夏，四月初一日辛卯，太宗下詔宣布明年二月在泰山舉行封禪禮。

太宗認為近代以來陰陽方術方面的雜書，訛誤特別多，詔命太常博士呂才與各位術士修定可以實行的，共有四十七卷。四月十九日己酉，書稿完成，進呈太宗。呂才為這些書作敘，用經史典籍進行考證。他為《宅經》作敘，認為：「近代巫覡胡亂把姓氏分為五類，譬如張、王兩姓屬於音律中的商，武、庾二姓屬於羽，這似乎是根據諧韻。至於把柳姓分屬為宮，把趙姓分屬為角，又是不倫不類的。有的雖然同是出於一姓，卻分屬宮商二調，有的是二字以上的複姓，卻不能分辨是屬於徵還是屬於羽。這些都是沒有考查古代的事例，在義理上是錯誤的。」他為《祿命》作敘，認為：「講論福祿命運的書，說多了有時能說中，人們於是就相信它。但是戰國時期長平之戰被活埋的四十多萬士兵，沒有聽說這些士兵都犯了三刑相剋，漢光武帝時南陽人士有很多人富貴，這些人哪裡一定都是六合吉日！現在也有同一年月時辰出生的人，但他們的命運卻是貴賤相差懸殊，也有同胞胎兄弟卻壽命有長有短。又如魯莊公根據祿命書的說法，本來應該貧賤，瘦弱粗陋，可是他偏偏長壽。秦始皇按祿命書不應該有官爵，縱使得到官職，奴婢也很少，他的為人應當無始有終。漢武帝、北魏孝文帝按照祿命書都沒有官爵。南朝宋武帝應當無祿無命，只應當有長子，即使有次子，按祿命書應當夭亡。這些都是祿命書說得不準的明顯證據。」他為《葬》書作敘，認為：「《孝經》說：『占卜陰宅墓地來安葬他』，這是因為墓穴是一個人最終之地，身體和靈魂要永遠安息，而人間城邑集市會有變化，再加上泉水與岩石對墓地的交相侵蝕，都無法預先知道，所以要用龜筮占卜進行謀劃。近年來有的挑選年月，有的看墓地，認為一件事安排不當，災禍殃及死人與活人。根據《周禮》：天子、諸侯與大夫的喪葬都規定月數，這說明古人喪葬不選擇年月。根據《春秋》：『九月初九日丁巳，安葬魯定公，天下雨，未能安葬。初十日戊午，太陽西斜，才安葬完畢。』這說明下葬不選擇日期。鄭國安葬簡公，守墓人的房子正好對著大路，拆毀它要在早晨安葬，不拆它就要在中午安葬，子產決定不拆毀它，這是下葬不選擇時辰。古人埋葬人的墓地都在國都北面，墓區有固定的地方，這說明下葬不另選地方。如今的喪葬書認為子孫的富貴、貧賤、壽夭，都是因為占卜安葬所造成的。楚國的子文做令尹有三次被罷免，魯國的柳下惠做士師有三次被免職，料想他們的墓地，也沒有更改遷移。而鄉野的俗人沒有知識，妖妄的巫師胡言亂語，於是有人在喪失親人的極度悲哀之中，選擇葬地以求後人能得官爵，在家族遭到不幸的時候，選擇安葬的時辰以求今後能獲得財物和利益。有人說辰日不能哭泣，於是笑著面對弔唁的客人，有人說相同屬相的人忌諱為人送葬，於是身穿吉服不為親人送葬。傷害教化敗壞禮俗，沒有比這更嚴重的了！」術士們都憎惡呂才的言論，但有識之士都認為這是確切可靠的言論。

丁巳❶，果毅都尉❷席君買❸帥精騎百二十襲擊吐谷渾丞相宣王，破之，斬其兄弟三人。初，丞相宣王專國政，陰謀襲弘化公主，劫其王諾曷鉢奔吐蕃。諾曷鉢聞之，輕騎奔鄯善城❹，其臣威信王❺以兵迎之，故君買為之討誅宣王。國人猶驚擾，遣戶部尚書唐儉等慰撫之。

五月壬申❻，并州父老詣闕請上封泰山畢，還幸晉陽，上許之。○丙子❼，百濟來告其王扶餘璋❽之喪，遣使冊命其嗣子義慈。

己酉❾，有星孛❿于太微⓫。太史令薛頤⓬上言，未可東封。辛亥⓭，起居郎褚遂良亦言之；丙辰⓮，詔罷封禪。

太子詹事于志寧遭母喪，尋起復⓯就職。太子治宮室，妨農功，又好鄭、衛之樂⓰。志寧諫，不聽。又寵昵宦官，常在左右。志寧上書，以為：「自易牙⓱以來，宦官覆亡國家者非一。今殿下親寵此屬，使陵易衣冠⓲，不可長也。」太子役使司馭⑲等，半歲不許分番⑳，又私引突厥達哥友㉑入宮。志寧上書切諫，太子大怒，遣刺客張思政、紇干承基㉒殺之。二人入其第，見志寧寢處苫塊㉓，竟不忍殺而止。

西突厥沙鉢羅葉護可汗數遣使入貢。秋，七月甲戌㉔，命左領軍將軍張大師㉕持節即其所號立為可汗，賜以鼓纛㉖。上又命使者多齎金帛，歷諸國市良馬。魏徵諫曰：「可汗位未定而先市馬，彼必以為陛下志在市馬，以立可汗為名耳。使可汗得立，荷德必淺，若不得立，為怨實深。諸國聞之，亦輕中國。市或不得，得亦非美。苟能使彼安寧，則諸國之馬，不求自至矣。」上欣然止之。

乙毗咄陸可汗與沙鉢羅葉護互相攻，乙毗咄陸浸彊大，西域諸國多附之。未幾，乙毗咄陸使石國吐屯擊沙鉢羅葉護，擒之以歸，殺之。

丙子㉗，上指殿屋謂侍臣曰：「治天下如建此屋，營構既成，勿數改移。苟易一榱㉘，正一瓦，踐履動搖，必有所損。若慕奇功，變法度，不恆其德，勞擾實多。」

上遣職方郎中㉙陳大德㉚使高麗。八月己亥㉛，自高麗還。大德初入其境，欲知山川風俗，所至城邑，以綾綺遺其守者，曰：「吾雅好山水，此有勝處，吾欲觀之。」守者喜，導之遊歷，無所不至，往往見中國人，自云：「家在某郡，隋末從軍，沒於高麗，高麗妻以遊女㉜，與高麗錯居，殆㉝將半矣。」因問親戚存沒，大德紿㉞之曰：「皆無恙。」咸涕泣相告。數日後，隋人望之而哭者徧於郊野。大德言於上曰：「其國聞高昌亡，大懼，館候㉟之勤，加於常數。」上曰：「高麗本四郡㊱地耳，吾發卒數萬攻遼東㊲，彼必傾國救之，別遣舟師出東萊㊳，自海道趨平壤，水陸合勢，取之不難。但山東州縣彫瘵㊴未復，吾不欲勞之耳。」

【章　旨】以上為第三段，寫東西突厥歸一，內附唐室，東方高麗亦示好於唐。太宗以建屋為喻，強調創業之主的成法，子孫不得更改。

【注　釋】❶丁巳　四月二十七日。❷果毅都尉　武官名，折衝府長官折衝都尉之副。❸席君買　席君買與下文宣王事跡並見《新唐書》卷二百二十一上〈吐谷渾傳〉。❹鄯善城　今新疆若羌。《新唐書・吐谷渾傳》「鄯善城」作「鄯城」（今青海西寧）。❺威信王　事跡見《新唐書》卷二百二十一上〈吐谷渾傳〉。❻壬申　五月十二日。❼丙子　五月十六日。❽扶餘璋　扶餘，複姓。扶餘璋與其子義慈事跡並見《舊唐書》卷一百九十九上、《新唐書》卷二百二十〈百濟傳〉。❾己酉　六月十九日。❿孛　彗星的別稱。⓫太微　即太微垣天區，為三垣之一。三垣，指我國古代把環繞北極和接近頭頂上空的恆星群分成紫微垣、太微垣和天市垣三個區。⓬薛頤　唐初天文學家，道士出身。傳見《舊唐書》卷一百九十一、《新唐書》卷二百四。⓭辛亥　六月二十一日。⓮丙辰　六月二十六日。⓯起復　又稱「奪情」，指官員為父母守喪尚未期滿而應召任職。⓰鄭衛之樂　春秋戰國時期鄭、衛兩國的民間音樂。與儒家倡導的雅樂截然不同，被孔子斥之為「淫」，後來成為靡靡之樂的代稱。⓱易牙　春秋時齊桓公的寵臣，名巫，雍（今陝西鳳翔南）人，亦稱雍巫。⓲衣冠　世族；士紳。⓳司馭　疑為太僕寺廄牧署屬吏翼馭，掌調馬、執御事。⓴番　更代。㉑達哥友　據兩《唐書・于志寧傳》，「友」作「支」。㉒張思政紇干承基　事跡並見《舊唐書》卷七十六、《新唐書》卷八十〈李承乾傳〉。紇干，蕃人之姓。㉓苫塊 「寢苫枕塊」的省稱。古禮，居親喪時，以苫（即草墊）為席，塊（土塊）為枕。㉔甲戌 七月十五日。㉕張大師 唐初名將張儉兄，雍州新豐（今陝西臨潼新豐鎮）人，以軍功官至太僕卿、華州刺史，封武功縣男。傳見《舊唐書》卷八十三、《新唐書》卷一百十一。㉖纛 大旗。㉗丙子 七月十七日。㉘榱 屋椽、屋桷（方椽）的總稱。㉙職方郎中 官名，兵部職方司長官，掌天下疆域圖籍之事。㉚陳大德 事跡見《新唐書》卷二百二十〈高麗傳〉。㉛己亥 八月十日。㉜遊女 流離失所的女子。㉝殆 大概；恐怕。㉞紿 騙哄。㉟館候 安排在館舍而加以侍奉。㊱四郡 漢武帝時，曾於遼東等地置臨屯、真番、樂浪、玄菟四郡。㊲遼東 郡名，治所在今遼寧新民東北。㊳東萊 地區名，指今山東萊陽等縣以東地區。㊴彫瘵 疲敝，疾苦。

【語譯】四月二十七日丁巳，果毅都尉席君買率領精銳騎兵一百二十人襲擊吐谷渾的丞相宣王，打敗了他，斬殺了他們兄弟三人。在這之前，丞相宣王一人專斷吐谷渾的國政，密謀襲擊唐朝下嫁吐谷渾的弘化公主，劫持國王諾曷鉢投奔吐蕃。諾曷鉢得知消息，率領輕騎兵奔赴鄯善城，他的大臣威信王領兵迎接，所以席君買就為諾曷鉢討伐誅殺宣王。吐谷渾國人還在驚擾之中，太宗派戶部尚書唐儉前往安撫他們。

五月十二日壬申，并州父老來到皇宮門前請求太宗在泰山封禪之後，回來巡幸晉陽，太宗答應了他們的請求。〇十六日丙子，百濟派人來稟報他們的國王扶餘璋的喪訊，太宗派使節冊封他的兒子義慈繼位。

六月十九日己酉，太微垣天區出現彗星。太史令薛頤上言，不可東往泰山封禪。二十一日辛亥，起居郎褚遂良也這樣說。二十六日丙辰，太宗下詔停止封禪。

太子詹事于志寧遇到母喪而離職，不久重新應召任職。當時太子修築宮室，妨礙農業生產，又愛好淫靡的鄭、衛之音。于志寧勸諫，太子不聽。又寵幸親近宦官，讓他們經常在自己身邊。于志寧上書，認為：「自從齊國的易牙以來，宦官使朝廷滅亡的事例不止一件。如今殿下親近寵信這種人，讓他們欺陵衣冠士族，這種風氣不可增長。」太子役使馭馬官等人，半年不許他們輪流值班，又私自讓突厥人達哥友進入東宮。于志寧上書痛切勸諫，太子大為震怒，派刺客張思政、紇干承基二人去殺于志寧。二人進入于志寧的宅第，見于志寧躺在苫席上，頭枕著土塊，最終不忍心殺他而作罷。

西突厥沙鉢羅葉護可汗多次派使節入京進貢。秋，七月十五日甲戌，太宗命令左領軍將軍張大師持旌節就他已有的稱號立為可汗，賜給大鼓和大旗。太宗又詔令使者多帶金銀絲帛，在經過的各國購買好馬。魏徵勸諫說：「可汗的王位還未穩定就先在路上買馬，他們必定會認為陛下志在買馬，把冊立可汗作為藉口。如果可汗得以冊立，他們感受的恩德必定淺薄，如果可汗立不成，他們的怨恨必定很深。各國聽說此事，也會輕視中原王朝。馬或許買不成，買到也並非好事。如果能使他們安定，那麼各國的好馬，不用買也自動會有人送來。」太宗欣然停止買馬。

乙毗咄陸可汗與沙鉢羅葉護相互攻打，乙毗咄陸日漸強大，西域各國大都依附他。不久，乙毗咄陸讓石國的吐屯襲擊沙鉢羅葉護，把他擒獲帶回來，殺死了他。

七月十七日丙子，太宗指著殿宇對侍從的大臣說：「治理天下如同建造這些房屋，營造建成之後，不要多次改變移動。假如換一根椽子，擺正一塊瓦片，踏踩房頂使整個房屋搖動，對房屋必然會有所損害。如果羨慕建立奇功，改變法度，不持久堅守道德，造成的勞擾實在太多。」

太宗派職方郎中陳大德出使高麗。八月初十日己亥，從高麗返回長安。陳大德剛剛進入高麗境內時，想瞭解高麗的山川名勝與民間風俗，所經過的城鎮，都把綾羅綢緞送給守城的官員，說：「我一向喜愛山水，此地如有名勝，我想去看看。」守城的官員十分高興，帶著他遊歷，無處不去，往往能看到中原人，他們自己說：「家在某郡，隋末從軍東征，滯留在高麗，高麗人把無家的女子給自己為妻，與高麗人雜錯居處，幾乎佔了人口的一半。」於是詢問中原親屬的生死情況，陳大德騙他們說：「都安好無恙。」他們都哭著相互轉告。幾天後，隋朝人來看望陳大德，對著他哭泣的人遍布城郊野外。陳大德回來後對太宗說：「高麗人聽說高昌已經滅亡，大為恐懼，把我安排在館舍，問候侍奉，超過正常的次數。」太宗說：「高麗本來是漢武帝設立四個郡的地方，我們徵發數萬人進攻遼東，高麗必然出動全國兵力前來救援，我們另外派出水軍從東萊出動，經海路直趨平壤，水陸合力，攻下高麗並不困難。只是山東的州縣還很凋疲，沒有恢復，朕不想煩勞他們罷了。」

乙巳❶，上謂侍臣曰：「朕有二喜一懼。比年豐稔，長安斗粟直三四錢，一喜也。北虜❷久服，邊鄙無虞❸，二喜也。治安則驕侈易生，驕侈則危亡立至，此一懼也。」

冬，十月辛卯❹，上校獵伊闕❺。壬辰❻，幸嵩陽❼。辛丑❽，還宮。

并州大都督長史李世勣在州十六年，令行禁止，民夷懷服。上曰：「隋煬帝勞百姓，築長城以備突厥，卒無所益。朕唯置李世勣於晉陽而邊塵不驚❾，其為長城，豈不壯哉！」十一月庚申❿，以世勣為兵部尚書。

壬申⓫，車駕西歸長安。

薛延陀真珠可汗聞上將東封，謂其下曰：「天子封泰山，士馬皆從，邊境必虛。我以此時取思摩，如拉朽⓬耳。」乃命其子大度設⓭發同羅⓮、僕骨、迴紇、靺鞨、霫等兵合二十萬，度漠南，屯白道川⓯，據善陽嶺⓰以擊突厥。俟利苾可汗不能禦，帥部落入長城，保朔州，遣使告急。

癸酉⓱，上命營州都督張儉⓲帥所部騎兵及奚、霫、契丹壓其東境；以兵部尚書李世勣為朔州道行軍總管，將兵六萬，騎千二百，屯羽方⓳；右衛大將軍李大亮為靈州道行軍總管，將兵四萬，騎五千，屯靈武⓴；右屯衛大將軍張士貴將兵一萬七千，為慶州道行軍總管，出雲中；涼州都督李襲譽㉑為涼州道行軍總管，出其西。

諸將辭行，上戒之曰：「薛延陀負其彊盛，踰漠而南，行數千里，馬已疲瘦。凡用兵之道，見利速進，不利速退。薛延陀不能掩思摩不備急擊之，思摩入長城，又不速退。吾已敕思摩燒薙㉒秋草，彼糧糗㉓日盡，野無所獲。頃偵者來，云其馬齧㉔林木枝皮略盡。卿等當與思摩共為掎角，不須速戰，俟其將退，一時奮擊，破之必矣。」

十二月戊子㉕，車駕至京師。

己亥㉖，薛延陀遣使入見，請與突厥和親。甲辰㉗，李世勣敗薛延陀於諾真水㉘。初，薛延陀擊西突厥沙鉢羅及阿史那社爾，皆以步戰㉙取勝。及將入寇，乃大教步戰，使五人為伍，一人執馬，四人前戰，戰勝則授以馬追奔。於是大度設將三萬騎逼長城，欲擊突厥，而思摩已走，知不可得，遣人登城罵之。會李世勣引唐兵至，塵埃漲天，大度設懼，將其眾自赤柯濼㉚北走。世勣選麾下及突厥精騎六千自直道邀之，踰白道川，追及於青山㉛。大度設走累日㉜，至諾真水，勒兵還戰，陳亙十里。突厥先與之戰，不勝，還走。大度設乘勝追之，遇唐兵。

薛延陀萬矢俱發，唐馬多死。世勣命士卒皆下馬，執長矟㉝，直前衝之。薛延陀眾潰，副總管薛萬徹以數千騎收其執馬者。薛延陀失馬，不知所為。唐兵縱擊，斬首三千餘級，捕虜五萬餘人。大度設脫身走，萬徹追之不及。其眾至漠北，值大雪，人畜凍死者什八九。

李世勣還軍定襄㉞，突厥思結㉟部居五臺者叛走，州兵追之。會世勣軍還，夾擊，悉誅之。

丙子[1]，薛延陀使者辭還，上謂之曰：「吾約汝與突厥以大漠為界，有相侵者，我則討之。汝自恃其強，踰漠攻突厥。李世勣所將纔數千騎耳，汝已狼狽如此。歸語可汗，凡舉措利害，可善擇其宜。」

【章旨】以上為第四段，寫唐軍大破薛延陀。

【注釋】❶乙巳　八月十六日。❷北虜　謂東突厥及鐵勒薛延陀等。❸虞　憂慮。❹辛卯　十月三日。❺伊闕　又名闕口、龍門。在今河南洛陽南。❻壬辰　十月四日。❼嵩陽　縣名，縣治在今河南登封。❽辛丑　十月十三日。❾邊塵不驚　謂邊境安寧，沒有戰事驚擾。❿庚申　十一月三日。⓫壬申　十一月十五日。⓬拉朽　形容極容易摧毀。朽，朽木。⓭大度設即薛延陀可汗嫡子利咥拔灼。後殺其庶兄曳莽，自立為頡利俱利失薛沙多彌可汗。事跡見《舊唐書》卷一百九十九下、《新唐書》卷二百十七下〈薛延陀傳〉。⓮同羅　鐵勒諸部之一，分布於圖拉河北。⓯白道川　在今內蒙古呼和浩特西北，為河套東北地區通往陰山以北的主要通道。⓰善陽嶺　山名，在今山西朔州北。⓱癸酉　十一月十六日。⓲張儉　（西元五九三—六五三年）唐初大將，雍州新豐（今陝西臨潼新豐鎮）人，累任邊州都督，封皖成郡公。傳見《舊唐書》卷八十三、《新唐書》

卷一百十一。⑲羽方　《冊府元龜》卷一百二十五、《新唐書》卷二百十七下作「朔州」（治今山西朔州西南）。⑳靈武　縣名，縣治在今寧夏永寧西南。㉑李襲譽　唐初邊將，字茂實，金州安康（今陝西安康）人，官至涼州都督，封安康郡公。才兼文武，撰《五經妙言》五十卷、《江東記》三十卷、《忠孝圖》二十卷。傳見《舊唐書》卷五十九、《新唐書》卷九十一。㉒薙除草。㉓糗　炒熟米麥粉，俗稱乾糧。㉔齧　「囓」的異體字。㉕戊子　十二月一日。㉖己亥　十二月十二日。㉗甲辰　十二月十七日。㉘諾真水　今內蒙古艾不蓋河。㉙步戰　徒步作戰。㉚赤柯濼　沼澤名，在今山西大同西北。㉛青山　山名，即今內蒙古呼和浩特北大青山。㉜累日　整天。㉝長矟　兵器名，長矛，即槊。㉞定襄　縣名，縣治在今山西定襄。㉟思結　鐵勒諸部之一。因曾為東突厥所役屬，故又稱突厥思結部。其主要分布地在今蒙古杭愛山東南一帶，並有部分人徙居五臺縣境（今山西五臺）。武周時，居漠北者多徙入今甘肅張掖、武威地區。

【校　記】[1]丙子　嚴衍《通鑑補》改「子」作「午」。按，是年十二月無「丙子」，當作「丙午」。丙午，十二月十九日。

【語　譯】八月十六日乙巳，太宗對侍從大臣說：「朕有二喜一懼。連年豐收，長安城一斗粟僅值三、四錢，這是一喜。北方部族久已歸服，邊境沒有憂慮，這是二喜。政治安定了就容易滋生驕奢淫逸，驕奢淫逸了危亡就會立刻到來，這是一懼。」

冬，十月初三日辛卯，太宗在伊闕狩獵。初四日壬辰，巡幸嵩陽縣。十三日辛丑，回到宮中。

并州大都督府長史李世勣在并州任職十六年，發出命令就能得以執行，發出禁令就能讓人停止，漢民和夷人都對他懷恩和服從。太宗說：「隋煬帝勞苦百姓，修築長城來防備突厥進攻，最終沒有益處。朕只是把李世勣放在晉陽就讓邊境沒有驚擾，他作為長城，難道不是更雄壯嗎！」十一月初三日庚申，任命李世勣為兵部尚書。

十一月十五日壬申，太宗車駕西行返回長安。

薛延陀真珠可汗聽說太宗將要東去泰山封禪，對他的下屬說：「天子去泰山封禪，士兵人馬都要跟隨前往，邊境必然空虛。我乘此時攻取思摩，如同摧枯拉朽。」於是命令他的兒子大度設徵發同羅、僕骨、迴紇、靺鞨、霫等部族的兵馬，合計二十萬人，越過漠南，屯紮在白道川，佔據善陽嶺來攻擊突厥。俟利苾可汗不能抵抗，率領部落進入長城，據守朔州，遣使告急。

十一月十六日癸酉，太宗命令營州都督張儉率領所轄騎兵以及奚、霫、契丹進逼薛延陀的東部邊境；任命兵部尚書李世勣為朔州道行軍總管，率軍六萬，騎兵一千二百人，屯紮在羽方；任命右衛大將軍李大亮為靈州道行軍總管，率軍四萬，騎兵五千，屯紮在靈武；任命右屯衛大將軍張士貴率軍一萬七千人，為慶州道行軍總管，從雲中出兵；任命涼州都督李襲譽為涼州道行軍總管，向薛延陀西部出兵。

各位將領向太宗辭行，太宗告誡他們說：「薛延陀仗著他們強盛，越過沙漠南下，行進幾千里，馬匹已經疲乏瘦弱。凡是用兵的原則，看到有利就迅速推進，看到不利就迅速撤退。薛延陀不能對思摩攻其不備，緊急進攻，思摩進入長城，薛延陀又不迅速撤退。朕已敕令思摩割掉燒毀秋草，對方糧草很快吃光，在野地中也毫無所獲。最近偵探來報，說他們的馬快把樹林中的樹皮枝葉啃吃光了。你們應當與思摩合兵構成犄角之勢，不需要速戰，等到敵人將要撤退時，同時奮勇出擊，一定能打敗他們。」

十二月初一日戊子，太宗車駕到了長安。

十二月十二日己亥，薛延陀派使節入京朝見太宗，請求與突厥和親。十七日甲辰，李世勣在諾真水打敗薛延陀。起初，薛延陀攻打西突厥的沙鉢羅以及阿史那社爾，都用步戰取勝。等到將要進攻思摩時，才讓士兵大練步戰，讓五個人為一伍，其中一個人牽馬，另外四個人向前作戰，打勝了，就給他馬，追擊逃兵。在這時大度設率三萬騎兵進逼長城，想要攻擊突厥，而思摩已經撤走，大度設知道不能得到什麼，只得派人登上城牆謾罵思摩。正好這時李世勣帶領唐軍趕到，塵土滿天，大度設很害怕，率領他的部隊從赤柯濼向北逃去。李世勣挑選部下及突厥精銳騎兵六千人從直路上前去攔截大度設，越過白道川，在青山追上敵軍。大度設逃奔已有數天，到達諾真水，部署軍隊回頭作戰，戰陣列綿延十里。突厥兵先與他們交戰，沒有取勝，逃了回來。大度設乘勝追擊他們，遇上唐朝的軍隊。薛延陀的部隊萬箭齊發，唐軍的戰馬多被射死。李世勣命令士兵全都下馬，手執長矛，直接向前衝擊。薛延陀的軍隊潰敗，唐軍副總管薛萬徹用數千騎兵收捕敵軍牽馬的士兵。薛延陀的部隊喪失戰馬，不知道該怎麼辦。唐朝士兵放手出擊，斬首三千多人，俘虜五萬多人。

大度設脫身逃走，薛萬徹沒有追上。薛延陀的部隊到達大漠以北，遇上大雪，人和馬匹凍死了十分之八九。

李世勣回師定襄，居住在五臺縣的突厥思結部叛變逃走，當地的州兵追捕他們。適逢李世勣的部隊撤回，與州兵兩相夾擊，把他們全部殺掉了。

丙子日，薛延陀的使者向太宗辭行，太宗對他說：「我約定你們與突厥以大沙漠為界，如有互相侵犯的，我就討伐違約者。你們仗恃自己強大，越過沙漠攻擊突厥。李世勣率領的才只有幾千騎兵，你們就已如此狼狽。回去告訴你的可汗，凡是行動舉措，利害關係，應該好好選擇其中適宜的。」

上問魏徵：「比來朝臣何殊不論事？」對曰：「陛下虛心采納，必有言者。凡臣徇國者寡，愛身者多。彼畏罪，故不言耳。」上曰：「然。人臣關說忤旨，動及刑誅，與夫蹈湯火冒白刃者亦何異哉！是以禹拜昌言❶，良為此也。」

房玄齡、高士廉遇少府少監❷竇德素❸於路，問：「北門❹近何營繕？」德素奏之。上怒，讓玄齡等曰：「君但知南牙❺政事，北門小營繕，何預君事！」玄齡等拜謝。魏徵進曰：「臣不知陛下何以責玄齡等，而玄齡等亦何所謝！玄齡等為陛下股肱耳目，於中外事豈有不應知者！使所營為是，當助陛下成之，為非，當請陛下罷之。問於有司，理則宜然。不知何罪而責，亦何罪而謝也！」上甚愧之。

上嘗臨朝謂侍臣曰：「朕為人主，常兼將相之事。」給事中張行成❻退而上書，以為：「禹不矜伐❼，而天下莫與之爭。陛下撥亂反正，羣臣誠不足望清光❽，然不必臨朝言之。以萬乘之尊，乃與羣臣校功爭能，臣竊為陛下不取。」上甚善之。

【章　旨】以上為第五段，寫魏徵規諫唐太宗惡聞諫言。

【注　釋】❶禹拜昌言　出自《尚書・大禹謨》。昌言，直言無所顧忌。❷少府少監　官名，少府監之副，掌少府監百工技巧等事。❸竇德素　唐高祖皇后竇氏族孫，京兆始平（今陝西興平）人，官至南康郡太守。❹北門　即宮城北門玄武門。❺南牙　又作「南衙」，即宮城內南端的中央官署。❻張行成　（西元五八七—六五三年）貞觀末至永徽初年宰相。傳見《舊唐書》卷七十八、《新唐書》卷一百四。❼矜伐　居功誇耀。❽清光　風采清雅。

【語　譯】太宗詢問魏徵：「近來朝廷大臣們為什麼不上書議論朝政？」魏徵回答說：「陛下虛心採納大臣的進諫，就一定會有人上書言事。凡是大臣們能為國家獻身的少，愛惜自身的多。他們害怕獲罪，所以不上書言事。」太宗說：「是這樣。大臣們議論國事而忤怒帝王的意旨，帝王動輒對他們處以刑罰，這與赴湯蹈火面對鋒利的兵器又有什麼區別呢！所以大禹對向他直言之人行禮，正是為此。」

房玄齡、高士廉在路上遇見少府少監竇德素，問他：「北門近來在修建什麼？」竇德素把此事上奏給太宗。太宗很生氣，責備房玄齡等人說：「你只執掌南面衙門裡的政事，北門的小小修建，和你們的事有什麼相干！」房玄齡等人下拜謝罪。魏徵進諫說：「臣不知道陛下為什麼要責備房玄齡等人，而房玄齡等人又謝什麼罪！房玄齡等人是陛下的股肱耳目大臣，對宮廷內外的事怎麼有不應知道的！如果北門的修建是對的，就應當幫助陛下促成其事，如果修建是不對的，他們就應當請求陛下停止修建。他們詢問有關部門，是理所當然的。不知犯了什麼罪過而責怪他們，又有什麼罪要來謝罪！」唐太宗十分羞愧。

唐太宗曾在上朝時對侍從的大臣說：「朕作為萬民的君主，經常兼管將和相的事。」給事中張行成退朝後向唐太宗上書，認為：「大禹本人不自我誇耀，而天下沒有人和他相爭。陛下撥亂反正，群臣實在不足以仰望陛下的清高風采，然而陛下不必在上朝時來說此事。以天子之尊，卻與群臣比功爭能，臣私意認為是不可取的。」唐太宗認為他說得非常好。

十六年（壬寅　西元六四二年）

春，正月乙丑❶，魏王泰上括地志❷。泰好學，司馬蘇勖❸說泰，以古之賢王皆招士著書，故泰奏請修之。於是大開館舍，廣延時俊，人物輻湊，門庭如市。泰月給踰於太子，諫議大夫褚遂良上疏，以為：「聖人制禮，尊嫡卑庶，世子用物不會❹，與王者共之。庶子雖愛，不得踰嫡，所以塞嫌疑之漸，除禍亂之源也。若當親者疏，當尊者卑，則佞巧之姦，乘機而動矣。昔漢竇太后寵梁孝王，卒以憂死❺，宣帝寵淮陽憲王，亦幾至於敗❻。今魏王新出閤，宜示以禮則，訓以謙儉，乃為良器，此所謂『聖人之教不肅而成❼』者也。」上從之。

上又令泰徙居武德殿。魏徵上書[1]，以為：「陛下愛魏王，常欲使之安全，宜每抑其驕奢，不處嫌疑之地❽。今移居此殿，乃在東宮之西，海陵❾昔嘗居之，時人不以為可。雖時異事異，然亦恐魏王之心不敢安息也。」上曰：「幾致此誤。」遽遣泰歸第。

辛未⑩，徙死罪者實西州，其犯流徙則充戍⑪，各以罪輕重為年限。○敕天下括浮遊無籍者，限來年末附⑫畢。○以兼中書侍郎岑文本為中書侍郎，專知機密⑬。

夏，四月壬子⑭，上謂諫議大夫褚遂良曰：「卿猶知起居注⑮，所書可得觀乎？」對曰：「史官書人君言動，備記善惡，庶幾⑯人君不敢為非，未聞自取而觀之也！」上曰：「朕有不善，卿亦記之邪？」對曰：「臣職當載筆，不敢不記。」黃門侍郎劉洎曰：「借使遂良不記，天下亦皆記之。」上曰：「誠然。」

六月庚寅⑰，詔息隱王⑱可追復皇太子，海陵剌王元吉追封巢王，諡並依舊。

甲辰⑲，詔自今皇太子出用庫物，所司勿為限制。於是太子發取無度，左庶子張玄素上書，以為：「周武帝平定山東，隋文帝混一江南，勤儉愛民，皆為令主⑳。有子不肖㉑，卒亡宗祀。聖上以殿下親則父子，事兼家國，所應用物不為節限，恩旨未踰六旬，用物已過七萬，驕奢之極，孰云過此！況宮臣正士，未嘗在側，群邪淫巧，昵近深宮。在外瞻仰，已有此失，居中隱密，寧可㉒勝計！苦藥利病，苦言利行，伏惟居安思危，日慎一日。」太子惡其書，令戶奴㉓伺玄素早朝，密以大馬箠㉔擊之，幾斃。

秋，七月戊午[2]，以長孫無忌為司徒，房玄齡為司空。○庚申㉕，制：「自今有自傷殘者，據法加罪，仍從賦役。」隋末賦役重數，人往往自折支體，謂之「福手」、「福足」，至是遺風猶存，故禁之。

特進魏徵有疾，上手詔問之，且言：「不見數日，朕過多矣。今欲自往，恐益為勞。若有聞見，可封狀進來。」徵上言：「比者㉖弟子陵師㉗，奴婢忽主㉘，下多輕上，皆有為而然，漸不可長㉙。」又言：「陛下臨朝，常以至公為言，退而行之，未免私僻㉚。或畏人知，橫加威怒，欲蓋彌彰，竟有何益！」徵宅無堂㉛，上命輟小殿之材以構之，五日而成，仍賜以素屏風、素褥、几杖㉜等以遂其所尚。徵上表謝，上手詔稱：「處卿至此，蓋為黎元㉝與國家，豈為一人？何事過謝！」

八月丁酉㉞，上曰：「當今國家何事最急？」諫議大夫褚遂良曰：「今四方無虞，唯太子、諸王宜有定分㉟最急。」上曰：「此言是也。」時太子承乾失德，魏王泰有寵，羣臣日有疑議。上聞而惡之，謂侍臣曰：「方今羣臣，忠直無踰魏徵，我遣傅太子，用絕天下之疑。」九月丁巳㊱，以魏徵為太子太師㊲。徵疾少[3]

愈，詣朝堂表辭。上手詔諭以：「周幽、晉獻㊳，廢嫡立庶，危國亡家。漢高祖幾廢太子，賴四皓㊴然後安。我今賴公，即其義也。知公疾病，可臥護之。」徵乃受詔。

【章旨】以上為第六段，寫魏王李泰編纂《括地志》以取聲譽，而太子李承乾驕奢失德，陵暴老師。

【注釋】❶乙丑　一月九日。❷括地志　唐初地理著作，五百五十卷，魏王李泰撰，實出於蕭德言等手筆。書已散佚，今僅存數卷輯本。❸蘇勗　字慎行，雍州武功（今陝西武功）人，原為秦王府十八學士之一，尚高祖女南昌公主，拜駙馬都尉，官至太子左庶子。事跡見《舊唐書》卷八十八、《新唐書》卷一百二十五〈蘇瓌傳〉附〈蘇幹傳〉。❹會　總計；歲計。❺昔漢竇太后寵梁孝王二句　竇太后為西漢文帝皇后，景帝即位，尊為太后。其少子梁孝王劉武，因太后寵愛，景帝被迫賜予天子旌旗，出入「擬於天子」。武由是覬覦帝位並派人刺殺朝中大臣，帝「由此怨望於梁王」，武終以憂死。事見《漢書》卷四十七〈文三王傳〉等。❻宣帝寵淮陽憲王二句　宣帝，即西元前七四－前四九年在位的西漢宣帝劉詢（西元前九一－前四九年）。淮陽憲王劉欽，為宣帝次子，「聰達有材，帝甚愛之」。欽遂自命不凡，於元帝劉奭（西元前四八－前三三年在位）時謀反，幾至身敗名裂。事見《漢書》卷八十〈宣元六王傳〉等。❼聖人之教不肅而成　《孝經》載孔子之言。肅，嚴急。❽嫌疑之地　諸侯王不應入居皇宮，違禮過制，將使自己遭嫌疑。❾海陵　李元吉追封為海陵刺王。❿辛未　一月十五日。⓫充戍　充軍戍守。⓬附　謂附籍為國家編戶。⓭專知機密　中書省設侍郎二人，為中書令之副，時獨用岑文本，故稱「專知機密」。⓮壬子　四月二十七日。⓯知起居注　知，兼官。起居注，帝王的言行記錄。⓰庶幾　希望。⓱庚寅　六月六日。⓲息隱王　即隱太子李建成。⓳甲辰　六月二十日。⓴令主　好皇帝。令，美；善。㉑有子不肖　此指北周武帝子宣帝宇文贇和隋文帝子煬帝楊廣。㉒寧可　不可；不能。㉓戶奴　官奴，掌守門戶。㉔馬箠　馬鞭。箠，同「棰」。㉕庚申　七月七日。㉖比者　近來。㉗陵師　冒犯老師。陵，通「淩」。㉘忽主　輕視主人。㉙漸不可長　不良風氣不可逐漸增長。㉚私僻　自私偏執。㉛堂　正屋；前廳。㉜几杖　老人用物。几，小桌，用於臥時憑倚。杖，手杖，用以行走時支撐身體。㉝黎元　黎民百姓。㉞丁酉　八月十四日。㉟定分　指名位的等級規格要有一定的標準。㊱丁巳　九月四日。㊲太子太師　官名，從一品，掌輔導皇太子。㊳周幽晉獻　周幽，即西周幽王，幽王廢太子而立褒姒之子，為犬戎所殺。晉獻，即春秋晉國獻公，獻公廢世子而立驪姬之子，晉國大亂。㊴四皓　即秦末漢初隱於商山的東園公、甪里先生、綺里季、夏黃公四位八十餘歲老人，時稱「商山四皓」。因太子同四皓交遊，漢高祖遂以為太子為眾望所歸，改變了另立太子的初衷。

【校　記】①書　據章鈺校，十二行本、乙十一行本皆作「疏」。②戊午　原誤作「戊子」。據章鈺校，十二行本、乙十一行本皆作「戊午」，今據改。按，是年七月無「戊子」，有「戊午」。戊午，七月初五日。③少　據章鈺校，十二行本、乙十一行本皆作「小」。

【語　譯】十六年（壬寅　西元六四二年）

春，正月初九日乙丑，魏王李泰進呈《括地志》一書。李泰愛好學問，司馬蘇勗勸說李泰，認為古代賢能的君王都招引學者來著書立說，所以李泰奏請修撰《括地志》。於是設置很大的館舍，廣泛延請當時的優秀人才，人才聚集，門庭若市。李泰每月的供給超過了太子，諫議大夫褚遂良上奏，認為：「聖人制定禮儀，是為了以嫡長子為尊而以庶子為卑，供給太子的物品不用統計，與君王一同使用所需的物品。君王雖然喜歡庶子，也不得超過嫡長子，這是為了杜絕嫌疑的產生，消除禍亂的根源。如果應當親近的人反而疏遠，應當尊貴的人反而卑賤，那些佞巧的奸人，就會乘機而動了。從前西漢竇太后寵愛梁孝王，最終憂慮而死，漢宣帝寵愛淮陽憲王，也幾乎導致敗亡。如今魏王剛剛外出擔任藩王，應該向他顯示禮儀規矩，用謙虛節儉來教育他，才能使他成為良才，這就是所謂的『聖人的教導不必嚴急就自然形成。』」太宗聽從了褚遂良的意見。

太宗又讓李泰遷居到武德殿。魏徵上奏，認為：「陛下喜歡魏王，常常想讓他安全，就應當經常抑制他的驕奢習氣，不要處於有嫌疑的地方。如今移居到武德殿，是在東宮的西面，海陵王李元吉過去曾在此居住，時人認為不是可住之處。雖然時間不同事情也有不同，然而也擔心魏王住在此宮會內心不敢安寧。」太宗說：「差一點造成失誤。」立刻讓李泰返回自己的宅第。

正月十五日辛未，唐朝把死罪的犯人遷移到西州以充實該地，那些犯了流放罪的犯人則充軍戍邊，各自根據他們的罪行輕重劃定戍邊的年限。○敕令全國檢查核對無戶籍的遊民，限定在下一年年底全部都要編入戶籍。〇太宗任命兼中書侍郎岑文本為中書侍郎，專門執掌朝廷機密事務。

夏，四月二十七日壬子，太宗對諫議大夫褚遂良說：「你還兼管起居注的事務，起居注所載朕可以觀看嗎？」回答說：「史官記載君主的言談和行動，詳記善惡，希望君主不敢做壞事，沒有聽說君主自己可以拿來觀看的！」太宗說：「朕有不善的事，你也記載了嗎？」回答說：「臣的職責在於秉筆直書，不敢不記。」黃門侍郎劉洎說：「假使褚遂良不加記載，天下人也都會記載下來。」太宗說：「的確是這樣。」

六月初六日庚寅，太宗詔令息隱王李建成可以追認恢復皇太子身分，海陵剌王李元吉追封為巢王，諡號一併照舊。

六月二十日甲辰，太宗詔令從今以後皇太子領出使用庫府內的器物，各有關部門不要加以限制。於是太子領取物品沒有限度，左庶子張玄素上書，認為：「周武帝平定關東，隋文帝統一江南，勤儉愛民，都成為一代善主。但他們的兒子不成器，最終使社稷滅亡。聖上認為與殿下在親緣關係上是父子，在事情的處理上兼具了家和國的兩重關係，所以才讓殿下使用的器物不受節度限制，聖旨下達還未超過六十天，使用的器物已經超過七萬，驕奢到了極點，誰能超過這樣！況且東宮屬臣中的正直之士，都沒有在殿下身旁，那群邪惡淫巧的小人，在深宮之中受到親近。在宮外仰視，已經看到了這種缺失，處在深宮之中的隱密之事，哪裡能夠計算過來！苦口的藥對治病有利，難聽的話有利於品行，殿下應當考慮居安思危，一日比一日謹慎小心。」太子討厭張玄素的上書，讓守門的奴僕窺伺張玄素清早上朝的時候，暗中用大馬鞭擊打他，張玄素差一點死去。

秋，七月初五日戊午，任命長孫無忌為司徒，房玄齡為司空。〇初七日庚申，太宗頒下制令：「從今以後有人自殘身體，依據法律加重罪行，仍要納賦服役。」隋朝末年賦役繁重，人們往往自己折斷肢體，稱之為「福手」、「福足」，到這時這種前朝遺留的風氣尚存，所以加以禁止。

特進魏徵患病，太宗親筆書寫詔書探問病情，並且說：「幾天不見，朕的過失多起來了。如今想親往探望，恐怕給你更添煩擾。你如果有所聞見，可以加上密封上呈進來。」魏徵上書說：「近來弟子欺侮老師，奴婢輕視主人，在下的人大多輕視在上的人，都是有原因才這樣做的，此風不可長。」又說：「陛下臨朝聽政，常常說到至公，但退朝後的行為，卻未免偏私不正。有時害怕別人知道，橫施威怒，欲蓋彌彰，最終有什麼好處！」魏徵的宅第沒有廳堂，太宗命令把停建皇宮小殿的材料拿去給他建造廳堂，五天就建成了，還賜給沒有花紋雕飾的屏風和素色的褥子、几案、手杖等，以適應他所崇尚的儉樸習慣。魏徵上表謝恩，太宗親筆書寫詔文說：「這樣對待你，是為了黎民百姓與國家，豈是為朕一個人？何必過於謝恩！」

八月十四日丁酉，太宗說：「如今國家什麼事情最為急迫？」諫議大夫褚遂良說：「如今四方安定沒有憂患，只有太子、諸王應有一定的名分最為緊要。」唐太宗說：「這話說得對。」當時太子李承乾欠缺德行，魏王李泰得到寵愛，群臣每天都有疑議。太宗聽說後十分厭惡，對侍從的大臣說：「如今的大臣們，忠誠正直沒人超過魏徵，我派他去當太子的師傅，以此杜絕天下人的疑慮。」九月初四日丁巳，任命魏徵為太子太師。魏徵的病情稍有好轉，來到朝堂上表推辭。太宗親筆書寫詔令進行曉諭說：「周幽王、晉獻公，廢除嫡長子冊立庶子，使國家危亡。漢高祖幾乎廢掉太子，靠商山四位老人然後才得以安定。朕如今依靠你，就是出於這個道理。朕知道你有病，可以躺在床上佐護太子。」魏徵於是接受詔令。

癸亥❶，薛延陀真珠可汗遣其叔父沙鉢羅泥熟俟斤來請昏，獻馬三千，貂皮三萬八千，馬腦鏡一。

癸酉❷，以涼州都督郭孝恪行安西都護、西州刺史。高昌舊民與鎮兵❸及謫徙❹者雜居西州，孝恪推誠撫御，咸得其歡心。

西突厥乙毗咄陸可汗既殺沙鉢羅葉護，并其眾，又擊吐火羅，滅之。自恃彊大，遂驕倨，拘留唐使者，侵暴西域。遣兵寇伊州，郭孝恪將輕騎二千自烏骨❺邀擊，敗之。乙毗咄陸又遣處月、處密二部圍天山❻，孝恪擊走之，乘勝進拔處月俟斤所居城，追奔至遏索山❼，降處密之眾而歸。

初，高昌既平，歲發兵千餘人戍守其地。褚遂良上疏，以為：「聖王為治，先華夏而後夷狄。陛下興兵取高昌，數郡蕭然❽，累年不復❾。歲調千餘人屯戍❿，遠去鄉里，破產辦裝⓫。又謫徙罪人，皆無賴子弟，適足騷擾邊鄙，豈能有益行陳！所遣多復逃亡，徒煩追捕。加以道塗所經，沙磧千里，冬風如割，夏風如焚，行人往來，遇之多死。設使張掖⓬、酒泉⓭有烽燧⓮之警，陛下豈得高昌一夫斗粟之用，終當發隴右諸州兵食以赴之耳。然則河西⓯者，中國之心腹，高昌者，他人之手足，柰何糜弊本根⓰以事無用之土乎！且陛下得突厥、吐谷渾，皆不有其地，為之立君長以撫之，高昌獨不得與為比乎！叛而執之，服而封之，刑莫威焉，德莫厚焉。願更擇高昌子弟可立者使君其國，子子孫孫，負荷大恩，永為唐室藩輔，內安外寧，不亦善乎！」上弗聽。及西突厥入寇，上悔之，曰：「魏徵、褚遂良勸我復立高昌，吾不用其言，今方自咎耳。」

乙毗咄陸西擊康居⓱，道過米國⓲，破之，虜獲甚多，不分與其下。其將泥孰啜⑲輒奪取之，乙毗咄陸怒，斬泥孰啜以徇，眾皆憤怨。泥孰啜部將胡祿屋⑳襲擊之，乙毗咄陸眾散，走保白水胡城㉑。於是弩失畢㉒諸部及乙毗咄陸所部屋利啜等遣使詣闕，請廢乙毗咄陸，更立可汗。上遣使齎璽書，立莫賀咄㉓之子為乙毗射匱可汗㉔。乙毗射匱既立，悉禮遣乙毗咄陸所留唐使者，帥所[1]部擊乙毗咄陸於白水胡城。乙毗咄陸出兵擊之，乙毗射匱大敗。乙毗咄陸遣使招其故部落，故部落皆曰：「使我千人戰死，一人獨存，亦不汝從！」乙毗咄陸自知不為眾所附，乃西奔吐火羅。

冬，十月丙申㉕，殿中監郢縱公宇文士及卒。上嘗止樹下，愛之，士及從而譽之不已。上正色曰：「魏徵常勸我遠佞人，我不知佞人為誰，意疑是汝，今果不謬！」士及叩頭謝。

上謂侍臣曰：「薛延陀屈[2]強㉖漠北，今御之止有二策，苟非發兵殄滅之，則與之婚姻以撫之耳，二者何從？」房玄齡對曰：「中國新定，兵凶戰危，臣以為和親便。」上曰：「然。朕為民父母，苟可利之，何愛一女！」

先是，左領軍將軍契苾何力母姑臧夫人㉗及弟賀蘭州都督沙門㉘皆在涼州，上遣何力歸覲，且撫其部落。時薛延陀方彊，契苾部落皆欲歸之，何力大驚曰：

「主上厚恩如是，柰何遽為叛逆？」其徒曰：「夫人、都督先已詣彼，若之何不往？」何力曰：「沙門孝於親，我忠於君，必不汝從。」其徒執之詣薛延陀，置真珠㉙牙帳前。何力箕踞，拔佩刀東向大呼曰：「豈有唐烈士而受屈虜庭，天地日月，願知我心！」因割左耳以誓。真珠欲殺之，其妻諫而止。

上聞契苾叛，曰：「必非何力之意。」左右曰：「戎狄氣類相親，何力入薛延陀，如魚趨水耳。」上曰：「不然。何力心如鐵石，必不叛我。」會有使者自薛延陀來，具言其狀，上為之下泣[3]，謂左右曰：「何力果如何？」即命兵部侍郎崔敦禮㉚持節諭薛延陀，以新興公主㉛妻之，以求何力。何力由是得還，拜右驍衛大將軍㉜。

十一月丙辰㉝，上校獵於武功。

丁巳㉞，營州都督張儉奏高麗東部大人泉蓋蘇文㉟弒其王武㊱。蓋蘇文凶暴多不法，其王及大臣議誅之。蓋蘇文密知之，悉集部兵若校閱者，并盛陳酒饌於城南，召諸大臣共臨視，勒兵盡殺之，死者百餘人。因馳入宮，手弒其王，斷為數段，棄溝中。立王弟子藏㊲為王，自為莫離支，其官如中國吏部兼兵部尚書也。於是號令遠近，專制國事。蓋蘇文狀貌雄偉，意氣豪逸，身佩五刀，左右莫敢仰視。每上下馬，常令貴人、武將伏地而履之。出行必整隊伍，前導者長呼，則人皆奔迸，不避阬谷，路絕行者，國人甚苦之。

壬戌㊳，上校獵於岐陽㊴，因幸慶善宮㊵，召武功故老宴賜，極歡而罷。庚午㊶，還京師。

壬申㊷，上曰：「朕為兆民之主，皆欲使之富貴。若教以禮義，使之少敬長，婦敬夫，則皆貴矣。輕傜薄斂，使之各治生業，則皆富矣。若家給人足，朕雖不聽管絃㊸，樂在其中矣。」

【章　旨】以上為第七段，寫唐與薛延陀和親。

【注　釋】❶癸亥　九月十日。❷癸酉　九月二十日。❸鎮兵　軍鎮之兵。❹謫徙　獲罪流放邊地。❺烏骨　民族名，疑即「烏護」，分布於西州北的回紇的一支。❻天山　縣名，縣治在今新疆吐魯番西南。❼遏索山　在今烏魯木齊西南。❽蕭然　蕭條，指經濟殘破。❾不復　不能恢復舊貌。❿屯戍　屯田戍守。⓫辦裝　治理戎裝、備辦軍需物資。⓬張掖　郡治名，即今甘肅張掖，為唐初甘州治所。⓭酒泉　縣名，縣治即今甘肅酒泉。⓮烽燧　古代邊防報警的兩種信號，烽指夜間烽火臺上的燃火，燧指白晝烽火臺上的積薪燃燒時的濃煙。⓯河西　地區名，指今甘、青二省黃河以西地區，即河西走廊和湟水流域一帶。⓰靡弊本根　損壞根基。此處指損壞為中國心腹之地的河西地區。⓱康居　在今烏茲別克斯坦撒馬爾罕一帶。永徽中，於其國薩末鞬城（即今撒馬爾罕城）置康居都督府。⓲米國　國名，又作「彌末」、「弭秣賀」。在今烏茲別克斯坦撒馬爾罕東南朱馬巴扎爾。⓳泥熟啜　西突厥阿悉結部酋。⓴胡祿屋　西突厥五咄陸胡祿屋部酋。㉑白水胡城　在今哈薩克斯坦奇姆肯特東。㉒弩失畢　即居碎葉（今楚河）以西的西突厥十姓中五弩失畢部落。㉓莫賀咄　即殺統葉護可汗自立的莫賀咄侯屈利俟毗可汗，西元六二八—六三〇年在位。㉔乙毗射匱可汗　西元六四二—六五一年在位。㉕丙申　十月十四日。㉖屈強　倔強。屈，通「倔」。㉗姑臧夫人　鐵勒契苾部女酋長，貞觀六年（西元六三二年）率部內附，封姑臧夫人。㉘沙門　姑臧夫人次子，拜羈縻州——賀蘭州（僑治今甘肅武威）都督。姑臧夫人及子沙門事跡並見兩《唐書·契苾何力傳》。㉙真珠　薛延陀真珠毗伽可汗的簡稱。「真珠」姓名為「一利咥夷男」。西元六二九—六四五年在位。㉚崔敦禮　（西元五九六—六五六年）唐初大臣，雍州咸陽（今陝西咸陽）人，高宗永徽四年（西元六五三年）至顯慶元年（西元六五六年）為宰相。傳見《舊唐書》卷八十一、《新唐書》卷一百六。㉛新興公主　唐太宗女。初，許嫁真珠可汗，後太宗毀婚，嫁公主於長孫曦。傳見《新唐書》卷八十三。㉜右驍衛大將軍　唐十六衛大將軍之一，正三品，掌宮禁宿衛。㉝丙辰　十一月四日。㉞丁巳　十一月五日。㉟泉蓋蘇文　高麗權臣。泉，姓。蓋蘇文，名。又名蓋金。高麗分其國為桂婁、絕奴、順奴、灌奴、涓奴五部，順奴又稱東部，或號左部，蓋蘇文襲東部大人。㊱武　即高麗國王高武。㊲藏　即高麗國王高藏，西元六四二—六六八年在位。㊳壬戌　十一月十日。㊴岐陽　縣名，縣治在今陝西岐山縣東北岐陽村。㊵慶善宮　武德六年（西元六二三年）以武功宮改名。在今陝西武功普集鎮西渭河北岸。㊶庚午　十一月十八日。㊷壬申　十一月二十日。㊸管絃　即管樂（銅、竹管狀樂器）和絃樂（琴瑟等），泛指音樂。

【校　記】①所　據章鈺校，十二行本、乙十一行本皆作「諸」。②屈　據章鈺校，孔天胤本作「崛」。③下泣　據章鈺校，孔天胤本作「泣下」。

【語　譯】九月初十日癸亥，薛延陀真珠可汗派他的叔父沙鉢羅泥熟俟斤前來唐朝請求通婚，獻上三千匹馬，三萬八千張貂皮，一面瑪瑙鏡子。

九月二十日癸酉，唐朝廷任命涼州都督郭孝恪為安西都護、西州刺史。高昌舊時的民眾與軍鎮的士兵以及遷徙流放的犯人混雜居住在西州，郭孝恪誠心誠意撫慰治理，都得到了他們的歡心。

西突厥乙毗咄陸可汗殺死沙鉢羅葉護以後，吞併了他的部眾，又攻擊吐火羅，滅掉了它。仗恃著自己強大，便驕橫無禮，拘留唐朝的使者，侵害西域地區。他派兵進犯伊州，郭孝恪率二千輕騎兵從烏骨攔擊，打敗了敵軍。乙毗咄陸又派處月、處密二個部族圍困天山，郭孝恪打跑了他們，乘勝進軍，攻克處月俟斤居住的城鎮，追擊逃軍到達遏索山，降服了處密的部眾後返回。

起初，平定高昌以後，每年徵發一千多名士卒在當地戍守。褚遂良上疏，認為：「聖王治理天下，把華夏放在首位，四方夷狄放在後面。陛下出動軍隊獲取了高昌，當地的幾個郡一片蕭條，多年不能恢復。每年徵調一千多人屯田戍守，士卒遠離鄉土，破費家產來置備自己的行裝。又把犯人流放到此地，這些人都是無賴之徒，正好讓他們騷擾邊境，豈能對部隊作戰有益！派去的這些人又大多逃亡，讓官府徒勞地追捕。再加上一路上經過的地區，沙漠千里，冬季風吹如刀割，夏季風吹如火燒，行人來往，遇到這種情況大多死掉。假使張掖、酒泉有烽火報警，陛下難道還能得到高昌一個士兵一斗糧食的幫助嗎？最終還是要徵發隴右各州兵馬糧草奔赴邊境。這樣看來隴右的河西地區，是中國的心腹之地，高昌地區，不過是他人的手腳，為什麼要讓心腹之地受到損傷而用在無用的土地呢！而且陛下得到了突厥、吐谷渾，都沒有佔有他們的土地，為他們重立君主來安撫他們，惟獨高昌不能與突厥、吐谷渾相比擬嗎！他們如果對朝廷叛變，就派兵抓獲他們，他們如果對朝廷表示順服，就封給他們官職，這樣做才能使朝廷的刑罰無比威嚴，恩德無比優厚。希望陛下重新選擇高昌王的子弟中可以立為可汗的讓他君臨高昌國，讓他的子子孫孫，蒙受陛下的浩大皇恩，永遠作為大唐皇室的藩國屏障，使國家內外安寧，不也是很好嗎！」太宗不聽從他的意見。等到西突厥入境侵犯，太宗後悔了，說：「魏徵、褚遂良都勸朕重新扶立高昌國王，朕不採納他們的建議，如今正是咎由自取而已！」

乙毗咄陸西進攻打康居國，途經米國，攻破該國，俘獲很多，卻不分給他的下屬。他的部將泥熟啜就自己搶奪俘虜，乙毗咄陸很生氣，將泥熟啜斬首示眾，大家都憤恨怨怒。泥熟啜的部將胡祿屋襲擊乙毗咄陸，乙毗咄陸的部下散去，他逃到白水胡城進行防守。在這時弩失畢各部以及乙毗咄陸的部下屋利啜等人派使節來到長安，請求廢掉乙毗咄陸，另立可汗。太宗派使節帶著璽書，立莫賀咄的兒子為乙毗射匱可汗。乙毗射匱即位為可汗之後，把乙毗咄陸拘留的唐朝使者全部按禮節遣送回國，率領所轄部隊進攻乙毗咄陸的白水胡城。乙毗咄陸出兵迎擊，乙毗射匱大敗。乙毗咄陸派人招募他的原有部落，這些部落都說：「即使我們一千人戰死，只有一個人生存下來，也不跟從你！」乙毗咄陸自己知道不被大家所服從，就向西投奔吐火羅。

冬，十月十四日丙申，殿中監郢縱公宇文士及去世。太宗曾經停在一棵樹下，喜歡這棵樹，宇文士及跟在身邊對這棵樹讚譽不止。太宗臉色嚴肅地說：「魏徵常勸朕遠離讒佞之人，朕不知道佞人是誰，心裡懷疑是你，今天果然不錯！」宇文士及磕頭謝罪。

太宗對侍從大臣說：「薛延陀在漠北強盛稱雄，如今控制它只有兩個辦法，如果不是發兵消滅它，就要和它通婚以安撫它，這兩個辦法應該用哪一個？」房玄齡回答說：「中國剛剛安定，出兵凶多吉少，征戰就有危險，我認為採取和親的方法更為便利。」太宗說：「是這樣。朕為天下百姓的父母，如果對他們有利，哪裡會愛惜一個女兒！」

在此之前，左領軍將軍契苾何力的母親姑臧夫人及他的弟弟賀蘭州都督沙門都住在涼州，太宗派契苾何力回去省親，並且安撫他的部落。當時薛延陀正勢力強大，契苾部落都想歸附薛延陀，契苾何力大為驚訝，說：「天子對待我們有這樣厚重的恩德，為什麼馬上就做叛逆之事？」契苾部落的人說：「老夫人、都督在此之前都已去見過薛延陀，我們怎麼能不前往？」契苾何力說：「沙門是孝敬老夫人，而我要忠於皇上，一定不聽從你們。」部落的人把契苾何力捆綁起來前往薛延陀，把他放在真珠可汗的牙帳前面。契苾何力坐在地上伸出雙腿，拔出佩刀朝著東方大聲呼喊說：「哪裡有大唐的忠烈之士能在虜人帳庭受這種汙辱，天地日月，請知道我的心意！」於是割掉左耳向天地發誓。真珠可汗想殺死他，他的妻子勸說後才作罷。

太宗聽說契苾何力叛逃，說：「肯定不是何力的本意。」身邊的人說：「戎狄之人相互親近，何力進入薛延陀，就像魚跑到水裡一樣。」太宗說：「不是這樣。何力心如鐵石，一定不會背叛我。」適逢使者從薛延陀回來，詳細講述了實際情況，太宗為契苾何力落下眼淚，對身邊的人說：「何力果真怎樣？」當即命令兵部侍郎崔敦禮持旌節曉諭薛延陀，把新興公主嫁給真珠可汗為妻，要求送回契苾何力。何力因此得以回到朝中，官拜右驍衛大將軍。

十一月初四日丙辰，太宗在武功打獵。

十一月初五日丁巳，營州都督張儉上奏說高麗的東部大人泉蓋蘇文殺死高麗王高武。蓋蘇文兇殘暴虐，多為不法之事，高麗王和大臣們商議要把他處死。蓋蘇文暗中得知消息，召集他的全部兵馬，好像檢閱部隊，並在城南擺出盛大的酒菜，召集諸位大臣親往觀看部隊的檢閱，部署手下士兵全部殺掉了他們，死了一百多人。接著馳馬入宮，親手殺死他的國王，砍成幾截，拋棄溝中。立高麗王弟弟的兒子高藏為王，自己為莫離支，這個官職如同中國的吏部兼兵部尚書。於是向遠近地區發號施令，獨自掌管了高麗的國政。蓋蘇文的體貌雄偉，氣概豪爽，身上佩帶五把刀，身邊的人都不敢抬頭看他。每次上馬下馬，常常命令貴族、武將伏在地下，他踩著上下馬。出行時一定要整飭隊伍，在前面開路的拉長聲音呼喊，路上的人們都急忙奔竄，也不避開坑窪，道路上斷絕行人，高麗國的百姓對他的統治叫苦連天。

十一月初十日壬戌，太宗在岐陽打獵，接著臨幸慶善宮，召集武功縣故老賞賜酒宴，盡興而罷。十八日庚午，返回長安。

十一月二十日壬申，太宗說：「朕為萬民之主，想讓百姓們全都富貴。如果教給他們禮義，讓他們年少的孝敬年長的，妻子尊敬丈夫，那就都尊貴了。輕傜薄賦，讓他們各自治理產業，那就都富足了。如果家給人足，朕即使不聽音樂，也樂在其中了。」

亳州❶刺史裴行莊奏請伐高麗，上曰：「高麗王武職貢不絕，為賊臣所弒，朕哀之甚深，固不忘也。但因喪乘亂而取之，雖得之不貴。且山東彫弊，吾未忍言用兵也。」

高祖之入關也，隋武勇郎將馮翊党仁弘將兵二千餘人歸高祖於蒲阪❷，從平京城❸，尋除陝州總管。大軍東討❹，仁弘轉餉❺不絕，歷南寧、戎、廣州❻都督。仁弘有材略，所至著聲迹，上甚器之。然性貪，罷廣州，為人所訟，贓百餘萬，罪當死。上謂侍臣曰：「吾昨見大理五奏⑦誅仁弘，哀其白首就戮，方晡食⑧，遂命撤案。然為之求生理，終不可得。今欲曲法⑨就公等乞之。」十二月壬午朔⑩，上復召五品已上集太極殿前，謂曰：「法者，人君所受於天，不可以私而失信。今朕私党仁弘而欲赦之，是亂其法，上負於天。欲席藁⑪於南郊⑫，日一進蔬食，以謝罪於天三日。」房玄齡等皆曰：「生殺之柄，人主所得專也，何至自貶責如此！」上不許，羣臣頓首固請於庭，自日至日昃。上乃降手詔，自稱：「朕有三罪：知人不明，一也；以私亂法，二也；善善未賞，惡惡未誅，三也。以公等固諫，且依來請。」於是黜仁弘為庶人，徙欽州。

癸卯⑬，上幸驪山溫湯。甲辰⑭，獵于驪山。上登山，見圍⑮有斷處，顧謂左右曰：「吾見其不整而不刑⑯，則墮⑰軍法，刑之，則是吾登高臨下以求人之過也。」乃託⑱以道險，引轡⑲入谷以避之。乙巳⑳，還宮。

刑部以反逆緣坐㉑律兄弟沒官㉒為輕，請改從死。敕八座議之。議者皆以為「秦、漢、魏、晉之法，反者皆夷三族㉓，今宜如刑部請為是。」給事中崔仁師㉔駁曰：「古者父子兄弟罪不相及，柰何以亡秦酷法變隆周中典㉕！且誅其父子，足累其心，此而不顧，何愛兄弟！」上從之。

上問侍臣曰：「自古或君亂而臣治，或君治而臣亂，二者孰愈㉖？」魏徵對曰：「君治則善惡賞罰當，臣安得而亂之！苟為不治，縱暴愎諫㉗，雖有良臣，將安所施！」上曰：「齊文宣㉘得楊遵彥㉙，非君亂而臣治乎？」對曰：「彼纔能救亡耳，烏足㉚為治哉！」

【章旨】以上為第八段，寫唐太宗護佑功臣，減輕夷三族之罪。

【注釋】❶亳州　州名，治所在今安徽亳州。❷蒲阪　隋廢縣名，縣治在今山西永濟西南蒲州鎮東。❸京城　即隋唐國都長安。❹東討　謂討伐王世充等。❺轉餉　轉運軍餉等軍用物資。❻南寧戎廣州　皆為州名。南寧州，治所在今雲南曲靖西。戎州，治所在今四川宜賓。廣州，治所在今廣東廣州。❼五奏　貞觀五年制令，死罪囚，三日五覆奏，以防止冤濫殺人。❽晡食　晚飯。❾曲法　枉法；不合理執法。❿壬午朔　十二月一日。⓫席藁　坐臥藁上，自等於罪人，古人以此表示自罰。藁，用禾稈編織的席。⓬南郊　天壇所在。⓭癸卯　十二月二十二日。⓮甲辰　十二月二十三日。⓯圍　圍牆。⓰不刑　不以刑法制裁。⓱墮　毀壞。⓲託　藉口；託辭。⓳轡　駕御牲口的韁繩。⓴乙巳　十二月二十四日。㉑緣坐　因受人連累，雖無辜仍被治罪。㉒沒官　刑罰之一。即罰做官奴。㉓夷三族　誅滅三族。三族謂父族、母族、妻族，或謂父、子、孫三族，或父母、兄弟、妻子三族。㉔崔仁師　唐初大臣，定州安喜（縣治在今河北定州東南）人，累官民部、刑部、中書侍郎、簡州刺史。永徽初卒。傳見《舊唐書》卷七十四、《新唐書》卷九十九。㉕中典　常行之法。㉖愈　勝過。㉗愎諫　剛愎自用，聽不得批評意見。㉘齊文宣　即北齊文宣帝高洋（西元五二九—五五九年）。北齊的建立者。西元五五〇—五五九年在位。高洋雖昏狂淫亂，但能任用楊遵彥（即楊愔）等漢族官僚，改定律令，嚴禁貪汙，並出擊柔然、契丹和攻取梁地，因而國勢強盛。齊文宣帝傳見《北齊書》卷四十三、《北史》卷七。㉙楊遵彥　傳見《北齊書》卷三十四、《北史》卷四十一。㉚烏足　何足。

【語譯】亳州刺史裴行莊上奏請求討伐高麗，太宗說：「高麗國王高武每年貢賦不斷，被賊臣所殺，朕深為哀痛，實在不能忘懷。利用他們喪失國王，乘亂攻取，即使得勝也不足為貴。況且山東地區民生凋敝，朕不忍心提用兵的事。」

當年高祖李淵進入關中地區時，隋朝武勇郎將馮翊人党仁弘率部下二千多人在蒲阪歸附高祖，跟隨平定京城，不久拜官陝州總管。唐朝大軍東進討伐王世充時，党仁弘不斷轉運糧餉，歷任南寧州、戎州、廣州都督。党仁弘有才識韜略，所到之處都有良好的聲譽，太宗十分器重他。然而他性情貪婪，罷免了廣州都督，被人控告，貪贓一百多萬，論罪當死。太宗對侍從的大臣說：「朕昨天看見大理寺五次上奏請求誅殺党仁弘，朕哀憐他白首就戮，我正吃晚飯，就命令把飯桌子撤掉。然而為他求條活下來的理由，最終也找不到。如今想枉法向你們請求免他一死。」十二月初一日壬午，太宗又召見五品以上官員集中到太極殿前，對他們說：「法律，君王承受於上天，不可因為私情而失去信用。如今朕出於私心偏袒党仁弘，想要赦免他，這是擾亂了法律，上負於天。朕想去南郊坐在席子上，每日只進一次素食，用三天時間向上天謝罪。」房玄齡等人都說：「生殺的大權，是皇帝一個人的專權，何至於這樣自我貶責呢！」太宗不答應，群臣在殿庭內磕頭堅持請求，從早晨直到下午。太宗這才降下詔書，說：「朕有三條罪：識別人才而不能明察，是第一罪；因為私情而擾亂法律，是第二罪；喜歡善人而未給予賞賜，討厭惡人而未加誅罰，是第三罪。因為你們執意苦諫，暫且依從你們的請求。」於是把党仁弘廢黜為平民，流放到欽州。

十二月二十二日癸卯，太宗幸臨驪山溫泉。二十三日甲辰，在驪山打獵。太宗登上驪山，看見圍牆有斷絕處，回頭對身邊的人說：「我看見圍牆沒有整治好而不加以懲罰，那就是敗壞軍紀，如果懲罰有關人員，就是我登高臨下來尋找別人的過失。」於是推託道路險惡，牽馬進入山谷以避開斷牆。二十四日乙巳，返回宮中。

刑部認為反叛等大罪依連坐法令，兄弟沒官為奴，這種處罰太輕，請求改為一併處死。太宗敕令尚書僕射以及六部尚書討論此事。議者都認為「秦、漢、魏、晉的法律，謀反罪都要夷滅三族，如今應當批准刑部的請求為是。」給事中崔仁師反駁說：「古時候父子兄弟犯罪不相牽連，為什麼要用亡秦的嚴刑酷法來改變強盛興隆的周朝的常行法典呢！而且誅殺了他的父子，已經足以讓他心懷重負，這一點都不顧及，又哪裡能愛惜他的兄弟呢！」太宗聽從了他的意見。

太宗詢問侍從大臣說：「自古以來有時是君主昏憒亂政而臣下能治理國政，有時是君主能治理國政而臣下昏庸亂國，二者誰對國家的危害更為嚴重呢？」魏徵回答說：「君主能治理國政，就會善惡賞罰妥當，臣下怎能擾亂國政！如果君主不能治理國政，放縱暴虐而又剛愎自用，雖然有賢良的大臣，又怎能讓他有所作為！」太宗說：「北齊文宣帝得到了楊遵彥，不是君主亂國而大臣能治國嗎？」回答說：「他只能挽救國家的滅亡罷了，哪裡能足以治理好國政呢！」

十七年（癸卯　西元六四三年）

春，正月丙寅❶，上謂羣臣曰：「聞外間士人[1]以太子有足疾，魏王穎悟，多從遊幸，遽生異議，徼幸之徒❷，已有附會者。太子雖病足，不廢步履。且禮，嫡子死，立嫡孫。太子男已五歲，朕終不以孼代宗❸，啓窺窬❹之源也。」

鄭文貞公魏徵寢疾❺，上遣使者問訊，賜以藥餌，相望於道。又遣中郎將李安儼❻宿其第，動靜以聞。上復與太子同至其第，指衡山公主❼欲以妻其子叔玉❽。戊辰❾，徵薨，命百官九品以上皆赴喪，給羽葆鼓吹❿，陪葬昭陵。其妻裴氏曰：「徵平生儉素，今葬以一品羽儀⓫，非亡者之志。」悉辭不受，以布車載柩⓬而葬。上登苑西樓⓭，望哭盡哀。上自製碑文，并為書石⓮。上思徵不已，謂侍臣曰：「人以銅為鏡，可以正衣冠；以古為鏡，可以見興替⑮；以人為鏡，可以知得失。魏徵沒，朕亡一鏡矣！」

【章　旨】以上為第九段，寫魏徵之死，唐太宗慨歎「朕亡一鏡矣」。

【注　釋】❶丙寅　一月十五日。❷徼幸之徒　投機鑽營者。❸以孽代宗　孽，庶子。宗，嫡子。❹窺窬　窺伺可乘之隙。❺寢疾　臥病。❻李安儼　太子李承乾黨徒，後謀反被誅。事跡見《舊唐書》卷七十六、《新唐書》卷八十〈李承乾傳〉。❼衡山公主　太宗女。初，許嫁魏叔玉，魏徵卒後，太宗手詔停婚。❽叔玉　魏叔玉，魏徵長子。襲爵國公，官至光祿少卿。傳見《舊唐書》卷七十一、《新唐書》卷九十七。❾戊辰　一月十七日。❿羽葆鼓吹　羽蓋和鼓吹樂隊。羽葆，用鳥羽裝飾的車蓋。鼓吹，用鼓、鉦、簫、笳等樂器合奏的樂隊。只有規格極高的葬禮才可使用羽葆鼓吹，如魏徵妻云此為「一品羽儀」。⓫羽儀　用鳥羽裝飾的儀仗。⓬布車載柩　張布幔的普通靈車。⓭西樓　在長安禁苑內。⓮書石　太宗將御製碑文親自書寫到魏徵神道碑上，以備工匠雕刻。⓯興替　興廢。

【校　記】[1]人　據章鈺校，十二行本、乙十一行本皆作「民」。

【語　譯】十七年（癸卯　西元六四三年）

春，正月十五日丙寅，太宗對大臣們說：「聽說外面士大夫傳言太子有腳病，魏王李泰聰明，多次跟隨朕遊幸，馬上生出異議，希望從中獲得好處的人，已有人附合李泰。太子雖然腳有病，但不妨礙行走。而且《禮記》說：嫡長子死，就立嫡長孫。太子的兒子已經五歲，朕終究不會用庶子取代嫡長子，開啟讓人覬覦皇位的根源。」

鄭文貞公魏徵臥病不起，太宗派使者前去問訊，賜給他藥餌，使者在道路上前後相望。又派中郎將李安儼住在魏徵的宅中，一有動靜便立即報告。太宗又和太子一同到魏徵的宅第，指著衡山公主，要把她嫁給魏徵的兒子魏叔玉。正月十七日戊辰，魏徵去世，太宗命九品以上的官員都去奔喪，賜給手持羽葆的儀仗隊和吹鼓手，陪葬在昭陵。魏徵的妻子裴氏說：「魏徵平生節儉樸素，如今用一品官的規格埋葬他，並不是死者的願望。」全都推辭不受，使用布罩著車子載著棺材安葬。太宗登上禁苑的西樓，望著魏徵靈車痛哭，極為悲哀。太宗親自撰寫碑文，並且書寫在墓碑上。太宗思念魏徵不止，對侍從的大臣說：「人們用銅作為鏡子，可以照著自己整齊衣帽；把歷史作為鏡子，可以觀察到歷代王朝的興衰隆替；把人作為鏡子，可以知道自己行為的得失。魏徵沒世，朕失去了一面鏡子！」

鄠尉游文芝告代州都督劉蘭成❶謀反。戊申❷，蘭成坐腰斬❸。右武候將軍丘行恭探蘭成心肝食之。上聞而讓之曰：「蘭成謀反，國有常刑，何至如此！若以為忠孝，則太子諸王先食之矣，豈至卿邪！」行恭慚而拜謝。

二月壬午❹，上問諫議大夫褚遂良曰：「舜造漆器，諫者十餘人，此何足諫？」對曰：「奢侈者，危亡之本，漆器不已，將以金玉為之。忠臣愛君，必防其漸❺，若禍亂已成，無所復諫矣。」上曰：「然。朕有過，卿亦當諫其漸。朕見前世帝王拒諫者，多云『業已為之』，或云『業已許之』，終不為改。如此，欲無危亡得乎！」

時皇子為都督、刺史者多幼稚，遂良上疏，以為：「漢宣帝云：『與我共治天下者，其惟良二千石❻乎！』今皇子幼稚，未知從政，不若且留京師，教以經術❼，俟其長而遣之。」上以為然。壬辰❽，以太子詹事張亮為洛州都督。侯君集自以有功而下吏，怨望有異志❾。亮出為洛州，君集激之曰：「何人相排❿？」亮曰：「非公而誰！」君集曰：「我平一國來，逢嗔⓫如屋大，安能仰排！」因攘袂⓬曰：「鬱鬱殊不聊生⓭，公能反乎？與公反！」亮密以聞。上曰：「卿與君集皆功臣，語時旁無他人。若下吏，君集必不服。如此，事未可知⓮，卿且勿言。」待君集如故。

鄜州⓯都督尉遲敬德表乞骸骨⓰。乙巳⓱，以敬德為開府儀同三司⓲，五日一參⓳。

丁未⓴，上曰：「人主惟有一心，而攻之者甚眾。或以勇力，或以辯口，或以諂諛，或以姦詐，或以嗜欲，輻湊㉑攻之，各求自售㉒，以取寵祿。人主少懈㉓而受其一，則危亡隨之，此其所以難也。」

戊申㉔，上命圖畫功臣趙公長孫無忌、趙郡元王孝恭、萊成公杜如晦、鄭文貞公魏徵、梁公房玄齡、申公高士廉、鄂公尉遲敬德、衛公李靖、宋公蕭瑀、褒忠壯公段志玄、夔公劉弘基、蔣忠公屈突通、鄖節公殷開山、譙襄公柴紹㉕、邳襄公長孫順德、鄖公張亮、陳公侯君集、郯襄公張公謹、盧公程知節、永興文懿公虞世南、渝1襄公劉政會、莒公唐儉、英公李世勣、胡壯公秦叔寶等於凌煙閣㉖。

【章　旨】以上為第十段，寫唐太宗圖畫二十四功臣於凌煙閣。

【注　釋】❶劉蘭成　（？—西元六四三年）唐初將領。傳見《舊唐書》卷六十九、《新唐書》卷九十四。傳作「劉蘭」，字文郁，青州北海（今山東濰坊）人，官至豐州刺史、夏州都督，封平原郡公。❷戊申　一月無戊申，兩《唐書・太宗紀》作「戊辰」（一月十七日）。❸腰斬　死刑之一種，自腰際斬為兩段。❹壬午　二月二日。❺漸　發展；累積。❻二千石　漢太守代稱。因郡守俸祿為二千石（即月俸一百二十斛），故有此稱。❼經術　儒家經學。❽壬辰　二月十二日。❾異志　謀叛的意圖。❿排　排斥。⓫逢嗔　侯君集伐高昌貪黷，遭唐太宗怒責。嗔，怒。⓬攘袂　捋袖伸臂，表示憤怒。攘，捋。袂，衣袖。⓭鬱鬱殊不聊生　憂鬱很難生活下去。鬱鬱，憂傷沉悶。殊，很；極。聊，聊賴；生活和精神的寄託。⓮事未可知　無法定案。⓯鄜州　治所在今陝西延安。⓰表乞骸骨　謂敬德上表請歸長安。⓱乙巳　二月二十五日。⓲開府儀同三司　官名，唐代文散官第一階（即從一品）。⓳參　入朝參拜天子。⓴丁未　二月二十七日。㉑輻湊　本意為車輻湊集於轂上，比喻由四面八方而至。㉒自售　本意為把自己當商品賣出，此謂向天子邀寵得逞。㉓懈　懈怠；鬆弛。㉔戊申　二月二十八日。㉕柴紹　胡三省注：「當作『許紹』。」㉖凌煙閣　在唐長安宮城三清殿側。

【校　記】1渝　嚴衍《通鑑補》改作「鄃」。

【語　譯】鄠縣縣尉游文芝上告代州都督劉蘭成謀反。正月十七日戊辰，劉蘭成獲罪腰斬。右武候將軍丘行恭掏出劉蘭成心肝吃掉。太宗聽說後責備他說：「蘭成謀反，國家有規定的刑罰，怎麼做事能到這一步！如果認為這就是忠孝，那麼太子和諸親王先來吃掉，哪能輪到你呢！」丘行恭慚愧，磕頭謝罪。

二月初二日壬午，太宗問諫議大夫褚遂良：「舜帝製造漆器，諫阻的有十多個人，這事哪裡值得勸諫？」回答說：「奢侈，是國家危亡的根源，漆器也不能滿足願望，將用金玉做器皿。忠臣愛護君主，一定要防微杜漸，如果禍亂已經形成，就用不著再來勸諫了。」太宗說：「是這樣。朕如果有過失，你也應當在它剛剛開始時進行勸諫。朕看前代帝王拒絕勸諫的，大多說『已經做了』，或者說『已經答應了』，最終不為之改悔。

這樣做，想國家沒有危亡能做到嗎！」

當時皇子擔任都督、刺史的，大多數年紀幼小，褚遂良上書，認為：「漢宣帝說：『與我共同治理天下的，就是那些優秀的二千石郡守啊！』如今皇子年幼，不知道如何從政，不如暫且把他們留在長安，用儒家經術教育他們，等他們長大了再把他們派往各地。」太宗表示贊同。

二月十二日壬辰，任命太子詹事張亮為洛州都督。侯君集自以為有功而被關押到衙門問罪，內心怨恨而有異圖。張亮外任洛州，侯君集刺激他說：「什麼人排擠你？」張亮說：「不是你又是誰呢！」侯君集說：「我平定一國後歸來，就碰上陛下大加責怒，怎麼還能排擠你呢！」因而挽起袖子說：「鬱悶得無法活下去了，你能造反嗎？我與你一同造反！」張亮密報給太宗。太宗說：「你與侯君集都是朝廷的功臣，說話時身旁沒有別人。如果把他交給獄吏，君集必定不服。這樣一來，事情怎麼樣就不知道了，你暫且不要說出去。」太宗仍像以前那樣對待侯君集。

鄜州都督尉遲敬德上表請求告老還鄉。二月二十五日乙巳，朝廷任命尉遲敬德為開府儀同三司，五天上朝參拜一次。

二月二十七日丁未，太宗說：「君主只有一顆心，而攻擊這顆心的人很多。有的使用勇力，有的使用善辯的口才，有的使用諂諛逢迎，有的使用奸詐手段，有的使用嗜好欲望，各種各樣的人湊集起來攻擊君主之心，各自希望自己那一套得逞，以求獲得恩寵和官祿。君主稍有鬆懈就會接受其中的一種，而危亡就會隨之而來，這就是當君主之所以困難的緣故。」

二月二十八日戊申，太宗命令為功臣趙公長孫無忌、趙郡元王李孝恭、萊成公杜如晦、鄭文貞公魏徵、梁公房玄齡、申公高士廉、鄂公尉遲敬德、衛公李靖、宋公蕭瑀、褒忠壯公段志玄、夔公劉弘基、蔣忠公屈突通、鄖節公殷開山、譙襄公柴紹、邳襄公長孫順德、鄖公張亮、陳公侯君集、郯襄公張公謹、盧公程知節、永興文懿公虞世南、渝襄公劉政會、莒公唐儉、英公李世勣、胡壯公秦叔寶等人在凌煙閣畫像。

齊州❶都督齊王祐❷性輕躁，其舅尚乘直長❸陰弘智說之曰：「王兄弟既多，陛下千秋萬歲後，宜得壯士以自衛。」祐以為然。弘智因薦妻兄燕弘信❹，祐悅之，厚賜金玉[1]，使陰募死士❺。

上選剛直之士以輔諸王，為長史、司馬，諸王有過以聞。祐昵近羣小，好畋獵，長史權萬紀驟諫，不聽。壯士昝君謩、梁猛彪得幸於祐，萬紀皆劾逐之。祐潛召還，寵之逾厚。上數以書切責祐，萬紀恐并獲罪，謂祐曰：「王審能自新，萬紀請入朝言之。」乃條祐過失，迫令表首❻，祐懼而從之。萬紀至京師，言祐必能悛改。上甚喜，勉萬紀，而數祐前過，以敕書戒之。祐聞之，大怒曰：「長史賣❼我！勸我而自以為功，必殺之。」上以校尉京兆韋文振❽謹直，用為祐府典軍❾，文振數諫，祐亦惡之。

萬紀性褊❿，專以刻急拘持祐，城門外不聽出，悉解縱鷹犬，斥君謩、猛彪不得見祐。會萬紀宅中有塊⓫夜落，萬紀以為君謩、猛彪謀殺己，悉收繫，發驛以聞⓬，并劾與祐同為非者數十人。上遣刑部尚書劉德威往按⓭之，事頗有驗⓮，詔祐與萬紀俱入朝。祐既積忿，遂與燕弘信兄弘亮等謀殺萬紀。萬紀奉詔先行，祐遣弘亮等二十餘騎追射殺之。祐黨共逼韋文振欲與同謀，文振不從，馳走數里，追及殺之。寮屬股慄⑮，稽首⑯伏地，莫敢仰視。祐因私署上柱國、開府⑰等官，開庫物行賞，驅民入城，繕甲兵樓堞⑱，置拓東王、拓西王等官。吏民棄妻子夜縋⑲出亡者相繼，祐不能禁。三月丙辰⑳，詔兵部尚書李世勣等發懷、洛、汴、宋、潞、滑、濟、鄆、海九州兵討之。上賜祐手敕曰：「吾常戒汝勿近小人，正為此耳。」

祐召燕弘亮等五人宿於臥內，餘黨分統士眾，巡城自守。祐每夜與弘亮等對妃宴飲，以為得志，戲笑之際，語及官軍，弘亮等曰：「王不須憂，弘亮等右手持酒巵㉑，左手為王揮刀拂之。」祐喜，以為信然。傳檄諸縣，皆莫肯從。時李世勣兵未至，而青、淄㉒等數州兵已集其境。齊府兵曹杜行敏㉓等陰謀執祐，祐左右及吏民非同謀者無不響應。庚申㉔夜，四面鼓譟㉕，聲聞數十里。祐黨有居外者，眾皆攢㉖刃殺之。祐問何聲，左右紿云：「英公㉗統飛騎已登城矣！」行敏分兵鑿垣㉘而入。祐與弘亮等被甲執兵入室，閉扉㉙拒戰。行敏等千餘人圍之，自旦至日中，不克。行敏謂祐曰：「王昔為帝子，今乃國賊，不速降，立為煨燼㉚矣！」因命積薪欲焚之。祐自牖㉛間謂行敏曰：「即啟扉，獨慮燕弘亮兄弟死耳。」行敏曰：「必相全。」祐等乃出。或抉㉜弘亮目，投睛於地，餘皆檛㉝折其股而殺之。執祐出牙前示吏民，還，鎖之於東廂。齊州悉平。乙丑㉞，敕李世勣等罷兵。祐至京師，賜死於內侍省㉟，同黨誅者四十四人，餘皆不問。

祐之初反也，齊州人羅石頭面數其罪，援槍前，欲刺之，為燕弘亮所殺。祐引騎擊高村，村人高君狀遙責祐曰：「主上提三尺劍取天下，億兆㊱蒙德，仰之如天。王忽驅城中數百人欲為逆亂以犯君父，無異一手搖泰山，何不自量之甚也！」祐縱擊，虜之，慚不能殺。敕贈石頭亳州刺史。以君狀為榆社㊲令，以杜行敏為巴州刺史，封南陽郡公，其同謀執祐者官賞有差㊳。

上檢祐家文疏，得記室㊴郟城孫處約㊵諫書，嗟賞之，累遷中書舍人。庚午㊶，贈權萬紀齊州都督，賜爵武都郡公，諡曰敬，韋文振左武衛將軍，賜爵襄陽縣公。

初，太子承乾喜聲色及畋獵，所為奢靡。畏上知之，對宮臣常論忠孝，或至於涕泣。退歸宮中，則與群小相褻狎。宮臣有欲諫者，太子先揣知其意，輒迎拜，斂容危坐㊷，引咎自責，言辭辯給，宮臣拜答不暇。宮省祕密，外人莫知，故時論初皆稱賢。

【章　旨】以上為第十一段，寫唐太宗第五子齊王祐謀反被廢為庶人。

【注　釋】❶齊州　州名，治所在今山東濟南。❷齊王祐　（？—西元六四三年）太宗第五子，因謀反貶為庶人並賜死。傳見《舊唐書》卷七十六、《新唐書》卷八十。❸尚乘直長　官名，殿中省尚乘局官長，掌天子內外閑廄之馬。❹燕弘信　李祐死黨。弘信與陰弘智事跡見《舊唐書》卷七十六、《新唐書》卷八十〈李祐傳〉。❺死士　敢死之徒。❻表首　上表自首。❼賣出賣。❽韋文振　（？—西元六四三年）後為李祐殺害。贈左武衛將軍、襄陽縣公。事跡見《舊唐書》卷三〈太宗紀下〉、《新唐書》卷一百〈權萬紀傳〉。❾典軍　親王府武官，常統校尉以下守衛陪從事宜，正五品上。❿褊　狹隘。⓫塊　土塊或石塊。⓬發驛以聞　通過驛傳上報朝廷。⓭按　審查。⓮驗　憑證。⓯股慄　兩腿發抖，恐懼狀。⓰稽首　磕頭至地。⓱開府官名，即開府儀同三司。⓲繕甲兵樓堞　繕治兵器和城樓、女牆。堞，又稱女牆，即城上矮牆，為城守建築。⓳縋　自高處繫在繩上放下去。⓴丙辰　三月六日。㉑巵　盛酒器的一種。㉒青淄　皆為州名，青州治所在今山東青州，淄州治所在今山東淄博淄川。㉓杜行敏　京兆萬年（今陝西西安東部）人，初為齊王府兵曹參軍（掌武官簿籍等事）。以平亂等功官至荊、蓋二州都督府長史，封南陽郡公。事跡見《舊唐書》卷一百四十七〈杜佑傳〉、《新唐書》卷八十〈李祐傳〉等。㉔庚申　三月十日。㉕鼓譟　擊鼓吶喊。㉖攢　聚集。㉗英公　即李世勣，其爵為英國公。㉘垣　牆。㉙扉　門。㉚煨燼　被燒後所餘灰燼。㉛牖　窗。㉜抉　挖出。㉝檛　原指馬鞭子，此謂抽打。㉞乙丑　三月十五日。㉟內侍省　官署名，其官長如監、少監、內侍、內常侍等，自唐以後，專由太監充任，掌宮內侍奉，出入宮掖，宣傳詔命。㊱億兆　百姓；民眾。㊲楡社　縣名，縣治在今山西楡社。㊳差　等級。㊴記室　即記室參軍，掌祕書事。㊵孫處約　又名道茂，汝州郟城（今河南郟縣）人，高宗麟德元年（西元六六四年）拜相，《太宗實錄》的修撰人之一。傳見《舊唐書》卷八十一、《新唐書》卷一百六。㊶庚午　三月二十日。㊷危坐　端坐。

【校　記】[1]玉　據章鈺校，十二行本作「帛」。

【語　譯】齊州都督齊王李祐性情輕狂急躁，他的舅舅尚乘直長陰弘智勸他說：「大王的兄弟既然很多，陛下千秋萬歲之後，您應當招募壯士來自衛。」李祐以為說得對。陰弘智於是薦舉妻子的哥哥燕弘信，李祐很喜歡他，賞賜很多金玉，讓他暗中招募敢死之士。

　　太宗挑選剛強正直的人來輔佐各位親王，擔任親王的長史和司馬，各位親王有了過失就稟報太宗。李祐親近一群小人，喜好打獵，長史權萬紀急忙勸諫，李祐不聽。壯士昝君謩、梁猛彪得到李祐的寵幸，權萬紀彈劾他們，把他們全部趕走。李祐又暗中召回，恩寵更加優厚。太宗多次寫信責備李祐，權萬紀害怕與李祐一同獲罪，便對李祐說：「親王如果確實能悔過自新，我請求到朝廷加以說明。」於是條陳李祐的過失，逼迫他上表自首，李祐很害怕，就聽從了。權萬紀到達長安，對太宗說李祐肯定能改過。太宗非常高興，勉勵權萬紀，而數落李祐以前的過失，用敕書告誡他。李祐聽說此事，大怒，說：「權長史出賣我！勸我悔改卻作為自己的功勞，一定殺死他。」太宗認為校尉京兆人韋文振謹慎正直，任命他為齊王李祐王府的典軍，韋文振多次勸諫，李祐也討厭他。

權萬紀性情褊狹，專以嚴刻急迫拘束限制李祐，不讓他出城門外，將鷹犬等全都放掉，斥責昝君謩、梁猛彪，不讓他們見李祐。正好此時權萬紀的宅中夜裡落下土塊，權萬紀認為是昝君謩、梁猛彪謀殺自己，就把他們收押繫獄，急發驛傳文書上報太宗，並彈劾和李祐一同為非作歹的幾十人。太宗派刑部尚書劉德威前往審察，權萬紀上告的事多有驗證，太宗下詔令李祐與權萬紀一同入朝。李祐對權萬紀已經積恨在心，便和燕弘信的哥哥燕弘亮等密謀殺死權萬紀。權萬紀遵奉詔令先行一步，李祐派燕弘亮等二十多人乘馬追趕，射殺了權萬紀。李祐的同黨一起逼迫韋文振要他與他們合謀，韋文振不聽從，騎馬逃奔了幾里，也被追上殺死。其他的僚屬怕得兩腿發抖，伏地磕頭，不敢抬頭仰視。李祐於是私自加官為上柱國、開府等官職，打開府庫行賞，驅趕民眾進城，修繕兵器和城樓、女牆，設置拓東王、拓西王等官職。官吏和民眾拋下妻子兒女相繼在夜間從城牆上垂下繩索外逃，李祐禁止不了。三月初六日丙辰，太宗詔令兵部尚書李世勣等人調發懷州、洛州、汴州、宋州、潞州、滑州、濟州、鄆州、海州九州軍隊討伐李祐。太宗賜給李祐親筆敕文說：「我經常告誡你不要親近小人，正是為此。」

李祐召燕弘亮等五人住在臥室內，其餘同黨分別統領士兵，巡城自守。李祐每天夜裡與燕弘亮等人對著妃子宴會飲酒，以為實現了心願，戲謔談笑之際，說到官府軍隊，燕弘亮等人說：「大王不必憂慮，弘亮等人右手端著酒杯，左手為王揮刀擊退他們。」李祐非常高興，以為真能這樣。又傳送檄文到所屬各縣，各縣都不肯聽從。當時李世勣的兵馬還未到達，而青州、淄州等幾州的部隊已聚集在齊州境內。齊王府的兵曹杜行敏等人暗中謀劃逮捕李祐，李祐身邊的人及官吏百姓中不是李祐同謀的人都無不響應。三月初十日庚申夜裡，四面擊鼓呼叫，聲音在數十里外都能聽到。李祐同夥有居住在外面的，大家一齊用刀殺死他們。李祐問是什麼聲音，身邊的人欺騙他說：「英公李世勣統率飛騎兵已經登上城牆了！」杜行敏分兵鑿開城牆進入城內。李祐與燕弘亮等人披上甲冑手執兵器進入室內，關上門進行抵抗。杜行敏等一千多人包圍他們，從早晨到中午，不能攻下。杜行敏對李祐說：「大王從前是皇帝的兒子，如今乃是國家的敵人，如不立即投降，立刻被燒成灰燼了！」於是命人堆積柴草想要焚燒李祐藏身的房子。李祐從窗戶裡對杜行敏說：「我立刻開門，只是擔心燕弘亮兄弟會死。」杜行敏說：「一定保全他們的性命。」李祐等人於是出來。有人挖出燕弘亮的眼睛，扔在地上，其餘的人都被打折四肢後殺死。把李祐捆綁起來帶到王府前示眾，押回後，關押在東廂房。齊州全部平定。十五日乙丑，太宗敕令李世勣等人收兵。李祐押解到長安，賜死在內侍省，同黨被誅的有四十四人，其餘的人都不追究。

李祐當初謀反時，齊州人羅石頭當面數落他的罪行，手持長槍上前，想要刺殺李祐，被燕弘亮所殺。李祐帶領騎兵攻擊高村，村民高君狀在遠處責備他說：「當今皇上手提三尺劍取得江山，百姓蒙受恩德，仰望皇上如同上天。你忽然驅使城內數百人想要作亂以冒犯皇上和父親，無異於用一隻手搖撼泰山，為什麼不自量力到了這種程度啊！」李祐縱馬攻擊，把他擒獲，終因慚愧而沒有殺他。太宗敕令追贈羅石頭為亳州刺史。又任命高君狀為榆社縣令，杜行敏為巴州刺史，封為南陽郡公，與杜行敏同謀抓住李祐的人都予以封官或賞賜各有不同等級。

太宗檢查李祐家裡的文章奏疏，得到記室郟城人孫處約的諫書，為之嗟歎讚賞，累遷為中書舍人。三月二十日庚午，追贈權萬紀為齊州都督，賜給爵位為武都郡公，諡號為敬，追贈韋文振為左武衛將軍，賜給爵位為襄陽縣公。

當初，太子李承乾喜歡聲色打獵，所做所為奢侈淫靡。他害怕被太宗知道，就對王宮中的臣僚經常談論忠孝，有時甚至流淚。退回東宮，就與一群小人戲耍狎玩。宮中的大臣有人想要勸諫，太子事先揣摩出他的意思，總是主動迎上前去下拜，面色嚴肅，正襟危坐，引咎自責，言辭敏捷善辯，進諫的大臣忙著拜答，無暇勸諫。皇宮內部的祕密，外面人無法得知，所以當時的輿論一開始都稱太子賢明。

太子作八尺銅鑪❶、六隔❷大鼎，募亡奴❸盜民間馬牛，親臨烹煮，與所幸廝役❹共食之。又好效突厥語及其服飾，選左右貌類突厥者五人為一落❺，辮髮羊裘❻而牧羊，作五狼頭纛❼及幡旗，設穹廬❽，太子自處其中，斂羊而烹之，抽佩刀割肉相啗❾。又嘗謂左右曰：「我試作可汗死，汝曹效其喪儀。」因僵臥於地，眾悉號哭，跨馬環走，臨其身，剺面❿。良久，太子欻⓫起，曰：「一朝有天下，當帥數萬騎獵於金城⓬西，然後解髮為突厥，委身思摩，若當一設⓭，不居人後矣。」○左庶子于志寧、右庶子孔穎達數諫太子，上嘉之，賜二人金帛，以風⓮勵太子，仍遷志寧為詹事。志寧與左庶子張玄素數上書切諫，太子陰使人殺之，不果。

漢王元昌⓯所為多不法，上數譴責之，由是怨望。太子與之親善，朝夕同遊戲，分左右為二隊，太子與元昌各統其一，被氈甲，操竹矟⓰，布陳大呼交戰，擊刺流血，以為娛樂。有不用命者，披樹撾之⓱，至有死者。且曰：「使我今日作天子，明日於苑中置萬人營，與漢王分將，觀其戰鬭，豈不樂哉！」又曰：「我為天子，極情縱欲，有諫者輒殺之。不過殺數百人，眾自定矣。」

魏王泰多藝能，有寵於上。見太子有足疾，潛有奪嫡⑱之志，折節下士⑲以求聲譽。上命黃門侍郎韋挺攝⑳泰府事，後命工部尚書杜楚客㉑代之，二人俱為泰要結朝士。楚客或懷金以賂權貴，因說以魏王聰明，宜為上嗣。文武之臣，各有附託，潛為朋黨。太子畏其逼，遣人詐為泰府典籤㉒上封事，其中皆言泰罪惡，敕捕之，不獲㉓。

太子私幸太常樂童㉔稱心，與同臥起。道士秦英、韋靈符挾左道㉕，得幸太子。上聞之，大怒，悉收稱心等殺之，連坐死者數人，誚讓㉖太子甚至。太子意泰告之，怨怒愈甚。思念稱心不已，於宮中構室，立其像，朝夕奠祭，徘徊流涕。又於苑中作冢㉗，私贈官樹碑。上意浸不懌㉘，太子亦知之，稱疾不朝謁者動涉數月。陰養刺客紇干承基㉙等及壯士百餘人，謀殺魏王泰。

吏部尚書侯君集之壻賀蘭楚石㉚為東宮千牛㉛，太子知君集怨望，數令楚石引君集入東宮，問以自安之術。君集以太子暗劣㉜，欲乘釁㉝圖之，因勸之反。舉手謂太子曰：「此好手，當為殿下用之。」又曰：「魏王為上所愛，恐殿下有庶人勇㉞之禍。若有敕召，宜密為之備。」太子大然㉟之。太子厚賂君集及左屯衛中郎將頓丘李安儼㊱，使詗㊲上意，動靜相語。安儼先事隱太子，隱太子敗，安儼為之力戰，上以為忠，故親任之，使典宿衛㊳。安儼深自託於太子。

漢王元昌亦勸太子反，且曰：「比見上側有美人，善彈琵琶㊴，事成，願以垂賜。」太子許之。洋州刺史開化公趙節，慈景㊵之子也，母曰長廣公主，駙馬都尉杜荷㊶，如晦之子也，尚城陽公主㊷，皆為太子所親暱，預其反謀。凡同謀者皆割臂，以帛拭血，燒灰和酒飲之，誓同生死，潛謀引兵入西宮。杜荷謂太子曰：「天文有變，當速發以應之。殿下但稱暴疾危篤，主上必親臨視，因茲可以得志。」太子聞齊王祐反於齊州，謂紇干承基等曰：「我宮西牆，去大內㊸正可二十步耳，與卿為大事，豈比齊王乎！」會治祐反事，連承基，承基坐繫大理獄，當死。

【章旨】以上為第十二段，寫太子李承乾既不成器，又遭魏王李泰爭太子位之逼，連結漢王李元昌圖謀不軌。

【注釋】❶鑪　「爐」的異體字。❷六隔　有六條空足的鼎。隔，通「鬲」。鼎空足稱鬲。❸亡奴　亡命在逃的官奴。❹廝役　執賤役供使喚的人。❺落　即帳落，突厥等西北少數民族的帳落相當於內地漢族的一戶。❻辮髮羊裘　辮髮，西北少數民族的髮式。羊裘，羊皮衣。❼狼頭纛　繡有狼頭的大旗。突厥以狼為圖騰。❽穹廬　游牧民族居住的氈帳。❾啗　「啖」的異體字。吃。❿剺面　割面。突厥、回紇等民族風俗，用剺面流血來表示忠誠信義，或表示對剛死去的君親的哀悼。⓫欻忽然。⓬金城　郡名，治所在今甘肅蘭州。疑「金城」為「金河」（縣名，縣治在今內蒙古和林格爾西北土城子）之誤。⓭一設　或稱一箭，突厥某一方面軍的典兵官。⓮風　通「諷」。勸告。⓯元昌　李元昌（？—西元六四三年），李淵第七子。傳見《舊唐書》卷六十四、《新唐書》卷七十九。⓰竹矟　竹製長矛。⓱披樹檛之　將手足綁於樹上鞭打。⓲奪嫡　庶出者奪取嫡子承襲地位。⓳折節下士　屈己退讓於士人。⓴攝　代理；兼管。㉑杜楚客　宰相杜如晦之弟，京兆杜陵人。傳見《舊唐書》卷六十六、《新唐書》卷九十六。㉒典籤　親王府官，掌宣傳教命。㉓不獲　沒有抓到。㉔太常樂童　隸籍太常寺的執樂童子。㉕左道　旁門邪道。㉖誚讓　責問；批評。㉗冢　墳墓。㉘浸不懌　愈加不高興。浸，漸漸；愈益。懌，喜悅；高興。㉙紇干承基　原參與太子謀反事。後來告密，反戈一擊，被太宗免死，授以祐川府折衝都尉，封平棘縣公。紇干，吐蕃人複姓。㉚賀蘭楚石　事跡見《舊唐書》卷六十九、《新唐書》卷九十四〈侯君集傳〉。賀蘭，複姓。㉛千牛　東宮左右內率府侍從武官。㉜暗劣　愚昧不明，品行惡劣。㉝釁　間隙；事端。㉞庶人勇　即隋廢太子楊勇，被文帝黜為庶人。㉟大然深表同意。㊱李安儼　魏州頓丘（今河南浚縣北）人。事跡見《舊唐書》卷七十六、《新唐書》卷八十〈李承乾傳〉。㊲詗偵察。㊳宿衛　警衛宮禁。㊴琵琶　撥絃樂器。源出胡族，流行於秦漢至今。隋唐時，形制多種，統稱胡琴。㊵慈景　趙慈景（？—西元六一八年），隴西（今甘肅隴西縣東南）人，尚李淵女長廣公主。官至兵部侍郎、華州刺史，封開化郡公。慈景卒，公主更嫁楊師道。公主傳及慈景事跡見《新唐書》卷八十三〈諸帝公主傳〉等。其子趙節（？—西元六四三年），以參與太子謀反罪伏誅。事跡見《舊唐書》卷六十二〈楊恭仁傳〉附〈楊師道傳〉、卷七十六〈李承乾傳〉，以及《新唐書》卷八十〈李承乾傳〉、卷一百〈楊恭仁傳〉附〈楊師道傳〉。㊶杜荷　（？—西元六四三年）杜如晦次子，謀反伏誅。事跡見《舊唐書》卷六十六、《新唐書》卷九十六〈杜如晦傳〉。㊷城陽公主　太宗女。下嫁杜荷，荷誅，又嫁薛瓘。傳見《新唐書》卷八十三。㊸大內　指太宗所居西宮。

【語　譯】太子製作八尺高的銅爐和六隔大鼎，召募逃亡的官奴偷盜民間的牛馬，親自到場烹煮，與寵幸的僕人一同吃肉。又喜歡學說突厥語和穿突厥人的服飾，挑選身邊容貌類似突厥人的人，五人為一落，梳上辮子，穿上羊皮衣來牧羊，製作五個狼頭大旗和幡旗，設置氈帳，太子自己身處其中，逮住羊烹煮，抽出佩刀割下羊肉相互吃肉。又曾對身邊的人說：「我試著裝可汗死了，你們模仿他們的喪禮。」於是僵臥在地上，大家都號啕大哭，騎馬圍繞著他奔跑，又靠近他，用刀劃臉。過了很久，太子突然坐起，說：「一旦有了天下，當親率數萬騎兵在金城西面狩獵，然後披散頭髮做突厥人，投靠到思摩手下，如果我擔任一設，不會落在別人後面了。」○左庶子于志寧、右庶子孔穎達多次勸諫太子，太宗讚許他們，賜給二人金銀財物，讓他們諷諭激勵太子，並且遷任于志寧為太子詹事。于志寧與左庶子張玄素多次上書直諫，太子暗中派人殺害他們，沒有成功。

漢王李元昌所做所為大多不合法，太宗多次批評他，從此心中怨恨。太子和他親密友善，朝夕一起遊玩，把身邊的人分為二隊，太子與李元昌各統領一隊，身披毛氈甲冑，手執竹製長矛，布陣大呼，雙方交戰，互相擊刺流血，以此作為娛樂。有不聽從命令的，把手足綁在樹上抽打，甚至有人被打死。太子還說：「假使我今天做天子，明天就在禁苑中設置萬人軍營，與漢王分別統領，觀看他們戰鬥廝殺，豈不歡樂！」又說：「我做天子，任情縱欲，有勸諫的一律殺掉。也不過殺幾百人，大家自然安靜了。」

魏王李泰多才多藝，得到太宗寵愛。他看見太子有腳病，暗中有奪嫡自立的意圖，於是謙卑地禮賢下士來求得聲譽。太宗讓黃門侍郎韋挺兼管魏王府中事務，後來又命工部尚書杜楚客代替他，二人都為李泰聯繫和交結朝中的大臣。杜楚客有時懷揣黃金來賄賂權貴，趁機說魏王聰明賢能，應當立為皇上的繼承人。文武大臣，各有所託，暗中結為朋黨。太子害怕李泰威脅自己的地位，派人假裝為魏王府的典籤密封上書言事，其中全都說李泰的罪過，太宗下令逮捕這些上書的人，沒有抓到。

太子私下寵幸太常寺的樂童稱心，與他同吃同住。道士秦英、韋靈符因為有妖法道術，得到太子的寵幸。太宗聽說此事，大怒，將稱心等人全部逮捕殺掉，有幾人連坐處死，太宗對太子的斥責到了極點。太子認為是魏王李泰告發的，怨恨更深。又思念稱心不已，在東宮中建造了一個房間，立了稱心的畫像，早晚祭奠，徘徊哭泣。又在宮苑內修了一座墳，私下對稱心贈官立碑。太宗心中愈加不快樂，太子也知道，動輒幾個月稱病不去朝見。他暗中豢養刺客紇干承基等人及一百多名壯士，謀劃殺掉魏王李泰。

吏部尚書侯君集的女婿賀蘭楚石擔任東宮府的千牛，太子知道侯君集怨恨太宗，多次讓賀蘭楚石帶引侯君集進入東宮，向他詢問自我保全的策略。侯君集認為太子愚昧惡劣，想乘機利用他，於是勸太子謀反。他舉起手來對太子說：「這一雙好手，當為殿下使用。」又說：「魏王被皇上寵愛，恐怕殿下會有隋朝太子楊勇被免為平民的災禍。如有敕令宣召進宮，應當祕密做好準備。」太子大為贊同這個建議。他用重金賄賂侯君集以及左屯衛中郎將頓丘人李安儼，讓他們探聽太宗的想法，一有動靜就告訴他。李安儼先前侍奉隱太子李建成，李建成敗亡後，李安儼為李建成奮力作戰，太宗認為他忠誠，所以親近任用他，讓他負責警衛皇宮。李安儼也把自己的前途完全託附在太子身上。

漢王李元昌也勸太子謀反，並且說：「近來看見皇上身旁有一個美人，善於彈奏琵琶，事情成功了，希望把這個美人賜給我。」太子答應了。洋州刺史開化公趙節，是趙慈景的兒子，母親是高祖的女兒長廣公主，駙馬都尉杜荷，是杜如晦的兒子，娶城陽公主為妻，都被太子所親近，參與了太子的謀反。凡是參與同謀的人都割了手臂，用帛擦拭血跡，燒灰混在酒中喝掉，發誓生死與共，暗中謀劃率領士兵進入西宮。杜荷對太子說：「天象有變化，應當迅即發兵以應天象。殿下只需聲稱暴病危重，皇上必然會親自來探視，乘此機會可以實現大志。」太子聽說齊王李祐在齊州謀反，對紇干承基等人說：「我住的東宮西牆，離皇上住的大內正好二十步左右，與你們謀劃大事，豈是齊王所能比的！」適逢太宗處治李祐謀反的事，牽連到紇干承基，紇干承基獲罪而被關押在大理寺牢獄中，論罪當死。

【研　析】本卷研析文成公主入藏和親，帶來漢藏文化交流，推動漢藏團結，留下千秋佳話。文成公主是中國古代最偉大的女性之一。

和親是古代的一種外交形式。中國和親外交始於漢，盛於唐。漢朝王昭君出塞，唐朝文成公主入藏，代表兩個朝代和親外交的典範。王昭君和文成公主對歷史做出了重大貢獻，兩人是值得紀念的歷史人物。

唐太宗對周邊民族實行征撫相濟的策略，對於犯邊的強敵，堅決打擊，對於歸服的各民族，平等相待，上層首腦封以高官，投唐的部眾，妥善安置。貞觀三年（西元六二九年）十一月，李靖、李世勣征東突厥，俘頡利可汗，統一了大漠南北。貞觀八年，李靖平服吐谷渾。貞觀十三年，侯君集平定西突厥所控制的高昌割據政權。貞觀十八年，平焉耆。貞觀二十三年，平龜茲，基本完成了對西域的統一，重新打通絲綢之路，對東西方文化交流有重大的意義。

四夷歸附，唐太宗和親安撫，和親即為安邊重大的政治措施。唐太宗先後以皇妹南陽長公主妻突厥處羅可汗，以弘化公主妻吐谷渾諾曷鉢可汗，以文成公主妻吐蕃贊普松贊千布。此外，還以宗室女嫁給唐中央供職的少數民族降唐將領。兩國親善，通過聯姻這一特殊的政治行動，有利於消除民族隔閡，加強經濟文化交流，在歷史上起了進步作用。尤其是文成公主進藏，被傳為千古佳話。

松贊千布，兩《唐書・吐蕃傳》作「棄宗弄贊」、「棄蘇農」，號弗夜氏。西元六二九—六五〇年在位。松贊千布十一歲時，吐蕃貴族毒死他的父親朗日論贊，發動叛亂。年輕的松贊千布經受了嚴酷的考驗，他深入部落瞭解民情，團結中小貴族和自由民，徵集了一萬多名勇敢的青年，組成新軍，親自進行訓練並帶領出征，經過三年多的艱苦戰爭，平息了叛亂，統一了吐蕃王朝。松贊千布嚮往中原漢族文化，多次派使臣向唐朝求婚。貞觀十四年，唐太宗同意了吐蕃求婚，於貞觀十五年正月，派文成公主入藏，令禮部尚書江夏郡王李道宗為主婚大使，持節送公主入藏。松贊千布率領部眾親迎於河源。松贊千布見了唐使李道宗，執子婿之禮甚恭。松贊千布表示對大唐和文成公主的敬重，特為公主修建新王宮，這就是矗立於拉薩紅山之巔的布達拉宮。這座雄偉的宮殿作為漢藏友誼的象徵，在二十世紀九〇年代經過重新修繕，又恢復了昔日燦爛明麗金碧輝煌的風采。

文成公主入藏，攜帶了許多耐寒抗旱的穀物種子，以及大量的工藝品、金銀、綢帛、珍寶、書籍，還有幾個高超工匠，傳播了漢文化。松贊千布更在政治制度上仿唐朝官制，改革了吐蕃的制度，在兵制上也仿照唐朝的府兵制，削去貴族、部落酋長擁兵的權力，有效地控制了全藏軍隊。經濟、文化也都吸收唐朝的體制進行有效的改革。松贊千布還派遣大批貴族子弟到長安學習詩書等儒家經典，唐詩、中醫、建築藝術傳到吐蕃。文成公主和松贊干布，攜手推動了漢藏兩族人民的友好往來和文化交流，也贏得了漢藏兩族人民的愛戴和敬仰。唐朝在唐太宗昭陵之前刻松贊干布的石像，列於玄闕之下。藏族人民在亞隆瓊保松贊干布陵側，為文成公主修建了巨大的陵墓，用以紀念這位獻身於漢藏團結的偉大女性。

卷第一百九十七

唐紀十三

起昭陽單閼（癸卯 西元六四三年）四月，盡旃蒙大荒落（乙巳 西元六四五年）五月，凡二年有奇。

【題解】本卷記事起西元六四三年四月，迄西元六四五年五月，凡兩年又兩個月，當貞觀十七年至十九年。此時期最大事件有兩樁。第一件是廢立太子。繼唐太宗第五子李祐謀反之後，太子李承乾圖謀不軌而被廢，事涉漢王李元昌。李元昌是唐太宗之弟，被誅，爭太子位的魏王李泰被貶黜。唐太宗晚年遭受三個不才兒子和一個弟弟的困擾，使唐太宗的精神受到沉重打擊。晚年，唐太宗易於發怒，雖仍有納諫意識，但行動上卻已惡聞直言，喜歡順耳之言，以致聽信讒言猜疑已去世的魏徵。第二件是唐太宗違眾兵伐高麗。唐太宗憂心太子李治懦弱，想在有生之年撫定四夷，這也是兵伐高麗的一個原因，唐太宗不歧視周邊民族，叛者伐之，擒焉者王，順者安之，撫突厥降人，這些仍表現了唐太宗的聖明。兵伐高麗，所用兵以招為主，不強徵兵役，這是唐太宗比隋煬帝高明的地方，志存安天下，而不是黷武。

太宗文武大聖大廣孝皇帝中之下

貞觀十七年（癸卯　西元六四三年）

夏，四月庚辰朔❶，承基上變，告太子謀反。敕長孫無忌、房玄齡、蕭瑀、李世勣與大理、中書、門下參鞫❷之，反形已具。上謂侍臣：「將何以處承乾？」羣臣莫敢對，通事舍人來濟❸進曰：「陛下不失為慈父，太子得盡天年，則善矣！」上從之。濟，護兒之子也。

乙酉❹，詔廢太子承乾為庶人，幽於右領軍府❺。上欲免漢王元昌死，羣臣固爭，乃賜自盡於家，而宥其母、妻、子。侯君集、李安儼、趙節、杜荷等皆伏誅。左庶子張玄素、右庶子趙弘智❻、令狐德棻等以不能諫爭，皆坐免為庶人。餘當連坐者，悉赦之。詹事于志寧以數諫，獨蒙勞勉。以紇干承基為祐川府❼折衝都尉，爵平棘縣公。

侯君集被收❽，賀蘭楚石復詣闕告其事。上引君集謂曰：「朕不欲令刀筆吏辱公，故自鞫公耳。」君集初不承❾，引楚石具陳始末，又以所與承乾往來啟❿示之，君集辭窮，乃服。上謂侍臣曰：「君集有功，欲乞其生，可乎？」羣臣以為不可。上乃謂君集曰：「與公長訣⓫矣！」因泣下。君集亦自投於地，遂斬之於市。君集臨刑，謂監刑將軍曰：「君集蹉跌⓬至此！然事陛下於藩邸⓭，擊取二國，乞全一子以奉祭祀。」上乃原其妻及子，徙嶺南。籍沒其家，得二美人，自幼飲人乳而不食。

初，上使李靖教君集兵法，君集言於上曰：「李靖將反矣！」上問其故，對曰：「靖獨教臣以其粗而匿其精，以是知之。」上以問靖，靖對曰：「此乃君集欲反耳。今諸夏⑭已定，臣之所教，足以制四夷，而君集固求盡臣之術，非反而何？」江夏王道宗嘗從容言於上曰：「君集志大而智小，自負微功，恥在房玄齡、李靖之下，雖為吏部尚書，未滿其志，以臣觀之，必將為亂。」上曰：「君集材器，亦何施不可！朕豈惜重位，但次第未至耳，豈可億度⑮，妄生猜貳⑯邪！」及君集反誅，上乃謝⑰道宗曰：「果如卿言。」

李安儼父年九十餘，上愍⑱之，賜奴婢以養之。

【章旨】以上為第一段，寫太子李承乾謀反被廢。

【注釋】❶庚辰朔　四月一日。❷參鞫　參與審訊。唐制，凡國家大獄，由三司詳決，即由給事中、中書舍人與御史參鞫。而太宗令三省與大理參鞫，表明朝廷對此案異常重視。❸來濟　（西元六一〇—六六二年）隋左翊衛大將軍、榮國公來護兒之子，揚州江都（今江蘇揚州）人，唐初進士及第，永徽四年（西元六五三年）為中書侍郎，同中書門下三品（即宰相）。撰有文集三十卷。傳見《舊唐書》卷八十、《新唐書》卷一百五。❹乙酉　四月六日。❺右領軍府　官署名，即中央十二衛領府之一，掌領軍府和宮掖禁備。❻趙弘智　唐初大臣，河南新安（今河南新安）人，累官黃門侍郎、國子祭酒。傳見《舊唐書》

卷一百八十八、《新唐書》卷一百六。❼祐川府　軍府名，在今甘肅岷縣。❽收　逮捕；拘押。❾承　承認。❿啓　書信。⓫長訣　永別。⓬蹉跌　跌跤；失誤。⓭事陛下於藩邸　李世民為親王時，引君集入幕府，曾多次從世民征討，並預謀玄武門之變。⓮諸夏　古代中國的別稱。⓯億度　預料、揣度。億，通「臆」。⓰猜貳　猜疑且懷二心。⓱謝　道歉。⓲愍　哀憐。

【語　譯】太宗文武大聖大廣孝皇帝中之下

貞觀十七年（癸卯　西元六四三年）

夏，四月初一日庚辰，紇干承基上奏發生變故，舉報太子李承乾謀反。太宗敕令長孫無忌、房玄齡、蕭瑀、李世勣與大理寺、中書省、門下省參與審問，謀反的情形都已審理清楚。太宗對侍從的大臣說：「將如何處置承乾？」各位大臣沒有人敢應答，通事舍人來濟進言說：「陛下不失為慈父，讓太子得享天年，這就好了！」太宗聽從了他的意見。來濟，是來護兒的兒子。

四月初六日乙酉，太宗下詔廢黜太子李承乾為平民，幽禁在右領軍府。太宗想免除漢王李元昌的死罪，群臣強烈爭辯，於是賜李元昌在家中自盡，寬宥了他的母親、妻子、兒女。侯君集、李安儼、趙節、杜荷等人全被斬首。左庶子張玄素、右庶子趙弘智、令狐德棻等人因為不能勸諫太子，都獲罪免為平民。其餘應當連坐的，全部赦免。詹事于志寧因為多次勸諫，獨自受到嘉獎勉勵。任命紇干承基為祐川府折衝都尉，封爵平棘縣公。

侯君集被收押時，賀蘭楚石又前往皇宮門前告發他謀反的事。太宗把侯君集帶進宮中對他說：「朕不想讓那些刀筆吏羞辱你，所以親自審問你。」侯君集起初不承認，太宗叫來賀蘭楚石詳細陳述事情的始末，又拿出與李承乾來往的書信出示給他，侯君集理屈詞窮，於是承認了罪行。太宗對侍從的大臣說：「侯君集有功，想讓他活下來，可以嗎？」群臣認為不可。太宗便對侯君集說：「與你永別了！」於是流下了眼淚。侯君集也自己仆倒在地，於是在集市中把他斬首。侯君集臨刑前，對監刑的將軍說：「君集失足落到這一步！然而陛下在秦王府時我就侍奉陛下，攻取了吐谷渾、高昌二國，請求保全一個兒子奉事家族的祭祀。」太宗便寬宥了他的妻子和兒子，把他們遷徙到嶺南。抄沒了他的家產，得到二個美女，從小喝人奶，不吃食物。

起初，太宗讓李靖教給侯君集兵法，侯君集對太宗說：「李靖即將造反了！」太宗問他原因，他回答說：「李靖只教給我兵法中的粗淺內容，而隱匿兵法的精華，因此知道他要謀反。」太宗就此詢問李靖，李靖回答說：「這乃是君集想要造反罷了。如今中原已經平定，我所教的兵法，足以制服四方夷人，而君集執意要求全部掌握我的兵法，不是謀反又是什麼？」江夏王李道宗曾經閒談時對太宗說：「侯君集志向大而智略太小，自負微功，恥於位居房玄齡、李靖之下，雖然擔任吏部尚書，還不能滿足他的願望，據臣的觀察，他一定會叛亂。」太宗說：「侯君集的才幹，去做什麼不行呢！朕豈是愛惜高位，只是按順序還沒有到他而已，怎可以隨意臆想，亂生猜疑之心呢！」等到侯君集因謀反受誅，太宗便向李道宗道歉說：「果然如你所說。」

李安儼的父親年高九十多歲，太宗憐憫他，賜給奴婢來養護他。

太子承乾既獲罪，魏王泰日入侍奉，上面許立為太子，岑文本、劉洎亦勸之，長孫無忌固請立晉王治❶。上謂侍臣曰：「昨青雀❷投我懷云：『臣今日始得為陛下子，乃更生之日也。臣有一子，臣死之日，當為陛下殺之，傳位晉王。』人誰不愛其子，朕見其如此，甚憐之。」諫議大夫褚遂良曰：「陛下言大失，願審思，勿誤也！安有陛下萬歲後，魏王據天下，肯殺其愛子，傳位晉王者乎！陛下日者既立承乾為太子，復寵魏王，禮秩❸過於承乾，以成今日之禍。前事不遠，足以為鑒。陛下今立魏王，願先措置晉王，始得安全耳。」上流涕曰：「我不能爾。」因起，入宮。魏王泰恐上立晉王治，謂之曰：「汝與元昌善，元昌今敗，得無憂乎？」治由是憂形於色。上怪，屢問其故，治乃以狀告。上憮然❹，始悔立泰之言矣。上面責承乾，承乾曰：「臣為太子，復何所求！但為泰所圖❺，時與朝臣謀自安之術，不逞之人❻遂教臣為不軌耳。今若泰為太子，所謂落其度❼內。」

承乾既廢，上御兩儀殿❽，羣臣俱出，獨留長孫無忌、房玄齡、李世勣、褚遂良，謂曰：「我三子一弟❾，所為如是，我心誠無聊賴❿！」因自投于牀⓫，無忌等爭前扶抱。上又抽佩刀欲自刺，遂良奪刀以授晉王治。無忌等請上所欲，上曰：「我欲立晉王。」無忌曰：「謹奉詔，有異議者，臣請斬之！」上謂治曰：「汝舅許汝矣，宜拜謝。」治因拜之。上謂無忌等曰：「公等已同我意，未知外議何如？」對曰：「晉王仁孝，天下屬心⓬久矣，乞陛下試召問百官，有不同者，臣負陛下萬死。」上乃御太極殿⓭，召文武六品以上，謂曰：「承乾悖逆⓮，泰亦凶險⓯，皆不可立。朕欲選諸子為嗣，誰可者？卿輩明言之。」眾皆讙呼曰：「晉王仁孝，當為嗣。」上悅。是日，泰從百餘騎至永安門⓰。敕門司⓱盡辟⓲其騎，引泰入肅章門⓳，幽於北苑⓴。

丙戌㉑，詔立晉王治為皇太子，御承天門樓，赦天下，酺㉒三日。上謂侍臣曰：「我若立泰，則是太子之位可經營而得。自今太子失道，藩王窺伺者，皆兩棄之，傳諸子孫，永為後法。且泰立則[1]承乾與治皆不全，治立則承乾與泰皆無恙矣。」

臣光曰：「唐太宗不以天下大器私其所愛，以杜禍亂之原，可謂能遠謀矣！」

【章旨】以上為第二段，寫唐太宗不私其所愛，囚禁爭位的魏王李泰，冊立晉王李治為太子。

【注釋】❶晉王治　即後來的唐高宗李治，字為善，太宗第九子，長孫皇后生，舅長孫無忌。事見《舊唐書》卷四、卷五與《新唐書》卷三〈高宗紀〉。❷青雀　魏王李泰乳名。❸禮秩　禮節待遇。❹憮然　悵然若失。❺圖　謀取。❻不逞之人　不得志或作奸犯法圖謀不軌者。❼度　算計；圈套。❽兩儀殿　宮殿名，在太極宮（即西內）正殿之後。貞觀五年（西元六三一年），改隋中華殿為兩儀殿，為內朝所在，平時視朝聽政於此。唐中葉後，帝后喪亦多殯於此殿。❾三子一弟　三子，謂齊王李祐、太子李承乾、魏王李泰。一弟，指漢王李元昌。❿聊賴　寄託；依賴。⓫牀　坐榻；胡床。可倚可臥。⓬屬心　屬意歸心。⓭太極殿　唐宮殿名，即太極宮正殿，中朝所在，朔望視朝於此。⓮悖逆　狂悖忤逆。一般指臣子對君親的嚴重冒犯行為。⓯凶險　謂行為兇狠險惡。⓰永安門　太極宮南面三門之一，在南城正門承天門之西。⓱門司　門下省有城門郎四人，執掌京城、皇城宮殿諸門啟閉，下置門僕八百人，親司諸門啟閉之事。此門司當即此類下級廝役。⓲辟　禁止；摒去。⓳肅章門　在西京太極宮（即西內）正殿西北，為進入內宮的兩門之一。⓴北苑　太極宮之北的禁苑。㉑丙戌　四月七日。㉒酺　特指命令所允許的聚眾宴飲。

【校記】[1]則　原無此字。據章鈺校，十二行本、乙十一行本、孔天胤本皆有此字，張敦仁《通鑑刊本識誤》同，今據補。

【語譯】太子李承乾獲罪之後，魏王李泰每天進宮侍奉太宗，太宗當面許諾立他為太子，岑文本、劉洎也這樣勸說太宗，長孫無忌執意請求立晉王李治。太宗對侍從的大臣說：「昨天青雀撲到我懷裡說：『臣今天才得以成為陛下的兒子，這是我重生的日子。臣有一個兒子，臣死之日，當為陛下殺死他，傳位給晉王。』人誰不愛憐自己的兒子，朕見他這個樣子，十分憐憫他。」諫議大夫褚遂良說：「陛下說的有重大失誤，希望深思熟慮，不要失誤！哪裡有陛下萬歲之後，魏王佔有了天下，肯殺掉自己的愛子，傳位給晉王的呢！陛下從前已經立李承乾為太子，又寵愛魏王，禮節待遇超過了李承乾，以致造成了今日的災禍。之前的事剛過去不久，足以作為今日的借鑑。陛下如今立魏王為太子，希望先安置好晉王，這樣才能得以安全。」太宗流著眼淚說：「朕不能這麼做。」於是起身，進入宮中。魏王李泰擔心太宗立晉王李治為太子，對李治說：「你與李元昌友善，李元昌現在失敗了，你能夠不擔憂嗎？」李治因此面色憂愁。太宗感到奇怪，多次問他原因，李治便把情況告訴了太宗。太宗悵然若失，開始後悔所說立李泰為太子的話。太宗曾當面指責李承乾，李承乾說：「我身為太子，還要求什麼呢！只是被李泰算計，時常與朝廷大臣謀求自安的辦法，那些不逞之徒就趁機教唆我幹不軌之事。如今若是立李泰為太子，就是所謂落到他的圈套裡了。」

李承乾被廢黜後，太宗駕臨兩儀殿，群臣都退了出去，只留下長孫無忌、房玄齡、李世勣、褚遂良，太宗對他們說：「我三個兒子、一個弟弟，所做所為是這個樣子，我的心裡實在是無所寄託！」於是自投於床，長孫無忌等人爭著上前扶抱。太宗又抽出佩刀想自殺，褚遂良奪下刀交給晉王李治。長孫無忌等人請求太宗說出有什麼想法，太宗說：「我想立晉王為太子。」長孫無忌說：「謹奉詔令，有異議者，我請求把他斬首！」太宗對李治說：「你舅父許諾你為太子，你應當拜謝。」李治於是拜謝長孫無忌。太宗對長孫無忌等人說：「你們已經與我的意見一致了，不知外朝議論如何？」回答說：「晉王仁德孝敬，天下久已歸心，望陛下召見文武百官試探詢問，如有不同意的，就是臣等有負於陛下，罪該萬死。」太宗便親臨太極殿，召見六品以上文武大臣，對他們說：「李承乾悖逆，李泰也兇狠險惡，都不能立為太子。朕想從諸位皇子中選擇繼位人，誰可以呢？你們明白地講出來。」大家都歡呼說：「晉王仁德孝敬，應當為繼位的太子。」太宗十分高興。這一天，李泰身後跟隨一百多騎兵來到永安門。太宗敕令守門官員把李泰的騎兵全部撤掉，把李泰帶進肅章門，幽禁在北苑。

四月初七日丙戌，太宗下詔立晉王李治為皇太子，太宗親臨承天門城樓，大赦天下，聚眾飲宴三天。太宗對侍從的大臣說：「我如果立李泰為太子，那就是太子之位可以通過苦心經營而得到。從今往後，太子道德品行不好，藩王窺伺太子之位的，兩種人都要拋棄，這個規定傳給子孫後代，永遠作為後代的法則。況且李泰立為太子，那麼李承乾和李治都不能保全生命，李治立為太子，那麼李承乾與李泰都會安然無恙。」

司馬光說：「太宗並不把天下的大位給予自己所喜愛的人，以此杜絕禍亂的根源，可以說是能深謀遠慮的了！」

丁亥❶，以中書令楊師道為吏部尚書。初，長廣公主適❷趙慈景，生節。慈景死❸，更適師道。師道與長孫無忌等共鞫承乾獄，陰為趙節道地❹，由是獲譴。上至公主所，公主以首擊地，泣謝子罪。上亦拜泣曰：「賞不避仇讎，罰不阿親戚。此天下至公之道，不敢違也，以是負姊。」

己丑❺，詔以長孫無忌為太子太師，房玄齡為太傅，蕭瑀為太保❻，李世勣為詹事，瑀、世勣並同中書門下三品❼。同中書門下三品自此始。又以左衛大將軍李大亮領右衛率，前詹事于志寧、中書侍郎馬周為左庶子，吏部侍郎蘇勖、中書舍人高季輔為右庶子，刑部侍郎張行成為少詹事❽，諫議大夫褚遂良為賓客❾。

李世勣嘗得暴疾，方❿云須灰可療。上自翦⓫須⓬，為之和藥。世勣頓首出血泣謝。上曰：「為社稷，非為卿也，何謝之有！」世勣嘗侍宴，上從容謂曰：「朕求羣臣可託幼孤者，無以踰公。公往不負李密，豈負朕哉！」世勣流涕辭謝，齧⑬指出血，因飲沈醉，上解御服以覆之。

癸巳⑭，詔解魏王泰雍州牧⑮、相州都督、左武候大將軍，降爵為東萊郡王。泰府僚屬為泰所親狎⑯者，皆遷嶺表。以杜楚客兄如晦有功，免死，廢為庶人。給事中崔仁師嘗密請立魏王泰為太子，左遷鴻臚少卿⑰。

庚子⑱，定太子見三師儀：迎於殿門⑲外，先拜，三師答拜，每門讓於三師。三師坐，太子乃坐。其與三師書，前後稱名、「惶恐」⑳。

五月癸酉㉑，太子上表，以「承乾、泰衣服不過隨身，飲食不能適口，幽憂可愍，乞敕有司，優加供給。」上從之。

黃門侍郎劉洎上言，以「太子宜勤學問，親師友。今入侍宮闈，動踰旬朔㉒，師保㉓以下，接對甚希㉔。伏願㉕少抑下流之愛㉖，弘遠大之規，則海內幸甚！」上乃命洎與岑文本、褚遂良、馬周更日㉗詣東宮，與太子遊處㉘談論。

六月己卯朔㉙，日有食之。

丁亥㉚，太常丞㉛鄧素使高麗還，請於懷遠鎮㉜增戍兵以逼高麗。上曰：「遠人不服，則修文德以來之㉝』，未聞一二百戍兵能威絕域㉞者也！」

丁酉㉟，右僕射高士廉遜位，許之，其開府儀同三司、勳封㊱如故，仍同門下中書三品，知政事㊲。

閏月辛亥㊳，上謂侍臣曰：「朕自立太子，遇物則誨之，見其飯，則曰：『汝知稼穡之艱難，則常有斯飯矣。』見其乘馬，則曰：『汝知其勞逸，不竭其力，則常得乘之矣。』見其乘舟，則曰：『水所以載舟，亦所以覆舟。民猶水也，君猶舟也。』見其息於木下，則曰：『木從繩㊴則正，后㊵從諫則聖。』」

丁巳㊶，詔太子知㊷左、右屯營㊸兵馬事，其大將軍以下並受處分㊹。

【章旨】以上為第三段，寫唐太宗盡心教誨新立太子李治。

【注釋】❶丁亥　四月八日。❷適　出嫁。❸慈景死　武德元年，趙慈景被堯君素所殺。❹道地　代人事先疏通，以留餘地。❺己丑　四月十日。❻長孫無忌為太子太師三句　太子太師、太傅、太保，即東宮三師，為輔導太子之官，並從一品。❼同中書門下三品　官名，唐宰相的稱呼。以他官任宰相者，則加以「同中書門下三品」，以表示同於中書令和侍中。中書令為中書省長官，侍中為門下省長官，二者均為宰相，並都是三品官。❽少詹事　官名，太子詹事府長官詹事的副職，正四品上。❾賓客　官名，東宮置太子賓客四人，正三品，掌侍從規諫等事。❿方　處方；驗方。⓫翦　「剪」的異體字。⓬須　鬍鬚。⓭齧　「囓」的異體字。⓮癸巳　四月十四日。⓯牧　官名，州長稱牧。⓰狎　親近。⓱鴻臚少卿　官名，鴻臚寺長官鴻臚卿之副。⓲庚子　四月二十一日。⓳殿門　謂東宮殿門。⓴前後稱名惶恐　書信格式的一種。抬頭自稱名，後署「惶恐」，適用於晚輩對尊長。㉑癸酉　五月二十五日。㉒旬朔　十天或一個月。㉓師保　指太師、太傅、太保、少師、少傅、少保；或指教導貴族子弟之官。㉔希　「稀」的本字。稀疏；罕見。㉕伏願　下對上陳述願望的表敬之詞。伏，敬詞。㉖下流之愛　溺愛；庸俗低級之愛。㉗更日　按日變換；每天輪流。㉘遊處　交遊相處。㉙己卯朔　六月一日。㉚丁亥　六月九日。㉛太常丞　官名，太常寺卿屬官，從五品下，掌判寺內日常事務。㉜懷遠鎮　軍鎮名，在今遼寧遼中縣附近。㉝遠人不服二句　孔子之言，見《論語·季氏》。遠人，外族。來，使其前來。㉞絕域　絕遠地域。㉟丁酉　六月十九日。㊱勳封　勳級和爵封。㊲知政事　官稱，即參知政事，唐初用來稱呼宰相。㊳辛亥　閏六月四日。㊴繩　繩墨，木匠用以取直的工具。㊵后　君主。㊶丁巳　閏六月十日。㊷知　主持。㊸左右屯營　唐初禁軍名，貞觀十二年（西元六三八年），置於京師玄武門，由諸衛將軍統領，其兵士稱飛騎。㊹處分　處置；節制。

【語譯】四月初八日丁亥，任命中書令楊師道為吏部尚書。起初，長廣公主嫁給趙慈景，生下趙節。趙慈景死後，長廣公主改嫁楊師道。楊師道與長孫無忌等人共同審訊李承乾的案子，暗中為趙節疏通，由此遭到譴責。太宗到公主的住處，公主以頭碰地，哭著為兒子謝罪。太宗也下拜並哭泣說：「賞賜不迴避仇敵，懲罰不袒護親戚。這是天下至公的道理，不敢違背，因此有負於姐姐。」

四月初十日己丑，太宗下詔任命長孫無忌為太子太師，房玄齡為太子太傅，蕭瑀為太子太保，李世勣為太子詹事，蕭瑀、李世勣均為同中書門下三品。同中書門下三品始於此。又任命左衛大將軍李大亮兼領東宮右衛率，前任太子詹事于志寧、中書侍郎馬周為東宮左庶子，吏部侍郎蘇勗、中書舍人高季輔為東宮右庶子，刑部侍郎張行成為東宮少詹事，諫議大夫褚遂良為太子賓客。

李世勣曾得暴病，藥方說鬍鬚灰可治療此病。太宗親自剪下鬍鬚，為他配藥。李世勣磕頭出血哭著拜謝。太宗說：「這是為了國家社稷，不是為了你，有什麼可謝的！」李世勣曾經陪侍太宗宴飲，太宗閒談時對他說：「朕想在群臣中尋找可以託付幼孤的人，沒有人能超過你。你往年不辜負李密，怎會辜負朕！」李世勣流著淚推辭拜謝，咬指出血，於是飲酒大醉，太宗解下皇袍給他披上。

四月十四日癸巳，太宗下詔解除魏王李泰雍州牧、相州都督、左武候大將軍的官職，把爵位降為東萊郡王。李泰王府的僚屬被李泰所親近的，都遷徙嶺南。杜楚客因為哥哥杜如晦有功，免去死罪，廢為平民。給事中崔仁師曾祕密請求立魏王李泰為太子，降職為鴻臚寺少卿。

四月二十一日庚子，規定太子拜見三師太師、太傅、太保的禮儀：在殿門外迎接，太子先拜，三師答拜，每道門讓三師先行。三師落坐，太子才坐下。太子給三師的書信，前自稱名，後署「惶恐」。

五月二十五日癸酉，太子上表，認為「李承乾與李泰的衣服不過隨身的幾件，飲食不能適合口味，幽禁之中憂愁可憐，請敕令有關官署，從優加以供應。」太宗聽從了太子的建議。

黃門侍郎劉洎進言，以為「太子應當勤奮學習，親近師友。如今太子進入宮中侍奉皇上，動輒超過十天半個月，太師太保以下的官員，與太子接觸和答問次數很少。希望陛下稍微抑制對子孫的溺愛，弘揚久遠宏大的規制，海內的百姓就非常幸運了！」於是太宗命令劉洎與岑文本、褚遂良、馬周每天輪流到東宮，與太子交遊相處談論學問。

六月初一日己卯，發生日蝕。

六月初九日丁亥，太常寺丞鄧素出使高麗回到朝廷，請求太宗在懷遠鎮增加戍邊兵力，藉以威逼高麗。太宗說：「『遠方的人不服從，就施行文德，讓他們自動前來』，沒聽說一二百個戍守士兵就能威逼絕遠之地的！」

六月十九日丁酉，尚書右僕射高士廉退職，太宗同意了，他的開府儀同三司、勳級和爵封依舊，仍然擔任同門下中書三品，參知政事。

閏六月初四日辛亥，太宗對侍從的大臣說：「朕自從立了太子，遇到物品就教誨他，看見他吃飯，就說：『你知道耕稼的艱難，就能常有這些飯了。』看見他騎馬，就說：『你知道馬要有勞有逸，不耗盡馬的氣力，就能經常騎乘牠了。』看見他乘坐舟船，就說：『水能夠承載舟船，也能夠讓舟船翻覆。百姓好比水，君主好比舟船。』看見他在樹下休息，就說：『木頭按照墨線來加工就會筆直，君主能聽從勸諫就會聖明。』」

閏六月初十日丁巳，太宗下詔讓太子參知左、右屯營的兵馬事務，屯營大將軍以下都受太子的指揮。

薛延陀真珠可汗使其姪突利設❶來納幣❷，獻馬五萬匹，牛、橐駝萬頭，羊十萬口。庚申❸，突利設獻饌❹。上御相思殿❺，大饗羣臣，設十部樂。突利設再拜上壽，賜賚甚厚。

契苾何力上言：「薛延陀不可與昏。」上曰：「吾已許之矣，豈可為天子而食言乎！」何力對曰：「臣非欲陛下遽❻絕之也，願且遷延❼其事。臣聞古有親迎之禮，若敕夷男使親迎，雖不至京師，亦應至靈州。彼必不敢來，則絕之有名矣。夷男性剛戾❽，既不成昏，其下復攜貳❾，不過一二年必病死。二子爭立，則可以坐制❿之矣。」上從之，乃徵真珠可汗使親迎，仍發詔將幸靈州與之會。真珠大喜，欲詣靈州，其臣諫曰：「脫⓫為所留，悔之無及。」真珠曰：「吾聞唐天子有聖德，我得身往見之，死無所恨，且漠北必當有主。我行決矣，勿復多言。」上發使三道，受其所獻雜畜。薛延陀先無庫廄⓬，真珠調斂⓭諸部，往返萬里，道涉沙磧，無水草，耗死將半，失期不至。議者或以為「聘財未備而與為昏，將使戎狄輕中國」，上乃下詔絕其昏，停幸靈州，追還三使。

褚遂良上疏，以為「薛延陀本一俟斤⓮，陛下盪平沙塞，萬里蕭條，餘寇奔波，須有酋長，璽書鼓纛⓯，立為可汗。比者⓰復降鴻私⓱，許其姻媾，西告吐蕃，北諭思摩，中國童幼，靡不[18]知之。御幸北門，受其獻食，羣臣四夷，宴樂終日。咸言陛下欲安百姓，不愛一女，凡在含生[19]，孰[20]不懷德。今一朝生進退之意，有改悔之心，臣為國家惜茲聲聽[21]。所顧[22]甚少，所失殊多。嫌隙既生，必搆邊患。彼國蓄見欺之怒，此民懷負約之慚，恐非所以服遠人，訓戎士也。陛下君臨天下十有七載，以仁恩結庶類[23]，以信義撫戎夷，莫不欣然，負之無力[24]，何惜不使有始有卒[25]乎！夫龍沙[26]以北，部落無筭，中國誅之，終不能盡。當懷之以德，使為惡者在夷不在華，失信者在彼不在此，則堯、舜、禹、湯不及陛下遠矣！」

上不聽。

是時，羣臣多言：「國家既許其昏，受其聘幣，不可失信戎狄，更生邊患。」

上曰：「卿曹皆知古而不知今。昔漢初匈奴彊，中國弱，故飾子女、捐金絮以餌[27]之，得事之宜[28]。今中國彊，戎狄弱，以我徒兵[29]一千，可擊胡騎[30]數萬。薛延陀所以匍匐稽顙[31]，惟我所欲，不敢驕慢者，以新為君長，雜姓[32]非其種族，欲假[33]中國之勢以威服之耳。彼同羅、僕骨、回紇等十餘部，兵各數萬，并力攻之，立可破滅，所以不敢發者，畏中國所立故也。今以女妻之，彼自恃大國之壻，雜姓誰敢不服！戎狄人面獸心，一旦微不得意，必反噬[34]為害。今吾絕其昏，殺[35]其禮，雜姓知我棄之，不日將瓜剖㊱之矣，卿曹第㊲志㊳之！」

臣光曰：「孔子稱去食、去兵，不可去信㊴。唐太宗審知㊵薛延陀不可妻，則初勿許其昏可也。既許之矣，乃復恃彊棄信而絕之，雖滅薛延陀，猶可羞也。王者發言出令，可不慎哉！」

【章旨】以上為第四段，寫唐太宗負約薛延陀，悔婚絕和親。

【注釋】❶突利設　薛延陀求婚使者，其在本蕃任典兵官。事見《新唐書》卷二百十七下〈回鶻傳下〉附〈薛延陀傳〉。❷納幣　古代婚禮「六禮」之第四種，亦稱納徵。即男家派使者送聘禮給女家以定婚。幣，帛，亦泛指禮物。❸庚申　閏六月十三日。❹饌　食物。❺相思殿　宮殿名，在太極宮玄武門內。❻遽　急；突然。❼遷延　拖延；延緩。❽剛戾　剛烈暴戾。❾攜貳　叛離；心懷二意。❿坐制　無須動干戈，穩坐而制服之。⓫脫　同「倘」。倘若；倘或。⓬庫廄　庫房和馬廄。⓭調斂　徵調聚斂。⓮俟斤　突厥大臣共二十八等，其中有葉護、屈律啜、阿波、俟利發、吐屯、俟斤等。⓯璽書鼓纛　璽書，蓋皇帝印的冊封詔書。鼓纛，天子儀仗所用的大鼓大旗。⓰比者　近來。⓱鴻私　鴻大之恩。指皇恩。私，恩情。⓲靡不　無不。⓳含生　亦稱「含類」，泛指一切有生命者。⓴孰　誰。㉑聲聽　聲譽。㉒顧　顧及；得到。㉓庶類　黎民百姓。㉔莫不欣然二句　胡三省注：「此二語考之《舊書・褚遂良傳》亦是如此。然其意義難於強解。或曰『力』當作『益』，言負延陀之約為無益也。」按，力，當釋為功，功效。意謂天下百姓無人不欣然高興，背約於突厥，也無功效可言。㉕卒　終。㉖龍沙　地區名，意謂處於沙磧地帶的龍城。在今蒙古鄂爾渾河西側和碩柴達木湖附近。原為西漢匈奴祭天、大會諸部處。㉗餌　誘餌。㉘得事之宜　與事體相合；合乎時宜。宜，相稱。㉙徒兵　步兵。㉚胡騎　蕃胡騎兵。㉛匍匐稽顙　爬在地上磕頭。㉜雜姓　以姓氏為部稱的諸色蕃人。㉝假　借。㉞噬　咬。㉟殺　減；降。㊱瓜剖　瓜分。㊲第　但；只。㊳志　記。㊴孔子稱去食去兵二句　語見《論語・顏淵》。食，糧食。兵，軍備。信，信用。㊵審知　明悉；詳知。

【語譯】薛延陀真珠可汗派他的姪子突利設前來送聘禮，獻馬五萬匹，牛、駱駝一萬頭，羊十萬隻。閏六月十三日庚申，突利設獻上食物。太宗親臨相思殿，大宴群臣，演奏十部樂。突利設兩次下拜向太宗祝壽，太宗賞賜突利設極為豐厚的物品。

契苾何力上書說：「不可與薛延陀通婚。」太宗說：「我已經答應他們了，怎麼可以作為天子而自食其言呢！」何力回答說：「我不是想讓陛下立刻回絕他們，是希望暫且延緩此事。我聽說古代有迎親禮儀，假如陛下敕令夷男，讓他前來迎親，即使不到長安，也要到靈州。他必定不敢前來，那麼回絕他就有理由了。夷男性情剛烈暴戾，既然不能成婚，他的部下又心懷二意，不出一二年，他必定病死。他的兩個兒子爭立為王，那麼，陛下可以坐著不動制服他們了。」太宗聽從了他的意見，於是徵召真珠可汗讓他前來迎親，還發布詔書說將要親臨靈州與他相見。真珠大為高興，想要前去靈州。他的大臣勸諫說：「倘若被扣留，後悔就來不及了。」真珠說：「我聽說大唐的天子有聖德，我得親自前往見他，死了也沒有遺憾。而且漠北必然會有人做君主，我決定要出行了，不要再多說了。」太宗派出三道使節，接受了薛延陀獻上的各類牲畜。薛延陀先前沒有庫房和馬廄，真珠可汗調集各部落的牲畜，往返萬里，途經沙漠，沒有水草，牲畜損耗死亡將近一半，錯過了迎親期限沒有到達靈州。議政的大臣有人認為「聘禮未能齊備而與他通婚，將會使戎狄輕視中國」，太宗於是下詔拒絕與薛延陀通婚，停止巡幸靈州，追回三道使節。

褚遂良上疏，認為「薛延陀本是一個俟斤，陛下當年蕩平沙漠，萬里蕭條，突厥餘部到處奔走，需要有一個酋長，於是賜給他璽書和大鼓大旗，立為可汗。近來陛下又降下大恩，應允與他們通婚，西面通知了吐蕃，北面通知了思摩，中國兒童幼子，沒有人不知道此事。陛下親臨北門，接受他們敬獻的食物，群臣與四夷使者，整日宴飲慶賀。人們都說陛下想要安撫百姓，不憐惜自己的女兒，凡是含有生命的，誰不感恩戴德。如今一朝之間出現退意，有了後悔而改變的想法，我為國家憐惜原有的良好聲譽。這種做法所得甚少，所失殊多。與薛延陀產生嫌隙之後，必然會構成邊境的災患。薛延陀蓄積了被欺辱的怒氣，這些百姓也懷有背約的羞愧，恐怕不是用來綏服遠方、訓教士兵的好辦法。陛下君臨天下十七年了，依賴仁德恩惠與百姓相連，利用誠信禮義安撫戎夷，天下百姓莫不欣然高興。背約於突厥，也沒有功效，多麼可惜不讓它有始有終啊！

龍沙以北，部落多得無法計算，朝廷誅討他們，終究不能全部消滅。應當用仁德懷柔他們，讓為惡的事在夷人方面而不在華夏方面，讓失信的事在對方而不在我方，那麼堯、舜、禹、湯就遠遠不如陛下了！」太宗沒有聽從他的建議。

在這時，大臣們大都說：「國家既然答應與他們通婚，接受了人家的聘禮，不能失信戎狄，再生邊患。」太宗說：「你們這等人都是知古而不知今。從前漢代初年匈奴強大，中原勢弱，所以打扮好女子、送上金銀布帛作為誘餌，這合乎時宜。如今中原強大，戎狄衰弱，用我一千步兵，可以攻擊蕃胡數萬騎兵。薛延陀之所以匍匐叩首，滿足我們的所有要求，不敢稍有傲慢，是因為他剛剛成為君長，雜姓部落不是他的同一種族，想藉中國的勢力來威懾制服他們。其中的同羅、僕骨、回紇等十多個部族，各有兵力幾萬人，如果合力攻打薛延陀，可以立即把他消滅，他們所以不敢起兵，原因在於畏懼可汗是中國所立。如今把宗室的女子嫁給他，他自恃是大國的女婿，雜姓部族誰敢不服！戎狄是人面獸心，一旦稍不滿意，必會反咬對方造成禍害。現在我拒絕他的婚姻，降低對他的禮遇，雜姓部族得知我們拋棄了他，不用很久就會四分五裂了，你們只要記住此話！」

司馬光說：「孔子說可以去掉糧食，去掉軍備，不可去掉信用。太宗清楚地知道不可嫁女於薛延陀為妻，當初不要許諾婚姻是可以了。既然答應了薛延陀，又依仗強勢違背誠信拒絕他，即使滅掉了薛延陀，也足可羞愧。君王出言發令，能不慎重嗎！」

上曰：「蓋蘇文弒其君而專國政，誠不可忍。以今日兵力，取之不難，但不欲勞百姓，吾欲且使契丹、靺鞨擾之，何如？」長孫無忌曰：「蓋蘇文自知罪大，畏大國之討，必嚴設守備。陛下少[1]為之隱忍，彼得以自安，必更驕惰，愈肆其惡，然後討之未晚也。」上曰：「善！」戊辰❶，詔以高麗王藏❷為上柱國、遼東郡王、高麗王，遣使持節❸冊命。

丙子❹，徙東萊王泰為順陽王。

初，太子承乾失德，上密謂中書侍郎兼左庶子杜正倫曰：「吾兒足疾乃可耳，但疏遠賢良，狎昵❺羣小，卿可察之。果不可教示，當來告我。」正倫屢諫，不聽，乃以上語告之，太子抗表以聞❻。上責正倫漏泄，對曰：「臣以此恐之，冀其遷善❼耳。」上怒，出正倫為穀州❽刺史。及承乾敗，秋，七月辛卯❾，復左遷正倫為交州都督。初，魏徵嘗薦正倫及侯君集有宰相材，請以君集為僕射，且曰：「國家安不忘危，不可無大將，諸衛兵馬宜委君集專知❿。」上以君集好誇誕⓫，不用。及正倫以罪黜，君集謀反誅，上始疑徵阿黨⓬。又有言徵自錄前後諫辭以示起居郎褚遂良者，上愈不悅，乃罷叔玉尚主，而踣所撰碑⓭。

初，上謂監修國史⓮房玄齡曰：「前世史官所記，皆不令人主見之，何也？」對曰：「史官不虛美，不隱惡。若人主見之必怒，故不敢獻也。」上曰：「朕之為心，異於前世。帝王欲自觀國史，知前日之惡，為後來之戒，公可撰次以聞。」諫議大夫朱子奢⓯上言：「陛下聖德在躬⓰，舉無過事，史官所述，義歸盡善。

陛下獨覽起居⑰，於事無失。若以此法傳示子孫，竊恐曾、玄⑱之後或非上智⑲，飾非護短⑳，史官必不免刑誅。如此，則莫不希風順旨㉑，全身遠害，悠悠千載，何所信乎！所以前代不觀，蓋為此也。」上不從。玄齡乃與給事中許敬宗等刪為高祖、今上實錄，癸巳㉒，書成，上之。上見書六月四日事，語多微隱，謂玄齡曰：「昔[2]周公誅管、蔡以安周㉓，季友㉔鴆叔牙以存魯，朕之所為，亦類是耳，史官何諱焉！」即命削去浮詞，直書其事。

【章　旨】以上為第五段，寫唐太宗信讒言疑魏徵，又違制看史臣所修當代實錄。

【注　釋】❶戊辰　閏六月二十一日。❷高麗王藏　原高麗王高建武弟大陽之子，蓋蘇文弒建武，立藏為王。西元六四二—六六八年在位。❸節　符節。使者持之，以為憑證。❹丙子　閏六月二十九日。❺狎昵　親昵；親近。❻抗表以聞　謂臣子冒犯皇帝威嚴上表直言。❼冀其遷善　希望他知過變好。❽穀州　州名，治所在今河南宜陽西。❾辛卯　七月十四日。❿專知　獨立主持。⓫誇誕　誇大虛妄；說大話。⓬阿黨　阿私；偏袒一方。⓭罷叔玉尚主二句　魏徵病危，太宗與太子同至魏徵宅第，指衡山公主欲以妻徵子子玉。徵卒，太宗為徵自製碑文，並為書石。踣，倒。⓮監修國史　貞觀三年（西元六二九年），以宰相監修國史，自此歷代由著作郎掌修國史的制度罷除。監，督察。⓯朱子奢　唐初經學家，蘇州吳縣（今江蘇蘇州）人，少習《春秋左氏傳》。官至諫議大夫、弘文館學士、國子司業。傳見《舊唐書》卷一百八十九上、《新唐書》卷一百九十八。⓰在躬　在身。⓱起居　即《起居注》，記載帝王日常起居言行。⓲曾玄　曾孫、玄孫。⓳上智　上等智慧之人。猶言明君。⓴飾非護短　掩飾過錯，維護缺陷。㉑希風順旨　即「希旨」，迎合上意。㉒癸巳　七月十六日。㉓周公誅管蔡以安周　西周初年，周公攝政，管叔、蔡叔挾武庚叛，周公誅之以安周室。事見《史記・管蔡世家》。㉔季友　春秋魯桓公子、莊公弟。莊公卒，季友毒死其兄叔牙，立姬般為魯國國君，由是扭轉了魯國政局混亂的局面。事見《史記・魯周公世家》。

【校 記】①少 據章鈺校，十二行本、乙十一行本、孔天胤本皆作「姑」。②昔 原無此字。據章鈺校，十二行本、乙十一行本、孔天胤本皆有此字，今據補。

【語 譯】太宗說：「蓋蘇文弒殺他的國王而專擅國政，實在是不能容忍。以我們今日的兵力，攻取他並不難，只是不想辛勞百姓，我想暫且讓契丹、靺鞨騷擾他，怎麼樣？」長孫無忌說：「蓋蘇文自己知道罪行嚴重，害怕大國的討伐，必然要嚴加防備。陛下稍稍對他容忍一下，他能夠自我穩定下來，必然會更加驕橫懈怠，愈益放縱他的惡行，然後討伐他，也不晚啊。」太宗說：「很好！」閏六月二十一日戊辰，太宗頒布詔令封高麗王高藏為上柱國、遼東郡王、高麗王，派使者攜帶旌節前往冊封。

閏六月二十九日丙子，徙封東萊王李泰為順陽王。

起初，太子李承乾喪失德行，太宗祕密地對中書侍郎兼左庶子杜正倫說：「我兒子雖有腳病，還是可以當太子，只是他疏遠賢良，親昵群小，你可以觀察他。如果真的不可教誨，應當來告訴我。」杜正倫多次勸諫李承乾，都不聽從，杜正倫就把太宗的話告訴了他，太子直言上表奏聞。太宗責怪杜正倫洩露祕密，杜正倫回答說：「我用陛下的話嚇唬他，希望他改惡從善。」太宗大怒，把杜正倫調出京城外任為穀州刺史。等到李承乾謀反事敗，秋，七月十四日辛卯，又把杜正倫降職為交州都督。當初，魏徵曾經推薦杜正倫與侯君集有宰相的才能，請求任命侯君集為僕射，而且說：「國家安定時不能忘記危亡，不可以沒有大將，各衛兵馬應該委任侯君集專門指揮。」太宗認為侯君集喜歡說大話，沒有任用他。等到杜正倫因罪貶職，侯君集參與謀反被處死，太宗開始懷疑魏徵結黨營私。又有人上書說魏徵自己抄錄前後進諫之辭給起居郎褚遂良看，太宗愈益不高興，於是停止了魏徵兒子魏叔玉娶公主一事，並拆毀為魏徵撰寫的碑石。

起初，太宗對以宰相身分監修國史的房玄齡說：「前代史官所記的內容，都不讓君主看見，這是為什麼？」回答說：「史官不虛加讚美，不隱瞞罪惡。如果君主看見了必然會動怒，所以不敢呈獻。」太宗說：「朕的心懷，不同於前代君主。帝王想親自觀覽當朝國史，知道以前的過失，作為後來的借鑑，你可撰寫後向朕報告。」諫議大夫朱子奢進言說：「陛下聖德在身，行動沒有過失，史官所記述的，按照道理應該寫得盡善盡美。陛下單獨閱覽《起居注》，對於史官記事無所損失。如果把這個做法傳示給子孫後代，臣擔心陛下的曾孫、玄孫之後或許不是上智之人，飾非護短，史官必定不免刑殺。這樣的話，史官沒有人不迎合君主的旨意，保全自身，遠離禍患，悠悠千載，史書還有什麼可相信呢！所以前代君主不觀看國史，就是因為這個緣故。」太宗沒有聽從。房玄齡就與給事中許敬宗等人刪改寫成《高祖實錄》和《今上實錄》，七月十六日癸巳，書寫成，呈給太宗。太宗見到書中武德九年六月四日玄武門之變的事，辭語多有微言和隱諱，就對房玄齡說：「過去周公誅滅管叔、蔡叔以安定周朝，季友毒死叔牙以保存魯國，朕的所作所為，也與此類似而已，史官何必隱諱呢！」立即命令刪去浮泛之辭，直書其事。

八月庚戌❶，以洛州都督張亮為刑部尚書，參預朝政，以左衛大將軍、太子右衛率❷李大亮為工部尚書。大亮身居三職，宿衛兩宮，恭儉忠謹，每宿直❸，必坐寐達旦。房玄齡甚重之，每稱大亮有王陵、周勃❹之節，可當大位。

初，大亮為龐玉❺兵曹，為李密所獲，同輩皆死，賊帥張弼❻見而釋之，遂與定交❼。及大亮貴，求弼，欲報其德。弼時為將作丞❽，自匿不言。大亮遇諸途而識之，持弼而泣，多推家貲以遺弼，弼拒不受。大亮言於上，乞悉以其官爵授弼，上為之擢弼為中郎將。時人皆賢大亮不負恩，而多❾弼之不伐❿也。

九月庚辰⓫，新羅遣使言百濟攻取其國四十餘城，復與高麗連兵，謀絕新羅入朝之路，乞兵救援。上命司農丞⑫相里玄奬⑬齎璽書賜高麗曰：「新羅委質國家⑭，朝貢不乏，爾與百濟各宜戢兵⑮。若更攻之，明年發兵擊爾國矣。」

癸未⑯，徙承乾於黔州。甲午⑰，徙順陽王泰於均州⑱。上曰：「父子之情，出於自然。朕今與泰生離，亦何心自處！然朕為天下主，但使百姓安寧，私情亦可割耳。」又以泰所上表示近臣曰：「泰誠為俊才，朕心念之，卿曹所知。但以社稷之故，不得不斷之以義。使之居外者，亦所以兩全之耳。」

先是，諸州長官或上佐⑲歲首親奉貢物入京師，謂之朝集使⑳，亦謂之考使㉑，京師無邸㉒，率僦屋與商賈雜居，上始命有司為之作邸。

冬，十一月己卯㉓，上祀圜丘㉔。

初，上與隱太子、巢剌王有隙，密明公贈司空封德彝陰持兩端㉕。楊文幹之亂，上皇欲廢隱太子而立上，德彝固諫而止。其事甚秘，上不之知㉖，薨後乃知之。壬辰㉗，治書侍御史唐臨㉘始追劾其事，請黜官奪爵，上命百官議之。尚書唐儉等議：「德彝罪暴身後，恩結生前，所歷眾官，不可追奪，請降贈改諡。」詔黜其贈官，改諡曰繆㉙，削所食實封㉚。

敕選良家女以實東宮。癸巳㉛，太子遣左庶子于志寧辭之。上曰：「吾不欲使子孫生於微賤耳，今既致辭，當從其意。」上疑太子仁弱，密謂長孫無忌曰：「公勸我立雉奴㉜，雉奴懦㉝，恐不能守社稷，柰何？吳王恪英果類㉞我，我欲立之，何如㉟？」無忌固爭，以為不可。上曰：「公以恪非己之甥㊱邪？」無忌曰：「太子仁厚，真守文㊲良主。儲副㊳至重，豈可數易！願陛下熟思之。」上乃止。十二月壬子㊴，上謂吳王恪曰：「父子雖至親，及其有罪，則天下之法不可私也。漢已立昭帝㊵，燕王旦㊶不服，陰圖不軌，霍光㊷折簡㊸誅之。為人臣子，不可不戒！」

庚申㊹，車駕幸驪山溫湯。庚午㊺，還宮。

【章　旨】以上為第六段，寫唐太宗立儲事件之餘波，欲更易太子立李恪，長孫無忌力挺李治為太子。

【注　釋】❶庚戌　八月三日。❷太子右衛率　官名，太子右衛率府長官，掌兵仗、儀衛。❸宿直　宿衛當值。❹王陵周勃　漢初大臣，皆為沛縣（今江蘇沛縣）人，均官至右丞相。王陵傳見《史記》卷五十六、《漢書》卷四十。周勃傳見《史記》卷五十七、《漢書》卷四十。❺龐玉　京兆涇陽（今陝西涇陽）人，隋末唐初將領。隋封韓國公，入唐，累任諸衛大將軍，為武德功臣。事跡見《隋書》卷六十三〈衛玄傳〉、《舊唐書》卷六十二〈李大亮傳〉、《新唐書》卷一百九十三〈龐堅傳〉等。❻張弼　隋末為李密部將，降唐後，官至代州都督。事跡見《舊唐書》卷六十二、《新唐書》卷九十九〈李大亮傳〉。❼定交　即訂交，確定非同尋常關係。❽將作丞　官名，將作監屬官，從六品下，掌日常監務。❾多　稱讚。❿不伐　不誇功。⓫庚辰　九月四日。⓬司農丞　司農卿佐官，掌司農寺日常公務。⓭相里玄奬　相里，複姓。玄奬，名。玄奬事跡見《舊唐書》卷一百九十九上、《新唐書》卷三百二十〈高麗傳〉。⓮委質國家　遣派質子入京，以取信朝廷。此指新羅與唐建立臣隸關係。⓯戢

兵　收兵息戰。⑯癸未　九月七日。⑰甲午　九月十八日。⑱均州　州名，治所在今湖北十堰市西北舊均縣。⑲上佐　高級輔佐官吏。⑳朝集使　朝集使制度始於隋朝而盛行於唐代。地方漢蕃官長（都督、刺史及上佐）定期或不定期入朝述職並覲見天子，朝集於京師，這些人稱朝集使。㉑考使　因朝集使負有接受考核政績的義務，故又稱考使。㉒邸　官員辦事或居住的處所。㉓己卯　十一月三日。㉔圜丘　即天壇。古時用以祭天的建築物。唐圜丘在今陝西西安南郊陝西師大南操場東。㉕陰持兩端　暗地裡持兩可態度。㉖不之知　即「不知之」。㉗壬辰　十一月十六日。㉘唐臨　唐初大臣，京兆長安（今陝西西安西部）人，高宗時，歷官御史大夫及刑、兵、度支、吏部尚書，終潮州刺史。為官寬恕，為時所稱。傳見《舊唐書》卷八十五、《新唐書》卷一百十三。㉙繆　名不符實。㉚實封　實有封戶。唐代封戶率多虛名，只有稱「食實封」者才有「真戶」，才能收取本封邑的租賦。㉛癸巳　十一月十七日。㉜雉奴　太子李治乳名。㉝懦　軟弱。㉞類　像；似。㉟何如　如何；怎麼樣。㊱恪非己之甥　恪母楊氏，隋煬帝女，故李恪不是長孫無忌的親外甥。㊲守文　遵守成法。㊳儲副　即太子。㊴壬子　十二月六日。㊵昭帝　西漢皇帝劉弗陵（西元前九四—前七四年）。西元前八七—前七四年在位。㊶燕王旦　漢武帝第四子。傳見《漢書》卷六十三。㊷霍光　（？—西元前六八年）西漢大臣，字子孟，河東平陽（今山西臨汾西南）人，霍去病異母弟。累官大司馬大將軍，封博陸侯。傳見《漢書》卷六十八。㊸折簡　亦作「折柬」。本指寫信，引申為書信。燕王劉旦謀反，昭帝使使者賜燕王璽書，斥責他與異姓大臣謀害社稷，有悖逆之心。燕王得書自殺。此處所說霍光折簡當指昭帝所下璽書。當時昭帝年幼，權在霍光，下璽書當係霍光所為。㊹庚申　十二月十四日。㊺庚午　十二月二十四日。

【語　譯】八月初三日庚戌，朝廷任命洛州都督張亮為刑部尚書，參與朝政，任命左衛大將軍、太子右衛率李大亮為工部尚書。李大亮身居三職，宿衛皇宮和太子東宮，謙恭儉樸，忠誠謹慎，每次當值宿衛，必定坐著假寐直到天亮。房玄齡非常器重他，常常稱李大亮有王陵、周勃的氣節，可以擔當重大的職位。

起初，李大亮擔任龐玉的兵曹，被李密抓獲，同事都被處死，敵人的將領張弼看到李大亮就把他釋放了，兩個人於是定下交情。等到李大亮顯貴，尋找張弼，想報答他的恩德。張弼當時擔任將作丞，自己隱匿不說。李大亮在道上遇見張弼認出他來，抓著張弼哭泣，拿出很多家產送給張弼，張弼拒不接受。李大亮把此事向太宗說了，請求把自己的官職爵位全部授給張弼，太宗為此把張弼提拔為中郎將。當時的人都稱讚李大亮賢良不負舊恩，而讚揚張弼不居功炫耀。

九月初四日庚辰，新羅派使節來說百濟攻取新羅國的四十多座城池，又與高麗國聯合出兵，圖謀斷絕新羅前來大唐朝見的通道，請求派兵救援。太宗命令司農寺丞相里玄奬攜帶皇帝璽書賜給高麗說：「新羅歸順大唐，朝貢沒有缺少，你們與百濟都應當各自收兵。如果再去攻打新羅，明年大唐就要發兵攻伐你們國家了。」

九月初七日癸未，朝廷把李承乾流徙黔州。十八日甲午，把順陽王李泰流徙均州。太宗說：「父子之情，出自人的自然心情。朕如今與李泰生而離別，還有什麼心情自處！然而朕為天下人的君主，只要讓百姓生活安寧，私人的感情也可以割捨啊。」又把李泰過去呈上的表章出示給近身大臣，說道：「李泰實在是出眾的人才，朕心裡思念他，你們也知道。但是為了社稷江山的緣故，不得不根據道義與他斷絕親情。讓他居住在外地，也是兩全之策。」

此前，各州的長官和高級佐僚年初親自攜帶貢品進京，稱之為朝集使，也稱為考使，他們在京城沒有邸舍，大都租房子與商人混雜居住，此時太宗開始命令有關部門為他們修建邸舍。

冬，十一月初三日己卯，太宗到圜丘祭天。

當初，太宗與隱太子李建成、巢剌王李元吉有矛盾，密明公贈司空封德彝暗中對兩方採取騎牆態度。楊文幹叛亂後，太上皇李淵想廢掉隱太子李建成而立太宗為太子，封德彝執意勸阻，太上皇廢止了這一決定。這件事非常隱祕，太宗不知道，封德彝死後才知道。十一月十六日壬辰，治書侍御史唐臨開始追究彈劾其事，請求貶黜封德彝的官職，削除爵位，太宗命令文武百官商議此事。尚書唐儉等人建議說：「封德彝的罪行暴露在身死之後，與皇上的恩情是在生前形成的，所歷眾多官職，不可追削，請求降低所贈的官職，改變諡號。」太宗下詔免除對封德彝所贈的官職，改諡號為繆，取消所享有的食邑和實封的戶口數。

太宗敕令遴選良家女子來充實東宮。十一月十七日癸巳，太子李治派左庶子于志寧推辭充實女子。太宗說：「我不想讓子孫出生於微賤的家族，如今既然致書推辭，應當遵從他的本意。」太宗懷疑太子李治過於仁慈軟弱，祕密地對長孫無忌說：「你勸我立雉奴為太子，雉奴懦弱，恐怕不能守護國家社稷，怎麼辦？吳王李恪英武果斷很像我，我想立他為太子，怎麼樣？」長孫無忌堅決爭辯，以為不可以這樣做。太宗說：「你因為李恪不是自己的外甥嗎？」長孫無忌說：「太子仁德厚道，真是守成的優秀君主。太子皇儲的人選至關重大，怎麼可以多次更改！希望陛下深思熟慮這件事。」太宗這才作罷。十二月初六日壬子，太宗對吳王李恪說：「父子之間雖然是至親，等兒子犯了罪，那麼天下的法律是不能照顧私人感情的。漢朝昭帝已立，燕王劉旦不服，暗中圖謀造反，霍光就用一封書信誅殺了他。作為別人的臣下，不能不引以為戒！」

十二月十四日庚申，太宗車駕巡幸驪山溫泉。二十四日庚午，返回宮中。

十八年（甲辰　西元六四四年）

春，正月乙未❶，車駕幸鍾官城❷。庚子❸，幸鄠縣。壬寅❹，幸驪山溫湯。

相里玄獎至平壤，莫離支已將兵擊新羅，破其兩城，高麗王使召之，乃還。玄獎諭使勿攻新羅，莫離支曰：「昔隋人入寇❺，新羅乘釁侵我地五百里，自非歸我侵地，恐兵未能已。」玄獎曰：「既往之事，焉可追論！至於遼東諸城，本皆中國郡縣，中國尚且不言，高麗豈得必求故地！」莫離支竟不從。

二月乙巳朔❻，玄獎還，具言其狀。上曰：「蓋蘇文弒其君，賊❼其大臣，殘虐其民，今又違我詔命，侵暴鄰國，不可以不討。」諫議大夫褚遂良曰：「陛下指麾則中原清晏，顧眄❽則四夷讋服，威望大矣！今乃渡海遠征小夷，若指期克捷，猶可也。萬一蹉跌❾，傷威損望，更興忿兵，則安危難測矣！」李世勣曰：

「間者❿薛延陀入寇，陛下欲發兵窮討，魏徵諫而止，使至今為患。曏用陛下之策，北鄙安矣。」上曰：「然。此誠徵之失，朕尋悔之而不欲言，恐塞良謀故也。」

上欲自征高麗，褚遂良上疏，以為：「天下譬猶一身，兩京，心腹也；州縣，四支⓫也；四夷，身外之物也。高麗罪大，誠當致討，但命二三猛將將四五萬眾，仗陛下威靈，取之如反掌耳。今太子新立，年尚幼稚，自餘藩屏⓬，陛下所知。一旦棄金湯⓭之全，踰遼海⓮之險，以天下之君，輕行遠舉，皆愚臣之所甚憂也。」上不聽。時羣臣多諫征高麗者，上曰：「八堯、九舜⓯，不能冬種，野夫⓰、童子，春種而生，得時故也。夫天有其時，人有其功。蓋蘇文陵上虐下，民延頸待救，此正高麗可亡之時也。議者紛紜，但不見此耳。」

己酉⓱，上幸靈口⓲。乙卯⓳，還宮。

三月辛卯⓴，以左衛將軍薛萬徹守㉑右衛大將軍。上嘗謂侍臣曰：「於今名將，惟世勣、道宗、萬徹三人而已。世勣、道宗不能大勝，亦不大敗，萬徹非大勝則大敗。」

【章旨】以上為第七段，寫唐太宗伐高麗，大臣多不從。

【注　釋】❶乙未　一月二十日。❷鍾官城　又名灌鍾城。漢置，唐時故城猶存。在今陝西戶縣東北。❸庚子　一月二十五日。❹壬寅　一月二十七日。❺昔隋人入寇　謂煬帝征討高麗。❻乙巳朔　二月一日。❼賊　殺害。❽眄　斜視。❾蹉跌　失足跌倒。❿間者　近來。⓫支　通「肢」。⓬藩屏　藩籬屏障。此借指捍衛中央王室的四方諸侯。⓭金湯　金城湯池。比喻城池堅不可摧。⓮遼海　地區名，泛指今遼河流域以東至海濱地區。⓯八堯九舜　八個堯，九個舜，極言先王聖人之多。⓰野夫　山野之人；粗野之人。⓱己酉　二月五日。⓲靈口　亦作「零口」。今陝西臨潼零口鎮。⓳乙卯　二月十一日。⓴辛卯　三月十七日。㉑守　攝，暫時署理職務。唐代以低官任職高官稱守某官。

【語　譯】十八年（甲辰　西元六四四年）

春，正月二十日乙未，太宗車駕行幸鍾官城。二十五日庚子，臨幸鄠縣。二十七日壬寅，臨幸驪山溫泉。

相里玄獎到達平壤，莫離支已經率領軍隊進攻新羅，攻破兩城，高麗王派人召他回來，莫離支於是回師。相里玄獎傳達皇上旨意要他們不要攻打新羅，莫離支說：「以前隋朝人侵入我國，新羅乘機侵佔我國土地五百里，如果他們不歸還我國被侵佔的土地，恐怕戰爭不能停止。」相里玄獎說：「既往之事，哪裡可以追究呢！至於遼東各城，本來都是中原帝國的郡縣，中原帝國尚且沒有說話，高麗怎能一定要求取故地！」莫離支最終沒有聽從相里玄獎的告諭。

二月初一日乙巳，相里玄獎返回京城，詳細稟報出使高麗的情況。太宗說：「蓋蘇文弒殺其君，賊害高麗大臣，殘虐他的百姓，如今又違抗我的詔令，侵暴鄰國，不能不討伐他。」諫議大夫褚遂良說：「陛下大旗一揮就使中原清靜安寧，四周環顧就使四方夷族歸服，威望是很大的了！如今渡海遠征小小的高麗，如果指定日期就能取得勝利，還是可以的。萬一遭遇挫折，就損傷了自己的威望，再引起憤怒的亂兵，國家的安危就難以預測了！」李世勣說：「近來薛延陀入侵，陛下想發兵深加討伐，魏徵勸諫後作罷，使他們直到今日仍為禍患。過去如果採用陛下的策略，北方邊境已經安定了。」太宗說：「是這樣。這確實是魏徵的過失，朕不久就後悔了，但不想說出來，緣故在於害怕堵塞了大臣進獻良策。」

太宗想親自征伐高麗，褚遂良上疏，認為：「天下就如同人的整個身體，長安、洛陽，就像人的心臟；

各州縣，就像人的四肢；四方夷族，是身外之物。高麗罪大惡極，實在應當討伐，只須命令兩三個猛將，率領四五萬部眾，仰仗陛下的威靈，攻取高麗易如反掌。如今太子剛剛封立，年齡還很幼小，其他的藩王，陛下也都瞭解。一旦拋棄了固若金湯的安全之地，越過遼海的危險地帶，作為天下的君主，輕率出兵遠行，都是愚臣所深為憂慮的。」太宗不聽他的諫議。當時群臣多有諫阻太宗征伐高麗的，太宗說：「八個堯帝、九個舜帝，不能在冬季種糧，鄉村野夫、少年兒童，在春季播種就能生長，這是得到了合適的時令的緣故。天有它的時令，人有他的事功。蓋蘇文陵上虐下，高麗百姓都翹首企盼救援，這正是高麗可以滅亡之時。議政大臣意見紛紜，只是沒有看到這個道理而已。」

二月初五日己酉，太宗巡幸靈口。十一日乙卯，返回宮中。

三月十七日辛卯，任命左衛將軍薛萬徹暫時代理右衛大將軍。太宗曾對侍從大臣說：「當今的著名將領，只有李世勣、李道宗、薛萬徹三人而已。李世勣、李道宗不能取得大勝，也不會大敗，薛萬徹不是大勝就是大敗。」

夏，四月，上御兩儀殿，皇太子侍。上謂羣臣曰：「太子性行，外人亦聞之乎？」司徒無忌曰：「太子雖不出宮門，天下無不欽仰聖德。」上曰：「吾如治年時，頗不能循常度。治自幼寬厚，諺曰：『生子如[1]狼，猶恐如羊』，冀其稍壯，自不同耳。」無忌對曰：「陛下神武，乃撥亂❶之才，太子仁恕❷，實守文之德，趣尚❸雖異，各當其分，此乃皇天所以祚❹大唐而福蒼生❺者也。」

辛亥❻，上幸九成宮。壬子❼，至太平宮❽，謂侍臣曰：「人臣順旨者多，犯顏則少。今朕欲自聞其失，諸公其直言無隱。」長孫無忌等皆曰：「陛下無失。」劉洎曰：「頃有上書不稱旨者，陛下皆面加窮詰⑨，無不慚懼而退，恐非所以廣言路。」馬周曰：「陛下比來賞罰，微以喜怒有所高下，此外不見其失。」上皆納之。

上好文學而辯敏⑩，羣臣言事者，上引古今以折⑪之，多不能對。劉洎上書諫曰：「帝王之與凡庶⑫，聖哲之與庸愚，上下相懸，擬倫斯絕⑬。是知以至愚而對至聖⑭，以極卑而對至尊，徒思自強，不可得也。陛下降恩旨，假慈顏，凝旒⑮以聽其言，虛襟⑯以納其說，猶恐羣下未敢對颺⑰。況動神機，縱天辯，飾辭⑱以折其理，引古以排其議，欲令凡庶何階應答！且多記則損心，多語則損氣，心氣內損，形神外勞，初雖不覺，後必為累⑲，須為社稷自愛，豈為性好⑳自傷乎！至如秦政㉑彊辯，失人心於自矜㉒，魏文㉓宏才，虧眾望於虛說。此材辯之累，較然可知矣。」上飛白㉔答之，曰：「非慮無以臨下，非言無以述慮，比有談論，遂致煩多，輕物驕人，恐由茲道。形神心氣，非此為勞。今聞讜言㉕，虛懷以改。」

○己未㉖，至顯仁宮㉗。

上將征高麗，秋，七月辛卯㉘，敕將作大匠[2]閻立德等詣洪、饒、江三州㉙，造船四百艘以載軍糧。甲午㉚，下詔遣營州都督張儉等帥幽、營二都督兵及契丹、奚、靺鞨先擊遼東以觀其勢。以太常卿韋挺為饋運使㉛，以民部侍郎崔仁師副之，自河北諸州皆受挺節度，聽以便宜從事。又命太僕少卿蕭銳㉜運河南諸州糧入海。銳，瑀之子也。

八月壬子㉝，上謂司徒無忌等曰：「人苦不自知其過，卿可為朕明言之。」對曰：「陛下武功文德，臣等將順之不暇㉞，又何過之可言！」上曰：「朕問公以己過，公等乃曲相諛悅㉟，朕欲面舉公等得失以相戒而改之，何如？」皆拜謝。上曰：「長孫無忌善避嫌疑，應物敏速，決斷事理，古人不過，而總兵攻戰㊱，非其所長。高士廉涉獵古今，心術明達㊲，臨難不改節，當官無朋黨，所乏者骨鯁規諫耳。唐儉言辭辯捷，善和解人，事朕三十年，遂無言及於獻替㊳。楊師道性行純和，自無愆違㊴，而情實怯懦，緩急㊵不可得力。岑文本性質敦厚，文章華贍㊶，而持論恆據經遠㊷，自當不負於物㊸。劉洎性最堅貞，有利益，然其意尚然諾㊹，私於朋友。馬周見事敏速，性甚貞正㊺，論量人物，直道而言，朕比任使，多能稱意。褚遂良學問稍長，性亦堅正，每寫忠誠，親附於朕，譬如飛鳥依人，人自憐之。」

甲子㊻，上還京師。

丁卯㊼，以散騎常侍㊽劉洎為侍中，行㊾中書侍郎岑文本為中書令，太子左庶子中書侍郎馬周守中書令。

文本既拜，還家，有憂色。母問其故，文本曰：「非勳非舊㊿，濫荷寵榮，位高責重，所以憂懼。」親賓有來賀者，文本曰：「今受弔(51)，不受賀也。」

文本弟文昭(52)為校書郎(53)，喜賓客。上聞之不悅，嘗從容謂文本曰：「卿弟過爾交結，恐為卿累。朕欲出為外官(54)，何如？」文本泣曰：「臣弟少孤，老母特所鍾愛，未嘗信宿(55)離左右。今若出外，母必愁悴，儻無此弟，亦無老母矣！」因歔欷(56)嗚咽，上愍其意而止。惟召文昭嚴戒之，亦卒無過。

九月，以諫議大夫褚遂良為黃門侍郎，參預朝政。

【章旨】以上為第八段，寫唐太宗晚年，雖納諫有失，而識才任人得其物情，聖明依舊。

【注釋】❶撥亂　撥正亂世；撥亂返正。❷仁恕　仁德寬恕。❸趣尚　志趣、風格。❹祚　賜福；保佑。❺蒼生　百姓。❻辛亥　四月八日。❼壬子　四月九日。❽太平宮　原為隋行宮，在今陝西戶縣東南澧河西岸。❾窮詰　追問到底。❿辯敏　機敏善辯。⓫折　折服。⓬凡庶　一般人；普通人。⓭擬倫斯絕　遠非同類可比。⓮至聖　舊指道德和智能最高的人。⓯凝旒　冕旒處於靜止狀態，極言全神貫注。旒，冠冕前後懸垂的玉串。⓰虛襟　襟懷寬大；虛心。⓱敭　「揚」的異體字。⓲飾辭　託辭掩飾。⓳累　帶累；受害。⓴性好　性之所好。㉑秦政　即秦始皇嬴政（西元前二五九—前二一〇年），西元前二四六—前二二〇年在位。㉒自矜　驕誇自負。㉓魏文　即曹操次子魏文帝曹丕（西元一八七—二二六年），西元二二〇—二二六年在位。㉔飛白　即飛白書。此種書法運筆獨特，筆畫中絲絲露白，如枯筆寫成。太宗頗善此道。㉕讜言　正直的言論。㉖己未　四月十六日。㉗顯仁宮　胡三省注：「是時幸九成宮，為避暑也。至八月甲子，始自九成宮還京師。顯仁宮在河南壽安縣，幸東都則為中頓，幸九成宮非其所經之路。岐州郿縣有隋安仁宮，『顯』恐當作『安』。」安仁宮在今陝西眉縣東渭河北岸。㉘辛卯　七月二十日。㉙洪饒江三州　洪州治所在今江西南昌，饒州治所在今江西鄱陽，江州治所在今江西九江市。㉚甲午　七月二十三日。㉛饋運使　官名，戰時臨時設置的負責督運軍資的長官。㉜蕭鋭　宰相蕭瑀嗣子。尚太宗女襄城公主，歷太常卿、汾州刺史。傳見《舊唐書》卷六十三、《新唐書》卷一百一。㉝壬子　八月十一日。㉞不暇　無空閒時間；時間不夠用。㉟曲相諛悅　阿諛奉承以取悅於人。㊱總兵攻戰　領兵打仗。㊲明達　光明通達，洞曉事理。㊳獻替　「獻可替否」的略語。㊴愆違　過錯。㊵緩急　情勢緊急。㊶華贍　文辭富麗。㊷經遠　遠大之經略。㊸物　人或事。㊹然諾　諾言；許諾。㊺貞正　純貞正直。㊻甲子　八月二十三日。㊼丁卯　八月二十六日。㊽散騎常侍　官名，分隸門下、中書二省。在門下省者稱左散騎常侍，在中書省者稱右散騎常侍。多為將相大臣兼官，侍皇帝左右，規諫天子過失，以備顧問。㊾行　大官兼代小官事稱行某官。㊿非勳非舊　既非勳臣，又非舊屬。(51)弔　弔喪。(52)文昭　岑文昭。事見《舊唐書》卷七十、《新唐書》卷一百二〈岑文本傳〉。(53)校書郎　官名，祕書省及弘文館負責校勘書籍之官。(54)外官　地方官。(55)信宿　連宿兩夜。(56)歔欷　歎息；抽泣聲。

【校　記】①子如　原無此二字。章鈺校云：「乙十一行本『生』下有『子如』二字，與『狼』字擠刊。」今據補。②匠　原作「監」。據章鈺校，十二行本、乙十一行本皆作「匠」，今據改。《舊唐書》卷七十七、《新唐書》卷一百載，閻立德貞觀初為將作少匠，高祖李淵崩，以營建山陵功擢為將作大匠，後以事免官，貞觀十三年復為將作大匠。

【語　譯】夏，四月，太宗親臨兩儀殿，皇太子侍側。太宗對諸位大臣說：「太子的性情，外面的人也聽說過嗎？」司徒長孫無忌說：「太子雖然不出皇宮大門，天下的人無不敬仰他的德行。」太宗說：「我像李治這個年齡時，頗不能遵循常規。李治自幼寬容厚道，古諺說：『生子如狼，猶恐如羊』，希望他稍微長大之後，自然有所不同。」長孫無忌回答說：「陛下神明英武，乃是撥亂返正之才，太子仁恕，實是守成之德，志趣風格雖然不同，各自適應自己的時代，這乃是皇天所以佑護大唐而又降福萬民的安排。」

四月初八日辛亥，太宗巡幸九成宮。初九日壬子，到達太平宮，對侍從大臣說：「人臣順旨意的居多，犯顏直諫的就很少。如今朕想聽自己的過失，你們要直言不諱。」長孫無忌等人都說：「陛下沒有過失。」劉洎說：「最近有上書不符合陛下聖意的人，陛下都當面加以追問，上書的人無不慚愧恐懼而退，恐怕這不是廣開言路的辦法。」馬周說：「陛下近來賞罰，稍微有些因為個人的喜怒而有所偏差，此外沒有見到別的過失。」太宗都接受了這些建議。

太宗喜歡文學，而且機敏善辯，群臣上書言事，太宗引徵古今加以駁難，臣下大多不能回答。劉洎上書勸諫說：「帝王與平民，聖哲與庸人愚夫，上下相差懸殊，遠非同類可比。由此可知以最愚昧的臣民來面對最聖明的君主，以最卑賤的下屬面對最尊貴的帝王，會徒勞地妄想自己比帝王強，是做不到的。陛下降下恩旨，賜以慈祥的臉色，安靜地傾聽臣下的勸諫之言，虛懷若谷來採納臣下的意見，都還擔心臣下們不敢應對。何況陛下運用了如神一樣的心機，發揮了上天特賜的巧辯，修飾辭藻來批駁臣下的道理，引徵古事來批評臣下的建議，這讓凡夫百姓如何能夠應答呢！而且博聞多記就會損傷心腹，過多說話就會損傷精氣，心腹精氣在內受到損傷，身體和精神在外出現疲勞，起初雖然不會察覺，以後必然為其所害，望陛下為了國家而自愛，豈能為了性情所好而自傷身心呢！至於像秦始皇那樣能言善辯，由於自我矜誇而失去了民心，像魏文帝那樣宏才大略，由於自我的空虛言論而辜負了眾人的期望。這都是負才善辯之害，是明顯可以知道的。」太宗書寫飛白書回答他，說：「沒有思考就無法統率臣下，沒有言辭就無法表述思考，近來對於國事有所論議，結果導致話語繁多，對他人的輕視和驕傲，恐怕由此導致。至於身體、精神、心腹、精氣，不是由此而勞累的。如今聽到你的直言讜論，虛心聽取，加以改正。」〇四月十六日己未，太宗到達顯仁宮。

太宗將要征伐高麗，秋，七月二十日辛卯，敕令將作大匠閻立德等人前往洪州、饒州、江州三地，建造舟船四百艘用來載運軍糧。二十三日甲午，太宗下詔派營州都督張儉等人率領幽州、營州二個都督府的士兵以及契丹、奚、靺鞨族的士兵先行攻打遼東，藉以觀察高麗的形勢。任命太常寺卿韋挺為饋運使，任命民部侍郎崔仁師為饋運副使，河北各州都受韋挺的節制，允許他根據情況所宜進行處置。又命令太僕寺少卿蕭銳運送河南各州糧草入海。蕭銳，是蕭瑀的兒子。

八月十一日壬子，太宗對司徒長孫無忌等人說：「人們苦於不知道自己的過錯，你可以為朕明白地說出來。」長孫無忌回答說：「陛下的文德武功，臣等即將順應執行都還無暇應接，又有什麼過錯可以說出來！」太宗說：「朕向你們詢問自己的過失，你們卻曲意逢迎，取悅於我，朕想當面列舉你們的得失以互相鑑戒改正，怎麼樣？」大臣們都下拜稱謝。太宗說：「長孫無忌善於躲避嫌疑，對事情的回應敏捷迅速，對於事理的決斷，古人也超不過，然而統軍作戰，不是他所擅長的。高士廉涉獵古今，心術光明通達，面臨危難氣節不改，為官不結朋黨，所缺乏的是骨鯁強諫而已。唐儉言辭辯給敏捷，善於調解人際關係，侍奉朕三十年，從沒有過獻替可否。楊師道性情品行純正和洽，自身沒有過錯；但是性格實際上怯懦，緊急之事不能得到他的鼎力相助。岑文本的性格質樸敦厚，文章華美富贍，然而持論常常規劃長遠之事，自然不切實用。劉洎性格最為堅定貞正，對於國家自有利益，然而他內心崇尚言諾，用私情對待朋友。馬周觀察事情敏捷迅速，性情非常純貞正直，品評人物，直抒胸臆，朕近來委任他做事，多能符合我的心意。褚遂良學問稍微優於他人，性格也堅定正直，每每傾注他的忠誠，親近並依附於朕，如同飛鳥依人，人們自然會愛憐他。」

八月二十三日甲子，太宗返回京城。

八月二十六日丁卯，任命散騎常侍劉洎為侍中，兼中書侍郎岑文本為中書令，太子左庶子中書侍郎馬周代理中書令。

岑文本官拜中書令後，回到家中，面有憂色。母親問他原因，岑文本說：「我不是勳臣，也不是舊屬，濫受恩寵和榮貴，職位高責任重，所以內心憂懼。」親屬賓客中有人前來祝賀，岑文本說：「現今接受弔唁，不接受祝賀。」

岑文本的弟弟岑文昭為校書郎，喜歡結交賓客。太宗聽說後不高興，曾經閒談時對岑文本說：「卿的弟弟越過你交結賓客，恐怕成為你的牽累。朕想把他調離做地方官，怎麼樣？」岑文本哭泣著說：「臣的弟弟年少時成為孤兒，老母親特別鍾愛他，從未超過兩個晚上讓他離開自己的身邊。現今如果出任外官，母親必然憂愁憔悴，身邊倘如沒有這個弟弟，也會沒有老母親了！」於是抽泣歎氣，太宗憐憫他的孝心而打消了原來的想法，只是召見了岑文昭嚴加訓誡，岑文昭最終也沒有過失。

九月，任命諫議大夫褚遂良為黃門侍郎，參與朝政。

焉耆貳於西突厥，西突厥大臣屈利啜❶為其弟娶焉耆王女，由是朝貢多闕；安西都護郭孝恪請討之。詔以孝恪為西州道行軍總管，帥步騎三千出銀山道❷以擊之。會焉耆王弟頡鼻兄弟❸三人至西州，孝恪以頡鼻弟栗婆準為鄉導。焉耆城四面皆水，恃險而不設備。孝恪倍道兼行，夜，至城下，命將士浮水而度。比曉，登城，執其王突騎支❹，獲首虜七千級，留栗婆準攝國事而還。孝恪去三日，屈利啜引兵救焉耆，不及，執栗婆準，以勁騎五千，追孝恪至銀山。孝恪還擊，破之，追奔數十里。

辛卯❺，上謂侍臣曰：「孝恪近奏稱八月十一日往擊焉耆，二十日應至，必以二十二日破之，朕計其道里，使者今日至矣。」言未畢，驛騎至。

西突厥處那啜❻使其吐屯❼攝❽焉耆，遣使入貢。上數之曰：「我發兵擊得焉耆，汝何人而據之！」吐屯懼，返其國。焉耆立栗婆準從父兄薛婆阿那支❾為王，仍附於處那啜。

乙未⑩，鴻臚⑪奏高麗莫離支貢白金。褚遂良曰：「莫離支弒其君，九夷⑫所不容，今將討之而納其金，此郜鼎⑬之類也，臣謂不可受。」上從之。上謂高麗使者曰：「汝曹皆事高武，有官爵。莫離支弒逆，汝曹不能復讎，今更為之遊說以欺大國，罪孰大焉！」悉以屬大理⑭。

冬十月辛丑朔⑮，日有食之。

甲寅⑯，車駕行幸洛陽，以房玄齡留守京師，右衛大將軍、工部尚書李大亮副之。

郭孝恪鎖焉耆王突騎支及其妻子詣行在，敕宥之。丁巳⑰，上謂太子曰：「焉耆王不求賢輔，不用忠謀，自取滅亡，係頸束手，漂搖萬里。人以此思懼，則懼可知矣。」

己巳⑱，畋于澠池之天池⑲。十一月壬申⑳，至洛陽。

【章　旨】以上為第九段，寫唐安西都護征討焉耆。

【注　釋】❶屈利啜　西突厥重臣。事見《舊唐書》卷一百九十八、《新唐書》卷二百二十一上〈焉耆傳〉。❷銀山道　為唐安西都護府屬地。銀山，沙磧名，在今新疆托克遜西南庫木什。❸頡鼻兄弟　焉耆葉護。事見《舊唐書》卷一百九十八、《新唐書》卷二百二十一上〈焉耆傳〉。❹突騎支　焉耆王，龍姓。被俘後獻於朝廷，留居京師，高宗初年，拜左衛大將軍，遣歸復位。事見《冊府元龜》卷九百六十六〈外臣部・繼襲一〉、《新唐書》卷二百二十一上〈焉耆傳〉。❺辛卯　九月二十一日。

❻處那啜　西突厥部酋。❼吐屯　突厥可汗之下設官二十八等，吐屯為第四等，級別較高。❽攝　即攝王，代理國王。❾薛婆阿那支　號瞎干，後被唐大將阿史那社爾擒斬。事見《舊唐書》卷一百九十八、《新唐書》卷二百二十一上〈焉耆傳〉。❿乙未　九月二十五日。⓫鴻臚　即鴻臚寺。⓬九夷　古東夷諸族。據《後漢書・東夷列傳》：東方有九夷，曰：畎夷、于夷、方夷、黃夷、白夷、赤夷、玄夷、風夷、陽夷。⓭郜鼎　春秋時郜國（在今山東成武東南）所鑄大鼎，被齊桓公奪取後獻於太廟。這是一種非禮行為。⓮大理　即中央司法機關大理寺。⓯辛丑朔　十月一日。⓰甲寅　十月十四日。⓱丁巳　十月十七日。⓲己巳　十月二十九日。⓳天池　湖名，在今河南澠池縣熊耳山際。⓴壬申　十一月二日。

【語譯】焉耆國對唐朝懷有二心而與西突厥交好，西突厥的大臣屈利啜為自己的弟弟娶了焉耆王的女兒為妻，從此焉耆對唐朝的貢賦多有欠缺，安西都護郭孝恪請求討伐它。太宗頒下詔書任命郭孝恪為西州道行軍總管，統率三千步兵、騎兵從銀山道出兵進攻焉耆。適逢焉耆王的弟弟頡鼻兄弟三人到達西州，郭孝恪讓頡鼻的弟弟栗婆準做嚮導。焉耆城四面都是河水，仗恃險阻而不加防備。郭孝恪兼程行進，夜晚，到達城下，命令將士泅水渡河。等到拂曉時，登上城牆，俘獲焉耆王突騎支，斬首俘獲七千人，留下栗婆準代理國政，自己率軍返回。郭孝恪離開三天，屈利啜帶兵救援焉耆，沒有來得及救出突騎支，抓捕了栗婆準，率領五千強勁騎兵，追趕郭孝恪來到銀山。郭孝恪回擊，打敗了屈利啜，追擊逃兵數十里。

九月二十一日辛卯，太宗對侍從大臣說：「郭孝恪近日上奏稱八月十一日前往攻打焉耆，二十日應該到達，必定在二十二日攻破焉耆，朕計算路程，使者今日會到來。」話沒說完，驛站快騎就到了。

西突厥處那啜讓他的吐屯攝理焉耆的國政，派遣使者入朝進貢。太宗責備他說：「我發兵攻佔了焉耆，你們是何人卻來佔據其國！」吐屯害怕，返回突厥。焉耆擁立栗婆準的堂兄薛婆阿那支為國王，仍然依附於處那啜。

九月二十五日乙未，鴻臚寺奏言高麗國莫離支進貢白金。褚遂良說：「莫離支弒殺他的國王，是東方九夷所不能容忍的，現在即將討伐他，反而收取他的白金，這就如同魯桓公向宋國索取郜鼎一樣，臣認為不能接受。」太宗聽從了他的意見。太宗對高麗的使者說：「你們都侍奉國王高武，有官爵。莫離支弒君為逆，你們不能報仇，如今又為他進行遊說來欺騙我們大國，罪惡有比這更大的嗎！」把使者全部交付大理寺。

冬，十月初一日辛丑，發生日蝕。

十月十四日甲寅，太宗行幸洛陽，命令房玄齡留守京師，右衛大將軍、工部尚書李大亮為房玄齡的副手。

郭孝恪押送焉耆王突騎支及其妻子兒女到了太宗的住處，太宗赦令寬宥了他們。十月十七日丁巳，太宗對太子李治說：「焉耆王不去尋求賢臣輔政，不任用忠良謀劃國事，自取滅亡，脖子上繫著繩索，雙手被捆起來，漂泊到萬里之外。人們由此思索而畏懼，也就知道什麼是畏懼了。」

十月二十九日己巳，太宗在澠池縣的天池打獵。十一月初二日壬申，到達洛陽行宮。

前宜州刺史鄭元璹❶，已致仕，上以其嘗從隋煬帝伐高麗，召詣行在問之，對曰：「遼東道遠，糧運艱阻。東夷善守城，攻之不可猝下。」上曰：「今日非隋之比，公但聽之。」

張儉等值遼水❷漲，久不得濟❸。上以為畏懦，召儉詣洛陽。至，具陳山川險易，水草美惡，上悅。

上聞洛州刺史程名振❹善用兵，召問方略❺，嘉其才敏，勞勉之，曰：「卿有將相之器，朕方將任使。」名振失不拜謝，上試責怒，以觀其所為，曰：「山東鄙夫❻，得一刺史，以為富貴極邪！敢於天子之側，言語粗疏，又復不拜！」名振謝曰：「疏野之臣，未嘗親奉聖問，適方心思所對，故忘拜耳。」舉止自若，應對愈明辯。上乃歎曰：「房玄齡處朕左右二十餘年，每見朕譴責餘人，顏色無主⑦。名振平生未嘗見朕，朕一旦責之，曾無震懾，辭理不失，真奇士也！」即日拜右驍衛將軍。

甲午⑧，以刑部尚書張亮為平壤⑨道行軍大總管⑩，帥江、淮、嶺、峽⑪兵四萬，長安、洛陽募士三千，戰艦五百艘，自萊州⑫泛海趨平壤，又以太子詹事、左衛率李世勣為遼東道行軍大總管，帥步騎六萬及蘭、河二州⑬降胡⑭趣遼東，兩軍合勢並進。庚子⑮，諸軍大集於幽州，遣行軍總管姜行本⑯、少府少監⑰丘行淹⑱先督眾工造梯衝於安蘿山。時遠近勇士應募及獻攻城器械者不可勝數，上皆親加損益⑲，取其便易。又手詔諭天下，以「高麗蓋蘇文弒主虐民，情何可忍！今欲巡幸幽、薊，問罪遼、碣⑳，所過營頓，無為勞費。」且言：「昔隋煬帝殘暴其下，高麗王仁愛其民，以思亂之軍擊安和之眾，故不能成功。今略言必勝之道有五：一曰以大擊小，二曰以順討逆，三曰以治乘亂，四曰以逸待[1]勞，五曰以悅當怨，何憂不克！布告元元㉑，勿為疑懼！」於是凡頓舍供費之具，減者太半。

十二月辛丑㉒，武陽懿公李大亮卒於長安，遺表請罷高麗之師。家餘米五斛，布三十匹。親戚早孤為大亮所養，喪之如父者十有五人。

壬寅㉓，故太子承乾卒於黔州，上為之廢朝，葬以國公㉔禮。

甲寅㉕，詔諸軍及新羅、百濟、奚、契丹分道擊高麗。

初，上遣突厥俟利苾可汗北度河。薛延陀真珠可汗恐其部落翻動㉖，意甚惡之，豫蓄㉗輕騎於漠北，欲擊之。上遣使戒敕，無得相攻。真珠可汗對曰：「至尊有命，安敢不從！然突厥翻覆難期，當其未破之時，歲犯中國，殺人以千萬計。臣以為至尊㉘克之，當翦㉙為奴婢，以賜中國之人，乃反養之如子，其恩德至㉚矣，而結社率竟反。此屬獸心，安可以人理待也！臣荷恩深厚，請為至尊誅之。」自是數相攻。

俟利苾之北度也，有眾十萬，勝兵四萬人。俟利苾不能撫御，眾不愜服㉛。戊午㉜，悉棄俟利苾南度河，請處於勝、夏之間㉝，上許之。群臣皆以為：「陛下方遠征遼左㉞，而置突厥於河南，距京師不遠，豈得不為後慮！願留鎮洛陽，遣諸將東征。」上曰：「夷狄亦人耳，其情與中夏㉟不殊㊱。人主患㊲德澤㊳不加，不必猜忌異類㊴。蓋德澤洽㊵，則四夷可使如一家，猜忌多，則骨肉不免為讎敵。煬帝無道，失人已久，遼東之役，人皆斷手足以避征役，玄感㊶以運卒反於黎陽，非戎狄為患也。朕今征高麗，皆取願行者，募十得百，募百得千，其不得從軍者，皆憤歎鬱邑㊷，豈比隋之行怨民哉！突厥貧弱，吾收而養之，計其感恩，入於骨髓，豈肯為患！且彼與薛延陀嗜欲略同㊸，彼不北走薛延陀而南歸我，其情可見矣。」顧謂褚遂良曰：「爾知起居，為我志之：自今十五年，保無突厥之患。」俟利苾既失眾，輕騎入朝，上以為右武衛將軍。

【章旨】以上為第十段，寫唐太宗大舉兵伐高麗，同時安撫歸降的突厥之眾。

【注釋】❶鄭元璹 （？—西元六四六年）隋末唐初大臣，鄭州滎澤（今河南鄭州西北古滎鎮北）人，在隋任右武候將軍，曾從煬帝征討高麗。入唐官至左武候大將軍，封沛國公。傳見《舊唐書》卷六十二、《新唐書》卷一百。❷遼水 今遼河。❸濟 渡；過河。❹程名振 唐初名將，洺州平恩（今河北曲周東南）人，早年參加竇建德軍，降唐後累擢營州都督等職。事見《舊唐書》卷八十三、《新唐書》卷一百十一〈程務挺傳〉。❺方略 計策；謀略。❻鄙夫 村野之人；庸俗鄙陋之人。❼顏色無主 因受驚臉色驟變。❽甲午 十一月二十四日。❾平壤 高麗國都。即今朝鮮平壤。❿行軍大總管 戰時某一方面軍的統帥或領軍大將。⓫江淮嶺峽 地區名。江，江州，治所在今江西九江市。淮，今江蘇南部長江支流秦淮河流域。嶺，五嶺地區，今湘、贛與桂、粵等省交界處。峽，長江三峽地區，或指峽州，治所在今湖北宜昌。胡三省注認為峽指峽中諸州，包括夔、硤、歸三州之地。⓬萊州 州名，治所在今山東萊州。⓭蘭河二州 蘭州治所在今甘肅皋蘭，河州治所在今甘肅臨夏。⓮降胡 唐西北邊地歸降蕃人之總稱。⓯庚子 十一月三十日。⓰姜行本 （？—西元六四五年）唐初大將，名確，字行本，秦州上邽（今甘肅天水市）人，累擢將作大匠、左屯衛將軍等職，封金城郡公。行本工於營建，尤善兵械製造。傳見《舊唐書》卷五十九、《新唐書》卷九十一。⓱少府少監 官名，天子私府少府監長官之副，掌皇室手工業製造。⓲丘行淹 唐初大將丘和少子。《舊唐書》卷五十九〈丘行恭傳〉作「丘行掩」，《新唐書》卷八十三〈襄城公主傳〉作「丘行淹」。⓳損益 增減。⓴碣 即碣石山。在今遼寧綏中縣東南姜女墳。㉑元元 黎民百姓。㉒辛丑 十二月一日。㉓壬寅 十二月二日。㉔國

公　爵位名，原為五等爵中的最高一級。在隋唐九等爵中為第三級。㉕甲寅　十二月十四日。㉖翻動　鬧事；反叛。㉗蓄儲備。㉘至尊　指代皇帝。㉙翦　「剪」的異體字。剪滅。㉚至　最；極。㉛愜服　滿意。㉜戊午　十二月十八日。㉝勝夏之間　謂勝州（治所在今內蒙古準噶爾旗東北黃河南岸十二連城）、夏州（治所在今內蒙古烏審旗南白城子）間的廣大地帶。㉞遼左　即遼東。㉟中夏　中原。㊱不殊　沒有兩樣。㊲患　憂慮。㊳德澤　恩惠。㊴異類　異族。㊵洽　浸潤。㊶玄感即隋叛將楊玄感（？—西元六一三年），弘農華陰（今陝西華陰）人，權臣楊素子。歷任郢州刺史、禮部尚書，襲封楚國公。大業九年（西元六一三年）反於黎陽，不久兵敗自殺。傳見《隋書》卷七十。㊷鬱邑　苦悶。邑，通「悒」。㊸嗜欲略同　愛好基本相同。

【校　記】①待　據章鈺校，十二行本、乙十一行本皆作「敵」。

【語　譯】前宜州刺史鄭元璹已經退休，太宗因為他曾隨從隋煬帝討伐高麗，把他召到行宮詢問討伐高麗之事，鄭元璹回答說：「遼東的路途遙遠，運糧艱難險阻。高麗人善於守城，攻城不能很快攻下。」太宗說：「今日已非隋朝可比，你只管等著聽消息吧。」

張儉等率領的部隊遇上遼河水漲，很久不能渡河。太宗認為他們畏縮懦弱，把張儉召到洛陽。張儉到了洛陽，詳細說明了當地山川形勢和各處險易，水草好壞，太宗聽了很高興。

太宗聽說洛州刺史程名振善於用兵打仗，召見他詢問作戰的方略，讚揚他才思敏捷，慰問勉勵他，說：「你有將相的才器，朕將要對你有所任用。」程名振失禮於不跪拜謝恩，太宗試探著怒斥他，來觀察他會怎麼做。太宗說：「山東村野之人，得到一個刺史職位，自認為富貴達到極點了！竟敢在天子身邊，言語粗疏，又不下拜！」程名振謝罪說：「我是粗疏草野之臣，未曾親身承受皇上的垂問，剛才心裡想著如何回答，所以忘了下拜。」他的舉止自如，回答更為明晰辯給。太宗於是感歎說：「房玄齡在朕身邊二十多年，每次看見朕斥責其他人，臉色惶恐無主。程名振平生未曾見朕，朕一旦責怪他，不曾震驚害怕，言辭和道理都沒有差錯，真是一位奇士！」當天拜官為右驍衛將軍。

十一月二十四日甲午，任命刑部尚書張亮為平壤道行軍大總管，率領江、淮、嶺、峽各地士兵四萬人，在長安、洛陽招募士兵三千人，戰艦五百艘，從萊州渡海奔赴平壤，又任命太子詹事、左衛率李世勣為遼東道行軍大總管，率領步兵、騎兵六萬人以及蘭州、河州投降的胡族士兵進軍遼東，兩軍合勢一起前進。三十日庚子，各路軍隊在幽州大規模會合，太宗派行軍總管姜行本、少府少監丘行淹先行在安蘿山監督眾多工匠製造雲梯和衝城器械。當時遠近應募勇士和獻出各種攻城器械的人不計其數，太宗都親自加以增減損益，取用其中方便簡易的器械。又發下親筆詔書告諭天下，認為「高麗蓋蘇文弒殺君王，虐害百姓，於情哪裡可以忍受！如今朕要巡幸幽州、薊州，到遼東、碣石興師問罪，所經之地的部隊的駐紮安頓，不要勞費當地百姓。」並且說：「從前隋煬帝殘暴的對待下面的百姓，高麗王仁愛自己的民眾，以人心思亂的軍隊去進攻安定和洽的軍眾，所以不能建功。現在朕大略說明必勝之道有五條：一是以大擊小，二是以順討逆，三是用天下大治來乘機利用敵人的動亂，四是以逸待勞，五是用百姓的心悅誠服去對抗敵人內部的怨恨，何愁不能取勝！以此布告黎民百姓，不要產生疑懼！」於是凡是用於軍隊頓駐所供應的各種物資，減少了一大半。

十二月初一日辛丑，武陽懿公李大亮在長安去世，遺表請求罷除進攻高麗的軍隊。他家中剩餘五斛米，三十匹布。親屬中早年喪父的孤兒，被李大亮收養，為大亮服喪就像自己的父親一樣的有十五人。

十二月初二日壬寅，前太子李承乾死於黔州，太宗為他的死停止上朝，以國公的禮儀安葬。

十二月十四日甲寅，太宗下詔命令各路軍隊以及新羅、百濟、奚、契丹分路攻打高麗。

起初，太宗派遣突厥俟利苾可汗北渡黃河。薛延陀真珠可汗擔心他的部落動盪，心裡極為不滿，預先在漠北聚集了輕騎兵，想襲擊俟利苾。太宗派遣使者誡敕雙方，不得相互攻擊。真珠可汗回答說：「天子有命令，哪裡敢不遵從！然而突厥人反覆無常難以預料，在他們未敗之時，年年侵犯中國，殺人以千萬計。臣認為天子打敗了他們，應當翦滅他們，作為奴隸，賞賜給中國的百姓，卻反而如同兒子一樣撫養他們，對他們的恩德至極，然而結社率竟然反叛。這等獸心之人，怎能用人的道理對待他們呢！臣蒙恩深厚，請求為天子誅滅他們。」從此頻繁相攻。

俟利苾北渡黃河後，擁有人口十萬，可以作戰的士兵四萬人。俟利苾不能安撫駕御，大家都不樂意服從。

十二月十八日戊午，大家都離棄俟利苾南渡黃河，請求居住在勝州、夏州之間地帶，太宗答應了他們。群臣都認為：「陛下正在遠征遼東，又把突厥人安置在河南，離京師不遠，怎麼能不構成以後的憂慮！希望陛下留下來鎮守洛陽，派遣各位將領東征高麗。」太宗說：「夷狄也是人，他們的性情與中原華夏人沒有差異。作為君主所擔憂的是自己的恩德沒有施及百姓，不必猜忌異族。如果君主的恩德潤澤天下，那麼四方的夷族就可以讓他們與華夏人如同一家，如果君主猜忌多，就連親骨肉也不免成為仇敵。隋煬帝無道，失去民心已久，遼東之役，百姓們都斷掉手足來逃避兵役，楊玄感率領運送糧食的士卒在黎陽造反，並非夷狄為患。朕現今征伐高麗，都是取用願意從軍打仗的，招募十名就得到一百人，招募百名就得到一千人，那些不能從軍的人，全都憤然歎息，心中憂鬱，怎麼能與隋朝東征時調發怨忿的百姓相比類！突厥貧弱，我大唐接收並養護他們，估計他們的感恩戴德之情，深入骨髓，怎麼肯成為禍患呢！而且他們突厥人與薛延陀的欲望愛好大略相同，他們不向北投奔薛延陀而南下歸順我們，其中情形是可以想見的。」太宗回頭對褚遂良說：「你掌管起居注，為我記下這些話：從今往後十五年，保證沒有突厥之患。」俟利苾已經失去部眾，輕騎入朝，太宗任命他為右武衛將軍。

十九年（乙巳　西元六四五年）

春，正月，韋挺坐不先行視漕渠❶，運米六百餘艘至盧思臺❷側，淺塞不能進，械送洛陽。丁酉❸，除名❹，以將作少監❺李道裕❻代之，崔仁師亦坐免官。

滄州刺史席辯坐贓汙，二月庚子❼，詔朝集使臨觀而戮之。

庚戌❽，上自將諸軍發洛陽，以特進蕭瑀為洛陽宮留守。乙卯❾，詔：「朕發定州後，宜令皇太子監國❿。」開府儀同三司致仕尉遲敬德上言：「陛下親征遼東，太子在定州，長安、洛陽心腹空虛，恐有玄感之變。且邊隅小夷，不足以勤萬乘⓫，願遣偏師⓬征之，指期可殄⓭。」上不從。以敬德為左一馬軍總管，使從行。

丁巳⓮，詔諡殷太師比干⓯曰忠烈，所司封其墓，春秋祠以少牢⓰，給隨近五戶供灑掃。

上之發京師也，命房玄齡得以便宜從事，不復奏請。或詣留臺⓱稱有密，玄齡問密謀所在，對曰：「公則是也。」玄齡驛送行在。上聞留守有表送告密人，怒[1]，使人持長刀於前而後見之，問告者為誰，曰：「房玄齡。」上曰：「果然。」叱令腰斬。璽書讓玄齡以「不能自信，更有如是者，可專決之。」

癸亥⓲，上至鄴⓳，自為文祭魏太祖⓴，曰：「臨危制變，料敵設奇，一將之智有餘，萬乘之才不足。」

是月，李世勣軍至幽州。

三月丁丑㉑，車駕至定州。丁亥㉒，上謂侍臣曰：「遼東本中國之地，隋氏四出師而不能得。朕今東征，欲為中國報子弟之讎，高麗雪君父之恥耳。且方隅㉓

大定，惟此未平。故及朕之未老，用士大夫餘力以取之。朕自發洛陽，唯噉㉔肉飯，雖春蔬亦不之進，懼其煩擾故也。」上見病卒，召至御榻㉕前存慰，付州縣療之，士卒莫不感悅。有不預征名㉖，自願以私裝從軍，動以千計，皆曰：「不求縣官㉗勳賞，惟願效死㉘遼東。」上不許。

上將發，太子悲泣數日。上曰：「今留汝鎮守，輔以俊賢，欲使天下識汝風采。夫為國之要，在於進賢退不肖㉙，賞善罰惡，至公無私，汝當努力行此，悲泣何為！」命開府儀同三司高士廉攝太子太傅，與劉洎、馬周、少詹事㉚張行成、右庶子高季輔同掌機務㉛，輔太子。長孫無忌、岑文本與吏部尚書楊師道從行。壬辰㉜，車駕發定州，親佩弓矢，手結雨衣於鞍後。命長孫無忌攝侍中，楊師道攝中書令。

【章　旨】以上為第十一段，寫唐太宗親征高麗，令太子李治監國。

【注　釋】❶漕渠　由人工開鑿或疏浚用以通漕運的河流。此指曹操征烏桓所開泉州渠。❷盧思臺　在今北京市盧溝橋西北。❸丁酉　一月二十八日。❹除名　除去名籍，取消原有的做官資格。❺將作少監　官名，將作監長官將作大匠之副，掌土木工程營建等事。❻李道裕　唐初大臣李大亮姪，雍州涇陽（今陝西涇陽）人，永徽中，官至大理卿。傳見《舊唐書》卷六十二、《新唐書》卷九十九。❼庚子　二月二日。❽庚戌　二月十二日。❾乙卯　二月十七日。❿監國　天子外出，太子留守京師並監理國事。⓫萬乘　本指兵車萬輛，後代指天子。周制，只有天子可擁有兵車萬乘，後世遂稱天子為「萬乘之尊」。⓬偏

師 一支部隊。一般為非主力軍。⑬殄 滅絕。⑭丁巳 二月十九日。⑮比干 殷紂王叔父，因屢次勸諫紂王，被剖心而死。事見《史記．殷本紀》。⑯少牢 古稱祭祀用的豕、羊兩牲。⑰留臺 官名，即留守。⑱癸亥 二月二十五日。⑲鄴 縣名，縣治在今河北臨漳西南鄴鎮。⑳魏太祖 即三國時的政治家、軍事家、詩人曹操（西元一五五—二二〇年）。子曹丕稱帝，追尊為魏武帝，廟號太祖。㉑丁丑 三月九日。㉒丁亥 三月十九日。㉓方隅 四方；邊疆。㉔啗 「啖」的異體字。㉕御榻 皇帝臥榻。榻，床。㉖不預征名 不屬於徵發對象，未預於征遼軍之名籍。㉗縣官 天子。㉘效死 效力而死。㉙不肖 不賢。㉚少詹事 官名，東宮詹事府長官太子詹事之副，正四品上，掌東宮內外眾務。㉛機務 軍國機密大事。㉜壬辰 三月二十四日。

【校記】①怒 此字上原有「上」字。據章鈺校，十二行本、乙十一行本皆無「上」字，今據刪。

【語譯】十九年（乙巳 西元六四五年）

春，正月，韋挺犯罪，他不先去察看漕渠，運送糧米的六百多艘船隻在盧思臺旁邊，水淺船隻阻塞不能前進，把他戴上刑具押送洛陽。二十八日丁酉，取消韋挺做官的名籍，任命將作少監李道裕代替他，崔仁師也坐罪免官。

滄州刺史席辯犯貪汙罪，二月初二日庚子，太宗下詔命令朝集使現場觀看處死席辯。

二月十二日庚戌，太宗親自統率各軍從洛陽出發，任命特進蕭瑀為洛陽宮留守。十七日乙卯，太宗下詔：「朕從定州發兵後，應該讓皇太子監理國政。」開府儀同三司致仕尉遲敬德進言說：「陛下親征遼東，太子在定州，心腹之地長安、洛陽空虛，恐怕有像楊玄感那樣的變亂。況且邊陲的小國高麗，不值得驚動皇上，希望陛下派一支部隊征伐，指期可滅。」太宗不聽從。任命尉遲敬德為左一馬軍總管，讓他隨行出征。

二月十九日丁巳，太宗下詔追諡殷商太師比干為忠烈，讓有關部門為比干的墳墓培土封墓，春秋兩季用少牢豬羊兩牲祭祀，提供附近五戶人家為比干墓灑掃。

太宗離開京城時，命令房玄齡根據具體情況臨機處理政務，不再向皇帝上奏請示。有人到房玄齡留守的官衙聲稱有人進行密謀，房玄齡問密謀的人在哪裡，回答說：「你就是。」房玄齡把告密人通過驛站傳送到太宗行宮。太宗聽說留守有表章送來告密的人，很生氣，讓人手持長刀立於帳前，然後見告密人，問告密人告的是誰，回答說：「房玄齡。」太宗說：「果然不出所料。」喝令把告密人腰斬，以璽書責備房玄齡說「不能自信，再有如同這樣的人，你可以獨自決斷。」

二月二十五日癸亥，太宗到達鄴縣，親自撰文祭奠魏太祖，文章說：「面臨危機處置事變，料度敵情設置奇兵，作為一位將領的智慧有餘，作為帝王的才能則不足。」

這個月，李世勣的部隊到達幽州。

三月初九日丁丑，太宗到達定州。十九日丁亥，太宗對侍從大臣說：「遼東本來是中原王朝的土地，隋朝四次出兵都不能獲取。朕今日東征，想為中國子弟兵報仇，為高麗雪君王被殺的恥辱。而且四方大定，只有此處沒有平定。所以乘朕沒有衰老，利用士大夫們的餘力來獲取此地。朕自從洛陽出發以來，只吃肉食，就連春天的蔬菜也不吃，這是擔心煩擾百姓的緣故。」太宗看見患病的士兵，叫到御榻前加以慰問，交給州縣進行治療，士兵們莫不感動喜悅。有人沒有加到東征士兵的名籍之中，自願用私人的裝備隨從軍隊，動輒千計，都說：「我們不要求皇上的勳爵賞賜，只願獻身遼東。」太宗不同意他們的要求。

太宗即將出發，太子李治悲泣了好幾天。太宗說：「如今留下你鎮守京城，讓俊才賢人輔佐你，想讓天下認識你的風采。治理國家的關鍵，在於進用賢人，斥退無能小人，賞善罰惡，大公無私，對這些你應當努力施行，悲傷哭泣幹什麼！」命開府儀同三司高士廉兼任太子太傅，與劉洎、馬周、少詹事張行成、右庶子高季輔共同執掌樞機要務，輔佐太子。長孫無忌、岑文本與吏部尚書楊師道隨從太宗出行。三月二十四日壬辰，太宗從定州出發，親自佩戴弓箭，在馬鞍後親手繫好雨衣。命令長孫無忌攝行侍中，楊師道攝行中書令。

李世勣軍發柳城❶，多張形勢，若出懷遠鎮❷者，而潛師北趣甬道❸，出高麗不意。夏，四月戊戌朔❹，世勣自通定❺濟遼水，至玄菟❻。高麗大駭❼，城邑皆閉門自守。壬寅❽，遼東道副大總管江夏王道宗將兵數千至新城❾，折衝都尉曹三良引十餘騎直壓城門，城中驚擾，無敢出者。營州都督張儉將胡兵❿為前鋒，進渡遼水，趨建安城⓫，破高麗兵，斬首數千級。

太子引高士廉同榻視事，又令更為士廉設案，士廉固辭。

丁未⓬，車駕發幽州。上悉以軍中資糧、器械、簿書委岑文本，文本夙夜勤力，躬自料配，籌⓭、筆不去手，精神耗竭，言辭舉措，頗異平日。上見而憂之，謂左右曰：「文本與我同行，恐不與我同返。」是日，遇暴疾而薨。其夕，上聞嚴鼓⓮聲，曰：「文本殞沒，所不忍聞，命撤之。」時右庶子許敬宗在定州，與高士廉等同知機要。文本薨，上召敬宗，以本官檢校中書侍郎。

壬子⓯，李世勣、江夏王道宗攻高麗蓋牟城⓰。丁巳⓱，車駕至北平。癸亥⓲，李世勣等拔蓋牟城，獲二萬餘口，糧十餘萬石。

張亮帥舟師自東萊⓳渡海，襲卑沙城⓴。其城四面懸絕，惟西門可上。程名振引兵夜至，副總管王文度㉑先登，五月己巳㉒，拔之，獲男女八千口。分遣總管丘孝忠㉓等曜兵於鴨綠水㉔。

李世勣進至遼東城㉕下。庚午㉖，車駕至遼澤㉗，泥淖二百餘里，人馬不可通，將作大匠閻立德布土作橋，軍不留行。壬申[28]，渡澤東。乙亥[29]，高麗步騎四萬救遼東，江夏王道宗將四千騎逆擊之。軍中皆以為眾寡懸絕，不若深溝高壘以俟車駕之至。道宗曰：「賊恃眾，有輕我心，遠來疲頓，擊之必敗。且吾屬為前軍，當清道以待乘輿，乃更以賊遺君父乎[30]！」李世勣以為然。果毅都尉馬文舉曰：「不遇勍敵[31]，何以顯壯士！」策馬趨敵，所向皆靡[32]，眾心稍安。既合戰，行軍總管張君乂[33]退走，唐兵不利。道宗收散卒，登高而望，見高麗陳亂，與驍騎數十衝之，左右出入，李世勣引兵助之，高麗大敗，斬首千餘級。

丁丑[34]，車駕度遼水，撤橋，以堅士卒之心。軍於馬首山[35]。勞賜江夏王道宗，超拜馬文舉中郎將，斬張君乂。上自將數百騎至遼東城下，見士卒負土填塹，上分其尤重者，於馬上持之，從官爭負土致城下。李世勣攻遼東城，晝夜不息。旬有二日[36]，上引精兵會之，圍其城數百重，鼓譟聲震天地。甲申[37]，南風急，上遣銳卒登衝竿[38]之末，爇[39]其西南樓，火延燒城中，因麾將士登城，高麗力戰不能敵，遂克之，所殺萬餘人，得勝兵萬餘人，男女四萬口，以其城為遼州。

乙未[40]，進軍白巖城[41]。丙申[42]，右衛大將軍李思摩中弩矢，上親為之吮血。將士聞之，莫不感動。烏骨城[43]遣兵萬餘為白巖聲援，將軍契苾何力以勁騎八百擊之。何力挺身陷陳，槊中其腰，尚輦奉御㊹薛萬備㊺單騎往救之，拔何力於萬眾之中而還。何力氣益憤，束瘡而戰，從騎奮擊，遂破高麗兵，追奔數十里，斬首千餘級，會暝㊻而罷。萬備，萬徹之弟也。

【章旨】以上為第十二段，寫征東唐軍，初戰告捷，攻破遼東城。

【注釋】❶柳城　縣名，縣治在今遼寧朝陽。❷懷遠鎮　在今遼寧遼中縣附近。❸甬道　兩旁有牆的通道。此處甬道為隋煬帝征高麗時建。❹戊戌朔　四月一日。❺通定　城鎮名，在今遼寧新民西北遼河西岸。❻玄菟　郡名，治所原在今朝鮮咸寧南道咸興，後兩遷至今遼寧瀋陽東。❼大駭　大驚。❽壬寅　四月五日。❾新城　今遼寧撫順。❿胡兵　此當為營州都督所押領的靺鞨、奚等東胡兵。⓫建安城　在今遼寧蓋縣東北青石關。⓬丁未　四月十日。⓭籌　用以記數和計算的竹製用具。⓮嚴鼓　急促鼓聲；疾擊之鼓。⓯壬子　四月十五日。⓰蓋牟城　在今遼寧撫順北郊。⓱丁巳　四月二十日。⓲癸亥　四月二十六日。⓳東萊　州名，治所在今山東萊州。⓴卑沙城　又作「卑奢城」。在今遼寧金州東大黑山。㉑王文度　唐初大將，曾參加征討西突厥、高麗、百濟等重大軍事活動。官至熊津都督，駐守百濟。事見《舊唐書》卷八十三〈蘇定方傳〉、卷八十四〈劉仁軌傳〉、卷一百九十九上〈高麗傳〉，《新唐書》卷一百八〈劉仁軌傳〉、卷一百十一〈蘇定方傳〉、卷二百十五下〈突厥傳下〉、卷二百二十〈高麗傳〉。㉒己巳　五月二日。㉓丘孝忠　丘和子。官至衛尉卿、廣州都督，封安南公。事見《元和姓纂》卷五〈十八尤〉。㉔鴨綠水　今中朝界河鴨綠江。㉕遼東城　隋遼東郡治所，在今遼寧遼陽老城區。㉖庚午　五月三日。㉗遼澤　即遼河。㉘壬申　五月五日。㉙乙亥　五月八日。㉚以賊遺君父乎　東漢耿弇有此語。耿弇與張步戰於臨淄，部將陳俊勸耿弇閉營休整，等待光武帝救援，耿弇不聽，曰：「乘輿且到，臣子當擊牛釃酒以待百官，反欲以賊虜遺君父邪？」㉛勍敵　強敵。勍，通「勁」。㉜靡　倒下；潰敗。㉝張君乂　（？—西元六四五年）唐初將領。事見《舊唐書》卷九十二〈魏元忠傳〉，《新唐書》卷二〈太宗紀〉、卷七十八〈李道宗傳〉、卷二百二十〈高麗傳〉。㉞丁丑　五月十日。㉟馬首山　即今遼寧遼陽西南首山，又稱手山。㊱旬有二日　一旬（十天）又兩天，即十二日。㊲甲申　五月十七日。㊳衝竿　攻城登城工具。㊴爇　點燃。㊵乙未　五月二十八日。㊶白巖城　又作白崖城。即今遼寧遼陽東燕州城。㊷丙申　五月二十九日。㊸烏

骨城　在今遼寧鳳城東南鳳凰山上。㊹尚輦奉御　官名，殿中省尚輦局長官，掌朝會、祭祀時的輿輦、傘扇陳設。㊺薛萬備　唐初將領，京兆咸陽（今陝西咸陽）人，官至左衛將軍。傳見《舊唐書》卷九十四。㊻暝　日暮；夜晚。

【語　譯】李世勣的部隊從柳城出發，大張聲勢，好像要從懷遠鎮出兵，而暗中出兵北趨甬道，出乎高麗的意料之外。夏，四月初一日戊戌，李世勣從通定渡過遼水，到達玄菟。高麗大驚，城邑都閉門自守。初五日壬寅，遼東道副大總管江夏王李道宗率軍數千人到達新城，折衝都尉曹三良帶領十多個騎兵直接壓向城門，城中驚擾，沒有人敢出城。營州都督張儉率領胡族士兵為前鋒，進兵渡過遼水，奔赴建安城，打敗高麗兵，斬獲數千首級。

太子李治請高士廉同榻理政，又令另為高士廉設置几案，高士廉堅決推辭。

四月初十日丁未，太宗從幽州出發。太宗把軍中的所有物資糧草、器械、文書簿錄委派給岑文本管理，岑文本早晚勤奮努力，親自料理調配，籌具、筆墨不離手，心力耗竭，言談舉止，頗與往日不同。太宗看見後為他擔憂，對身邊的人說：「文本與我同行，恐怕不能與我一同返回。」當天，岑文本暴病去世。這天夜裡，太宗聽到急促的鼓聲，說：「文本去世，這是我不忍心聽見的，命人取消。」當時右庶子許敬宗在定州，與高士廉等人共同掌管樞機要務。岑文本死後，太宗召來許敬宗，以本官檢校中書侍郎。

四月十五日壬子，李世勣、江夏王李道宗攻打高麗蓋牟城。二十日丁巳，太宗到達北平城。二十六日癸亥，李世勣等人攻下蓋牟城，獲得二萬多人，糧食十多萬石。

張亮率領水軍從東萊渡海，襲擊卑沙城。此城四面懸崖，與外界隔絕，只有西門可以上去。程名振率領士兵夜間到達，副總管王文度首先登上城牆，五月初二日己巳，攻取卑沙城，俘獲男女八千人。太宗分別派遣總管丘孝忠等人在鴨綠江炫耀兵力。

李世勣的部隊進軍到遼東城下。五月初三日庚午，太宗到達遼澤，泥淖二百餘里，人馬不能通過，將作大匠閻立德布土架橋，軍隊繼續前進並未停留。初五日壬申，渡過遼澤東進。初八日乙亥，高麗的步兵、騎兵四萬人救援遼東，江夏王李道宗率領四千騎兵迎擊高麗兵。軍中都認為敵我眾寡懸殊，不如深溝高壘，等待太宗到來。李道宗說：「敵人仗著人馬眾多，有輕我之心，他們遠道而來，疲憊困頓，進攻他們，他們必敗。況且我們是前鋒部隊，應當掃清道路，以待皇上車駕的到來，怎能再把敵人留給皇上呢！」李世勣認為說得對。果毅都尉馬文舉說：「不遇上強勁的敵人，如何能顯示壯士的本色！」他便驅馬衝向敵軍，所向披靡，大家心裡稍稍安定下來。雙方軍隊已經交戰，行軍總管張君乂後退，唐兵不利。李道宗收羅潰散的士兵，登高觀望，看見高麗軍的陣形混亂，就與幾十名驍勇騎兵衝擊敵陣，左右出入，李世勣領兵援助李道宗，高麗兵大敗，斬殺一千多人。

五月初十日丁丑，太宗渡過遼水，撤去橋樑，藉此來堅定士兵們的信心。駐軍在馬首山。太宗慰勞賞賜江夏王李道宗，越級提拔馬文舉為中郎將，處斬張君乂。太宗親率數百騎兵到達遼東城下，看見士兵背土填溝，太宗從負載最重的人身上分出一些土，在馬上拿著，隨從的官員爭著背土送到城下。李世勣的部隊攻打遼東城，晝夜不停。過了十二天，太宗帶領精兵與李世勣會合，把遼東城包圍了數百層，擂鼓吶喊的聲音震天動地。十七日甲申，南風颳得很急，太宗派精銳士兵登上衝城長竿的頂端，放火燒遼東城的西南角樓，火勢漫延燒到城內，於是指揮將士們登上城牆，高麗兵奮力作戰不能抵禦，唐軍便攻克了遼東城，殺死一萬多人，獲取能作戰的高麗兵一萬多人，男女百姓四萬多人，把此城設置為遼州。

五月二十八日乙未，唐軍進軍白巖城。二十九日丙申，右衛大將軍李思摩中箭，太宗親自為他吸出瘀血。將士們聽說後，沒有不感動的。烏骨城派一萬多名士兵作為白巖城的聲援，將軍契苾何力派八百名強勁騎兵攻擊烏骨城的部隊。契苾何力挺身陷陣，長矛刺中了他的腰部，尚輦奉御薛萬備單槍匹馬前去救援，在萬人叢中救出何力後返回。契苾何力的氣勢愈為激憤，包紮了傷口又去拼殺，跟從的騎兵奮勇出擊，於是打敗了高麗兵，追擊逃兵幾十里，殺死一千多人，趕上天黑才收兵。薛萬備，是薛萬徹的弟弟。

【研　析】本卷研析唐太宗廢立太子事件。

唐太宗共有十四個兒子，他最喜歡的有兩個，一是魏王李泰，二是吳王李恪。長孫皇后是唐太宗嫡妻，生有三個兒子，即太子李承乾、魏王李泰、晉王李治。吳王李恪是楊妃所生，是庶子，排行第三。魏王李泰排行第四，晉王李治排行第九。李恪是李泰、李治的兄長。

李承乾是唐太宗嫡長子，因生於承乾殿而得名。唐太宗即位，李承乾就被立為皇太子，時年八歲。李承乾聰明能幹，唐太宗十分喜歡，每次行幸，常令太子監國，可是年長成人後，李承乾沉迷於聲色逸樂，親暱群小，慢待師尊，唐太宗擔心不能做繼承人，轉而親近魏王李泰，待遇過於太子，煽起了魏王李泰的奪嫡野心。雙方明爭暗鬥，愈演愈烈。唐太宗的態度曖昧不明，太子深感大禍臨頭，於是鋌而走險，籌劃發動宮廷政變，武力奪權。事情敗露，李承乾被廢為庶人，黨羽大臣侯君集、漢王李元昌皆伏誅。由於李承乾與李泰的矛盾激化，已到水火不容的地步，如果李泰繼位，李承乾性命難保。當年玄武門之變，不僅太子李建成喪命，李建成的兒子也一一問斬。唐太宗想起這一幕就心驚膽戰，眼看悲劇就要降臨到自己的兒子們身上，他受不了了。唐太宗與褚遂良談起來就涕淚交流。來濟對唐太宗說：「陛下不失為慈父，太子得盡天年，則善矣！」出於無奈，唐太宗只好對李承乾和李泰採取兩棄的態度，李承乾被廢為庶人，李泰被貶出京，改封為順陽王，徙居均州的鄖鄉縣。

誰來做太子呢？又有兩個人選難住了唐太宗。唐太宗第二子李寬早死，第三子吳王李恪最年長，唐太宗認為長得像自己，英武有才能，想立為太子。可是李恪為庶出，唐太宗還有一個嫡子李治，是第九子，十分仁孝，但性格懦弱，唐太宗擔心他守不住家業。可是唐太宗對長孫皇后思念不已，感情上割不斷。在李恪與李治二子之間選一，唐太宗拿不定主意，他找來長孫無忌商量，希望長孫無忌不要有私心，明白地對長孫無忌說：「李恪不是你的親外甥，希望你不要偏心。」唐太宗是多麼希望長孫無忌支持李恪，這樣政權就可以平穩過渡。長孫無忌恰恰有忌，他猜忌李恪的賢能，喜歡自己親外甥李治的懦弱，正好大權獨攬。長孫無忌不支持李恪，唐太宗只好違心立李治。唐太宗對臣下說：「泰立，承乾、晉王皆不存；晉王立，泰共承乾可無恙也。」（《舊唐書·太宗諸子傳》）

唐太宗廢立太子，籠罩了玄武門之變的陰影，武力政變奪權，留下了一個壞榜樣，唐太宗得了現世報。長孫皇后識大體，是唐太宗的賢內助，可惜沒有教育好太子。唐太宗違背封建等級制度，寵愛魏王李泰逾制，誘發了他的奪嫡之心，不是一個好父親。既然認為李恪「類我」，唐太宗就應乾綱獨斷，立李恪為太子，不應與長孫無忌商量。長孫無忌妒能，與李恪結下恩怨，在高宗即位後藉房遺愛謀反案，無辜株連李恪而殺之，到頭來長孫無忌卻被自己一手扶持的親外甥皇帝李治逼殺。因此《舊唐書·太宗諸子傳》史臣評論說：「太宗諸子，吳王恪、濮王泰最賢，皆以才高辯悟，為長孫無忌忌嫉，離間父子，遽為豺狼，而無忌破家，非陰禍之報歟？」報應之說，無可為證，但權謀巧詐，禍人者必遭人禍，這是必然的規律。長孫無忌的下場也是咎由自取。

卷第一百九十八

唐紀十四

起旃蒙大荒落（乙巳 西元六四五年）六月，盡著雍涒灘（戊申 西元六四八年）三月，凡二年有奇。

【題解】本卷記事起西元六四五年六月，迄西元六四八年三月，凡兩年又十個月，當唐太宗貞觀十九年至二十二年。此時期唐太宗步入晚年，四夷歸服，貞觀之治達於鼎盛。貞觀二十年（西元六四六年），唐軍大敗薛延陀，唐太宗親臨靈州刻石頌功。但使唐太宗心有不甘者，是親征高麗，無功而返。此後，唐太宗念念不忘伐高麗，直到辭世，也未能實現第二次親征，偏將出征，只獲得小勝，高麗始終未能臣服。唐太宗晚年有猜忌心，因小過而貶黜蕭瑀、房玄齡，劉洎失言而被賜死，因有人告密刑部尚書張亮謀反而被誅，可以說是唐太宗無庸諱言之過。

太宗文武大聖大廣孝皇帝下之上

貞觀十九年（乙巳 西元六四五年）

六月丁酉❶，李世勣攻白巖城西南，上臨其西北。城主孫代音❷潛遣腹心❸請降，臨城，投刀鉞為信❹，且曰：「奴願降，城中有不從者。」上以唐幟❺與其使，曰：「必降者，宜建之城上。」代音建幟，城中人以為唐兵已登城，皆從之。

上之克遼東也，白巖城請降，既而中悔。上怒其反覆，令軍中曰：「得城當悉以人物賞戰士。」李世勣見上將受其降，帥甲士數十人請曰：「士卒所以爭冒矢石❻，不顧其死者，貪虜獲❼耳。今城垂拔，柰何更受其降，孤❽戰士之心！」上下馬謝曰：「將軍言是也。然縱兵殺人而虜其妻孥❾，朕所不忍。將軍麾下有功者，朕以庫物賞之，庶因將軍贖此一城。」世勣乃退。得城中男女萬餘口，上臨水設幄❿受其降，仍賜之食，八十以上賜帛有差⓫。他城之兵在白巖者悉慰諭，給糧仗⓬，任其所之⓭。

先是，遼東城長史為部下所殺，其省事⓮奉其[1]妻子奔白巖。上憐其有義，賜帛五匹，為長史造靈輿⓯，歸之平壤。以白巖城為巖州，以孫代音為刺史。

契苾何力瘡重，上自為傅⓰藥，推求得刺何力者高突勃，付何力使自殺之。何力奏稱：「彼為其主冒白刃⓱刺臣，乃忠勇之士也，與之初不相識，非有怨讎。」遂捨之。

初，莫離支遣加尸城⓲七百人戍蓋牟城，李世勣盡虜之，其人請從軍自效。

上曰：「汝家皆在加尸，汝為我戰，莫離支必殺汝妻子，得一人之力而滅一家，吾不忍也。」戊戌⑲，皆稟⑳賜遣之。

己亥㉑，以蓋牟城為蓋州㉒。

丁未㉓，車駕發遼東。丙辰㉔，至安市城㉕，進兵攻之。丁巳㉖，高麗北部耨薩延壽、惠真㉗帥高麗、靺鞨兵十五萬救安市。上謂侍臣曰：「今為延壽策有三：引兵直前，連安市城為壘㉘，據高山之險，食城中之粟，縱靺鞨掠吾牛馬，攻之不可猝下，欲歸則泥潦為阻，坐困吾軍，上策也。拔城中之眾，與之宵遁㉙，中策也。不度智能，來與吾戰，下策也。卿曹觀之，彼[2]必出下策，成擒在吾目中矣。」

高麗有對盧㉚，年老習事，謂延壽曰：「秦王內芟㉛羣雄，外服戎狄，獨立為帝，此命世㉜之材，今舉海內之眾而來，不可敵也。為吾計者，莫若頓兵不戰，曠日持久，分遣奇兵斷其運道。糧食既盡，求戰不得，欲歸無路，乃可勝也。」延壽不從，引軍直進，去安市城四十里。上猶恐其低徊㉝不至，命左衛大將軍阿史那社爾將突厥千騎以誘之，兵始交而偽走。高麗相謂曰：「易與耳！」競進乘之，至安市城東南八里，依山而陳。

上悉召諸將問計，長孫無忌對曰：「臣聞臨敵將戰，必先觀士卒之情。臣適行經諸營，見士卒聞高麗至，皆拔刀結旆㉞，喜形於色，此必勝之兵也。陛下未冠㉟，身親行陣，凡出奇制勝，皆上稟聖謀，諸將奉成筭而已。今日之事，乞陛下指蹤㊱。」上笑曰：「諸公以此見讓，朕當為諸公商度。」乃與無忌等從數百騎乘高望之，觀山川形勢，可以伏兵及出入之所。高麗、靺鞨合兵為陳，長四十里。江夏王道宗曰：「高麗傾國以拒王師，平壤之守必弱，願假臣精卒五千，覆其本根，則數十萬之眾可不戰而降。」上不應。遣使紿延壽曰：「我以爾國彊臣弒其主，故來問罪。至於交戰，非吾本心。入爾境，芻粟㊲不給，故取爾數城。俟爾國修臣禮，則所失必復矣。」延壽信之，不復設備。

上夜召文武計事，命李世勣將步騎萬五千陳於西嶺，長孫無忌將精兵萬一千為奇兵㊳，自山北出於狹谷以衝其後，上自將步騎四千，挾鼓角㊴，偃旗幟㊵，登北山上，敕諸軍聞鼓角齊出奮擊。因命有司張受降幕於朝堂㊶之側。戊午㊷，延壽等獨見李世勣布陳，勒兵欲戰。上望見無忌軍塵起，命作鼓角，舉旗幟，諸軍鼓譟並進，延壽等大懼，欲分兵禦之，而其陳已亂。會有雷電，龍門人薛仁貴㊸著奇服，大呼陷陳，所向無敵。高麗兵披靡，大軍乘之，高麗兵大潰，斬首二萬餘級。上望見仁貴，召③拜游擊將軍㊹。仁貴，安都㊺之六世孫，名禮，以字行。延壽等將餘眾依山自固，上命諸軍圍之。長孫無忌悉撤橋梁，斷其歸路。己未㊻，延壽、惠真帥其眾三萬六千八百人請降，入軍門，膝行而前，拜伏請命。上語之曰：「東夷少年，跳梁海曲㊼，至於摧堅決勝，故當不及老人，自今復敢與天子戰乎？」皆伏地不能對。上簡耨薩以下酋長三千五百人，授以戎秩，遷之內地，餘皆縱之，使還平壤，皆雙舉手以顙頓地㊽，歡呼聞數十里外。收靺鞨三千三百人，悉阬之，獲馬五萬匹，牛五萬頭，鐵甲萬領，佗器械稱是。高麗舉國大駭，後黃城、銀城㊾皆自拔遁去，數百里無復人煙。

【章旨】以上為第一段，寫唐軍在安市城下大破高麗援軍。

【注釋】❶丁酉　六月一日。❷孫代音　兩《唐書·高麗傳》作「孫伐音」。❸腹心　心腹；親信。❹信　信物；取信於人的憑據。❺幟　旗幟。❻矢石　箭和礧石，守城武器。❼虜獲　戰利品；俘虜和繳獲的物資。❽孤　寒。❾妻孥　妻子兒女。❿幄　篷帳。⓫有差　各有差別；各有等級。⓬仗　兵器。⓭之　往；去。⓮省事　吏職；屬吏。⓯靈輿　靈車；喪車。⓰傅　通「敷」。⓱白刃　刀鋒。⓲加尸城　又作「嘉尸城」。在今朝鮮平壤西南。⓳戊戌　六月二日。⓴廩　公家發給的糧米。㉑己亥　六月三日。㉒蓋州　又作蓋牟州，治所在今遼寧撫順。㉓丁未　六月十一日。㉔丙辰　六月二十日。㉕安市城　在今遼寧海城東南營城子。《舊唐書》卷八十三〈薛仁貴傳〉作「安地城」。㉖丁巳　六月二十一日。㉗耨薩延壽惠真　耨薩，高麗官名，相當於唐朝都督。高麗大城置耨薩一。延壽、惠真，均姓高，二人分別任高麗北、南部耨薩。㉘壘　軍營四周所築堡寨。㉙宵遁　夜逃。㉚對盧　高麗官名，大對盧相當於一品官，總知國事。㉛芟　削除。㉜命世　著名於世。㉝低徊亦作「祇徊」、「低回」。紆迴曲折。㉞旆　古代旗末狀如燕尾的垂旒，亦泛指旌旗。㉟未冠　未成年。古代男子年二十舉行加冠禮，表示成年。未冠即謂未成年的男子。㊱蹤　謂野獸留下的蹤跡。比喻對敵如打獵，先得掌握敵人的行蹤。㊲芻粟　糧草。㊳奇兵　指出奇制勝的軍隊。㊴鼓角　古代軍中用以報時、警眾或發號施令的鼓和號角。㊵偃旗幟　放倒軍旗。㊶朝堂　太宗出征，行營備宮省之制，亦有朝堂。㊷戊午　六月二十二日。㊸薛仁貴　（西元六一四—六八三年）唐名將，名禮，字仁貴，絳州龍門（今山西河津西）人，出身貧寒。應募從軍後，以戰功累擢右領軍中郎將、右威衛大將軍兼安東都護，封平陽郡公。傳見《舊唐書》卷八十三、《新唐書》卷一百十一。㊹游擊將軍　武德七年（西元六二四年），承前朝舊制，始置游擊將軍。為武散官，從五品下。㊺安都　北魏時名將薛安都，以驍勇聞。封河東郡王。傳見《魏書》卷六十一、《北史》卷三十九。㊻己未　六月二十三日。㊼跳梁海曲　跋扈於海邊。跳梁，比喻跋扈狀。海曲，海隅。㊽以顙頓地　叩首；以額觸地。㊾後黃城銀城　高麗所置城池。據《讀史方輿紀要》卷三十七，後黃城（蓋州）在衛（今遼寧蓋州）東。後黃、銀山二城，均為高麗東境城，與安市（今遼寧海城東南營城子）相近。

【校　記】[1]其　原無此字。據章鈺校，十二行本、乙十一行本皆有此字，張敦仁《通鑑刊本識誤》同，今據補。[2]彼　原無此字。據章鈺校，十二行本、乙十一行本皆有此字，今據補。[3]召　據章鈺校，此字下十二行本、乙十一行本、孔天胤本皆有「見」字。

【語　譯】太宗文武大聖大廣孝皇帝下之上

貞觀十九年（乙巳　西元六四五年）

六月初一日丁酉，李世勣攻打白巖城的西南角，太宗親臨西北角。城主孫代音暗中派遣心腹請求投降，約定兵臨城下時，投刀斧作為信號，並且說：「奴才本人願意投降，但城中有不聽從的。」太宗把唐朝的旗幟交給他的使者，說：「一定要投降，應該把這面旗豎在城牆上。」孫代音如約豎旗，城中的人以為唐兵已經登上城牆，便都跟隨孫代音投降。

太宗攻克遼東時，白巖城守軍請求投降，隨後又中途反悔。太宗惱怒他們反覆無常，下令軍中說：「得到這座城後，把城中的人口及財物全部賞賜給士兵。」李世勣看見太宗準備接受對方投降，帶領幾十名身穿鎧甲的士兵請戰說：「士兵們之所以爭先冒著飛矢流石的襲擊，不顧生死，是貪圖俘獲城中的男女財物。如今即將攻取城池，為什麼又接受他們的投降，涼了士兵的心！」太宗下馬對李世勣表示歉意說：「將軍所言是對的。然而縱兵殺人而俘虜他們的妻子兒女，朕實在不忍心。將軍部下有功的，朕用府庫裡的財物賞賜他們，這樣就可以從將軍手中贖下這一座城。」於是李世勣退下。唐軍得到城中男女一萬多人，太宗靠近河邊設立帳篷接受對方的投降，仍然賜予他們食物，八十歲以上的賞賜給數量不等的絹帛。在白巖城的其他城邑的士兵，均加撫慰，供給糧食與武器，聽任所往。

此前，遼東城的長史被部下殺死，他的手下屬吏護送長史的妻子兒女逃往白巖城。太宗憐憫屬吏有義節，賜予五匹帛，為長史造靈車，把屍體送回平壤。把白巖城置為巖州，任命孫代音為刺史。

契苾何力傷口嚴重，太宗親自為他敷藥，追查抓獲了刺傷契苾何力的人高突勃，把他交給何力，讓何力自己殺死他。何力上奏說：「他為了他的君主冒著白刃刺殺我，乃是忠誠勇猛之人，我與他原來並不相識，沒有怨仇。」於是放掉了高突勃。

當初，莫離支派遣加尸城的七百人戍守蓋牟城，李世勣全部俘虜了他們，他們請求從軍效力。太宗說：「你們的家都在加尸城，你們為我作戰，莫離支必然要殺死你們的妻子兒女，得到一人的幫助而毀滅了他的一家，朕不忍心。」六月初二日戊戌，七百人都給予賞賜並遣送回去。

六月初三日己亥，把蓋牟城置為蓋州。

六月十一日丁未，太宗車駕從遼東出發。二十日丙辰，到達安市城，進兵攻城。二十一日丁巳，高麗北部耨薩高延壽、高惠真率領高麗兵、靺鞨兵十五萬人援救安市。太宗對侍臣說：「如今高延壽有三種策略：帶兵馬逕直前進，與安市城連為堡壘，佔據高山險要，食用城內的糧食，放出靺鞨的兵搶掠我們的牛馬，讓我們攻城不能很快攻下，想返回則有泥沼阻隔，坐等我軍困窘，這是上策。他率城中的民眾，與他們乘夜逃遁，這是中策。不估量自己的智慧與能力，來與我軍交戰，這是下策。你們看著，他一定出此下策，成為俘虜，就在眼前。」

高麗有一位擔任對盧官的人，年紀老熟悉世事，對高延壽說：「秦王李世民在國內削平群雄，對外降服戎狄，只靠自己的力量成為皇帝，這是命世之材，如今率領天下的軍隊而來，是不可抵擋的。為我們考慮，不如屯兵不戰，曠日持久，分路派遣奇兵截斷他們的運糧通道。糧食已經沒有了，求戰又不成，想回去又無路可走，才可以取勝。」高延壽不聽，率軍直進，距離安市城四十里。太宗仍然擔心敵軍徘徊猶豫不來到安市，命令左衛大將軍阿史那社爾率一千名突厥騎兵去引誘他們，雙方士兵剛一交戰突厥兵就假裝敗逃。高麗士兵相互說：「很容易對付他們啊！」競相進兵追擊，到達安市城東南八里，依山布陣。

太宗召集全體將領詢問計策，長孫無忌回答說：「臣聽說面對敵軍將要戰鬥時，一定要先觀察士兵的情緒。臣剛才走過各處軍營，看見士兵們聽說高麗兵到了，全都拔出刀槍紮好軍旗，喜形於色，這是必勝的軍隊。陛下未成年時，親歷戰陣，凡是出奇制勝之戰，都是陛下向高祖稟報了計謀，諸位將領只奉行既定的謀略而已。今天的戰事，乞求陛下指示路線。」太宗笑著說：「諸位把這件事謙讓與我，朕當為你們商量安排。」於是和長孫無忌等人帶領幾百騎兵登高眺望，觀察山川形勢，看好可以埋伏兵力以及進出的地點。高麗、靺鞨合兵布陣，長四十里。江夏王李道宗說：「高麗傾盡全國的兵力來抗拒大唐的王師，平壤的守備肯定虛弱，希望借給我五千精兵，搗毀他們的老巢，那麼，幾十萬兵馬可以不用作戰就能降服了。」太宗沒有回答。派遣使者欺騙高延壽說：「我因為你們國家的強臣殺死你們的國王，所以前來興師問罪。至於兩軍交戰，不是我的本意。我軍進入你們的境內，不供應糧草，所以攻取你們幾座城池。等到你們國家奉行為臣的禮節，你們國家失去的幾座城池就一定歸還。」高延壽相信了太宗的話，不再設置防備。

太宗夜間召集文武大臣商議戰事，命令李世勣率領一萬五千名步兵、騎兵在西嶺布陣，長孫無忌率領一萬一千名精兵作為奇兵，從山的北面穿越峽谷衝擊高麗軍隊的背後，太宗親自統率四千步兵、騎兵，挾帶戰鼓和號角，放倒旗幟，登到北山上面，敕令各路軍隊聽到鼓聲和號角聲就一齊奮勇出擊。又命有關部門在朝堂一側設置接受投降的帷幕。六月二十二日戊午，高延壽等人只看到李世勣的部隊布陣，部署士兵想要作戰。太宗望見長孫無忌的部隊塵土飛揚，就命令鼓角大作，舉起旗幟，各路部隊擊鼓吶喊齊頭並進，高延壽等十分恐懼，想要分兵抵禦唐軍，然而他的軍陣已經混亂。適逢有雷電，龍門人薛仁貴身穿奇服，大聲呼喊著攻入敵陣，所向無敵。高麗士兵望風逃竄，唐朝大軍乘勝追擊，高麗兵大潰，斬首二萬餘級。太宗看見薛仁貴，召見他拜為游擊將軍。薛仁貴，是薛安都的六世孫，名禮，以字行世。

高延壽等人帶領殘餘士兵依山固守，太宗命令各路部隊包圍他。長孫無忌撤毀所有橋樑，斷絕了敵軍的歸路。六月二十三日己未，高延壽、高惠真率領他們的部眾三萬六千八百人請求投降，進入唐軍的營門，用膝蓋前行，伏地叩拜請求饒命。太宗對他們說：「東夷的少年，上竄下跳於海隅，至於摧毀強敵決勝疆場，本該不如老人，自今以後還敢與大唐天子交戰嗎？」高延壽等人都伏地不能回答。太宗挑出耨薩以下的酋長三千五百人，授給他們軍隊的官階，把他們遷徙內地，其餘的人全都釋放，讓他們返回平壤，大家都舉起雙手以額觸地，歡呼聲幾十里外都能聽到。收捕三千三百名靺鞨人，把他們全部活埋，俘獲戰馬五萬匹，牛五萬頭，一萬套鐵甲，各種器械也都有如此之多。高麗全國大為驚恐，後黃城、銀城的人都自己舉眾逃去，幾百里內不再有人煙。

上驛書報太子，仍與高士廉等書曰：「朕為將如此，何如？」更名所幸山曰駐驆[1]山❶。

秋，七月辛未❷，上徙營安市城東嶺。○己卯❸，詔標識戰死者尸，俟軍還與之俱歸。○戊子❹，以高延壽為鴻臚卿，高惠真為司農卿。

張亮軍過建安城❺下，壁壘未固，士卒多出樵牧，高麗兵奄至❻，軍中駭擾。亮素怯，踞胡床，直視不言。將士見之，更以為勇。總管張金樹❼等鳴鼓勒兵擊高麗，破之。

八月甲辰❽，候騎獲莫離支諜者高竹離，反接❾詣軍門。上召見，解縛問曰：「何瘦之甚？」對曰：「竊道間行❿，不食數日矣。」命賜之食，謂曰：「爾為諜，宜速反⓫命。為我寄語莫離支，欲知軍中消息，可遣人徑詣吾所，何必間行辛苦也。」竹離徒跣⓬，上賜屩⓭而遣之。

丙午⓮，徙營於安市城南。上在遼外，凡置營，但明斥候⓯，不為塹壘⓰，雖逼其城，高麗終不敢出為寇抄，軍士單行野宿如中國⓱焉。

【章　旨】以上為第二段，唐太宗自信，縱遣敵人間諜，心理勝敵。

【注　釋】❶駐驆山　本名六山。即太宗曾駐驆過的今遼寧遼陽西南馬首山、北鎮縣西北醫巫閭山、海城縣西南平頂山。當時為了彰顯戰績，在駐營過的海城縣南山上勒石記功，後人也把南山稱為駐驆山。❷辛未　七月五日。❸己卯　七月十三日。❹戊子　七月二十二日。❺建安城　在今遼寧蓋州東北青石關。❻奄至　突然到來。❼張金樹　原為高開道部將，武德七年（西元六二四年）殺開道降唐，擢北燕州都督。事跡見《舊唐書》卷一〈高祖紀〉、卷五十五〈高開道傳〉、卷六十九〈張亮傳〉，《新唐書》卷八十六〈高開道傳〉、卷九十四〈張亮傳〉。❽甲辰　八月八日。❾反接　反接兩手縛綁。❿間行　從小道走。⓫反　通「返」。⓬徒跣　赤腳。⓭屩　草鞋。⓮丙午　八月十日。⓯斥候　偵察，亦指巡邏偵察兵。⓰塹壘　營地工事。即戰壕和堡壘。⓱中國　中原。此指唐境。

【校　記】①驆　據章鈺校，十二行本、乙十一行本皆作「蹕」。

【語　譯】太宗用驛馬送書信通報太子李治，又寫信給高士廉等人說：「朕如此為將，怎麼樣？」把親自駐紮的山改名為駐驊山。

秋，七月初五日辛未，太宗把營帳遷移到安市城東的山嶺。〇十三日己卯，太宗詔令為戰死的將士屍首做出標識，等到軍隊返回時把他們一同帶回。〇二十二日戊子，任命高延壽為鴻臚寺卿，高惠真為司農寺卿。

張亮的部隊經過建安城下，城的壁壘尚未修築完整，士兵大多出城打柴放牧，高麗兵突然來到，軍中驚擾。張亮一向膽小，蹲坐在胡床上，眼睛直視不說話。將士們看見他，反以為張亮勇敢。總管張金樹等人鳴鼓率兵攻打高麗兵，打敗了敵人。

八月初八日甲辰，偵察的騎兵抓住了莫離支的間諜高竹離，反捆著他來到軍營門前。太宗召見他，解開捆綁問道：「為什麼瘦得這樣厲害？」回答說：「偷偷地走小路，幾天沒有吃飯了。」太宗命令賜給他飯吃，對他說：「你作為間諜，應當迅速回去覆命。替我帶話給莫離支，想知道我軍中的消息，可以派人直接來到我們營地，何必走小路那麼辛苦呢。」高竹離光著腳，太宗賜給他草鞋，讓他走了。

八月初十日丙午，唐軍把軍營遷徙到安市城南。太宗在遼東一帶，凡是設置軍營，只派出巡邏兵，不挖溝築壘，即使靠近高麗人的城邑，高麗人始終不敢出來侵掠，士卒單人出行野外露宿好像在中原一樣。

上之將[1]伐高麗也，薛延陀遣使入貢，上謂之曰：「語爾可汗：今我父子東征高麗，汝能為寇，宜亟❶來！」真珠可汗惶恐，遣使致謝，且請發兵助軍，上不許。及高麗敗於駐驊山，莫離支使靺鞨說真珠，啗以厚利，真珠懾服不敢動。

九月壬申❷，真珠卒，上為之發哀。

初，真珠請以其庶長子曳莽為突利失可汗，居東方，統雜種❸，嫡子拔灼為肆葉護可汗，居西方，統薛延陀，詔許之，皆以禮冊命。曳莽性躁擾❹，輕用兵，與拔灼不協❺。真珠卒，來會喪。既葬，曳莽恐拔灼圖己，先還所部，拔灼追襲殺之，自立為頡利俱利薛沙多彌可汗。

上之克白巖也，謂李世勣曰：「吾聞安市城險而兵精，其城主材勇，莫離支之亂，城守不服，莫離支擊之不能下，因而與之。建安兵弱而糧少，若出其不意，攻之必克。公可先攻建安，建安下，則安市在吾腹中，此兵法所謂『城有所不攻❻』者也。」對曰：「建安在南，安市在北，吾軍糧皆在遼東，今踰安市而攻建安，若賊斷吾運道，將若之何？不如先攻安市，安市下，則鼓行而取建安耳。」上曰：「以公為將，安得不用公策，勿誤吾事。」世勣遂攻安市。

安市人望見上旗蓋❼，輒乘城鼓譟。上怒，世勣請克城之日，男女皆阬之。安市人聞之，益堅守，攻久不下。高延壽、高惠真請於上曰：「奴既委身大國，不敢不獻其誠，欲天子早成大功，奴得與妻子相見。安市人顧惜其家，人自為戰，未易猝拔。今奴以高麗十餘萬眾，望旗沮潰❽，國人膽破，烏骨城❾耨薩老耄❿，不能堅守，移兵臨之，朝至夕克，其餘當道小城，必望風奔潰。然後收其資糧，鼓行⓫而前，平壤必不守矣。」羣臣亦言：「張亮兵在沙城⓬，召之信宿可至，乘高麗兇懼，併力拔烏骨城，度鴨綠水，直取平壤，在此舉矣。」上將從之，獨長孫無忌以為：「天子親征，異於諸將，不可乘危徼幸⑬。今建安、新城之虜，眾猶十萬，若向烏骨，皆躡吾後。不如先破安市，取建安，然後長驅而進，此萬全之策也。」上乃止。

諸軍急攻安市。上聞城中雞彘聲，謂李世勣曰：「圍城積久，城中煙火日微，今雞彘甚喧，此必饗士⑭，欲夜出襲我，宜嚴兵備之。」是夜，高麗數百人縋城而下。上聞之，自至城下，召兵急擊，斬首數十級，高麗退走。

江夏王道宗督眾築土山於城東南隅，浸逼其城，城中亦增高其城以拒之。士卒分番交戰，日六七合，衝車礮石⑮，壞其樓堞，城中隨立木柵以塞其缺。道宗傷足，上親為之針⑯。築山晝夜不息，凡六旬，用功五十萬，山頂去城數丈，下臨城中，道宗使果毅傅伏愛⑰將兵屯山頂以備敵。山頹，壓城，城崩。會伏愛私離所部，高麗數百人從城缺出戰，遂奪據土山，塹而守之。上怒，斬伏愛以徇，命諸將攻之，三日不能克。道宗徒跣詣旗下請罪，上曰：「汝罪當死，但朕以漢武殺王恢⑱，不如秦穆用孟明⑲，且有破蓋牟、遼東之功，故特赦汝耳。」

上以遼左早寒，草枯水凍，士馬難久留，且糧食將盡，癸未⑳，敕班師。先拔遼、蓋二州戶口渡遼，乃耀兵於安市城下而旋，城中皆屏跡不出，城主登城拜辭。上嘉其固守，賜縑[21]百匹，以勵事君。命李世勣、江夏王道宗將步騎四萬為殿。

乙酉[22]，至遼東。丙戌[23]，度遼水。遼澤泥潦，車馬不通，命長孫無忌將萬人翦草填道，水深處以車為梁，上自繫薪於馬鞘[24]以助役。冬，十月丙申朔[25]，上至蒲溝駐馬，督填道諸軍度渤錯水[26]。暴風雪，士卒沾濕多死者，敕然[27]火於道以待之。

凡征高麗，拔玄菟、橫山、蓋牟、磨米、遼東、白巖、卑沙、麥谷、銀山、後黃十城[28]，徙遼、蓋、巖三州[29]戶口入中國者七萬人。新城、建安、駐蹕三大戰，斬首四萬餘級，戰士死者幾二千人，戰馬死者什七八。上以不能成功，深悔之，歎曰：「魏徵若在，不使我有是行也！」命馳驛祀徵以少牢，復立所製碑，召其妻子詣行在，勞[30]賜之。

丙午[31]，至營州。詔遼東戰亡士卒骸骨並集柳城[32]東南，命有司設太牢，上自作文以祭之，臨哭盡哀。其父母聞之，曰：「吾兒死而天子哭之，死何所恨！」上謂薛仁貴曰：「朕諸將皆老，思得新進驍勇者將之，無如卿者。朕不喜得遼東，喜得卿也。」

【章旨】以上為第三段，寫唐軍受困安市城下，無功退軍。

【注釋】❶亟 急；快。❷壬申 九月七日。❸雜種 謂鐵勒諸部居薛延陀東部者。❹躁擾 暴躁好亂。❺不協 不和。❻城有所不攻 語見《孫子兵法》。此指太宗活用《孫子兵法》中的攻城策略，即避強擊弱，最後達到各個擊破的軍事目的。❼旗蓋 旗幟、傘蓋。❽沮潰 敗逃潰散。❾烏骨城 高麗城邑。在今遼寧鳳城東南鳳皇山上。❿老耄 老邁之人。八十、九十歲的人稱「耄」。⓫鼓行 鳴鼓而行；大張旗鼓地進軍。⓬沙城 即卑沙城。⓭徼幸 同「僥倖」。企圖以意外成功免去不幸。⓮饗士 以酒食款待士卒。⓯衝車礮石 衝車，用以衝擊敵城的戰車。礮石，石礮所拋射出的石塊。⓰針 針灸；針刺。⓱果毅傅伏愛 果毅，即果毅都尉，為折衝府（亦稱軍府）的副將。傅伏愛（？—西元六四五年），事跡散見《舊唐書》卷六十〈李道宗傳〉、卷一百九十九上〈高麗傳〉，《新唐書》卷七十八〈李道宗傳〉、卷二百二十〈高麗傳〉。⓲王恢 西漢武帝時大臣。曾力主用兵匈奴，帝以恢為將軍討之。因恢未能主動出擊，帝怒誅之。事跡見《史記》卷一百八〈韓長孺列傳〉等。⓳秦穆用孟明 春秋時，秦國大將孟明東伐，為晉軍所敗。秦穆公復重用孟明，遂稱霸西戎。⓴癸未 九月十八日。㉑縑 雙絲織成的細絹。㉒乙酉 九月二十日。㉓丙戌 九月二十一日。㉔馬鞘 馬鞍。㉕丙申朔 十月一日。㉖渤錯水 與蒲溝並在遼澤中。㉗然 通「燃」。㉘橫山句 橫山，在今遼寧遼陽東。磨米、麥谷等城，亦當距今遼陽不遠。㉙遼蓋巖三州 遼州，太宗以遼東城置，治所在今遼寧遼陽老城區。蓋州，治所在今遼寧蓋州。巖州，太宗以白巖城置，治所在今遼寧遼陽東燕州城。㉚勞 慰勞。㉛丙午 十月十一日。㉜柳城 縣名，縣治在今遼寧朝陽。

【校記】①將 原無此字。據章鈺校，十二行本、乙十一行本、孔天胤本皆有此字，張敦仁《通鑑刊本識誤》同，今據補。

【語譯】太宗將要討伐高麗，薛延陀派使者到朝中進獻貢品，太宗對使者說：「告訴你們的可汗，如今我們父子東征高麗，你們能來侵犯，就要趕快來！」真珠可汗惶恐不安，派出使者表示謝罪，並且請求調撥薛延陀的士兵協助唐軍，太宗沒有答應。等到高麗軍隊在駐驆山戰敗，莫離支派靺鞨人遊說真珠可汗，用豐厚的利益引誘他，真珠可汗懾服於大唐不敢有所舉動。九月初七日壬申，真珠可汗去世，太宗為他致哀。

當初，真珠可汗請求讓他的庶長子曳莽當突利失可汗，居住在東方，統率各個不同的部族，讓他的嫡生子拔灼當肆葉護可汗，居住在西方，統領薛延陀本部，太宗下詔同意了，都按照禮儀予以冊封。曳莽性情暴躁好亂，輕易用兵打仗，與拔灼不和。真珠可汗去世，二人來參加喪禮。安葬了真珠可汗後，曳莽害怕拔灼圖謀自己，就先返回本部，拔灼追上後偷襲殺死了曳莽，自立為頡利俱利薛沙多彌可汗。

太宗攻克白巖城時，對李世勣說：「我聽說安市城險要，而且部隊精銳，他們的城主勇敢有才，莫離支作亂，城主不服，莫離支攻打他不能攻克，於是就把白巖城交給他。建安城兵弱糧少，如果出其不意地進攻，一定能攻克。你可先攻建安，攻下建安，那麼安市就在我囊中了，這正是《孫子兵法》中所說的『城有所不攻』的道理。」李世勣回答說：「建安在南面，安市在北面，我方軍糧全在遼東，如今越過安市攻打建安，如果賊軍切斷我軍的運糧通道，那該怎麼辦？不如先攻安市，攻下安市，就可以擊鼓進軍攻取建安。」太宗說：「任命你為將領，怎能不用你的策略，不要延誤了我的大事。」於是李世勣進攻安市。

安市人望見太宗的旗幟傘蓋，就登上城牆敲鼓吶喊。太宗大怒，李世勣請求在攻下城池的那天，把城中男女全部活埋。安市人聽到這話，更加堅守城池，唐軍久攻不下。高延壽、高惠真向太宗請求說：「奴才既然委身於大唐，不敢不呈獻自己的忠誠，希望天子早日完成盛大的功業，奴才能與妻子兒女相見。安市人愛惜自己的家庭，人人各自為戰，不容易很快攻克。如今奴才等帶領高麗兵十多萬人，望見旌旗即遭潰敗，高麗人都嚇破了膽，烏骨城的首領耨薩老邁，不能堅守城池，如果我們移兵臨城，早晨到達晚上就可攻克，其餘處於道路上的小城邑，肯定望風潰逃。然後收取他們的物資糧草，鳴鼓前進，平壤必定不能守住。」大臣們也說：「張亮的部隊在沙城，召喚他們，兩夜可以到達，乘著高麗人驚恐，合力攻克烏骨城，渡過鴨綠江，直取平壤，就在這一次的行動了。」太宗將要聽從這個意見，只有長孫無忌認為：「天子親自征戰，與將領們不同，不能冒著危險僥倖取勝。如今建安、新城的敵人，數量還有十萬，如果移師烏骨城，他們都會追蹤襲擊我軍的背後。不如先攻破安市，奪取建安，然後長驅直入，這是萬全之策。」於是太宗取消了移師烏骨的計畫。

各路軍隊緊急攻打安市城。太宗聽見城中雞和豬的叫聲，對李世勣說：「圍城的時間很長了，城中的炊煙日見稀少，如今雞和豬叫得厲害，這一定是在用酒食款待士兵，想夜間出來偷襲我們，應該嚴密部署兵力加以防範。」這天夜裡，高麗兵數百人用繩索吊出城下。太宗聽說後，親自來到城下，召集士兵緊急攻擊，殺死幾十人，其餘高麗兵逃走了。

江夏王李道宗督率部眾在城東南角修築土山，漸漸逼近城牆，城裡也增高城牆來抵抗城外唐兵。士兵們分批輪番交戰，每天有六七個回合，使用衝車礮石，擊毀了城樓和垛牆，城中隨即豎立木柵欄堵塞缺口。李道宗傷了腳，太宗親自為他針灸。唐軍晝夜不停地修築土山，共用了六十天，用去人工五十萬人次，土山頂部距離城牆幾丈遠，可以向下俯瞰城中，李道宗派果毅都尉傅伏愛帶兵駐守山頂防備敵人。土山坍塌，壓到城牆上，城牆崩毀。正趕上傅伏愛私自離開所轄部隊，高麗的幾百名士兵從城牆缺口出來交戰，便奪取佔據了土山，挖溝防守。太宗大怒，斬了傅伏愛在軍中示眾，命令將領們攻城，三天未能攻下。李道宗光著腳到太宗的大旗下請罪，太宗說：「你的罪過應當處死，但是朕認為漢武帝殺死大將王恢，不如秦穆公重用孟明，你又有攻破蓋牟、遼東的戰功，所以特赦你不死。」

太宗認為遼東冷得早，草枯水凍，兵馬難以久留，而且糧食快要沒了，九月十八日癸未，發布敕令班師還朝。先啟動遼東、蓋牟二城的百姓渡過遼水，又在安市城下炫耀兵力後凱旋，城中的人都藏身不出，城主登上城樓向唐軍拜別。太宗嘉許他堅守城池，賜給他縑帛一百匹，來鼓勵他侍奉高麗國王。命令李世勣與江夏王李道宗率領步兵、騎兵四萬人殿後。

九月二十日乙酉，唐軍到達遼東城。二十一日丙戌，渡過遼水。遼澤一帶道路泥濘，車馬不能通行，太宗命令長孫無忌率領一萬人割草填平道路，水深的地方用車做橋樑，太宗親自把薪柴拴在馬鞍上幫助鋪路。冬，十月初一日丙申，太宗到達蒲溝停止行軍，督促填草鋪路的各路軍隊渡過渤錯水。遇上狂風暴雪，士兵們衣服打溼很多人凍死，太宗命令在道路上點燃火堆來等候他們。

此次征伐高麗，總共攻克玄菟、橫山、蓋牟、磨米、遼東、白巖、卑沙、麥谷、銀山、後黃十座城，遷徙遼州、蓋州、巖州的百姓進入中國共有七萬人。新城、建安、駐驆三次大戰役，斬殺高麗兵四萬多人，唐朝士卒死了近二千人，戰馬死了十分之七八。太宗因為沒有大功告成，深自懊悔，感歎說：「如果魏徵在世，不會讓我有這次出兵！」命人乘驛馬用豬羊祭祀魏徵，重新豎立太宗撰文書寫的石碑，召來魏徵的妻子兒女到太宗的行宮，對他們慰問賞賜。

十月十一日丙午，唐軍到達營州。太宗下詔令把在遼東陣亡的士兵屍骨一併集中在柳城東南，命令有關部門擺設牛羊豬進行祭祀，太宗親自撰文祭奠亡靈，親臨靈堂痛哭，極盡悲哀。死者的父母們聽到後，說：「我們的兒子死了，而天子為他們痛哭，死了還有什麼遺憾！」太宗對薛仁貴說：「朕的各位將領都老了，想得到新出現的驍勇善戰的人任命他為將領，沒有人能像你一樣。朕不喜歡得到遼東，喜歡的是得到了你。」

丙辰❶，上聞太子奉迎將至，從飛騎三千人馳入臨渝關❷，道逢太子。上之發定州也，指所御褐袍謂太子曰：「俟見汝，乃易此袍耳。」在遼左，雖盛暑流汗，弗之易❸。及秋，穿敗，左右請易之。上曰：「軍士衣多弊，吾獨御新衣，可乎？」至是，太子進新衣，乃易之。

諸軍所虜高麗民萬四千口，先集幽州，將以賞軍士。上愍其父子夫婦離散，命有司平其直，悉以錢布贖為民，讙呼之聲，三日不息。

十一月辛未❹，車駕至幽州，高麗民迎於城東，拜舞號呼[1]，宛轉於地，塵埃彌望。

庚辰❺，過易州❻境，司馬陳元璹使民於地室蓄火種蔬而進之。上惡其諂❼，免元璹官。○丙戌❽，車駕至定州。

丁亥❾，吏部尚書楊師道坐所署用多非其才，左遷工部尚書。

壬辰❿，車駕發定州。十二月辛丑⓫，上病癰⓬，御步輦⓭而行。戊申⓮，至并州，太子為上吮癰，扶輦步從者數日。辛亥⓯，上疾瘳⓰，百官皆賀。

上之征高麗也，使右領軍大將軍執失思力將突厥屯夏州之北以備薛延陀。薛延陀多彌可汗既立，以上出征未還，引兵寇河南⓱。上遣左武候中郎將長安田仁會⓲與思力合兵擊之。思力羸形偽退，誘之深入，及夏州之境，整陳以待之。薛延陀大敗，追奔六百餘里，耀威磧北而還。多彌復發兵寇夏州，己未⓳，敕禮部尚書江夏王道宗發朔、并、汾、箕、嵐、代、忻、蔚、雲⓴九州兵鎮朔州，右衛大將軍代州都督薛萬徹、左驍衛大將軍阿史那社爾發勝、夏、銀、綏、丹、延、鄜、坊㉑、石、隰十州兵鎮勝州，勝州都督宋君明、左武候將軍薛孤吳㉒發靈、原、寧、鹽㉓、慶五州兵鎮靈州，又令執失思力發靈、勝二州突厥兵與道宗等相應。薛延陀至塞下，知有備，不敢進。

【章　旨】以上為第四段，寫薛延陀犯邊，知唐有備，至塞下而返。

【注　釋】❶丙辰　十月二十一日。❷臨渝關　又作臨榆關、臨閭關。即今河北撫寧東榆關鎮。一說即今山海關。❸弗之易　不更換它。弗，不。易，更換。❹辛未　十一月七日。❺庚辰　十一月十六日。❻易州　州名，治所在今河北易縣。❼諂　奉承；諂媚。❽丙戌　十一月二十二日。❾丁亥　十一月二十三日。❿壬辰　十一月二十八日。⓫辛丑　十二月七日。⓬癰　皮膚和皮下組織化膿性炎症。⓭步輦　類似人抬轎子的代步工具。⓮戊申　十二月十四日。⓯辛亥　十二月十七日。⓰瘳　病癒。⓱河南　此指黃河以南至唐夏州（治所在今陝西靖邊）一帶地。⓲田仁會　（西元六〇二—六七九年）唐初將領，雍州長安（今陝西西安）人，歷任勝州都督、金吾將軍、太常正卿等職。傳見《舊唐書》卷一百八十五上、《新唐書》卷一百九十七。⓳己未　十二月二十五日。⓴箕嵐句　箕、雲，皆為州名，箕州治所在今山西左權，雲州治所在今山西大同。㉑銀綏丹延鄜坊　皆為州名，銀州治所在今陝西橫山縣東黨岔，綏州治所在今陝西綏德，丹州治所在今陝西宜川縣，延州治所在今陝西延安東北，鄜州治所在今陝西富縣，坊州治所在今陝西黃陵西南。㉒薛孤吳　唐初大將。兩《唐書》又作「薩孤吳仁」或「薛孤吳仁」。薛孤，原為少數民族複姓。吳仁頗有戰功，官至左武候大將軍。事跡見《舊唐書》卷二十七〈禮儀志〉、《新唐書》卷二百十五下〈突厥傳下〉、卷二百十七下〈回鶻傳下〉附〈薛延陀傳〉、卷二百二十一上〈吐谷渾傳〉。㉓靈原寧鹽　皆為州名，靈州治所在今寧夏靈武西南，原州治所在今寧夏固原，寧州治所在今甘肅寧縣，鹽州治所在今陝西定邊。

【校　記】①號呼　原作「呼號」。據章鈺校，十二行本、乙十一行本皆作「號呼」，今從改。

【語　譯】十月二十一日丙辰，太宗聽說太子迎接大軍即將到來，就讓飛騎兵三千人隨從馳入臨渝關，途中與太子相逢。太宗從定州出發時，曾指著身上穿的褐色戰袍對太子說：「等到見到你，才換下這身戰袍。」在遼東時，即使酷暑流汗，也不換下戰袍。到了秋天，戰袍穿壞了，身邊的人請求換掉戰袍。太宗說：「戰士們的衣服大多都破舊了，我獨自一人穿新衣服，可以嗎？」到這時，太子獻上新衣，太宗才換下舊戰袍。

各路軍馬俘虜的高麗百姓有一萬四千多人，先集中在幽州，準備用來獎賞將士。太宗憐憫他們父子、夫妻離散，命令有關官署算出他們的價格，全用朝廷府庫的錢幣、布帛贖為平民，歡呼之聲，三天不止。

十一月初七日辛未，太宗車駕到達幽州，高麗百姓在城東迎接，跪拜舞蹈，高聲號呼，宛轉於地，遠近滿目塵埃。

十一月十六日庚辰，太宗經過易州境內，易州司馬陳元璹讓當地百姓在地下室蓄火提高溫度來種蔬菜，這時進獻給太宗。太宗厭惡他的諂媚，免去了陳元璹的官職。〇二十二日丙戌，太宗車駕到達定州。

十一月二十三日丁亥，吏部尚書楊師道因任用官吏大多不稱職而獲罪，降職為工部尚書。

十一月二十八日壬辰，太宗車駕從定州出發。十二月初七日辛丑，太宗患了癰瘡，坐上轎子行進。十四日戊申，到達并州，太子李治為太宗吮吸癰瘡的毒膿，好幾天扶著轎子步行跟隨。十七日辛亥，太宗病癒，文武百官全體祝賀。

太宗征伐高麗時，派右領軍大將軍執失思力率領突厥兵駐紮在夏州北面來防備薛延陀。薛延陀多彌可汗即位以後，認為太宗出征高麗沒有返回，率軍侵犯黃河以南。太宗派遣左武候中郎將長安人田仁會與執失思力合兵攻打多彌可汗。思力裝出兵力弱小的樣子假裝撤退，誘敵深入，到了夏州境內，整飭陣勢等待薛延陀。薛延陀大敗，唐軍追趕逃兵六百多里，在沙漠以北耀兵揚威後回師。多彌可汗又發兵進犯夏州，十二月二十五日己未，太宗敕令禮部尚書江夏王李道宗徵發朔州、并州、汾州、箕州、嵐州、代州、忻州、蔚州、雲州共九州兵力鎮守朔州，命令右衛大將軍代州都督薛萬徹、左驍衛大將軍阿史那社爾徵發勝州、夏州、銀州、綏州、丹州、延州、鄜州、坊州、石州、隰州共十州兵力鎮守勝州，命令勝州都督宋君明、左武候將軍薛孤吳徵發靈州、原州、寧州、鹽州、慶州共五州兵力鎮守靈州，又命令執失思力徵發靈州、勝州的突厥兵與李道宗等人相互呼應。薛延陀到達塞下，知道唐軍有所防備，不敢進犯。

初，上留侍中劉洎輔皇太子於定州，仍兼左庶子、檢校民部尚書，總吏、禮、戶部三尚書事。上將行，謂洎曰：「我今遠征，爾輔太子，安危所寄，宜深識我意。」對曰：「願陛下無憂，大臣有罪者，臣謹即行誅。」上以其言妄發，頗怪之，戒曰：「卿性疏❶而太健，必以此敗，深宜慎之。」及上不豫❷，洎從內出，色甚悲懼，謂同列曰：「疾勢如此，聖躬可憂。」或譖於上曰：「洎言國家事不足憂，但當輔幼主行伊、霍故事，大臣有異志者誅之，自定矣。」上以為然。庚申❸，下詔稱：「洎與人竊議，窺窬❹萬一，謀執朝衡❺，自處伊、霍❻，猜忌大臣，皆欲夷戮。宜賜自盡，免其妻孥。」

中書令馬周攝吏部尚書，以四時選❼為勞，請復以十一月選，至三月畢，從之。

是歲，右親衛中郎將❽裴行方❾討茂州叛羌黃郎弄❿，大破之，窮其餘黨，西至乞習山⓫，臨弱水⓬而歸。

【章旨】以上為第五段，寫侍中劉洎因失言被賜死。

【注釋】❶疏　粗疏；不周密。❷不豫　舊稱帝王有病。❸庚申　十二月二十六日。❹窺窬　窺伺可乘之隙。❺朝衡　朝廷權柄。❻伊霍　伊尹、霍光。伊尹佐湯滅夏。湯亡，輔佐卜丙、仲壬二王。仲壬亡，太甲立，不理國政，伊尹放逐太甲，太甲悔過，伊尹把他接回復位。霍光，漢武帝去世，昭帝年幼，霍光受遺詔輔政。昭帝死後，迎立昌邑王劉賀為帝，旋廢，迎立宣帝。霍光前後執政二十年。❼四時選　隋朝選拔官吏，十一月集中，到來年春季結束。貞觀元年（西元六二七年），採納吏部侍郎劉林甫之議，朝廷於春、夏、秋、冬四季銓選人才，量才授官。❽右親衛中郎將　武官名，親衛府長官，掌宿衛宮禁。❾裴行方　唐初將領，字德備，解縣（今山西運城解州鎮）人，官至右衛將軍。事跡見《舊唐書》卷六十九〈薛萬徹傳〉，《新唐書》卷七十一上〈宰相世系上〉、卷九十四〈薛萬均傳〉附〈薛萬徹傳〉。❿黃郎弄　茂州（今四川茂縣）羌酋。⓫乞習山　疑即今四川西邛崍山。⓬弱水　今四川西大金川。

【語　譯】 當初，太宗留下侍中劉洎在定州輔佐太子，仍然兼任左庶子、檢校民部尚書，總管吏部、禮部、戶部的尚書事。太宗即將出發，對劉洎說：「朕如今遠征，你輔佐太子，國家安危寄託於你，應深知我的心意。」劉洎回答說：「希望陛下不要擔憂，大臣有罪的，我就當即處死。」太宗認為他的話妄自發出，頗為奇怪，告誡說：「你的性情疏闊而過分剛硬，必會因此而敗毀，應當深為謹慎。」等到太宗生了病，劉洎從內室出來，面容極為悲哀恐懼，對同僚說：「病情到如此地步，皇上的身體值得擔憂。」有人對太宗進讒言說：「劉洎說國家的大事不足憂慮，只應輔助年幼的君主來做伊尹、霍光當年舊事，大臣當中有異圖的就殺了他，自然就會安定了。」太宗認為事情是這樣的。十二月二十六日庚申，太宗下詔說：「劉洎與人私下議論，覬覦朕有萬一，陰謀執掌朝柄，自居為伊尹、霍光，猜忌大臣，想把他們全部殺掉。應該賜他自盡，他的妻子兒女免死。」

中書令馬周代理吏部尚書，認為一年四季選拔官吏過於勞累，請求還是從十一月選擇官吏，到次年三月結束，太宗聽從了這個意見。

這一年，右親衛中郎將裴行方討伐茂州反叛的羌族人黃郎弄，把他打得大敗，窮追他的餘黨，西進到乞習山，到達弱水後返回。

二十年（丙午　西元六四六年）

春，正月辛未❶，夏州都督喬師望、右領軍大將軍執失思力等擊薛延陀，大破之，虜獲二千餘人。多彌可汗輕騎遁去，部內騷然矣。

丁丑❷，遣大理卿孫伏伽等二十二人以六條❸巡察四方，刺史、縣令以下多所貶黜，其人詣闕稱冤者前後相屬❹。上令褚遂良類狀以聞，上親臨決，以能進擢❺者二十人，以罪死者七人，流❻以下除免者數百千人。

二月乙未❼，上發并州。三月己巳❽，車駕還京師。上謂李靖曰：「吾以天下之眾困於小夷，何也？」靖曰：「此道宗所解。」上顧問江夏王道宗，具陳在駐驆時乘虛取平壤之言。上悵然❾曰：「當時匆匆，吾不憶也。」

上疾未全平，欲專保養，庚午❿，詔軍國機務並委皇太子處決。於是太子間日聽政於東宮，既罷，則入侍藥膳⓫，不離左右。上命太子暫出遊觀，太子辭不願出，上乃置別院於寢殿側，使太子居之。褚遂良請遣太子旬日一還東宮，與師傅講道義，從之。

上嘗幸未央宮，辟仗⓬已過，忽於草中見一人帶橫刀⓭。詰之，曰：「聞辟仗至，懼不敢出。辟仗者不見，遂伏不敢動。」上遽引還，顧謂太子：「茲事行之，則數人當死，汝於後速縱遣之。」又嘗乘腰輿⓮，有三衛⓯誤拂御衣，其人懼，色變。上曰：「此間無御史，吾不汝罪⓰也。」

陝人常德玄告刑部尚書張亮養假子[17]五百人，與術士公孫常語，云「名應圖讖[18]。」又問術士程公穎曰：「吾臂有龍鱗起，欲舉大事，可乎？」上命馬周等按其事，亮辭不服。上曰：「亮有假子五百人，養此輩何為？正欲反耳！」命百官議其獄，皆言亮反，當誅。獨將作少匠李道裕言：「亮反形未具，罪不當死。」上遣長孫無忌、房玄齡就獄與亮訣曰：「法者，天下之平，與公共之。公自不謹，與凶人往還，陷入於法，今將柰何！公好去。」己丑[19]，亮與公穎俱斬西市[20]，籍沒其家。

歲餘，刑部侍郎缺，上命執政妙擇其人。擬數人，皆不稱旨，既而曰：「朕得其人矣。往者李道裕議張亮獄云『反形未具』，此言當矣。朕雖不從，至今悔之。」遂以道裕為刑部侍郎。

閏月癸巳朔[21]，日有食之。◯戊戌[22]，罷遼州都督府及巖州。

夏，四月甲子[23]，太子太保蕭瑀解太保，仍同中書門下三品。

五月甲寅[24]，高麗王藏及莫離支蓋金遣使謝罪，并獻二美女，上還之。金，即蘇文也。

【章　旨】以上為第六段，寫刑部尚書張亮被人誣告謀反而被唐太宗枉殺。

【注　釋】❶辛未　一月八日。❷丁丑　一月十四日。❸六條　借用漢武帝向全國十三個監察區分遣刺史時的「六條問事」。武帝所謂六條，一、強豪田宅踰制，陵弱暴寡；二、侵漁百姓，聚斂為姦；三、不卹疑獄，刑賞任性；四、苟阿所愛，蔽賢寵頑；五、子弟恃勢，請託所監；六、通行貨賂，割損政令。❹相屬　相繼不斷。❺進擢　晉陞。❻流　即五刑之一的流刑，放逐罪人至邊遠地區服勞役。❼乙未　二月二日。❽己巳　三月七日。❾悵然　懊惱恍惚狀。❿庚午　三月八日。⓫藥膳　藥物及膳食；用藥物配製的膳食。⓬辟仗　指衛士在駕前清道，禁止行人，以為天子開道。⓭橫刀　謂以皮帶繫刀並橫置於腋下。⓮腰輿　輿車的一種，類似轎子，因抬時舉高齊腰而得名。⓯三衛　武官署名，府兵制下的內府親衛、勳衛、翊衛府稱「三衛」，掌宿衛宮禁。⓰汝罪　罪汝。⓱假子　養子；義兒。⓲圖讖　即「讖書」。一種預言符命、吉凶的迷信書。圖，圖書。讖，預言；預兆。⓳己丑　三月二十七日。⓴西市　唐長安的商貿中心，在今陝西西安西南。㉑癸巳朔　閏三月初一日。㉒戊戌　閏三月初六日。㉓甲子　四月初三日。㉔甲寅　五月二十三日。

【語　譯】二十年（丙午　西元六四六年）

春，正月初八日辛未，夏州都督喬師望、右領軍大將軍執失思力等人攻打薛延陀，把薛延陀打得大敗，俘虜二千多人。多彌可汗輕騎逃走，薛延陀內部騷亂。

正月十四日丁丑，太宗派大理寺卿孫伏伽等二十二人根據考察官員的六條詔書巡察全國各地，刺史、縣令以下的官吏多有貶退，這些人到宮門前喊冤的前後相繼。太宗令褚遂良按類寫明情況上呈，太宗親自裁決，其中因有才能提拔晉升的二十人，因罪論死的七人，流放以下免除官職的有數百上千人。

二月初二日乙未，太宗從并州出發。三月初七日己巳，太宗車駕返回京城長安。太宗對李靖說：「我憑藉全國兵力，卻受困於小小的高麗，為什麼？」李靖說：「對此李道宗能夠解釋。」太宗回頭問江夏王李道宗，李道宗全面陳述了在駐驆山時提出的乘虛攻取平壤的話。太宗悵然若失，說：「當時匆匆忙忙，我記不起來了。」

太宗的病並未痊癒，想要專心休養，三月初八日庚午，詔令軍國機要大事一併委託皇太子李治處理。於是太子每隔一日在東宮處理政務，處理完畢，就進入皇宮侍奉太宗服藥用飯，不離左右。太宗命令太子暫時出外遊玩觀覽，太子推辭不願出宮，太宗就在寢殿旁設置別院，讓太子居住。褚遂良請求派遣太子每十天回東宮一次，與太師、太傅講論道義，太宗同意了。

太宗曾臨幸未央宮，清道的衛士已經過去了，忽然在草叢裡看見一人帶著橫刀。質問他，他回答說：「聽見清道的衛士來了，心裡害怕不敢出來。清道的衛士沒有看見我，於是就趴著不敢動。」太宗馬上帶人返回宮中，對太子說：「這件事追查起來，就會有幾個人應當處死，你在後面快些把此人放走。」太宗又曾乘坐轎子，有屬於三衛的一個人失手碰到了太宗的衣服，那人很恐懼，臉色都變了。太宗說：「這裡沒有御史，我不治罪於你。」

陝州人常德玄告發刑部尚書張亮豢養義子五百人，與術士公孫常談論，說「我的名字正與圖讖相應。」又詢問術士程公穎說：「我的手臂上起了龍鱗，想做大事，可以嗎？」太宗命令馬周等人調查此事，張亮的供辭不認罪。太宗說：「張亮養有義子五百人，養這幫人做什麼？正是想謀反罷了！」命令文武百官討論他的案件，都說張亮謀反，罪當誅死。只有將作少監李道裕說：「張亮謀反的證據還不具備，罪不當死。」太宗派長孫無忌、房玄齡到獄中與張亮訣別說：「法律，是天下的天平，朕與你共同遵守。你自己不謹慎，與惡人往來，陷入法網，如今將有什麼辦法呢！你好好地離去吧。」三月二十七日己丑，張亮與程公穎全都在西市處斬，抄沒了家產。

一年多後，刑部侍郎空缺，太宗命宰相們好好挑選人選。宰相們提出幾個人，都不合太宗心意，之後太宗說：「朕得到這個人了。過去李道裕在討論張亮的案子時說『謀反的證據還不具備』，這話說得對。朕雖然沒有聽從，到現在還後悔。」於是任命李道裕為刑部侍郎。

閏三月初一日癸巳，發生日蝕。〇初六日戊戌，撤銷遼州都督府及巖州。

夏，四月初三日甲子，解除太子太保蕭瑀的太保職務，仍然為同中書門下三品。

五月二十三日甲寅，高麗國王高藏以及莫離支蓋金派使者謝罪，並獻上兩個美女，太宗把美女退還了。

蓋金，就是蓋蘇文。

六月丁卯❶，西突厥乙毗射匱可汗遣使入貢，且請昏，上許之，且使割龜茲、于闐、疏勒、朱俱波、葱嶺❷五國以為聘禮。

薛延陀多彌可汗性褊急，猜忌無恩，廢棄父時貴臣，專用己所親昵，國人不附。多彌多所誅殺，人不自安。回紇酋長吐迷度❸與僕骨、同羅共擊之，多彌大敗。乙亥❹，詔以江夏王道宗、左衛大將軍阿史那社爾為瀚海安撫大使，又遣右領衛大將軍執失思力將突厥兵，右驍衛大將軍契苾何力將涼州及胡兵，代州都督薛萬徹、營州都督張儉各將所部兵，分道並進，以擊薛延陀。

上遣校尉宇文法詣烏羅護❺、靺鞨，遇薛延陀阿波設之兵於東境，法帥靺鞨擊破之。薛延陀國中驚擾，曰：「唐兵至矣！」諸部大亂。多彌引數千騎奔阿史德時健❻部落，回紇攻而殺之，并其宗族殆盡，遂據其地。諸俟斤互相攻擊，爭遣使來歸命❼。

薛延陀餘眾西走，猶七萬餘口，共立真珠可汗兄子咄摩支❽為伊特勿失可汗，歸其故地。尋去可汗之號，遣使奉表，請居鬱督軍山❾之北。使兵部尚書崔敦禮就安集之。

敕勒九姓⑩酋長以其部落素服薛延陀種，聞咄摩支來，皆恐懼。朝議恐其為磧北之患，乃更遣李世勣與九姓敕勒共圖之。上戒世勣曰：「降則撫之，叛則討之。」己丑⑪，上手詔，以「薛延陀破滅，其敕勒諸部，或來降附，或未歸服，今不乘機，恐貽後悔，朕當自詣靈州招撫。其去歲征遼東兵，皆不調發。」

時太子當從行，少詹事張行成上疏，以為：「皇太子從幸靈州，不若使之監國，接對百寮⑫，明習庶政⑬，既為京師重鎮，且示四方盛德。宜割私愛，俯從公道。」上以為忠，進位銀青光祿大夫。

李世勣至鬱督軍山，其酋長梯真⑭達官帥眾來降。薛延陀咄摩支南奔荒谷，世勣遣通事舍人蕭嗣業⑮往招慰，咄摩支詣嗣業降。其部落猶持兩端，世勣縱兵追擊，前後斬五千餘級，虜男女三萬餘人。秋，七月，咄摩支至京師，拜右武衛大將軍。

八月甲子⑯，立皇孫忠⑰為陳王。○己巳⑱，上行幸靈州。

江夏王道宗兵既渡磧，遇薛延陀阿波達官眾數萬拒戰。道宗擊破之，斬首千餘級，追奔二百里。道宗與薛萬徹各遣使招諭敕勒諸部，其酋長皆喜，頓首請入朝。庚午[19]，車駕至浮陽[20]。回紇、拔野古、同羅、僕骨、多濫葛、思結、阿跌、契苾、跌結、渾、斛薛[21]等十一姓各遣使入貢，稱：「薛延陀不事大國，暴虐無道，不能與奴等為主，自取敗死，部落鳥散，不知所之。奴等各有分地[22]，不從薛延陀去，歸命天子。願賜哀憐，乞置官司[23]，養育奴等。」上大喜。辛未[24]，詔回紇等使者宴樂，頒賚[25]拜官，賜其酋長璽書[26]，遣右領軍中郎將安永壽[27]報使。

壬申[28]，上幸漢故甘泉宮[29]，詔以「戎狄與天地俱生，上皇並列，流殃構禍，乃自運初[30]。朕聊命偏師[31]，遂擒頡利，始弘廟略[32]，已滅延陀。鐵勒百餘萬戶，散處北溟[33]，遠遣使人，委身內屬，請同編列，並為州郡，混元[34]以降，殊未前聞，宜備禮告廟[35]，仍頒示普天[36]。」

庚辰[37]，至涇州。丙戌[38]，踰隴山[39]，至西瓦亭[40]，觀馬牧。九月，上至靈州，敕勒諸部俟斤遣使相繼詣靈州者數千人，咸云：「願得天至尊為奴等天可汗，子子孫孫常為天至尊奴，死無所恨。」甲辰[41]，上為詩序其事曰：「雪恥酬百王，除凶報千古。」公卿請勒石[42]於靈州，從之。

【章旨】以上為第七段，寫唐軍大破薛延陀，唐太宗親赴靈州安撫餘眾，並刻石頌功。

【注 釋】❶丁卯 六月七日。❷于闐疏勒朱俱波葱嶺 均為西域國名，于闐國在今新疆和田一帶，疏勒國在今新疆喀什地區，朱俱波在今新疆葉城一帶，葱嶺國在今帕米爾高原。❸吐迷度 （？—西元六四八年）回紇酋長，降唐後拜懷化大將軍兼瀚海都督，後為其姪所殺。❹乙亥 六月十五日。❺烏羅護 民族名，一稱烏羅渾，北魏時稱烏羅侯。游牧於今嫩江西部地區。❻阿史德時健 東突厥阿史德部酋長。阿史德部於東突厥破亡後徙居雲中（今內蒙古托克托東北）。❼歸命 內附並接受朝命。❽咄摩支 事跡見《舊唐書》卷一百九十九下〈鐵勒傳〉、《新唐書》卷二百十七下〈回鶻傳下〉附〈薛延陀傳〉。❾鬱督軍山 或音譯為「乞督軍山」、「烏德犍山」、「都斤山」，即今蒙古人民共和國境內杭愛山的東支，先後為突厥、薛延陀、回紇諸族的活動中心。❿敕勒九姓 即漠北九姓鐵勒。九姓為回紇、僕骨、渾、拔野古、同羅、思結、契苾、拔悉密、葛邏祿等九大鐵勒部落。姓，謂以姓氏為部落稱號。⓫己丑 六月二十九日。⓬百寮 朝中百官。寮，通「僚」。⓭庶政 各種政事。⓮梯真 延陀部酋長，姓延陀，名梯真。梯真於高宗顯慶中官至左武候將軍。⓯蕭嗣業 煬帝蕭皇后姪孫。貞觀九年（西元六三五年）降唐，官至單于都護府長史，封琅邪郡公。傳見《舊唐書》卷六十三、《新唐書》卷一百一。⓰甲子 八月五日。⓱忠 高宗李治長子李忠（西元六四三—六六四年），字正本，永徽三年（西元六五二年）立為太子，顯慶元年（西元六五六年）廢為梁王，麟德元年（西元六六四年）賜死。傳見《舊唐書》卷八十六、《新唐書》卷八十一。⓲己巳 八月十日。⓳庚午 八月十一日。⓴浮陽 當據《舊唐書》卷三作「涇陽」，涇陽縣治在今陝西涇陽，時屬京兆。㉑多濫葛思結阿跌契苾跌結渾斛薛 鐵勒部族名。多濫葛分布於今蒙古烏蘭巴托北。跌結，又稱「奚結」，分布於今俄羅斯紅契科伊以東地區。渾，分布於今蒙古土拉河東。斛薛在多濫葛北。㉒分地 世襲領地。㉓官司 政府機構。㉔辛未 八月十二日。㉕頒賚 頒發賞賜。㉖璽書 詔書。㉗安永壽 武德功臣安修仁子，涼州（治今甘肅武威）胡人出身，官至右領軍將軍。事跡見《新唐書》卷七十五下〈宰相世系表五下〉。㉘壬申 八月十三日。㉙甘泉宮 又名林光宮、雲陽宮。秦置，在今陝西淳化西北甘泉山上。㉚運初 謂大唐興運之初。㉛偏師 主力之外的部分軍隊。㉜廟略 謂帝王或朝廷在廟堂之上所規劃的與軍國大事攸關的謀略。㉝北溟 亦作「北冥」。古人想像中的北方最遠的大海。這裡用來指最遙遠的地方。㉞混元 開天闢地之初。㉟告廟 帝王或諸侯出巡或遇有大事，例須向祖廟祭告，稱「告廟」。㊱普天 普天之下。㊲庚辰 八月二十一日。㊳丙戌 八月二十七日。㊴隴山 山名，即今陝西、甘肅間的隴山。㊵西瓦亭 唐原州七關之一。在今寧夏隆德西北。㊶甲辰 九月十五日。㊷勒石 刻石立碑，頌揚功德。

【語　譯】六月初七日丁卯，西突厥乙毗射匱可汗派遣使者到唐朝進獻貢品，並且請求通婚，太宗答應了他的請求，並且讓他割讓龜茲、于闐、疏勒、朱俱波、葱嶺五國作為聘禮。

薛延陀多彌可汗性情褊狹急躁，猜疑忌恨，沒有恩德，廢掉了父親時的尊貴大臣，專門重用自己親近的人，國中百姓不肯歸附。多彌多所誅殺，人們沒有自我安全感。回紇酋長吐迷度與僕骨、同羅一起來攻打他，多彌大敗。六月十五日乙亥，太宗下詔任命江夏王李道宗、左衛大將軍阿史那社爾為瀚海安撫大使，又派右領衛大將軍執失思力率領突厥兵，右驍衛大將軍契苾何力率領涼州和胡族兵，代州都督薛萬徹、營州都督張儉各自率領所轄部隊，分道齊頭並進，進攻薛延陀。

太宗派校尉宇文法前往烏羅護、靺鞨，在薛延陀東部邊境遇到薛延陀阿波設的軍隊，宇文法率領靺鞨兵打敗了阿波設。薛延陀國內驚恐騷動，說：「唐朝的軍隊到了！」各部落大亂。多彌帶領幾千騎兵投奔阿史德時健部落，回紇進攻該部落殺死多彌，連他的宗族也死亡殆盡，於是佔據了他的地盤。薛延陀的各個部落首領相互攻擊，爭相派使者前來歸順唐朝。

薛延陀剩餘的部眾西去，還有七萬多人，共同擁立真珠可汗哥哥的兒子咄摩支為伊特勿失可汗，回到他們的故地。不久又去掉了可汗稱號，派使者上表，請求居住在鬱督軍山北面。太宗派兵部尚書崔敦禮前去就地安置他們。

敕勒人九個姓氏的酋長因為他們的部落向來歸附薛延陀種族，聽說咄摩支要來到鬱督軍山北面，都很恐懼。朝廷大臣討論時擔心咄摩支為害漠北，便另派李世勣與九姓敕勒一起圖謀咄摩支。太宗告誡李世勣說：「咄摩支如果投降就安撫他們，如果反叛就討伐他們。」六月二十九日己丑，太宗親筆書寫詔令，認為「薛延陀被消滅後，其下的敕勒各個部落，有的前來歸降，有的沒有歸附，現今如果不抓住機會，恐怕日後留下悔恨，朕應當親自前往靈州加以招撫。那些去年出征遼東的士兵，此次都不徵發。」

當時太子應當跟隨太宗一同出行，少詹事張行成上奏，認為：「皇太子跟隨陛下臨幸靈州，不如讓他監理國事，接見應對百官，熟悉各種政務，既是為了京師重鎮，又可向四方顯示太子大德。陛下應該割捨私情，俯就天下的大公之道。」太宗認為張行成忠誠，進升官位為銀青光祿大夫。

李世勣到達鬱督軍山，薛延陀的酋長梯真達官率領部眾前來投降。薛延陀咄摩支南逃荒山野谷，李世勣派遣通事舍人蕭嗣業前去招撫安慰，咄摩支前往蕭嗣業處投降。他的部落還猶豫不定，李世勣縱兵追擊，前後斬首五千多人，俘虜男女三萬多人。秋，七月，咄摩支到達京城，拜官右武衛大將軍。

八月初五日甲子，太宗立皇孫李忠為陳王。○初十日己巳，太宗行幸靈州。

江夏王李道宗的部隊渡過沙漠後，遇到薛延陀阿波達官的部眾數萬人進行抵抗。李道宗打敗了他們，斬首一千多人，追擊逃跑的敵人二百里。李道宗與薛萬徹各自派遣使者招撫敕勒各部，他們的酋長都十分高興，向使者磕頭請求入京朝見。八月十一日庚午，太宗車駕到達浮陽。回紇、拔野古、同羅、僕骨、多濫葛、思結、阿跌、契苾、跌結、渾、斛薛等十一姓部落各自遣使入貢，說道：「薛延陀不侍奉大國，暴虐無道，不能作為我們的主人，自取敗亡，各部落作鳥獸散，不知所往。我們各有自己的地盤，不跟隨薛延陀逃走，歸附大唐天子。希望垂賜哀憐，乞請設置官署，養育我們。」太宗大為高興。十二日辛未，太宗詔令宴請回紇等族使者，賞賜物品，封拜官職，把皇帝的璽書賜給各個酋長，派遣右領軍中郎將安永壽到各部落回訪。

八月十三日壬申，太宗來到漢代的原甘泉宮，頒布詔令，認為「戎狄等族與天地一同生存，與上古帝王並列稱雄，傳播禍害，製造禍端，是從大唐建國之初開始的。朕暫且任命了一支部隊進擊，就活捉了頡利，剛剛發揮廟堂的謀略，已經消滅了薛延陀。鐵勒族一百多萬戶，分散居住在北方最遙遠的地方，從遠方派遣使者，委身內附，請求同樣編列為大唐民戶，一起置為州郡，開天闢地以來，前所未聞，應當備齊禮儀祭告祖廟，並且頒示給普天之下。」

八月二十一日庚辰，太宗到達涇州。二十七日丙戌，越過隴山，到達西瓦亭，觀看馬匹養牧。九月，太宗到達靈州，敕勒各部落首領俟斤相繼派使者幾千人前往靈州，都說：「希望得到上天至尊皇帝成為我們的天可汗，我們子子孫孫長久做上天至尊皇帝的奴隸，死無所恨。」十五日甲辰，太宗作詩記敘此事說：「雪恥酬百王，除凶報千古。」公卿大臣請求在靈州刻碑記事，太宗聽從了。

特進同中書門下三品宋公蕭瑀性狷介❶，與同寮多不合。嘗言於上曰：「房玄齡與中書門下眾臣，朋黨不忠，執權膠固❷，陛下不詳知，但未反耳。」上曰：「卿言得無太甚！人君選賢才以為股肱心膂，當推誠任之。人不可以求備，必捨其所短，取其所長。朕雖不能聰明，何至頓迷臧否❸，乃至於是！」瑀內不自得。既數忤旨❹，上亦銜❺之，但以其忠直居多，未忍廢也。

上嘗謂張亮曰：「卿既事佛，何不出家？」瑀因自請出家。上曰：「亦知公雅好桑門❻，今不違公意。」瑀須臾復進曰：「臣適思之，不能出家。」上以瑀對羣臣發言反覆，尤不能平。會稱足疾不朝，或至朝堂而不入見，上知瑀意終怏怏，冬，十月，手詔數其罪曰：「朕於佛教，非意所遵。求其道者未驗福於將來，修其教者翻受辜於既往。至若梁武窮心於釋氏，簡文銳意於法門，傾帑藏以給僧祇❼，殫人力以供塔廟。及乎三淮❽沸浪，五嶺❾騰煙，假餘息於熊蹯❿，引殘魂於雀鷇⓫，子孫覆亡而不暇，社稷俄頃而為墟，報施之徵，何其謬也！瑀踐覆車之餘軌，襲亡國之遺風，棄公就私，未明隱顯之際，身俗口道，莫辨邪正之心。修累葉之殃源，祈一躬⓬之福本，上以違忤君主，下則扇習浮華。自請出家，尋復違異。一迴一惑⓭，在乎瞬息之間，自可自否，變於帷扆之所⓮。乖⓯棟梁之體，豈其瞻⑯之量乎！朕隱忍至今，瑀全無悛改⑰。可商州刺史，仍除其封⑱。」

上自高麗還，蓋蘇文益驕恣，雖遣使奉表，其言率皆詭誕。又待唐使者倨慢，常窺伺邊隙。屢敕令勿攻新羅，而侵陵不止。壬申⑲，詔勿受其朝貢，更議討之。

丙戌⑳，車駕還京師。

冬，十月己丑㉑，上以幸靈州往還，冒寒疲頓，欲於歲前專事保攝。○十一月己丑㉒，詔祭祀、表疏、胡客、兵馬、宿衛㉓、行魚契㉔給驛、授五品以上官及除解㉕、決死罪皆以聞，餘並取皇太子處分。

十二月己丑㉖，羣臣累請封禪，從之。詔造羽衛㉗送洛陽宮。

戊寅㉘，回紇俟利發吐迷度、僕骨俟利發歌濫拔延、多濫葛俟斤末、拔野古俟利發屈利失、同羅俟利發時健啜、思結酋長烏碎及渾、斛薛、奚結、阿跌、契苾、白霫㉙酋長皆來朝[1]。庚辰㉚，上賜宴於芳蘭殿㉛，命有司厚加給待[2]，每五日一會。

癸未㉜，上謂長孫無忌等曰：「今日吾生日，世俗皆為樂，在朕翻成傷感。今君臨天下，富有四海，而承歡膝下，永不可得，此子路所以有負米之恨㉝也。詩云：『哀哀父母，生我劬勞㉞。』柰何以劬勞之日更為宴樂乎！」因泣數行下，左右皆悲。

房玄齡嘗以微譴歸第。褚遂良上疏，以為：「玄齡自義旗之始翼贊聖功，武德之季冒死決策，貞觀之初選賢立政，人臣之勤，玄齡為最。自非有罪在不赦，搢紳㉟同尤，不可遐棄㊱。陛下若以其衰老，亦當諷諭使之致仕，退之以禮，不可以淺鮮之過㊲，棄數十年之勳舊㊳。」上遽召出之。頃之，玄齡復避位還家。久之，上幸芙蓉園㊴，玄齡敕子弟汛掃門庭，曰：「乘輿且至！」有頃，上果幸其第，因載玄齡還宮。

【章旨】以上為第八段，寫唐太宗晚年的猜忌，因小過而譴謫舊時元老大臣蕭瑀、房玄齡等人。

【注釋】❶狷介　潔身自好，不肯同流合汙。❷膠固　鞏固；結合緊密。❸臧否　好壞；得失。❹忤旨　違逆聖旨。❺銜　銜怒；懷怒。❻桑門　「沙門」異譯。出家的佛教徒的總稱。❼僧祇　梵語「阿僧祇耶」（即大眾）的略稱。❽三淮　即淮水三河地區，在今江蘇西部。淮水經此入大運河。❾五嶺　即湘贛與桂粵交界處的越城、都龐、萌渚、騎田、大庾五嶺的總稱。「三淮沸浪」、「五嶺騰煙」，謂佞佛的梁武帝招致「侯景之亂」和嶺南蕭勃、元蘭之亂。❿熊蹯　熊掌。楚成王四十六年（西元前六二六年），欲廢太子商臣，商臣發動兵變，圍成王於宮，成王請食熊掌而死，用以拖延時間，商臣不許，成王自縊而死。事見《史記》卷四十〈楚世家〉。⓫雀鷇　雛雀；待哺的幼雀。趙惠文王四年（西元前二九五年），主父（即趙武靈王）遊沙丘，太子章作亂，趙惠王發兵平叛，太子章兵敗投武靈王，主父開門接納，趙惠王將李兌兵圍沙丘，主父乏食，靠取雀為食，三個多月後餓死沙丘宮。事見《史記》卷四十三〈趙世家〉。熊蹯、雀鷇，指楚成王、主父末年不得善終事。太宗藉以喻梁武帝餓死於臺城。⓬一躬　一身。⓭一迴一惑　迴，反覆。惑，迷亂。⓮帷扆之所　朝堂；天子接見群臣的所在。⓯乖　違逆。⓰具瞻　為眾人所瞻仰。⓱悛改　悔改過錯。⓲封　封爵。⓳壬申　十月十四日。⓴丙戌　十月二十八日。㉑十月己

丑 應為十一月己丑，即十一月一日。㉒己丑 當作「乙丑」。即十二月七日。㉓祭祀表疏胡客兵馬宿衛 祭祀，祀神祭祖。表疏，上奏天子的表章。胡客，蕃人；蕃國使臣。兵馬、宿衛，用於征討及番上宿衛的將士。㉔魚契 即魚符和木契，唐朝授予臣下的信物。㉕除解 拜官授職和解除官職。㉖己丑 十二月無「己丑」，疑是「乙丑」。㉗羽衛 天子的儀仗。㉘戊寅 十二月二十日。㉙白霫 鐵勒部族之一，分布於今圖拉河東北一帶。鐵勒諸部酋長歌濫拔延等事跡並見《新唐書》卷二百十七下〈回鶻傳下〉附〈僕骨傳〉。㉚庚辰 十二月二十二日。㉛芳蘭殿 胡三省注疑是「紫蘭殿」，在大明宮玄武門右玄武殿側，樂宴胡客，率引入玄武門。㉜癸未 十二月二十五日。㉝此子路所以有負米之恨 子路，魯國卞（今山東泗水縣）人，孔丘弟子，出身貧苦，嘗從百里外背米以奉雙親。父母死後，子路貴顯，積粟至萬鍾，但他並不快活，他說再無機會負米承歡於二老膝下。孔子讚美子路「事親，可謂生事盡力，死事盡思」。事見《孔子家語・致思》。㉞劬勞 勞累；養育子女的勞苦。「哀哀父母，生我劬勞」出自《詩經・蓼莪》。㉟搢紳 亦作「縉紳」，即官宦。㊱遐棄 疏遠遺棄。㊲淺鮮之過 小而少的過錯。㊳勳舊 功臣故舊。㊴芙蓉園 位於曲江池東。在今陝西西安東南。

【校　記】①皆來朝 此下原有十空格。據章鈺校，十二行本、乙十一行本皆無空格，今從改。②厚加給待 原無此四字。據章鈺校，十二行本、乙十一行本、孔天胤本皆有此四字，張敦仁《通鑑刊本識誤》、張瑛《通鑑校勘記》、熊羅宿《胡刻資治通鑑校字記》同，今據補。

【語　譯】特進同中書門下三品宋公蕭瑀潔身自守，與同僚大多都不合。他曾對太宗說：「房玄齡與中書、門下省的眾位大臣，私結朋黨不忠於皇上，操持權柄固執己見，陛下不詳知內情，只是還沒有反叛罷了。」太宗說：「你說得是不是太過分了！君王選擇賢才作為股肱心腹之人，應當推誠任人。人不可以求全責備，一定要棄其短處，取其長處。朕雖然不能做到耳聰目明，何至於不識好壞，竟然到這種地步！」蕭瑀心裡未能得意。多次違背聖意後，太宗也銜怒於蕭瑀，只是認為他忠誠直率之處居多，不忍心罷免他。

太宗曾對張亮說：「你既然敬事佛祖，為什麼不出家呢？」蕭瑀於是請求出家做和尚。太宗說：「朕也知道你素來喜好佛門，現在不違背你的意思。」過了一會兒蕭瑀又進言說：「我剛才考慮過了，不能出家。」太宗因為蕭瑀當著群臣講話反覆無常，心裡更加不平靜。適逢蕭瑀聲稱有腳病不能上朝，或者到了朝堂而不入見太宗，太宗知道他的心情始終怏怏不快，冬，十月，親筆書寫詔令列舉他的罪過說：「朕對於佛教，不是心裡所能遵從的。追求佛道的人未能驗證福祿於將來，修習它的教理的人反而受罪於往昔。至於像梁武帝那樣把全部心思放在佛教上，像梁簡文帝那樣執意於佛門，傾盡國家府庫資財供給僧眾，耗盡人力用來修築塔廟。等到三淮大浪沸騰，五嶺狼煙騰起，像楚成王臨死前想靠煮熊掌來拖延時間，像趙武靈王獲取幼雀來延長即將危亡的生命，子孫傾亡而無暇顧及，國家頃刻間化為廢墟，佛教所說的因果報應的徵兆，是何等的荒謬！蕭瑀重蹈前人車子傾覆的餘轍，承襲亡國之人的遺風，棄公就私，不明白顯宦和隱逸之間的道理，身處俗世，口誦佛語，不能分辨邪惡與正義的心思所在。想靠佛教修行去掉累世的孽源，祈求自己一人的福根，對上違逆君王，對下則煽動習尚浮華。自己請求出家，馬上又違背諾言。一會兒反覆，一會兒昏惑，都在瞬息之間，自己認可，自己否定，改變於天子接見群臣的地方。這有違於作為國家棟樑的身分，難道是為眾人所瞻仰之人的度量嗎！朕一直隱忍到今天，蕭瑀全未悔改。可以任商州刺史，免除他的封爵。」

太宗從高麗回朝後，蓋蘇文更加驕橫恣肆，雖然遣使上表，但言辭大都怪誕詭詐。還有，對待唐朝使者態度傲慢，經常窺伺邊界的入侵機會。太宗多次敕令蓋蘇文不要進攻新羅，而他侵陵不止。十月十四日壬申，太宗下詔不接受高麗的朝貢，另外商議討伐高麗之事。

十月二十八日丙戌，太宗車駕返回京城。

冬，十月己丑日，太宗因行幸靈州往返於路，遭受嚴寒，疲勞困頓，想在年前專心保養身體。〇十一月己丑日，詔令凡是祭祀之事、大臣所上表疏、四方異族朝貢的客人、軍隊的徵調、皇宮的宿衛、向驛站發放銅魚符、任命五品以上官員以及拜官解職、處決死罪等事，都要上奏皇帝知悉，其餘事務一併聽從皇太子處理。

十二月己丑日，眾大臣多次請求舉行封禪禮，太宗聽從了。詔令製作封禪儀仗送到洛陽宮中。

十二月二十日戊寅，回紇的俟利發吐迷度、僕骨的俟利發歌濫拔延、多濫葛的俟斤末、拔野古的俟利發屈利失、同羅的俟利發時健啜、思結的酋長烏碎以及渾、斛薛、奚結、阿跌、契苾、白霫的酋長都來京朝見。

二十二日庚辰，太宗賜宴芳蘭殿，命令有關部門優厚招待，每五天舉行一次宴會。

十二月二十五日癸未，太宗對長孫無忌等人說：「今日是我的生日，世俗人們都在這天歡宴作樂，而對朕來說反而讓我傷感。如今君臨天下，富有四海，而兒子們承歡父母膝下，卻永遠不能得到，這就是子路所以有負米之恨的原因。《詩經》說：『可哀憐的父母，生我的時候多麼辛勞。』為什麼以父母辛勞的日子飲宴作樂呢！」於是流下數行眼淚，身邊的人都很悲傷。

房玄齡曾因太宗對他稍有譴責而停職回家休息。褚遂良上疏，認為：「房玄齡從高祖開始舉起義旗反隋時就輔佐聖業，武德末年冒死決策，貞觀初年為朝廷選拔賢才建立國家行政機構，大臣的辛勤，以玄齡為最。如果不是有不赦之罪，群臣共恨，就不能疏遠拋棄。陛下如果認為他已衰老，也應當暗示，讓他退休，以禮節讓他離職，不能因為小小的過失，拋棄了幾十年的勳臣故舊。」太宗急忙把房玄齡從家中召回。過了不久，房玄齡又離職回家。很長時間，太宗幸臨芙蓉園，房玄齡命家中的子弟灑掃門庭，說：「皇上的乘輿就要到了！」不一會兒，太宗果然臨幸他的宅第，於是讓房玄齡登上乘輿返回宮中。

二十一年（丁未　西元六四七年）

春，正月，開府儀同三司申文獻公高士廉疾篤。辛卯❶，上幸其第，流涕與訣。壬辰❷，薨。上將往哭之，房玄齡以上疾新愈，固諫，上曰：「高公非徒君臣，兼以故舊姻戚，豈得聞其喪不往哭乎！公勿復言！」帥左右自興安門❸出。長孫無忌在士廉喪所，聞上將至，輟哭，迎諫於馬首曰：「陛下餌金石❹，於方不得臨喪，柰何不為宗廟蒼生自重！且臣舅臨終遺言，深不欲以北首、夷衾❺，輒屈鑾駕。」上不聽。無忌中道伏臥，流涕固諫，上乃還入東苑⑥，南望而哭，涕下如雨。及柩出橫橋⑦，上登長安故城⑧西北樓，望之慟哭。

丙申⑨，詔以回紇部為瀚海府⑩，僕骨為金微府⑪，多濫葛為燕然府⑫，拔野古為幽陵府⑬，同羅為龜林府⑭，思結為盧山府⑮，渾為皋蘭州⑯，斛薛為高闕州⑰，奚結為雞鹿州⑱，阿跌為雞田州⑲，契苾為榆溪州⑳，思結別部為蹛林州㉑，白霫為寘顏州㉒，各以其酋長為都督、刺史，各賜金銀繒帛及錦袍。敕勒大喜，捧戴歡呼拜舞，宛轉塵中。及還，上御天成殿宴，設十部樂㉓而遣之。諸酋長奏稱：「臣等既為唐民，往來天至尊所，如詣父母，請於回紇以南、突厥以北開一道，謂之參天可汗道㉔，置六十八驛，各有馬及酒肉以供過使，歲貢貂皮以充租賦，仍請能屬文人，使為表疏。」上皆許之。於是北荒悉平，然回紇吐迷度已私自稱可汗，官號皆如突厥故事。

丁酉㉕，詔以明年仲春有事泰山，禪社首㉖，餘並依十五年議。

二月丁丑㉗，太子釋奠㉘于國學。

【章　旨】以上為第九段，寫北方各少數民族接受唐官稱號，示天下各族為一家。唐太宗平等對待的民族政策獲得成功。

【注　釋】❶辛卯　一月四日。❷壬辰　一月五日。❸興安門　大明宮南面共五門，次西為興安門，在大明宮的西南隅。❹金石　指道士以金液和丹砂煉製的所謂長生不死之藥。❺北首夷衾　北首，屍體頭部朝北放置。夷衾，據唐代諸臣喪禮，奉屍殮於棺後，乃加蓋，覆以夷衾。夷，屍。衾，被。這裡用「北首」、「夷衾」，代指喪禮的每一環節。❻東苑　西京三內苑之一。在大明宮的東南隅，南北二里，東西佔地一坊。❼橫橋　又稱「渭橋」、「中渭橋」、「橫門橋」、「石柱橋」，秦始皇建，在原長安故城橫門外。在今陝西咸陽東北渭河上。❽長安故城　即漢長安城。在今陝西西安西北渭河南岸。❾丙申　一月九日。❿瀚海府　治所在今蒙古人民共和國哈爾和林附近。⓫金微府　治所在今蒙古人民共和國肯特省一帶。⓬燕然府　治所在今蒙古人民共和國烏蘭巴托附近。⓭幽陵府　治所在今蒙古人民共和國東方省一帶。⓮龜林府　治所在今蒙古人民共和國色楞格省。⓯盧山府　治所在今蒙古人民共和國杭愛省南部地帶。⓰皋蘭州　在今蒙古人民共和國圖拉河東岸一帶。後僑治涼州（今甘肅武威）。⓱高闕州　疑置於高闕塞（今內蒙古烏拉特中後聯合旗西南）。⓲雞鹿州　在今俄國希洛克以南地帶，後僑治於今寧夏境。⓳雞田州　在今蒙古人民共和國烏蘭巴托西北，後僑治於今寧夏境。⓴榆溪州　初在今內蒙古河套東北岸，後僑治今甘肅河西走廊。㉑蹛林州　初在今蒙古人民共和國境，後僑治涼州境。㉒寘顏州　在今內蒙古呼省貝爾湖南、大興安嶺西。㉓十部樂　係燕樂。唐高祖時沿隋舊制，設九部燕樂，有燕樂伎、清商伎、西涼伎、天竺伎、高麗伎、龜茲伎、安國伎、疏勒伎、康國伎。太宗平高昌，收其樂，始有十部樂。㉔參天可汗道　此道約自今河套地區北行至瀚海都督府以北地帶。這條貫通大漠南北的道路在後來發展為中受降城（在今內蒙古包頭西南黃河北岸）入回紇道，為入四夷的七條大道之一。㉕丁酉　一月十日。㉖社首　山名，在今山東泰安西南。㉗丁丑　二月二十日。㉘釋奠　古代學校祭奠先師先聖的一種典禮。

【語　譯】二十一年（丁未　西元六四七年）

春，正月，開府儀同三司申文獻公高士廉病情加重。初四日辛卯，太宗親臨他的宅第，流著淚與他告別。初五日壬辰，高士廉去世。太宗準備前往哭靈，房玄齡認為太宗的病剛好，堅決勸阻，太宗說：「高公與我不僅是君臣，還兼為故舊姻親，豈有聽說他的喪事而不前去哭弔的呢！你不要再說了！」太宗帶領身邊的人從興安門出宮。長孫無忌在高士廉的靈堂，聽說太宗將要到來，停止哭泣，迎著太宗乘坐的御馬勸諫說：「陛下正在吃藥，按照藥方不能參加喪事，為什麼不為宗廟社稷和天下百姓而自加珍重呢！而且臣的舅舅臨終遺言，非常不願意為安放屍體、奉屍入棺覆以夷衾等事，讓陛下屈駕前來。」太宗不聽他的勸告。長孫無忌臥身在道路中間，涕淚交加，堅決諫阻，太宗這才返回來到東苑，望著南面痛哭，淚下如雨。等到靈柩走出橫橋，太宗登上長安舊城的西北角樓，遙望慟哭。

正月初九日丙申，太宗詔令以回紇部為瀚海府，僕骨為金微府，多濫葛為燕然府，拔野古為幽陵府，同羅為龜林府，思結部為盧山府，渾為皋蘭州，斛薛為高闕州，奚結為雞鹿州，阿跌為雞田州，契苾為榆溪州，思結的另一部為蹛林州，白霫為寘顏州，分別任命他們的酋長為都督和刺史，分別賜予金銀繒帛以及錦袍。敕勒族非常高興，捧著穿著歡呼下拜跳舞，旋轉在飛塵之中。等到各部落酋長要回去時，太宗親臨天成殿設宴，演奏十部樂後遣送他們。各部族的酋長上奏說：「臣等既為唐朝臣民，往來於京城上天至尊之處，就如同來到父母這裡，請求在回紇以南與突厥以北地區開闢一條通道，稱作參天可汗道，設置六十八個驛站，各有馬匹及酒肉，供給路過的使者，我們每年進貢貂皮充作租賦，仍然延請能作文章的人，讓他們撰寫表章奏疏。」太宗全都答應了。在這時北部邊疆全部平定了，但是回紇吐迷度已經私自號稱可汗，官名稱號皆同突厥舊制。

正月初十日丁酉，太宗詔令明年仲春之月封禪泰山，禪祭社首山，其餘事項都按照貞觀十五年議定的辦理。

二月二十日丁丑，皇太子李治到國子學舉行釋奠禮。

上將復伐高麗，朝議以為：「高麗依山為城，攻之不可猝拔。前大駕親征，國人不得耕種，所克之城，悉收其穀，繼以旱災，民太半乏食。今若數遣偏師，更迭擾其疆埸，使彼疲於奔命，釋耒❶入堡，數年之間，千里蕭條，則人心自離，鴨綠之北，可不戰而取矣。」上從之。三月，以左武衛大將軍牛進達❷為青丘道行軍大總管，右武候將軍李海岸❸副之，發兵萬餘人，乘樓船❹自萊州汎海而入。又以太子詹事李世勣為遼東道行軍大總管，右武衛將軍孫貳朗❺等副之，將兵三千人，因營州都督府兵自新城道入。兩軍皆選習水善戰者配之。

辛卯❻，上曰：「朕於戎狄，所以能取古人所不能取，臣古人所不能臣者，皆順眾人之所欲故也。昔禹帥九州❼之民，鑿山槎❽木，疏百川注之海，其勞甚矣，而民不怨者，因人之心，順地之勢，與民同利故也。」

是月，上得風疾❾，苦京師盛暑，夏，四月乙丑❿，命修終南山太和廢宮為翠微宮⓫。

丙寅⓬，置燕然都護府⓭，統瀚海等六都督、皋蘭等七州，以楊州都督府司馬李素立⓮為之。素立撫以恩信，夷落懷之，共率馬牛為獻。素立唯受其酒一盃，餘悉還之。

五月戊子⓯，上幸翠微宮。冀州進士張昌齡⓰獻翠微宮頌。上愛其文，命於通事舍人裏供奉⓱。○初，昌齡與進士王公治⓲[1]皆善屬文，名振京師。考功員外郎⓳王師旦⓴知貢舉，黜之，舉朝莫曉其故。及奏第，上怪無二人名，詰之。師旦對曰：「二人雖有辭華，然其體輕薄，終不成令器㉑。若置之高第，恐後進效之，傷陛下雅道㉒。」上善其言。

壬辰㉓，詔百司依舊啓事皇太子。

庚辰㉔，上御翠微殿㉕，問侍臣曰：「自古帝王雖平定中夏，不能服戎狄。朕才不逮古人，而成功過之，自不諭其故，諸公各率意以實言之。」羣臣皆稱：「陛下功德如天地，萬物不得而名言。」上曰：「不然。朕所以能及此者，止由五事耳。自古帝王多疾㉖勝己者。朕見人之善，若己有之。人之行能㉗，不能兼備。朕常棄其所短，取其所長。人主往往進賢則欲寘㉘諸懷，退不肖則欲推諸壑。朕見賢者則敬之，不肖者則憐之，賢不肖各得其所。人主多惡正直，陰誅顯戮，無代無之。朕踐阼㉙以來，正直之士，比肩於朝，未嘗黜責一人。自古皆貴中華，賤夷狄。朕獨愛之如一，故其種落皆依朕如父母。此五者，朕所以成今日之功也。」顧謂褚遂良曰：「公嘗為史官，如朕言，得其實乎？」對曰：「陛下盛德不可勝載，獨以此五者自與，蓋謙謙㉚之志耳。」

李世勣軍既渡遼，歷南蘇㉛等數城，高麗多背城拒戰，世勣擊破其兵，焚其羅郭㉜而還。

【章旨】以上為第十段，寫唐太宗自信，他治國超越前世君主有五長：一渴求賢才，二用人之長，三各任其能，四親近直臣，五夷漢一家。

【注釋】❶耒　古代翻土農具耒耜的柄。這裡用來代指農具。❷牛進達　唐初功臣，早年先後隸於瓦崗軍和王世充。降唐後累擢將軍、大將軍，封琅邪郡公。事跡見《舊唐書》卷六十八〈秦叔寶傳〉、卷一百九十六上〈吐蕃傳上〉、卷一百九十九上〈高麗傳〉，《新唐書》卷一百九十一〈忠義傳上〉等。❸李海岸　《冊府元龜・外臣部》等作「李海崖」。唐初將領，曾參與征討高麗、龜茲等。事跡見《新唐書》卷一百十〈阿史那社爾傳〉、卷二百二十〈高麗傳〉、卷二百二十一上〈龜茲傳〉。❹樓船　古代有樓的戰船。❺孫貳朗　唐初將領。事跡見《新唐書》卷二百二十。❻辛卯　三月五日。❼九州　指上古我國中原的九個區域。據《尚書・禹貢》，九州為冀、兗、青、徐、揚、荊、豫、梁、雍州。❽槎　斫。❾風疾　中醫學病症名，即痹病。❿乙丑　四月九日。⓫翠微宮　故址在今陝西西安南五十里終南山中。⓬丙寅　四月十日。⓭燕然都護府　治所在今內蒙古烏拉特中後旗西南。後移治今蒙古哈拉和林附近，改名瀚海都護府。⓮李素立　唐初良吏，趙州高邑（今河北高邑）人，累擢侍御史、綿州和蒲州刺史、太僕和鴻臚卿等職，封高邑縣侯。永徽初卒。傳見《舊唐書》卷一百八十五上、《新唐書》卷一百九十七。⓯戊子　五月三日。⓰張昌齡　（？—西元六六六年）唐初文學家，冀州南宮（今河北南宮西北）人，官至北門修撰。有文集二十卷。傳見《舊唐書》卷一百九十上、《新唐書》卷二百一。⓱通事舍人裏供奉　通事舍人為中書省屬官，掌朝見引納、承旨勞問等事，從六品上。因張昌齡資格淺，不得任正官，命於通事舍人班裡供職。⓲王公治　王公謹本名公治，因避高宗諱改。事跡見《新唐書》卷四十四〈選舉志上〉、卷二百一〈張昌齡傳〉。⓳考功員外郎　吏部考功司長官之一，掌地方官考核和科舉考試。考功員外郎掌貢舉，乃唐初之制。開元間，以員外郎位低望輕，遂把貢舉之責移於禮部，由侍郎職掌。⓴王師旦　事跡見《新唐書》卷四十四〈選舉志上〉、卷二百一〈張昌齡傳〉。㉑令器　猶言美材。㉒雅道　正道；雅正之道。㉓壬辰　五月七日。㉔庚辰　五月無「庚辰」，據兩《唐書・太宗紀》，為「戊子」（五月三日）之誤。㉕翠微殿　翠微宮正殿。㉖疾　通「嫉」。妒忌。㉗行能　品行和能力。㉘寘　「置」的異體字。㉙踐阼　帝王登基。㉚謙謙　謙遜。㉛南蘇　在今遼寧撫順東蘇子河與渾河合流處。㉜羅郭　即羅城（大城）和郭城（外城）。

【校記】①王公治　嚴衍《通鑑補》改作「王公謹」。

【語譯】太宗準備再次討伐高麗，朝臣議論認為：「高麗依山築城，攻打它不能立刻攻克。以前大駕親征，國中百姓不能耕種莊稼，所攻克的城邑，全部沒收了他們的糧穀，接著發生了旱災，百姓有一大半缺乏糧食。如今若是多次派出支隊，輪番騷擾高麗的疆域，讓它疲於奔命，放下農具進入城堡，幾年之內，千里蕭條，人心自然離散，鴨綠江以北地區，可以不打仗就獲取了。」太宗聽從了他們的建議。三月，任命左武衛大將軍牛進達為青丘道行軍大總管，右武候將軍李海岸做他的副手，徵發兵力一萬多人，乘著樓船從萊州航海進入高麗。又任命太子詹事李世勣為遼東道行軍大總管，右武衛將軍孫貳朗等人做他的副手，率兵三千人，加上營州都督府的兵力從新城道進入高麗。兩支軍隊都選拔了熟習水性善於作戰的士兵配備到其部隊中。

三月初五日辛卯，太宗說：「朕對於北方戎狄，所以能夠取得古人所不能取得的勝利，臣服古人不能使之臣服的戎狄，都是因為順應了眾人願望的緣故。過去大禹率領九州的百姓，開山伐木，疏通百川流入大海，他們極為勞苦，而百姓無怨，就是因為順應了民心，順應了地勢，與民同利的緣故。」

這個月，太宗得了風疾，被京城酷暑所苦，夏，四月初九日乙丑，命人修繕終南山廢棄的太和宮為翠微宮。

四月初十日丙寅，設置燕然都護府，統轄瀚海等六個都督府和皋蘭等七個州，任命楊州都督府司馬李素立為都護。李素立採用恩惠和誠信加以安撫，夷人部落感念他，都相率進獻牛馬。李素立只接受他們的一杯酒，其餘的全部退還。

五月初三日戊子，太宗臨幸翠微宮。冀州進士張昌齡進獻〈翠微宮頌〉。太宗喜歡他的文章，命他在通事舍人班裡供職。○當初，張昌齡與進士王公治都擅長寫文章，名震京城。考功員外郎王師旦掌管貢舉，廢黜他們不予錄用，全朝廷的官員都不明白其中緣故。等到奏上進士及第的名單，太宗奇怪沒有這二人的名字，就質問王師旦。王師旦回答說：「二人雖然有辭彩，然而他們的文體輕薄，終究不能成為美材。如果把他們放在進士等級裡，恐怕後來的人仿效他們，有損陛下的雅正之道。」太宗認為他的話說得好。

五月初七日壬辰，太宗詔令文武百官依舊向皇太子奏報政事。

庚辰日，太宗親臨翠微殿，問侍從的大臣說：「自古以來帝王雖然平定了中原，卻不能臣服戎狄。朕的才能趕不上古代帝王，而功業超過了他們，我自己不明白其中的緣故，你們各自直率地據實說來。」眾大臣都說：「陛下的功德有如天地，萬物不能用言詞說出來。」太宗說：「不是這樣。朕所以能達到這種地步，只因為五個事由罷了。自古以來帝王大多嫉妒能力超過自己的。朕看見別人的長處，就如同自己有這種長處。人的品行和能力，不能兼備。朕常常棄人所短，取人所長。君王往往進用有才能的人時，就喜歡得想把他放在懷裡，罷黜無才之人時，就想把他推入深谷。朕看見有才能的人就敬重他，遇見無才的人就可憐他，有才能的和沒有才能的人各得其所。君王大多討厭大臣公正直率，暗中誅，明著殺，沒有一個朝代沒有這種情況。朕即位以來，正直的大臣，在朝中比肩而立，未曾貶黜斥責一人。自古以來的帝王都重視中原，賤視夷狄，只有朕愛護他們如同一體，所以他們各個種族部落都依賴朕像他們的父母一樣。這五件事，使朕所以成就了今日的功業。」又回頭對褚遂良說：「你曾做過史官，像朕的這番話，符合實際情況嗎？」褚遂良回答說：「陛下的盛德不可勝記，只給自己說這五點，是陛下的謙遜之意。」

李世勣的部隊渡過遼水後，經過南蘇等幾座城邑，高麗兵大多背城抵抗，李世勣打敗他們的軍隊，焚燒了他們的外城後回師。

六月癸亥❶，以司徒長孫無忌領揚州都督，實不之任。

丁丑❷，詔以「隋末喪亂，邊民多為戎狄所掠，今鐵勒歸化，宜遣使詣燕然等州，與都督相知，訪求沒落之人，贖以貨財，給糧遞還本貫，其室韋❸、烏羅護、靺鞨三部人為薛延陀所掠者，亦令贖還。」

癸未❹，以司農卿李緯❺為戶部[1]尚書。時房玄齡留守京師，有自京師來者，上問：「玄齡何言？」對曰：「玄齡聞李緯拜尚書，但云李緯美髭鬢。」帝遽改除緯洛州刺史。

秋，七月，牛進達、李海岸入高麗境，凡百餘戰，無不捷。攻石城[6]，拔之。進至積利城[7]下，高麗兵萬餘人出戰，海岸擊破之，斬首二千級。

上以翠微宮險隘，不能容百官，庚子[8]，詔更營玉華宮[9]於宜君[10]〔2〕之鳳皇谷。庚戌[11]，車駕還宮。

八月壬戌[12]，詔以薛延陀新降，土功屢興，加以河北水災，停明年封禪。

辛未[13]，骨利幹[14]遣使入貢。丙戌[15]，以骨利幹為玄闕州[16]，拜其俟斤為刺史。骨利幹於鐵勒諸部為最遠，晝長夜短，日沒後，天色正曛[17]，煮羊脾[18]適熟，日已復出矣。

己丑[19]，齊州人段志沖上封事，請上致政[20]於皇太子。太子聞之，憂形於色，發言流涕。長孫無忌等請誅志沖。上手詔曰：「五岳陵霄[21]，四海亙地[22]，納汙藏疾[23]，無損高深。志沖欲以匹夫解位天子，朕若有罪，是其直也，若其無罪，是其狂也。譬如尺霧障天，不虧於大，寸雲點日，何損於明！」

丁酉[24]，立皇子明[25]為曹王。明母楊氏[26]，巢剌王之妃也，有寵於上。文德皇后之崩也，欲立為皇后。魏徵諫曰：「陛下方比德唐、虞，柰何以辰嬴㉗自累！」乃止。尋以明繼元吉後。

戊戌㉘，敕宋州刺史王波利等發江南十二州㉙工人造大船數百艘，欲以征高麗。

冬，十月庚辰㉚，奴剌㉛啜匐俟友帥其所部萬餘人內附。

十一月，突厥車鼻可汗㉜遣使入貢。車鼻名斛勃，本突厥同族，世為小可汗。頡利之敗，突厥餘眾欲奉以為大可汗。時薛延陀方強，車鼻不敢當，帥其眾歸之。或說薛延陀：「車鼻貴種，有勇略，為眾所附，恐為後患，不如殺之。」車鼻知之，逃去。薛延陀遣數千騎追之，車鼻勒兵與戰，大破之，乃建牙於金山之北，自稱乙注車鼻可汗，突厥餘眾稍稍㉝歸之，數年間勝兵三萬人，時出抄掠薛延陀。及薛延陀敗，車鼻勢益張，遣其子沙鉢羅特勒㉞入見，又請身自入朝。詔遣將軍郭廣敬㉟徵之，車鼻特為好言，初無來意，竟不至。

癸卯㊱，徙順陽王泰為濮王。○壬子㊲，上疾愈，三日一視朝。

十二月壬申㊳，西趙㊴酋長趙磨帥萬餘戶內附，以其地為明州㊵。

龜茲王伐疊㊶卒，弟訶黎布失畢立，浸㊷失臣禮，侵漁鄰國。上怒，戊寅㊸，詔使持節㊹崑丘道行軍大總管、左驍衛大將軍阿史那社爾、副大總管、右驍衛大將軍契苾何力、安西都護郭孝恪等將兵擊之，仍命鐵勒十三州、突厥、吐蕃、吐谷渾連兵進討。

高麗王使其子莫離支任武㊺入謝罪，上許之。

【章旨】以上為第十一段，寫四夷歸服，仍有兵事，東伐高麗，西討龜茲。

【注釋】❶癸亥　六月八日。❷丁丑　六月二十二日。❸室韋　民族名，又作「失韋」。分布於今嫩江流域和黑龍江北岸地區。❹癸未　六月二十八日。❺李緯　常山（今河北正定）人，官至太子詹事。事跡見《舊唐書》卷六十六〈房玄齡傳〉、《新唐書》卷七十二上〈宰相世系二下〉、卷九十六〈房玄齡傳〉。❻石城　在今遼寧莊河縣西北。❼積利城　在今遼寧瓦房店境。❽庚子　七月十六日。❾玉華宮　在今陝西銅川市東北印臺。❿宜君　縣名，縣治在今陝西宜君西南。⓫庚戌　七月二十六日。⓬壬戌　八月八日。⓭辛未　八月十七日。⓮骨利幹　鐵勒諸部之一，在鐵勒諸部中距離中原最為遼遠，分布於今貝加爾湖以北地區。⓯丙戌　九月三日。⓰玄闕州　骨利幹部落置，治所今地不詳。⓱曛　落日餘光。⓲羊脾　羊的脾臟。⓳己丑　九月六日。⓴致政　交還政權。㉑五岳陵霄　五岳指中嶽嵩山、西嶽華山、東嶽泰山、北嶽恆山、南嶽衡山。陵霄，又作「淩霄」，即直衝雲霄。㉒四海亙地　四海，泛指中國四周的海疆。亙地，周繞陸地。㉓納汙藏疾　語出《左傳》宣公十五年諺語：「高下在心，川澤納汙，山藪藏疾，瑾瑜匿瑕。」㉔丁酉　九月十四日。㉕皇子明　太宗第十四子李明，封為曹王。高宗時，歷官都督、刺史，後貶黔州，自殺。傳見《舊唐書》卷七十六、《新唐書》卷八十。㉖楊氏　本李元吉妃，元吉死，太宗納之。事跡見兩《唐書・曹王明傳》。㉗辰嬴　春秋時秦穆公女，先後嫁晉國二君。㉘戊戌　九月十五日。㉙十二州　謂宣、潤、常、蘇、湖、杭、越、台、婺、括、江、洪諸州。㉚庚辰　十月二十七日。㉛奴剌　部族名，居於吐谷渾、党項羌之間。㉜車鼻可汗　姓阿史那，名斛勃，東突厥突利部小可汗。頡利敗，輾轉竄金山（今阿爾泰山）以北，自稱乙注車鼻可汗。永徽元年（西元六五〇年）為唐擒獲，拜左武衛將軍。傳見兩《唐書・突厥傳》。㉝稍稍　漸漸。㉞沙鉢羅特勒據《舊唐書・突厥傳上》作「沙鉢羅特勤」。㉟郭廣敬　唐初大將，馮翊（今陝西大荔）人，官至左威衛大將軍。事跡見《舊唐書》卷一百九十四上〈突厥傳上〉、《新唐書》卷七十四上〈宰相世系表四上〉。㊱癸卯　十一月二十一日。㊲壬子　十一月三十日。㊳壬申　十二月二十日。㊴西趙　民族名，即西趙蠻。分布於今貴州東部，以其酋姓趙得名。㊵明州　羈縻州名，治所在今貴州思南以南地區。㊶伐疊　姓白，世襲龜茲王。與其弟訶黎布失畢事跡並見《舊唐書》卷一百九十八與《新唐書》卷二百二十二上〈龜茲傳〉。㊷浸　漸漸。㊸戊寅　十二月二十六日。㊹使持節　加官名，魏晉以後，地方軍政長官加使持節的，擁有誅殺地方中下級官吏的大權。㊺任武　即高任武。事跡見《新唐書》卷二百二十〈高麗傳〉。

【校　記】①戶部　嚴衍《通鑑補》改作「民部」。②宜君　原誤作「宜春」。據章鈺校，十二行本、乙十一行本皆作「宜君」，當是，今據以校正。嚴衍《通鑑補》已改作「宜君」。

【語　譯】六月初八日癸亥，任命司徒長孫無忌兼領揚州都督，實際上並不赴任。

六月二十二日丁丑，太宗下詔認為「隋朝末年動亂亡國，邊境居民大多被戎狄劫掠，如今鐵勒歸順，應當派使者前往燕然等州，通知諸州都督，訪求沒入戎狄的內地百姓，用財物贖回，供給糧食送回原籍，室韋、烏羅護、靺鞨三部族的百姓被薛延陀掠去的，也下令把他們贖回。」

六月二十八日癸未，任命司農寺卿李緯為戶部尚書。當時房玄齡留守京城，有從京城前來的人，太宗問他：「房玄齡說了什麼話？」回答說：「玄齡聽說陛下拜李緯為戶部尚書，只是說李緯是個美髯公。」太宗馬上改任李緯為洛州刺史。

秋，七月，牛進達、李海岸的部隊進入高麗境內，總共一百多次戰鬥，沒有不獲勝的。攻打石城，把它攻了下來。進軍到積利城下，高麗士兵一萬多人出城迎戰，李海岸打敗了他們，斬首二千人。

太宗認為翠微宮環境險隘，不能容納百官，七月十六日庚子，詔令在宜君縣鳳皇谷另建玉華宮。二十六日庚戌，太宗車駕返回皇宮。

八月初八日壬戌，詔令因為薛延陀新近投降，一再興建土木工程，加上河北地區發生水災，停止明年封禪。

八月十七日辛未，骨利幹派遣使者來京進貢。九月初三日丙戌，把骨利幹部設置為玄闕州，封拜他的俟斤為州刺史。骨利幹在鐵勒各部落中最為遙遠，晝長夜短，太陽落山後，天色還有餘亮，煮羊脾剛熟，太陽已經又出來了。

九月初六日己丑，齊州人段志沖密封上書言事，請求太宗把朝政交由皇太子處理。太子聽說這事，面現憂色，說話時也流出眼淚。長孫無忌等人請求處死段志沖。太宗親筆書寫詔令說：「五嶽凌雲，四海延亙大地，納汙藏垢，無損它們的高深。段志沖想以匹夫的身分讓朕解除皇位，朕如果有罪過，他就是正直的，如果沒有罪過，他是狂妄的。好比一尺雲霧遮住天空，不會有損天的廣大，一寸雲彩遮住太陽成為一個小點，何損於太陽的光明！」

九月十四日丁酉，立皇子李明為曹王。李明的母親楊氏，原先是巢剌王李元吉的妃子，有寵於太宗。文德皇后死後，太宗想立她為皇后。魏徵勸諫說：「陛下正在用自己的德行與唐堯、虞舜相比，為什麼效法晉文公納娶晉國太子圉的老婆辰嬴來使自己的名聲受到損害呢！」太宗便取消了立楊氏為皇后的打算。不久以李明為李元吉的後嗣。

九月十五日戊戌，太宗敕令宋州刺史王波利等人徵發江南十二州的工匠建造大船幾百艘，想用來征伐高麗。

冬，十月二十七日庚辰，奴剌部落的啜匐俟友率領所部一萬多人歸附朝廷。

十一月，突厥車鼻可汗派使者進京獻上貢品。車鼻的名字叫斛勃，本來與突厥同族，世代為小可汗。頡利可汗敗亡後，突厥殘餘的部眾想擁立他做大可汗。當時薛延陀正值強盛時期，車鼻不敢擔任大可汗，率領他的部眾歸附薛延陀。有人對薛延陀說：「車鼻是貴族血統，有勇有謀，為眾人所依附，恐怕成為後患，不如殺掉他。」車鼻知道了這一消息，便逃走了。薛延陀派遣數千騎兵追趕他，車鼻部署兵力與追兵交戰，大敗薛延陀兵，就在金山北面建立牙帳，自稱乙注車鼻可汗，突厥剩餘的百姓漸漸歸附他，幾年之間擁有可以作戰的士兵三萬人，時常出兵掠奪薛延陀。等到薛延陀敗亡，車鼻的勢力愈加強大，派遣他的兒子沙鉢羅特勒入朝謁見太宗，又請求親自入朝。太宗下詔派將軍郭廣敬前去徵召他入朝，車鼻只是說好聽的話，當初本無前來的意思，最後也沒有到來。

十一月二十一日癸卯，徙封順陽王李泰為濮王。〇三十日壬子，太宗病癒，三天一次上朝視事。

十二月二十日壬申，西趙蠻族的酋長趙磨率領一萬多戶歸附唐朝，把他的地區設置為明州。

龜茲國王伐疊去世，他的弟弟訶黎布失畢即位，逐漸失去為臣的禮節，侵擾鄰近國家。太宗大怒，十二月二十六日戊寅，詔令持有朝廷旌節的崑丘道行軍大總管、左驍衛大將軍阿史那社爾，副大總管、右驍衛大將軍契苾何力，安西都護郭孝恪等人率軍進攻龜茲，又命令鐵勒族十三州、突厥、吐蕃、吐谷渾合兵進軍討伐。

高麗王讓他的兒子莫離支高任武入朝謝罪，太宗答應了他。

二十二年（戊申　西元六四八年）

春，正月己丑❶，上作帝範十二篇以賜太子，曰君體、建親、求賢、審官、納諫、去讒、戒盈、崇儉、賞罰、務農、閱武、崇文，且曰：「脩身治國，備在其中。一旦不諱❷，更無所言矣。」又曰：「汝當更求古之哲王❸以為師，如吾，不足法❹也。夫取法於上，僅得其中；取法於中，不免為下。吾居位已來，不善多矣，錦繡珠玉不絕於前，宮室臺榭屢有興作，犬馬鷹隼無遠不致，行遊四方，供頓煩勞，此皆吾之深過，勿以為是而法之。顧我弘濟蒼生，其益多。肇造區夏❺，其功大。益多損少，故人不怨。功大過微，故業不墮。然比之盡美盡善，固多愧矣。汝無我之功勤，而承我之富貴，竭力為善，則國家僅安。驕惰奢縱，則一身不保。且成遲敗速者，國也，失易得難者，位也，可不惜哉！可不慎哉！」

中書令兼右庶子馬周病，上親為調藥，使太子臨問。庚寅❻，薨。

戊戌❼，上幸驪山溫湯。○己亥❽，以中書舍人❾崔仁師為中書侍郎❿，參知機務⓫。

新羅王金善德⓬卒，以善德妹真德為柱國，封樂浪郡王，遣使冊命。

【章　旨】以上為第十二段，寫唐太宗作《帝範》以訓導太子。

【注　釋】❶己丑　一月八日。❷不諱　死的婉辭。❸哲王　才能識見超眾的君王。❹法　效法。❺肇造區夏　謂創建大唐帝國。肇造，創建。區夏，中國。❻庚寅　一月九日。❼戊戌　一月十七日。❽己亥　一月十八日。❾中書舍人　官名，中書省屬官，掌侍奉進奏，參議表章。百官奏議、文武考課，亦預裁其中。正五品上。❿中書侍郎　官名，為中書令之副，國家庶務，朝廷大政，皆得預議。正四品。⓫參知機務　貞觀故事，以尚書省左右僕射各一人及侍中、中書令各二人為知政事官，他官預議國政者，云與宰相參議朝政，或云參知機務、專典機密、參議政事。⓬金善德　新羅女王。西元六三一—六四七年在位。卒，妹真德襲王，西元六四七—六五四年在位。二女王事跡見《舊唐書》卷一百九十九上《新羅傳》、《新唐書》卷二百二十《新羅傳》。

【語　譯】二十二年（戊申　西元六四八年）

春，正月初八日己丑，太宗撰寫《帝範》十二篇賜給太子，篇名是〈君體〉、〈建親〉、〈求賢〉、〈審官〉、

〈納諫〉、〈去讒〉、〈戒盈〉、〈崇儉〉、〈賞罰〉、〈務農〉、〈閱武〉、〈崇文〉，並且說：「修身治國，備載其中。我一旦逝去，再沒有話可說了。」又說：「你應當另外尋求古代聖哲帝王作為自己的老師，像我這樣的，不足效法。效法上等的，只能得到中等的；效法中等的，不免成為下等的。我即位以來，不善的事有很多，錦繡珠玉，眼前不斷，宮室臺榭，屢屢修建，犬馬鷹隼，無論多遠也要找來，巡遊四方，宿止供應煩勞，這些都是我的重大過失，不要認為這是正確的而去效法。但我普濟蒼生，給百姓的好處很多。創建了大唐帝國，功業弘大。給天下帶來的好處多而損害少，所以人們沒有怨言。功業弘大而過失微小，所以王業沒有墮毀。但是與盡善盡美相比，本來就有很多慚愧了。你沒有我的功勞勤苦，而承繼我的富貴，盡力為善，則國家只能獲得安定。如果驕傲懶惰奢侈放縱，則自身不保。而且成功來得慢，敗亡來得快的，就是國家，失去容易，得到困難的，就是皇位，能不珍惜嗎！能不謹慎嗎！」

中書令兼右庶子馬周得病，太宗親自為他調製藥物，派太子親臨探問。初九日庚寅，馬周去世。

正月十七日戊戌，太宗臨幸驪山溫泉。〇十八日己亥，任命中書舍人崔仁師為中書侍郎，參知機務。

新羅王金善德去世，任命金善德的妹妹金真德為柱國，封為樂浪郡王，派遣使者前去冊封。

丙午❶，詔以右武衛大將軍薛萬徹為青丘道行軍大總管，右衛將軍裴行方副之，將兵三萬餘人及樓船戰艦自萊州泛海以擊高麗。〇長孫無忌檢校中書令、知尚書、門下省事。

戊申❷，上還宮。

結骨❸自古未通中國，聞鐵勒諸部皆服，二月，其俟利發失鉢屈阿棧❹入朝。

其國人皆長大，赤髮綠睛，有黑髮者以為不祥。上宴之於天成殿，謂侍臣曰：「昔渭橋斬三突厥首，自謂功多。今斯人在席，更不以為怪邪！」失鉢屈阿棧請除一官，「執笏❺而歸，誠百世之幸。」戊午❻，以結骨為堅昆都督府❼，以失鉢屈阿棧為右屯衛大將軍、堅昆都督，隸燕然都護。又以阿史德時健❽俟斤部落置祁連州❾，隸營州[1]都督。

是時四夷大小君長爭遣使入獻見❿，道路不絕，每元正⓫朝賀，常數百千人。辛酉⓬，上引見諸胡使者，謂侍臣曰：「漢武帝窮兵三十餘年，疲弊中國，所獲無幾，豈如今日綏⓭之以德，使窮髮之地⓮盡為編戶乎！」

上營玉華宮，務令儉約，惟所居殿覆以瓦，餘皆茅茨⓯。然備設太子宮、百司，苞山絡野⓰，所費已巨億計。乙亥⓱，上行幸玉華宮。己卯⓲，畋于華原⓳。

中書侍郎崔仁師坐有伏閤自訴⓴者，仁師不奏，除名㉑，流連州㉒。

三月己丑㉓，分瀚海都督俱羅勃部㉔置燭龍州㉕。

甲午㉖，上謂侍臣曰：「朕少長兵間，頗能料敵。今崑丘行師，處月、處密二部及龜茲用事者羯獵顛、那利㉗每懷首鼠，必先授首，弩失畢㉘其次也。」

庚子㉙，隋蕭后卒，詔復其位號，諡曰愍，使三品護葬，備鹵簿儀衛㉚，送至江都，與煬帝合葬。

充容㉛長城徐惠㉜以上東征高麗，西討龜茲，翠微、玉華，營繕相繼，又服玩頗華靡，上疏諫，其略曰：「以有盡之農功，填無窮之巨浪；圖未獲之他眾，喪已成之我軍。昔秦皇并吞六國，反速危亡之基，晉武奄有三方㉝，翻成覆敗之業，豈非矜功恃大，棄德輕邦，圖利忘危，肆情縱欲之所致乎！是知地廣非常安之術，人勞乃易亂之源也。」又曰：「雖復茅茨示約，猶興木石之疲㉞，和雇㉟取人，不無煩擾之弊。」又曰：「珍玩伎巧，乃喪國之斧斤；珠玉錦繡，寔㊱迷心之酖毒。」又曰：「作法於儉，猶恐其奢，作法於奢，何以制後㊲！」上善其言，甚禮重之。

【章旨】以上為第十三段，寫隋煬帝蕭后卒，詔令與煬帝合葬。唐太宗後宮徐惠亦進直言。

【注釋】❶丙午　一月二十五日。❷戊申　一月二十七日。❸結骨　鐵勒諸部之一。又作「堅昆」、「居勿」、「紇骨」、「黠戛斯」、「紇扢斯」。主要分布於今葉尼塞河上游地區，為柯爾克孜族和吉爾吉斯先民。❹失鉢屈阿棧　結骨酋長。事跡見《新唐書》卷二百十七下〈回鶻傳下〉附〈黠戛斯傳〉。❺笏　即朝笏，又稱手板。臣朝見君時手中所執狹長板子，以為指畫或記事之用。❻戊午　二月七日。❼堅昆都督府　羈縻府名，轄有今葉尼塞河上游一帶。❽阿史德時健　東突厥阿史德部酋長。❾祁連州　羈縻州名，隸靈州（今寧夏靈武西南）都督府。❿入獻見　入朝貢獻並朝覲天子。⓫元正　正月一日。⓬辛酉　二月十日。⓭綏　安撫。⓮窮髮之地　不毛之地。⓯茅茨　茅草屋頂。⓰苞山絡野　圈圍和美化山野。苞，通「包」。⓱乙亥　二月二十四日。⓲己卯　二月二十八日。⓳華原　縣名，縣治在今陝西耀州。⓴伏閤自訴　俯伏閣門自行陳訴。一般指親自上訴冤情。㉑除名　除去名籍，取消原有的資格地位。㉒連州　州名，治所在今廣東連州。㉓己丑　三月九日。㉔俱羅勃部　鐵勒諸部之一，分布於今俄羅斯境石勒喀河上游北岸地帶。㉕燭龍州　羈縻州名，在今俄羅斯赤塔東北地區。㉖甲午　三月十四日。㉗羯獵顛那利　龜茲將相。事跡見《舊唐書》卷一百九十八、《新唐書》卷二百二十一上〈龜茲傳〉。㉘弩失畢　即西突厥十姓部落中的五弩失畢部。㉙庚子　三月二十日。㉚鹵簿儀衛　帝王、大臣外出時充當前導和後從的儀仗隊。㉛充容　唐制，昭儀、昭容、昭媛、脩儀、脩容、脩媛、充儀、充容、充媛各一人，為九嬪，正二品。㉜徐惠　(西元六二七—六五〇年)湖州長城縣(今浙江長興)人，被太宗納為才人後，累遷婕妤、充容。於妃嬪中以好學敢諫著稱，卒贈賢妃。傳見《舊唐書》卷五十一、《新唐書》卷七十六。㉝三方　謂魏、蜀、吳三國。㉞木石之疲　因大興土木工程而疲弊百姓。㉟和雇　指官府出資雇用工匠。實際上是半強制徵用。㊱寔　「實」的異體字。㊲制後　以制度、成法遺留後人。

【校　記】 ①營州　據章鈺校，十二行本、乙十一行本皆作「靈州」。

【語　譯】正月二十五日丙午，太宗下詔任命右武衛大將軍薛萬徹為青丘道行軍大總管，右衛將軍裴行方作為副手，率軍三萬多人以及樓船戰艦，從萊州渡海攻打高麗。〇任命長孫無忌檢校中書令，掌管尚書省、門下省的事宜。

正月二十七日戊申，太宗返回宮中。

結骨自古以來未與中原王朝來往，聽說鐵勒各部落都已歸服唐朝，二月，結骨的俟利發失鉢屈阿棧進京朝見。結骨國人都很高大，紅頭髮綠眼睛，有黑頭髮的就認為不吉祥。太宗在天成殿設宴招待，對侍從的大臣說：「過去在渭橋斬殺三名突厥人的首領，自認為功勞大。如今這個人也在席上，更不會認為奇怪了吧！」失鉢屈阿棧請求封他一個官職，並說「手執官笏歸國，實在是百代的榮幸。」初七日戊午，以結骨所在地設置為堅昆都督府，任命失鉢屈阿棧為右屯衛大將軍、堅昆都督，隸屬於燕然都護。又以阿史德時健俟斤部落所在地設置祁連州，隸屬於營州都督。

當時四方夷人的大小君主酋長爭先恐後派遣使者入京進貢朝見，不絕於路，每年正月初一日來朝賀，經常是數百上千人。二月初十日辛酉，太宗召見各個胡族的使者，對侍從大臣說：「漢武帝窮盡兵力作戰三十多年，使中原疲弊，所獲無幾，哪裡比得上今天用仁德來安撫，讓極遠的不毛之地全都成為朝廷的編戶齊民呢！」

太宗修建玉華宮，命令務必節儉，僅自己居住的殿宇用瓦覆蓋，其餘都用茅茨作房頂。然而設置太子宮、百官衙署，遍布山野，所耗費的銀兩已經以億萬計。二月二十四日乙亥，太宗行幸玉華宮。二十八日己卯，在華原圍獵。

中書侍郎崔仁師因有人伏在閣門自訴冤情，沒有上奏而獲罪，從官員的名籍中除名，流放到連州。

三月初九日己丑，把瀚海都督之下的俱羅勃部設置為燭龍州。

三月十四日甲午，太宗對侍從的大臣說：「朕年輕時生活在軍隊中，頗能預料敵人。如今崑丘道出兵作戰，處月、處密兩個部落以及龜茲的執政者羯獵顛、那利經常首鼠兩端，一定會先被消滅，其次就是弩失畢。」

三月二十日庚子，隋朝的蕭皇后去世，詔令恢復她的皇后稱號，謚號為愍，按三品等級下葬，備辦儀仗，護送到江都，與煬帝合葬。

充容長城縣人徐惠認為太宗東征高麗，西討龜茲，翠微宮、玉華宮，相繼修建，而且服裝和器玩頗為華麗奢靡，就上疏勸諫，大略說：「陛下以有限的農業收成，去滿足無窮無盡的如同巨浪一樣的欲望；想得到那些還未獲得的他國部眾，損失了已經成軍的我朝軍隊。過去秦始皇吞併六國，反而加速形成了國家滅亡的基礎，晉武帝佔有了三國之地，反而造成了國家覆敗之事，這難道不是自恃功業自恃強大，放棄德行輕視國家，貪圖利益忘記危險，肆情縱欲所造成的嗎！由此可知地域寬廣並不是久安之術，百姓勞苦才是容易動亂的根源。」又說：「雖然殿宇茅草為頂，以示儉約，卻還是大興土木使民勞累，官府出錢雇人，對百姓不無煩擾之弊。」又說：「珍貴器玩和奇技淫巧，就是使國家淪亡的斧頭；珠玉錦繡，實際上是迷亂心靈的毒藥。」又說：「立法節儉，還擔心民風奢侈，以奢立法，用什麼垂法後人！」太宗認為她的話說得好，對她非常禮敬和尊重。

【研　析】本卷研析，評說唐太宗。雖然他還有兩年才辭世，而本卷所載伐高麗之役，無功而返，無疑是唐太宗的最大遺憾，也是他步入晚年後一次重大的決策失誤。

唐太宗是一代英主，雄才大略的君主之一。在隋末喪亂中，唐太宗以慧眼卓識和雄韜武略，輔佐其父唐高祖建立了唐朝。晉陽起兵，膽略超群，東征西討，戰功顯赫，伐滅薛舉、薛仁果父子，抗擊劉武周，殲滅王世充、竇建德，鎮壓劉黑闥復辟夏王政權，這些重大戰役，不僅是唐太宗直接指揮，而且身臨戰陣，親冒矢石，既是戰將，又是統帥，在隋唐之際是第一流的軍事家，無人能望其項背。唐太宗即位，又勵精圖治，開一代貞觀治世，是一位傑出的政治家。

貞觀之治最突出的特點是重視民生，這表現在兩個方面。一是輕徭薄賦，勸課農桑，改善了民眾的生活。唐太宗強調禮儀、狩獵、營造等政府活動安排在農閒之時，使農民不違農時，正常生產。詔令各州縣設置義倉，以備凶年。又設置專門機構，制定立法，積極興修和管理水利設施，為農業生產創造良好條件。貞觀年間，農業生產得到迅速恢復，人民安居樂業，糧價由每斗米一匹絹，跌到四五錢。二是緩刑律。唐太宗主張「以寬仁治天下，而於刑法尤慎」（《新唐書・刑法志》）。在《武德律》的基礎上，令房玄齡等人制定了《唐律》，集歷代法律之大成，奠定了我國封建時代刑律的規範。唐太宗強調依法辦案，任用寬平吏為法官，嚴禁重刑逼供，對死刑尤為重視，規定執行死刑要大臣共議覆按，「二日五覆奏」，並上報皇帝批准。貞觀四年，全國判死刑僅二十九人，無一人冤者。

唐太宗認為，為政之要，一是選賢任能，二是虛己納諫。唐太宗說：「為官擇人，不可造次。用一君子，則君子皆至，用一小人，則小人競相矣。」因此唐太宗任人唯賢，「內舉不避親，外舉不避仇」。在他的大臣中，有皇親高士廉、竇軌、長孫無忌；有原來的仇敵，如隋將屈突通、劉武周大將尉遲敬德，李建成部屬魏徵、薛萬徹。此外，還有關隴貴族李靖、于志寧、韋挺，出身寒微的馬周、劉洎，農民起義軍首領李世勣、秦瓊、程知節，少數民族將領阿史那社爾、契苾何力，貞觀年間人才濟濟。在用賢才的同時，唐太宗淘汰冗吏。貞觀元年，中央職官二千餘人，精減後僅留有六百四十三人，辦事效率反而大大提高。唐太宗虛己納諫，造成貞觀年間開明的政治局面，這既是貞觀之治的原因，也是貞觀之治的重要內容。唐太宗視魏徵等諫臣為一面鏡子。

步入晚年的唐太宗，奢縱矜誇，早年的勤儉謙恭，漸不克終。貞觀初，唐太宗「躬行節儉」，到了後期卻大興土木，不許人進諫，造成徭役繁重，許多百姓逃亡，有的甚至砍斷手腳避役。馬周進諫徭役太重，唐太宗竟然駁斥說：「百姓無事則驕逸，勞役則易使。」（《舊唐書・馬周傳》）最大的決策失誤是兵伐高麗，即使討伐，也不要親征。由於唐太宗親征頓兵於堅城安市之下，失去了出奇兵乘虛襲擊平壤的時機，因此無功而返。由於高麗是農業國，與中國俗同，戰守以池地為陣地，唐軍遠出，兵少不能取勝，兵多後勤供應不足。唐初戶口經過貞觀之治，到永徽初，戶才三百八十萬，不及隋開皇年間之半，所以大規模征高麗是失策的。由於隋煬帝三征高麗不勝，唐太宗心中較勁，結果無功而返，造成他終身的遺恨。此外唐太宗晚年猜忌，以虛有的謀反罪誅殺張亮，以失言賜死劉洎，因小過貶黜蕭瑀、房玄齡，以民間傳言枉殺李君羨，都是無庸諱言的過失。但這些比起唐太宗的偉大成就，仍是大醇小疵。

卷第一百九十九

唐紀十五

起著雍涒灘（戊申　西元六四八年）四月，盡旃蒙單閼（乙卯　西元六五五年）九月，凡七年有奇。

【題　解】本卷記事起西元六四八年四月，迄西元六五五年九月，凡七年五個月，當太宗貞觀二十二年至高宗永徽六年。此時期的驚天大事是太宗辭世，高宗即位。太宗貞觀之治，四夷歸服，盛極一時，但直到晚年，邊塞仍有警，尤其是高麗不臣服，是太宗的一大遺憾。太宗晚年猜忌心尤重，因民間《祕記》傳言「唐三世之後，女主武王代有天下」，而欲殺盡後宮，雖被李淳風諫止，而大臣李君羨卻因小名為「五娘」而被枉殺。高宗繼位，初始勤政愛民，緩刑獄，優禮大臣，長孫無忌、褚遂良受太宗遺命，同心輔政，君臣和洽，百姓阜安，有貞觀之遺風。可惜好景不長，王皇后妒嫉蕭淑妃得寵，引納在感業寺為尼的武則天蓄髮入宮以分蕭淑妃之寵。武氏機巧善媚，入宮不久立為武昭儀，野心勃勃，謀奪皇后之位，扼殺親生女以嫁禍王皇后，內賂宮中嬪妃為耳目，外結大臣李義府、許敬宗、崔義玄、袁公瑜為黨羽，用以對抗顧命大臣長孫無忌、褚遂良為首的官僚集團。柳奭、褚遂良相繼被貶黜出長安，長孫無忌已危如累卵，山雨欲來風滿樓，唐朝政治將因武氏主政而發生大變化。

太宗文武大聖大廣孝皇帝下之下

貞觀二十二年（戊申　西元六四八年）

夏，四月丁巳❶，右武候將軍梁建方❷擊松外蠻❸，破之。

初，巂州都督劉伯英❹上言：「松外諸蠻蹔❺降復叛，請出師討之，以通西洱❻、天竺之道。」敕建方發巴蜀十三州❼兵討之。蠻酋雙舍❽帥眾拒戰，建方擊敗之，殺獲千餘人，羣蠻震懾，亡竄山谷。建方分遣使者諭以利害，皆來歸附，前後至者七十部，戶十萬九千三百。建方署其酋長蒙和❾等為縣令，各統所部，莫不感悅。因遣使詣西洱河，其帥楊盛❿大駭，具船將遁，使者曉諭以威信，盛遂請降。其地有楊、李、趙、董等數十姓，各據一川[1]，大者六百，小者二三百戶，無大君長，不相統壹，語雖小訛，其生業風俗，大略與中國同，自云本皆華人，其所異者以十二月為歲首。

己未⓫，契丹辱紇主曲據⓬帥眾內附，以其地置玄州⓭，以曲據為刺史，隸營州都督府。

甲子⓮，烏胡⓯鎮將古神感⓰將兵浮海擊高麗，遇高麗步騎五千，戰於易山⓱，破之。其夜，高麗萬餘人襲神感船，神感設伏，又破之而還。

初，西突厥乙毗咄陸可汗以阿史那賀魯⑱為葉護，居多邏斯水⑲，在西州北千五百里，統處月、處密、始蘇、歌邏祿、失畢⑳五姓之眾。乙毗咄陸奔吐火羅㉑，乙毗射匱可汗遣兵迫逐之，部落亡散。乙亥㉒，賀魯帥其餘眾數千帳內屬，詔處之於庭州莫賀城㉓，拜左驍衛將軍。賀魯聞唐兵討龜茲，請為鄉導㉔，仍從數十騎入朝。上以為崑丘道行軍總管，厚宴賜而遣之。

五月庚子㉕，右衛率長史㉖王玄策㉗擊帝那伏帝王阿羅那順㉘，大破之。

初，中天竺王尸羅逸多㉙兵最彊，四天竺㉚皆臣之。玄策奉使至天竺，諸國皆遣使入貢。會尸羅逸多卒，國中大亂，其臣阿羅那順自立，發胡兵攻玄策。玄策帥從者三十人與戰，力不敵，悉為所擒，阿羅那順盡掠諸國貢物。玄策脫身宵遁，抵吐蕃西境，以書徵鄰國兵，吐蕃遣精銳千二百人、泥婆國㉛遣七千餘騎赴之。玄策與其副蔣師仁帥二國之兵進至中天竺所居茶鎛和羅城㉜，連戰三日，大破之，斬首三千餘級，赴水溺死者且萬人。阿羅那順棄城走，更收餘眾，還與師仁戰。又破之，擒阿羅那順。餘眾奉其妃及王子阻乾陀衛江㉝，師仁進擊之，眾潰，獲其妃及王子，虜男女萬二千人。於是天竺響震，城邑聚落降者五百八十餘所，俘阿羅那順以歸。以玄策為朝散大夫㉞。

六月乙丑㉟，以白霫部為居延州㊱。

癸酉㊲，特進宋公蕭瑀卒，太常議諡曰「德㊳」，尚書議諡曰「肅㊴」。上曰：「諡者，行之迹，當得其實，可諡曰貞褊㊵公。」子銳㊶嗣，尚上女襄城公主。上欲為之營第，公主固辭，曰：「婦事舅姑㊷，當朝夕侍側。若居別第，所闕多矣。」上乃命即瑀第而營之。

上以高麗困弊，議以明年發三十萬眾，一舉滅之。或以為：「大軍東征，須備經歲㊸之糧，非畜乘所能載，宜具舟艦為水運。隋末劍南獨無寇盜，屬者㊹遼東之役，劍南復不預及，其百姓富庶，宜使之造舟艦。」上從之。秋，七月，遣右領左右府長史㊺強偉於劍南道伐木造舟艦，大者或長百尺，其廣半之。別遣使行水道，自巫峽㊻抵江、揚㊼，趣萊州。

庚寅㊽，西突厥相屈利啜請帥所部從討龜茲。

【章　旨】以上為第一段，寫唐太宗晚年，邊境仍有兵事，東北討高麗，巴蜀兵伐西南夷，唐使徵兵附屬國伐中天竺等。

【注　釋】❶丁巳　四月七日。❷梁建方　唐初大將，曾參與征討王世充、蠻僚、西突厥、高麗等，因功官至諸衛大將軍。事跡見《舊唐書》卷三〈太宗紀〉等，《新唐書》卷八十九〈尉遲敬德傳〉、卷二百二十二下〈南蠻傳下〉等。❸松外蠻　唐西南民族之一。今白族先民，分布於雲南永勝、華坪一帶。❹劉伯英　唐初大將，官至左驍衛、右監門衛大將軍。事跡見《舊唐書》卷四〈高宗紀上〉、卷一百八十六上〈來子珣傳〉等，《新唐書》卷三〈高宗紀〉等。❺蹔　通「暫」。❻西洱　即西洱河，今雲南西部洱海。據《新唐書・地理志七下》：自西洱河地區的羊苴咩城（今大理）西行分數路均可至天竺（古印度）。❼巴蜀十三州　益（治今四川成都）、眉（治今四川眉山縣）、榮（治今四川榮縣）、梓（治今四川三臺）、利（治今四川廣元）、綿（治今四川綿陽東）、遂（治今四川遂寧）、巴（治今四川巴中）、瀘（治今四川瀘州）、渠（治今四川渠縣）、達（治今四川達縣）、集（治今四川南江縣）、渝（治今重慶市）等州。❽雙舍　松外蠻酋帥。事跡見《新唐書》卷二百二十二下〈南蠻傳下〉等。❾蒙和　松外蠻首領。事跡見《新唐書》卷二百二十二下〈南蠻傳下〉。❿楊盛　西洱河蠻首領。事跡見《新唐書》卷二百二十二下〈南蠻傳下〉。⓫己未　四月九日。⓬曲據　即李去閭，契丹大辱紇主（即大首領）。隋文帝時內附，至是再次內屬。事跡見《舊唐書》卷三十九〈地理志二〉、《新唐書》卷二百十九〈契丹傳〉。⓭玄州　羈縻州名，據《舊唐書・地理志二》：隋開皇初置玄州，初隸營州，後僑治范陽縣（今河北涿州）魯泊村。⓮甲子　四月十四日。⓯烏胡　又作「烏湖」。在今渤海灣中隍城島上。⓰古神感　據《新唐書》卷二百二十〈高麗傳〉，當時古神感為右武衛大將軍、青丘道行軍大總管薛萬徹副將。⓱易山　《新唐書》卷二百二十作「曷山」。⓲阿史那賀魯　（？—西元六五九年）西突厥酋長。事跡見《舊唐書》卷一百九十四下、《新唐書》卷二百十五下〈突厥傳下〉。⓳多邏斯水　又作「多邏斯川」、「都羅斯河」、「曳咥河」。即今新疆額爾濟斯河。⓴始蘇歌邏祿失畢　西突厥部落。始蘇，兩《唐書》作「姑蘇」。歌邏祿，居於今新疆準噶爾盆地。失畢，即「弩失畢」的略稱。㉑吐火羅　中亞古國，地在今阿富汗北部。㉒乙亥　四月二十五日。㉓庭州莫賀城　庭州，治所在今新疆吉木薩爾北破城子。莫賀城在今新疆阜康東。㉔鄉導　即嚮導，帶路人。鄉，通「嚮」。㉕庚子　五月二十日。㉖右衛率長史　東宮置太子左右衛率府，率各一員，其下各有長史一人，正七品上，掌判諸曹。㉗王玄策　唐初派赴印度的使者，自貞觀十七年（西元六四三年）至龍朔元年（西元六六一年）曾五次出使印度。著有《中天竺國行記》。㉘帝那伏帝王阿羅那順　印度摩伽陀國王。兩《唐書・天竺國傳》作「那伏帝阿羅那順」。其與王玄策事跡並見《舊唐書》卷一百九十八、《新唐書》卷二百二十一上〈天竺傳〉。㉙尸羅逸多　又稱「戒日王」，自稱「摩伽陀王」，中印度國王。事跡見《舊唐書》卷一百九十八、《新唐書》卷二百二十一上〈天竺傳〉。㉚四天竺　指中天竺之外的南、北、東、西天竺國。天竺，古印度。㉛泥婆國　今尼泊爾王國。時泥婆羅國臣隸於吐蕃。㉜茶餺和羅城　中天竺都城，在今尼泊爾南部。㉝乾陀衛江　即今印度恆河。㉞朝散大夫　唐代從五品文散官。㉟乙丑　六月十六日。㊱居延州　在今內蒙古巴林左旗東北一帶。㊲癸酉　六月二十四日。㊳德　據《唐會要・諡法上》：「剛塞簡廉曰德。」㊴肅　《唐會要・諡法上》：「剛德克就曰肅，執心決斷曰肅。」㊵貞褊　太宗以蕭瑀性多猜忌，有失其真，遂據實諡曰「貞褊」。「直道不橈曰貞」，「心隘政急曰褊」。㊶子銳　蕭瑀嗣子蕭銳，尚太宗長女襄城公主，官至太常少卿。傳見《舊唐書》卷六十三。㊷舅姑　公婆。㊸經歲　一年；全年。㊹屬者　近時。㊺右領左右府長史　官名，掌左右千牛府內務。㊻巫峽　長江三峽之一。西起重慶市巫山縣，東至湖北巴東縣。㊼江揚　即江州（治所在今江西九江市）和揚州（治所在今江蘇揚州）。㊽庚寅　七月十一日。

【校　記】①川　原誤作「州」。據章鈺校，十二行本、乙十一行本皆作「川」，當是，今據改。

【語　譯】太宗文武大聖大廣孝皇帝下之下

貞觀二十二年（戊申　西元六四八年）

夏，四月初七日丁巳，右武候將軍梁建方攻打松外的蠻族，打敗了他。

當初，巂州都督劉伯英上奏說：「松外的各部蠻族暫時投降後又反叛了，請求出兵討伐他，以打通前往西洱、天竺的道路。」太宗敕令梁建方徵發巴蜀地區十三個州的軍隊前去討伐。松外的蠻族酋長雙舍率眾抵抗，梁建方打敗了他，殺死和俘虜了一千多人，各部蠻族受到震懾，逃竄到山谷中。梁建方分別派出使者說明利害關係，全都前來歸附，前後達到七十個部落，十萬九千三百戶。梁建方委任他們的酋長蒙和等人擔任縣令，各自統率所屬各部，他們都感激喜悅。梁建方於是派遣使者前往西洱河，當地的首領楊盛大驚，準備好船隻將要逃跑，使者申明威信，楊盛於是請求投降。這個地區有楊、李、趙、董等幾十個姓，各自佔據一川，大的有六百戶，小的有二、三百戶，沒有大的首領，互不統屬，語言雖然稍有差異，但他們的物產和風俗習慣，大略與中原相同，自己說原來都是漢人，所不同的是以十二月為一年的第一個月。

四月初九日己未，契丹的辱紇主曲據率領部眾歸附唐朝，把他的地區設置為玄州，任命曲據為刺史，隸屬營州都督府。

四月十四日甲子，烏胡鎮守將領古神感率軍渡海攻打高麗，遇到高麗步兵、騎兵五千人，在易山交戰，打敗了高麗兵。當天夜裡，高麗一萬多名士兵襲擊古神感的船隻，古神感布置伏兵，又打敗了高麗兵後回師。

當初，西突厥乙毗咄陸可汗任命阿史那賀魯為葉護，居住在多邏斯河畔，在西州北面一千五百多里，統管處月、處密、始蘇、歌邏祿、失畢五姓部眾。乙毗咄陸投奔吐火羅時，乙毗射匱可汗派兵追趕他，咄陸的部落散失了。四月二十五日乙亥，阿史那賀魯率領他的殘餘部眾幾千帳歸附唐朝，太宗下詔讓他們居住在庭州莫賀城，任命阿史那賀魯為左驍衛將軍。阿史那賀魯聽說唐朝軍隊討伐龜茲，請求做嚮導，還率領幾十名騎兵入京朝見。太宗任命他為崑丘道行軍總管，盛宴款待，厚加賞賜，遣送他回去。

五月二十日庚子，右衛率長史王玄策襲擊帝那伏帝王阿羅那順，把他打得大敗。

當初，中天竺國王尸羅逸多軍力最為強盛，東、西、南、北四部天竺都臣服於他。王玄策奉使節到達天竺，各國都派使者進獻貢品。適逢尸羅逸多去世，國內大亂，他的大臣阿羅那順自立為王，調動胡族士兵攻打王玄策。王玄策率領隨從三十人與他們交戰，力不能敵，全被對方擒獲，阿羅那順搶走了全部各國的貢品。王玄策脫身趁夜逃跑，到達吐蕃西部邊境，用朝廷文書徵召鄰國的軍隊，吐蕃派遣精兵一千二百人、泥婆國派七千多名騎兵趕來。王玄策和他的副使蔣師仁率領兩國的軍隊進軍到中天竺所居住的茶鎛和羅城，連續交戰三天，大敗天竺兵，殺死三千多人，跑到河中淹死的將近一萬人。阿羅那順棄城逃走，重新收拾殘餘力量，回來與蔣師仁交戰。蔣師仁又打敗了他，抓獲了阿羅那順。剩餘的天竺人擁戴阿羅那順的妃子和王子，依靠乾陀衛江據守，蔣師仁進擊天竺兵，天竺兵眾潰敗，抓獲了妃子及王子，俘虜男女一萬二千人。於是天竺震動，城邑和部落投降的有五百八十多處，王玄策等人抓獲了阿羅那順後返回朝廷。朝廷任命王玄策為朝散大夫。

六月十六日乙丑，以白霫部落所在地設置為居延州。

六月二十四日癸酉，特進宋公蕭瑀去世，太常寺議定他的謚號為「德」，尚書省議定他的謚號為「肅」。太宗說：「謚號，是行為的蹤跡，應當符合實際，可加謚號為貞褊公。」蕭瑀的兒子蕭銳承襲父爵，娶了太宗女兒襄城公主為妻。太宗想為他們建造宅第，公主堅決推辭，說：「媳婦侍奉公婆，應當早晚都在身邊。如果住在另外的宅第，必然會有較多的缺失。」太宗便命令在蕭瑀的住所為他們營建新居。

太宗認為高麗窮困凋弊，議定明年調動三十萬兵力，一舉滅掉它。有人認為：「大軍東征，應該準備一年的糧食，不是牲畜所能運載的，應當備辦舟船水運。隋朝末年只有劍南地區沒有寇盜，近來遼東之戰，劍南又沒有參與，當地百姓富庶，應當讓他們建造舟船。」太宗聽從了這個建議。秋，七月，派遣右領左右府長史強偉在劍南道伐木建造舟船，大船有的長一百尺，寬是長的一半。另派使者駕新船走水路，從巫峽直抵江州、揚州，再前往萊州。

七月十一日庚寅，西突厥丞相屈利啜請求率領所轄部眾隨從唐軍討伐龜茲。

初，左武衛將軍武連縣公武安李君羨❶直玄武門。時太白屢晝見，太史占云：「女主昌。」民間又傳祕記云：「唐三世之後，女主武王代有天下。」上惡之。會與諸武臣宴宮中，行酒令❷，使各言小名。君羨自言名五娘，上愕然，因笑曰：「何物女子，乃爾勇健！」又以君羨官稱封邑皆有「武」字，深惡之，後出為華州刺史。有布衣員道信自言能絕粒❸，曉佛法。君羨深敬信之，數相從，屏人語。御史奏君羨與妖人交通，謀不軌。壬辰❹，君羨坐誅，籍沒其家。

上密問太史令李淳風：「祕記所云，信有之乎？」對曰：「臣仰稽天象❺，俯察曆數❻，其人已在陛下宮中，為親屬。自今不過三十年，當王天下，殺唐子孫殆❼盡，其兆❽既成矣。」上曰：「疑似者盡殺之，何如？」對曰：「天之所命，人不能違也。王者不死，徒多殺無辜。且自今以往三十年，其人已老，庶幾頗有慈心，為禍或淺。今借使❾得而殺之，天或生壯者肆其怨毒，恐陛下子孫無遺類矣！」上乃止。

【章　旨】以上為第二段，寫唐太宗聽信讖語而枉殺李君羨。

【注　釋】❶李君羨　（?—西元六四八年）唐初將領，初為王世充驃騎，投唐後，頗有軍功。後為太宗藉因誅殺，武則天稱帝後為其昭雪。傳見《舊唐書》卷六十九、《新唐書》卷九十四。❷酒令　宴會中佐飲助興的遊戲。下云「使各言小名」，即為行酒令中的內容。❸絕粒　道家修煉的一種方法。即摒除火食，不進米穀。❹壬辰　七月十三日。❺天象　天文氣象的各種現象。❻曆數　帝王繼承的次第。❼殆　幾乎。❽兆　預兆；徵候。❾借使　假如；假使。

【語　譯】當初，左武衛將軍武連縣公武安人李君羨宿衛玄武門。這時金星多次在白天出現，太史占卜說：「女主興起。」民間又傳說一本書叫《祕記》，裡面說：「唐朝三代之後，女君主武王取代李氏擁有天下。」太宗很厭惡這一傳聞。正趕上太宗在宮中與眾位武將飲宴，行酒令，讓每個人各說小名。李君羨自己說小名為五娘，太宗非常驚訝，便笑著說：「什麼樣的女子，竟然這樣勇健！」又因為李君羨的官稱、封邑都有「武」字，於是太宗極為厭惡他，後來調出京城擔任華州刺史。有個平民員道信自稱能夠斷絕食物，通曉佛法。李君羨深為敬重並信任他，多次與他在一起，躲開別人說話。御史上奏說李君羨與妖人交往，圖謀不軌。七月十三日壬辰，李君羨因此事入罪處斬，全家抄沒。

太宗祕密地詢問太史令李淳風：「《祕記》所說的，確有其事嗎？」李淳風回答說：「我仰首觀察天象，俯首觀察曆數，這個人已經在陛下宮裡，是陛下的親屬。從今往後不過三十年，這個人應君臨天下，把唐室子孫幾乎殺光，其徵兆已經形成了。」太宗說：「凡是懷疑相似的人全部殺死，怎麼樣？」李淳風回答說：「上天所命，人們不能違抗。要稱王的人不會死，只是白白地殺死很多無辜之人。而且從今以後三十年，這個人也已經老了，那時也許頗有慈善之心，為害可能較少。現在即使得到此人殺了他，上天或許降生強壯的人肆行狠毒，恐怕陛下的子孫沒有一個能留下來的了！」太宗這才罷休。

司空梁文昭公房玄齡留守京師，疾篤，上徵赴玉華宮，肩輿入殿，至御座側乃下，相對流涕，因留宮下，聞其小愈則喜形於色，加劇則憂悴❶。玄齡謂諸子曰：「吾受主上厚恩，今天下無事，唯東征未已，羣臣莫敢諫。吾知而不言，死有餘責。」乃上表諫，以為：「老子曰：『知足不辱，知止不殆❷。』陛下功名威德亦可足矣，拓地開疆亦可止矣。且陛下每決一重囚，必令三覆五奏，進素膳，止音樂者，重人命也。今驅無罪之士卒，委之鋒刃之下，使肝腦塗地❸，獨不足愍乎！向使高麗違失臣節，誅之可也；侵擾百姓，滅之可也；它日能為中國患，除之可也。今無此三條而坐煩中國，內為前代雪恥，外為新羅報讎，豈非所存者小，所損者大乎！願陛下許高麗自新，焚陵波之船，罷應募之眾，自然華、夷慶賴，遠肅邇❹安。臣旦夕入地，儻蒙錄此哀鳴❺，死且不朽。」玄齡子遺愛❻尚上女高陽公主，上謂公主曰：「彼病篤如此，尚能憂我國家。」上自臨視，握手與訣，悲不自勝。癸卯❼，薨。

柳芳❽曰：「玄齡佐太宗定天下，及終相位，凡三十二年，天下號為賢相，然無跡可尋，德亦至矣！故太宗定禍亂而房、杜❾不言功，王、魏❿善諫諍而房、杜讓其賢，英、衛⓫善將兵而房、杜行其道，理致太平，善歸人主。為唐宗臣⓬，宜哉！」

【章旨】以上為第三段，寫房玄齡臨終仍憂勞國家。

【注釋】❶憂悴　憂愁。❷知足不辱二句　語見《老子》第四十四。謂自知滿足，安於所遇，則不會取辱於人；懂得適可而止，不作過分要求，則不會陷入險境。❸肝腦塗地　形容慘死。❹邇　近。❺哀鳴　語本《論語・泰伯》：「曾子有疾，孟敬子問之，曾子言曰：『鳥之將死，其鳴也哀；人之將死，其言也善。』」❻遺愛　玄齡次子房遺愛（？—西元六五三年），尚太宗女高陽公主。永徽中，遺愛與公主謀反，並賜死。遺愛傳見《舊唐書》卷六十六、《新唐書》卷九十六，高陽公主傳見《新唐書》卷八十三。❼癸卯　七月二十四日。❽柳芳　肅宗朝史官，河東（今山西永濟）人，與吳兢等合撰《國史》一百三十卷，又別撰《唐曆》四十卷。傳見《舊唐書》卷一百四十九、《新唐書》卷一百三十二。❾杜　貞觀宰相杜如晦。❿王魏　貞觀宰相王珪和魏徵。⓫英衛　英國公李世勣和衛國公李靖。⓬宗臣　為世所宗仰之臣。

【語譯】司空梁文昭公房玄齡留守京城，病情加重，太宗徵召他前往玉華宮，乘坐轎子進入殿內，到了太宗御座旁邊才下轎，二人相對流淚，於是房玄齡留在宮中。太宗聽說房玄齡病情稍有好轉就喜形於色，病情加重就憂慮擔心。房玄齡對他的兒子們說：「我蒙受皇上厚恩，現今天下無事，只有東征高麗事沒有停止，群臣沒有人敢於勸諫。我知曉而不說話，是死有餘辜。」於是上表勸諫，認為：「《老子》說：『知道滿足就不會遭到屈辱，知道適可而止就不會遇到危險。』陛下的功名威德也可以滿足了，開拓疆土也可以適可而止了。而且陛下每次判決一個死刑犯人，一定命令三次覆議五次上奏，食用素食，停止音樂，這是重視人的生命。

現今驅使無罪的士卒，把他們送到刀鋒之下，讓他們肝腦塗地，唯獨他們不足以憐憫嗎！假使高麗違背臣屬的禮節，誅殺他們是可以的；假若高麗侵擾中原百姓，消滅他們也是可以的；以後能成為中原的禍患，除掉他們也是可以的。現今沒有這三條而讓中原坐受煩擾，對內為前代雪恥，對外為新羅報仇，豈不是所得到的很少，所損失的很大嗎！希望陛下容許高麗悔過自新，燒毀渡海的船隻，撤回應募的兵眾，自然華夏、東夷就會慶賀有了依靠，遠方清靜，近處安寧。臣旦夕之間就要入土了，倘若承蒙陛下採納臨死之人的哀鳴，死了也會不朽。」房玄齡的兒子房遺愛娶了太宗的女兒高陽公主為妻，太宗對公主說：「他病情嚴重到如此程度，還能憂慮國家。」太宗親自探視，握著房玄齡的手與他告別，悲痛得不能自禁。七月二十四日癸卯，房玄齡去世。

柳芳說：「房玄齡輔佐太宗平定天下，等到終於相位，一共三十二年，天下人稱之為賢相，然而沒有事跡可以追蹤，道德也達到至高境界了！所以太宗平定禍亂而房玄齡、杜如晦不說自己有功，王珪、魏徵善於諫諍而房玄齡、杜如晦辭讓賢能的名聲，英公李世勣、衛公李靖善於統率軍隊，而房玄齡、杜如晦踐行他們的原則，治理國家達到太平，把美譽歸之君主。房玄齡作為有唐一代的宗臣，是很適宜的！」

八月己酉朔❶，日有食之。○丁丑❷，敕越州都督府❸及婺、洪❹等州造海船及雙舫❺千一百艘。○辛未❻，遣左領軍大將軍執失思力出金山道擊薛延陀餘寇。

九月庚辰❼，崑丘道行軍大總管阿史那社爾擊處月、處密，破之，餘眾悉降。○癸未❽，薛萬徹等伐高麗還。萬徹在軍中使氣陵物，裴行方❾奏其怨望，坐除名，流象州❿。○己丑⓫，新羅奏為百濟所攻，破其十三城。○己亥⓬，以黃門侍郎褚遂良為中書令。

強偉等發民造船，役及山獠，雅、邛、眉⓭三州獠反。壬寅⓮，遣茂州都督張士貴、右衛將軍梁建方發隴右、峽中⓯兵二萬餘人以擊之。蜀人苦造船之役，或乞輸直雇潭州⓰人造船，上許之。州縣督迫嚴急，民至賣田宅、鬻子女不能供，穀價踊貴，劍外⓱騷然。上聞之，遣司農少卿長孫知人⓲馳驛往視之。知人奏稱：「蜀人脆弱，不耐勞劇。大船一艘，庸絹⓳二千二百三十六匹。山谷已伐之木，挽曳未畢，復徵船庸，二事併集，民不能堪，宜加存養。」上乃敕潭州船庸皆從官給。

冬，十月癸丑⓴，車駕還京師。

【章旨】以上為第四段，寫蜀民困於造船之役。

【注釋】❶己酉朔　八月一日。❷丁丑　八月二十九日。❸越州都督府　治所在今浙江紹興。❹婺洪　皆為州名。婺州治所在今浙江金華，洪州治所在今江西南昌。❺雙舫　雙船體船隻，即兩個並列的瘦長船體，在上部合成一個整體的船。其結構複雜，但穩定性好。❻辛未　八月二十三日。❼庚辰　九月二日。❽癸未　九月五日。❾裴行方　唐初將領，字德備，絳州聞喜（今山西聞喜東北東鎮）人，歷官左衛將軍、檢校幽州都督，襲封懷義平公。事跡見《舊唐書》卷六十九〈薛萬徹傳〉、《新唐書》卷七十一上〈宰相世系一上〉等。❿象州　州名，治所在今廣西象州西北。⓫己丑　九月十一日。⓬己亥　九月二十一日。⓭雅邛眉　雅州治所在今四川雅安西，邛州治所在今四川邛崍，眉州治所在今四川眉山縣。⓮壬寅　九月二十四日。⓯峽中　指峽州一帶。峽州治所在今湖北宜昌。⓰潭州　州名，治所在今湖南長沙。⓱劍外　謂今四川劍南關以南地區。

⑱長孫知人　長孫無忌堂弟,《新唐書》卷一百五作「長孫知仁」。高宗初,以渝州刺史貶翼州司馬。⑲庸絹　唐賦役的一種。即代替力役的賦稅。據武德七年規定:人丁每年服勞役二十日,不服役的每日折納絹三尺。⑳癸丑　十月初六日。

【語　譯】八月初一日己酉,發生日蝕。○二十九日丁丑,敕令越州都督府以及婺州、洪州等州建造海船和雙舫船一千一百艘。○二十三日辛未,派遣左領軍大將軍執失思力從金山道出發進攻薛延陀殘餘賊寇。

九月初二日庚辰,崑丘道行軍大總管阿史那社爾攻打處月、處密,打敗了它們,剩餘的部眾全部投降。○初五日癸未,薛萬徹等人討伐高麗後返回。薛萬徹在軍中頤指氣使,欺陵他人,裴行方奏報他有怨言,坐罪除名,流放到象州。○十一日己丑,新羅上奏說受到百濟的進攻,攻克了十三座城。○二十一日己亥,任命黃門侍郎褚遂良擔任中書令。

強偉等人徵發民眾建造船隻,山獠人也被派做勞役,雅州、邛州、眉州三地獠民反叛。九月二十四日壬寅,朝廷派遣茂州都督張士貴、右衛將軍梁建方調動隴右、峽中的士兵二萬多人攻打獠民。蜀人苦於造船之役,有人請求出價錢雇傭潭州人造船,太宗答應了。州縣官吏督促嚴厲急迫,民眾甚至出售土地住宅、賣兒賣女也無法交足勞役的雇值,糧價猛漲,劍外騷動。太宗聽說後,派司農寺少卿長孫知人乘驛站快馬奔馳前往察視。長孫知人上奏說:「蜀人身體虛弱,受不了繁重的勞動。大船一艘,雇人的價錢要絹二千二百三十六匹。山谷裡砍伐的樹木,沒有拖拉完畢,又徵收造船的庸錢,兩件事合在一起,民眾不能承受,應當加以存恤養護。」太宗便敕令雇潭州人造船的庸錢全由政府給付。

冬,十月初六日癸丑,太宗車駕返回京城。

回紇吐迷度兄子烏紇蒸❶其叔母。烏紇與俱陸莫賀達官俱羅勃,皆突厥車鼻可汗之壻也,相與謀殺吐迷度以歸車鼻。烏紇夜引十餘騎襲吐迷度,殺之。燕然副都護元禮臣❷使人誘烏紇，許奏以為瀚海都督。烏紇輕騎詣禮臣謝，禮臣執而斬之，以聞。上恐回紇[1]部落離散，遣兵部尚書崔敦禮往安撫之。久之，俱羅勃入見，上留之不遣。

阿史那社爾既破處月、處密，引兵自焉耆之西趨龜茲北境，分兵為五道，出其不意。焉耆王薛婆阿那支棄城奔龜茲，保其東境。社爾遣兵追擊，擒而斬之，立其從父弟先那準❸為焉耆王，使修職貢。龜茲大震，守將多棄城走。社爾進屯磧口❹，去其都城❺三百里，遣伊州刺史韓威帥千餘騎為前鋒，右衛將軍曹繼叔❻次之，至多褐城❼，龜茲王訶利布失畢、其相那利、羯獵顛帥眾五萬拒戰。鋒刃甫接，威引兵偽遁，龜茲悉眾追之，行三十里，與繼叔軍合。龜茲懼，將卻，繼叔乘之，龜茲大敗，逐北八十里。

甲戌❽，以回紇吐迷度子前左屯衛大將軍婆閏❾為左驍衛大將軍、大俟利發、瀚海都督。

十一月庚子❿，契丹帥窟哥、奚帥可度者⓫並帥所部內屬。以契丹部為松漠府⓬，以窟哥為都督。又以其別帥達稽等部為峭落等九州⓭，各以其辱紇主為刺史。以奚部為饒樂府⓮，以可度者為都督。又以其別帥阿會等部為弱水等五州⓯，亦各以其辱紇主為刺史。辛丑⑯，置東夷校尉⑰官於營州⑱。

十二月庚午⑲，太子為文德皇后作大慈恩寺⑳成。

龜茲王布失畢既敗，走保都城，阿史那社爾進軍逼之，布失畢輕騎西走。社爾拔其城，使安西都護郭孝恪守之。沙州刺史蘇海政㉑、尚輦奉御薛萬備帥精騎追布失畢，行六百里，布失畢窘急，保撥換城㉒。社爾進軍攻之四旬，閏月丁丑㉓，拔之，擒布失畢及羯獵顛。那利脫身走，潛引西突厥之眾，并其國兵萬餘人，襲擊孝恪。孝恪營於城外，龜茲人或告之，孝恪不以為意。那利奄至，孝恪帥所部千餘人將入城，那利之眾已登城矣，城中降胡與之相應，共擊孝恪，矢刃如雨。孝恪不能敵，將復出，死於西門。城中大擾，倉部郎中㉔崔義超召募得二百人，衛軍資財物，與龜茲戰於城中。曹繼叔、韓威亦營於城外，自城西北隅擊之。那利經宿乃退，斬首三千餘級，城中始定。後旬餘日，那利復引山北㉕龜茲萬餘人趣都城，繼叔逆擊，大破之，斬首八千級。那利單騎走，龜茲人執之，以詣軍門。

阿史那社爾前後破其大城五，遣左衛郎將權祇甫㉖詣諸城，開示㉗禍福，皆相帥請降，凡得七百餘城，虜男女數萬口。社爾乃召其父老，宣國威靈，諭以伐罪之意，立其王之弟葉護㉘為王，龜茲人大喜。西域震駭，西突厥、于闐、安國爭饋駝馬軍糧，社爾勒石紀功而還。

戊寅㉙，以崑丘道行軍總管、左驍衛將軍阿史那賀魯為泥伏沙鉢羅葉護，賜以鼓纛，使招討西突厥之未服者。

癸未㉚，新羅相金春秋及其子文王㉛入見。春秋，真德之弟也。上以春秋為特進，文王為左武衛將軍。春秋請改章服㉜從中國，內出冬服賜之。

【章旨】以上為第五段，寫唐軍平定龜茲，西域平靜。東夷契丹歸服。

【注釋】❶蒸　通「烝」。與母輩通姦。❷元禮臣　唐初邊將。事跡見《舊唐書》卷一百九十五〈回紇傳〉、《新唐書》卷二百十七〈回鶻傳上〉。❸先那準　焉耆王薛婆阿那支叔父。事跡見《舊唐書》卷一百九十八〈焉耆傳〉。據《新唐書》卷二百二十一上：阿史那社爾斬阿那支，「立突騎支弟婆伽利為王」。❹磧口　兩《唐書．龜茲傳》作「磧石」。❺都城　指龜茲王都伊邏盧城（今新疆庫車）。❻右衛將軍曹繼叔　據《舊唐書》卷一百九十八〈龜茲傳〉、《新唐書》卷二百二十一下〈南蠻傳下〉，曹繼叔曾任右驍衛將軍，此處當補「驍」字。繼叔曾先後參與征討高麗、龜茲、後突厥等。❼多褐城　在龜茲（今新疆庫車）東。❽甲戌　十月二十七日。❾前左屯衛大將軍婆閏　《舊唐書》卷一百九十五〈回紇傳〉稱「前左屯衛大將軍、翊衛左郎將婆閏」。婆閏為回紇酋長，高宗時曾參與平定阿史那賀魯之叛和征討高麗等戰爭，官至右衛大將軍。事跡見《舊唐書》卷一百九十五、《新唐書》卷二百十七上〈回鶻傳〉。❿庚子　十一月二十三日。⓫契丹帥窟哥奚帥可度者　兩蕃酋長。窟哥內屬後賜姓李氏，封無極縣男，官至左監門大將軍。可度者賜姓李氏，封樓煩縣公，官至右監門大將軍。二人事跡見兩《唐書．北狄傳》。⓬松漠府　羈縻府名，治所在今內蒙古巴林右旗南。⓭峭落等九州　羈縻州名，峭落州，達稽部置。彈汗州，紇便部置。無逢州，獨活部置。羽陵州，芬問部置。白連州，突便部置。徒河州，芮溪部置。萬丹州，墜斤部置。匹黎、赤山二州，伏部置。隸於松漠府的契丹八部九州，散布於今遼河上游地帶。⓮饒樂府　羈縻府名，治所在今內蒙古寧城境。⓯弱水等五州　羈縻州名。弱水州，阿會部置。祁黎州，處和部置。洛瓌州，奧失部置。太魯州，度稽部置。渴野州，元俟折部置。隸於饒樂府的奚五部、州在今西喇木倫河流域。⑯辛丑　十一月二十四日。⑰東夷校尉　官名，掌押奚、契丹、靺鞨、高麗等，相當於後來的安東都護。⑱營州　州名，治所在今遼寧朝陽。⑲庚午　十二月二十四日。⑳大慈恩寺　舊基為隋無漏寺，經太子李治倡儀改建，為文德皇后祈福，更名大慈恩寺。寺在今陝西西安城南。㉑蘇海政　唐初大將，曾參與太宗、高宗時對高麗、龜茲、西突厥等的征討，官至颺海道行軍大總管。事跡見《舊唐書》卷一百九十四下、《新唐書》卷二百十五下〈突厥傳下〉等。㉒撥換城　又名威戎城，自安西府西出柘厥關，渡白馬河四百餘里至撥換城，在今新疆阿克蘇。㉓丁丑　閏十二月一日。㉔倉部郎中　官名，戶部倉部司長官，掌天下倉儲之政令。㉕山北　白山之北。白山又名阿羯田山，離龜茲都城伊邏盧城不遠。山在今新疆庫車北面。㉖權祇甫　唐初邊將。事跡見《新唐書》卷一百十〈阿史那社爾傳〉。㉗開示　開導；啟發。㉘葉護　龜茲王訶黎布失畢弟之官號，或係王弟以官稱為名。㉙戊寅　閏十二月二日。㉚癸未　閏十二月七日。㉛金春秋及其子文王　事跡並見《舊唐書》卷一百九十九上、《新唐書》卷二百二十〈新羅傳〉。㉜章服　古代官員禮服。服上分別繡以日、月、星、辰、龍、蟒、鳥、獸等圖文，以此作為官員等級的標誌。

【校　記】①回紇　原作「迴紇」。據章鈺校，乙十一行本作「回紇」，上文亦作「回紇」。又下文「甲戌，以回紇吐迷度」云云，「回紇」原亦作「迴紇」，今均據乙十一行本校改。

【語　譯】回紇吐迷度哥哥的兒子烏紇和他的嬸嬸通姦。烏紇和俱陸莫賀的達官俱羅勃，都是突厥車鼻可汗的女婿，二人一起謀劃殺死吐迷度歸附車鼻。烏紇夜裡帶領十多個騎兵襲擊吐迷度，殺死了他。燕然副都護元禮臣派人誘騙烏紇，答應奏請太宗任命他為瀚海都督。烏紇率輕騎兵前往元禮臣處致謝，元禮臣把他抓起來殺了，上報朝廷。太宗擔心回紇部落離散，派兵部尚書崔敦禮前往安撫他們。過了很久，俱羅勃入京拜見太宗，太宗留下他，不讓回去。

阿史那社爾打敗處月、處密後，率軍從焉耆的西面奔赴龜茲北境，分兵五路，出其不意進兵。焉耆國王薛婆阿那支棄城逃往龜茲，守衛他的東部地區。阿史那社爾派兵追擊，把他活捉後殺掉了，立他的堂弟先那準為焉耆王，讓他向唐朝稱臣進貢。龜茲深為震動，守將大多棄城逃走。阿史那社爾進兵屯駐磧口，距離龜茲都城三百里，派遣伊州刺史韓威帶領一千多騎兵為前鋒，右衛將軍曹繼叔隨從其後。到達多褐城，龜茲國王訶利布失畢、他的丞相那利、羯獵顛率領部眾五萬抵抗。刀槍剛剛相接，韓威率軍假裝逃跑，龜茲全部士兵追擊韓威部隊，追了三十里，韓威與曹繼叔的軍隊會合。龜茲兵害怕了，將要退卻，曹繼叔乘機攻擊，龜茲大敗，追擊逃兵八十里。

十月二十七日甲戌，唐朝任命回紇吐迷度的兒子前任左屯衛大將軍婆閏為左驍衛大將軍、大俟利發、瀚海都督。

十一月二十三日庚子，契丹酋帥窟哥、奚族酋帥可度者都率領所轄部落歸附唐朝，把契丹本部改為松漠府，任命窟哥為都督。又把他的別部將領達稽等部設為峭落等九個州，各州任命他們的首領為刺史。把奚族的本部置為饒樂府，任命可度者為都督。又把他的其他將領阿會等部設為弱水等五個州，也各自任命他們部族的首領為刺史。二十四日辛丑，在營州設置東夷校尉官。

十二月二十四日庚午，太子李治為文德皇后建造的大慈恩寺竣工。

龜茲國王布失畢兵敗後，逃往都城自衛，阿史那社爾進軍逼近他，布失畢率輕騎西逃。阿史那社爾攻取龜茲的都城，讓安西都護郭孝恪守衛此城。沙州刺史蘇海政、尚輦奉御薛萬備率領精銳騎兵追趕布失畢，行進六百里，布失畢處境困危，在撥換城防守。阿史那社爾進軍攻城四十天，閏十二月初一日丁丑，攻取了城池，活捉布失畢和羯獵顛。那利脫身逃走，暗中勾引西突厥的部眾，加上本國兵力共一萬多人，襲擊郭孝恪。郭孝恪紮營城外，有龜茲人告訴他那利的情況，郭孝恪不放在心上。那利忽然到來，郭孝恪率領本部一千多人將要進城，那利的士兵已經登上城牆，城內投降的胡兵與那利相呼應，共同攻打郭孝恪，刀箭如雨。郭孝恪抵擋不住，準備再次衝出，死在城西門。城中大為擾亂，倉部郎中崔義超召募到二百人，保護軍需財物，與龜茲兵在城中激戰。曹繼叔、韓威也紮營城外，從城西北角進攻龜茲。過了一夜那利才撤退，殺死龜茲兵三千多人，城中才安定下來。後來十多天，那利又帶領山北的龜茲人一萬多奔赴都城，曹繼叔迎擊，把他打得大敗，殺死八千人。那利一個人騎馬逃走，龜茲人抓住他，送到軍門。

阿史那社爾前後攻下龜茲的大城五座，派遣左衛郎將權祇甫前往各城，宣示禍福加以開導，各城相隨請求投降，一共得到七百多城，俘虜男女幾萬人。阿史那社爾便召集他們的父老，宣示國家的威力和神明，把征伐有罪的用意告訴他們，立龜茲國王的弟弟葉護為國王，龜茲人非常高興。西域震驚，西突厥、于闐、安國爭相贈送駱駝、馬匹和軍糧，阿史那社爾刻石碑紀功後返回。

閏十二月初二日戊寅，任命崑丘道行軍總管、左驍衛將軍阿史那賀魯為泥伏沙鉢羅葉護，賜給大鼓和大旗，讓他招撫討伐西突厥沒有歸服的部落。

閏十二月初七日癸未，新羅丞相金春秋和他的兒子金文王進京朝見太宗。金春秋，是金真德的弟弟。太宗封金春秋為特進，金文王為左武衛將軍。金春秋請求改變官員的禮服式樣隨同唐朝，宮中拿出冬服賜給他。

二十三年（己酉　西元六四九年）

春，正月辛亥❶，龜茲王布失畢及其相那利等至京師，上責讓而釋之，以布失畢為左武衛中郎將❷。

西南徒莫祗❸等蠻內附，以其地為傍、望、覽、丘❹四州，隸郎州❺[1]都督府。

上以突厥車鼻可汗不入朝，遣右驍衛郎將高侃❻發回紇、僕骨等兵襲擊之。兵入其境，諸部落相繼來降。拔悉密❼吐屯肥羅察降，以其地置新黎州❽。

二月丙戌❾，置瑤池都督府❿，隸安西都護。戊子⓫，以左衛將軍阿史那賀魯為瑤池都督。

三月丙辰⓬，置豐州都督府⓭，使燕然都護李素立兼都督。

去冬旱，至是始雨。辛酉⑭，上力疾至顯道門⑮外，赦天下。○丁卯⑯，敕太子於金液門⑰聽政。

夏，四月乙亥⑱，上行幸翠微宮。

上謂太子曰：「李世勣才智有餘，然汝與之無恩，恐不能懷服。我今黜之，若其即行，俟我死，汝於後用為僕射，親任之；若徘徊顧望，當殺之耳。」五月戊午⑲，以同中書門下三品李世勣為疊州⑳都督。世勣受詔，不至家而去。

辛酉㉑，開府儀同三司衛景武公李靖薨。

上苦利㉒增劇，太子晝夜不離側，或累日不食，髮有變白者。上泣曰：「汝能孝愛如此，吾死何恨！」丁卯㉓，疾篤，召長孫無忌入含風殿㉔。上臥，引手捫㉕無忌頤㉖，無忌哭，悲不自勝；上竟不得有所言，因令無忌出。己巳㉗，復召無忌及褚遂良入臥內，謂之曰：「朕今悉以後事付公輩。太子仁孝，公輩所知，善輔導之！」謂太子曰：「無忌、遂良在，汝勿憂天下！」又謂遂良曰：「無忌盡忠於我，我有天下，多其力也。我死，勿令讒人間㉘之。」仍令遂良草遺詔。有頃，上崩。

太子擁無忌頸，號慟將絕。無忌攬涕，請處分眾事以安內外。太子哀號不已，無忌曰：「主上以宗廟社稷付殿下，豈得效匹夫唯哭泣乎！」乃祕不發喪。庚午㉙，無忌等請太子先還，飛騎、勁兵及舊將皆從。辛未㉚，太子入京城，大行㉛御馬輿，侍衛如平日，繼太子而至，頓於兩儀殿㉜。以太子左庶子于志寧為侍中，少詹事張行成兼侍中，以檢校刑部尚書、右庶子、兼吏部侍郎高季輔兼中書令。壬申㉝，發喪太極殿㉞，宣遺詔，太子即位。軍國大事，不可停闕，平常細務，委之有司。諸王為都督、刺史者，並聽奔喪，濮王泰不在來限。罷遼東之役及諸土木之功。四夷之人入仕於朝及來朝貢者數百人，聞喪皆慟哭，翦髮、剺面、割耳㉟，流血灑地。

六月甲戌朔㊱，高宗即位，赦天下。

丁丑㊲，以疊州都督李勣㊳為特進、檢校洛州刺史、洛陽宮留守。

先是，太宗二名，令天下不連言者勿避。至是，始改官名犯先帝諱者。

【章旨】以上為第六段，寫唐太宗逝世，高宗即位。

【注釋】❶辛亥　一月六日。❷左武衛中郎將　胡注據《唐六典》，認為左、右衛有親、勳、翊三衛中郎將，其餘諸衛府各有翊衛中郎將，此處「左武衛」下應有「翊衛」二字。左武衛翊衛中郎將為左武衛翊衛中郎將府長官，正四品下，掌宿衛宮禁。❸徒莫祇　民族名，今彝族先民，分布於今雲南楚雄地區。❹傍望覽丘　皆為羈縻州名，傍州在今雲南雙柏，望州在今雲南祿豐敦仁，覽州在今雲南祿豐、牟定間，丘州在今雲南南華境。❺郎州　武德八年（西元六二五年），以南寧州改名，治所在今雲南曲靖西。❻高侃　唐初大將，渤海蓨（今河北景縣）人，高宗時官至安東都護，封平原郡公。卒後陪葬昭陵。見岑仲勉《唐史餘瀋》卷一。❼拔悉密　民族名，亦名拔悉彌、弊剌。鐵勒諸部之一。分布於今新疆吉木薩爾以北地帶，後遷於今鄂爾渾河流域。唐後期其族併入回紇。肥羅察，拔悉密酋帥達官。吐屯，突厥號御史為吐屯。❽新黎州　羈縻州名，州境在今蒙古唐努山以南地區。❾丙戌　二月十一日。❿瑤池都督府　羈縻府名，治所在今中亞巴爾喀什湖一帶。⓫戊子　二月十三日。⓬丙辰　三月十二日。⓭豐州都督府　治所在今內蒙古五原西南黃河北岸。⓮辛酉　三月十七日。⓯顯道門　為通內宮（此指大內，即太極宮）諸門之一。⓰丁卯　三月二十三日。⓱金液門　為通內宮諸門之一。⓲乙亥　四月一日。⓳戊午　五月十五日。⓴疊州　州名，治所在今甘肅迭部。㉑辛酉　五月十八日。㉒利　通「痢」。㉓丁卯　五月二十四日。㉔含風殿　在翠微宮。㉕捫　撫摸。㉖頤　下巴。㉗己巳　五月二十六日。㉘間　離間。㉙庚午　五月二十七日。㉚辛未　五月二十八日。㉛大行　新崩天子之稱。㉜兩儀殿　隋稱中華殿，在太極宮朱明門北，內朝所在。㉝壬申　五月二十九日。㉞太極殿　西內正朝。㉟翦髮剺面割耳　古代西北民族風俗，尊長死，用剪髮、剺面（即割面流血）、割耳來表示對已故者的忠誠和哀思。㊱甲戌朔　六月一日。㊲丁丑　六月四日。㊳李勣　即李世勣。因避太宗諱去「世」字。傳見《舊唐書》卷六十七、《新唐書》卷九十三。

【校　記】[1]郎州　原作「朗州」。胡三省注云：「當作『郎州』。」據章鈺校，孔天胤本正作「郎州」，今據校正。

【語　譯】二十三年（己酉　西元六四九年）

春，正月初六日辛亥，龜茲國王布失畢及其丞相那利等人到達京城，太宗對他們進行責備後釋放了，任命布失畢為左武衛中郎將。

西南地區徒莫祇等蠻族歸附朝廷，把他們的地區設置為傍州、望州、覽州、丘州，隸屬郎州都督府。

太宗因突厥車鼻可汗不入京朝見，派遣右驍衛郎將高侃調發回紇、僕骨等部軍隊襲擊突厥。軍隊進入突厥境內，各部落相繼前來投降。拔悉密的吐屯肥羅察投降，把他的地區設置為新黎州。

二月十一日丙戌，設置瑤池都督府，隸屬安西都護。十三日戊子，任命左衛將軍阿史那賀魯為瑤池都督。

三月十二日丙辰，設置豐州都督府，讓燕然都護李素立兼任都督。

去年冬季乾旱，到這時才下雨。三月十七日辛酉，太宗力撐著病體來到顯道門外，大赦天下。○二十三日丁卯，太宗敕令太子在金液門聽政。

夏，四月初一日乙亥，太宗來到翠微宮。

太宗對太子說：「李世勣才智有餘，然而你對他沒有恩德，恐怕不能敬服你。我如今把他降職，如果他立刻赴任，等我死了，你以後任用他為僕射，親近並重用他，如果他徘徊觀望，應當殺死他。」五月十五日戊午，任命同中書門下三品李世勣為疊州都督。李世勣接受詔令，沒有回家就去上任。

五月十八日辛酉，開府儀同三司衛景武公李靖去世。

太宗的痢疾病情加重，太子晝夜不離身邊，有時一連幾日不吃飯，頭髮有變白的。太宗哭泣著說：「你能如此孝順敬愛我，我死了還有什麼遺恨！」五月二十四日丁卯，太宗病重，召長孫無忌進入含風殿。太宗躺著，伸出手撫摸長孫無忌的下巴，長孫無忌痛哭，悲傷得不能控制。太宗最終不能說出話來，便令長孫無忌出宮。二十六日己巳，又召長孫無忌和褚遂良進入臥室內，對他們說：「朕如今把後事全都託付給你們。太子仁愛孝順，你們是知道的，好好地輔導他！」對太子說：「有無忌、遂良在，你不用擔憂天下事！」又對褚遂良說：「無忌盡忠於我，我擁有天下，大多靠他的力量。我死了，不要讓讒言小人離間你們。」又令褚遂良草擬遺詔。不一會兒，太宗駕崩。

太子抱著長孫無忌的脖子，號啕慟哭得幾乎氣絕。長孫無忌擦去眼淚，請求太子處理眾事以安定朝廷內外。太子哀哭不止，長孫無忌說：「皇上把宗廟社稷交給殿下，怎麼能效法一個普通人只知道哭泣啊！」於是保守祕密不發布太宗去世的消息。五月二十七日庚午，長孫無忌等人請太子先返回皇宮，飛騎、勁卒和舊屬將領全部相隨。二十八日辛未，太子進入京城，已經去世的天子所用的車馬、侍衛儀仗像平時一樣，跟隨太子到達京城，停留在兩儀殿。任命太子左庶子于志寧擔任侍中，少詹事張行成兼任侍中，任命檢校刑部尚書、右庶子、兼吏部侍郎高季輔兼任中書令。二十九日壬申，在太極殿發喪，宣布太宗遺詔，太子即皇帝位。軍國大事，不能停頓漏辦，日常細事，委託給有關官署。諸王擔任都督、刺史的，都允許奔喪，濮王李泰不在前來奔喪的範圍內。停止遼東的戰役和各項土木工程。四夷之人在朝做官和前來朝見進貢的幾百人，聽說太宗去世全都痛哭，剪頭髮、用刀劃臉、割耳朵，流出鮮血灑在地上。

六月初一日甲戌，高宗即位，大赦天下。

六月初四日丁丑，任命疊州都督李勣為特進、檢校洛州刺史、洛陽宮留守。

此前，太宗之名「世民」二字，命令天下二字不連寫時的不用避諱。到這時，開始更改犯了先帝名諱的官名。

癸未❶，以長孫無忌為太尉，兼檢校中書令，知尚書、門下二省事，無忌固辭知尚書省事，帝許之，仍令以太尉同中書門下三品。癸巳❷，以李勣為開府儀同三司、同中書門下三品。

阿史那社爾之破龜茲也，行軍長史薛萬備請因兵威說于闐王伏闍信❸入朝，社爾從之。秋，七月己酉❹，伏闍信隨萬備入朝，詔入謁梓宮❺。

八月癸酉❻，夜，地震，晉州❼尤甚，壓殺五千餘人。

庚寅❽，葬文皇帝于昭陵❾，廟號太宗。阿史那社爾、契苾何力請殺身殉葬，上遣人諭以先旨不許。蠻夷君長為先帝所擒服者頡利等十四人，皆琢石為其像，刻名列於北司馬門❿內。

丁酉⑪，禮部尚書許敬宗奏弘農府君廟應毀⑫，請藏主於西夾室⑬，從之。

九月乙卯⑭，以李勣為左僕射。

冬，十月，以突厥諸部置舍利等五州⑮隸雲中都督府，蘇農等六州⑯隸定襄都督府。

乙亥⑰，上問大理卿唐臨繫囚之數，對曰：「見囚五十餘人，唯二人應死。」上悅。上嘗錄繫囚，前卿所處者多號呼稱冤，臨所處者獨無言。上怪問其故，囚曰：「唐卿所處，本自無冤。」上歎息良久，曰：「治獄者不當如是邪！」

上以吐蕃贊普弄讚為駙馬都尉⑱，封西海郡王。贊普致書于長孫無忌等云：「天子初即位，臣下有不忠者，當勒兵赴國討除之。」

十二月，詔濮王泰開府⑲置僚屬，車服珍膳，特加優異。

【章旨】以上為第七段，寫唐高宗初即位，優禮大臣，輕刑獄，四夷安靜。

【注釋】①癸未　六月初十日。②癸巳　六月二十日。③伏闍信　姓尉遲。事跡見《舊唐書》卷一百九十八、《新唐書》卷二百二十一上〈于闐傳〉。④己酉　七月初六日。⑤梓宮　皇帝的棺木。⑥癸酉　八月初一日。⑦晉州　州名，治所在今山西臨汾西南。⑧庚寅　八月十八日。⑨昭陵　在今陝西禮泉縣東北九嵕山。⑩北司馬門　在昭陵九嵕山的北坡。昭陵祭壇即在北司馬門內，近年文物工作者清理祭壇，發現有蕃酋雕像殘塊及刻名。⑪丁酉　八月二十五日。⑫弘農府君廟應毀　弘農府君即魏弘農太守李重耳，高宗七世祖，親盡廟應毀，不再奉祀。⑬夾室　太廟在太室兩旁有東、西夾室。⑭乙卯　九月十三日。⑮舍利等五州　羈縻州。五州為：以舍利吐利部所置舍利州，以阿史那部所置阿史那州，以綽部所置綽州，以突厥別部所置思辟、白登二州。⑯蘇農等六州　以阿史德部所置阿德州，以執失部所置執失州，以蘇農部所置蘇農州，以歌濫拔延部所置拔延州，以郁射部所置郁射州，以多地藝失部所置藝失州。⑰乙亥　十月四日。⑱駙馬都尉　唐代用來授尚主者，非實官。⑲開府　指建立府署，自選僚屬。

【語　譯】六月初十日癸未，任命長孫無忌為太尉，兼檢校中書令，掌管尚書、門下二省事務，長孫無忌堅持辭退掌管尚書省的事務，高宗同意了，又命他為太尉同中書門下三品。二十日癸巳，任命李勣為開府儀同三司、同中書門下三品。

阿史那社爾打敗龜茲後，行軍長史薛萬備請求藉著軍威勸說于闐國王伏闍信進京朝見，阿史那社爾聽從了這一意見。秋，七月初六日己酉，伏闍信隨從薛萬備進京朝見，高宗下詔讓他謁見太宗的靈柩。

八月初一日癸酉，夜間地震，晉州尤為嚴重，倒塌房屋壓死五千多人。

八月十八日庚寅，把太宗皇帝葬於昭陵，廟號太宗。阿史那社爾、契苾何力請求自殺殉葬，高宗派人向他們說明先帝遺旨不允許殉葬。蠻夷的君主首領被太宗所擒服的如頡利等十四人，都雕刻他們的石像，刻上姓名排列在北司馬門內。

八月二十五日丁酉，禮部尚書許敬宗奏請應毀掉弘農府君廟，請把供奉的神主藏在太廟的西夾室，高宗同意了。

九月十三日乙卯，任命李勣擔任尚書左僕射。

冬，十月，把突厥各部設置為舍利等五州，隸屬雲中都督府，設置為蘇農等六州，隸屬定襄都督府。

十月初四日乙亥，高宗詢問大理寺卿唐臨關押的囚犯數目，回答說：「現在囚犯五十多人，只有二人應該處死。」高宗很高興。高宗曾訊問在押的犯人，前任大理寺卿處置的犯人大多呼喊說冤枉，唯獨唐臨所處置的犯人不說話。高宗感到奇怪，詢問他們是什麼緣故，犯人們說：「唐卿所判處的，本來就沒有冤枉。」高宗感歎了好一會兒，說道：「治理刑獄的官員不應當如此嗎！」

高宗任命吐蕃贊普棄宗弄讚為駙馬都尉，封為西海郡王。贊普寫信給長孫無忌等人說：「天子剛剛即位，臣屬有不忠誠的，應該率兵前往國內討伐消滅他。」

十二月，高宗下詔濮王李泰開設府署設置僚屬，車馬服飾與珍寶膳食等，特別加以優待。

高宗天皇大聖大弘孝皇帝❶上之上

永徽元年（庚戌　西元六五〇年）

春，正月辛丑朔❷，改元❸。○丙午❹，立妃王氏❺為皇后。后，思政❻之孫也。以后父仁祐❼為特進、魏國公。○己未❽，以張行成為侍中。

辛酉❾，上召朝集使，謂曰：「朕初即位，事有不便於百姓者悉宜陳，不盡者更封奏❿。」自是日引刺史十人入閤，問以百姓疾苦，及其政治⓫。

有洛陽人李弘泰誣告長孫無忌謀反，上命立斬之。無忌與褚遂良同心輔政，上亦尊禮二人，恭己以聽之。故永徽之政，百姓阜安，有貞觀之遺風。

太宗女衡山公主⓬應適長孫氏，有司以為服既公除，欲以今秋成昏。于志寧上言：「漢文立制，本為天下百姓。公主服本斬衰⓭，縱使服隨例除，豈可情隨例改，請俟三年喪畢成昏。」上從之。

二月辛卯⓮，立皇子孝⓯為許王，上金⓰為杞王，素節⓱為雍王。

夏，五月壬戌⑱，吐蕃贊普卒，其嫡子早死，立其孫為贊普。贊普幼弱，政事皆決於國相祿東贊。祿東贊性明達嚴重，行兵有法，吐蕃所以彊大，威服氐、羌，皆其謀也。

六月，高侃擊突厥，至阿息山⑲。車鼻可汗召諸部兵皆不赴，與數百騎遁去。侃帥精騎追至金山，擒之以歸，其眾皆降。

初，阿史那社爾虜龜茲王布失畢，立其弟為王。唐兵既還，其酋長爭立，更相攻擊。秋，八月壬午⑳，詔復以布失畢為龜茲王，遣歸國，撫其眾。

九月庚子㉑，高侃執車鼻可汗至京師，釋之，拜左武衛將軍，處其餘眾於鬱督軍山，置狼山都督府㉒以統之，以高侃為衛將軍㉓。於是突厥盡為封內之臣，分置單于、瀚海㉔二都護府。單于領狼山、雲中、桑乾㉕三都督，蘇農等一十四州㉖，瀚海領瀚海、金徽、新黎等七都督㉗，仙萼等八州㉘，各以其酋長為都督、刺史[1]。

癸亥㉙，上出畋，遇雨，問諫議大夫昌樂谷那律㉚曰：「油衣若為則不漏？」對曰：「以瓦為之，必不漏。」上悅，為之罷獵。

李勣固求解職。冬，十月戊辰㉛，解勣左僕射，以開府儀同三司、同中書門下三品。

己未㉜，監察御史陽武韋思謙㉝劾奏中書令褚遂良抑買㉞中書譯語人㉟地，大理少卿張叡冊以為准估㊱無罪。思謙奏曰：「估價之設，備國家所須，臣下交易，豈得准估為定！叡冊舞文，附下罔上，罪當誅。」是日，左遷遂良為同州刺史、叡冊循州刺史。思謙名仁約，以字行。

十二月庚午㊲，梓州都督謝萬歲、兗州都督謝法興㊳與黔州都督李孟嘗㊴討琰州㊵叛獠，萬歲、法興入洞招慰，為獠所殺。

【章　旨】以上為第八段，寫唐高宗勤政親民，嚴格制御大臣，褚遂良賤買人地而被貶職。

【注　釋】❶高宗天皇大聖大弘孝皇帝　唐朝第三代皇帝李治（西元六二八—六八三年），字為善，乳名雉奴，太宗第九子。西元六四九—六八三年在位。事見《舊唐書》卷四、卷五，《新唐書》卷三。❷辛丑朔　一月一日。❸元　新君始年。❹丙午　一月六日。❺王氏　（？—西元六五五年）并州祁（今山西祁縣東南祁城）人，永徽六年（西元六五五年）廢為庶人，不久為武后殘殺。傳見《舊唐書》卷五十一、《新唐書》卷七十六。❻思政　北朝大臣王思政，歷官北魏、西魏、北周、北齊，至都官尚書、儀同三司。傳見《周書》卷十八、《北史》卷六十二。❼仁祐　王皇后之父王仁祐，本羅山縣令，因女冊為后而貴顯，早卒。事跡見兩《唐書．王皇后傳》。❽己未　一月十九日。❾辛酉　一月二十一日。❿封奏　密封的奏摺。⓫政治　政務治理情況。⓬衡山公主　據《舊唐書》卷一百八十三、《新唐書》卷八十三，疑即新城公主。太宗曾以衡山公主許嫁魏徵長子叔玉，後停婚改嫁長孫氏（疑即長孫無忌姪長孫詮）。事跡見《舊唐書》卷七十一〈魏徵傳〉、卷七十八〈于志寧傳〉，《新唐書》卷八十三〈諸帝公主傳〉等。⓭斬衰　喪禮五服中最重的一種。凡喪服，上衣稱衰，斬衰即用最粗的生麻布製作的喪服，衣旁及下邊均不縫邊。⓮辛卯　二月二十二日。⓯孝　高宗第二子李孝（？—西元六六四年），歷官并州都督、遂州刺史。

傳見《舊唐書》卷八十六、《新唐書》卷八十一。⑯上金　高宗第三子李上金（？—西元六八九年），歷官益州大都督等職，後為酷吏誣，自縊死。傳見《舊唐書》卷八十六、《新唐書》卷八十一。⑰素節　高宗第四子李素節，歷官雍州牧、岐州刺史等職。天授中（西元六九〇—六九一年），為武則天縊殺。傳見《舊唐書》卷八十六、《新唐書》卷八十一。⑱壬戌　五月二十四日。⑲阿息山　疑在蒙古境，當距金山（今阿爾泰山）不遠。⑳壬午　八月十六日。㉑庚子　九月四日。㉒狼山都督府　羈縻府名，在今阿爾泰山北麓。㉓衛將軍　唐無衛將軍，「衛」字上當有脫字。據《唐會要》卷二十一，高侃官至左武衛將軍，疑「衛」字上脫「左武」二字。㉔單于瀚海　據岑仲勉《突厥集史》，「單于」應改作「瀚海」，「瀚海」應改作「燕然」。㉕桑乾　據《新唐書》卷四十三下，龍朔三年（西元六六三年）分定襄置桑乾都督府，僑治朔方（今陝西靖邊東北白城子）。此之「桑乾」疑為「定襄」之訛。㉖蘇農等一十四州　《新唐書》卷二百十五上作「蘇農二十四州」。㉗瀚海金徽新黎等七都督　以突厥和鐵勒諸部所置瀚海、金微、新黎、幽陵、龜林、堅昆、燕然（或盧山）為七羈縻都督府。胡注云「徽」當作「微」。㉘仙萼等八州　以突厥和鐵勒所置仙萼、浚稽、余吾、稽落、居延、寘顏、榆溪、渾河、燭龍為九羈縻州。㉙癸亥　九月二十七日。㉚谷那律　唐初經學家，魏州昌樂（今河南南樂）人，累擢國子博士、諫議大夫、弘文館學士。傳見《舊唐書》卷一百八十九上、《新唐書》卷一百九十八。㉛戊辰　十月三日。㉜己未　十一月二十四日。㉝韋思謙　（？—西元六八九年）高宗、武則天時大臣，本名仁約，字思謙，因音類則天父名諱，故以字稱，鄭州陽武（今河南原陽）人，歷官尚書左丞、御史大夫、宗正卿。則天臨朝，賜爵博昌縣男，並入閣拜相。思謙剛正不阿，為時譽所稱。傳見《舊唐書》卷八十八、《新唐書》卷一百十六。㉞抑買　賤買；壓價購買。㉟中書譯語人　中書省翻譯人員。中書省掌受四方朝貢及通表疏，所以有譯語人。㊱准估　符合官方估價標準。㊲庚午　十二月五日。㊳梓州都督謝萬歲兗州都督謝法興　胡注認為「梓州」當作「牂州」，「兗州」當作「充州」。牂州治所在今貴州黃平西北。充州治所在今貴州石阡西南。謝萬歲、謝法興，分別為牂州、充州的蠻夷酋長。㊴李孟嘗　唐初功臣，趙州（今河北趙縣）人，官封至右威衛大將軍、漢東郡公。傳見《新唐書》卷八十八。㊵琰州　治所在今貴州鎮寧南。

【校　記】1都督刺史　原作「刺史都督」。據章鈺校，十二行本、乙十一行本、孔天胤本皆作「都督刺史」，今從改。

【語　譯】高宗天皇大聖大弘孝皇帝上之上

永徽元年（庚戌　西元六五〇年）

春，正月初一日辛丑，更改年號。〇初六日丙午，高宗立妃子王氏為皇后。皇后是王思政的孫女。封皇后的父親王仁祐為特進、魏國公。〇十九日己未，任命張行成為侍中。

正月二十一日辛酉，高宗召見各地的朝集使，對他們說：「朕剛剛即位，有對百姓不方便的事情你們應該全部上奏陳述，沒有說盡的可以另外密封上奏。」從此每天引見十名刺史，進入閤中，詢問民間百姓疾苦，以及政務治理情況。

有一個洛陽人李弘泰誣告長孫無忌謀反，高宗命令立刻把他處斬。長孫無忌和褚遂良同心輔政，高宗也尊重禮遇二人，謙恭地聽從二人的意見。所以永徽年間的政治，百姓富庶安寧，有貞觀年間的遺風。

太宗的女兒衡山公主應出嫁長孫氏，有關官員認為太宗服喪既然除服，想讓公主在當年秋季成婚。于志寧上書說：「漢文帝立下制度不必穿喪服三年，本來是為了天下的百姓。公主的喪服本應是粗麻布的喪服，縱使喪服援照漢代舊例已經脫下，哀痛的心情豈能隨著舊例改變，請等到三年服喪期滿後成婚。」高宗聽從這一建議。

二月二十二日辛卯，立皇子李孝為許王，李上金為杞王，李素節為雍王。

夏，五月二十四日壬戌，吐蕃贊普棄宗弄讚去世，他的嫡長子早死，就立他的孫子為贊普。贊普幼弱，政事全由國相祿東贊裁決。祿東贊性情明智通達而且嚴肅穩重，用兵有方，吐蕃之所以強大，威服氐、羌，都是他的謀略。

六月，高侃攻打突厥，到達阿息山。突厥車鼻可汗徵召各部士兵都沒有前來，他和幾百名騎兵逃走了。高侃率領精銳騎兵追到金山，活捉車鼻可汗然後返回，他的部眾全都投降了。

當初，阿史那社爾俘虜了龜茲國王布失畢，立他的弟弟為國王。唐朝軍隊返回後，各部落酋長爭奪王位，相互攻擊。秋，八月十六日壬午，高宗下詔還是任命布失畢為龜茲國王，派遣他回國，安撫民眾。

九月初四日庚子，高侃押送車鼻可汗到京城，釋放了他，任命為左武衛將軍，把突厥剩餘民眾安置在鬱督軍山，設置狼山都督府來統率他們。任命高侃為衛將軍。於是突厥人全部成為大唐封疆之內的臣民，分別設置了單于、瀚海兩個都護府。單于都護府管轄狼山、雲中、桑乾三個都督府，蘇農等十四個州，瀚海都護府管轄瀚海、金徽、新黎等七個都督府，仙萼等八個州，分別任命自己的部落酋長為都督、刺史。

九月二十七日癸亥，高宗出外遊獵，遇雨，詢問諫議大夫昌樂人谷那律說：「遮雨的油衣怎麼樣才能不漏水？」回答說：「用瓦片製做，肯定不漏水。」高宗很高興，為此停止打獵。

李勣執意請求解除官職。冬，十月初三日戊辰，免掉李勣的尚書左僕射，仍任開府儀同三司、同中書門下三品。

十一月二十四日己未，監察御史陽武人韋思謙上奏疏彈劾中書令褚遂良壓價購買中書省翻譯人員的土地，大理寺少卿張叡冊認為符合官方估價沒有罪過。韋思謙上奏說：「估定價格的設置，是為國家的需要而準備的，臣下之間的交易，怎麼能按估定價格為準！叡冊弄文舞弊，附和臣下，欺罔皇上，罪當處死。」這一天，降職褚遂良為同州刺史、張叡冊為循州刺史。韋思謙名仁約，以字行世。

十二月初五日庚午，梓州都督謝萬歲、兗州都督謝法興與黔州都督李孟嘗討伐琰州反叛的獠民，謝萬歲、謝法興進入獠民山洞招撫，被獠民殺死。

二年（辛亥　西元六五一年）

春，正月乙巳❶，以黃門侍郎宇文節❷、中書侍郎柳奭❸並同中書門下三品。

奭，亨❹之兄子，王皇后之舅也。

左驍衛將軍、瑤池都督阿史那賀魯招集離散，廬帳漸盛，聞太宗崩，謀襲取西、庭二州。庭州刺史駱弘義❺知其謀，表言之。上遣通事舍人橋寶明馳往慰撫。

寶明說賀魯，令長子咥運❻入宿衛，授右驍衛中郎將，尋復遣歸。咥運乃說其父擁眾西走，擊破乙毗射匱可汗❼，併其眾，建牙于雙河及千泉❽，自號沙鉢羅可汗。咄陸五啜❾、努失畢五俟斤❿皆歸之，勝兵數十萬。與乙毗咄陸可汗⓫連兵，處月、處密及西域諸國多附之。以咥運為莫賀咄葉護。

焉耆王婆伽利卒，國人表請復立故王突騎支。夏，四月，詔加突騎支右武衛將軍，遣還國。

金州刺史滕王元嬰⓬驕奢縱逸，居亮陰中，畋遊無節，數夜開城門，勞擾百姓，或引彈彈人，或埋人雪中以戲笑。上賜書切讓之，且曰：「取適⓭之方，亦應多緒，晉靈⓮荒君，何足為則！朕以王至親，不能致王於法⓯，今書王下上考⓰，以愧王心。」

元嬰與蔣王惲⓱皆好聚斂，上嘗賜諸王帛各五百段，獨不及二王。敕曰：「滕叔、蔣兄自能經紀⓲，不須賜物，給麻兩車以為錢貫。」二王大慚。

秋，七月，西突厥沙鉢羅可汗寇庭州，攻陷金嶺城及蒲類縣⓳，殺略數千人。詔左武候[1]大將軍梁建方、右驍衛大將軍契苾何力為弓月道⓴行軍總管，右驍衛將軍高德逸㉑、右武候㉒將軍薛孤吳仁[2]為副，發秦、成、岐、雍府兵三萬人及回紇五萬騎以討之。

癸巳㉓，詔諸禮官學士議明堂㉔制度，以高祖配五天帝㉕，太宗配五人帝㉖。

八月己巳㉗，以于志寧為左僕射，張行成為右僕射，高季輔為侍中，志寧、行成仍同中書門下三品。

己卯㉘，郎州白水蠻㉙反，寇麻州㉚，遣左領軍將軍趙孝祖㉛等發兵討之。

九月癸巳㉜，廢玉華宮為佛寺。戊戌㉝，更命九成宮為萬年宮。

庚戌㉞，左武候引駕㉟盧文操踰垣[3]盜左藏㊱物。上以引駕職在糾繩㊲，乃自為盜，命誅之。諫議大夫蕭鈞㊳諫曰：「文操情實難原，然法不至死。」上乃免文操死，顧侍臣曰：「此真諫議也！」

閏月，長孫無忌等上所刪定律令式㊴。甲戌㊵，詔頒之四方。

上謂宰相曰：「聞所在官司，行事猶互觀顏面㊶，多不盡公。」長孫無忌對曰：「此豈敢言無。然肆情曲法，實亦不敢。至於小小收取人情，恐陛下尚不能免。」無忌以元舅輔政，凡有所言，上無不嘉納。

冬，十有一月辛酉㊷，上祀南郊㊸。

癸酉㊹，詔：「自今京官及外州有獻鷹隼及犬馬者，罪之。」

戊寅㊺，特浪羌㊻酋董悉奉求、辟惠羌酋卜檐莫各帥種落萬餘戶詣茂州內附。○竇州、義州蠻㊼酋李寶誠等反，桂州都督劉伯英㊽討平之。

郎州道總管趙孝祖討白水蠻，蠻酋禿磨蒲及儉彌于帥眾據險拒戰，孝祖皆擊斬之。會大雪，蠻飢凍，死亡略盡。孝祖奏言：「貞觀中討昆州烏蠻㊾，始開青蛉、弄棟㊿為州縣。弄棟之西有小勃弄、大勃弄(51)二川，恆扇誘弄棟，欲使之反。其勃弄以西與黃瓜、葉榆(52)、西洱河相接，人眾殷實，多於蜀川，無大酋長，好結讎怨。今因破白水之兵，請隨便西討，撫而安之。」敕許之。

十二月壬子(53)，處月朱邪孤注(54)殺招慰使單道惠(55)，與突厥賀魯相結。

是歲，百濟遣使入貢，上戒之，使「勿與新羅、高麗相攻，不然，吾將發兵討汝矣。」

【章　旨】以上為第九段，寫西突厥及西南蠻夷因唐喪而叛離。

【注　釋】❶乙巳　一月十一日。❷宇文節　高宗時宰相，字大禮，京兆萬年人，封平昌縣公。事跡見《舊唐書》卷一百五、《新唐書》卷一百三十四〈宇文融傳〉等。❸柳奭　高宗時宰相，蒲州解（今山西運城解州鎮）人，後為高宗貶誅。傳見《舊唐書》卷七十七、《新唐書》卷一百十二。❹亨　即柳亨，柳奭之叔。原為隋末縣長，入唐後歷事三帝，官至太常卿、岐州刺史，封壽陵縣男。傳見《舊唐書》卷七十七。❺駱弘義　此時曾上擊突厥之策，被高宗採納。事跡見《新唐書》卷二百十五下〈突厥傳下〉。❻咥運　後為莫賀咄葉護。事跡見《舊唐書》卷一百九十四下、《新唐書》卷二百十五下〈突厥傳下〉。❼乙

毗射匱可汗　西突厥弩失畢部請唐冊立為可汗，西元六四二—六五一年在位。❽雙河及千泉　西突厥牙帳所在地。雙河在今新疆博爾塔拉河流域，千泉在今中亞吉爾吉斯山北麓。❾咄陸五啜　啜，即屈律啜。突厥大臣曰葉護、屈律啜、阿波、俟利發、吐屯、俟斤、閻洪達、頡利發、達干，凡二十八等，世襲。咄陸有五啜，即處木昆律啜、胡祿屋闕啜、攝舍提暾啜、突騎施賀邏施啜、鼠尼施處半啜。❿弩失畢五俟斤　謂阿悉結闕俟斤、哥舒闕俟斤、拔塞幹暾沙鉢俟斤、阿悉結泥孰俟斤、哥舒處半俟斤。努，《新唐書》卷二百十五下〈突厥傳下〉作「弩」。⓫乙毗咄陸可汗　西突厥東部可汗。西元六三八—六五三年在位。⓬元嬰　李淵第二十二子李元嬰，官至開府儀同三司、梁州都督。傳見《舊唐書》卷六十四、《新唐書》卷七十九。⓭適　暢快。⓮晉靈　即春秋時晉國君靈公，西元前六二〇—前六〇七年在位。為政暴虐厚斂，並曾據高以彈丸擊人取樂。⓯不能致王於法　此句《舊唐書》元嬰本傳同，《新唐書》元嬰本傳作「不忍致于法」。⓰下上考　唐朝對官員實行嚴格的考課制度，以鑑定官員的為政優劣。其考第由「上上」到「下下」共分九等。「愛憎任情，處斷乖理」者為「下上考」，列於考第第七等。⓱蔣王惲　（?—西元六七五年）太宗第七子。傳見《舊唐書》卷七十六、《新唐書》卷八十。⓲經紀　經營料理。此處譏元嬰等聚斂民財。⓳金嶺城及蒲類縣　金嶺城在今新疆博格達山一帶，蒲類縣治約當今新疆奇臺東南老奇臺。⓴弓月道　弓月城（今新疆霍城西北）一帶的行軍路線。㉑高德逸　事跡見《新唐書》卷二百十五下〈突厥傳下〉。㉒右武候　候，據《新唐書》卷二百十五下，應作「衛」。㉓癸巳　七月二日。㉔明堂　天子宣明政教的地方。㉕五天帝　神話中的五位天帝。即東方青帝、南方赤帝、中央黃帝、西方白帝、北方黑帝。㉖五人帝　傳說中的上古五位帝王。即東方帝太皞、西方帝少皞、南方帝炎帝、北方帝顓頊、中央帝黃帝。㉗己巳　八月八日。㉘己卯　八月十八日。㉙郎州白水蠻　分布於今雲南武定一帶的彝族先民部落。㉚麻州　州名，治所在今雲南宣威境。㉛趙孝祖　事跡見《舊唐書》卷四〈高宗紀上〉、《新唐書》卷一百二十二下〈南蠻傳下〉。㉜癸巳　九月三日。㉝戊戌　九月八日。㉞庚戌　九月二十日。㉟左武候引駕　左、右武候分掌宮中及京城晝夜巡警，下有引駕仗三衛六十人，引駕佽飛六十六人。㊱左藏　中央的國庫之一，儲藏錢帛雜綵、上供中央的賦調等物資。㊲糾繩　糾察矯正。㊳蕭鈞　蕭瑀兄子，博學有才望，官至太子率更令、兼崇賢館學士。顯慶中（西元六五六—六六〇年）卒。撰《韻旨》二十卷、文集三十卷。傳見《舊唐書》卷六十三、《新唐書》卷一百一。㊴律令式　唐代法律的表現形式。律，唐代法典。《唐律》十二篇，共五百條。令，皇帝命令。式，有關官署文件程式的規定。㊵甲戌　閏九月十四日。㊶互觀顏面　謂彼此以看人情、面子行事。㊷辛酉　十一月二日。㊸祀南郊　即「郊祀」，在南郊天壇祭天。㊹癸酉　十一月十四日。㊺戊寅　十一月十九日。㊻特浪羌　與下文的「辟惠羌」皆為生羌部落名，分布於四川阿壩藏族自治州以南山地。唐於該地置蓬、魯等三十二羈縻州，隸茂州都督府（治所在今四川茂縣）。(47)寶州義州蠻　分布於寶州（治所在今廣東信宜西南鎮隆）、義州（治所在今廣西岑溪縣東）的僚族部落。(48)劉伯英　唐初大將，官至左監門衛大將軍。事跡見《舊唐書》卷九十〈史務滋傳〉，《新唐書》卷一百十〈契苾何力傳〉、卷二百二十〈新羅傳〉等。(49)昆州烏蠻　分布於昆州（治今雲南昆明西郊馬街附近）的烏蠻（今彝族先民）部落。(50)青蛉弄棟　縣城名，青蛉縣治在今雲南大姚，弄棟城在今雲南姚安北。(51)小勃弄大勃弄　川名，在今雲南彌渡境。(52)黃瓜葉榆　地名。黃瓜當在今雲南彌渡和大理之間，疑為「陽瓜」（州名，今雲南巍山縣北）之訛。葉榆，今雲南大理北喜洲。(53)壬子　十二月二十四日。(54)朱邪孤注　（？—西元六五二年）西突厥處月部酋長。事跡見《新唐書》卷二百十五下〈突厥傳下〉。(55)單道惠　事跡見《新唐書》卷三〈高宗紀〉、卷一百十〈契苾何力傳〉。

【校　記】[1]候　嚴衍《通鑑補》改作「衛」。[2]薛孤吳仁　嚴衍《通鑑補》改作「薩孤吳仁」。按，《舊唐書》卷二十七〈禮儀志七〉作「薛孤吳仁」，《新唐書》卷二百十五下〈突厥傳下〉、卷二百十七下〈回鶻傳下〉、卷二百二十一上〈西域傳上〉皆作「薩孤吳仁」。[3]垣　原作「牆」。據章鈺校，十二行本、乙十一行本、孔天胤本皆作「垣」，今從改。

【語　譯】二年（辛亥　西元六五一年）

春，正月十一日乙巳，任命黃門侍郎宇文節、中書侍郎柳奭並為同中書門下三品。柳奭，是柳亨哥哥的兒子，王皇后的舅舅。

左驍衛將軍、瑤池都督阿史那賀魯招集離散的百姓，居住的帳篷逐漸增多，聽說太宗駕崩，便謀劃襲取西州、庭州。庭州刺史駱弘義知道他的計謀，向朝廷上表報告。高宗派遣通事舍人橋寶明驅馬前往安撫。橋寶明勸說阿史那賀魯，讓他的長子咥運進京宿衛，授職右驍衛中郎將，不久朝廷又把他遣送回去。咥運便勸說他父親率領部眾西走，打敗了乙毗射匱可汗，兼併了他的部眾，在雙河和千泉建立牙帳，自稱為沙鉢羅可汗。咄陸五啜、努失畢五俟斤都歸附他，擁有善戰強兵幾十萬。與乙毗咄陸可汗的軍隊聯合，處月、處密以及西域各國大多依附於他們。任命咥運為莫賀咄葉護。

焉耆國王婆伽利去世，國中民眾上表請求重新封立以前的國王突騎支。夏，四月，高宗下詔加封突騎支為右武衛將軍，遣送回國。

金州刺史滕王李元嬰驕奢淫逸，在為太宗守喪期間，遊獵沒有節制，多次夜裡打開城門，煩擾百姓，有時用彈弓彈人，有時把人埋在雪中來取笑。高宗賜給書信深加責備他，並且說：「取樂的方法，也應當有多種，晉靈公是個荒唐的君主，怎麼值得作為榜樣！朕因為你是最親的親人，不忍心把你繩之於法，現在把你的考課等級定為下等之上，以此來使你心懷慚愧。」

李元嬰與蔣王李惲都喜歡聚斂財物，高宗曾經賜給各王每人絹帛五百段，惟獨沒有賜給滕王、蔣王。敕令說：「滕王皇叔、蔣王皇兄自己能夠經營聚斂，不需要賞賜財物，送給兩車麻用作錢串。」二王大為羞愧。

秋，七月，西突厥沙鉢羅可汗進犯庭州，攻陷金嶺城和蒲類縣，殺死搶奪幾千人。高宗下詔任命左武候大將軍梁建方、右驍衛大將軍契苾何力為弓月道行軍總管，右驍衛將軍高德逸、右武候將軍薛孤吳仁為副總管，徵調秦州、成州、岐州、雍州的士兵三萬人，以及回紇五萬騎兵來討伐突厥。

七月初二日癸巳，下詔讓各位禮官、學士商議朝廷的明堂制度，以高祖配享五位天帝，太宗配享五位人帝。

八月初八日己巳，任命于志寧擔任尚書左僕射，張行成擔任右僕射，高季輔擔任侍中，于志寧、張行成仍為同中書門下三品。

八月十八日己卯，郎州白水蠻人反叛，侵犯麻州，朝廷派遣左領軍將軍趙孝祖等人發兵討伐他們。

九月初三日癸巳，廢掉玉華宮，改為佛寺。初八日戊戌，改名九成宮為萬年宮。

九月二十日庚戌，左武候引駕盧文操翻牆盜竊左藏財物。高宗認為引駕的職責在於晝夜巡視糾查違失，卻自為盜賊，命令處死盧文操。諫議大夫蕭鈞勸諫說：「盧文操犯罪情節實在難以原諒，然而依法不至於處死。」高宗於是赦免盧文操死罪，回視身邊侍臣說：「這才是真正的諫議大夫呀！」

閏九月，長孫無忌等人進呈刪改修定的律令式。十四日甲戌，高宗下詔頒行全國。

高宗對宰相們說：「聽說你們所在的官署，辦事還要互相察看臉色，大多不能盡心為公。」長孫無忌回答說：「這些情形怎麼敢說沒有。然而隨意枉法，也實在不敢。至於說稍稍地接納人情，恐怕陛下也不能避免。」長孫無忌以元舅身分輔佐朝政，凡有所建言，高宗無不讚許採納。

冬，十一月初二日辛酉，高宗到南郊祭祀。

十一月十四日癸酉，高宗頒布詔令：「從今天以後朝中官員及外州有進獻鷹隼及狗馬的，對他定罪。」

十一月十九日戊寅，特浪羌族酋長董悉奉求、辟惠羌族酋長卜檐莫各自率領本部落一萬多戶前往茂州歸附唐朝。○竇州、義州蠻族酋長李寶誠等人反叛，桂州都督劉伯英討伐平定了他們。

郎州道總管趙孝祖討伐白水蠻人，蠻人的酋長禿磨蒲和儉彌于率領部眾佔據險要進行抵抗，趙孝祖全部擊殺了他們。適逢大雪，蠻人飢寒，死亡殆盡。趙孝祖上奏說：「貞觀年間討伐昆州的烏蠻，才開闢青蛉、弄棟為州縣。弄棟西面有小勃弄、大勃弄兩條河流，這裡的蠻人一直煽動引誘弄棟，想讓它反叛。勃弄以西與黃瓜、葉榆、西洱河接壤，民眾富足，超過蜀川地區，沒有大的酋長，喜好結仇。現在利用攻破白水蠻的兵力，請求順便西討，撫慰安定這些地區。」高宗敕令聽從他的建議。

十二月二十四日壬子，處月部落的朱邪孤注殺死招慰使單道惠，與突厥阿史那賀魯相聯合。

這一年，百濟國派使者進京納貢，高宗告誡來使，讓百濟「不要與新羅、高麗相互攻伐，不然的話，我將要發兵討伐你們。」

三年（壬子　西元六五二年）

春，正月己未朔❶，吐谷渾、新羅、高麗、百濟並遣使入貢。

癸亥❷，梁建方、契苾何力等大破處月朱邪孤注於牢山❸。孤注夜遁，建方使副總管高德逸輕騎追之，行五百餘里，生擒孤注，斬首九千級。軍還，御史劾奏梁建方兵力足以追討，而逗留不進，高德逸敕令市馬，自取駿者。上以建方等有功，釋不問。大理卿李道裕奏言：「德逸所取之馬，筋力異常，請實中廄❹。」上謂侍臣曰：「道裕法官，進馬非其本職，妄希我意，豈朕行事不為臣下所信邪！朕方自咎，故不復黜道裕耳。」

己巳❺，以同州刺史褚遂良為吏部尚書、同中書門下三品。◯丙子❻，上饗太廟。丁亥❼，饗先農❽，躬耕藉田❾。

二月甲寅❿，上御安福門⓫樓，觀百戲⓬。乙卯⓭，上謂侍臣曰：「昨登樓，欲以觀人情及風俗奢儉，非為聲樂。朕聞胡人善為擊鞠之戲⓮，嘗一觀之。昨初升樓，即有羣胡擊鞠，意謂朕篤好之也。帝王所為，豈宜容易。朕已焚此鞠，冀杜胡人窺望之情，亦因以自[1]誡。」

三月辛巳⓯，以宇文節為侍中，柳奭為中書令。以兵部侍郎三原韓瑗⓰守黃門侍郎、同中書門下三品。

夏，四月，趙孝祖大破西南蠻，斬小勃弄酋長歿盛，擒大勃弄酋長楊承顛，自餘皆屯聚保險，大者有眾數萬，小者數千人，孝祖皆破降之，西南蠻遂定。

甲午⓱，澧州刺史彭思王元則⓲薨。

六月戊申[19]，遣兵部尚書崔敦禮等將并、汾步騎萬人往茂州[20]。發薛延陀餘眾渡河，置祁連州[21]以處之。

秋，七月丁巳[22]，立陳王忠[23]為皇太子，赦天下。王皇后無子，柳奭為后謀，以忠母劉氏微賤，勸后立忠為太子，冀其親己，外則諷長孫無忌等使請於上。上從之。○乙丑[24]，以于志寧兼太子少師，張行成兼少傅，高季輔兼少保。丁丑[25]，上問戶部尚書高履行[26]：「去年進戶多少？」履行奏：「去年進戶總一十五萬。」因問隋代及今日見戶，履行奏：「隋開皇中，戶八百七十萬，即今戶三百八十萬。」履行，士廉之子也。

九月，守中書侍郎來濟[27]同中書門下三品。

冬，十一月庚寅[28]，弘化長公主自吐谷渾來朝。○癸巳[29]，濮王[2]泰薨於均州[30]。

散騎常侍房遺愛尚太宗女高陽公主。公主驕恣甚，房玄齡薨，公主教遺愛與兄遺直[31]異財[32]，既而反譖遺直。遺直自言，太宗深責讓主，由是寵衰，主怏怏不悅。會御史劾盜，得浮屠辯機寶枕，云主所賜。主與辯機私通，餉遺億計，更以二女子侍遺愛。太宗怒，腰斬辯機，殺奴婢十餘人。主益怨望，太宗崩，無戚容。上即位，主又令遺愛與遺直更相訟，遺愛坐出為房州[33]刺史，遺直為隰州[34]

刺史。又，浮屠智勗等數人私侍主，主使掖庭令㉟陳玄運伺宮省禨祥㊱。先是，駙馬都尉薛萬徹㊲坐事除名，徙寧州刺史。入朝，與遺愛款昵，對遺愛有怨望語，且曰：「今雖病足，坐置京師，鼠輩猶不敢動。」因與遺愛謀，若國家有變，當奉司徒荊王元景㊳為主。元景女適遺愛弟遺則㊴，由是與遺愛往來。元景嘗自言，夢手把日月。駙馬都尉柴令武㊵，紹之子也，尚巴陵公主㊶，除衛州刺史，託以主疾留京師求醫，因與遺愛謀議相結。高陽公主謀黜遺直，奪其封爵，使人誣告遺直無禮於己。遺直亦言遺愛及主罪，云：「罪盈惡稔，恐累臣私門。」上令長孫無忌鞫之，更獲遺愛及主反狀。

司空、安州都督吳王恪母，隋煬帝女也。恪有文武才，太宗常以為類己，欲立為太子，無忌固爭而止，由是與無忌相惡。恪名望素高，為物情所向。無忌深忌之，欲因事誅恪，以絕眾望。遺愛知之，因言與恪同謀，冀如紇干承基得免死。

【章旨】以上為第十段，寫永徽初唐戶三百八十萬，不及隋開皇之半，可見一場浩劫之慘烈。房遺愛與其婦高陽公主因私欲而狂悖，一場謀反大案悄然孕育。

【注釋】❶己未朔　一月一日。❷癸亥　一月五日。❸牢山　亦名賭蒲，在今蒙古杭愛山西南。❹中廄　御馬廄。❺己巳　一月十一日。❻丙子　一月十八日。❼丁亥　一月二十九日。❽先農　神農。❾藉田　天子親耕之田。❿甲寅　二月二十七日。⓫安福門　長安皇城西面二門，北稱安福門，南謂順義門。⓬百戲　樂舞雜技表演的總稱。⓭乙卯　二月二十八日。⓮擊鞠之戲　馬球運動。⓯辛巳　三月二十四日。⓰韓瑗　（？—西元六五九年）雍州三原（今陝西三原）人，永徽四年（西元六五三年）至顯慶二年（西元六五七年）宰相，後貶振州刺史。傳見《舊唐書》卷八十、《新唐書》卷一百五。⓱甲午　四月七日。⓲元則　李元則（？—西元六五二年），李淵第十二子。傳見《舊唐書》卷六十四、《新唐書》卷七十九。⓳戊申　六月二十二日。⓴茂州　此非治所在汶山縣（今四川茂汶羌族自治縣）的茂州，其地當在薛延陀故地。㉑祁連州　據《唐會要》卷七十三等，貞觀二十三年（西元六四九年）置祁連州，隸靈州都督府（治今寧夏靈武西南），永徽元年廢。永徽三年（西元六五二年）的祁連州，應為復置。㉒丁巳　七月二日。㉓陳王忠　（西元六四三—六六四年）高宗長子李忠，字正本，原封陳王。既立為太子，復於顯慶元年（西元六五六年）廢為梁王，終被賜死。傳見《舊唐書》卷八十六、《新唐書》卷八十一。㉔乙丑　七月十日。㉕丁丑　七月二十二日。㉖高履行　高士廉長子，尚太宗女東陽公主，襲封申國公。傳見《舊唐書》卷六十五、《新唐書》卷九十五。㉗來濟　（西元六一〇—六六二年）高宗時宰相。傳見《舊唐書》卷八十、《新唐書》卷一百五。㉘庚寅　十一月甲寅朔，無庚寅日。疑記載有誤。㉙癸巳　十一月無癸巳日，疑記載有誤。㉚均州　州名，治所在今湖北十堰市西北舊均縣。㉛遺直　房玄齡長子房遺直，永徽初為禮部尚書、汴州刺史。後因弟房遺愛謀反，除名為庶人。傳見《舊唐書》卷六十六、《新唐書》卷九十六。㉜異財　分家析產。㉝房州　州治在今湖北房縣。㉞隰州　州治在今山西隰縣。㉟掖庭令　即內侍省掖庭局長官，由太監充任，從七品下，掌宮禁女工之事，又主宮人名籍。㊱禨祥　吉凶先兆。㊲薛萬徹　高祖女丹陽公主下嫁薛萬徹。㊳元景　李元景，李淵第三子。傳見《舊唐書》卷六十四、《新唐書》卷七十九。㊴遺則　房玄齡第三子房遺則，官朝散大夫。事跡見《舊唐書》卷六十六、《新唐書》卷九十六〈房玄齡傳〉。㊵柴令武　（？—西元六五三年）高祖之女平陽公主與柴紹的次子，累官太僕少卿、衛州刺史，封襄陽郡公。傳見《舊唐書》卷五十八、《新唐書》卷九十。㊶巴陵公主　（？—西元六五三年）太宗女。傳見《新唐書》卷八十三。

【校　記】①自　原作「為」。據章鈺校，十二行本、乙十一行本、孔天胤本皆作「自」，今從改。②濮王　據章鈺校，十二行本、乙十一行本、孔天胤本皆作「濮恭王」。

【語　譯】三年（壬子　西元六五二年）

春，正月初一日己未，吐谷渾、新羅、高麗、百濟都派遣使者到朝廷進獻貢品。

正月初五日癸亥，梁建方、契苾何力等人在牢山把處月朱邪孤注打得大敗。孤注乘夜間逃跑，梁建方派副總管高德逸率領輕騎兵追趕他，前進了五百多里，活捉了孤注，殺死九千人。軍隊返回，御史彈劾梁建方的兵力足以追擊，卻逗留不進，高德逸下令買馬，自己選取好馬。高宗認為梁建方等人有功，放下不加追問。大理寺卿李道裕上奏說：「高德逸所選取的馬匹，筋骨力量不同一般，請用來充實皇家馬廄。」高宗對侍從的大臣說：「李道裕是執法官，進選馬匹不是他的本職，卻妄自迎合我的想法，難道朕做事不被臣下所信任嗎！朕正在自責，所以不再貶黜李道裕了。」

正月十一日己巳，任命同州刺史褚遂良為吏部尚書、同中書門下三品。〇十八日丙子，高宗享祭太廟。二十九日丁亥，享祭先農，親耕藉田。

二月二十七日甲寅，高宗親臨安福門城樓，觀看百戲雜技。二十八日乙卯，高宗對侍從的大臣說：「昨日登上城樓，想觀察民情和風俗奢節，不是為了聲樂之娛。朕聽說胡人擅長擊鞠的遊戲，曾經看過一次。昨天剛登上城樓，就有一群胡人擊鞠，意思是以為朕特別喜歡擊鞠。帝王的所作所為，豈能那麼隨意輕率。朕已經焚燒了這個鞠，希望杜絕胡人窺探帝王喜好的想法，也由此引以為自戒。」

三月二十四日辛巳，任命宇文節為侍中，柳奭為中書令。任命兵部侍郎三原人韓瑗代理黃門侍郎、同中書門下三品。

夏，四月，趙孝祖大敗西南蠻族，殺死了小勃弄酋長歿盛，活捉了大勃弄酋長楊承顛，其餘的都聚集守險自保，大的有數萬人，小的有幾千人，趙孝祖全都擊敗降伏了他們，西南蠻族便穩定下來。

四月初七日甲午，澧州刺史彭思王李元則去世。

六月二十二日戊申，高宗派兵部尚書崔敦禮等人統率并州、汾州的步兵、騎兵一萬人前往茂州。徵發薛延陀剩餘民眾渡過黃河，設置祁連州來安置他們。

秋，七月初二日丁巳，高宗立陳王李忠為皇太子，大赦天下。王皇后沒有兒子，柳奭為皇后出主意，認為李忠的生母劉氏出身卑微，勸說王皇后立李忠為太子，希望他親近自己，外面則暗示長孫無忌等人，讓他們請求高宗立李忠。高宗聽從了他們。○初十日乙丑，任命于志寧兼任太子少師，張行成兼任太子少傅，高季輔兼任太子少保。

七月二十二日丁丑，高宗詢問戶部尚書高履行：「去年增加的戶口有多少？」高履行奏報：「去年增加戶口共計十五萬。」於是詢問隋代和今天的現有戶口，高履行奏言：「隋朝開皇年間，有八百七十萬戶，現在有三百八十萬戶。」高履行，是高士廉的兒子。

九月，任命代理中書侍郎來濟為同中書門下三品。

冬，十一月庚寅日，弘化長公主從吐谷渾前來朝見。○癸巳日，濮王李泰在均州去世。

散騎常侍房遺愛娶了太宗的女兒高陽公主，公主非常驕橫肆意妄為，房玄齡死後，公主教唆房遺愛和他的兄長房遺直瓜分財產，過後又反過來誣陷房遺直。房遺直自己說明原委，太宗對公主深加責備，從此失去太宗的寵愛，公主悶悶不樂。正好此時御史彈劾盜竊案，搜到僧人辯機的寶枕，辯機說是公主所賜。公主與辯機私通，送他的財物數以億計，又讓兩個女人侍候房遺愛。太宗大怒，把辯機腰斬，殺死奴婢十多人。公主更加怨恨，太宗駕崩時，公主沒有悲戚的神色。高宗即位後，公主又讓房遺愛與房遺直相互訴訟，房遺愛獲罪外任為房州刺史，房遺直獲罪外任為隰州刺史。另外，僧人智勗等幾人私下侍奉公主，公主讓掖庭令陳玄運窺探皇宮與中書省內的吉凶消息。

此前，駙馬都尉薛萬徹因事獲罪被取消官員的名籍，徙任寧州刺史。來京朝見，與房遺愛相親昵，對房遺愛說了怨恨朝廷的話，並且說：「我現在雖然有腳病，安坐在京城，那些鼠輩還不敢妄動。」於是又與房遺愛謀劃，假如國家生變，應當擁戴司徒荊王李元景為君主。李元景的女兒嫁給房遺愛的弟弟房遺則，因此李元景與房遺愛交往。李元景曾經自己說，夢中手持日、月。駙馬都尉柴令武，是柴紹的兒子，娶了太宗的女兒巴陵公主，擔任衛州刺史，託辭公主有病留在京城求醫，於是與房遺愛串通謀劃。高陽公主謀劃廢黜房遺直，削奪他的封爵，便讓人誣告房遺直對自己無禮。房遺直也明言房遺愛與公主的罪狀，說道：「他們惡貫滿盈，恐怕牽累到臣的家門。」高宗令長孫無忌審問他們，又得到了房遺愛與公主謀反的證據。

司空、安州都督、吳王李恪的母親，是隋煬帝的女兒。李恪有文武才能，太宗常常認為他像自己，打算立為太子，長孫無忌極力爭辯才作罷，由此李恪與長孫無忌相互憎恨。李恪的名望一向很高，為人心所向。長孫無忌對他深為忌恨，想藉事殺死李恪，以絕眾望。房遺愛知道這件事，便乘機說自己與李恪是同謀，希望能像當年紇干承基密告太子謀反那樣免於死罪。

四年（癸丑　西元六五三年）

春，二月甲申❶，詔遺愛、萬徹、令武皆斬，元景、恪、高陽、巴陵公主並賜自盡。上泣謂侍臣曰：「荊王，朕之叔父，吳王，朕兄，欲匄❷其死，可乎？」兵部尚書崔敦禮以為不可，乃殺之。萬徹臨刑大言曰：「薛萬徹大健兒，留為國家效死力，豈不佳，乃坐房遺愛殺之乎！」吳王恪且死，罵曰：「長孫無忌竊弄威權，構害良善。宗社有靈，當族滅不久！」

乙酉❸，侍中兼太子詹事宇文節、特進・太常卿江夏王道宗、左驍衛大將軍・駙馬都尉執失思力❹並坐與房遺愛交通❺，流嶺表。節與遺愛親善，及遺愛下獄，節頗左右❻之。江夏王道宗素與長孫無忌、褚遂良不協，故皆得罪。戊子❼，廢恪母弟蜀王愔❽為庶人，置巴州，房遺直貶春州銅陵❾尉，萬徹弟萬備流交州。

○罷房玄齡配饗❿。○開府儀同三司李勣為司空。

初，林邑⓫王范頭利卒，子真龍立。大臣伽獨弒之，盡滅范氏。伽獨自立，國人弗從，乃立頭利之壻婆羅門為王。國人咸思范氏，復廢①婆羅門，立頭利之女為王。女不能治國，有諸葛地者，頭利之姑子也，父為頭利所殺，南奔真臘⓬，大臣可倫翁定遣使迎而立之，妻以女王，眾然後定。夏，四月戊子⓭，遣使入貢。

【章旨】以上為第十一段，寫長孫無忌藉房遺愛謀反案枉殺吳王李恪。林邑王遣使入貢。

【注釋】❶甲申　二月二日。❷匄　「丐」的異體字。乞求。❸乙酉　二月三日。❹執失思力　高祖女九江公主下嫁執失思力。❺交通　往來。❻左右　相助；保護。❼戊子　二月六日。❽愔　李愔（？—西元六六七年），太宗第六子。傳見《舊唐書》卷七十六、《新唐書》卷八十。❾春州銅陵　春州治所在今廣東陽春，銅陵縣治在今廣東陽春東北。❿配饗　古代專指帝王宗廟及孔廟的祔祀，後通指所有祠廟中的祔祭。此謂房玄齡祔祀於太廟。⓫林邑　國名，在今越南中部。⓬真臘　國名，今柬埔寨。⓭戊子　四月七日。

【校記】①廢　原作「罷」。據章鈺校，十二行本、乙十一行本、孔天胤本皆作「廢」，今從改。

【語譯】四年（癸丑　西元六五三年）

春，二月初二日甲申，高宗下詔把房遺愛、薛萬徹、柴令武全都斬首，李元景、李恪、高陽公主、巴陵公主一併賜其自盡。高宗涕泣，對侍從大臣說：「荊王，是朕的叔父，吳王，是朕的兄長，想求他們不死，可以嗎？」兵部尚書崔敦禮認為不可，於是殺了他們。薛萬徹臨刑前大聲說：「薛萬徹是一大健兒，留著為國家效死力，豈不更好？就因受房遺愛牽連殺掉他嗎！」吳王李恪臨死時，大罵說：「長孫無忌竊弄威權，陷害忠良好人。宗廟有靈，當在不久滅他全族！」

二月初三日乙酉，侍中兼太子詹事宇文節、特進．太常寺卿江夏王李道宗、左驍衛大將軍．駙馬都尉執失思力都因為犯有與房遺愛交往之罪，流放嶺南。宇文節與房遺愛相親近，等到房遺愛關進獄中，對他頗為保護。江夏王李道宗一向與長孫無忌、褚遂良不和，所以全都獲罪。初六日戊子，把李恪同母弟弟蜀王李愔廢為平民，安置在巴州，房遺直貶為春州銅陵尉，薛萬徹的弟弟薛萬備流放到交州。〇停止房玄齡在太宗廟陪祭。〇開府儀同三司李勣擔任司空。

當初，林邑國王范頭利去世，他的兒子真龍即位。大臣伽獨殺死了真龍，全部處死范氏宗族。伽獨自立為國王，國人不肯服從，便立范頭利的女婿婆羅門為國王。國內民眾都想念范氏，又廢掉了婆羅門，立范頭利的女兒為國王。女兒不能治國，有個名叫諸葛地的，是范頭利姑母的兒子，父親被范頭利所殺，南逃到真臘，大臣可倫翁定派遣使者把他接回來立為國王，把女王嫁給他為妻，然後百姓安定下來。夏，四月初七日戊子，林邑派遣使者入京進貢。

秋，九月壬戌❶，右僕射北平定公張行成薨。甲戌❷，以褚遂良為右僕射，同中書門下三品如故，仍知選事❸。

冬，十月庚子❹，上幸驪山溫湯。乙巳❺，還宮。

初，睦州女子陳碩真❻以妖言惑眾，與妹夫章叔胤舉兵反，自稱文佳皇帝，以叔胤為僕射。甲子❼夜，叔胤帥眾攻桐廬❽，陷之。碩真撞鍾焚香，引兵二千攻陷睦州及於潛❾，進攻歙州❿，不克，敕楊州刺史房仁裕⓫發兵討之。碩真遣其黨童文寶將四千人寇婺州⓬，刺史崔義玄⓭發兵拒之。民間訛言碩真有神，犯其兵者必滅族，士眾兇懼。司功參軍⑭崔玄籍⑮曰：「起兵仗順，猶且無成，況憑妖妄，其能久乎！」義玄以玄籍為前鋒，自將州兵繼之。至下淮戍⑯，遇賊，與戰。左右以楯⑰蔽義玄，義玄曰：「刺史避箭，人誰致死！」命撤之。於是士卒齊奮，賊眾大潰，斬首數千級，聽其餘眾歸首⑱。進至睦州境，降者萬計。十一月庚戌⑲，房仁裕軍合，獲碩真、叔胤，斬之，餘黨悉平。義玄以功拜御史大夫。

癸丑⑳，以兵部尚書崔敦禮為侍中。

十二月庚子㉑，侍中蓨憲公高季輔薨。

是歲，西突厥乙毗咄陸可汗卒，其子頡苾達度設號真珠葉護，始與沙鉢羅可汗有隙，與五弩失畢共擊沙鉢羅，破之，斬首千餘級。

【章旨】以上為第十二段，寫睦州民變為婺州刺史崔義玄討滅。

【注釋】❶壬戌　九月十三日。❷甲戌　九月二十五日。❸選事　銓選官員的事權。❹庚子　十月二十二日。❺乙巳　十月二十七日。❻陳碩真　（？—西元六五三年）睦州（今浙江建德）人，在浙江一帶率眾起事。事跡見《舊唐書》卷四〈高宗紀上〉、卷七十七〈崔義玄傳〉等。❼甲子　十月己卯朔，無甲子日。疑記載有誤。❽桐廬　縣名，縣治在今浙江桐廬西舊縣鎮。❾於潛　縣名，縣治在今浙江臨安西於潛。❿歙州　州名，治所在今安徽歙縣。⓫房仁裕　據《舊唐書》卷四、卷二十七，時仁裕任揚州都督府長史。龍朔中（西元六六一—六六三年），官至司衛正卿。⓬婺州　州名，治所在今浙江金華。⓭崔義玄　（西元五八六—六五六年）高宗時大臣，貝州武城（今山東武城西北）人，在平定陳碩真後，曾協助高宗立武后。傳見《舊唐書》卷七十七、《新唐書》卷一百九。⓮司功參軍　州刺史屬官，為六曹參軍事之一，從七品下。⓯崔玄籍　鄭州滎陽（今河南滎陽）人，官至利州刺史。事跡見《舊唐書》卷七十七〈崔義玄傳〉、《新唐書》卷七十二下〈宰相世系二下〉。⑯下淮戍　在今浙江桐廬東北。⑰楯　同「盾」。即藤牌，防身擋箭武器。⑱歸首　投案自首。⑲庚戌　十一月二日。⑳癸丑　十一月五日。㉑庚子　十二月二十三日。

【語譯】秋，九月十三日壬戌，尚書右僕射北平定公張行成去世。二十五日甲戌，任命褚遂良擔任尚書右僕射，同中書門下三品如故，仍然掌管選舉官吏事務。

冬，十月二十二日庚子，高宗巡幸驪山溫泉。二十七日乙巳，返回宮中。

當初，睦州女子陳碩真利用妖言蠱惑民眾，與妹夫章叔胤起兵造反，自稱文佳皇帝，任命章叔胤為僕射。十月甲子日夜裡，章叔胤率領部眾攻打桐廬，攻陷了桐廬。陳碩真撞鐘燒香，率軍二千人攻陷睦州和於潛縣。進攻歙州，沒有攻克。高宗敕令楊州刺史房仁裕發兵討伐陳碩真。陳碩真派他的同黨童文寶率領四千人進犯婺州，刺史崔義玄徵調兵抵抗。民間謠傳陳碩真有神靈，觸犯她的軍隊的人必定被滅族，官軍士眾非常害怕。司功參軍崔玄籍說：「起兵依靠正道，尚且不一定成功，何況借助妖術，她能長久嗎！」崔義玄任命崔玄籍為前鋒，自己帶領本州軍隊跟隨在後。到達下淮戍，碰上賊軍，和他們交戰。崔義玄身邊的衛士用盾牌掩護他，崔義玄說：「刺史躲避箭矢，別人誰會拚死作戰！」命令撤去盾牌。於是士兵齊心奮戰，賊兵大敗潰逃，殺死了幾千人，允許賊軍剩餘的部眾歸降自首。進兵到睦州境內，投降的人數以萬計。十一月初二日庚戌，與房仁裕的軍隊會合，抓獲了陳碩真、章叔胤，殺了他們，殘餘的同黨全部平定。崔義玄因戰功官拜御史大夫。

十一月初五日癸丑，任命兵部尚書崔敦禮擔任侍中。

十二月二十三日庚子，侍中蓨憲公高季輔去世。

這一年，西突厥乙毗咄陸可汗去世，他的兒子頡苾達度設號稱真珠葉護，開始和沙鉢羅可汗有矛盾，與五個弩失畢共同攻打沙鉢羅，打敗了沙鉢羅，殺死一千多人。

五年（甲寅　西元六五四年）

春，正月壬戌❶，羌酋凍就❷內附，以其地置劍州❸。

三月戊午❹，上行幸萬年宮❺。○庚申❻，加贈武德功臣屈突通等十三人官。

初，王皇后無子，蕭淑妃❼有寵，王后疾之。上之為太子也，入侍太宗，見才人武氏而悅之。太宗崩，武氏隨眾感業寺❽為尼。忌日，上詣寺行香，見之，武氏泣，上亦泣。王后聞之，陰令武氏長髮，勸上內之後宮，欲以間淑妃之寵。武氏巧慧，多權數。初入宮，卑辭屈體以事后，后愛之，數稱其美於上。未幾大幸，拜為昭儀❾，后及淑妃寵皆衰，更相與共譖之，上皆不納。昭儀欲追贈其父而無名，故託以褒賞功臣，偏贈屈突通等[1]，而武士彠預焉❿。

乙丑⓫，上幸鳳泉湯⓬。己巳⓭[2]，還萬年宮。

夏，四月，大食⓮發兵擊波斯，殺波斯王伊嗣侯⓯，伊嗣侯之子卑路斯奔吐火羅。大食兵去，吐火羅發兵立卑路斯為波斯王而還。

閏月丙子⓰，以處月部置金滿州⓱。

丁丑⓲，夜，大雨，山水漲溢，衝玄武門，宿衛士皆散走。右領軍郎將薛仁貴曰：「安有宿衛之士，天子有急而敢畏死乎！」乃登門桄⓳大呼，以警宮內。

上遽出乘高，俄而水入寢殿，水漂[3]溺衛士及麟遊⑳居人，死者三千餘人。

壬辰㉑，新羅女王金真德卒，詔立其弟春秋為新羅王。

六月丙午㉒，恆州大水，呼沱㉓溢，漂溺五千三百家。

中書令柳奭以王皇后寵衰，內不自安，請解政事，癸亥㉔，罷為吏部尚書。

秋，九月[4]丁酉㉕，車駕至京師。○戊戌㉖，上謂五品以上曰：「頃在先帝左右，見五品以上論事，或仗下面陳，或退上封事，終日不絕，豈今日獨無事邪？何公等皆不言也？」

冬，十月，雇雍州四萬一千人築長安外郭，三旬而畢。癸丑㉗，雍州參軍薛景宣上封事，言：「漢惠帝㉘城長安，尋晏駕，今復城之，必有大咎㉙。」于志寧等以景宣言涉不順，請誅之。上曰：「景宣雖狂妄，若因上封事得罪，恐絕言路。」遂赦之。

高麗遣其將安固將高麗、靺鞨兵擊契丹，松漠都督李窟哥禦之，大敗高麗於新城。

是歲大稔，洛州粟米斗兩錢半，秔米㉚斗十一錢。

王皇后、蕭淑妃與武昭儀更相譖訴，上不信后、淑妃之語，獨信昭儀。后不能曲事上左右，母魏國夫人柳氏及舅中書令柳奭入見六宮㉛，又不為禮。武昭儀伺后所不敬者，必傾心與相結，所得賞賜分與之。由是后及淑妃動靜，昭儀必知之，皆以聞於上。

后寵雖衰，然上未有意廢也。會昭儀生女，后憐而弄之。后出，昭儀潛扼殺之，覆之以被。上至，昭儀陽歡笑，發被觀之，女已死矣，即驚啼。問左右，左右皆曰：「皇后適來此。」上大怒曰：「后殺吾女！」昭儀因泣數其罪。后無以自明，上由是有廢立之志。又畏大臣不從，乃與昭儀幸太尉長孫無忌第，酣飲極驩㉜，席上拜無忌寵姬子三人皆為朝散大夫㉝，仍載金寶繒錦十車以賜無忌。上因從容言皇后無子以諷無忌，無忌對以佗語，竟不順旨，上及昭儀皆不悅而罷。昭儀又令母楊氏㉞詣無忌第，屢有祈請，無忌終不許。禮部尚書許敬宗亦數勸無忌，無忌厲色折之。

【章旨】以上為第十三段，寫王皇后引納武則天入宮以分蕭淑妃之寵，武氏入宮謀皇后之位。王皇后引狼入室，非始料所及。

【注釋】❶壬戌　一月十五日。❷涷就　特浪生羌卜樓部大首領。事跡見《新唐書》卷二百二十一上〈南蠻傳上〉。❸劍州　以特浪生羌卜樓部所置羈縻州，治所在今四川阿壩藏族自治州南境。❹戊午　三月十二日。❺萬年宮　永徽三年（西元六五一年）以九成宮改名。在今陝西麟遊西。❻庚申　三月十四日。❼蕭淑妃　（？—西元六五五年）高宗妃，後廢，被武后殘殺。傳見《舊唐書》卷五十一。淑妃，正一品妃嬪稱號之一。❽感業寺　即濟渡尼寺。在唐長安城安業坊東南隅。❾昭儀　正二品妃嬪稱號之一。❿武士彠預焉　元從功臣武士彠也在追贈褒功之列。預，預名；備數其中。⓫乙丑　三月十九日。⓬鳳泉湯　溫泉名，在今陝西眉縣東。⓭己巳　三月二十三日。⓮大食　與下文之波斯皆為國名。唐稱阿拉伯帝國為「大食」。波斯即今伊朗。⓯伊嗣侯　波斯薩桑王朝末主。其子卑路斯後來投唐，授波斯都督府都督。咸亨中（西元六七〇—六七四年）入朝，擢右武將軍，後終老長安。事跡見《新唐書》卷二百二十一下〈波斯傳〉。⓰丙子　閏五月二日。⓱金滿州　羈縻州名，治所在今新疆吉木薩爾北。⓲丁丑　閏五月三日。⓳門梜　門上橫木。⓴麟遊　縣名，縣治在今陝西麟遊。㉑壬辰　閏五月十八日。㉒丙午　六月二日。㉓呼沱　水名，即今滹沱河改道前的舊流。㉔癸亥　六月十九日。㉕丁酉　九月二十五日。㉖戊戌　九月二十六日。㉗癸丑　十月十一日。㉘漢惠帝　漢高祖劉邦長子，名盈。西元前一九五—前一八八年在位。事見《史記》卷九〈呂太后本紀〉、《漢書》卷二〈惠帝紀〉。㉙大咎　大災巨禍。㉚秔米　即粳米。秔，「粳」的異體字。㉛六宮　泛指妃嬪。㉜驩　「歡」的異體字。㉝朝散大夫　文散官名之一，從五品下。㉞楊氏　武士彠繼娶夫人，武則天生母。累封代國、榮國夫人。卒，以太后禮葬咸陽北原上，墓稱順陵。事跡見《新唐書》卷七十六〈則天武皇后傳〉、卷二百六〈武士彠傳〉等。

【校　記】①偏贈屈突通等　原無此六字。據章鈺校，十二行本、乙十一行本、孔天胤本皆有此六字，張瑛《通鑑校勘記》同，今據補。②己巳　原誤作「乙巳」。據章鈺校，十二行本、乙十一行本、孔天胤本皆作「己巳」，張敦仁《通鑑刊本識誤》同，今據校正。③漂　原無此字。據章鈺校，十二行本、乙十一行本、孔天胤本皆有此字，張敦仁《通鑑刊本識誤》同，今據補。④九月　原誤作「七月」。據章鈺校，十二行本、乙十一行本、孔天胤本皆作「九月」，張瑛《通鑑校勘記》同，今據校正。

【語　譯】五年（甲寅　西元六五四年）

春，正月十五日壬戌，羌族酋長凍就歸附朝廷，把他的轄地設置為劍州。

三月十二日戊午，高宗行幸萬年宮。〇十四日庚申，加贈武德年間功臣屈突通等十三人的官職。

當初，王皇后沒有兒子，蕭淑妃有寵於高宗，王皇后嫉妒她。高宗做太子時，進入皇宮侍奉太宗，看到太宗的才人武氏，很喜歡她。太宗駕崩後，武氏隨著眾位妃嬪到感業寺當尼姑。太宗忌日，高宗到感業寺進香，見到了武氏，武氏哭了，高宗也哭了。王皇后聽說這件事，暗中讓武氏蓄起頭髮，勸說高宗把武氏納入後宮，想利用武氏來隔斷高宗對蕭淑妃的寵愛。武氏機敏聰慧，多有權術。剛進宮時，卑辭俯身侍奉王皇后，王皇后很喜歡她，多次在高宗面前稱讚她的美貌。沒多久，大受寵幸，拜為昭儀，對王皇后和蕭淑妃的寵愛都衰減了，兩個人又一起譖毀武氏，高宗全都不接受。武昭儀想追贈她父親的官爵而沒有什麼名義，所以假託褒獎武德年間的功臣，遍贈屈突通等人，而她的父親武士彠列身其中。

三月十九日乙丑，高宗巡幸鳳泉湯。二十三日己巳，返回萬年宮。

夏，四月，大食國出兵攻打波斯國，殺了波斯國王伊嗣侯，伊嗣侯的兒子卑路斯投奔吐火羅。大食軍隊撤走，吐火羅出兵立卑路斯為波斯國王後返回。

閏五月初二日丙子，唐朝把處月部設置為金滿州。

閏五月初三日丁丑，夜裡下大雨，山洪上漲泛濫，沖到玄武門前，宿衛的士兵都四散逃走。右領軍郎將薛仁貴說：「哪裡有宿衛皇宮的士兵，在天子有難的時候而敢怕死的！」於是站在門框大聲呼喊，以警告皇宮裡的人。高宗迅速出來登上高處，一會兒大水沖入寢殿，淹溺了衛士和麟遊縣的居民，死了三千多人。

閏五月十八日壬辰，新羅女王金真德去世，高宗下詔立她的弟弟金春秋為新羅國王。

六月初二日丙午，恆州發大水，呼沱河氾濫，淹沒了五千三百家。

中書令柳奭因為王皇后失寵，自己心裡覺得不安穩，請求解除事權，六月十九日癸亥，罷黜柳奭的中書令，擔任吏部尚書。

秋，九月二十五日丁酉，高宗車駕到達京城。○二十六日戊戌，高宗對五品以上官員說：「先前在先帝身邊，看見五品以上官員議論政事，有的在儀仗之下當面向皇上陳述，有的退朝後上書奏事，整日不斷，難道今天卻無事可奏了嗎？為什麼你們都不言事了呢？」

冬，十月，朝廷雇傭雍州四萬一千人修建長安外城，三十天完工。十一日癸丑，雍州參軍薛景宣上書言事，說：「漢惠帝修建長安城，不久死去，如今又築城，必有大禍。」于志寧等人認為薛景宣的言辭涉及到大逆不順，請求處死他。高宗說：「薛景宣雖然言辭狂妄，但是如果因為上書言事而獲罪，恐怕阻斷言路。」於是赦免了薛景宣。

高麗國派將領安固率領高麗、靺鞨軍隊攻打契丹，松漠都督李窟哥抵禦安固，在新城大敗高麗。

這一年莊稼大豐收，洛州的粟米一斗值兩錢半，粳米一斗十一錢。

王皇后、蕭淑妃與武昭儀之間相互誹謗誣告，高宗不相信王皇后、蕭淑妃的話，只相信武昭儀。王皇后不能曲意對待高宗身邊的人，她的母親魏國夫人柳氏和舅舅中書令柳奭進宮見到六宮妃嬪，又對她們不以禮相待。武昭儀窺探到王皇后不予禮敬的人，一定傾心和她交結，自己得到的賞賜分給她們。因此王皇后與蕭淑妃的一舉一動，武氏必定知道，全都告訴高宗。

王皇后雖然喪失了寵幸，但是高宗沒有廢黜的想法。適逢武昭儀生下一個女孩，王皇后憐愛她並逗她玩。王皇后出去後，武氏暗中扼死女孩，用被子蓋上她。高宗來了，武氏假裝歡笑，打開被子來看孩子，女嬰已經死了，武昭儀當即大驚啼哭。高宗問身邊的人，身邊的人都說：「皇后剛剛來過這裡。」高宗大怒，說：「皇后殺了我的女兒！」武昭儀乘機哭泣著數落王皇后的罪過。王皇后沒有辦法為自己說清楚，高宗由此有了廢黜王皇后立武昭儀為后的想法。又害怕大臣們不聽從，就和武昭儀到太尉長孫無忌的宅第，宴飲極為高興，在酒席上拜長孫無忌寵愛的姬子的三個兒子都為朝散大夫，還裝載十車的金銀財寶、錦緞絲綢賜給長孫無忌。高宗便從容地說王皇后沒有生兒子，以此來暗示長孫無忌，長孫無忌回答別的話，最終也沒有順從高宗的旨意，高宗與武昭儀都很不高興，結束了酒宴。武昭儀又讓母親楊氏前往長孫無忌的宅第，多次請求，長孫無忌最後也沒有同意。禮部尚書許敬宗也多次勸說長孫無忌，長孫無忌臉色嚴厲的斥責他。

六(ㄌㄨˋ)年(ㄋㄧㄢˊ)（乙卯　西元六五五年）

春，正月壬申朔❶，上謁昭陵。甲戌❷，還宮。

己丑❸，巂州道行軍總管曹繼叔破胡叢、顯養、車魯等蠻❹於斜山❺，拔十餘城。

庚寅❻，立皇子弘❼為代王，賢❽為潞王。

高麗與百濟、靺鞨連兵，侵新羅北境，取三十三城，新羅王春秋遣使求援。二月乙丑❾，遣營州都督程名振、左衛中郎將蘇定方❿發兵擊高麗。

夏，五月壬午⓫，名振等度遼水。高麗見其兵少，開門度貴端水⓬逆戰。名振等奮擊，大破之，殺獲千餘人，焚其外郭及村落而還。

癸未⓭，以右屯衛大將軍程知節為蔥山⓮道行軍大總管，以討西突厥沙鉢羅可汗。

壬辰⓯，以韓瑗為侍中，來濟為中書令。

六月，武昭儀誣王后與其母魏國夫人柳氏為厭勝⓰，敕禁后母柳氏不得入宮。○秋，七月戊寅⓱，貶吏部尚書柳奭為遂州⓲刺史。奭行至扶風，岐州長史于承素希旨⓳奏奭漏洩禁中語，復貶榮州⓴刺史。

唐因隋制，後宮有貴妃、淑妃、德妃、賢妃，皆視一品。上欲特置宸妃，以武昭儀為之。韓瑗、來濟諫，以為故事無之，乃止。

中書舍人饒陽李義府㉑為長孫無忌所惡，左遷壁州㉒司馬。敕未至門下，義府密知之，問計於中書舍人幽州王德儉㉓。德儉曰：「上欲立武昭儀為后，猶豫未決者，直恐宰臣異議耳。君能建策立之，則轉禍為福矣。」義府然之。是日，代德儉直宿，叩閤上表，請廢皇后王氏，立武昭儀，以厭兆庶之心。上悅，召見，與語，賜珠一斗，留居舊職。昭儀又密遣使勞勉之，尋超拜中書侍郎。於是衛尉卿許敬宗、御史大夫崔義玄、中丞袁公瑜㉔皆潛布腹心於武昭儀矣。

乙酉㉕，以侍中崔敦禮為中書令。

八月，尚藥奉御㉖蔣孝璋㉗員外特置，仍同正員。員外同正㉘自孝璋始。

長安令裴行儉㉙聞將立武昭儀為后，以國家之禍必自[1]此始，與長孫無忌、褚遂良私議其事。袁公瑜聞之，以告昭儀母楊氏，行儉坐左遷西州都督府長史。行儉，仁基之子也。

九月戊辰㉚，以許敬宗為禮部尚書。

上一日退朝，召長孫無忌、李勣、于志寧、褚遂良入內殿。遂良曰：「今日之召，多為中宮㉛，上意既決，逆之必死。太尉元舅，司空功臣，不可使上有殺元舅及功臣之名。遂良起於草茅，無汗馬之勞，致位至此，且受顧託，不以死爭之，何以下見先帝！」勣稱疾不入。無忌等至內殿，上顧謂無忌曰：「皇后無子，武昭儀有子，今欲立昭儀為后，何如？」遂良對曰：「皇后名家，先帝為陛下所娶。先帝臨崩，執陛下手謂臣曰：『朕佳兒佳婦，今以付卿。』此陛下所聞，言猶在耳。皇后未聞有過，豈可輕廢！臣不敢曲從陛下，上違先帝之命。」上不悅而罷。明日又言之，遂良曰：「陛下必欲易皇后，伏請妙擇天下令族㉜，何必武氏。武氏經事先帝，眾所共[2]知，天下耳目，安可蔽也？萬代之後，謂陛下為如何！願留三思！臣今忤陛下意[3]，罪當死。」因置笏於殿階，解巾叩頭流血，曰：「還陛下笏，乞放歸田里。」上大怒，命引出。昭儀在簾中大言曰：「何不撲殺此獠㉝！」無忌曰：「遂良受先朝顧命，有罪不可加刑。」于志寧不敢言。

韓瑗因間奏事，涕泣極諫，上不納。明日又諫，悲不自勝，上命引出。瑗又上疏諫曰：「匹夫匹婦，猶相選擇，況天子乎！皇后母儀萬國，善惡由之，故嫫母㉞輔佐黃帝，妲己㉟傾覆殷王㊱。詩云：『赫赫宗周㊲，褒姒㊳滅之。』每覽前古，常興嘆息，不謂今日塵黷聖代㊴。作而不法，後嗣何觀！願陛下詳之，無為後人所笑。使臣㊵有以益國，葅醢㊶之戮，臣之分也。昔吳王不用子胥㊷之言，而麋鹿遊於姑蘇㊸。臣恐海內失望，棘荊生於闕庭，宗廟不血食㊹，期有日矣！」來濟上表諫曰：「王者立后，上法乾坤，必擇禮教名家，幽閑令淑，副四海之望，稱神祇之意。是故周文造舟以迎太姒㊺，而興關雎㊻之化，百姓蒙祚；孝成㊼縱欲，以婢為后㊽，使皇統亡絕㊾，社稷傾淪。有周之隆既如彼，大漢之禍又如此，惟陛下詳察。」上皆不納。

它日，李勣入見，上問之曰：「朕欲立武昭儀為后，遂良固執以為不可。遂良既顧命㊿大臣，事當且已(51)乎？」對曰：「此陛下家事，何必更問外人！」上意遂決。許敬宗宣言於朝曰：「田舍翁(52)多收十斛麥，尚欲易婦(53)，況天子欲立[4]后，何豫諸人事而妄生異議乎！」昭儀令左右以聞。庚午(54)，貶遂良為潭州(55)都督。

【章　旨】以上為第十四段，寫唐高宗決意立武則天為皇后，吏部尚書柳奭、顧命大臣尚書右僕射褚遂良次第遭貶。

【注　釋】❶王申朔　一月一日。❷甲戌　一月三日。❸己丑　一月十八日。❹胡叢顯養車魯等蠻　分布於今四川會理一帶的蠻羌部落，當為今彝、羌或白族先民。❺斜山　在今四川會理西。❻庚寅　一月十九日。❼弘　顯慶元年（西元六五六年）立為皇太子，上元二年（西元七六一年）被毒殺。傳見《舊唐書》卷八十六、《新唐書》卷八十一。❽賢　高宗第六子李賢（西元六三五－六八四年），即章懷太子，字明允，為武則天貶逐殺害。傳見《舊唐書》卷八十六、《新唐書》卷八十一。❾乙丑二月二十五日。❿蘇定方　（西元五九一—六六七年）唐初大將，冀州武邑（今河北武邑）人，早年參加竇建德、劉黑闥軍。歸唐後，在征討東西突厥、百濟中立功。官至左武衛大將軍，封邢國公。傳見《舊唐書》卷八十三、《新唐書》卷一百十一。⓫壬午　五月十三日。⓬貴端水　即今遼寧渾河。⓭癸未　五月十四日。⓮葱山　即葱嶺。今帕米爾高原與喀喇昆侖山脈的總稱，歷代為中西交通要道。⓯壬辰　五月二十三日。⓰厭勝　方士巫術之一種，謂能以詛咒制服人或物。⓱戊寅　七月十日。⓲遂州　州名，治所在今四川遂寧。⓳希旨　迎合、阿奉聖旨。⓴榮州　州名，治所在今四川榮縣。㉑李義府　（西元六一四—六六六年）唐大臣，瀛州饒陽（今河北饒陽）人，因協贊立武后功，官至宰相。為人奸詐，時稱「人貓」。後被斥貶。傳見《舊唐書》卷八十二、《新唐書》卷二百二十三。㉒壁州　州名，治所在今四川通江縣。㉓王德儉　李義府甥，字守節，臨沂（今山東臨沂）人，官至御史中丞，封歸仁縣男。事跡見兩《唐書・李義府傳》等。㉔袁公瑜　因翊贊武后功，累官大理正、御史中丞。事跡見《舊唐書》卷六十五〈長孫無忌傳〉、《新唐書》卷二百二十三上〈李義府傳〉等。㉕乙酉　七月十七日。㉖尚藥奉御　官名，殿中省尚藥局長官，掌御藥配製和診治。㉗蔣孝璋　事跡見《舊唐書》卷四〈高宗紀上〉。㉘員外同正　員外，本指正額以外的官。加「同正」，則謂此類定額以外的官亦為正官。㉙裴行儉　（西元六一九—六八二年）高宗時名將，絳州聞喜（今山西聞喜）人，才兼文武，屢建軍功，官至右衛大將軍，封聞喜縣公。傳見《舊唐書》卷八十八、《新唐書》卷一百八。㉚戊辰　九月一日。㉛中宮　皇后居處，亦用作皇后代稱。㉜妙擇天下令族　由全國名門望族中精選。令族，名門望族。㉝獠　罵人詞語，謂野蠻兇惡之人。㉞嫫母　相傳為黃帝次妃，貌醜而德備，佐黃帝而有天下。㉟妲己　殷紂王妃。紂王寵妲己而亡國。事見《史記》卷三〈殷本紀〉。㊱殷王　即殷紂王帝辛，商代亡國之君。事跡見《史記》卷三〈殷本紀〉。㊲赫赫宗周　謂繁榮昌盛的西周。見《詩・小雅・正月》。㊳褒姒　周幽王妃。舊史稱幽王寵褒姒而招致國破身亡。事見《史記》卷四〈周本紀〉。㊴塵黷聖代　使聖世遭受汙染。㊵使臣　據文義，「臣」下當有「言」字。㊶菹醢　把人剁成肉醬的酷刑。㊷子胥　（？—西元前四八四年）春秋時吳國大夫，名員，字子胥，曾屢諫吳王夫差，並終被吳王殺害。傳見《史記》卷六十六。㊸麋鹿遊於姑蘇　此係漢伍被之言。謂吳亡，姑蘇之地成為麋鹿出沒的荒野。姑蘇，吳都，在今江蘇蘇州。㊹血食　謂以牲牢祭祀先人、神祇。㊺周文造舟以迎太姒　《詩・大雅・大明》云：「文定厥祥，親迎于渭，造舟為梁，不顯其光。」太姒賢德，周文王造舟，親自迎娶於渭水。㊻關雎　《詩經》首篇，抒寫戀愛的作品。古人認為此詩義在淑女佐助君子以興教化。㊼孝成　即西漢成帝劉驁。西元前三三—前八年在位。㊽以婢為后　指立趙飛燕為皇后。飛燕本長安宮人，初生時父母不欲養育，成人後歸陽阿主家，學歌舞，號曰「飛燕」。成帝召入宮，大受寵幸。永始元年（西元前一六年）立為皇后。傳見《漢書》卷九十七下〈外戚傳〉。㊾皇統亡絕　趙飛燕為皇后無子。其妹為昭儀，亦無子。「皇統亡絕」即指此。㊿顧命　君王臨終之命。51已　終結。52田舍翁　鄉巴佬。53易婦　更換原妻。54庚午　九月三日。55潭州　州名，治所在今湖南長沙。

【校　記】1自　據章鈺校，十二行本、乙十一行本、孔天胤本皆作「由」。2共　原作「具」。據章鈺校，十二行本、乙十一行本、孔天胤本皆作「共」，張敦仁《通鑑刊本識誤》同，今從改。3意　原無此字。據章鈺校，十二行本、乙十一行本皆有此字，張敦仁《通鑑刊本識誤》同，今據補。4欲立　據章鈺校，十二行本、乙十一行本皆作「立一」，張敦仁《通鑑刊本識誤》同。

【語　譯】六年（乙卯　西元六五五年）

春，正月初一日壬申，高宗謁拜昭陵。初三日甲戌，返回宮中。

正月十八日己丑，嶲州道行軍總管曹繼叔在斜山打敗胡叢、顯養、車魯等蠻族，攻取十餘座城池。

正月十九日庚寅，立皇子李弘為代王，李賢為潞王。

高麗與百濟、靺鞨兵力聯合，侵犯新羅北部地區，奪取了三十三座城池，新羅國王金春秋派使者請求唐朝援助。二月二十五日乙丑，朝廷派營州都督程名振、左衛中郎將蘇定方發兵攻打高麗。

夏，五月十三日壬午，程名振等人渡過遼水。高麗看見程名振兵力少，打開城門渡過貴端水迎戰。程名振等人奮勇攻擊，大敗高麗兵，殺死和俘虜一千多人，焚燒了高麗人的外城及村莊後返回。

五月十四日癸未，任命右屯衛大將軍程知節為葱山道行軍大總管，討伐西突厥沙鉢羅可汗。

五月二十三日壬辰，任命韓瑗為侍中，來濟為中書令。

六月，武昭儀誣陷王皇后和她的母親魏國夫人柳氏使用厭勝的巫術，高宗敕令禁止皇后的母親柳氏進入宮內。〇秋，七月初十日戊寅，把吏部尚書柳奭貶為遂州刺史。柳奭走到扶風縣，岐州長史于承素迎合皇上的心意上奏稱柳奭洩漏宮禁中的祕語，又貶為榮州刺史。

唐朝因襲隋朝的制度，後宮有貴妃、淑妃、德妃、賢妃，都是正一品。高宗想特別設置宸妃，讓武昭儀為宸妃。韓瑗、來濟勸阻，認為以前舊例所無，於是作罷。

中書舍人饒陽人李義府被長孫無忌所憎恨，降職為壁州司馬。敕令還未到門下省，李義府從背地裡知道了，就向中書舍人幽州人王德儉詢問計策。王德儉說：「高宗想立武昭儀為皇后，還在猶豫不決，只是擔心宰相們有不同意見。你能夠提出建議立武氏為后，就會轉禍為福了。」李義府同意他的看法。這一天，他代替王德儉值班，叩宮內的朝堂門向高宗上表，請求廢掉皇后王氏，立武昭儀為后，以滿足黎民百姓的願望。高宗很高興，召見李義府，和他談話，賜給珍珠一斗，留下官居原職。武昭儀又祕密派人慰勞勉勵他，不久破格提拔為中書侍郎。此時，衛尉卿許敬宗、御史大夫崔義玄、御史中丞袁公瑜都暗中向武昭儀表達了自己的效忠之心。

七月十七日乙酉，任命侍中崔敦禮擔任中書令。

八月，尚藥局奉御蔣孝璋成為定員之外的特置官員，品級與正式的定員相同。定員之外的官員與屬於定員的正式官職的級別相同，從蔣孝璋開始。

長安縣令裴行儉聽說即將立武昭儀為皇后，認為國家的禍難肯定從此開始，就和長孫無忌、褚遂良私下議論這件事。袁公瑜聽說後，把這一情況告訴了武昭儀的母親楊氏，裴行儉獲罪，貶為西州都督府長史。裴行儉，是裴仁基的兒子。

九月初一日戊辰，任命許敬宗擔任禮部尚書。

有一天高宗退朝後，召見長孫無忌、李勣、于志寧、褚遂良進入內殿。褚遂良說：「今天皇上召見，多半為了皇后的事，皇上的主意已經決定了，違背他必死。太尉是皇上的元舅，司空是功臣，不能讓皇上有殺死元舅與功臣的名聲。我褚遂良起自平民，沒有汗馬功勞，職位到了這個位置，而且接受了先帝的囑託，不以死諫諍，如何到地下去見先帝！」李勣稱病沒有進入內殿。長孫無忌等人到了內殿，高宗看著長孫無忌說：「皇后沒有生兒子，武昭儀生了兒子，現在想立武昭儀為皇后，怎麼樣？」褚遂良回答說：「皇后出身名家，是先帝為陛下所娶。先帝即將崩逝時，拉著陛下的手對我說：『朕的好兒子好媳婦，如今就託付給你了。』

這些話，陛下親耳所聞，言猶在耳。沒有聽說皇后有過錯，豈能輕易廢掉！我不敢曲意順從陛下，對上違背先帝的遺命。」高宗不高興，只好作罷。第二天又言及此事，褚遂良說：「陛下一定要改換皇后，我請求精加遴選天下的世家望族，為什麼一定要武氏。武氏曾經侍奉先帝，眾所共知，天下人的耳目，怎麼能遮掩呢？千秋萬代之後，會怎麼談論陛下！願陛下三思！我今日違忤陛下的想法，罪該處死。」於是把朝笏放在大殿的臺階上，解下頭巾，磕頭流血，說：「還給陛下朝笏，乞求放我回歸家鄉。」高宗大怒，下令把他帶出去。武昭儀在簾內大聲說：「何不撲殺了這個獠子！」長孫無忌說：「褚遂良是先朝顧命大臣，有罪也不能行刑。」于志寧不敢說話。

韓瑗找了個機會上奏，涕淚俱下，極力勸諫，高宗不予採納。第二天又勸諫，悲傷得不能自我控制，高宗命令把他帶出去。韓瑗又上疏勸諫說：「平民夫婦，還要相互選擇，何況天子呢！皇后是天下萬國婦女的儀範，善惡從她那裡產生，所以嫫母輔佐黃帝，妲己傾覆了殷王。《詩經》說：『赫赫強盛的宗周，褒姒滅亡了它。』每次觀覽往古，經常發出感慨，沒想到今天有塵垢玷汙了聖明的時代。做事不合乎法度，後世會如何看呢！希望陛下詳知，不要被後人譏笑。假如臣的話有益於國家，遭受剁成肉醬的殺戮，也是臣應盡的本分。過去吳王不聽伍子胥的話，結果都城姑蘇破亡，成為麋鹿出沒的地方。臣擔心天下失望，宮廷長出荊棘，宗廟不能享受祭祀，這樣的日子為期不遠了！」來濟上表勸諫說：「君主冊立皇后，上據天地為法則，一定選擇禮教名門，人品幽雅嫻靜善美賢淑，符合天下人的期望，合乎神靈的心意。所以周文王造船迎接太姒，於是出現了〈關雎〉詩篇的教化，百姓蒙受了福祚。漢成帝放縱欲望，以婢女為皇后，讓皇統斷絕，社稷覆滅。周代既然那樣的隆盛，漢代的禍患又這個樣子，希望陛下詳加體察。」高宗對這些諫言都不予採納。

有一天，李勣入見高宗，高宗問他說：「朕想立武昭儀為皇后，褚遂良固執己見，認為不可以。褚遂良既然是顧命大臣，事情是不是應該暫時停止呢？」李勣回答說：「這是陛下家裡的事，何必又去詢問外人！」高宗的主意於是定了下來。許敬宗在朝中揚言說：「莊稼老漢多收了十斛麥子，還想換個老婆，何況天子想立皇后，和大家的事有什麼關係，而胡亂發表不同看法！」武昭儀讓身邊的人把此話講給高宗聽。九月初三日庚午，把褚遂良貶為潭州都督。

【研 析】本卷研析武則天再度入宮，王皇后引狼入室。

武則天並非名字，而是武則天臨終前自己給自己擬的謚號「則天大聖皇后」，於是武則天成了通稱的名字。武則天原名歷史缺載，貞觀十二年，她十四歲入宮，唐太宗封她為才人並口賜名字為武媚，人稱武媚娘。天授元年（西元六九〇年），武則天造了一批新字，給自己取名「曌」，意為「明空為照」。武則天、武媚娘、武曌，這就是中國古代唯一女皇唐高宗皇后的稱謂姓名。唐初承隋制，後宮皇后之下妃嬪定員一百三十人。有貴妃、淑妃，有昭儀、昭容、昭媛、修儀、修容、修媛、充儀、充容、充媛各一人，為九嬪，正二品；婕妤九人，正三品；美人九人，正四品；才人九人，正五品；寶林二十七人，正六品；御女二十七人，正七品；采女二十七人，正八品；八品以下宮女無定員。武則天在太宗朝，直到貞觀二十三年太宗逝世，長達十二年沒有升遷，一直是正五品的才人，也沒有生育，表明她未受寵幸，備受冷落。貞觀十七年（西元六四三年），唐太宗廢太子李承乾，立李治為太子，李治時年十六歲，比武則天小四歲。李治仁厚懦弱，沒有人生經驗。野心勃勃而長期遭受冷落的武則天把目光落到了高宗李治身上。貞觀二十二、二十三兩年，唐太宗因服食天竺方士丹藥拉肚子，李治入宮侍候，此時武則天抓住時機，運用她自己的全部熱情，展示她天賦的美貌和靈巧的手腕，很快俘虜了這位多情的儲君。兩人情投意合，早把封建的禮教拋到了九霄雲外。在唐太宗病榻之側，武則天與高宗之間，發生了說不明的曖昧關係。這一幕被李治的太子妃，後來的王皇后看在眼裡。

高宗王皇后，是北魏尚書左僕射王思政之孫，出身名門，漂亮賢淑，唐太宗非常喜歡，李治為晉王時就入王府為晉王妃。李治立為太子，王皇后為太子妃；李治即位，冊立為皇后。唐太宗臨終，依序把李治、王氏囑託輔政大臣長孫無忌與褚遂良，要保護好這對「佳兒佳婦」。所以長孫無忌等大臣遵循太宗遺言，竭誠保護王皇后。

可惜王皇后不自愛，為了與蕭淑妃爭寵，她犯了一個致命錯誤。按制度，凡被唐太宗幸御過的嬪妃，都要為大行皇帝守節終生，出宮到感業寺為尼。西元六五〇年五月二十六日，唐太宗逝世一週年的忌日，唐高宗李治前往感業寺焚香祭悼，李治碰上了武曌，兩人懷舊情，都流了眼淚。王皇后得知消息，不但沒有採取措施來阻止兩人舊情的發展，反而來促成，一方面通告武則天蓄髮，另方面到李治耳朵裡煽風點火，勸李治正式納入宮中。王皇后想利用武則天來分蕭淑妃的專寵，萬萬沒有想到武則天非同凡響，入宮不久就迷倒了李治。李治封武則天為昭儀，正二品，接著就要提升她為正一品，列了一個名目叫「宸妃」。這時王皇后醒悟，感到真正的情敵是武則天，倒過頭來與蕭淑妃聯手說武昭儀的不是，可是高宗始終不聽，而一心倒在了武昭儀的懷裡，王皇后與蕭淑妃的悲劇就不可避免了。

武則天與李治兩人能做出亂倫之事，想一想就是一個不安本分的人，王皇后為了一時之怒，不計後果，引狼入室，算是作繭自縛，搬起石頭砸了自己的腳。王皇后因妒嫉帶來殺身之禍，發人深思，供人鑑戒。只是蕭淑妃完全是無辜的，令人慨歎。

文學的・歷史的・哲學的・宗教的　古籍精華　盡在三民

古籍今注新譯叢書

哲學類

新譯四書讀本
新譯論語新編解義
新譯學庸讀本
新譯孝經讀本
新譯易經讀本
新譯乾坤經傳通釋
新譯周易六十四卦經傳通釋
新譯易經繫辭傳解義
新譯禮記讀本
新譯儀禮讀本
新譯孔子家語
新譯老子讀本
新譯帛書老子
新譯老子解義
新譯莊子讀本
新譯莊子本義
新譯莊子內篇解義
新譯列子讀本
新譯管子讀本
新譯墨子讀本
新譯公孫龍子
新譯晏子春秋
新譯鄧析子
新譯荀子讀本
新譯尹文子
新譯尸子讀本
新譯鶡冠子
新譯鬼谷子
新譯韓非子
新譯呂氏春秋
新譯韓詩外傳
新譯淮南子
新譯春秋繁露
新譯新書讀本
新譯新語讀本
新譯潛夫論
新譯論衡讀本
新譯申鑒讀本
新譯人物志
新譯張載文選
新譯近思錄
新譯傳習錄
新譯呻吟語摘
新譯明夷待訪錄

文學類

新譯詩經讀本
新譯楚辭讀本
新譯文心雕龍
新譯六朝文絜
新譯世說新語
新譯昭明文選
新譯古文觀止
新譯古文辭類纂
新譯樂府詩選
新譯古詩源
新譯千家詩
新譯詩品讀本
新譯花間集
新譯南唐詞
新譯絕妙好詞
新譯唐詩三百首
新譯宋詩三百首
新譯宋詞三百首
新譯元曲三百首
新譯明詩三百首
新譯清詩三百首
新譯清詞三百首
新譯唐人絕句選
新譯拾遺記
新譯搜神記
新譯唐才子傳
新譯唐傳奇選
新譯宋傳奇小說選
新譯明傳奇小說選
新譯容齋隨筆選
新譯明散文選
新譯明清小品文選
新譯人間詞話
新譯白香詞譜
新譯幽夢影
新譯菜根譚
新譯小窗幽記
新譯圍爐夜話
新譯郁離子
新譯歷代寓言選
新譯賈長沙集
新譯揚子雲集
新譯建安七子詩文集
新譯曹子建集
新譯阮籍詩文集
新譯嵇中散集
新譯陸機詩文集
新譯陶淵明集
新譯江淹集
新譯庾信詩文選
新譯初唐四傑詩集
新譯駱賓王文集
新譯王維詩文集
新譯孟浩然詩集
新譯李白詩全集
新譯李白文集
新譯杜甫詩選
新譯杜詩菁華
新譯高適岑參詩選
新譯昌黎先生文集
新譯劉禹錫詩文選
新譯柳宗元文選
新譯白居易詩文選
新譯元稹詩文選
新譯李賀詩集
新譯杜牧詩文集
新譯李商隱詩選

新譯范文正公選集
新譯蘇洵文選
新譯蘇軾文選
新譯蘇軾詞選
新譯蘇軾詩選
新譯蘇轍文選
新譯曾鞏文選
新譯王安石文選
新譯唐宋八大家文選
新譯柳永詞集
新譯李清照集
新譯辛棄疾詞選
新譯陸游詩文選
新譯歸有光文選
新譯唐順之詩文選
新譯徐渭詩文選
新譯袁宏道詩文選
新譯薑齋文集
新譯顧亭林文集
新譯納蘭性德詞
新譯方苞文選
新譯閒情偶寄
新譯鄭板橋集
新譯袁枚詩文選
新譯李慈銘詩文選
新譯聊齋誌異選
新譯閱微草堂筆記
新譯浮生六記
新譯弘一大師詩詞全編

教育類

新譯爾雅讀本
新譯顏氏家訓
新譯聰訓齋語
新譯曾文正公家書
新譯三字經
新譯百家姓
新譯幼學瓊林
新譯增廣賢文・千字文
新譯格言聯璧

歷史類

新譯史記
新譯漢書
新譯後漢書
新譯三國志
新譯資治通鑑
新譯史記——名篇精選
新譯尚書讀本
新譯周禮讀本
新譯逸周書
新譯左傳讀本
新譯公羊傳
新譯穀梁傳
新譯春秋穀梁傳
新譯戰國策
新譯國語讀本
新譯說苑讀本
新譯新序讀本
新譯吳越春秋
新譯西京雜記
新譯列女傳
新譯越絕書
新譯燕丹子
新譯東萊博議
新譯唐六典
新譯唐摭言

宗教類

新譯金剛經
新譯高僧傳
新譯碧巖集
新譯百喻經
新譯楞嚴經
新譯梵網經
新譯圓覺經
新譯法句經
新譯六祖壇經
新譯禪林寶訓
新譯維摩詰經
新譯經律異相
新譯阿彌陀經
新譯無量壽經
新譯妙法蓮華經
新譯景德傳燈錄
新譯大乘起信論
新譯釋禪波羅蜜
新譯八識規矩頌
新譯永嘉大師證道歌
新譯華嚴經入法界品
新譯地藏菩薩本願經
新譯悟真篇
新譯无能子
新譯坐忘論
新譯列仙傳
新譯抱朴子
新譯神仙傳
新譯性命圭旨
新譯老子想爾注
新譯周易參同契
新譯道門觀心經
新譯養性延命錄
新譯樂育堂語錄
新譯沖虛至德真經
新譯長春真人西遊記
新譯黃庭經・陰符經

地志類

新譯山海經
新譯水經注
新譯佛國記
新譯大唐西域記
新譯洛陽伽藍記
新譯徐霞客遊記
新譯東京夢華錄

政事類

新譯商君書
新譯鹽鐵論
新譯貞觀政要

軍事類

新譯孫子讀本
新譯司馬法
新譯尉繚子
新譯三略讀本
新譯六韜讀本
新譯吳子讀本
新譯李衛公問對

◎新譯佛國記

楊維中／注譯

《佛國記》是東晉高僧法顯記述其西行天竺求取佛經的經歷與所思所感。書中不僅包含法顯西行艱難歷程的描述，也詳細記錄了五世紀初中亞、南亞以及東南亞地區的政治、宗教、風俗習慣、經濟和地理情況，更突顯許多不惜身命、弘法利生的菩薩精神。千百年來，《佛國記》作為佛教史籍不僅鼓舞、堅定了後人的佛教信仰，更為可貴的是，它對歷史事件和自己所見所聞的忠實記錄，早已成為後人研究這一段歷史和地理的寶貴資料。